Interne Revision und Compliance

Jörg Berwanger · Ulrich Hahn

Interne Revision und Compliance

Operative Grundlagen und Recht

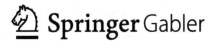

Jörg Berwanger
Neunkirchen, Deutschland

Ulrich Hahn
Frankfurt am Main, Deutschland

ISBN 978-3-658-31806-2   ISBN 978-3-658-31807-9 (eBook)
https://doi.org/10.1007/978-3-658-31807-9

Die Deutsche Nationalbibliothek verzeichnet diese Publikation in der Deutschen Nationalbibliografie; detaillierte bibliografische Daten sind im Internet über http://dnb.d-nb.de abrufbar.

Springer Gabler
© Springer Fachmedien Wiesbaden GmbH, ein Teil von Springer Nature 2020
Das Werk einschließlich aller seiner Teile ist urheberrechtlich geschützt. Jede Verwertung, die nicht ausdrücklich vom Urheberrechtsgesetz zugelassen ist, bedarf der vorherigen Zustimmung des Verlags. Das gilt insbesondere für Vervielfältigungen, Bearbeitungen, Übersetzungen, Mikroverfilmungen und die Einspeicherung und Verarbeitung in elektronischen Systemen.
Die Wiedergabe von allgemein beschreibenden Bezeichnungen, Marken, Unternehmensnamen etc. in diesem Werk bedeutet nicht, dass diese frei durch jedermann benutzt werden dürfen. Die Berechtigung zur Benutzung unterliegt, auch ohne gesonderten Hinweis hierzu, den Regeln des Markenrechts. Die Rechte des jeweiligen Zeicheninhabers sind zu beachten.
Der Verlag, die Autoren und die Herausgeber gehen davon aus, dass die Angaben und Informationen in diesem Werk zum Zeitpunkt der Veröffentlichung vollständig und korrekt sind. Weder der Verlag, noch die Autoren oder die Herausgeber übernehmen, ausdrücklich oder implizit, Gewähr für den Inhalt des Werkes, etwaige Fehler oder Äußerungen. Der Verlag bleibt im Hinblick auf geografische Zuordnungen und Gebietsbezeichnungen in veröffentlichten Karten und Institutionsadressen neutral.

Springer Gabler ist ein Imprint der eingetragenen Gesellschaft Springer Fachmedien Wiesbaden GmbH und ist ein Teil von Springer Nature.
Die Anschrift der Gesellschaft ist: Abraham-Lincoln-Str. 46, 65189 Wiesbaden, Germany

Geleitwort Prof. Gerrit Horstmeier

Dieses Werk beschäftigt sich mit den Risiken der eigenen (Unternehmens-) Organisation, insbesondere im privatwirtschaftlichen Kontext. Diese Risiken zu kennen und zu steuern ist eine Grundvoraussetzung für das Fortbestehen des Unternehmens – ein „Muss" für jede Führungskraft, ohne die eine funktionierende Unternehmensleitung nicht denkbar ist. Dieses Buch beschreibt praxisnah die Grundlagen und Instrumentarien des komplexen internen Risikomanagements, die sich daraus ergebenden Haftungsrisiken sowie die erforderlichen Umsetzungsschritte. Es zeigt die Wege auf, wie ein effizientes und dauerhaftes Frühwarnsystem im Unternehmen etabliert wird und funktioniert. Dabei wird nicht nur die unternehmerische Sicht, sondern auch der entsprechende juristische Hintergrund in für Nicht-Juristen verständlicher, auch unterhaltender Form ausgeleuchtet, denn juristische Aspekte werden durch gesetzgeberische Impulse national wie international immer wichtiger. Darüber hinaus zeigt das Buch Wege auf, wie Prüfungs- und Beratungsleistungen der Internen Revision und wie ein zeitgemäßes Compliance-Management-System Unternehmensprozesse optimieren können.

Schwerpunkte des Buches sind:

- Corporate Governance
- Rechtsgrundlagen für die Interne Revision und für die Compliance
- Revisionsmanagement
- Grundlagen zu einem Compliance-Management-System
- Durchführung von internen Prüfungs- und Beratungsaufträgen
- Spezielle Prüffelder der Internen Revision

Ein Glossar mit den wesentlichen Fachbegriffen zu Interner Revision und zu Compliance rundet das Werk ab. Es erleichtert auch Nicht-Fachleuten den Überblick über und den Einstieg in die Materie ganz wesentlich. Zahlreiche Beispiele helfen bei der praktischen Anwendung und Umsetzung. Mit diesem Buch sollte Ihnen die Beherrschung dieses komplexen Themas gut gelingen!

Vorwort

„Change" ist heutzutage ein in der Managementsprache beinahe schon inflationär gebrauchter Begriff. Beschwörend soll er die Mitarbeiter dazu motivieren, Veränderungsprozesse im Unternehmen aktiv und konstruktiv mit zu gestalten.

Change sollte nie einem reinen Selbstzweck dienen – ein Irrtum, dem manches auf Trial and Error angelegte Management unterliegen kann. Die beiden Autoren wollen jedenfalls diesen Fehler vermeiden. Dies gilt vor allem für den juristischen Ko-Autor, der mit einschlägiger literarischer Vergangenheit ausgestattet ist. Dieses Buch soll seine geschätzten Leserinnen und Leser in komprimierter Form zu den wesentlichen Themen der Internen Revision und der Compliance, als Teile im Wimmelbild eines Unternehmens, hinführen. Über den soziologisch-rechtlichen Tellerrand hinaus wird das soziale Biotop „Unternehmen" und seine Rolle im Globalisierungswettbewerb betrachtet. Auch wenn in den vergangenen Jahren, nicht zuletzt wegen des verstärkten Aufkommens der Compliance, einige einschlägige Werke auf dem Fachbuchmarkt erschienen sind, der hier präsentierte Mix aus Operativem und Recht – „Recht" seinerseits auch operativ angelegt – bietet ein Alleinstellungsmerkmal der gewählten Konzeption.

Die letzten Arbeiten an diesem Buch wurden unter dem Eindruck der weltweiten Corona-Krise, ja auch eine globale Wirtschafts- und Unternehmenskrise, erledigt. Mit Bezug auf die Rollen von Interner Revision und Compliance: Gerade in Krisenzeiten sind Unternehmensleitungen auf die Funktions- und Leistungsfähigkeit von Interner Revision und Compliance angewiesen. Interne Revision hat schon in den vergangenen Jahrzehnten eine deutliche Aufwertung erlebt – trotz der Konkurrenz durch Risikomanagement- und Compliance-Funktionen. Wiederholte Aussetzer von Leitungsmechanismen (neudeutsch „Governance-Strukturen") im privatwirtschaftlichen, aber auch im öffentlichen Bereich fordern immer neue gesetzgeberisch-regulatorische Initiativen heraus. Interne Kontroll-, Risiko- und auch Compliance-Managementsysteme sind zu implementieren. Diese stellen immer wieder die hergebrachte Revisionsrolle in Frage, schlussendlich geht aber die Interne Revision daraus gestärkt hervor, nämlich indem ihre Rolle klarer bestimmt und der Berufsstand im Wettbewerb mit der ebenfalls gut aufgestellten „Konkurrenz" weiter professionalisiert wird.

Der rechtliche Teil des Buches behandelt wesentliche und grundlegende Rechtsfragen rund um die Interne Revision und die Compliance. So viel wie notwendig, so wenig wie möglich, Leserinnen und Leser sollen nicht mit allzu vielen rechtlichen Abstraktheiten und Dogmatiken befrachtet werden. Immerhin war es an der einen oder anderen Stelle schon notwendig, rechtliche Wegmarken etwas vertieft zu platzieren – auch als Versuch der Belebung der Diskussion innerhalb der rechtlichen Community. Wie auch andere Passagen des Buches sind die rechtlichen Ausführungen im Übrigen deduktiv angelegt. Die geschätzte Leserschaft wird, ausgehend von allgemeinen Grundlagen, systematisch aufbauend peu à peu an spezielle Materien herangeführt.

Die Themen betreffen rechtliche Statusfragen der beiden Funktionen im Unternehmen und befassen sich mit dessen Stellung im Rechtsverkehr. Auch werden wesentliche praktische Rechtsfragen (etwa zur Haftung), denen sich die beiden Funktionen und ihre Berufsträger stellen müssen, beleuchtet und anhand der aktuellen Rechtsprechung und anderer Meinungen in der juristischen Literatur gespiegelt. Fast durchgängig wurde im Rechtsteil auch die „Geschichte hinter der Geschichte" erzählt, um rechtliche Themen nicht nur anhand von Rechtsvorschriften und derer Vorgaben zu deklinieren. Das gilt z. B. für die soziologischen Zusammenhänge zur Wirtschaftskriminalität. Eine strenge nüchtern-technokratische Sprachwahl, die sich für ein wissenschaftliches Fachbuch grundsätzlich geziemt, wurde, wenn es um Kernthemen des Buches kritisch bestellt ist, auch einmal abgelegt. Die Autoren konnten sich einige deutliche Worte zum Verhalten mancher Unternehmen und von Führungskräften im Zusammenhang mit den jüngsten Skandalen nicht ersparen. Geradezu wie eine Bombe eingeschlagen ist (nicht nur) in der deutschen Öffentlichkeit der Fall Wirecard. Unmittelbar vor Redaktionsschluss konnte er von den Autoren nicht mehr verarbeitet werden – er bietet aber sicherlich reichlich „Futter" für die folgende Auflage!

Der operative Teil des Buches zur Internen Revision orientiert sich an den typischen Revisionsaufgaben und Revisionsprozessen, sowohl im privatwirtschaftlichen als auch im öffentlichen Kontext. Dabei wird besonders Wert auf die pragmatisch-praxistaugliche Umsetzung der Berufsgrundlagen der Internen Revision gelegt, abgestimmt mit aktuellen Entwicklungen und Erkenntnissen. Dieser Teil des Werks ist als Basis für die Grundausbildung in der Internen Revision, den schnellen Zugriff auf die grundlegenden Instrumente des Revisionsmanagements sowie die Vorbereitung der Zertifizierungen Qualification in Internal Audit Leadership (QIAL), Certified Internal Auditor (CIA), Interner Revisor (DIIR) und anderer IIA-Zertifizierungen (CRMA, CIAP etc.) geeignet. Analog dazu werden die Anbindung an die Compliance und ihre Strukturen skizziert.

Zusätzlich bietet das Werk Risikomanagern, Compliance-Beauftragten, Aufsichtsräten, Externen Revisoren und anderen Governance-Funktionen einen verständlichen Zugang zu den praktischen und konstitutiv-juristischen Aspekten der Internen Revision und der Compliance. Ein Glossar mit wesentlichen Fachbegriffen führt rasch auf den Punkt.

Dem vorstehend skizzierten Programm folgen auch die konkrete Sachbearbeitung und die Arbeitsteilung hinsichtlich der einzelnen Kapitel dieses Buches. Gemeinsam bearbeitet wurden Kap. 7 (Glossar) und Kap. 8 (Zusammenfassung). Von Berwanger allein stammen die Unterkapitel 1.1-1.4 und 2.1 sowie das gesamte rechtlich orientierte Kapitel 3. Von Hahn allein erstellt wurden die revisionsbezogenen Unterkapitel 1.5 und 2.2-2.5 sowie die Kapitel 4-6 und das Kapitel 9.

Die Autoren haben sich um eine leicht verständliche Darstellungsweise bemüht. Ein zuweilen bewusst gewählter locker-lässiger Schreibstil, der selbstverständlich nicht in die Nachlässigkeit abdriften darf, wurde gewählt. Er will auch mal zum Nachdenken und Schmunzeln anregen und soll dazu führen, die zum Teil schwierigen Sachthemen möglichst leicht bekömmlich zu servieren, um so ihre gedankliche Aufnahme und Verarbeitung zu erleichtern.

Konstruktive Kritik ist den Autoren stets willkommen.

Neunkirchen (Saar), Deutschland	Jörg Berwanger
Frankfurt am Main, Deutschland	Ulrich Hahn
Dezember 2020	

Inhaltsverzeichnis

1 **Corporate Governance** 1
  1.1 Einleitung: Ankerplätze 1
  1.2 Determinanten der Corporate Governance 4
    1.2.1 Bestandsaufnahme: Globalisierung 4
    1.2.2 Kleines soziologisches Einmaleins – Soziologische Systemtheorie 7
    1.2.3 „Governance-Ethik" und eine Entgegnung 11
    1.2.4 Wertedilemmata in Unternehmen 14
  1.3 Prinzipien für die Corporate Governance 18
    1.3.1 Supranationale Prinzipien – G20/OECD 18
    1.3.2 Regionale Regelungen – EU 19
    1.3.3 Deutscher Corporate Governance Kodex 20
  1.4 Managementmodelle und -theorien 22
    1.4.1 Grundlagen 22
    1.4.2 Principal-Agent-Theorie (Agenturtheorie) 23
    1.4.3 Stewardship-Theorie 25
    1.4.4 Sicht der Verfasser 26
  1.5 Interne Revision und Compliance 28
  Literatur 30

2 **Die Revisionsfunktion** 33
  2.1 Historische Entwicklung von Interner Revision und Compliance 33
    2.1.1 Interne Revision 33
    2.1.2 Compliance 35
  2.2 Kontext der Revisionsfunktion 36
    2.2.1 Interne Revision und Compliance im GRC-System 37
    2.2.2 Die Rollenverteilung in der Unternehmenswirklichkeit 39
  2.3 Institutionen der Internen Revision 41
    2.3.1 Deutsches Institut für Interne Revision e.V. 41
    2.3.2 IIA Switzerland und IIA Austria 43
    2.3.3 Institute of Internal Auditors 45

		2.3.4	European Confederation of Institutes of Internal Auditing	46
		2.3.5	Weitere Institutionen mit Bezug zur Internen Revision	46
	2.4	Berufsgrundlagen		47
		2.4.1	Komponenten der Berufsgrundlagen des IIA (IPPF)	47
		2.4.2	Ziel und Zweck der Revisionsfunktion	52
		2.4.3	Nutzenbeitrag der Internen Revision	55
		2.4.4	Abgrenzung zu anderen Funktionen	56
	2.5	Revisionsorganisation und Standards		56
		2.5.1	Positionierung und Ressourcen – Attribut-Standards	56
		2.5.2	Revisionsmanagement und Auftragsdurchführung – Performance-Standards	57
		2.5.3	Auftragsabwicklung – Prüfungsprozess und Standards	58
	Literatur			59
3	**Rechtsgrundlagen für die Interne Revision und für die Compliance**			**63**
	3.1	Allgemein: Rechtsquellen/Differenzierungen		63
		3.1.1	Recht	63
		3.1.2	„Außenrecht" und „Innenrecht"	64
		3.1.3	Statusrecht	66
		3.1.4	Operatives Recht	66
	3.2	Erste statusrechtliche Befundungen – Juristisches Arbeitsprogramm dieses Buches		67
		3.2.1	Keine wirtschaftsrechtliche Einrichtungspflicht – Überblick	67
		3.2.2	Juristisches Sachthementableau	71
	3.3	Staatliche Statusregeln für die Interne Revision und ein CMS		72
		3.3.1	Vorstellung einschlägiger aktienrechtlicher Vorschriften	72
		3.3.2	Begründungen der Verfasser: Keine allgemeine Rechtspflicht zur Schaffung einer Internen Revision und eines CMS	77
	3.4	Deutscher Corporate Governance Kodex als Statusnorm?		88
	3.5	Recht: International/Supranational		91
		3.5.1	SOX	91
		3.5.2	EU	92
		3.5.3	UK Bribery Act	93
	3.6	Innenrecht als Statusgrundlage für die Interne Revision und für ein CMS		94
		3.6.1	Interne Revision	94
		3.6.2	CMS	95
	3.7	Interne Revision und CMS in besonderen Branchen – Kurzüberblick		97
	3.8	Abweichendes Verhalten – Wirtschaftskriminalität im Unternehmen		98
		3.8.1	Kriminalsoziologischer Rahmen	98
		3.8.2	Wirtschaftskriminalität allgemein, insbesondere Korruption	108

3.8.3 Korruptionsursachen – Mitarbeiter und (Top-) Management 110
3.8.4 Staatliche Antworten gegen Wirtschaftskriminalität in Form von Korruption u. a. Missständen 113
3.8.5 Bekämpfung von Korruption durch die Unternehmen 120
3.9 Haftungsrecht 125
3.9.1 Haftung allgemein 125
3.9.2 Öffentliches Recht 127
3.9.3 Zivilrecht 139
Literatur 146

4 Revisionsmanagement 149
4.1 Organisationsmodelle der Internen Revision 149
4.1.1 Vierstufige Managementpyramide der Internen Revision 150
4.1.2 Siebenteiliges Komponenten-Modell der Revisionsorganisation 151
4.1.3 Umsetzung in den Berufsgrundlagen 152
4.2 Aufgaben und Positionierung 153
4.2.1 Ausrichtung: Art der Arbeiten 153
4.2.2 Strategie 157
4.2.3 Geschäftsordnung 158
4.2.4 Rechte und Pflichten 159
4.3 Aufbauorganisation 160
4.3.1 Strukturmodelle 160
4.3.2 Unabhängigkeit und Objektivität 163
4.3.3 Sachkunde und Sorgfaltspflicht 167
4.4 Ressourcenausstattung 170
4.4.1 Finanzmittel 170
4.4.2 Sourcing-Strategien 171
4.4.3 Personal 173
4.4.4 IT-Infrastruktur 175
4.5 Planung 177
4.5.1 Audit Universe 178
4.5.2 Risikobeurteilung 179
4.5.3 Periodenplanung 182
4.5.4 Abstimmung mit anderen Assurance-Funktionen 185
4.6 Qualitätsmanagement der Internen Revision 187
4.6.1 Programm zur Qualitätssicherung und -verbesserung 187
4.6.2 Interne und externe Beurteilungen 190
4.6.3 Laufende Überwachung und regelmäßige interne Beurteilungen ... 191
4.6.4 Unabhängige, externe Beurteilungen – Quality Assessments 192
4.6.5 Beurteilungsverfahren und -instrumente 193
4.6.6 Revisions-Kennzahlen und Benchmarks 195

	4.7	Revisionsorganisation	197
		4.7.1 Richtlinien und Verfahren	198
		4.7.2 Die Bedeutung des Formalisierungsgrads – Revision 9.0	200
		4.7.3 Überwachen der Auftragsdurchführung	201
	4.8	Funktionsbezogene Berichterstattung, Tätigkeitsbericht	201
	Literatur		203

5 Durchführung von Prüfungs- und Beratungsaufträgen ... 207

- 5.1 Der Revisionsprozess ... 207
  - 5.1.1 Der Revisionsprozess in den Berufsgrundlagen ... 208
  - 5.1.2 Good Practices und Varianten ... 210
- 5.2 Prüfungsvorbereitung ... 210
  - 5.2.1 Disposition der (Prüfungs-) Aufträge ... 211
  - 5.2.2 Prüfungsauftrag und Prüfungsankündigung ... 211
  - 5.2.3 Voruntersuchung ... 212
  - 5.2.4 Aktivitäten – Prüfungsvorbereitung und Vorerhebung ... 213
  - 5.2.5 Werkzeuge für die Vorbereitungsphase ... 227
  - 5.2.6 Prüfungsvorbereitung – Good Practices und Varianten ... 227
- 5.3 Auftragsdurchführung ... 228
  - 5.3.1 Prüfungsdurchführung – Informationssammlung ... 231
  - 5.3.2 Informationssammlung – Good Practices und Varianten ... 234
  - 5.3.3 Prüfungsdurchführung – Analyse und Beurteilung ... 235
  - 5.3.4 Analyse und Beurteilung – Good Practices und Varianten ... 240
  - 5.3.5 Prüfungsdurchführung – Dokumentation ... 242
  - 5.3.6 Dokumentation – Good Practices und Varianten ... 249
  - 5.3.7 Überwachen der Auftragsdurchführung ... 250
  - 5.3.8 Überwachen der Auftragsdurchführung – Good Practices und Varianten ... 251
- 5.4 Auftragsberichterstattung und Auftragsabschluss ... 252
  - 5.4.1 Auftragsberichterstattung ... 253
  - 5.4.2 Auftragsberichterstattung – Good Practices und Varianten ... 268
  - 5.4.3 Auftragsabschluss ... 269
  - 5.4.4 Auftragsabschluss – Good Practices und Varianten ... 273
- 5.5 Follow-up und Übernahme der Verantwortung ... 274
  - 5.5.1 Aktivitäten ... 275
  - 5.5.2 Administrativer Follow-up ... 276
  - 5.5.3 Follow-up im Rahmen von Folgeprüfungen ... 277
  - 5.5.4 Gezielte Follow-up-Prüfungen ... 278
  - 5.5.5 Risikoübernahme ... 278
  - 5.5.6 Werkzeuge ... 278
  - 5.5.7 Follow-up – Good Practices und Varianten ... 279

	5.6	Beratungsaufträge	280
		5.6.1 Aktivitäten	280
		5.6.2 Umfang, Objektivität und Sorgfalt	283
		5.6.3 Revisionsplan, Risikoorientierung und IKS	285
		5.6.4 Durchführung von Beratungsaufträgen	287
		5.6.5 Maßnahmenüberwachung	290
		5.6.6 Beratungsaufträge – Good Practices und Varianten	291
	Literatur		292
6	**Spezielle Auftragstypen und besondere Prüffelder**		**295**
	6.1	IKS und Risikomanagement	295
		6.1.1 GRC-Funktionen in den COSO-Modellen	295
		6.1.2 GRC-Prüfstandards der Abschlussprüfung	297
		6.1.3 Beurteilungskriterien für Compliance-Managementsysteme	297
	6.2	Die COSO-Leitfäden	299
		6.2.1 Übersicht und Hintergründe	299
		6.2.2 Die ersten COSO-Modelle	300
		6.2.3 Ergänzung und Überarbeitung der COSO-Modelle	302
		6.2.4 COSO für Prüfung und Nachweis	303
		6.2.5 COSO für die Organisationsentwicklung	303
	6.3	COSO Internal Control – Integrated Framework	304
		6.3.1 Aufbau	304
		6.3.2 Kontrollziele im COSO-IKS	305
		6.3.3 IKS-Kontrollkomponenten	306
		6.3.4 IKS-Prinzipien und -Attribute	306
		6.3.5 Umsetzungshilfen und Anwendung	307
	6.4	COSO Enterprise Risk Management Framework	310
		6.4.1 COSO ERM 2004 – Bauplan für unternehmensweites Risikomanagement	310
		6.4.2 Grundbausteine des unternehmensweiten Risikomanagementsystems	311
		6.4.3 COSO ERM 2017 – Fokus Strategie und Wertbeitrag	316
		6.4.4 Risikomanagement-Komponenten des COSO ERM 2017	318
		6.4.5 Risikomanagement-Prinzipien des COSO ERM 2017	318
	6.5	Informationstechnologie und -systeme	319
		6.5.1 IT-Prüfung: Ziele, Möglichkeiten, Rahmen	321
		6.5.2 Berufsständische Grundlagen für IT-Prüfer	322
		6.5.3 IT-Prüflandkarte	325
		6.5.4 Beurteilungs- und Organisationsmodelle	328
		6.5.5 IT-Organisation	332
		6.5.6 IT-Prozesse und IT-Services	333
		6.5.7 Ansatzpunkte für die Prüfung der IT	333

	6.6	Weitere Prüffelder	335
		6.6.1 Sonderprüfungen	335
		6.6.2 Projekte	336
		6.6.3 Betriebliche Kernprozesse – Zyklenmodell	339
	Literatur		339

7 Fachwissen/Glossar 343

8 Zusammenfassung mit Thesen und Resümee 383

9 Gesamtanhang zum Buch 389
    9.1 Mission, Grundprinzipien und Definition der Internen Revision 389
    9.2 Ethikkodex der Internen Revision 390
    9.3 Verbindliche Berufsstandards der Internen Revision mit
        Erläuterungen 392
        9.3.1 Attributstandards 392
        9.3.2 Ausführungsstandards 400
    9.4 IIA Switzerland Quality Self Assessment Tool (Q-SAT) 412

Stichwortverzeichnis 429

Abkürzungsverzeichnis

a. a. O.	am anderen Ort
a. F.	alte Fassung
ABl.	Amtsblatt
Abs.	Absatz
abzgl.	Abzüglich
AEUV	Vertrag über die Arbeitsweise der Europäischen Union
AG	Aktiengesellschaft
AGG	Allgemeines Gleichbehandlungsgesetz
AktG	Aktiengesetz
AO	Abgabenordnung
Aufl.	Auflage
AWG	Außenwirtschaftsgesetz
BaFin	Bundesanstalt für Finanzdienstleistungsaufsicht
BAG	Bundesarbeitsgericht
BB	Betriebsberater
BDSG	Bundesdatenschutzgesetz
BGB	Bürgerliches Gesetzbuch
BGBl.	Bundesgesetzblatt
BGH	Bundesgerichtshof
BGHSt	Entscheidungen des Bundesgerichtshofs in Strafsachen
BGHZ	Entscheidungen des Bundesgerichtshofs in Zivilsachen
BilMoG	Bilanzrechtsmodernisierungsgesetz
BIZ	Bank für Internationalen Zahlungsausgleich
BSI	Bundesamt für Sicherheit in der Informationstechnik
bspw.	beispielsweise
BT-Drs.	Bundestagsdrucksache
BVerfG	Bundesverfassungsgericht
BVerfGE	Bundesverfassungsgericht Entscheidung Band
bzw.	Beziehungsweise
CAE	Chief Audit Executive

CEO	Chief Executive Officer
CFE	Certified Fraud Examiner
CGAP	Certified Government Auditing Professional
CIA	Certified Internal Auditor
CISA	Certified Information Systems Auditor
CMA	Certified Management Accountant
CMS	Compliance Management System
CPA	Certified Public Accountant
d. h.	das heißt
DB	Der Betrieb
DCGK	Deutscher Corporate Governance Kodex
DIIR	Deutsches Institut für Interne Revision e. V.
DSGVO	Datenschutzgrundverordnung
ECIIA	European Confederation of Institutes of Internal Auditing
ECIIA	European Confederation of Institutes of Internal Auditors
ECODA	European Confederation of Directors Associations
EG	Europäische Gemeinschaft
ENISA	European Network and Information Security Agency
ERP	Enterprise Resource Planning
ESt	Einkommensteuer
EStG	Einkommensteuergesetz
etc.	et cetera
ETF	Exchange Traded Fonds
EU	Europäische Union
EuGH	Europäischer Gerichtshof
EUR	Euro
EURIBOR	European Interbank Offered Rate
EWG	Europäische Wirtschaftsgemeinschaft
f.	Folgende
FA	Finanzamt
FCPA	Foreign Corrupt Practices Act
FERMA	Federation of European Risk Management Associations
ff.	Fortfolgende
FG	Finanzgericht
gem.	Gemäß
GenG	Genossenschaftsgesetz
GeschGehG	Geschäftsgeheimnisgesetz
GG	Grundgesetz
ggf.	Gegebenenfalls
GmbH	Gesellschaft mit beschränkter Haftung
GmbHG	Gesetz betreffend die Gesellschaften mit beschränkter Haftung
GWB	Gesetz gegen Wettbewerbsbeschränkungen

GwG	Gesetz über das Aufspüren von Gewinnen aus schweren Straftaten, Geldwäschegesetz
h. M.	Herrschende Meinung
HaftPflG	Haftpflichtgesetz
HGB	Handelsgesetzbuch
Hrsg.	Herausgeber
i. d. F.	in der Fassung
i. d. R.	in der Regel
i. S. d.	im Sinne des
i. Ü.	im Übrigen
i. V. m.	in Verbindung mit
i. w. S.	im weitesten Sinne
IAASB	International Auditing and Assurance Standards Board
ICEFR	Internal Control over External Financial Reporting (COSO)
ICFR	Internal Control over Financial Reporting (PCAOB)
ICoFR	Internal Control over Financial Reporting
IDW	Institut der Wirtschaftsprüfer in Deutschland e. V.
IDW PS	IDW Prüfungsstandard
IFAC	International Federation of Accountants
IFRS	International Financial Reporting Standards
IIA	The Institute of Internal Auditors Inc.
IIA CoE	IIA Ethikkodex (Code of Ethics)
IIA IG	IIA Implementierungsleitlinie (Implementation Guide)
IIAS	IIA-Standard
IKS	Internes Kontrollsystem
InsO	Insolvenzordnung
InvG	Investmentgesetz
ISA	International Standards on Auditing
ISA	International Standards on Auditing
ISACA	Information Systems Audit and Control Association
ISAE	International Standards on Assurance Engagements
ISAE	International Standard on Assurance Engagements
ISO	International Organization for Standardization
ITAF	ISACA IS Audit/Assurance Framework
ITIL	IT Infrastructure Library
JZ	Juristenzeitung
KAGB	Kapitalanlagegesetz
Komm.	Kommentar
KonTraG	Gesetz zur Kontrolle und Transparenz im Unternehmensbereich
KPI	Key Performance Indicator
KWG	Kreditwesengesetz
KZfSS	Kölner Zeitschrift für Soziologie und Sozialpsychologie

LFGB	Lebensmittel-, Bedarfsgegenstände- und Futtermittelgesetzbuch
m. w. N.	mit weiteren Nachweisen
MaComp	Mindestanforderungen Compliance, Rundschreiben der BaFin
MaRisk	Mindestanforderungen Risikomanagement, Rundschreiben der BaFin
MarkenG	Markengesetz
Mio.	Millionen
NCFFR	U.S. National Commission on Fraudulent Financial Reporting
NIST	U.S. National Institute of Standards and Technology
NJOZ	Neue Juristische Online-Zeitschrift
NJW	Neue Juristische Wochenschrift
Nr.	Nummer
NZA	Neue Zeitschrift für Arbeitsrecht
NZG	Neue Zeitschrift für Gesellschaftsrecht
o. ä.	oder ähnlich
OECD	Organization for Economic Cooperation and Development
OLG	Oberlandesgericht
OWi	Ordnungswidrigkeit
OWiG	Gesetz über Ordnungswidrigkeiten
PatG	Patentgesetz
PCAOB	Public Company Accounting Oversight Board
PDCA	Plan-Do-Check-Act
PMI	Project Management Institute
PS	IDW Prüfungsstandard
resp.	respektive
RL	Richtlinie
RMS	Risikomanagement-System
Rn.	Randnummer
S.	Seite
SAP	Systemanalyse und Programmentwicklung
SEC	Securities and Exchange Commission
Sec.	Section
sog.	so genannte
SOX	Sarbanes-Oxley-Act
StGB	Strafgesetzbuch
StPO	Strafprozessordnung
TLoD	Three Lines of Defence-Model
TransPuG	Gesetz zur weiteren Reform des Aktien- und Bilanzrechts, zu Transparenz und Publizität
u. a.	unter anderem
u. E.	unseres Erachtens
u. U.	unter Umständen
UK	United Kingdom

UmwHG	Umwelthaftungsgesetz
US-GAAP	U.S. Generally Accepted Accounting Principles
usw.	und so weiter
UWG	Gesetz gegen den unlauteren Wettbewerb
v. a.	vor allem
VermAnlG	Gesetz über Vermögensanlagen
VerSanG	Verbandssanktionengesetz
VersR	Zeitschrift für Versicherungsrecht
VG	Verwaltungsgericht
vgl.	vergleiche
VorstOG	Vorstandsvergütungs-Offenlegungsgesetz
WHG	Wasserhaushaltsgesetz
WpDVerOV	Verordnung zur Konkretisierung der Verhaltensregeln und Organisationsanforderungen für Wertpapierdienstleistungsunternehmen
WPg	Die Wirtschaftsprüfung (Zeitschrift)
WpHG	Wertpapierhandelsgesetz
z. B.	zum Beispiel
z. T.	zum Teil
ZfRSoz	Zeitschrift für Rechtssoziologie
ZGR	Zeitschrift für Unternehmens- und Gesellschaftsrecht
ZIR	Zeitschrift Interne Revision
ZRFG	Zeitschrift für Risk, Fraud & Governance
zzgl.	zuzüglich
ZfRSoz	Zeitschrift für Rechtssoziologie

Über die Autoren

Dr. iur. Dr. phil. Jörg Berwanger, Neunkirchen/Saar, Jahrgang 1959, Assessorexamen 1989, Promotionen 2000 und 2004, arbeitet seit 2013 als Commercial Project Manager bei der STEAG New Energies GmbH (Saarbrücken). Hier übt er auch eine Compliancefunktion aus. Nach einer vorherigen Geschäftsführertätigkeit bei einem Arbeitgeberverband war er seit 1995 als Justiziar im Saarbergwerke AG-Konzern, später bei RAG Saarberg AG (beide Saarbrücken) tätig. Von 2002 bis 2004 war er Leiter Umweltschutz und leitender Justiziar bei der Saar Energie GmbH. Ende 2004 war er in Führungsfunktionen in Sachen Interne Revision und als Datenschutzbeauftragter tätig: Er war Leiter des Regionalbüros Saar der RAG Revisions-GmbH, 2008 übernahm er für Evonik Services GmbH die Leitung des Büros der Internen Revision in Saarbrücken. Nach einer zwischenzeitlichen Referententätigkeit für die Rechtsabteilung der STEAG GmbH übernahm er die derzeitige Position bei STEAG New Energies GmbH. Fachlich setzt er seine Akzente im Wirtschaftsrecht (incl. Arbeitsrecht und einschlägigem öffentlichen Recht), Strafrecht und Unternehmensrecht. Es gibt zahlreiche Veröffentlichungen, auch zu anderen Rechtsgebieten und zum Teil mit soziologischen Anklängen. Siehe dazu seine Autorenseite im elektronischen Gablerwirtschaftslexikon, wo auch sonstige Aktivitäten, wie z. B. Dozententätigkeiten an Hochschulen, aufgeführt sind.

Dr. Ulrich Hahn, Frankfurt am Main, ist langjähriges Mitglied der Fachverbände für Interne und IT-Revision und dort in vielen Gremien und Arbeitskreisen aktiv. Er war unter anderem Chairman der European Confederation of Institutes of Internal Auditing (ECIIA), Mitglied im Board of Trustees des Institute of Internal Auditors (IIA), Vorstandsmitglied im Deutschen Institut für Interne Revision (DIIR) sowie im ISACA Germany Chapter. Seine berufliche Laufbahn bei internationalen Prüfungsgesellschaften, führenden Technologieunternehmen und IT-Dienstleistern im In- und Ausland hat es ihm ermöglicht, ein sehr breites Spektrum an Governance-, Organisations- und Assurancepraktiken kennenzulernen. Seit langem engagiert er sich für die fachliche Aus- und Weiterbildung; heute primär durch Fortbildungen für Zertifikatsanwärter, Workshops sowie persönliche fachlich-organisatorische Unterstützung von Führungskräften und Teams in Governance-, Audit- und IT-Funktionen.

Corporate Governance

1.1 Einleitung: Ankerplätze

Wenn ein Schiff losmachen will, um auf große Fahrt zu gehen, sollte es tunlichst mit überblickender Vorausschau von einem sicheren Ankerplatz aus starten. Es kann so Risiken minimieren, die auf hoher See aus dem Spiel der Kräfte und ihren Fährnissen drohen. Wo komme ich her und wo will ich hin?

Nicht nur die Seeleute unter den geschätzten Leserinnen und Lesern haben es erkannt – gemeint ist natürlich die Erstellung eines Buches wie dieses über Interne Revision und über Compliance. Und zwar insgesamt gesehen, und insbesondere im Hinblick auf dessen Ankerlichten, sprich dem ersten Kapitel. Das sich Annähern an und die Herleitung von speziellen Themen zu den Topoi von Interner Revision und Compliance folgt sinnvoller Weise einer deduktiven Vorgehensweise, sowohl begrifflich als auch methodisch. Deduktion, das Hinarbeiten vom Allgemeinen zum Besonderen, hier verstanden und angewandt in einem weiteren Sinn, ist daher Kompass und Navigationskarte zugleich – wenn man eine solche Fahrt erfolgreich meistern will.

Zu Beginn sollte man sich somit die Bedeutung und die Aussagen wesentlicher Schlüsselbegriffe vor Augen führen. Diese sollten wenigstens plakativ in ihren umspannenden Kontext, ihren Bezugsrahmen[1] gesetzt werden. Das schließt nicht aus – im Gegenteil –, es

---

[1] Hillmann, K.-H. (1994, S. 101): Im wissenschaftstheoretischen Sinn ist der Bezugsrahmen (engl.: frame of reference) der Rahmen bzw. das aus aufeinander bezogenen Begriffen oder Kategorien entstehende Gefüge von Beschreibungs- oder Analyse-Elementen, innerhalb dessen eine problem-, methoden- und sachverhaltsbegrenzende wissenschaftliche Untersuchung überhaupt erst „sinnvoll" ist.

lässt den Spielraum, im weiteren Verlauf des Buches ggf. auf abweichende Besonderheiten einzugehen, gewissermaßen mit der späteren Feinnavigation nachjustieren zu können.[2]

Interne Revision und Compliance sind Teile ihrer Unternehmen, geschaffen um mit zu helfen, die Leitung und Überwachung des Unternehmens zu gewährleisten.

▶ **Corporate Governance:** Der Begriff bedeutet ganz allgemein so viel wie Führungsgrundsätze. Er meint auch die Art und Weise, wie diese ihren konkreten rechtlichen und faktischen Niederschlag bei Leitung und Überwachung eines Unternehmens gefunden haben. Der eigentlich neutral zu verstehende Begriff wird in der Praxis oft in dem Sinne einer „guten" Corporate Governance gebraucht und verstanden – was immer das genau ist.

Durch international und national anerkannte Standards soll jedenfalls eine gute und verantwortungsvolle Unternehmensführung mit einem entsprechenden Qualitätsniveau bei den Unternehmensleitungen und für deren Überwachung herbeigeführt werden. In Deutschland umgesetzt werden soll dies u.a. durch den Deutschen Corporate Governance Kodex (DCGK), einem von einer Wirtschaftskommission im Auftrag der Bundesregierung erstellten Regelwerk, das die Unternehmen zur entsprechenden Selbstverpflichtung anhalten soll.[3]

Abstrakter gefasst: Corporate Governance bezeichnet den rechtlichen und faktischen Ordnungsrahmen für die Leitung und Überwachung eines Unternehmens.[4] Es werden unter diesem Stichwort des weiteren auch Fragen der rechtlichen und faktischen Einbindung eines Unternehmens in sein Umfeld (z. B. den Kapitalmarkt) adressiert. Dabei steht insgesamt die große börsennotierte (Aktien-)Gesellschaft im Mittelpunkt des Interesses. Es werden aber zunehmend auch andere Rechtsformen und Unternehmen mittlerer Größenordnungen aus dem Blickwinkel ihrer spezifischen Anforderungen an die Corporate Governance analysiert.

Die Globalisierung der Wirtschaft und die Liberalisierung der Kapitalmärkte verleihen der geführten Diskussion, die somit permanent um die Einrichtung effizienter und transparenter Formen der Unternehmensführung kreist, zusätzliche Nahrung und Schubkraft.[5]

▶ **Interne Revision:** „Die Interne Revision erbringt unabhängige und objektive Prüfungs- und Beratungsdienstleistungen, welche darauf ausgerichtet sind, Mehrwerte zu schaffen und die Geschäftsprozesse zu verbessern. Sie unterstützt die Organisation bei der Erreichung ihrer Ziele, indem sie mit einem systematischen und zielgerichteten Ansatz die Effektivität des Risikomanagements, der Kontrollen und der Führungs- und Überwachungsprozesse bewertet und diese verbessern hilft".

---

[2] Etwas eingehender zur Thematik Begriffsformalismus vs. Begriffsdynamik Berwanger, J./Kullmann, S. (2012, S. 34 ff.).

[3] Berwanger, J./Kullmann, S. (2012, S. 40).

[4] v. Werder, A., Corporate Governance, Gabler Wirtschaftslexikon, Version vom 14.02.2018, https://wirtschaftslexikon.gabler.de/definition/corporate-governance-28617. Zugegriffen am 06.09.2018.

[5] v. Werder, A., ebenda.

1.1 Einleitung: Ankerplätze

So lautet nach wie vor die Definition der Internen Revision, wie sie das DIIR – als Übersetzung der Begriffsbestimmung des IIA formuliert.[6] Interne Revision in institutioneller Hinsicht ist demnach eine Abteilung, in der unabhängige, objektive Prüfungs- und Beratungsleistungen erbracht werden, die darauf ausgerichtet sind, Mehrwerte zu schaffen und die Geschäftsprozesse zu verbessern. Die Interne Revision unterstützt das Unternehmen bei der Erreichung seiner Ziele, indem sie mit einem systematischen und zielgerichteten Ansatz die Effektivität des Risikomanagements, der Kontrollen und der Führungs- und Überwachungsprozesse bewertet und diese verbessern hilft.[7]

▶ **Compliance:** Der Begriff wird in den letzten Jahren in der Wirtschaft im Zusammenhang mit Unternehmensführung zunehmend gebraucht, die Tendenz ist weiter anwachsend. Er wird, nach Blickwinkel der jeweils mit ihm befassten Disziplin (Organisation, Recht, Wirtschaft, Soziologie usw.), unterschiedlich interpretiert und bearbeitet. Trotz oder gerade wegen seiner fast schon inflationären Verwendung ist er nicht abschließend definiert. Insbesondere gibt es keine gesetzliche Definition.

Für die Zwecke dieses Buches soll grundsätzlich von folgendem ausgegangen werden: Die Gesamtheit sämtlicher Maßnahmen, die zur Einhaltung von Gesetzen und Richtlinien, aber auch freiwilliger unternehmensinterner Verhaltenskodizes durch ein Unternehmen und seine Organisationsmitglieder führt, und das Einhalten der Gesetze, Standards etc. selbst, wird unter dem Begriff Compliance zusammengefasst (Pflichterfüllung und Regelkonformität – und vor allem auch maßgeblicher Einfluss und Eingang von Compliance in die Kultur eines Unternehmens).[8]

In der neueren Literatur[9] wird mit Bezug auf Kriminalitätsprophylaxe zudem auf den Begriff der *Criminal Compliance* verwiesen. Er beginne sich vor allem im deutschsprachigen Schrifttum als Compliance im engeren Sinne zu etablieren.

Die Sicherstellung der Compliance wird im Regelfall durch entsprechende organisatorische Maßnahmen unterstützt. Zusammengefasst wird das als Compliance Management System (CMS) bezeichnet. Unternehmensführungen prüfen und entscheiden, ob dies für ihren Einzelfall, anhand des Zuschnitts und der Größe, organisatorisch im Sinne einer Corporate Governance für ihr Unternehmen als notwendig erachtet wird. Dabei spielt eine Rolle, ob die Einrichtung einer solchen Abteilung rechtlich vorgeschrieben ist oder auch nicht.

---

[6] Siehe DIIR (2019, S. 12).
[7] Berwanger, J./Kullmann, S. (2012, S. 45).
[8] Kreßel, E. (2018, S. 841, 843). Schneider, H. (2018, S. 306 f. Rn. 7) verbindet den Kulturaspekt mit dem Begriff *Compliance 2.0*. *Compliance 2.0* habe die frühere *Compliance 1.0* in manchen Unternehmen abgelöst (siehe dazu unten bei den Ausführungen zur Korruptionsbekämpfung).
[9] Vgl. z. B. Schneider, H. (2018, S. 304 Rn. 3, m. w. N.).

Die Einrichtung einer Compliance-Abteilung und die Etablierung eines (Chief) Compliance Officers gehört heute zumindest bei größeren Unternehmen zum Standardrepertoire.[10] Falls ein Unternehmen der Einrichtung eines CMS nähertreten will oder muss, gehört dazu, wie die konkrete Umsetzung vonstattengehen soll oder – wenn rechtlich vorgegeben – gehen muss. Ungeachtet aller Besonderheiten gilt im Grundsatz: Eine funktionierende Compliance Organisation ist als ein bedeutendes Element der Corporate Governance anzusehen.[11]

1.2 Determinanten der Corporate Governance

1.2.1 Bestandsaufnahme: Globalisierung

Der in Deutschland erstmals Anfang der 1970er-Jahre verwendete Begriff wurde im Jahr 1983 weltweit durch den Artikel „Globalization of Markets" (von Theodore Levitt) verbreitet. Er beschreibt einen Entwicklungsprozess, der sich – historisch gesehen – anfänglich lediglich auf internationalen Handel, Außenhandel, bezog. Im Hinblick auf seine geschichtlichen Anfänge wird zurückgegangen bis in die Antike, wo auch immer schon nach neuen Handelsmärkten und -wegen gesucht wurde.[12] Die Literatur[13] registriert zwei historische Globalisierungswellen: Infolge der industriellen Revolution (1820) gab es eine erste mit ihrem Höhepunkt um 1910. Ab 1990/2000 folgte die zweite Welle, mit einer Delle, infolge der globalen Finanzkrise in 2007.

Nach einer Definition der OECD ist Globalisierung „die enge Verflechtung von Ländern und Völkern der Welt, die durch die enorme Senkung der Transport- und Kommunikationskosten herbeigeführt wurde, und die Beseitigung künstlicher Schranken für den ungehinderten grenzüberschreitenden Strom von Gütern, Dienstleistungen, Kapital, Wissen und (in geringerem Grad) Menschen".[14]

Neben kulturellen und gesellschaftlichen Entwicklungen von Globalisierung geht es mit Bezug auf den Handel der Unternehmen um fünf Teilaspekte: die internationale Handelsverflechtung, ausländische Direktinvestitionen, die Operationen transnationaler Unternehmen, die verbesserten Kommunikationsmöglichkeiten und um die internationalen

---

[10] Z.B. BMW: Weltweit fünf regionale Compliance Manager, 180 Group Compliance Manager und 140 Local Compliance Officers, vgl. die Angaben bei Schockenhoff, M. (2019, S. 281), auch zu Siemens.

[11] Berwanger, J./Kullmann, S. (2012, S. 39).

[12] Südekum, J. (2018, S. 4); Zur Geschichte des Freihandels in der Neuzeit vgl. Osterhammel J. (2018, S. 11).

[13] Südekum, J., ebd.; er verweist im Hinblick auf grenzenlosen (Frei-)Handel auf den Begriff der „Hyperglobalisierung".

[14] Definition von Stiglitz, bei Huwart, J./Verdier, L. (2014, S. 14).

1.2 Determinanten der Corporate Governance

Finanzmärkte.[15] Für Unternehmen geht es vorrangig um das ökonomische Phänomen in Form der Entstehung weltweiter Märkte für Produkte, Kapital und Dienstleistungen durch Zunahme und Verdichtung von grenzüberschreitenden Aktivitäten. Unternehmen sind Haupttreiber und Betroffene dieser Internationalisierung. Sie fungieren als Produzenten von Gütern und/oder Dienstleistungen, die auf diesen Märkten gehandelt werden. Sie müssen sich neuen Herausforderungen stellen, etwa in Form einer zunehmenden Vereinheitlichung von Rechnungslegungsgrundsätzen (Stichworte: IFRS und US-GAAP) oder durch das Festgelegt werden auf internationale Standards bei interner Unternehmenskontrolle (SOX und 8. EU-Richtlinie).[16]

Als theoretische Eckpfeiler der Außenhandelstheorie und der Volkswirtschaftslehre gelten für den Internationalen Handel, und damit auch für die Globalisierung, die klassischen Ansätze von David Ricardo (1172–1823). Sein Mantra besagt, dass Außenhandel wegen des „komparativen Vorteils" Wohlfahrtsgewinne für alle daran beteiligten Länder erbringt. Diese Arbeitsteilung des komparativen Vorteils bedeutet so viel wie: Das eine Land macht was/kann was, was das andere nicht kann/nicht macht. Man richtet sich also daran aus, was man kann und was nicht, indem man selbst die Finger von bei sich unproduktiver, unwirtschaftlicher Produktion lässt. Stattdessen versorgt man sich vom anderen, der das besser kann und beliefert diesen im Gegenzug mit seinen Produkten und Dienstleistungen. Mit Bezug auf die Binnensituation in den beteiligten Ländern werden diese Regeln von Ricardo allerdings durch die Erkenntnisse von Stolper/Samuelson (aus dem Jahr 1941, „Stolper-Samuelson-Theorem") relativiert. Ebenfalls holzschnittartig: Es geht um die unterschiedlichen Verteilungseffekte von Globalisierung innerhalb eines am Außenhandel beteiligten Landes. Auch wenn das Land insgesamt durch Handel gewinnt (Ricardo), Globalisierung erzeugt jedenfalls innerhalb eines Landes Gewinner und Verlierer.[17] Der von Ricardo festgestellte Gesamtzuwachs für das Land insgesamt wegen Ausnutzung des komparativen Vorteils kommt zustande, indem die Gewinner innerhalb eines Landes stärker gewinnen als die Verlierer dieses Landes verlieren.[18]

Über Globalisierung ist wegen dieser unterschiedlichen Verteilungseffekte, gerade auch wegen damit verbundener sozialer Konsequenzen, schon immer sehr viel kritisch geredet und geschrieben worden. Insbesondere wird sie – gemeinsam mit gleichzeitig ein-

---

[15] Hengsbach, F. (2000, S. 10, 12). Er beschränkt sich allerdings auf vier Schwerpunkte und hält den Kommunikationsaspekt und die von anderen ebenfalls noch genannte Arbeitsmigration für nicht so prägend.

[16] Berwanger, J./Kullmann, S. (2012, S. 2).

[17] Flassbeck, H./Steinhardt, P. (2018, S. 15) zitieren Bofinger: „Die Globalisierung schade zwar dem Einzelnen, nütze aber den Nationen."

[18] Südekum, J. (2018, S. 7). Er meint, die Existenz von Globalisierungsverlierern stehe keineswegs im Widerspruch zu Ricardos Aussage. Anders Flassbeck, H./Steinhardt, P. (2018, S. 25): Die gesamte Freihandelsideologie beruhe auf einer eindeutig unrealistischen und falschen Theorie, der internationale Handel möge zwar frei sein, „wir wissen jedoch nichts darüber, ob er auch effizient ist."

geführten, zum Teil anglizistisch geprägten „neuen revolutionären Rätselwörtern aus der Gesellschaftsretorte des Managements" (Ulrich Beck), wie z. B. Neoliberalismus bzw. -konservatismus, Intrapreneurship oder Shareholder Value – vielfach auch angegriffen. Das kann alle Jahre wieder anschaulich und eindrucksvoll, etwa anlässlich von Konferenzen, so etwa beim G 20-Gipfel in Hamburg im Juli 2017, besichtigt werden.[19]

Neben diesen schon seit etlichen Jahren bestehenden sozialkritischen Anklängen besorgter Interessengruppen sind zum Zeitpunkt des Redaktionsschlusses zu diesem Buch relativ neue, und doch schon als nachhaltig zu bewertende, weitere Widerstände gegenüber der Globalisierung hinzugetreten. Nicht nur wirtschaftlich gesehen zeigen sich zunehmend nationalistisch-protektionistische bis hin zu chauvinistischen Tendenzen auf staatlicher Ebene (Brexit, „America First", Widerstand gegen TTIP, Erstarken von Autokratien) oder breit angelegte Tendenzen des Aufbegehrens gegen die staatliche Autorität im Allgemeinen (Gelbwesten in Frankreich).

Mit Bezug auf protektionistische Aspekte gegen den Freihandel geht es um die Neuregelung der Verteilungseffekte der Globalisierung.[20] Denen wurde sogar attestiert, dass sie einen Angriff auf die nationale Sicherheit bedeuten.[21] In Europa ist daneben die sog. Flüchtlingskrise zu nennen, die mit einem „Wir schaffen das!" im Jahr 2015 den Anfang nahm und zu deren Bewältigung die EU den Präsidenten der Türkei als verlässlichen Schutzpatron gewinnen wollte. Das stellte sich im Frühjahr 2020 als ein Irrtum heraus. In Nordamerika sollte eine 3200 km lange Mauer zu Mexiko gebaut werden, im Frühjahr 2020 waren immerhin 160 km fertiggestellt, zur Fertigstellung wird es unter einem neu gewählten Präsidenten Biden voraussichtlich nicht kommen. Es gibt nach wie vor Krisenherde mit lokalen Kriegen an etlichen Orten auf der Welt. Folge vom alldem, nicht nur in Deutschland: Verunsicherung allenthalben – Götterdämmerung der Eliten, weitere Vertrauenserosion an die Adresse der Politik, sinkendes Systemvertrauen allgemein – es kann gesagt werden, dass sich auf allen gesellschaftlichen Feldern ein gewisser Gegentrend zur Globalisierung anzeigt.[22] Auch wenn insoweit eine gehörige Portion bayerischer Eigensinn mit im Spiel war – dazu gehört auch, dass sich Deutschland ein Heimatministerium zugelegt hat.

---

[19] Zu Haftungsthematiken nach den Ausschreitungen vgl. Berwanger, J. (2017, S. 1348).

[20] Südekum, J. (2018, S. 4, 7). Präsident Trump: „ … Für uns Amerikaner gilt diese rote Ampel nicht mehr. Unsere Autos werden seit Jahren benachteiligt, wir fordern einen neuen Deal: Grüne Welle für unsere Autos", zitiert bei Nienhaus/Schieritz, DIE ZEIT, Nr. 23 v. 30.05.2018, S. 19, Artikel „Deutschland, mach was!" Fatal nur, dass sich die restliche Kauf-Welt für amerikanische Autos nicht so recht begeistern will – GM verkündete Ende November 2018 einen Stellenabbau von bis zu 15.000 Mitarbeiter, vgl. Saarbrücker Zeitung, 28.11.2018, S. A8, „GM-Sparpläne machen Trump zornig".

[21] Vgl. etwa die Diskussion im Frühjahr 2019 mit der diesbezüglichen Feststellung durch US Präs. Trump, mit der die Einführung von US-Strafzöllen auf EU-Autos und auf Autoteile gerechtfertigt wurde. Im Juli 2019 erklärte der amtierende deutsche Wirtschaftsminister Altmaier, Deutschland und die EU seien bereit, die Zölle bei den wichtigen Industrieprodukten, incl. Autos, „auf Null zu senken".

[22] Vgl. zu wirtschaftlichen Aspekten mit der Auflehnung durch „Globalisierungsverlierer" etwa Südekum, J. (2018, S. 4, 6 ff.).

1.2 Determinanten der Corporate Governance

An der Maßgeblichkeit der Bedeutung der Globalisierung für deutsche Unternehmen mit Bezug auf die Themen dieses Buches ändert sich durch diese Entwicklung nichts. Nachdrücklich hat sich das im Frühjahr 2020 gezeigt, weil durch das um die Jahreswende 2019/2020 in China ausgebrochene Coronavirus die weltweiten Lieferketten unterbrochen wurden (bei Redaktionsschluss dieses Buches ist die Welt noch sehr stark von dieser Krise betroffen). Globalisierung wirkt also nach wie vor. Entgegen anderslautenden Unkenrufen[23] wird sie auch für weitere Folgeauflagen dieses Buches tragen. Auf nationaler gesellschaftlicher Ebene sind, neben den angerissenen Themen, weitere dysfunktionelle Begleiterscheinungen festzustellen. Zu nennen sind Stichworte wie Fake News, Populismus, Erosion der „Herrschaft des Rechts", Demokratie- und Pluralismusgefährdung. Das bringt noch mehr Unruhe und birgt weitere Risiken. Für deutsche Unternehmen gilt daher, Stolper/Samuelson lassen weiter grüßen, – bloß nicht zum Verlierer werden! Denn es besteht nach wie vor ein verschärfter Preiswettbewerb auf den Absatzmärkten mit hohem Aufwand für die Sicherung der Kundenanforderungen – die Flexibilität zur Produktionsverlagerung zum ausländischen Kunden hin eingeschlossen. Der „digitale Kapitalismus" erbringt weiter seine „Nanosekunden-Kultur", d. h., die Betroffenen müssen schnell, mobil, flexibel und ubiquitär sein.[24] „Change", ein mit Corporate Governance oft einher gehendes weiteres Schlüsselwort, spielt eine tragende Rolle in der Szene[25] – „Früher hatten wir einen Zustand, dann kam die Veränderung, dann ein neuer Zustand. Jetzt ist die Veränderung der Zustand".[26]

1.2.2 Kleines soziologisches Einmaleins – Soziologische Systemtheorie

Regeln dienen der Steuerung des menschlichen Zusammenlebens in einer Gesellschaft. „Corporate Governance" steht für Regeln und für deren Anwendung im Unternehmen. Unternehmen repräsentieren innerhalb des gesellschaftlichen Subsystems „Wirtschaft" einen ganz bestimmten Teilbereich der Gesellschaft. Für sie geht es um Regeln, die von außen auf die Unternehmen einwirken und/oder um solche, die innerhalb eines Unternehmens, von diesem exklusiv für sich ausgewählt, gesetzt sind. Regeln, das sind Gebote und Verbote – „Das musst Du tun, das darfst du nicht tun!" Recht und Moral sind, neben Sitte und Religion (die hier vernachlässigt werden), klassische Regelordnungen, die mal mehr,

---

[23] Flassbeck, H./Steinhardt, P. (2018, S. 2): „Die Globalisierung war eine wunderbare Idee … Doch nach der großen Krise, nach Trump und Brexit, ist das Projekt gescheitert."
[24] So schon Glotz, P. (1999, S. 125).
[25] Lamparter, DIE ZEIT, Nr. 48 v. 23.11.2017, S. 29, Artikel „Ist die Zeit der Riesenkonzerne vorbei? Seit 170 Jahren erfindet Siemens sich ständig neu".
[26] Michael Urban, zitiert bei Bea, F.X./Haas, J. (2017, S. 7). Lakonisch Sprenger, R. K. (2018a, S. 107): „Jedermann weiß: Das einzige Wesen, das Veränderung liebt, ist ein nasses Baby. Der Rest der Menschheit ist tendenziell veränderungsscheu."

die mal weniger, in den jeweiligen gesellschaftlichen Bereichen gelten. Sie formen Grenzen und Freiräume zugleich und sie sollen Erwartbarkeit und Sicherheit produzieren.

Moral als Regelkodex zielt auf das Gewissen des einzelnen Menschen mit dem Postulat, er soll gut und hochwertig handeln – wie immer das, kulturabhängig, definiert wird. Der Ansatz bildet die Grundlage für den entsprechenden Standard in der gesamten Gemeinschaft, sofern möglichst viele Individuen so handeln. Es geht bei der Moral u. a. um das Ausleben und Praktizieren von Tugenden als erstrebenswerten Charaktereigenschaften und um die möglichen Folgen in Abhängigkeit der Zielerreichung. Recht als Verhaltensanordnung, die sich eine Gemeinschaft gesetzt hat, soll demgegenüber nur ein „einigermaßen erträgliches Zusammenleben" der Menschen bezwecken. Dieser kleinste Nenner, den „Recht" definiert, bleibt damit in der Regel hinter dem Gebot des guten Handelns anhand von Moral zurück.

Die Klassifizierungen Recht und Moral stehen in der Gesellschaft grundsätzlich selbstständig und unabhängig nebeneinander. Die wesentliche Besonderheit und Eigentümlichkeit des Rechts, sofern es für eine Gesamtgesellschaft insgesamt wirkt, besteht in seiner staatlichen Urheberschaft. Diese bewirkt u. a., dass – im Gegensatz zu den Normen der Moral – rechtliche Ge- und Verbote auch mit staatlicher Hilfe zwangsweise durchgesetzt werden können. Recht, klassisch formuliert, ist eine Ordnung, wenn „sie äußerlich garantiert ist durch die Chance physischen oder psychischen Zwanges durch ein auf Erzwingung der Innehaltung oder Ahndung der Verletzung gerichtetes Handeln eines eigens darauf eingestellten Stabes von Menschen."[27]

Auf dieser soziologischen Theorienbasis kann die Organisation der Gesamtgesellschaft und ihrer Teile erklärt werden. Die moderne Gesellschaft teilt sich in Subsysteme auf, um die Erfüllung ihrer wesentlichen Funktionen und Aufgaben bewältigen zu können. Die Subsysteme erfüllen jeweils ihre (Teil-) Aufgaben, sie ergänzen sich, sie leisten etwas füreinander. Keines der Subsysteme allein kann die gesamte Gesellschaft steuern. So jedenfalls Kernaussagen der soziologischen Systemtheorie. Neben der Wirtschaft (zuständig für Wohlstandsmehrung im Sinne einer zukunftsstabilen Vorsorge) sind weitere Subsysteme die Politik (zur Herstellung allgemein verbindlicher Entscheidungen), das Recht (Sicherung von Erwartungen und von Frieden), die Familie (Reproduktion), die Religion (Sinn- und Jenseitsfragen) und die Wissenschaft (Wahrheit). Obwohl sie alle aufeinander angewiesen sind, sind sie nach der Theorie in ihren Regeln und ihrem Verhalten zum großen Teil voneinander unabhängig. Jedes von ihnen formuliert jeweils seine eigenen Universalitätsansprüche an die Behandlung aller Themen und folgt dabei fast nur seinen eigenen Regeln. Nach der Theorie sie sind sogar geradezu blind füreinander, denn sie befolgen relativ „stur" nur ihre eigenen Parameter und Regeln und sollen sich so allein aus eigener

---

[27] Max Weber (1985, S. 17). Weber unterschied eine juristische und eine soziologische Komponente des Rechts und grenzte auf dieser Basis dessen Terrain zu dem des Feldes der Wirtschaft ab (1985, S. 17, 181).

1.2 Determinanten der Corporate Governance

Kraft (weiter-) entwickeln.[28] Sie leben damit buchstäblich in ihrer eigenen Welt und sie versuchen zuweilen, sich diese ohne Rücksichtnahme auf das Gesamtbild zurecht zu basteln.[29]

Das bringt es mit sich, dass die eben genannten Regelordnungen in den verschiedenen Subsystemen nur unterschiedlich stark ausgelebt werden. Das gilt vor allem für Recht und Moral. Zielkonflikte und gegenseitiges Unverständnis unter den Subsystemen sind daher nicht selten. Das gilt für das Verhältnis zwischen Wirtschaft und Recht und der Politik, zuweilen ein wahres Bermudadreieck. Politik erscheint oft als institutionalisierte Beliebigkeit. Sie ist u. a. dafür verantwortlich, Recht zu schaffen.

Recht operiert nach seinem ihm eigentümlichen binären Code, etwas ist entweder legal oder es ist illegal. Recht will immer Gerechtigkeit, es zeigt damit starke Anklänge an bestimmte Moralgrundsätze. Ungeachtet von Versuchen der Usurpation von Moral/Ethik für das Wirtschaften von Unternehmen (siehe dazu sogleich, unter Abschn. 1.2.3), – Wirtschaft, in ihrer unermüdlichen Suche nach Vorsorge, darf und will eigentlich gar nicht wissen, was Gerechtigkeit ist, weil sie sonst die Erfüllung ihrer Funktion verfehlte.[30]

Wirtschaft muss sich andererseits dieser „Herrschaft des Rechts" fügen und sich ihr unterordnen. Das fällt schwer und Gegenoffensiven sind da nicht ausgeschlossen. Augenscheinlich wird das z. B. bei der ökonomischen Theorie des „effizienten Vertragsbruchs", die Vertreter der sog. Konstitutionellen Politischen Ökonomie bemühen: Warum nicht einen Vertrag brechen, wenn es hierfür gute ökonomische Gründe gibt, es sich – auch nach Abzug aller Pönalen, Schadensersatzansprüche und sonstiger Kosten (z. B. für den Anwalt) – noch rechnet?![31]

Sehr holzschnittartig und plakativ, vielleicht von manchem Leser bzw. von mancher Leserin als etwas provokant formuliert wahrgenommen, folgert sich aus den Konsequenzen der Systemtheorie für Wirtschaftsunternehmen anhand der Sicht des juristischen Mitautors dieses Buches: Rechtliche Vorgaben, etwa in Form eines Gesetzes, mögen sie ansonsten in ihrer allgemeinen Wirkung einem noch so berechtigten Sinn und einem für die Gesamtgesellschaft wichtigen Zweck dienen, sind für Unternehmen, sofern sie diese nicht

---

[28] Luhmann, N. (1988, S. 64). Speziell zur Rolle des Rechts im Kontext der Systemtheorie vgl. auch Luhmann, N. (1999, S. 1). Eine kurze Zusammenfassung zur Systemtheorie bietet Roellecke, G. (2000, S. 6).

[29] Ungeachtet der Rechtslage: Dazu gehören, als ein Negativbeispiel aus der Wirtschaft, die Zahlungen von aberwitzig hohen Betriebsratsgehältern, die sich vom Ursprungsgedanken der betrieblichen Mitbestimmung ungefähr so weit entfernt haben, wie das in fernen Galaxien umherfliegende Raumschiff Enterprise; vgl. zu Volkswagen und Porsche, Tatje, C., Haben Sie das wirklich verdient, Herr Hück?, in: Die Zeit, vom 06.08.2019, Wirtschaft S. 23. Im Jahr 2019 gab es wegen überhöhter Betriebsratsgehälter staatsanwaltschaftliche Ermittlungen gegen Porsche, diese waren zum Redaktionsschluss noch nicht abgeschlossen.

[30] Sprenger, R. K. (2018b, S. 19) bemüht Goethe: Wirtschaften kann zwar moralische Folgen haben. Aber vom Wirtschaften moralische Zwecke zu fordern, „heißt, ihm sein Handwerk zu verderben."

[31] Buchanan, J. M. (1984, S. 109).

selbst wenigstens mittelbar begünstigen, bestenfalls neutral. Bei ihrem Streben nach Vorsorge, beeinflusst von einem stringenten ökonomisch-rationalen Nutzenprinzip, sind sie jedoch für das Unternehmen nicht selten nachteilhaft. Sie sind damit mindestens lästige Hemmschuhe. Wenn sie belasten, belasten sie oft signifikant. Sie bedeuten Kosten und bringen Ungemach.

Staatlich gesetztes Recht, so wie es inhaltlich normalerweise daherkommt, und Wirtschaft passen daher oft nicht zusammen. Anhand des Befolgungsanspruchs von Recht und den möglichen nachteiligen Konsequenzen bei Nichtbefolgung bleibt den Unternehmen nichts anderes übrig, als sich daran zu halten – sieht man einmal von bekannt gewordenen negativen Ausnahmefällen ab (Dieselskandal als Beispiel). Daher sind z. B. auch die Kosten für den Aufbau eines CMS zur Erreichung des Ziels „Gesetzesbefolgung" unternehmerische Investitionen (dieser Begriff ist hier und nachfolgend nicht buchhalterisch gemeint), mit getätigt zur vorausschauenden Verminderung von späteren Strafen oder Bußgeldern, wenn es doch einmal gekracht haben sollte.

Im Sinne eines guten Marketings liegt es nahe, wenigstens hinzugehen und aus dieser Not eine Tugend zu machen. Das tun Unternehmen. Selbstverständlichkeiten, so das Credo rund um die Compliance („Befolgung von Gesetzen"), werden besonders hervorgehoben.[32] Augenfällig sind auch adjektivische Ausschmückungen wie z. B. die der „guten" Corporate Governance, so z. B. begleitende Attitüden beim Corporate Governance Kodex.[33]

Bemühungen von Unternehmen rund um das „zeitgeistige Schlagwort CSR"[34] komplettieren diese nüchterne Sicht. Unternehmen bemühen sich zuweilen, gesellschaftliches Verantwortungsbewusstsein zu entwickeln und wollen das auch nach außen zeigen. Triebfeder der Unternehmen dabei ist allerdings weniger ein moralisches Verhalten, sondern es geht auch insoweit um Investitionen. Moralisches Handeln an sich ist im Programm von Unternehmen nicht vorgesehen, darauf sind Unternehmen nicht programmiert.[35]

Bei der Überschrift unter das Etikett „CSR" handelt es sich zum Teil um ohnehin nur schwerlich umgehbare Kategorien im Sinne eines „must-have". Ein Unternehmen kann sich nicht erlauben, z. B. mit „schmutziger" Kinderarbeit in Verbindung gebracht zu werden. CSR-Themen werden zunehmend auch rechtlich verarbeitet, Unternehmen müssen

---

[32] ... auch wenn es bei „Compliance" daneben auch um die weitergehende Anforderung geht, Maßnahmen zu ergreifen, die rechtmäßiges Verhalten gewährleisten sollen, vgl. Hüffer, U./Koch, J. (2018, § 76 Rn. 11).

[33] Vgl. etwa die Botschaft in Abs. 2 S. 2 der Präambel des DCGK (i. d. F. v. 07.02.2017), wo es um ethisch fundiertes eigenverantwortliches Verhalten geht und auch das Leitbild des ehrbaren Kaufmanns strapaziert wird.

[34] Hüffer, U./Koch, J. (2018, § 76 Rn. 35).

[35] Apodiktisch, weitgehend Sprenger, R.K. (2018b, S. 18): „Für Moral ist die Kirche zuständig."

sie daher ohnehin befolgen.[36] Der Investitionsgedanke betrifft dabei auch rein freiwillige gesellschaftliche Engagements. Das gilt etwa für die Spende an einen lokalen gemeinnützigen Verein, modernsprachlich in Deutschland als „Corporate Citizenship" bezeichnet. Edle Motive, die womöglich den einen oder anderen Wirtschaftsführer mit philanthropischer Ader persönlich beeinflussen mögen, sollen hier nicht in Abrede gestellt werden.[37] Für das Unternehmen, als Institution der Wirtschaft, ist und bleibt es im Kontext des ökonomisch-rationalen Nutzenprinzips eine profane Investition.[38] „Freiwillig" ist das daher nicht, das gilt generell für die Motive bei der Ausbildung eines gesellschaftlichen Verantwortungsbewusstseins innerhalb des Unternehmens. „Die soziale Verantwortung der Wirtschaft ist es, ihre Profite zu vergrößern" (Milton Friedman).

1.2.3 „Governance-Ethik" und eine Entgegnung

Ganze gar wissenschaftliche Theoriengebäude, zu CSR oder zu Wirtschaftsethik allgemein, erscheinen vor diesem Hintergrund zumindest teilweise, jedenfalls soweit sie „das Gute" strapazieren, in der praktischen Umsetzung und bei ihrer Präsentation in Unternehmen wie Managementfolklore.[39] Zudem erscheinen Theorien wie ein akademisches Glasperlenspiel. Wenig erfolgversprechend erscheint z. B. der Versuch, durch eine Bündelung von individuellen Tugenden („Werten") in Unternehmen einen Transfer in Form eines „Prozess der Endogenisierung von Werten und Regeln in die unternehmensspezifischen Steuerungsstrukturen von Transaktionen" bewirken zu wollen und dies als beispielgebendes Muster für die Gesamtgesellschaft darzustellen – „Governance-Ethik".[40] Maßgebliche Wertegruppen, die so innerhalb eines Unternehmens als „Wertemanagement" gepflegt und kultiviert werden sollen, sind Leistungswerte (Kompetenz etc.), Kommunikationswerte (Achtung etc.), Kooperationswerte (Loyalität, Teamgeist etc.) und moralische Werte (Fairness, Vertragstreue etc.).

---

[36] Mit dem deutschen Umsetzungsgesetz aus 2017 (vgl. z. B. die §§ 289b ff. HGB) zur CSR-RL hat sich auch der deutsche Gesetzgeber des Themas angenommen; zu Tendenzen der CSR als einer Art rechtlichen Erweiterung der Compliance-Verantwortung: anstelle einer „legal license to operate" soll zusätzlich eine „social license to operate" zumindest rechtsähnlich implementiert werden, vgl. Spießhofer, B. (2018, S. 441); auch Hüffer, U./Koch, J. (2018, § 76 Rn. 35d) sehen bei CSR in den vergangenen Jahren eine Schwerpunktverlagerung – von der Frage, was der Vorstand im CSR-Bereich tun darf, zu der Frage, was er tun muss.

[37] Wenig schmeichelhaft dagegen Sprenger, R. K., der von „Wohltätigkeits-Schaulaufen" und von „Moralblähungen" bei Managern spricht (Sprenger 2018b, S. 74, 94).

[38] Tendenziell anders wohl Kremer u. a.-Bachmann, G./Kremer, T. (2018, Vorstand, Rn. 826): „ … Frei von pekuniären Interessen geht es bei Compliance schließlich um die Reputation der Unternehmung."

[39] „Wer ein Unternehmen führt, muss auch ein Blender sein." Sprenger, R.K. (2018b, S. 28).

[40] „Governance-Ethik" – Verknüpfung von Ethik mit Denkweisen der Ökonomik unter Zuhilfenahme individueller Tugenden und deren Übertragung in die Wirtschaft, vgl. mit Hinweisen auf Wieland, J., Otremba, S. (2016, S. 65 ff.).

Ausgehend von der Firma als „Nexus von Stakeholdern" basiert Governance-Ethik auf der sog. Stakeholdertheorie. Diese habe sich „zu einem tragenden Begriff der Demokratietheorie moderner Gesellschaften, vor allem im Hinblick auf die Partizipation zivilgesellschaftlicher Akteure, entwickelt."[41] Unternehmen komme im Zeitalter der Globalisierung eine wesentliche gesellschaftliche Steuerungsaufgabe zu. Sie seien wissensbasierte Organisationen, die über ein vielfältiges Wissen (aus Management, Kultur, Ökonomik, Politik etc.) verfügen und Ressourcen zur Realisierung sich daraus ergebender Handlungsoptionen mobilisieren können. Insofern agierten Unternehmen als „Ressourcenbündel", was auch für die Entscheidung politischer oder gesellschaftlicher Fragen mit Nutzen zugänglich gemacht werden könne.[42]

U. a. aus diesen Grundannahmen der Stakeholdertheorie, und weil „Unternehmen und Teams als distinkte kollektive Akteure Mitglied einer gegebenen Gesellschaft sind", sei daher über die Grenze der Organisationsform „Unternehmung", und es sei über das Wesen ihrer Beziehung zur Gesellschaft, über „the nature of the firm", entsprechend neu nachzudenken.[43] Es ergebe sich zudem nicht zuletzt wegen einer gesehenen „Defizienz" staatlicher Governance, dass Netzwerk- und Stakeholderforen als rationale Steuerungsalternativen moderner Gesellschaften im 21. Jahrhundert in Erwägung zu ziehen seien. Das erbringe auch Herausforderungen für das Management dieser Organisationen.[44] Gegen die Allgemeinorientierung stehende unternehmerische Eigenheiten beim Streben nach verfolgten Zielen, so z. B. Opportunismus, Gewinnmaximierung oder Profitstreben, werden von Governance-Ethik nicht als entscheidende Hemmnisse für die den Unternehmen zugeschriebene gesamtgesellschaftliche Rolle angesehen. Zum einen würden die Vorteile aus einer gesellschaftlichen Wertschöpfung unternehmerischer Tätigkeit solche unvorteilhaften Angewohnheiten überwiegen. Insbesondere könne und soll zudem mit der erfolgreichen Implementierung von individuellen Tugenden und Werten innerhalb der Unternehmen dem nachhaltig entgegengewirkt werden.

Hier ist nicht der Raum, der notwendig wäre, im Sinne einer wissenschaftlich angemessenen Entgegnung reagieren zu können. Es kann nur relativ kurz gesagt werden, dass Governance-Ethik praxisfremd erscheint, denn so viele (wirklich) gute bzw. ausreichend mit Werten ausgestattete Menschen zur flächendeckenden Ausstattung von Unternehmen gibt es nicht[45] – selbst wenn man den Ansätzen des sog. Stewardships (siehe dazu weiter unten) folgen wollte.

---

[41] Wieland, J., Schmiedeknecht, M. (2010, S. 5).

[42] Wieland, J., Schmiedeknecht, M. (2010, S. 3).

[43] Wieland, J., Schmiedeknecht, M. (2010, S. 18, 23).

[44] Wieland, J., Schmiedeknecht, M. (2010, S. 24 f.).

[45] So auch Sprenger, R.K. (2018b, S. 19): „Wollte man die Tugendhaftigkeit von Managern zum Maßstab machen, dann wären die Leitungsgremien leer."

Das Ganze ist, wie so oft, auch hier nur die Summe aller seiner Teile – das Unternehmen steht und fällt mit den „charakterlichen" und sonstigen Güteattributen aller seiner Individuen. Denn, und das ist schon an dieser Stelle kritisch an die Adresse der Theorien zu sagen: Es geht nicht nur um die Führungskräfte des Managements und um deren Befindlichkeiten, mit denen sich Theorien wie Principal-Agent oder Stewardship befassen. Es geht auch um das namenlose und vielzählige Heer der Fußsoldaten, die den Krieg gewinnen sollen. Hier haben die Generäle und Offiziere oft bewiesen, dass ihnen – trotz aller anempfohlener Theorienansätze – allem Anschein nach die erfolgreiche Heerführung einfach nicht so recht gelingen will.

Es mag sein und es ist auch aus diesseitiger Sicht zutreffend, dass in sehr vielen Unternehmen von Management und Mitarbeitern gut gepflegte und gut „gelebte" Leistungswerte (z. B. Kompetenz) die beispielgebende Professionalität vermitteln können, von der sich auch andere gesellschaftliche Bereiche insofern etwas abschauen können. Aber schon bei den weiteren Größen im Wertekanon der Governance-Ethik (Kommunikationswerte und Kooperationswerte) hapert es allzu oft. Bei den moralischen Werten (Integrität, Fairness, Ehrlichkeit, Vertragstreue, Verantwortung) steht dann sogar oft nur der Offenbarungseid. Die Wirklichkeit blamiert damit diese akademische Idee.

Auch: Das Unternehmen, mit seinen Kostenzwängen etc., als Institution, steht dem Ausleben individueller Tugenden weitgehend entgegen. Der Versuch der funktionalen Verknüpfung individueller Moralvorstellungen mit institutionellen Werten, um Unternehmen so eine eigenständige moralische Funktion verleihen zu können, überzeugt daher ebenfalls nicht. Soweit hier richtig bekannt, hat das nachhaltige Auflegen von Wertemanagementstrukturen bisher nicht einmal bei kirchlichen Arbeitgebern funktioniert.

Die durch Governance-Ethik in zwei, drei Testunternehmen, sozusagen in der Petrischale erzeugten Verhältnisse sind auf die breite Fläche nicht übertragbar. Eine abstrahierte, rein auf das Unternehmen (als kollektiver Akteur) als moralische Institution bezogene Sicht erscheint nicht möglich. Das dürfte in der Form für viele „gewöhnliche" Unternehmen so gelten. Trotz wissenschaftlicher Einwände, die man vielleicht gegen die argumentative Güte des Hinweises auf (relativ wenige) negative Ausnahmefälle erheben kann – schließlich: Wie soll man sich Unternehmen, etwa die in den Dieselskandal verwickelten, als solche positiven Schrittmacher für die Gesamtgesellschaft vorstellen können? Es geht hier immerhin um das Governance-Verhalten von großen und prominenten Schlüsselunternehmen, die eine übergreifende gesamtwirtschaftliche Bedeutung für die Wirtschaft des Landes haben.

Governance-Ethik (und andere vergleichbare Theorien, vgl. die Ausführungen unten unter Abschn. 1.3) mag es weiter versuchen, Wertemanagement-Ansätze in Unternehmen zu vermitteln. Es kann vielleicht auch einzelfallabhängig gelingen. Aber jedenfalls nicht in der Fläche, um eine Schrittmacherfunktion von Unternehmen mit einem solchen allgemeinen Geltungs- und Vorbildanspruch für die Gesamtgesellschaft begründen zu wollen.

Letzten Endes gilt, sicher überspitzt formuliert, aber dem Grunde nach richtig, im geschäftlichen Bereich – „Was wirklich zählt, ist moralfrei."[46]

1.2.4 Wertedilemmata in Unternehmen

Das vorstehend mehr auf theoretischer Leinwand gezeichnete nüchterne und wenig farbenfrohe Bild der „Wirtschaft" und ihrer Unternehmen spiegelt sich in den Grautönen des wirklichen Lebens wider. Dieses Leben ist nach der Systemtheorie ein Leben in einer eigenen Welt. Nach der Organisationssoziologie sind Unternehmen Organisationen. Als Sozialsysteme sind sie soziale Subjekte mit jeweils eigener Kultur und eigenem Wertesystem. Die daraus hergeleitete soziale Handlungsfähigkeit des Unternehmens wird maßgeblich von seinen Zielsetzungen beeinflusst.[47] Sozialsysteme bilden Geflechte sozialer Positionen, die den Beitrag und die Rolle des einzelnen Akteurs zur Erreichung von Systemzielen definieren. Werte allgemein sind übergreifende „Orientierungsleitlinien zentralen Charakters, welche Realitätssicht, Einstellungen, Bedürfnisse und Handlungen einer Person steuern." Ziele sind „Aussagen oder Vorstellungen über zukünftig gewünschte Zustände, die durch Entscheidungen und entsprechende Handlungen realisiert werden sollen."[48]

Die Systemtheorie sieht Betriebe und Unternehmen als relativ geschlossene Systeme an, die intern mit unabhängigen Organisationsvariablen (Ziele, Instrumente, Bedingungen, diese jeweils untereinander verbunden) und mit abhängigen Organisationsvariablen (Strukturen, Funktionen, Verhalten, jeweils untereinander verbunden) ausgestattet sind. Jede Organisationsanalyse hat in Zielen ihren wichtigsten Ansatzpunkt, die Wichtigkeit von Zielen ist damit für das praktische Funktionieren der Organisation gewissermaßen immanent. Das gilt auch für Unternehmen und Betriebe, denn „Unternehmensziele sind Maßstäbe, an denen unternehmerisches Handeln gemessen werden kann."[49]

In der Soziologie wird darauf hingewiesen, dass aus diesen Ansätzen nicht zwangsläufig wirklich weiter Führendes resultieren muss, denn „ebenso wie edle Ziele, können die wahnwitzigsten Ideen mit konsequenter Zweckmäßigkeit durch eine Organisation verwirklicht werden. Die interne Rationalität der Organisation vermag dabei ihre Mitglieder sogar über die Irrationalität eines Zweckes zu täuschen", die interne Rationalität der Organisation sagt also nichts über die Vernunft und die moralische Qualität ihrer Ziele aus.[50] Oft versuchen hier Wunschvorstellungen des Managements die reale Welt zu dominieren.

---

[46] Zitat nach Sprenger, R.K. (2018b, S. 17), hier im Hinblick auf das Konsumverhalten der Käufer, die – ungeachtet des Dieselskandals – von VW weiter massenhaft Autos kaufen, obwohl sie sich betrogen fühlen; auch sein Hinweis auf das bekannte Bonmot von N. Luhmann: „Wirtschaftsethik ist ein Phänomen, das in Form eines Geheimnisses auftritt – es existiert nicht wirklich."

[47] Vgl. hierzu und zum Folgenden Endruweit, G. (1981, 17 f., 51 f., 57, 60).

[48] Vgl. zu beiden Begriffen Wuttke, S. (2000, S. 13).

[49] Vgl. Wöhe, G./Döring, U./Brösel, G. (2016, S. 65).

[50] Mayntz, R. (1963, S. 25).

1.2 Determinanten der Corporate Governance

Dieses Dilemma offenbart sich mitunter bei Wertediskussionen in Unternehmen. Zu den Zielen gehört neben Vorgaben zu den strategischen und operativen Ausrichtungen des Unternehmens auch das Anhalten der Mitarbeiter, zum Voranbringen des Unternehmens, u. a. durch Unterlassung von Korruption, bestimmte Werte zu pflegen. Befördert wird dies durch eine wahre Industrie von Unternehmensberatern, die Konzepte liefern und ein offensichtliches Eigeninteresse an immer neuen Veränderungen haben.[51]

Die von manchen Unternehmen propagierten Leitbilder erinnern inhaltlich an Tugendvorstellungen, wie sie schon von Platon und Aristoteles in der Antike entwickelt wurden. Insbesondere die vier sog. Kardinaltugenden Gerechtigkeit, Weisheit, Tapferkeit (= Mut) und Besonnenheit werden als Paten bemüht. Bei hohen Ansprüchen bleibt es nicht aus, dass die Idee von der Wirklichkeit blamiert wird. Dabei reicht es oft nicht einmal zu einem Reißen der Messlatte, weil sie mit deutlichem Abstand unsprungen wird. Trotz den in Firmenzeitschriften und Wertefibeln suggerierten Bildern einer heilen Welt mit „hehren Organisationszielen" mit dem Aufbau einer Corporate Identity trifft man in der Realität mancher Unternehmen auf Führungskräfte ohne Charisma und ein von Darwinismus und Opportunismus geprägtes Betriebsklima.

Die Sprüche von der Einmaligkeit, der Hierarchiefreiheit, Fairness und Partnerschaft entsprechen in vielen Fällen nicht der Realität.[52] Neben den „klassischen Fallgruppen" Mitarbeiter gegen Management und umgekehrt finden sich auch die Konstellationen des „peer-to-peer-pressure": Management untereinander und Mitarbeiter untereinander. Manager wurden in diesem Zusammenhang als „Mythopoeten" bezeichnet,[53] deren Arbeit in einem wichtigen Teil in der Erzeugung schönen Scheins besteht, verbreitet durch „ubiquitäres Visionsgeraune" (Reinhard Sprenger). „Eindrucksmanagement", „Ranküne" oder „Schaulaufen" als sog. leistungsferne Strategien, und Missgunst und Neid sind weitere Stichworte, die die Situation in Unternehmen charakterisieren.

Speziell zum Anspruch auf Expertentum etwa, erhoben von Managern, spricht MacIntyre[54] von einer „metaphysischen Überzeugung vom Expertentum der Manager". Die werde in Unternehmen institutionalisiert und als „Scharade" vorgeführt: „Es ist der theatralische Erfolg, der in unserer Zivilisation Macht und Autorität verschafft. Der effektivste Bürokrat ist der beste Schauspieler … Die theatralischen Begabungen der Spieler in unbedeutenden Statistenrollen sind für das bürokratische Schauspiel ebenso notwendig wie die Beiträge der großen Charakterdarsteller aus der Chefetage." (MacIntyre) Die Manager von Volkswagen und anderen Autobauern haben hierfür im Zusammenhang mit dem Dieselskandal eindrucksvolle Beispiele geliefert, in Serie.[55]

---

[51] „Anyone who tells you it is easy to change the way groups of people do things is either a liar, a management consultant or both." Zitat aus dem Economist, mitgeteilt bei Vahs, D. (2015, S. 264).

[52] Vgl. Scholz, C. (2000a, S. 775); Scholz, C. (2000b, S. 200).

[53] Neuberger, O. (1997, S. 149).

[54] MacIntyre, A. (1987, S. 148).

[55] Zum Zeitpunkt des Redaktionsschlusses waren einige Beiträge von Sprenger, R. K. aktuell und lesenswert, speziell zu VW vgl. „Der Chefzyniker hat immer recht." (Sprenger 2018b, S. 17).

Diese Befunde lassen die Anforderungen an die Unternehmensführungen weiter steigen – auch wenn nicht wenige scheitern. Das lässt sich z. B. ablesen an Umfragen zur Jobzufriedenheit, die seit Jahr und Tag von Umfrageinstituten erhoben werden.[56] Zudem verursachen gravierende Firmenskandale (Dieselskandal, Cum-Ex etc.)[57] ein sehr großes öffentliches Aufsehen. Sie empören die Bürger und erregen die Aufmerksamkeit des Staates.

Obwohl es sich hierbei, relativ gesehen, zahlenmäßig um Ausnahmefälle handelt, und sich das absolute Gros der Unternehmen rechtskonform, jedenfalls unauffällig verhält, leidet das Ansehen der Wirtschaft und der Unternehmen insgesamt.[58] Der Staat sieht sich zu Gegenmaßnahmen veranlasst. Wegen des Dieselskandals etwa zeigte sich dies in der Verhängung von Dieselfahrverboten, in der gesetzlichen Etablierung einer sog. Musterfeststellungsklage (zum 01.11.2018) und in bei Redaktionsschluss zur gesetzgeberischen Umsetzung anstehenden Überlegungen, in Deutschland das bestehende Unternehmenssanktionsrecht (§ 30 OWiG) anzupassen.[59]

Die Wirtschaft und ihre Unternehmen, mit dem Postulat einer „guten" Corporate Governance – wie immer man zur Verwendung dieses Adjektivs grundsätzlich steht –, sind insofern Belastungsproben ausgesetzt. Dies zeigt sich in einer deutlichen Aufrüstung der unternehmensinternen Bürokratie.[60] Oft proaktiv handelnd, und um später im Fall des Falles zur Erreichung einer Bußgeldreduzierung etwas vorzeigen zu können, sehen sich

---

[56] „Zu wenig Geld, zu wenig Wertschätzung, ein schlechtes Betriebsklima: 50 Prozent der angestellten Mitarbeiter sind mit ihrem Arbeitsplatz so unzufrieden, dass sie sich nach einem neuen Job umsehen wollen.", so eine Studie 2018, vgl. bei https://www.manpowergroup.de/neuigkeiten/studien-und-research/studie-jobzufriedenheit/. Zugegriffen am 18.11.2018; Sprenger, R.K. (2018b, S. 31): „Seit 2001 erstellt das Beratungsunternehmen Gallup jährlich den ‚Engagement-Index'. Jedes Mal ist das Bild zappenduster, dramatisch tiefe Werte bei der emotionalen Bindung an den Arbeitgeber, irritierend hohe Werte bei der inneren Kündigung", das ergebe Schäden von über 100 Milliarden Euro jährlich. Anders das Statistische Bundesamt für 2017: „Eine große Mehrheit der Erwerbstätigen in Deutschland ist mit ihrer Arbeit zufrieden. Insgesamt gaben nur elf Prozent der Befragten an, mit ihrer Arbeit weniger zufrieden oder unzufrieden zu sein. Ein Drittel aller Befragten war demnach sogar sehr zufrieden.", https://www.zeit.de/wirtschaft/2018-04/statistisches-bundesamt-deutschland-arbeit-zufriedenheit-arbeitnehmer. Zugegriffen am 18.11.2018.

[57] Siehe die weitere Aufzählung bei Dittmers, C. (2018, S. 25).

[58] Vgl. etwa die Forsa-Umfrage von 2017, http://www.faz.net/aktuell/wirtschaft/feuerwehrleute-sind-beliebter-als-manager-15166538.html. Zugegriffen am 26.11.2018.

[59] Vgl. weiter unten im Rechtsteil näher die Ausführungen zu Wirtschaftskriminalität; siehe auch bei Berwanger, J., im elektronischen Gabler Wirtschaftslexikon zu den Stichworten „Unternehmensstrafrecht", „Dieselfahrverbot" und „Musterfeststellungsklage", jeweils abzurufen unter https://wirtschaftslexikon.gabler.de/.

[60] Vgl. z. B. zum „GRC-Management" als interdisziplinäre Corporate Governance mit integrierender Verknüpfung von Interner Revision, Risiko- und Compliancemanagement, Otremba, S. (2016); auch die Hinweise von Schneider, T. auf ein „Three-lines-of-defense-Modell" (2018, S. 101); mit der organisatorischen Verknüpfung von CSR mit anderen Unternehmensaktivitäten befassen sich verschiedene Beiträge bei Kleinfeld, A./Martens, A. (2018).

1.2 Determinanten der Corporate Governance

Unternehmen dazu gezwungen – obwohl es dazu in vielen Einzelfällen keine explizite Rechtspflicht gibt.[61]

Wie immer das einzelfallabhängig einzuordnen ist – jedenfalls bedarf es gut und effektiv funktionierender interner Strukturen bei den Unternehmen. Dazu können auch eine Interne Revision und eine Complianceeinheit gehören – falls einzelfallabhängig geboten bzw. jedenfalls von der Unternehmensleitung gewünscht. Das betrifft vor allem größere Unternehmen und Konzerne, die oft international agieren. Sie verfügen regelmäßig über eine Interne Revision und – zunehmend – über eine Compliance-Abteilung.[62] Auch wenn es nach Ansicht der Verfasser sehr vermessen ist, es in der Absolutheit zu sagen, dass eine „Compliance Organisation heute eine schlichte Notwendigkeit ist"[63] – es ist damit im Jahr 2020 jedenfalls festzustellen, dass sich die Compliance, neben der Internen Revision, als operative Größe innerhalb von Unternehmen etabliert hat. Sie wird von Unternehmensführungen zunehmend als notwendig erachtet. Damit scheinen früher diesbezüglich gestellte Fragen[64] mittlerweile von den Unternehmen, zumindest von den größeren bzw. international tätigen, für sich beantwortet worden zu sein.[65]

Von den vorstehend skizzierten Entwicklungen, die auf Unternehmen einwirken, sind alle ihre Mitarbeiter betroffen. Davon besonders stark berührt werden aber ihre Revisions- und Complianceabteilungen, weil es deren Arbeit, ähnlich wie der des Controllings,[66] inhärent ist, alle anderen Unternehmensteile im Fokus zu haben. Dazu gehören soziokulturelle Auswirkungen auf die Unternehmen, weil sich deren Leitungen im Druck sehen,

---

[61] Zu diesem Dilemma vgl. schon die Ausführungen bei Berwanger, J./Kullmann, S. (2012, S. 120, 122 ff.); Hüffer, U./Koch, J. (2018, § 76 Rn. 11) sprechen von Compliance als einem „nie versiegenden Pflichtenquell, der in der heutigen Praxis unternehmerisches Handeln stetig mit neuen Anforderungen überströmt".

[62] Das PwC-Gutachten „Wirtschaftskriminalität 2018" (PwC 2018) geht auf die Interne Revision im Gegensatz zu früheren Ausgaben nicht mehr ein und befasst sich stattdessen mit der Betrachtung von Complianceorganisationen, ¾ der befragten Unternehmen mit mehr als 500 Mitarbeitern verfügten über ein CMS (PwC 2018, S. 24).

[63] Schneider, T. (2018, S. 74).

[64] Berwanger, J./Kullmann, S. (2012, S. VI Vorwort): „ ... Es stellt sich die Frage, ob es einer Compliance in Form eines eigenständigen Compliance Management Systems (CMS) bedarf. Ist das notwendig geworden, weil die bisherigen Systeme (Überwachung durch Ressortverantwortliche, Controlling, Risikomanagement, Rechtsabteilung, Rechnungsprüfung und – nicht zuletzt – die Interne Revision) für die Herstellung einer Compliance nicht ausreichen? Weil diese Unternehmensfunktionen bisher bindungslos nebeneinander her gewurstelt haben? Compliance also als unentbehrliches Scharnier, um eine Art von Deckungslücke im Unternehmen aufzufüllen? ...".

[65] Siehe z. B. die Angaben zu BMW und Siemens bei Schockenhoff, M. (2019, S. 281); er spricht davon, dass Compliance tausende von Arbeitsplätzen garantiere.

[66] Daher gilt wohl auch: „Controller und Revisionsmanager sind gleichermaßen tief von ihrer Unentbehrlichkeit überzeugt.", so Hakelmacher, S. (2001, S. 1, 3).

Kulturen und Wertmaßstäbe diesen Entwicklungen anzupassen. Daraus ergeben sich regelmäßig Aufgabenfelder für die Interne Revision und für die Compliance, etwa wenn ein Verhaltenskodex überprüft werden soll.

Dass die Aufgaben gerade in diesem Bereich speziell für die Interne Revision und die Compliance zuweilen schier unlösbar erscheinen und diese in das Dilemma einer Zwickmühle gebracht werden können – etwa, wenn sich das Top-Management selbst nicht an die von ihm ausgegebenen Werte hält und vielleicht in manchen Fällen (etwa bei Korruption) sogar selbst gegen Gesetze verstößt und Revision und Compliance dies erkennen – auch darauf wird in diesem Buch noch einzugehen sein. Um die Antwort auf diesen heiklen Punkt schon hier vorweg zu nehmen: Gegen „Fake News" der besonderen Art, die sich mitunter ihre Unternehmensleitungen leisten, sind auch Interne Revision und Compliance weitgehend machtlos. Darauf wird im weiteren Verlauf des Buches anhand des Dieselskandals (siehe unten bei den Ausführungen zu Wirtschaftskriminalität) noch einmal zurückzukommen sein.

Und trotzdem, es handelt sich ja immerhin um Ausnahmefälle: Durch eine funktionierende Interne Revision und ein CMS kann ein wertvoller Beitrag geleistet werden, dass deutsche Unternehmen nicht in die Gefahr geraten, als Treibgut auf den Weltmeeren unkontrolliert unterwegs zu sein.

1.3 Prinzipien für die Corporate Governance

1.3.1 Supranationale Prinzipien – G20/OECD

Die G20/OECD-Grundsätze zur Corporate Governance sind dazu gedacht, politische Entscheidungsträger bei der Evaluierung und Verbesserung von gesetzlichen, regulatorischen und institutionellen Rahmen der Corporate Governance zu unterstützen. Sie dienen auch als Orientierungshilfe für Börsen, Investoren, Verbände und sonstige Akteure, insbesondere für Unternehmen. Sie wurden erstmalig 1999 veröffentlicht und sind ein anerkannter internationaler Maßstab für Corporate Governance. Sie wurden in die Standards für solide Finanzsysteme des Finanzstabilitätsrats aufgenommen und sind von G20 auf deren Gipfeltreffen in Antalya/Türkei (am 15./16. November 2015) gebilligt worden.

Inhaltlich geht es im Schwerpunkt um „diejenigen Corporate-Governance-Probleme, die durch die Trennung zwischen Kapitaleigentum und Kontrolle bedingt sind".[67] Den Auftakt bilden im ersten Grundsatz (I.) Grundsatzthemen und -empfehlungen, gerichtet an die Adresse von staatlichen Lenkungsfunktionen. Des Weiteren sind die besondere Beachtung der Aktionärsrechte (Grundsätze II. und III.) und die Pflicht zur Offenlegung wesentlicher Informationen (Grundsatz V.) herausgestellt. Regelungsangebote für die verschiedenen beteiligten Stakeholder enthalten die Normen in Grundsatz IV. Besonders

---

[67] OECD (2004, S. 12).

hervorgehoben wird mit dem Grundsatz IV. die Stakeholder-Orientierung „Ziel der Schaffung von Wohlstand und Arbeitsplätzen". Mit besonderen Pflichten des Aufsichtsorgans (Board), u. a. der „effektiven Überwachung der Geschäftsführung", befasst sich schließlich Grundsatz VI. Zwar sind die OECD-Grundsätze nach eigener Angabe nicht rechtsverbindlich.[68] Ein gewisser Befolgungsdruck für die Praxis, vor allem für international tätige Unternehmen, ergibt sich allein schon wegen der von sehr hoher Warte verkündeten Grundsätze.[69] Das verleiht ihnen schon von daher eine quasi-natürliche Autorität, die man tief drunten, in den Niederungen der Täler, nicht überhören sollte.

1.3.2 Regionale Regelungen – EU

Ausgangspunkt zu entsprechenden Überlegungen war ein Aktionsplan von 2003, den die Kommission am 21.05.2003 [KOM (2003) 284] als Mitteilung an den Rat und an das Europäische Parlament betr. die Modernisierung des Gesellschaftsrechts und der Verbesserung der Corporate Governance in der Europäischen Union erlassen hatte.[70] Darauf abbauend fungiert als in die Zukunft weisende Maßnahme nach wie vor das sodann, im Jahr 2011, vom 05.04.2011 [KOM (2011) 164][71] als Grünbuch veröffentlichte Papier mit dem Titel „Europäischer Corporate Governance-Rahmen". Getreu dieser Farbenwahl soll es als Diskussionsgrundlage dienen und es soll bewirken, ein gemeinsames Verständnis zu erzielen, wie der Rahmen von Corporate Governance für europäische Unternehmen verbessert werden könnte.

Im Schwerpunkt geht es um drei Themengebiete, die nach Ansicht der EU-Kommission den Kern der Corporate Governance ausmachen: 1. Fragen zu Verwaltungs- und Aufsichtsorganen, 2. Fragen zu Anteilseignern, 3. Fragen zum Grundsatz „Einhalten oder die Abweichung begründen" („comply or explain").

Zum ersten Punkt stellt das Grünbuch von 2011 in zehn Fragen die Struktur eines wirksamen Aufsichtsorgans und die Voraussetzungen für einzelne Mitglieder zur Diskussion. Es bedürfe leistungsfähiger und wirksamer Verwaltungsräte, die der jeweiligen Geschäftsführung auch „Paroli" bieten können. Dafür müsse Unabhängigkeit bestehen. Das müsse sich in einer Trennung von Aufsichtsorgan und operativem Organ zeigen. Das ideale Aufsichtsorgan müsse mit Mitgliedern besetzt sein, die eine berufliche, internationale und geschlechtsspezifische Diversität aufweisen. Weitere Themen sind z. B. Fragen zu Mandatsobergrenzen und zu Mechanismen für die Überprüfung der Arbeit des jeweiligen Aufsichtsorgans.

---

[68] OECD (2004, S. 4).
[69] Kremer u. a.-Bachmann, G., spricht von „Prominenz" der OECD (2018, Präambel Rn. 65).
[70] Siehe bei https://eur-lex.europa.eu/legal-content/DE/TXT/PDF/?uri=CELEX:52003DC0284&-from=ES. Zugegriffen am 29.12.2018.
[71] Siehe bei http://ec.europa.eu/transparency/regdoc/rep/1/2011/DE/1-2011-164-DE-F1-1.Pdf. Zugegriffen am 29.12.2018.

Das Grünbuch stellt beim zweiten Punkt ein Leitbild des Aktionärs in den Fokus, der sich in der Gesellschaft engagiert und Handlungen der Unternehmensführung laufend reflektiert. In der Realität, so das Grünbuch, seien eher passive und lediglich an kurzfristigen Gewinnen interessierte Aktionäre anzutreffen. Ziel müsse es sein, so das Grünbuch, Regelungen zu finden, die die Aktionäre dazu anhalten, sich für nachhaltige Gewinne und langfristige Leistung des Unternehmens zu interessieren. Das Grünbuch setzt einen weiteren Schwerpunkt in Bezug auf den Schutz von Minderheitsaktionären.

Schließlich vertritt das Grünbuch zum dritten Punkt die Ansicht, dass das „comply or explain"-Prinzip (d. h., die Pflicht zur detaillierten Erläuterung von Abweichungen) für die Corporate-Governance-Regelung von entscheidender Bedeutung sein müsse. Mit dieser Art der „sanften" Regulierung ließen sich Corporate-Governance-Regelungen um- und durchsetzen.

Die im Grünbuch der EU-Kommission aufgeworfenen Fragen sind in den vergangenen Jahren ausführlich kommentiert worden – aus deutscher Perspektive unter anderem durch den Deutschen Bundestag und vom Deutschen Corporate Governance Kodex. Der Ende 2012 für die Jahre 2013 und 2014 angekündigte Aktionsplan „Europäisches Gesellschaftsrecht und Corporate Governance" sowie die seitdem erfolgten Vorschläge zur Modernisierung des Gesellschaftsrechts und zur Weiterentwicklung der Corporate Governance lassen im Jahr neun nach Auflage des Grünbuchs noch nicht erkennen, wohin genau auf EU-Ebene die Reise gehen wird.

1.3.3 Deutscher Corporate Governance Kodex

Der Deutsche Corporate Governance Kodex (DCGK) ist ein 19-seitiges Regelwerk, das sich hauptsächlich an die Unternehmensleitungen deutscher börsennotierter Gesellschaften wendet. Nicht an der Börse notierten Gesellschaften wird seine Beachtung empfohlen. Verfasser ist eine Regierungskommission. Die Ursprungsfassung war von der Kommission am 26. Februar 2002 der damaligen Bundesministerin der Justiz übergeben worden. Der Kodex wurde seitdem etliche Male geändert. Relativ kurz vor Redaktionsschluss ist mit Veröffentlichung im Bundesanzeiger (am 20. März 2020) die aktuelle Fassung (vom 16. Dezember 2019) in Kraft gesetzt worden. Sie löste die davor geltende Fassung (vom 7. Februar 2017) ab.

Die neue Kodex-Fassung vom 16. Dezember 2019 weist gegenüber ihren Vorgängern die inhaltliche Besonderheit auf, dass die Gliederungssystematik neu gefasst wurde. Die neue Fassung arbeitet mit Grundsätzen und Empfehlungen, die gliederungstechnisch in ein Kapitelschema A.-G. eingefügt ist (vorher: Dezimal-Gliederung). Es soll dadurch die Lesbarkeit des Kodex verbessert werden. Auf die Wiedergabe kleinteiliger, für das Verständnis des deutschen Corporate Governance-Systems unkritischer gesetzlicher Bestimmungen wird verzichtet. Ferner sollten mit der Neufassung solche Empfehlungen entfallen, denen weder Unternehmen noch Investoren und andere Stakeholder eine größere Bedeutung beimessen. Der (besseren) Lesbarkeit soll der neue Aufbau des Kodex auch insoweit dienen, indem er sich verstärkt an den Aufgaben von Vorstand und Aufsichtsrat orientiert.

Der DCGK will einen bestimmten Qualitätslevel bei den Unternehmensleitungen und für deren Überwachung erreichen. Hierzu strebt der Kodex an, „das deutsche Corporate Governance System transparent und nachvollziehbar zu machen … Er will das Vertrauen der internationalen und nationalen Anleger, der Kunden, der Mitarbeiter und der Öffentlichkeit in die Leitung und Überwachung deutscher börsennotierter Aktiengesellschaften fördern." (vgl. dritter Absatz Präambel, DCGK). Infolge seiner gesetzlichen Inbezugnahme durch § 161 AktG erlangen die Empfehlungen des DCGK, die über den gesamten Kodextext verstreut sind, eine Bedeutung, die sie in eine gewisse Nähe von Rechtsnormen rückt. Dieser Eindruck wird durch den Abdruck des Kodex im amtlichen Teil des Bundesanzeigers verstärkt. Die Empfehlungen erhalten dadurch einen „offiziösen Charakter", wie das früher einmal in der Literatur bezeichnet wurde.

Das praktizierte Modell – der Staat (für ihn handelt hier die Regierung als Exekutive) überlässt es den Betroffenen, sich selbst zu regulieren – ist angesichts mancher „Wirtschaftslobby-geprägter" Inhalte der Empfehlungen nicht unumstritten. Ihr Wert, auch die Aufrichtigkeit manch beteiligter Verfasser, eine gute Corporate Governance unter Preisgabe von lieb gewonnenen Positionen wirklich herbeiführen zu wollen, war und ist immer in der Diskussion gewesen.[72] Dennoch – nach fast 20-jährigem Wirken darf man dem DCGK insgesamt und unter dem Strich eine grundsätzliche Tauglichkeit zur effektiven und sachgerechten Selbstregulierung nicht absprechen.

Der DCGK verfolgt nach seinen Grundsätzen u. a. das Ziel, den Standort Deutschland für Investoren attraktiver zu machen. Gerade auch ausländische Geldgeber sollen angelockt werden. Es geht um Transparenz und um Vertrauen. Insoweit gilt es, Investoren erst einmal über die einschlägigen rechtlichen Umstände vor Ort zu informieren und diese transparent machen.[73] Das erreichen etliche Regelungen („Grundsätze") im Kodex, mit denen zwingende gesetzliche Regelungen verkürzt und zusammengefasst wiedergegeben werden (diese kann man, obwohl das folgende Wort selbst im Kodextext nicht auftaucht, als *Muss-Vorschriften* des Kodex bezeichnen). Der DCGK will dadurch verdeutlichen, welche Grundstrukturen deutsche börsennotierte Gesellschaften aufweisen. Vor dem Hintergrund einiger Unterschiede zu anderen Ländern (beispielhafte Stichworte sind: Two-Tier-Modell vs. One-Tier-Modell oder die spezifische deutsche Unternehmensmitbestimmung) ist dies angezeigt, weil ausländische Investoren die deutschen Eigenheiten nicht ohne weiteres kennen. Dennoch, wie eingangs bemerkt, der aktuelle DCGK hat sich insoweit gegenüber früheren Fassungen etwas verschlankt. Der DCGK soll das Bedürfnis nach möglichst kompakter Information befriedigen. Des Weiteren sollen Investoren dazu

---

[72] Hierzu ausführlicher Berwanger, J./Kullmann, S. (2012, S. 151 ff.).
[73] Vgl. auch BGH, Urteil vom 09.10.2018 (II ZR, 78/17, Juris): „Die Entsprechenserklärung dient dazu, die vorhandenen und künftigen Anleger gleichermaßen in den Stand setzen zu beurteilen zu können, ob die Gesellschaft ‚gut' geführt und überwacht wird".

gebracht werden, Vertrauen in den Wirtschaftsstandort Deutschland zu entwickeln. Dem dienen die sog. optionalen Vorschriften des Kodex, die bezüglich „guter Unternehmensführung" Soll-Empfehlungen oder Sollte-Anregungen aussprechen. Wenn sich deutsche Unternehmen möglichst umfänglich an alle diese Dinge halten, dann stärkt dies allgemein das Vertrauen in die deutsche Wirtschaft und ist auch in der Lage, potenzielle Investoren zu überzeugen – so die zugrunde liegende Annahme.

Es können, nach dem soeben Gesagten, grob zwei Klassen an Vorschriften, die Muss-Vorschriften und die optionalen Vorschriften, unterschieden werden. Die Muss-Vorschriften spiegeln, was gesetzlich niedergelegt ist und von daher von den Unternehmen im Falle ihrer Einschlägigkeit (ohnehin schon) zu beachten ist. Die optionalen Vorschriften des Kodex unterteilen sich in die genannten Soll-Empfehlungen und in Sollte-Empfehlungen. Sie enthalten Handreichungen der Kommission, die in dieser Form in gesetzlichen Vorschriften nicht zu finden sind. Sie gehen damit über die Vorgaben des Gesetzes hinaus. Die Gesellschaften sind angehalten, die Soll-Empfehlungen tunlichst zu befolgen, Gesellschaften können aber hiervon dennoch abweichen. Sie sind dann aber verpflichtet, dies jährlich offenzulegen und die Abweichungen zu begründen (vgl. den „comply or explain"-Mechanismus in § 161 AktG).

1.4 Managementmodelle und -theorien

1.4.1 Grundlagen

„Corporate Governance" bedeutet, wie bereits gesagt, so viel wie Führungsgrundsätze. Im Mittelpunkt steht bei der juristischen Sicht des Begriffs die rechtliche und, daran ausgerichtet, die tatsächliche Verteilung der Aufgaben zwischen den verschiedenen Organen des Unternehmens, auch im Verhältnis zu den Eigentümern (also bei AGs: Aufsichtsrat, Vorstand und Gesellschafter).[74] Die mehr betriebswirtschaftliche Sicht beleuchtet die an dem Unternehmenswert ausgerichtete Führung und Kontrolle, sowie das Verhältnis zwischen dem Unternehmen, den Kapitalgebern und ggf. anderen Interessengruppen (umfassender Stakeholder-Ansatz). Beide Perspektiven zeigen auf, dass in der Trennung von Eigentum und Unternehmensführung ein Kernproblem für das Gelingen eines „guten Wirtschaftens" gesehen wird. Dessen Lösung, oder soll man besser sagen dem Versuch, widmen sich verschiedene Organisationstheorien. Diese Ansätze haben allgemein den Zweck und die Aufgabe, Organisationen zu erklären und zu verstehen. Daran wirken verschiedene Disziplinen, wie Neue Institutionenökonomik, Rechtswissenschaft, Rechnungswesen, Management, Organizational Behavior, Soziologie, Politikwissenschaften und auch Philosophie, mit.[75]

---

[74] Vgl. dazu und zu den folgenden Ausführungen Berwanger, J./Kullmann, S. (2012, S. 147 f.).

[75] Instruktiv die Übersicht und die Zusammenfassungen zu einzelnen Theorien bei Welge, M. K./ Eulerich, M. (2014, S. 9 ff.).

1.4 Managementmodelle und -theorien

Grob untergliedert können, neben der Neoklassik (Postulat vollkommener und vollständiger Märkte), die Annahmen von institutionenökonomischen Ansätzen einerseits und von mehr soziologisch/psychologischen Forschungsrichtungen andererseits genannt werden.

Kerngedanke der Neuen Institutionenökonomik ist, dass Institutionen für Wirtschaftsprozesse von Bedeutung sind. Die Neue Institutionenökonomik befasst sich mit einer Welt, in der das ökonomische Handeln von Wirtschaftssubjekten durch individuelle Nutzenmaximierung, begrenzte Rationalität und opportunistisches Verhalten geprägt ist. Sie stellt kein einheitliches Theoriegebäude dar, sondern besteht aus mehreren verwandten Theoriebausteinen, die ineinandergreifen, sich teilweise überlappen und ergänzen. Als ihr zuzurechnende Unter-Theorien werden die Property-Rights-Theorie, die Transaktionskostentheorie und die Principal-Agent-Theorie (Agenturtheorie) genannt.[76]

Insbesondere soziologische und psychologische Forschungsergebnisse wollen demgegenüber die theoretischen Grenzen der skizzierten ökonomischen Forschungsparadigmen aufzeigen (Stewardship-Theorie). „Therefore, exclusive reliance upon agency theory is undesirable because the complexities of organizational life are ignored. Additional theory is needed to explain relationships based upon other, noneconomic assumptions".[77] Die Stewardship-Theorie habe „in jüngerer Zeit in der CG-Forschung an Bedeutung gewonnen, um die Beziehung zwischen Principal und Managern auf der Basis anderer verhaltenswissenschaftlicher Annahmen zu modellieren."[78]

Speziell die Agenturtheorie und die Stewardship-Theorie sollen nachfolgend etwas beleuchtet werden.

1.4.2 Principal-Agent-Theorie (Agenturtheorie)

Die Agenturtheorie (oder Principal-Agent-Theory) ist eine ökonomisch geprägte Organisationstheorie aus der Neuen Institutionenökonomik. Ökonomische Ansätze unterstellen den Individuen als Akteuren der sozialen und wirtschaftlichen Welt das Ziel, weitgehend nur ihren jeweiligen eigenen Nutzen maximieren zu wollen (sog. individuelle Nutzenmaximierung).[79] Diese von der Theorie gemachte Unterstellung gilt im Übrigen nicht nur einseitig für den Agenten, sondern auch für den Prinzipal.[80] Es werde von den Akteuren sogar die mögliche Schädigung anderer in Kauf genommen. Die Theorie setzt weiter voraus, dass die Akteure nur begrenzt rational handeln. Im Übrigen seien ihr Wissen, ihre Informationsverarbeitungskapazitäten und ihre Moral nur eingeschränkt ausgeprägt.

---

[76] Welge, M. K./Eulerich, M. (2014, S. 9 ff.).
[77] Davis et al., zitiert bei Welge, M. K./Eulerich M. (2014, S. 24).
[78] Welge, M. K./Eulerich M. (2014, S. 25).
[79] Berwanger, J./Kullmann, S. (2012, S. 148 f.).
[80] Oehlrich, M. (2019, S. 1049, 1050) verweist darauf anhand weiterer Stichworte, *Hidden Characteristics*, *Hidden Intentions*, *Hidden Actions* etc.

Die Agenturtheorie untersucht den Nutzen der Aufgabendelegation und die mit ihr verbundenen potenziellen Nachteile (Kosten). Als „hidden information" wird von ihr beim Agenten (z. B. Vorstand, Geschäftsführer) gegenüber dem Prinzipal (z. B. Aktionäre, Gesellschafter) ein Informationsvorsprung unterstellt. Der Agent nutze diesen Vorsprung aus, indem er sich oft nicht wie vom Prinzipal gewünscht einsetze („hidden action").

Die Agenturtheorie will das verhindern und die Abhängigkeit des Prinzipals möglichst minimieren. Das soll bei der sog. einstufigen Agenturtheorie durch eine Interessenpoolung zwischen beiden Lagern herbeigeführt werden. Als solche Maßnahme zur Poolung können eine ganze Reihe von Anreizsystemen zum Einsatz kommen. So können z. B. leistungsabhängige Vergütungssysteme (z. B. Zielvereinbarungen)[81] diesem Zweck dienen. Sie können begleitet werden durch ausgeklügelte interne Kennzahlensysteme (zu nennen ist z. B. der sog. Fair Value-Ansatz bei der internen Rechnungslegung).

Auf die Gestaltung und die Handhabung dieser Instrumente erhält das Management beschränkten Einfluss, wodurch es auf Linie gebracht werden soll. Die zweistufige Agenturtheorie bringt mit dem Supervisor (Aufsichtsrat) zusätzlich eine dritte Funktion in die Betrachtungen ein. Der Eigentümer bedient sich dieser Stelle zur Überwachung des Agenten. Das ist freilich mit einem weiteren Nachteil verbunden. Denn auch der Aufsichtsrat wird als Agent in diesem Sinne angesehen, dem ebenfalls Opportunismus unterstellt wird. Also gilt es für die Aktionäre, auch dessen Eigenbestrebungen in Schach zu halten. Das soll ebenfalls durch Maßnahmen der Corporate Governance erreicht werden (vgl. z. B. im DCGK die Empfehlungen Nr. E.1–E.3 über „Interessenkonflikte" beim Aufsichtsrat).

Diese Gemengelage an Interessenkonflikten zwischen Prinzipal, Agenten und Supervisor und der den beiden letzteren hierbei unterstellte Opportunismus verursacht sog. Residualkosten, die für das Unternehmen einen Wohlfahrtsverlust einbringen. Zu ihrer Minimierung muss der Prinzipal mit entsprechendem Kostenaufwand Monitoring (Überwachung und Kontrolle) der Agenten betreiben. Es wird davon ausgegangen, dass der Prinzipal seine Kostenfunktion optimieren kann, wenn es ihm gelingt, die Residualkosten und die Monitoringkosten in ein „gesundes Verhältnis" zu bringen.

Es zeigt sich, dass die skizzierten Ansätze letztlich auch als theoretische Grundlagen für IKS, Prüfungen, Kontrollen etc. dienen. Sie entsprechen auch dem viel strapazierten Satz „Vertrauen ist gut, Kontrolle ist besser." (frei nach einer Lenin'schen Äußerung) und postulieren auch die Anforderungen an den Erfahrungsschatz des gestandenen Revisionsmanns: „Revisionserfahren ist derjenige, der an das Gute im Menschen glaubt, aber sich auf das Schlechte verlässt …".[82] Nicht zuletzt können sie daher für das Bedürfnis der Schaffung einer Internen Revision und/oder eines CMS einen theoretischen Hintergrund abgeben. Im deutschen Corporate Governance-System gibt es Anzeichen, die erkennen

---

[81] Zu den soziologischen und arbeitsrechtlichen Implikationen von der Einführung von Zielvereinbarungssystemen in Unternehmen und in Betrieben und mit einem Überblick über andere Anreizsysteme siehe bei Berwanger, J. (2005).

[82] Hakelmacher, S. (2001, S. 1, 3).

lassen, dass Ansätzen der Agenturtheorie gefolgt wird. So etwa zeigt sich das am Cooling-off in § 100 Abs. 2 Nr. 4 AktG oder beim etablierten Überwachungssystem (vgl. etwa § 111 Abs. 1 AktG) mit einer zu Grunde gelegten grundsätzlichen Dualität zwischen Aufsichtsrat und Vorstand.[83]

1.4.3 Stewardship-Theorie

„Stewardship theory defines situations in which managers are not motivated by individual goals, but rather are stewards whose motives are aligned with the objectives of their principals".[84] Topmanager seien dazu motiviert, sich als Treuhänder im besten Sinne ihrer Unternehmen und Prinzipale zu verhalten. Nach der Stewardship-Theorie gelten Topmanager als intrinsisch motivierte Akteure, die primär aus der verantwortungsvollen Ausübung ihrer Aufgaben Nutzen ziehen. „Vor diesem Hintergrund gibt es laut dieser Theorie auch keinen prinzipiellen Interessenkonflikt zwischen Agenten und Prinzipalen, und die Herstellung von Strukturen, die es den Topmanagern ermöglichen, ihre Ziele nach hoher Unternehmensperformance effektiv anzustreben, wird zur wichtigsten Governance-Entscheidung".[85] Manager seien also intrinsisch motiviert, weil sie sich mit ihrer Organisation identifizieren, sie nutzten nicht institutionelle oder organisatorische, sondern personenbezogene Macht. Ein so geprägtes Menschenbild befördere die Ausprägung einer Managementphilosophie, die als partizipations- statt kontrollorientiert zu charakterisieren seien und die Risiken durch Delegation von Kompetenzen und durch Vertrauen begegne. Diese Art der Organisationskultur sei durch eine geringe Machtdistanz geprägt.

In Teilen der Literatur[86] wird dieser Theorie gegenüber der Principal-Agent-Theorie ein gewisses Prä zugesprochen. Der Theorie wird, gegenüber der Agenturtheorie, eine Art von junger, lebendiger und unverbrauchter Frische attestiert. Es gebe zahlreiche empirische Studien, die ein Rollenverständnis der Aufsichtsgremien in Anlehnung an Stewardship belegten, wobei dies in der Praxis Erfolge gezeigt habe. Die strategische Orientierung in den Boards nehme zu und Board-Mitglieder sähen sich verstärkt in der Rolle, einen aktiven Governance-Beitrag zu leisten. Diese Tendenzen zu einer „boardroom revolution"[87] seien nicht nur in angelsächsischen Ländern, sondern auch in Deutschland zu erkennen. Studien hätten nämlich deutlich gemacht, dass sich auch in deutschen Aktiengesellschaften nur noch eine Minderheit der Aufsichtsräte als überwiegend kontrollorientiert verstehe, während die Mehrheit der Befragten von einer vorausschauenden, beratungsorientierten Rolle ihres Aufsichtsrats ausgehe. Damit gehe einher, dass dem Management von

---

[83] Vgl. auch Heinemann, S. (2012, S. 147).
[84] Davis et al., zitiert bei Welge, M. K./Eulerich, M. (2014, S. 25).
[85] Bresser und Valle Thiele, zitiert bei Welge, M. K./Eulerich, M. (2014, S. 25).
[86] Welge, M. K./Eulerich, M. (2014, S. 25 f.).
[87] Welge, M. K./Eulerich, M. (2014, S. 25 f.), mit Hinweisen auf Forschung in Übersee.

vornherein mehr an Spielräumen zugebilligt werde – und auch zugebilligt werden müsse, soll sich der Erfolg einstellen. Zusammenfassend könne festgestellt werden, dass beide Theorien – Principal-Agent-Theorie und Stewardship-Theorie – ihre Existenzberechtigung haben, und dass daher in der Praxis eine Mischform von Agenten- und Stewardship-Beziehungen anzutreffen ist.[88]

1.4.4 Sicht der Verfasser

Theorien sind Begründungs- und Erklärungs(an)sätze, wie und warum ein zu erklärender Sachverhalt so ist, und nicht anders. Nach einem Postulat des kritischen Rationalismus können sich Theorien lediglich in Hypothesenform ausdrücken. Nur solche Hypothesen sind erfahrungswissenschaftlich brauchbar, die unter dem bewusst akzeptierten Risiko der Widerlegbarkeit an Beobachtungen und Tatsachen geprüft werden können.[89] Eine empirische Validierbarkeit, die eine wenigstens vorläufige Festlegung auf die eine oder auf die andere Theorie als zulässig erscheinen lässt, wird jedoch hier nur schwer, vielleicht gar nicht herbeizuführen sein. Zudem gilt, dass sich aus deskriptiven Prämissen nur schwerlich präskriptive Schlussfolgerungen ziehen lassen.[90]

Trotzdem – anhand ihrer Beobachtungen und Erfahrungen verhehlen die Verfasser nicht ihren gewissen Hang, der Agenturtheorie in wesentlichen Aspekten folgen zu wollen. Zunächst: Auch wenn es ist sicher von vornherein plausibel sein kann, auf Einsicht, Intrinsik und Moral des Vorstands (und des Aufsichtsrats) zu setzen[91] – die dem Stewardship zu Grunde gelegte Prämisse einer beim Management als vorhanden unterstellten weitreichenden Intrinsik ist aus Sicht der Verfasser zwar durchaus greifbar,[92] ob das aber so signifikant von Bedeutung ist …? Es ist vor allem nicht klar erkennbar, dass und warum eine vom Prinzipal im Vorschuss gewährte Freiheit und ein Vorschussvertrauen zu dem von der Stewardtheorie behaupteten persönlichen Nutzen bzw. zum treu sorgenden Verhalten des Managers führen können soll; „der Mensch ist schließlich ein Wesen zwischen Idealität und Realität."[93] Und: „Stewardship theory is relatively young and has not under-

---

[88] Welge, M. K./Eulerich, M. (2014, S. 26).
[89] Hillmann, K.-H. (1994, S. 456).
[90] Weitergehend Heinemann, S. (2012, S. 147), das sei „logisch" nicht möglich.
[91] Heinemann, S. (2012, S. 147).
[92] Trotz der bei Managern als vorhanden unterstellten Motivation der eigenen Gewinnmaximierung – man darf auf der Basis der Stewardtheorie zu ihren Gunsten doch auch herleiten dürfen, dass vorhandene intrinsische Motivation durchaus vom Willen zu einer verantwortungsvollen, guten Ausübung des Jobs zum Wohle des Unternehmens, und z. B. eben gerade nicht auf das Begehen von Fraud, getragen wird. Darauf wird im weiteren Verlauf des Buches, bei den Ausführungen zum TOP Management-Fraud zu Wirtschaftskriminalität, zurückzukommen sein.
[93] Heinemann, S. (2012, S. 147).

gone systematical empirical testing … Regardless of that it can be argued that exceeding levels of („blind") trust may also be a mistrust strategy for designing corporate governance. In some cases, a trusting person may be actually cheated … If a relationship is entirely built on trust, goal alignment and cooperation, cohesion may become so strong that it prevents warranted critique of management's course of strategy. Information supplied by the top management to the board will not be challenged."[94]

Auch mit Bezug auf das (angebliche) Verhalten von Vertretern von Aufsichtsorganen bestehen Zweifel: Wenn tatsächlich Unternehmertum in den Boards eingekehrt sein sollte und sich Aufsichtsräte verstärkt strategisch orientieren, um damit einen aktiven Governance-Beitrag zu leisten, bedeutet das nicht automatisch die gleichzeitige Aufgabe ihrer Kontrollfunktion. Man kann das eine tun, ohne das andere zu lassen. Und man sollte es tunlichst auch so praktizieren, im wohlverstandenen Eigeninteresse. Denn die rechtliche Vorgabe und die Aufgabe von Aufsichtsräten ist nach wie vor die der Kontrolle, auch der der vorbeugenden.[95] Eine Revolution im oben beschriebenen Sinn kann Aufsichtsräte daher sehr leicht vor ein Tribunal bringen, auch wenn Revoluzzer in modernen Zeiten immerhin nicht mehr den Scharfrichter fürchten müssen. Weiter zeigen an die Öffentlichkeit gelangte Skandalfälle anhand von deren Aufarbeitung typische Sachverhalte von „hidden information" und von „hidden action", ganz genauso, wie von der Agenturtheorie beschrieben. Das gilt z. B. für die Situation bei Volkswagen mit Bezug auf den Dieselskandal. Dabei ist unerheblich, wie weit nach oben in der Hierarchieebene des Managements von Volkswagen diese „action" stattgefunden haben mag. Das war zum Redaktionsschluss dieses Buches noch nicht restlich aufgeklärt. Last but not least gilt: „Vertrauen ist gut, Kontrolle ist besser." Ein Grundsatz, in Form einer solchen geronnenen Lebensweisheit, bedeutet ein Statement mit eigenständigem und beachtlichem Aussagewert – auch wenn zu bezweifeln ist, dass dieser Satz jemals einer wissenschaftlichen Falsifizierungsprüfung unterzogen wurde. Jedenfalls kann einem derartigen Aphorismus, nach Umformulierung in Hypothesenform, die Qualität einer wissenschaftlichen Hypothese grundsätzlich nicht abgesprochen werden.[96]

---

[94] Grundei, J., zitiert bei Heinemann, S. (2012, S. 148).

[95] Der Aufsichtsrat kann über Instrumente vorbeugender Kontrolle verfügen; wenn dem so ist, hat er nach § 111 I, IV Satz 2 AktG die Pflicht, davon Gebrauch zu machen, ggf. droht ihm ansonsten eine Schadensersatzhaftung nach §§ 116 S. 1, 93 AktG. Vgl. auch Berwanger, J., zum Stichwort „Aufsichtsrat" im Gabler Wirtschaftslexikon, mit Hinweis auf ein – auf die korrespondierenden Vorstandspflichten bezogenes – BGH Urteil zur vorbeugenden Kontrolle (v. 10.07.2018, II ZR 24/17), https://wirtschaftslexikon.gabler.de/definition/aufsichtsrat-31617/version-341910. Zugegriffen am 28.10.2019.

[96] Anders wäre es z. B. mit: „Wenn der Hahn kräht auf dem Mist, ändert sich das Wetter oder bleibt wie es ist.", vgl. dazu Welfens, P.J.J. (2008, S. 106).

1.5 Interne Revision und Compliance

Die Autoren konzentrieren sich bei den nachfolgenden Erläuterungen auf das für das Interne Revisionssystem und das für das Compliance-System erforderliche Skizzieren der Governance-Strukturen. Genauer: Es geht um die Strukturen der im Kontext von Prüfung und Organisation bzw. Organisationsentwicklung zu berücksichtigenden Rahmenmodelle. Hier greifen insbesondere die COSO-Modelle und die indirekt über die Internationalen Prüfstandards ISA darauf aufbauenden Prüfungsstandards des IDW.

Das interne Kontrollsystem ist schon länger in der deutschen Betriebswirtschaftslehre angekommen: Bereits in den 1970er- und 1980er-Jahren diskutierten u. a. Peemöller[97] und Lück[98] das Thema interne Kontrolle intensiv und das IDW sah mit dem IDW PS 260 im Nachgang zum KonTraG vor, das Kontrollsystem über die Finanzberichterstattung basierend auf dem COSO-Kontrollmodell von 1992 zu prüfen. Dies sollte ermöglichen, Aussagen über die Zuverlässigkeit der Finanzberichterstattung treffen zu können.[99]

GRC-Rahmen von COSO und IDW

Die Referenzen für ein allgemein einsetzbares GRC-System finden sich in den COSO-Modellen, sieht man einmal von den schlussendlich doch sehr allgemein bleibenden Strukturen und Details der Modelle ab. Es werden teils „nur" die Nennung der wesentlichen beteiligten Rollen, der allgemeinen Kontrollziel-Logik und mehr oder weniger umfassende, mäßig hilfreiche Konzepte, Erläuterungen und Grafiken angeboten.

Den zum Zeitpunkt der Herausgabe dieses Buches aktuellen Stand der Modellierung des Governance-Systems – in der Logik der externen, resp. genauer der Abschlussprüfung – kann man am Prüfstandard IDW PS 261 n.F., sowie an den zu den Komponenten des Governance-Systems veröffentlichten Prüfungsstandards IDW PS 980 bis IDW PS 983 ablesen.

Der den IDW PS mit zu Grunde liegende internationale Prüfstandard ISA 610 (Rev 2013) ordnet das Thema Compliance in Bezug auf die Interne Revision als eine Komponente des internen Kontrollsystems ein, das hinsichtlich der Einhaltung externer und interner Regeln von der Internen Revision geprüft werden kann.[100] Dies wird auch an den Zuordnungen im Modell der drei Verteidigungslinien, mit der Compliancefunktion in der zweiten Linie und der prozess- und funktionsunabhängigen Internen Revision in der dritten Linie, sichtbar.

GRC-Funktionen als System – Drei Linien und mehr

Im Jahr 2010 veröffentlichten die beiden europäischen Dachverbände ECIIA – für die Interne Revision – und FERMA (Risikomanager) das Modell der drei Verteidigungs- bzw.

---

[97] Vgl. Peemöller, V. (1970).
[98] Vgl. Freiling, C./Lück, W. (1986).
[99] Vgl. Glaum, M. et al. (2006, S. 47 f.), sowie ergänzend Schartmann, B./Büchner, F. (2011, S. 63).
[100] Vgl. ISA 610 (Rev 2013 Rn. A1).

1.5 Interne Revision und Compliance

Verantwortlichkeitslinien[101] („Three Lines of Defence"-Model,[102] 3LoD-Modell), mit dem das grundsätzliche Zusammenwirken der Governance-Funktionen sichtbar gemacht wird.

Die erste Verteidigungslinie bildet das operative Management, die zweite – im ursprünglichen Modell explizit erwähnt – das Risikomanagement und die Compliance, sowie „Andere". Als die dritte Verteidigungslinie wird die Interne Revision und zuletzt unternehmensextern – quasi als vierte Linie – die externe Prüfung (z. B. WP) erwähnt.

Die Rollenverteilung in der Unternehmenswirklichkeit

Aus den als Referenz vorliegenden Organisationsmodellen lässt sich die Stellung der Internen Revision, im Verhältnis zu den Compliance-Rollen, nicht ohne weiteres ableiten, wie auch der diesbezügliche Versuch von Schartmann und Büchner[103] zeigt: Sie filtern als Aufgaben der Internen Revision heraus, dass das Prozessdesign zur Umsetzung der Compliance-Anforderungen und die Einrichtung des Kontrollsystems zur Überwachung der Umsetzung des Compliance-Systems zu untersuchen sei.[104] Weiter sehen sie die Aufgabe der Internen Revision darin, das Compliance-System sowie das Einhalten von Normen und Verhaltensregeln (von den Autoren insbesondere bezogen auf verantwortungsbewusste Geschäftspraktiken) zu prüfen.[105] Im Verdachtsfall sollen Sonderuntersuchungen durchgeführt werden.[106] Die gründliche Prüfung der Regeleinhaltung stützen Erkenntnisse aus der Kriminologie, wonach die Angst vor Aufdeckung ein besseres Präventionsinstrument als die stringenten Regeln selbst ist,[107] auch wenn diese Regeln noch so harsche Rechtsfolgen beinhalten.

Eine ECIIA-Studie aus dem Jahr 2018 nennt Compliance-Risiken immerhin an zweiter Stelle in der Gesamtrisiko-Einschätzung. Sogar an vorderster Stelle – bei der Möglichkeit von Mehrfachnennungen – rangiert das Thema Compliance beim Zeitaufwand der befragten Revisionsabteilungen.[108]

Die regelmäßige durchgeführte Erhebung[109] der drei deutschsprachigen Innenrevisionsverbände lässt ein noch weiter differenzierteres Bild entstehen: Die Compliance-Funktion gehört mit dem Risikomanagement, dem externen Prüfer und noch vor dem Con-

---

[101] COSO spricht hier schöner von den „Three Lines of Accountability" – den drei Linien der Verantwortlichkeit, vgl. (COSO 2017, S. 21–26).
[102] Vgl. grundlegend FERMA/ECIIA 2010 und vereinfachend mit Innenrevisions-Fokus IIA (2020).
[103] Vgl. Schartmann, B./Büchner, F. (2011).
[104] Vgl. Schartmann, B./Büchner, F. (2011, S. 66).
[105] So auch DIN ISO 19600:2014 Compliance-Managementsysteme – Leitlinien sub 8.2 und 9.2.
[106] Vgl. Schartmann, B./Büchner, F. (2011, S. 68 f.).
[107] Vgl. mit Nachweis Graeff, P./Stessl, A. (2017, S. 145 f.).
[108] Vgl. ECIIA (2018, S. 38).
[109] Vgl. zuletzt DIIR (2020).

trolling konstant zu den Partnern, mit denen die Interne Revision am intensivsten zusammenarbeitet.[110]

Wie auch beim Aufkommen der Risikomanagementfunktionen zu Beginn der 2000er-Jahre gab es zehn Jahre später im Zuge der breiten Implementierung von Compliancemanagement-Systemen ein regelrechtes Gerangel um die Lufthoheit in den Geschäftsleitungsmeetings. Durfte die Compliancefunktion nun die Herrschaft über Zucht und Sitte in der Organisation übernehmen, und mit welchen Handlangertätigkeiten ließe sich die Interne Revision beschäftigen? Untersuchungen zeigen, dass die Abstimmung zwischen Interner Revision, Compliance und Risikomanagement auf Grund überlappender Aufgaben und Adressatengruppen deutlich mehr Konfliktpotenzial als mit allen anderen Funktionen in der 3LoD-Govenance-Struktur birgt.[111]

Man wird es sich denken können, darwinistische Grundmuster machen auch – so systemtheoretisch ambitionierte Psychologen[112] in Anlehnung an Niklas Luhmann – vor „organismisch" befähigten Organisationen nicht halt. Nach der einen oder anderen Überreaktion zu Gunsten der neuen Compliance-Strukturen setzt sich praktische Logik durch. Stärkere, klarer fokussierte Compliance-Funktionen etablieren sich in der zweiten und – wo, wie z. B. in regulierten Branchen operativ geboten – der ersten Verantwortlichkeitslinie, ähnlich wie dies schon vorher mit dem Risikomanagement geschah. Soweit die Interne Revision nicht genötigt oder gelassen wurde, Aufgaben der zweiten Linie zu übernehmen, geht sie gestärkt aus dem Klärungsprozess hervor: Perspektiven sind ein zuverlässigeres Kontrollsystem, frei gewordene, nutzbringender einsetzbare Ressourcen und ein weiterer Sparringspartner im betrieblichen Governance-System.

Literatur

Bea, F.X./Haas, J. (2017): Strategisches Management, 9. Aufl. Konstanz und München 2017.

Berwanger, J. (2005): Einführung variabler Vergütungssysteme, insbesondere in Form entgeltlicher Zielvereinbarungen, in bestehende betriebliche Strukturen – soziologische Betrachtung unter Einschluss arbeitsrechtlicher Fragen, Saarbrücken, 2005.

Berwanger, J./Kullmann, S. (2012): Interne Revision, 2. Aufl. Wiesbaden 2012.

Berwanger, J. (2017): G20 in Hamburg – Staatshaftung wegen Vandalismus?, NVwZ 2017, 1348.

Buchanan, J. M. (1984): Die Grenzen der Freiheit. Zwischen Anarchie und Leviathan, Tübingen 1984.

COSO (Hrsg.) (2017): Enterprise Risk Management. Integrating Strategy with Performance. Volume II. Appendices, Durham NC (AICPA) 2017.

Dittmers, C. (2018): Werteorientiertes Compliance-Management, Baden-Baden 2018.

DIIR (Hrsg.) (2017): Enquete 2017. Die Interne Revision in Deutschland, Österreich und der Schweiz, Frankfurt am Main (DIIR) 2017.

---

[110] Vgl. DIIR (2017, S. 44).
[111] Vgl. DIIR (2017, S. 46 f.).
[112] Vgl. Kriz, J. (2016, S. 20 f.).

DIIR (Hrsg.) (2019): Internationale Grundlagen für die berufliche Praxis der Internen Revision. Mission, Grundprinzipien, Definition, Ethikkodex, Standards, Implementierungsleitlinien. Version 7 vom 11. März 2019, Frankfurt am Main (DIIR) 2019.

DIIR (Hrsg.) (2020): Enquete 2020. Die Interne Revision in Deutschland, Österreich und der Schweiz, Frankfurt am Main (DIIR) 2020.

ECIIA (Hrsg.) (2018): Risk in Focus. Hot Topics for Internal Auditors, Brüssel (ECIIA) 2018.

Endruweit, G. (1981): Organisationssoziologie, Berlin/New York 1981.

FERMA/ECIIA (Hrsg.) (2010): Guidance on the 8th EU Company Law Directive Article 41, Brussels (ECIIA) 2010.

Flassbeck, H./Steinhardt, P. (2018): Gescheiterte Globalisierung, 1. Aufl., Berlin 2018.

Freiling, C./Lück, W. (1986): Interne Überwachung und Jahresabschlußprüfung, in: Zeitschrift für betriebswirtschaftliche Forschung, 38. Jg., 1986, S. 996–1006.

Glaum, M./Thomaschewski, D./Weber, S. (2006): Auswirkungen des Sarbanes-Oxley Acts auf deutsche Unternehmen: Kosten, Nutzen, Folgen für US-Börsennotierungen, Studien des Deutschen Aktieninstituts 33, Frankfurt am Main (DAI) 2006.

Glotz, P. (1999): Die beschleunigte Gesellschaft, Reinbek b. Hamburg 1999.

Graeff, P./Stessl, A. (2017): Effektive Compliance: Ursachen, Hindernisse und Lösungsvorschläge, in: Stark, C. (Hrsg.) (2017): Korruptionsprävention. Klassische und ganzheitliche Ansätze, Wiesbaden (Springer) 2017, S. 145–161.

Hakelmacher, S. (2001): Der Revisionsmanager, ZIR 2001, 1 ff.

Heinemann, S. (2012): Vergütung des Vorstands: Überlegungen zur ethischen, ökonomischen und rechtlichen Dimension und der besonderen Verantwortung des Aufsichtsrats, S. 113–162, in: Grundei, J./Zaumseil, P. (Hrsg.): Der Aufsichtsrat im System der Corporate Governance, 1. Aufl., Wiesbaden 2012.

Hengsbach, F. (2000): „Globalisierung" – eine wirtschaftsethische Reflexion, Aus Parlament und Zeitgeschichte, Beilage zur Wochenzeitung Das Parlament, 11. Aug. 2000, S. 10 ff.

Hillmann, K. H. (1994): Wörterbuch der Soziologie, 4. Aufl., Stuttgart 1994.

Hüffer, U./Koch, J. (2018): AktG-Kommentar, 13. Aufl., München 2018.

Huwart, J./Verdier, L. (2014): Die Globalisierung der Wirtschaft: Ursprünge und Auswirkungen, OECD Insights, Paris (OECD) 2014, https://doi.org/10.1787/9789264221765-de.

IIA (Hrsg.) (2020): The IIA's Three Lines Model: An Update of the Three Lines of Defense, Lake Mary FL (IIA) 2020.

Kleinfeld, A./Martens, A. (Hrsg.) (2018): CSR und Compliance, Wiesbaden 2018.

Kremer, T./Bachmann, G./Lutter, M./von Werder, A. (2018): Deutscher Corporate Governance Kodex, 7. Aufl., München 2018, zitiert: Kremer u. a.-Bearbeiter.

Kreßel, E. (2018): Compliance und Personalarbeit Rechtliche Rahmenbedingungen bei der Verankerung von Compliance in der Personalarbeit, NZG 2018, 841.

Kriz, J. (2016): Systemtheorie für Coaches. Einführung und kritische Diskussion, Wiesbaden (Springer) 2016.

Luhmann, N. (1988): Die Wirtschaft der Gesellschaft, Frankfurt a.M. (Suhrkamp) 1988.

Luhmann, N. 1999: Recht als soziales System, Zeitschrift für Rechtssoziologie, 1999, S. 1 ff.

MacIntyre, A. (1987): Der Verlust der Tugend, Zur moralischen Krise der Gegenwart, Frankfurt/New York 1987.

Mayntz, R. (1963): Soziologie der Organisation, Reinbek 1963.

Neuberger, O. (1997): Zur Verkommenheit der Manager – Pathologien der Individualisierung, in: Scholz (Hrsg.), Individualisierung als Paradigma, Festschrift für Hans Jürgen Drumm, Stuttgart etc. 1997.

OECD (2004): OECD-Grundsätze der Corporate Governance, Organisation für wirtschaftliche Entwicklung und Zusammenarbeit, Paris (OECD) 2004, https://www.oecd.org/corporate/ca/corporategovernanceprinciples/32159487.pdf, zugegriffen: 18 Nov. 2018.

Oehlrich, M. (2019): Vorstands- und Aufsichtsratsvergütung im Lichte der Principal-Agent- und Kapitalmarkttheorie, NZG 2019, 1049.

Osterhammel, J. (2018): Zur Geschichte des Freihandels, in: Aus Politik und Zeitgeschichte, Freihandel, Ausgabe v. 22.1.2018, 4.

Otremba S. (2016): GRC-Management als interdisziplinäre Corporate Governance, Wiesbaden 2016.

PwC (Hrsg.) (2018): Wirtschaftskriminalität 2018, Frankfurt am Main/Halle-Wittenberg (PwC/Martin-Luther-Universität) 2018.

Peemöller, V. (1970): Internal Control. Frankfurt/Aschaffenburg (AGW) 1970.

Roellecke, G. (2000): Zur Unterscheidung und Koppelung von Recht und Wirtschaft, Rechtstheorie 31 (2000), S. 1.

Schartmann, B./Büchner, F. (2011): Interne Revision heute – ein Eckpfeiler für mehr Compliance, in: ZIR 2/2011, S. 63–70.

Schneider, T. (2018): Wirkungsvolle Compliance, Wiesbaden, 2018.

Schockenhoff, M. (2019): Compliance im Verein, NZG 2019, 281.

Scholz, C. (2000a): Personalmanagement, 5. Aufl., München 2000.

Scholz, C. (2000b): Wirtschaftswoche v. 05.10.2000.

Spießhofer, B. (2018): Compliance und Corporate Social Responsibility, NZG 2018, 441.

Sprenger, R. K. (2018a): Radikal Digital, 1. Aufl., München 2018.

Sprenger, R. K. (2018b): Sprengers Spitzen: 42 unbequeme Management-Wahrheiten, 1. Aufl., Düsseldorf 2018.

Südekum, J. (2018): Globalisierung unter Beschuss Eine Bestandsaufnahme des Freihandels, in: Aus Politik und Zeitgeschichte, Freihandel, Ausgabe v. 22.01.2018.

Vahs, D. (2015): Organisation, 9. Aufl., Stuttgart 2015.

Weber, M. (1985): Wirtschaft und Gesellschaft. Grundriss der verstehenden Soziologie, 5. Aufl., Tübingen 1985.

Welge, M. K./Eulerich, M. (2014): Corporate-Governance-Management, 2. Aufl., Wiesbaden 2014.

Welfens, P. J.J. (2008): Grundlagen der Wirtschaftspolitik, 3. Aufl., Berlin/Heidelberg 2008.

Wieland, J./Schmiedeknecht, M. (2010): Corporate Social Responsibility (CSR), Stakeholder Management und Netzwerkgovernance, Working Paper No. 31/2010, Konstanzer Institut für Wertemanagement, https://core.ac.uk/download/pdf/56796382.pdf, zugegriffen: 12 Nov. 2018.

Wöhe, G./Döring, U./Brösel, G. (2016): Einführung in die allgemeine Betriebswirtschaftslehre, 26. Aufl., München 2016.

Wuttke, S. (2000): Verantwortung und Controlling, Diss., Frankfurt am Main, 2000.

Die Revisionsfunktion

2.1 Historische Entwicklung von Interner Revision und Compliance

2.1.1 Interne Revision

Wie schon eingangs in Kap. 1 anhand der wirtschaftspolitischen Entwicklung dargestellt, erbringen Veränderungen der gesamtwirtschaftlichen Situation auch Anpassungsbedürfnisse für die Unternehmen – „Change!" Damit einher gehen auch Veränderungen für Unternehmensteile, so auch für die Interne Revision und für deren Arbeit. Auch historisch gesehen sind es wirtschaftliche Veränderungen gewesen, die entsprechende Beeinflussungen für die Entwicklung der Internen Revision erbracht haben.[1] Um die Gegenwart zu verstehen, ist daher ein Blick in die Vergangenheit lohnend.

Im Laufe der Geschichte war es stets die Entwicklung des staatlichen Revisionswesens, die als ein Impulsgeber für die Entwicklung der Internen Revision in der privaten Wirtschaft fungierte. Erste Spuren von Revisionstätigkeit finden sich bereits in der Antike. Im alten Rom zeigten sich Adaptionen des römischen Rechnungswesens an die Fortentwicklung des römischen Handels. Auch im alten Babylon und in Ägypten sind auf vielen Buchhaltungsdokumenten Zeichen in Form von Kreisen, Punkten und Strichen zu finden, die von Geschichtsforschern als Revisionsvermerke gedeutet werden.

Insbesondere die Erweiterung der Wirkungskreise von Handel und Industrie im Mittelalter mit einhergehendem Wachstum der Organisationsstrukturen und zunehmender Dezentralisierung waren im weiteren Verlauf der Geschichte Schrittmacher für die Entwicklung der Internen Revision. Denn dadurch und durch die Trennung von Kapitalgebern und den Ausführenden entstand das Bedürfnis nach organisationsinterner Kontrolle fast

---

[1] Vgl. zu den nachfolgenden Ausführungen Berwanger J./Kullmann S. (2012, 54 ff.), mit Hinweis auf Brönner, H. (1992, Sp. 663 ff.).

zwangsläufig. Vor allem die Institutionalisierung von Rechnungshöfen im Mittelalter fungierte als ein Impulsgeber für die Entwicklung der Internen Revision in der privaten Wirtschaft. So etwa bildeten sich im ausgehenden Mittelalter in oberitalienischen Städten wie Genua und Mailand zuerst Rechnungshöfe als Kontrollorgane der Finanzverwaltung. Mit Einführung der doppelten Buchführung im 14./15. Jahrhundert zog die Privatwirtschaft nach, denn es zeigte sich, dass eine Prüfung der Bücher von entsprechend persönlich und fachlich qualifizierten Personen durchgeführt werden musste. In Genua etwa setzte man im Jahr 1330 zur Buchprüfung sog. Visitatores ein. Im Jahr 1581 wurde in Venedig ein Berufsverband für Revisoren gegründet. Bereits im Jahr 1494 hatte *Luca Pacioli* in seinem Werk „Summa de Arithmetica" das Prinzip der doppelten Buchhaltung beschrieben. Vor diesem Gesamthintergrund wird Italien daher als das Geburtsland des Revisionswesens angesehen.

Nachdem so im Mittelalter und in der Neuzeit ein erster Durchbruch geschafft worden war, wurden sodann weitere Quantensprünge für die Interne und die Externe Revision vollzogen. Insbesondere der weltweite Aufschwung der Handelshäuser (z. B. das der Fugger) mit der Eröffnung auswärtiger Stützpunkte brachte eine weitere räumliche Trennung, die auch dort eine Kontrolle der Geschäftsabläufe notwendig machte. Dies umso mehr, weil verstärkt externe Geldgeber (besonders Banken) eine Rolle spielten und so auch die Trennung von Kapital und Leitung innerhalb der Unternehmen eine neue Bedeutung erhielt. Das beförderte insbesondere die Entwicklung der externen Revision. Es lässt sich vor allem in England die Schaffung unabhängiger Institutionen zur Überprüfung der Rechnungslegung bis ins 17. Jahrhundert zurückverfolgen. So etwa waren im Directory of Edinburgh aus 1773 die Namen von sieben Bücherrevisoren verzeichnet. Im ersten separaten Verzeichnis der Bücherrevisoren von Edinburgh in 1805 waren 17 Buchprüfer gelistet. 1854 wurde ebenfalls in Edinburgh der erste Berufsverband der „Society of Accountants" gegründet.

In Deutschland entwickelte sich das Revisionswesen seit Beginn der Neuzeit etwas langsamer. Man nahm sich England zum Vorbild, 1886 etwa wurde der Verband der „Berliner Bücher-Revisoren" gegründet. Ein ganz wichtiger Meilenstein für das deutsche Revisionswesen war die Aktiengesetzgebung vom 11.06.1870. Hier wurde zum ersten Mal die Verpflichtung des Aufsichtsrats festgelegt, Bilanz, Jahresrechnung und die Gewinnverteilung zu prüfen und darüber der Generalversammlung Bericht zu erstatten. Eine weitere Aktienrechtsnovelle (vom 14.08.1884) führte das Institut einer Gründungspflichtprüfung, auszuführen durch besondere Revisoren, ein. *Nikolaj Gogol*, der dem Berufsstand ein literarisches Denkmal gesetzt hat, erläutert in seinen zeitgenössischen Anmerkungen zu „Der Revisor" die Situation in Russland. Wegen der Dezentralisierung der Finanz- und Verwaltungsaufgaben zur Zeit Peters des Großen wuchs im Zarenreich das Kontrollproblem bzgl. der Einnahmen und Ausgaben staatlicher Mittel, seit 1722 war ein Revisor im Rang eines Senators in den Gouvernements unterwegs. Ein Gesetz vom 06.12.1799 regelte dazu: „Der Revisor hat zu überprüfen, ob die Behörden effektiv arbeiten, ob genug, aber auch nicht zu viele Beamte angestellt sind, ob Korruption oder andere Missbräuche herrschen und ob die Steuern eingezogen und alle Anordnungen ausgeführt werden."

2.1.2 Compliance

Von einer derartig weit zurück reichenden Historie wie bei der Internen Revision kann mit Bezug auf Compliance nicht ausgegangen werden. Das belegt sich allein schon daraus, dass Compliance als Rechtsimport („Legal Transplant")[2] in Form einer erfinderischen Segnung des relativ jungen US-Nordamerika auch auf dem alten Kontinent Fuß gefasst hat. In der Literatur[3] werden fünf unterschiedliche Entwicklungen in den USA als mögliche Ursprünge genannt, die maßgeblich zu dem modernen, heutigen Verständnis von Compliance beigetragen haben. Die heutige Compliance, nach ihrer Philosophie und mit ihrer systemischen Konzeption, ist somit auf eine Art gemischtes Ursachenbündel zurückzuführen. Es handelt sich dabei um Complianceansätze in der Medizin/Pharmakologie, in der US-Exportkontrollgesetzgebung zu Zeiten des Kalten Krieges, in der anglo-amerikanischen Bankenwelt und um Compliance mit Bezug auf die Praxis der strafrechtlichen Haftungsvermeidung von US-Kapitalgesellschaften. Schließlich werden relative frühe Complianceentwicklungen und -bemühungen bei der Prävention von Kartellverstößen im Zuge der „Electrical Cases" in US-Amerika als Wurzel diskutiert.

Die terminologischen Ursprünge des Compliance-Begriffes in der Medizin, davon abgeleitet auch in der Pharmakologie, beziehen sich auf die seit den 1970er-Jahren benutzte Bezeichnung hinsichtlich der Einhaltung der vom Arzt verordneten Medikamententherapie durch den Patienten, was als Compliance bezeichnet wurde.[4] Non-Compliance, also die unterlassene oder unsachgemäße Umsetzung einer Behandlung, konnte demnach hohe Kosten oder gar den Tod des Patienten bedeuten. Insofern scheint gesichert, dass der Begriff Compliance seine ursprüngliche Bedeutung in der Medizin gehabt hat und er sich daraus später auf die Wirtschaft übertragen hat.

Der eher verhaltensgeprägte frühe Ansatz von Compliance[5] hatte sich auch in einem schon im Jahr 1966 von Soziologen, Politologen, Juristen und Verhaltensforschern veröffentlichten Tagungsband mit dem Titel „Compliance and the Law" gezeigt.[6] Er befasste sich mehr mit sozialen Verhaltensmustern und dem gesellschaftlichen Zusammenleben, weniger mit der Sicherstellung gesetzeskonformen Verhaltens der Mitarbeiter durch organisatorische Maßnahmen im Unternehmen.

Eine erste Prägung als neuer rechtsterminologischer Begriff erfuhr Compliance zu Zeiten des Kalten Krieges in den USA, indem die US-Industrie seinerzeit Compliance Programme implementierte, um der schnell wechselnden und scharf sanktionierten US-Exportkontrollgesetzgebung zu entsprechen.[7] Große Teile der Literatur sehen einen

---

[2] Eufinger, A. (2012, S. 21).
[3] Eufinger, A. (2012, S. 21).
[4] Otremba, S. (2016, S. 121).
[5] Eufinger, A. (2012, S. 21): Compliance war in seiner ursprünglichen Bedeutung und Verwendung nicht ausschließlich auf eine juristische Dimension beschränkt, sondern stellte vielmehr eher ein soziales Verhaltenskonzept dar.
[6] Eufinger, A. (2012, S. 21, mwN).
[7] Eufinger, A. (2012, S. 21).

weiteren Ursprung der Compliance in der anglo-amerikanischen Banken- und Finanzwelt am Ende der 1980er-Jahre.[8] Compliance wurde dort als Konzept zur Sicherstellung eines regelkonformen Verhaltens in den klassischen Risikobereichen der Banken (vornehmlich Insiderhandel, Korruption, Behandlung von Interessenkonflikten und Geldwäsche) verwendet.[9] Einen ähnlichen Ansatz weist die vierte Quelle der Compliance auf: Hiernach entstand Compliance wiederum in den USA, und zwar um die strafrechtliche Verantwortung von Kapitalgesellschaften für kriminelle Handlungen ihrer Mitarbeiter zu vermeiden.[10]

Corporate Compliance, systemisch verstanden, war schon davor ein Thema gewesen. Compliance erschien insofern als das Ergebnis einer breit angelegten strafrechtlichen Verfolgung von kartellrechtlichen Straftaten schon im Jahr 1960, im Rahmen der sog. Electrical Cases.[11] Damals hatten sich amerikanische Unternehmen der Elektroindustrie kartellrechtswidrige Verhaltensweisen zu Schulden kommen lassen, was durch eine Selbstanzeige zweier Beteiligter bei den Kartellbehörden aufgedeckt wurde. In deren Folge kam es zu hohen Geld- und Freiheitsstrafen gegen Einzelpersonen und Geldstrafen gegen die beteiligten Unternehmen. Als Reaktion auf diese massiven Rechtsverstöße und das in der Gesellschaft hervorgerufene Aufsehen, kam der Prävention von Kartellverstößen durch US-amerikanische Unternehmen eine herausragende Bedeutung zu.[12] In der Literatur[13] wird dies als die „Geburtsstunde der modernen Compliance auf juristischer Ebene" bezeichnet.

Zusammengefasst: In der Literatur wird das moderne Verständnis von Compliance auf vorstehend skizzierten Entwicklungen in den USA zurückgeführt, wobei die Antitrust Compliance als die Hauptquelle bezeichnet wird – inhaltlich seit 1960 und sprachlich seit 1963.[14] Die Übergänge zur Compliance auf andere Gebiete – insbesondere auf die Banken- und Finanzbranche – waren fließend. Spätestens mit der Einführung des „Sarbanes-Oxley Act" 2002 in den USA wurde der Begriff auch unter deutschen Managern bekannt und hielt Einzug in deutschen Unternehmen.[15]

2.2 Kontext der Revisionsfunktion

Organisatorische Einbindung und Schnittstellen der Internen Revision lassen sich plastisch mit dem zuerst im Jahr 2010 von den beiden europäischen Dachverbänden ECIIA für die Interne Revision und FERMA für Risikomanager veröffentlichten Modell der drei

---

[8] Eufinger, A. (2012, S. 21, 22, mwN).
[9] Eufinger, A. (2012, S. 21, 22, mwN).
[10] Eufinger, A. (2012, S. 21, 22).
[11] Eufinger, A. (2012, S. 21, 22, mwN).
[12] Eufinger, A. (2012, S. 21, 22, mwN).
[13] Eufinger, A. (2012, S. 21, 22).
[14] So Eufinger, A. (2012, S. 21, 22).
[15] Otremba, S. (2016, S. 122, FN 352 mwN) verweist auf die diesbezüglichen Auswirkungen in der internationalen Wirtschaft.

2.2 Kontext der Revisionsfunktion

Verteidigungs- bzw. Verantwortlichkeitslinien,[16] dem „Three Lines of Defence"-Model,[17] darstellen. Das Modell macht das grundsätzliche Zusammenwirken der Governance-und Führungsfunktionen sichtbar.

2.2.1 Interne Revision und Compliance im GRC-System

In dem ursprünglichen Three Lines of Defence-Modell von 2010 werden die Rollen im Governance- und Führungssystem wie folgt differenziert und verknüpft: Übergeordnete Rollen sind Board und Senior Management.[18] Das Board (hier analog einem Aufsichtsrat, Beirat o. ä.), ggf. mit einem Prüfungsausschuss, leistet Überwachung (Monitoring) und Ausrichtung (Direction) des Senior Managements (hier gleichbedeutend mit Vorstand, Geschäftsleitung o. ä.). CEO und Senior Management-Team sind verantwortlich für das Risikomanagementsystem (RMS) und für das interne Kontrollsystem (IKS) sowie für die Ausrichtung und Führung (Leadership) des operativen Managements.[19]

Die erste „Verteidigungslinie" (vgl. Abb. 2.1) zur Absicherung der Organisation gegen das Verfehlen der Ziele bildet das operative Management. Die Aufgaben des operativen Managements sind im Modell zum einen Führung der Mitarbeiter und zum anderen das Implementieren angemessener interner Kontrollen. Die zweite „Verteidigungslinie" zur Sicherstellung der Organisationsziele bilden Kontroll- und Unterstützungsfunktionen: im ursprünglichen Modell explizit erwähnt waren Risikomanagement, Compliance sowie „Andere", das sind Controlling, Qualitätsmanagement, Sicherheit, etc. Die dritte „Verteidigungslinie" bildet die (prozess-) unabhängige Interne Revision. Extern finden sich – quasi als vierte Linie – die externe Prüfung sowie darüber hinausgehend Aufsichtsbehörden (die „fünfte Linie").

---

[16] COSO spricht hier passender von den „Three Lines of Accountability" – den drei Linien der Verantwortlichkeit (vgl. COSO 2017a1, S. 21–16).

[17] Kurz teils auch 3LoD-Modell genannt. Vgl. zuerst FERMA/ECIIA 2010.

[18] Die Untergliederung in Board und Senior Management führt teils zu Verwirrung: Als Senior Management bezeichnet man im internationalen Unternehmenskontext in der Regel die Ebene unter dem Vorstand (den Executives) im Boardsystem. Die Differenzierung des „Board" in das Überwachungsorgan (Supervisory Board) und die Geschäftsleitung (Management Board) in der Ebene darunter beschreiben die mit den OECD Corporate Governance Principles 2004 eingeführten, allgemein einsetzbaren institutionellen Strukturen; vgl. OECD (2004), S. 58. Den Begriff „Senior Management", wie er oft im IPPF genutzt wird, überträgt die offizielle Übersetzung der OECD Principles zu „Unternehmensleitung"; vgl. OECD (2015), S. 63 und 69. In den ursprünglichen OECD Corporate Governance Principles wurde zuerst einmal von den Executives und den Non-Executives, die sich sowohl im Two-tier Board als auch im Unitarian Board finden, gesprochen; vgl. OECD (1999), S. 42.

Zur aktuellen Ausgestaltung und Verbreitung der Board-Strukturen vgl. OECD (2019), S. 135–139. Dort spricht die OECD vom „Board" mit den Untergruppen „Supervisory Body" und „Management Body", vgl. z. B. OECD (2019), S. 137.

[19] COBIT 2019 verwendet deutlicher trennend die Begriffe Board, Executive Management sowie Business Management (vgl. ISACA 2018, S. 15).

Um die Bedeutung des Modells zu unterstreichen, wurde im Jahr 2012 ein weiteres, ergänztes und überarbeitetes Papier[20] von den europäischen Dachverbänden ECIIA und ECODA – für die „Directors" – veröffentlicht. Die 1. Linie bilden seitdem (operative) Führung und interne Kontrollen. In der 2. Linie[21] wurden in dieser Überarbeitung weitere Funktionen (Qualität, Sicherheit, …) hinzugefügt und extern zusätzliche – dann sozusagen als fünfte Verteidigungslinie neben dem Abschlussprüfer – Regulatoren berücksichtigt (siehe Abb. 2.1). Eine vereinfachte, stärker auf die Position der Internen Revision abstellende Interpretation der Beschreibung der Governance-Strukturen hat das IIA im Sommer 2020 als „Three Lines Model"[22] veröffentlicht.

Zur Umsetzung des Modells können zum Beispiel die fünf Komponenten und 17 Prinzipien des COSO Internal Control Frameworks genutzt werden.[23] Die Funktionen Risikoverantwortung (Risk Ownership und Management), Risikoüberwachung und unabhängige Bestätigung der Wirksamkeit von Risikomanagement und interne Kontrolle werden durch Anwendung der COSO-Prinzipien den im Modell benannten Akteuren durch Vorgaben, Verfahren und Verantwortlichkeiten zugeordnet.

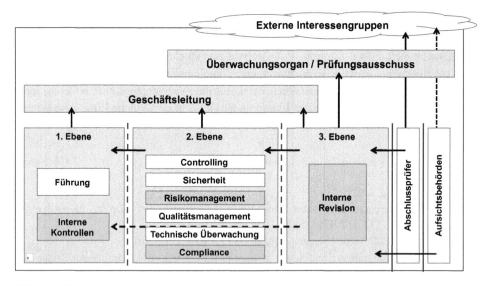

Abb. 2.1 Erweitertes „Three Lines of Defence"–Modell (Nach ECIIA/ECODA 2012, S. 5)

---

[20] Vgl. ECIIA/ECODA 2012.
[21] Zur Rollenverteilung zwischen 2. Linie und Interner Revision vgl. IIA (2016b).
[22] Vgl. IIA (2020).
[23] Vgl. dazu IIA (2015).

2.2.2 Die Rollenverteilung in der Unternehmenswirklichkeit

Aus den vielfältigen, als Referenz zur Verfügung stehenden Organisationsmodellen (OECD, COSO, BIZ, EU, Governance-Kodizes, Gesetze, Branchenregulierung, Good Practice-Blaupausen etc.) lässt sich die Stellung der Internen Revision zu den anderen GRC-Rollen, insbesondere Risikomanagement und Compliance, nicht ohne weiteres ableiten. Die Funktion Interne Revision wird immer wieder erwähnt, aber ihre Eingliederung nur im Ausnahmefall, z. B. in der Finanzdienstleister-Regulierung, konkretisiert.

Schartmann und Büchner[24] haben versucht, die Beziehung zwischen den in diesem Buch primär untersuchten Funktionen Interne Revision und Compliance im Governance-System herauszuarbeiten: Sie filtern mit Bezug auf Compliance-Aufgaben als Rolle der Internen Revision heraus, dass die Interne Revision Prozessdesigns zur Umsetzung der Compliance-Anforderungen und die Einrichtung des Kontrollsystems zur Überwachung der Umsetzung der Compliance-Vorgaben untersuchen soll.[25] Weiter sehen sie die Aufgabe der Internen Revision darin, das Compliance-System sowie das Einhalten von Normen und Verhaltensregeln (von den Autoren insbesondere bezogen auf verantwortungsbewusstes unternehmerisches Handeln) zu prüfen,[26] um im Verdachtsfall Sonderuntersuchungen durchführen zu können.[27] Erkenntnisse aus der Kriminologie belegen, dass schon die Angst vor Aufdeckung ein besseres Präventionsinstrument als stringente Regeln ist,[28] mögen deren Rechtsfolgen noch so gravierend ausfallen. Grundsätzlich ist die Interne Revision eine Funktion im Umfeld der Unternehmensleitung und den dort wirkenden Mechanismen ausgesetzt, die z. B. in der Principal-Agent-Theorie[29] und anderen Konzepten der jüngeren Organisationsforschung[30] beschrieben werden.

Teils heftige Abgrenzungsdiskussionen[31] gab es lange Zeit zwischen Controlling und Interner Revision, und auch zwischen interner und externer, dann meist durch Abschlussprüfer ausgeführter, Interner Revision. Primär im öffentlichen Sektor musste sich die Aufgabenverteilung zwischen Rechnungsprüfung und Interner Revision fortentwickeln. In Bezug auf operative Funktionen, und mehr noch in Bezug auf die anderen betrieblichen Stabs- und Kontrollfunktionen sind die Meinungsverschiedenheiten vorprogrammiert. Die aktuell typischen „Baustellen" sind jeweils vor dem Hintergrund der individuellen oder

---

[24] Vgl. dazu Schartmann, B./Büchner, F. 2011.
[25] Vgl. Schartmann, B./Büchner, F. 2011, S. 66.
[26] So auch DIN ISO 19600:2014 sub 8.2 und 9.2.
[27] Vgl. Schartmann, B./Büchner, F. 2011, S. 68 f.
[28] Vgl. mit Nachweis Graeff, P./Stessl, A. 2017, S. 145 f.
[29] Vgl. Eulerich, M. (2018), S. 29–38.
[30] Vgl. dazu ausführlich mit Nachweisen und Reflektion bezüglich der Rolle der Internen Revision in der Organisation Lenz, R./Hahn, U. (2015).
[31] Zu den angrenzenden Funktionen vgl. ausführlich Peemöller, V.H./Kregel, J. (2010), S. 17–31.

kontextuellen Entwicklung – global oder regional durchaus von Land zu Land unterschiedlich – von Branchen oder Sektoren zu sehen. Die Konfliktpotenziale, Konflikte und Lösungen wandeln sich mit den Veränderungen der internen und externen Strukturen. Solche Trends können global oder regional differenziert ablaufen. Dies wiederum führt zu Inkongruenzen – störenden Abweichungen – im Verhältnis zu den wiederkehrenden Modetrends der Internen Revision (z. B. der Datenanalyse und der Strategieorientierung) oder zu verbreiteten Organisationsmodellen wie z. B. dem IPPF, COSO oder COBIT. So erkannte Abweichungen können Anlass zur Weiterentwicklung der Organisation geben.

Eine ECIIA-Studie aus 2018 nennt Compliance-Risiken an zweiter Stelle in der Gesamtrisiko-Einschätzung, und an erster Stelle des Zeitaufwandes der befragten Revisionsabteilungen.[32] Die regelmäßig durchgeführte Erhebung (Enquete)[33] der drei deutschsprachigen Innenrevisorenverbände lässt ein weiter differenzierteres Bild entstehen.

Die Compliance-Funktion gehört mit dem Risikomanagement und dem externen Prüfer, und noch vor dem Controlling, konstant zu den Partnern, mit denen die Interne Revision am intensivsten zusammenarbeitet.[34] Auch wurde der Zusammenarbeit der Internen Revision mit der Compliance-Funktion zum Zeitpunkt der Erhebung (2017) vor Zusammenarbeit mit dem Risikomanagement das größte Wachstumspotenzial zugebilligt.[35]

Risikomanagement und Compliance gehören zu den in der Praxis häufig vorkommenden Zusatzaufgaben der Leitung der Internen Revision,[36] obwohl beide Funktionen auch zu den wichtigen Prüffeldern[37] der Governance-Organisation zählen. Die Interne Revision hat der Erhebung zu Folge noch vor der Compliance-Funktion und vor der Rechtsabteilung einen wichtigen Anteil bei der Aufklärung doloser Handlungen, und sie ist regelmäßig in Meldeabläufe bzw. Whistleblowing-Strukturen eingebunden, während die Federführung diesbezüglich eher bei der Compliance-Organisation liegt.[38] Die Bedeutung von Compliance und Fraud (dolosen Handlungen) nimmt im Vergleich zu den anderen Tätigkeitsfeldern der Internen Revision kontinuierlich zu.[39]

Wie auch beim Aufkommen der Risikomanagementfunktionen zu Beginn der 2000er-Jahre, gab es 10 Jahre später im Zuge des Ausbaus der Compliance-Funktionen wieder ein vernehmliches Gerangel um die Lufthoheit in den Leitungsgremien: Darf die Compliance ab sofort die Oberaufsicht über Recht und Ordnung in der Organisation führen, mit welchen Zuarbeiten kann die Interne Revision dann beschäftigt werden, wird die Interne Revision ggf. jetzt sogar überflüssig? Untersuchungen zeigen, dass die Abstimmung zwi-

---

[32] Vgl. ECIIA 2018, S. 38.
[33] Vgl. zuletzt DIIR 2017.
[34] Vgl. DIIR 2017, S. 44. Zu den Aufgaben und Abgrenzung von Interner Revision und Compliance-Funktionen vgl. Peemöller, V.H. (2015).
[35] Vgl. DIIR 2017, S. 45.
[36] Vgl. DIIR 2017, S. 17 f.
[37] Vgl. DIIR 2017, S. 48.
[38] Vgl. DIIR 2017, S. 48 f.
[39] Vgl. DIIR 2017, S. 23 f.

schen Interner Revision, Compliance und Risikomanagement deutlich mehr Konfliktpotenzial in sich birgt, als dies in den Beziehungen zu allen anderen Funktionen in der 3LoD-Governance-Struktur festzustellen ist.[40]

Im Zuge der Entwicklung etablierten sich, ähnlich wie dies schon vorher im Zug des Aufkommens der Risikomanagementfunktionen geschah, klar fokussierte Compliance-Funktionen in der zweiten Verantwortlichkeitslinie. Diese sind mit den Compliance-Funktionen der ersten Verantwortlichkeitslinie – wo diese z. B. durch Regulierungsauflagen klar ausgebildet sind – verknüpft. Wenn die Interne Revision nicht Aufgaben der zweiten Linie übernahm, ging sie gestärkt aus der Entwicklung hervor: Sekundärgewinn für die Interne Revision sind ein zuverlässigeres internes Kontrollsystem, in den Prüffeldern Compliance und Risikomanagement frei gewordene, nutzbringender einsetzbare Ressourcen sowie eine weitere, unterstützende Funktion im organisationinternen GRC-System.

2.3 Institutionen der Internen Revision

Unter dem Dach des internationalen Berufsverbandes, des Institute of Internal Auditors mit Sitz in Lake Mary (Florida), hat sich der Berufsstand der Internen Revision in nationalen Berufsverbänden organisiert.[41] Darüber hinaus gibt es regionale, z. B. europaweite, Zusammenschlüsse. Für den Berufsstand der Internen Revision sind auch die Berufsorganisation der IT-Prüfer sowie die Organisationen der Abschlussprüfung, des Risikomanagements und der Compliance wichtig. Denn es gibt diesen Berufsfeldern weite Überschneidungen, was sich folgerichtig sowohl im fachlichen als auch im praktischen Koordinationsbedarf und Austausch widerspiegelt.

Tab. 2.1 gibt eine Übersicht über die wichtigsten Organisationen im Kontext der Internen Revision. Im Folgenden sind ausgewählte Berufsorganisationen kurz dargestellt.

2.3.1 Deutsches Institut für Interne Revision e.V.

Im Jahr 1958 wurde das Deutsche Institut für Interne Revision e.V. (DIIR) als Verein zur Förderung der wissenschaftlichen und praktischen Förderung und zur Vertretung der Interessen der Internen Revision gegründet.[42] Die Mitglieder des DIIR waren zuerst primär institutionell (Revisionsabteilungen) und individuell einzelne, dort aktive Revisionsleiterinnen und -leiter. Mit der zunehmenden Verbreitung der Berufsexamen wurden in zunehmender Zahl auch Mitarbeiter der Internen Revision in den Verein aufgenommen. Diese

---

[40] Vgl. DIIR 2017, S. 46 f.
[41] Vgl. dazu Meggeneder, G. (2012) und IIA (2016a).
[42] Vgl. dazu ausführlich Institut für Interne Revision (1959).

Tab. 2.1 Berufsorganisationen[a]

Interne Revision		
DIIR	Deutsches Institut für Interne Revision, Frankfurt/Main	www.diir.de
IIRÖ	Österreichisches Institut für Interne Revision, Wien	www.internerevision.at
IIAS	Institute of Internal Auditing Switzerland, Zürich	www.iias.ch
ECIIA	European Confederation of Institutes of Internal Auditing, Brüssel	www.eciia.eu
IIA	Institute of Internal Auditors, Orlando FL	www.theiia.org
IT-Revision		
ISACA Germany	ISACA Germany Chapter, Berlin	www.isaca.de
ISACA	Information Systems Audit and Control Association, Schaumburg IL	www.isaca.org
Abschlussprüfung		
IDW	Institut der Wirtschaftsprüfer Deutschlands, Düsseldorf	www.idw.de
KSW	Kammer der Steuerberater und Wirtschaftsprüfer, Wien	www.ksw.or.at
EXPERTsuisse	EXPERTsuisse – Wirtschaftsprüfung, Steuern, Treuhand, Zürich	www.expertsuisse.ch
Risikomanagement		
RMA	Risk Management & Rating Association, München	www.rma-ev.org
FERMA	Federation of European Risk Management Associations, Brüssel	www.ferma.eu
RIMS	Risk and Insurance Management Society, New York NY	www.rims.org
Compliance		
DICO	Deutsches Institut für Compliance, Berlin	www.dico-ev.de
BCM	Berufsverband der Compliance-Manager, Berlin	www.bvdcm.de

[a]Quelle: Eigene Zusammenstellung

Einzelmitglieder stellen heute den größten Teil der Mitglieder.[43] Das DIIR ist zentrale Instanz für die Vertretung und fachliche Weiterentwicklung des Berufsstandes der Internen Revision und anerkannter Gesprächspartner von Fachorganisationen, Gesetzgebern und Regulierungsbehörden auf nationaler Ebene (Tab. 2.2).[44]

Wesentliche Organe des DIIR sind der Vorstand, der Verwaltungsrat und die Mitgliederversammlung. Die Geschäftsstelle mit Sitz in Frankfurt am Main koordiniert die Verbandsaktivitäten und stellt Konferenzen, Fachtreffen sowie ein breites Schulungsspektrum zur Verfügung.

Das DIIR ist auch die nationale Vertretung des Berufsstandes der Internen Revision im globalen Institute of Internal Auditors (IIA). Es hat sich dort verpflichtet, die Einhaltung der Internationalen Grundlagen für die berufliche Praxis der Internen Revision (IPPF) durch seine Mitglieder sicherzustellen. Dies geschieht durch eine entsprechende Referenz in der Vereinssatzung des DIIR, der sich alle Mitglieder unterwerfen, sowie durch die Ver-

---

[43]Zur jüngeren Entwicklung siehe DIIR (2008).
[44]Vgl. Schartmann, B./Unmuth, A. (2012).

Tab. 2.2 Kurzprofil DIIR[a]

Name	Deutsches Institut für Interne Revision e.V. (DIIR)
Gründungsjahr	1958
Adresse	Theodor-Heuss-Allee 108 60486 Frankfurt am Main
Kontakt	www.diir.de info@diir.de T +49 69 71 37 69 0
Zielgruppe	Fach- und Führungskräfte der Internen Revision
Zielsetzung	Förderung und Weiterentwicklung der Internen Revision in Deutschland
Mitglieder	Ca. 3000, davon ca. 800 Unternehmensmitglieder
Publikationen	Berufsgrundlagen, Zeitschrift Interne Revision (ZIR), Jahresbericht, DIIR News Magazine, Fachbücher, Arbeitskreispublikationen, Stellungnahmen
Zertifizierungen	Interner Revisor (DIIR), CIA, CRMA, weitere IIA-Zertifizierungen

[a]Eigene Zusammenstellung, Quelle: www.diir.de, Stand 08.2020

pflichtung auf Ethikkodex und Standards, die alle beim IIA und beim DIIR zertifizierten Internen Revisoren im Rahmen der Zertifizierung eingehen und jährlich erneuern.

Das DIIR bietet eine nationale Einstiegsqualifizierung für Interne Revisoren, den „Internen Revisor DIIR" (IR DIIR), an und unterstützt die Zertifizierungsprogramme des IIA, wie zum Beispiel das weltweit anerkannte „Certified Internal Auditor (CIA)"-Examen. Die Träger der Zertifizierungen verpflichten sich zur Einhaltung der Berufsgrundlagen im Rahmen ihrer Revisionstätigkeit, insbesondere des Ethikkodexes und der Standards, sowie zusätzlich zu mindestens 20 (IR DIIR) bzw. 40 (CIA) Stunden fachlicher Weiterbildung (CPE) pro Kalenderjahr.

2.3.2 IIA Switzerland und IIA Austria

Der Berufsstand der Internen Revision ist in der Schweiz im Institute of Internal Auditing Switzerland (IIAS – IIA Switzerland) und in Österreich im Institut für Interne Revision Österreich (IIA Austria) organisiert. Beide Verbände sind Mitglied im globalen Institute of Internal Auditors, und auch sie verpflichten ihre Mitglieder zur Einhaltung der Internationalen Grundlagen für die berufliche Praxis der Internen Revision (Tab. 2.3).

Gegründet wurde das österreichische Institut für Interne Revision im Jahr 1962 als Arbeitsgemeinschaft Interne Revision. Im Jahr 1981 wurde die „Arge IR" förmlich als Verein eingetragen.[45]

Der Schweizerische Verband für Interne Revision begann im Jahr 1980 als Fachgruppe der Schweizerischen Treuhandkammer und wurde – auch auf Grund der zunehmenden Regulierung des Wirtschaftsprüferberufs – im Jahr 2008 als selbstständiger Verein ausgegliedert (Tab. 2.4).[46]

---

[45] Vgl. detaillierter Wagner, N. (2001), S. 2.

[46] Zur Gründungsgeschichte der beiden Verbände vergleiche Hofmann, R. (1993), S. 135.

Tab. 2.3 Kurzprofil IIA Austria[a]

Name	Institut für Interne Revision Österreich – IIA Austria (IIRÖ)
Gründungsjahr	1962 (gegründet als ARGE Interne Revision)
Adresse	Schönbrunnerstrasse 218-220 1120 Wien (Österreich)
Kontakt	www.internerevision.at institut@internerevision.at T +43 1 81 70 291
Zielgruppe	Mitarbeiter und Führungskräfte der Internen Revision in Österreich
Zielsetzung	Vertretung des Berufsstandes sowie Forschung und Lehre auf dem Gebiet der Internen Revision in Österreich
Mitglieder	Ca. 400 Firmenmitglieder sowie ca. 100 Einzelmitglieder
Publikationen	Internationale Standards, Newsletter, Fachbücher, Leitfäden, Übersetzungen, Arbeitskreis-Veröffentlichungen
Zertifizierungen	Dipl. Interner Revisor, CIA, CRMA, weitere IIA-Zertifizierungen

[a]Eigene Zusammenstellung, Quelle: www.iia.at, Stand 08.2020

Tab. 2.4 Kurzprofil IIA Switzerland[a]

Name	Institute of Internal Auditing Switzerland
Gründungsjahr	1980 (als Untergliederung der Treuhandkammer)
Adresse	Vulkanstraße 120 8048 Zürich (Schweiz)
Kontakt	www.iias.ch info@iias.ch T +41 44 298 34 34
Zielgruppe	Personen mit Tätigkeit im Bereich der Internen Revision Revisionsabteilungen von Schweizer Unternehmen
Zielsetzung	Zusammenschluss sowie Aus- und Weiterbildung der Internen Revisoren in Unternehmungen, Verwaltungen und bei Dienstleistern für Interne Revision Schaffung und Erhaltung eines hohen Qualitätsstandards der Internen Revisionen der Mitglieder Fachliche Förderung des Berufsstandes der Internen Revision Entwicklung und Verbreitung von Grundsätzen und Methoden zur fachlich hochstehenden Berufsausübung Förderung des fachlichen Erfahrungsaustausches
Mitglieder	Ca. 500 Einzelmitglieder sowie 150 Unternehmensmitglieder mit 2000 Mitarbeitern
Publikationen	Internationale Standards, Leitlinie zum Internen Audit, Newsletter
Zertifizierungen	CIA, CRMA, weitere IIA-Zertifizierungen

[a]Eigene Zusammenstellung, Quelle: www.iias.ch, Stand 08.2020. Der Name SVIR wurde Mitte 2020 zu Gunsten des Namens IIA Switzerland aufgegeben

Die Institute beider Länder, IIAS und IIRÖ, haben ein vergleichbares, wenn auch weniger umfangreiches Programmportfolio als das deutsche DIIR, mit dem sie einige Aktivitäten teilen. Gemeinsame Aktivitäten der Innenrevisionsverbände in D-A-CH sind zum

Beispiel die Übersetzung von Fachtexten und Berufsgrundlagen, eine im drei- bis fünfjährigen Abstand durchgeführte Erhebung zum Stand der Internen Revision (Enquete),[47] sowie Fachtagungen und Arbeitskreis-Projekte. Die Mitgliederstruktur wird durch die jeweiligen Konzepte geprägt, die Ausrichtung des Mitgliedschaftskonzeptes liegt unabhängig von der tatsächlichen, individuellen Beteiligung aus dem Berufsstand teils mehr auf Unternehmens-, teils mehr auf Einzelmitgliedschaften.

2.3.3 Institute of Internal Auditors

Das 1941 gegründete Institute of Internal Auditors (IIA) hat seinen Sitz in Lake Mary (Florida). Ursprünglich war es die Dachorganisation nordamerikanischer Chapter, es wurde aber bald auch zum Forum für den Austausch global interessierter Revisionsfunktionen großer Konzerne, Behörden und transnational aktiver Organisationen. Aus dem fachlichen Austausch der im IIA organisierten Revisionsleitungen entwickelten sich die ersten Standards und später die sehr viel breiter aufgestellten Internationalen Grundlagen für die berufliche Praxis der Internen Revision (IPPF).[48]

Aus den 24 Mitgliedern des IIA im Gründungsjahr 1941 wurden 6000 Mitglieder im Jahr 1965. Die Mitgliederzahl verdoppelte sich dann jeweils in den vier darauf folgenden Jahrzehnten auf mehr als 50.000 im Jahr 1995 und auf mehr als 140.000 im Jahr 2007.[49] Heute ist das IIA sowohl Dachorganisation und Ressourcenplattform für die US-amerikanischen IIA-Chapter (mit dem Zweig IIA North America) als auch mit dem Zweig „IIA Global" weltweiter Dachverband für die nationalen Verbände für Interne Revision und regionale Zusammenschlüsse[50] dieser nationalen Verbände.

Die Arbeit des IIA Global findet in einer Vielzahl von Fachgremien statt, die die Berufsgrundlagen oder Handreichungen zu aktuellen Themen entwickeln, oder die Vertretung des Berufsstandes in der Öffentlichkeit sowie gegenüber Institutionen und Stakeholdern betreiben. Das IIA bietet weiter eine Vielzahl an Angeboten zum fachlichen Austausch, zur Ausbildung und zur Unterstützung der Chapter und nationalen Institute.

Das IIA veröffentlicht eine Vielzahl von Studien, zum Beispiel globale Erhebungen zum Stand der Internen Revision bei Revisoren und Stakeholdern sowie einen Benchmark-Pool, der für interessierte Interne Revisionen gegen eine geringe Kostenbeteiligung nutzbar ist.

---

[47] Zuletzt: DIIR (2017).
[48] Eine ausführliche Darstellung findet sich bei IIA (2016a).
[49] Vgl. zur Entwicklung des IIA Königsmaier, H. (1995), S. 16 und Hahn, U. (2007), S. 947 f.
[50] ECIIA für Europa und angrenzende Länder, ACIIA für den asiatischen Raum, AFIIA für Afrika sowie FLAI für Lateinamerika. Darüber hinaus gibt es einen Zusammenschluss französischsprachiger IIAs, UFAI.

2.3.4 European Confederation of Institutes of Internal Auditing

Die 1982 gegründete European Confederation of Institutes of Internal Auditing (ECIIA) ist ein Dachverband der nationalen Innenrevisionsverbände im Europa, Zentraleuropa und im Mittelmeerraum.[51] Die ECIIA versteht sich als eine Plattform zum Austausch zwischen den nationalen Verbänden und als Ansprechpartner europäischer Institutionen und Verbände. Arbeitskreise der ECIIA beschäftigen sich mit aktuellen oder Branchenthemen.

2.3.5 Weitere Institutionen mit Bezug zur Internen Revision

Es gibt eine Vielfalt nationaler und transnationaler Organisationen, die die Interne Revision vertreten bzw. die eine fachliche Plattform und ein Forum für die Interne Revision und die angrenzenden Felder wie z. B. die IT-Revision, Governance, Regulierung, Risikomanagement, Compliance, Rechnungswesen und Betriebswirtschaft bieten.[52]

Für die IT-Prüfung, heute ein wichtiger Teilaspekt vieler Prüfungen der Internen Revision, ist der Berufsverband ISACA ein wichtiger Gesprächspartner und Quelle grundlegender Instrumente und Methoden. Die Wurzeln der Information Systems Audit and Control Association (ISACA) liegen im Jahr 1967, als sich Prüfer und Sicherheitsexperten mit IT-Schwerpunkt zusammentaten, weil sie eine gezielte Plattform und Vertretung ihrer Interessen außerhalb der Abschlussprüfer- und Innenrevisoren-Organisationen suchten. Im Jahr 1969 wurde die EDP Auditors Association eingetragen und in 1978 die heute weltweit anerkannte IT-Prüferqualifizierung „Certified Information Systems Auditor (CISA)" ins Leben gerufen.[53]

ISACA hat berufsständische Vorgaben entwickelt, das IT Audit and Assurance Framework (ITAF),[54] sowie eine umfassende Sammlung von Konzepten, Methoden und Arbeitshilfen für IT-Prüfer, IT-Sicherheit und IT-Management bzw. IT-Governance erarbeitet. Die Rahmenmodelle und Arbeitshilfen entwickelt ISACA mit einem weltumspannenden, aktiven Expertennetzwerk laufend weiter.

Die Schmalenbach-Gesellschaft für Betriebswirtschaft e.V. (Schmalenbach-Gesellschaft) ist eine übergreifende betriebswirtschaftliche Vereinigung zum fachlichen Austausch zwischen Experten aus Forschung und Praxis. Ihre Arbeitskreise und Veröffentlichungen beschäftigen sich mit Themen der Unternehmensführung und der Governance, wie auch der Internen Revision.

Das Institut der Wirtschaftsprüfer Deutschlands e.V. (IDW) ist eine freiwillige Vereinigung der Wirtschaftsprüfer Deutschlands. Seine Aufgaben sind neben der Interessenver-

---

[51] Zu Entwicklung und Aktivitäten siehe Hahn, U. (2007b) und ECIIA (2009).
[52] Vgl. die Zusammenstellung insb. transnationaler Akteure bei Hahn, U. (2007b).
[53] Vgl. Hahn, U. (2007a), S. 952.
[54] Vgl. ISACA (2015) und auf der Heyde, D./Hahn, U. (2014).

tretung des Berufsstandes die Unterstützung der Wirtschaftsprüfer durch fachlichen Rat, berufsständische Standards sowie Aus- und Weiterbildung.

Die Risk Management and Rating Association e. V. (RMA) ist eine Interessenvertretung für Risikomanager. Sie unterstützt den Dialog über das Risikomanagement und dessen Weiterentwicklung. Der Berufsverband Compliance Manager e.V. (BCM) ist die berufsständische Vertretung der Compliance Manager Deutschlands.

2.4 Berufsgrundlagen

Der Berufsstand der Internen Revision verfügt mit den Internationalen Grundlagen für die berufliche Praxis der Internen Revision (IPPF) über ein umfassendes Regelwerk, mit dem die Bereitstellung zuverlässiger und nutzbringender Arbeitsergebnisse durch objektive und sachkundige Prüfung und Beratung – sichergestellt werden soll.

Weiterentwickelt und überwacht wird das IPPF durch den weltweiten Berufsverband der Internen Revision, das Institute of Internal Auditors (IIA) mit Sitz in Lake Mary (Florida). Die angeschlossenen nationalen Berufsverbände für Interne Revision verpflichten sich durch vertragliche Bindung mit dem IIA und ihre Mitglieder durch ihre Satzungen, die Internationalen Grundlagen für die berufliche Praxis der Internen Revision anzuwenden.

2.4.1 Komponenten der Berufsgrundlagen des IIA (IPPF)

Das IPPF besteht aus verbindlichen und empfohlenen Komponenten.[55] Das IPPF wird regelmäßig überarbeitet, die wesentlichen Änderungen[56] werden von globalen Komitees überwacht und verabschiedet sowie im Entwurfsprozess zur Kommentierung veröffentlicht. Da das IPPF prinzipienbasiert konzipiert ist, kann es flexibel und gleichermaßen für große und kleine[57] Interne Revisionen angewendet werden (Abb. 2.2).

Die verbindlichen IPPF-Komponenten sind:

- Mission[58]
- Grundprinzipien für die berufliche Praxis
- Definition der Internen Revision

---

[55] Vgl. DIIR (2019), S. 10–13.
[56] Wesentliche Änderungen wurden 2008 sowie 2015 vorgenommen, vgl. IIA (2007) sowie IIA (2014).
[57] Vgl. dazu DIIR (2011).
[58] Das IPPF 2017 ist hier unscharf: Während die Mission in der Liste der verbindlichen IPPF-Komponenten der Einleitung zum IPPF fehlt, wird sie kurz darauf unter gemeinsamer Überschrift als ein Baustein der verbindlichen IPPF-Komponenten beschrieben; vgl. DIIR (2019), S. 10 und DIIR (2019), S. 12.

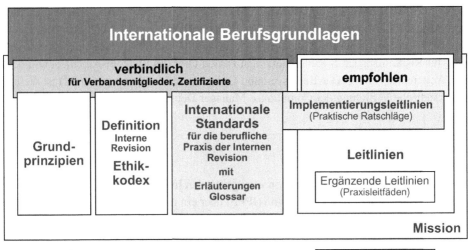

Abb. 2.2 Komponenten des IPPF (Eigene Darstellung)

- Ethikkodex
- Internationale Standards für die berufliche Praxis

Die verbindlichen Komponenten werden durch ein weltweites Anhörungsverfahren weiterentwickelt und verabschiedet. Geänderte oder neue Inhalte werden zur Kommentierung veröffentlicht, die Kommentare in die zukünftigen Regelungen eingearbeitet und diese dann durch die IIA-Gremien als Vertretung des weltweiten Berufsstandes verabschiedet.

Die in diesem Kapitel folgenden Auszüge aus den Internationalen Grundlagen für die berufliche Praxis der Internen Revision wurden der aktuellen Übersetzung des DIIR entnommen.[59]

Mission der Internen Revision
Den verbindlichen IPPF-Komponenten ist die Mission der Internen Revision vorangestellt, die den primären Zweck und das übergeordnete Ziel der Internen Revision beschreibt. Die Mission wird durch die verbindlichen und empfohlenen IPPF-Komponenten umgesetzt.

> **Mission der Internen Revision**
> Den Wert einer Organisation durch risikoorientierte und objektive Prüfung, Beratung und Einblicke zu erhöhen und zu schützen.

---

[59] Internationale Grundlagen für die berufliche Praxis der Internen Revision 2017 (v7), DIIR (2019). Abdruck hier und vollständig im Anhang mit freundlicher Genehmigung des DIIR e.V.

2.4 Berufsgrundlagen

Grundprinzipien für die berufliche Praxis der Internen Revision
Die Grundprinzipien stellen in ihrer Gesamtheit die Funktion der Revisionsfunktion sicher.[60] Mission und Grundprinzipien – die Standards und den Ethikkodex zusammenfassend – wurden im Jahr 2015 hinzugefügt.[61]

> **Grundprinzipien für die berufliche Praxis der Internen Revision**
> - Zeigt Integrität.
> - Zeigt Sachkunde und berufsübliche Sorgfalt.
> - Ist objektiv und frei von ungebührlichem Einfluss (unabhängig).
> - Richtet sich an Strategien, Zielen und Risiken der Organisation aus.
> - Ist geeignet positioniert und mit angemessenen Mitteln ausgestattet.
> - Zeigt Qualität und kontinuierliche Verbesserung.
> - Kommuniziert wirksam.
> - Erbringt risikoorientierte Prüfungsleistungen.
> - Ist aufschlussreich, proaktiv und zukunftsorientiert.
> - Fördert organisatorische Verbesserungen.

Definition der Internen Revision
Die Definition der Internen Revision beschreibt den grundlegenden Zweck, die Art und den Arbeitsbereich der Internen Revision.

> **Definition der Internen Revision**
> Die Interne Revision erbringt unabhängige und objektive Prüfungs- und Beratungsdienstleistungen, welche darauf ausgerichtet sind, Mehrwerte zu schaffen und die Geschäftsprozesse zu verbessern.
>
> Sie unterstützt die Organisation bei der Erreichung ihrer Ziele, indem sie mit einem systematischen und zielgerichteten Ansatz die Effektivität des Risikomanagements, der Kontrollen und der Führungs- und Überwachungsprozesse bewertet und diese verbessern hilft.

Ethikkodex der Internen Revision
Der Ethikkodex beschreibt Prinzipien und Erwartungen an Einzelpersonen und Organisationen, die Revisionsaufträge durchführen. Dies sind die Minimalanforderungen an das Verhalten der Vertreter des Berufsstandes.

Der vom IIA verbindlich vorgegebene Ethikkodex für den Berufsstand der Internen Revision umfasst neben den einleitenden Erläuterungen[62] zwei wesentliche Teile, die

---

[60] Vgl. zur Umsetzung der Grundprinzipien durch die Standards sowie Kriterien zur Beurteilung der Umsetzung IIA (2019a) und die Übersetzung DIIR (2020).
[61] Siehe dazu IIA (2014), S. 3 ff.
[62] Siehe DIIR (2019), S. 17 f.

Grundsätze und die Verhaltensregeln. Die Grundsätze stellen prinzipielle Erwartungen an das Verhalten der Internen Revisoren klar. Als „Interne Revisoren" gelten die Mitglieder der angeschlossenen Berufsverbände für Interne Revision, Inhaber von oder Kandidaten für Zertifizierungen des IIA und der nationalen Mitgliedsverbände sowie alle, die Dienstleistungen entsprechend der Definition der Internen Revision des IIA erbringen.

Ethikkodex der Internen Revision – Grundsätze

Von Internen Revisoren wird erwartet, dass sie folgende Grundsätze anwenden und aufrechterhalten:

1. Integrität
   Die Integrität von Internen Revisoren begründet Vertrauen und schafft damit die Grundlage für die Zuverlässigkeit ihres Urteils.
2. Objektivität
   Interne Revisoren zeigen ein Höchstmaß an sachverständiger Objektivität beim Zusammenführen, Bewerten und Weitergeben von Informationen über geprüfte Aktivitäten oder Geschäftsprozesse. Interne Revisoren beurteilen alle relevanten Umstände mit Ausgewogenheit und lassen sich in ihrem Urteil nicht durch eigene Interessen oder durch Andere beeinflussen.
3. Vertraulichkeit
   Interne Revisoren beachten den Wert und das Eigentum der erhaltenen Informationen und legen diese ohne entsprechende Befugnis nicht offen, es sei denn, es bestehen dazu rechtliche oder berufliche Verpflichtungen.
4. Fachkompetenz
   Interne Revisoren setzen das für die Durchführung ihrer Arbeit erforderliche Wissen und Können sowie entsprechende Erfahrung ein.

Die die Grundsätze des Ethikkodex der Internen Revision ergänzenden Verhaltensregeln sollen die Umsetzung der Grundsätze in der Praxis konkretisieren. Primär adressiert der Ethikkodex Individuen und deren Verhalten, allerdings sind auch Organisationen angesprochen.

Ethikkodex der Internen Revision – Verhaltensregeln

1. Integrität
   Interne Revisoren:
   1.1. Müssen ihre Aufgabe korrekt, sorgfältig und verantwortungsbewusst wahrnehmen.
   1.2. Müssen die Gesetze beachten und rechtliche sowie berufliche Offenlegungspflichten erfüllen.
   1.3. Dürfen nicht wesentlich in illegale Aktivitäten involviert sein oder bei Handlungen mitwirken, die den Berufsstand der Internen Revision oder ihre Organisation in Misskredit bringen.

1.4. Müssen die legitimen und ethischen Ziele ihrer Organisation beachten und fördern.
2. Objektivität
Interne Revisoren:
2.1. Dürfen nicht an Aktivitäten beteiligt sein oder Beziehungen unterhalten, die ihr unparteiisches Urteil beeinträchtigen könnten, wobei selbst der Anschein zu vermeiden ist. Dies schließt auch Aktivitäten oder Beziehungen ein, die im Widerspruch zu den Interessen der Organisation stehen könnten.
2.2. Dürfen nichts annehmen, was ihr fachliches Urteil beeinträchtigen könnte, wobei selbst der Anschein zu vermeiden ist.
2.3. Müssen alle ihnen bekannten wesentlichen Fakten offenlegen, die – falls nicht mitgeteilt – die Berichterstattung über die geprüften Aktivitäten verfälschen könnten.
3. Vertraulichkeit
Interne Revisoren:
3.1. Müssen umsichtig und interessewahrend mit den im Verlauf ihrer Tätigkeit erhaltenen Informationen umgehen.
3.2. Dürfen Informationen nicht zu ihrem persönlichen Vorteil oder in einer Weise verwenden, die ungesetzlich ist bzw. den legitimen und ethischen Zielen der Organisation schadet.
4. Fachkompetenz
Interne Revisoren:
4.1. Dürfen nur solche Aufgaben übernehmen, für die sie das erforderliche Wissen, Können und die entsprechende Erfahrung haben.
4.2. Müssen die Revisionsarbeit in Übereinstimmung mit den Internationalen Standards für die berufliche Praxis der Internen Revision durchführen.
4.3. Müssen ständig ihre Fachkenntnisse sowie die Effektivität und Qualität ihrer Arbeit verbessern.

Mission, Definition, Grundprinzipien und Ethikkodex der Internen Revision werden durch die sog. Standards verbindlich konkretisiert.

Standards für die berufliche Praxis der Internen Revision
Die Internationalen Standards für die berufliche Praxis der Internen Revision (Standards) sind ein prinzipienbasiertes Rahmenwerk für die Durchführung und Förderung der Internen Revision. Die Standards umfassen Attribut-, Ausführungs- und Umsetzungsstandards.

Die Standards sind als Zusammenstellung prinzipienbasierter, verbindlicher Anforderungen gedacht. Dies bedeutet, dass die Vertreter des Berufsstandes verbindlich den Standards konform – d. h. situationsspezifisch angemessen – handeln werden. Die Einzelstandards bestehen aus Anforderungen an die Berufsausübung der Internen Revision und teils ergänzenden Erläuterungen, die in den Anforderungen enthaltene Begriffe oder Konzepte verdeutlichen. Die Struktur der Standards wird im Folgenden in diesem Kapitel dargestellt, auf ihre Umsetzung wird dann insbesondere in den folgenden Kapiteln ausführlich eingegangen.

Empfohlene IPPF-Komponenten
Empfohlene IPPF-Komponenten sind:

- Implementierungsleitlinien
- Ergänzende Leitlinien/Praxisleitfäden

Die aus den Praktischen Ratschlägen vorhergehender IPPF-Versionen[63] entstandenen, mit dem IPPF 2017 eingeführten Implementierungsleitlinien unterstützen Interne Revisoren bei der Umsetzung der Hauptstandards und der vier Prinzipien des Ethikkodex. Sie umreißen Konzepte, Methoden und Verfahren, detaillieren diese aber noch nicht.

Die ergänzenden Leitlinien und Praxisleitfäden enthalten detaillierte Anleitungen zur Durchführung der Revisionsaktivitäten hinsichtlich allgemeiner oder branchenspezifischer Themen, Instrumente und Methoden und Mustervorlagen.

2.4.2 Ziel und Zweck der Revisionsfunktion

Definition der Internen Revision
„Die Interne Revision erbringt unabhängige und objektive Prüfungs- und Beratungsdienstleistungen, welche darauf ausgerichtet sind, Mehrwerte zu schaffen und die Geschäftsprozesse zu verbessern. Sie unterstützt die Organisation bei der Erreichung ihrer Ziele, indem sie mit einem systematischen und zielgerichteten Ansatz die Effektivität des Risikomanagements, der Kontrollen und der Führungs- und Überwachungsprozesse bewertet und diese verbessern hilft."[64]

Die Definition der Internen Revision legt den Zweck, die Ausführung und den Umfang der internen Revisionsfunktion grundlegend fest.[65] Im Wesentlichen sind dies:

- Die Zielerreichung einer Organisation fördern.
- Governance-, Risiko- und Kontroll-Prozesse beurteilen und verbessern.
- Prüfen und Beraten, um Werte zu schöpfen und den Betrieb zu verbessern.
- Unabhängigkeit und Objektivität.
- Ein systematischer und konsistenter Arbeitsansatz.

---

[63] Siehe dazu Hahn, U. (2007a).
[64] DIIR (2019), S. 16.
[65] Zu Positionierung und Spezifika der Internen Revision im öffentlichen Sektor vgl. IIA (2019b), insb. S. 6–9.

Im Folgenden werden die fünf Aspekte der Revisionsdefinition[66] näher erläutert.

Die Zielerreichung einer Organisation fördern
Das strategische Management verwendet Vision und Mission als höchste Zielbilder. Die Mission beschreibt, was eine Organisation erreichen möchte; die Vision unterstützt dies durch eine bildhafte Darstellung.

Legt man die COSO-Modelle zu Grunde, kann man die Kategorien strategische, operative, Transparenz- sowie Regeleinhaltungsziele der Organisation betrachten (siehe Tab. 2.5).

Strategische Ziele werden durch die Unternehmensleitung primär zur Befriedigung der Stakeholder-Interessen gesetzt. Bei den betrieblichen Zielen stehen Wirksamkeit und Wirtschaftlichkeit, im öffentlichen Bereich auch Sparsamkeit der Tätigkeit im Fokus, aber auch das Absichern der Organisation gegen Verluste. Die Berichterstattungs-Ziele wollen Transparenz hinsichtlich externer und interner, finanzwirtschaftlicher und anderer Informationen sicherstellen. Die Regeleinhaltungs-Ziele sollen das Einhalten von Gesetzen, Vereinbarungen und internen Vorgaben sicherstellen.

Klare Geschäftsziele ermöglichen Steuerung und Messung im Zweitablauf und stellen Kriterien für die Beurteilung der Geschäftstätigkeit durch die Interne Revision zur Verfügung. Sie können der Ableitung von Prüfzielen dienen, die wiederum die Führungskräfte beim Erreichen ihrer Ziele unterstützen sollen.

Governance-, Risiko- und Kontroll-Prozesse beurteilen und verbessern
Risikomanagement, interne Kontrolle und Governance sind erforderlich, damit Organisationen ihre Ziele erreichen können. Die dafür verantwortlichen Systeme sind komplex und verwoben. Kurz gesagt müssen die obersten Instanzen einer Organisation ein Governance-,

Tab. 2.5 COSO-Kontrollziele[a]

COSO-Kontrollkategorie	COSO-Kontrollziel	Kriterien
Strategie		Mission, strategische Ziele
Betrieb	Zielerreichung	Operative Ziele
	Wirtschaftlichkeit	Im öffentlichen Sektor auch Sparsamkeit
Berichterstattung	Extern	Jahresabschluss, Meldewesen
	Intern	Controlling
Regeleinhaltung	Extern	Gesetze, Verordnungen, Verträge, Vereinbarungen
	Intern	Vorschriften, Verfahren, Anweisungen
- ohne -	Vermögenssicherung	Durch die anderen Kontrollziele abgedeckt

[a]Vgl. ausführlich COSO (2013), S. 6–11

---

[66]Zur empirischen Forschung hinsichtlich des Stands und der Bedeutung der Aspekte vgl. Lenz, R./ Hahn, U. (2015).

Risikomanagement- und Kontroll-System einrichten, um ihrer Aufgabe gerecht zu werden, die Organisation zu steuern und zu überwachen. Die operativen Führungskräfte der Organisation konkretisieren und betreiben das Kontroll- und das Risikomanagement- System. Die Interne Revision unterstützt bei der Überwachung und Optimierung dieser Systeme. Die Stellung der Internen Revision in diesen und in Bezug auf diese Systeme wird an anderer Stelle in diesem Band detaillierter beschrieben.

Prüfen und Beraten, um Werte zu schöpfen und den Betrieb zu verbessern
Prüfungs- und Beratungsaufträge unterscheiden sich in drei Aspekten: Hinsichtlich des Primärziels des Auftrags (Unterstützung, Transparenz), hinsichtlich des das Auftragsziel und den Auftragsumfang letztendlich Festlegenden (Beratene/Kunden) sowie hinsichtlich der Beteiligten (Berater, Beteiligte und Beratene).

Primärziel eines Prüfungsauftrages ist, Fakten zu beurteilen und Schlussfolgerungen in Bezug auf den Untersuchungsgegenstand zu ziehen. Die Interne Revision legt Art und Umfang der dafür erforderlichen Prüfungshandlungen unabhängig und sachgerecht fest. Es gibt drei grundsätzliche Beteiligte, Prüfer, Geprüfte und Berichtsempfänger bzw. Nutzer der erarbeiteten Information.

Primärziel eines Beratungsauftrags ist es, Ratschläge und andere Unterstützung zu geben, im Normalfall auf gezielte Nachfrage hin. Zwei gleichberechtigt Beteiligte sprechen die Anforderungen und die Ergebnisse ab: Berater (Dienstleister) und Beratener (Kunde).

Unabhängigkeit und Objektivität
Hinreichende Unabhängigkeit – primär bezogen auf die Stellung der Funktion, aber auch der Personen – im Organisationskontext ist eine wesentliche Voraussetzung für die erfolgreiche Arbeit der Internen Revision. Gleiches gilt für die Objektivität, eine primär individuelle, persönliche Eigenschaft.

Der Nutzen von Prüfung und Beurteilung hängt stark vom Vertrauen ab, dass die Nutzer der Informationen in die Prüfung haben. Sind Unabhängigkeit oder Objektivität tatsächlich oder dem Anschein nach nicht gewährleistet, werden Nutzer den Prüfungsurteilen nur wenig Bedeutung beimessen und Geprüfte der Prüfung zu Recht kritisch gegenüberstehen.

Dadurch werden insbesondere die Berichtslinien der Internen Revision zu Geschäftsleitung und Überwachungsorgan[67] sowie die Rechte und Pflichten der Internen Revision eine wichtige Grundlage für die Wirksamkeit der Internen Revision.

Ein systematischer und konsistenter Arbeitsansatz
Effektive und effiziente Abläufe – das lehrt das Qualitätsmanagement – erfordern Fokus und Nutzung sowie kontinuierliche Anpassung der vorhandenen Kompetenzen. Systematik und Konsistenz sichern sowohl die planmäßige Zielorientierung als auch die Nutzung

---

[67] Vgl. IIA (2011).

2.4 Berufsgrundlagen

der in der Revisionsfunktion gespeicherten Erfahrungen, insbesondere im Rahmen der sich strukturell wiederholenden Prüfungsaufträge.

Die grundlegenden Planungsphasen sind:

- Verständnis des Kontexts gewinnen
- Auftragsziele festlegen
- Erforderliche Nachweise erkennen
- Art und Umfang der Prüfungshandlungen bestimmen

In der Durchführungsphase werden Prüfnachweise gesammelt, analysiert und beurteilt. Dort und in der Berichtsphase werden die Ergebnisse – Schwachstellen, Beurteilungen, Maßnahmen – abgestimmt und zuletzt verbreitet. In der Nacharbeitsphase wird der Auftrag archiviert und über gewonnene inhalts- oder prozessbezogene Erkenntnisse verarbeitet. Im Nachschauprozess wird die Behebung der Schwachstellen transparent gemacht.

2.4.3 Nutzenbeitrag der Internen Revision

Betriebliche Funktionen müssen für die Stakeholder innerhalb und außerhalb der Organisation einen erkennbaren Nutzen- bzw. Wertbeitrag[68] leisten.

Das IIA Global Board of Directors hat in 2010 die Ergebnisse einer Task Force veröffentlicht, die den Nutzenbeitrag der Internen Revision konkretisieren sollte. Der Nutzenbeitrag der Internen Revision soll sich aus den Bausteinen ergeben[69]:

- Absicherung (assurance),
- Erkenntnis (insight) und
- Objektivität (objectivity).

Die Interne Revision gibt Sicherheit (auch Ab- oder Rückversicherung, assurance) über die Funktionsfähigkeit der betrieblichen Systeme für Governance, Risikomanagement und interne Kontrolle, damit die Organisation ihre strategischen, operativen, finanziellen und formalen Ziele erreicht. Die Interne Revision fördert die Zielerreichung und Wirtschaftlichkeit einer Organisation durch neue Erkenntnisse (Einsichten, insight) basierend auf der Analyse und Beurteilung von Daten und Geschäftsprozessen. Durch ihre Verpflichtung auf Integrität und Verantwortlichkeit (Objektivität, objectivity) positioniert sich die Interne Revision als vertrauenswürdiger Partner (im IIA-Jargon „trusted advisor") ihrer Stakeholder.

---

[68] Zu Messung und Faktoren des Wertbeitrags siehe Eulerich, M./Lenz, R. (2020).
[69] Vgl. Miller, P./Smith, T. (2011), S. 1 f.

Wesentliche, positive Einflussfaktoren[70] auf den Wert- bzw. Nutzenbeitrag der Internen Revision sind Zugang zum Überwachungsorgan, unbeeinflusste Kommunikation der Prüfungsergebnisse sowie intensive Nutzung aktueller Instrumente und Methoden.

2.4.4 Abgrenzung zu anderen Funktionen

In den 80er-Jahren noch wollte sich die Interne Revision häufig über eine Negativdefinition erklären, durch die Abgrenzung vom damals im Zuge der EDV-Durchdringung starken Controlling. Davor stand die Abgrenzung von interner und externer Prüfung sowie von Rechnungslegung/Rechnungsprüfung, und zeitweise auch die Abgrenzung vom Qualitätsmanagement im Raum. Durch die in den frühen 2000er-Jahren beginnende breite Etablierung des institutionalisierten unternehmensweiten Risiko- und dann Compliance-Managements nahmen weitere Funktionen ihren Platz in den Organisationen ein, zu denen sich die organisatorischen Schnittstellen[71] erst noch entwickeln mussten.

Das Modell der drei Verantwortlichkeits- bzw. Verteidigungslinien (Three Lines Model, siehe Abb. 2.1) hat sich in diesem Zusammenhang in verschiedenen Varianten entwickelt, um die bestehenden und sich neu entwickelnden betrieblichen Funktionen in den Zusammenhang zu setzen und um organisatorische Schnittstellen erkennbar und beschreibbar machen.

2.5 Revisionsorganisation und Standards

Die Standards der Internationalen Grundlagen für die berufliche Praxis der Internen Revision (IPPF) sind das weltweit anerkannte, prinzipienbasierte Rahmenwerk für den Betrieb und die laufende Weiterentwicklung der Internen Revisionsfunktion. Die Standards des IPPF umfassen Attribut-, Ausführungs- sowie Umsetzungsstandards, sie sind eine Zusammenstellung prinzipienbasierter und trotzdem verbindlicher Anforderungen an Funktionen und Einzelne. Die Einzelstandards des IPPF bestehen aus zwei Teilen, Anforderungen sowie – fallweise hinzugefügt – konkretisierenden Erläuterungen.

2.5.1 Positionierung und Ressourcen – Attribut-Standards

Die Attribut-Standards des IPPF beschreiben die Ausgestaltung der Funktion der Internen Revision. Die IIA-Standards (IIAS) 10nn (Aufgabenstellung, Befugnisse, Verantwortung) beschäftigen sich mit der Festlegung des Revisionsauftrags durch Analyse des Kontexts,

---

[70] Vgl. Chen, J.-F./Lin, W.-Y. (2011), S. 36 und die Untersuchung von Eulerich, M./Lenz, R. (2020), insb. S. 20.

[71] Insbesondere hinsichtlich der Abgrenzung zur 2. Linie vgl. IIA (2016b) sowie IIA (2020).

2.5 Revisionsorganisation und Standards

1000 Aufgabenstellung, Befugnisse, Verantwortung	1010	Verbindliche Leitlinien in der Geschäftsordnung		
1100 Unabhängigkeit und Objektivität	1110	Organisatorische Unabhängigkeit		
	1120	Persönliche Objektivität		
	1130	Beeinträchtigungen		
1200 Fachkompetenz und berufliche Sorgfaltspflicht	1210	Fachkompetenz		
	1220	Berufliche Sorgfaltspflicht		
	1230	Regelmäßige fachliche Weiterbildung		
1300 Programm zur Qualitätssicherung und -verbesserung	1310	Anforderungen an das Qualitätsprogramm	1311	Interne Beurteilung
			1312	Externe Beurteilung
	1320	Berichterstattung zum Qualitätsprogramm		

Abb. 2.3 Positionierung der Internen Revision – Attribut-Standards (Eigene Darstellung)

die Abstimmung mit den wesentlichen Stakeholdern, insbesondere Überwachungsorgan und Geschäftsleitung, sowie durch die Festschreibung des Auftrags in der Geschäftsordnung der Internen Revision (Abb. 2.3).

Die IIAS 11nn (Unabhängigkeit und Objektivität) legen fest, wie Interne Revision als Funktion und wie Internen Revisoren als Person ihre Unabhängigkeit und Objektivität wahren können, und wie für den Fall von Beeinträchtigungen der Unabhängigkeit und/oder Objektivität vorgegangen werden soll. Fachkompetenz, berufliche Sorgfaltspflicht (due professional care) sowie die kontinuierliche Weiterbildung (CPE) regeln die IIAS 12nn (Fachkompetenz und berufliche Sorgfaltspflicht). Die IIAS 13nn (Programm zur Qualitätssicherung und -verbesserung, QSVP) verlangen von der Leitung der Internen Revision, ein Qualitätsmanagementsystem aufzubauen, welches das Erreichen der Ziele der Internen Revisionsfunktion und der durchgeführten Tätigkeiten (insbesondere der Prüfungs- und Beratungsaufträge) sowie das Einhalten der Berufsgrundlagen sicherstellen soll.

2.5.2 Revisionsmanagement und Auftragsdurchführung – Performance-Standards

Die Performance- bzw. Ausführungsstandards des IPPF bieten ein flexibles Rahmenmodell für das Management einer Internen Revision und die Abwicklung des Auftragsspektrums der Internen Revision, für deren Prüfungs-/Bestätigungs-, Beratungs- oder anderen Aufträge.

2000 Leitung der Internen Revision	2010	Planung
	2020	Berichterstattung und Genehmigung
	2030	Ressourcen-Management
	2040	Richtlinien und Verfahren
	2050	Koordination und Vertrauen
	2060	Berichterstattung an die Geschäftsleitung
1300 QAIP	2070	Dienstleister und Verantwortung für die ausgelagerte Interne Revision
2100 Art der Arbeiten	2110	Führung und Überwachung
	2120	Risikomanagement
	2130	Kontrollen
2200 Planung einzelner Aufträge		
2300 Durchführung des Auftrags		
2400 Berichterstattung		
2500 Überwachung des weiteren Vorgehens		
2600 Kommunikation der Risikoakzeptanz		

Abb. 2.4 Revisionsmanagement und Auftragsabwicklung – Performance-Standards (Eigene Darstellung)

Die Performance-Standards selbst bestehen aus sieben Blöcken, die durch den thematisch zugehörigen Block der Attribut-Standards für das Qualitätssicherungs- und Verbesserungsprogramm (QSVP, IIAS 1300) ergänzt werden (siehe Abb. 2.4).

Der Block IIAS 2000 (Leitung der Internen Revision), IIAS 1300 (Qualitätssicherungs- und -verbesserungsprogramm) und IIAS 2100 (Art der Arbeiten) beschäftigt sich primär mit der Organisation, der Planung und der Ressourcenausstattung der Internen Revision sowie mit der diesbezüglichen Berichterstattung. Der Block IIAS 2200 (Vorbereitung), 2300 (Durchführung) und 2400 (Berichterstattung) behandelt die Auftragsabwicklung der Internen Revision beginnend mit der Vorbereitung bis hin zur Archivierung der Nachweise und Ergebnisse. Der Block IIAS 2500 (Follow-up) und 2600 (Risikoübernahme) behandelt die Umsetzung der Auftragsergebnisse. Die Ausgestaltung der Tätigkeitsblöcke unter Berücksichtigung der entsprechenden Standards des IPPF ist in Kap. 5 dargestellt.

2.5.3 Auftragsabwicklung – Prüfungsprozess und Standards

Wie der Auftragsablauf der Internen Revision in das System der Standards des IPPF eingebunden ist, zeigt Abb. 2.5.

Wenn man den Kern-Prüfprozess den Berufsgrundlagen der Internen Revision folgend weiter zerlegt, ergibt sich eine Prozessgliederung aus den Aktivitätsblöcken

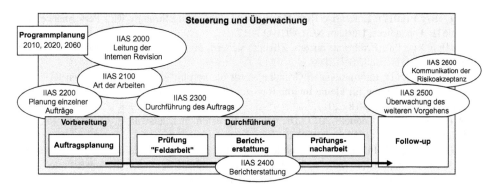

Abb. 2.5 Prüfungsprozesse der Internen Revision im IPPF (Eigene Darstellung)

- Vorbereitung (Disposition, Planung, Arbeitsprogramm-Erstellung)
- Durchführung (Datenerhebung, Analyse, Bewertung, Dokumentation)
- Berichterstattung

sowie aus weiteren erforderlichen Tätigkeiten, die sich unter dem Begriff Nacharbeiten oder auch Prüfungsabschluss subsumieren lassen. Die Maßnahmenverfolgung (Follow-up) wird im Normalfall als separater Tätigkeitsblock oder als eigenständiger Prozess betrachtet. Dies erfolgt zum einen, um den ursprünglichen Prüfungsauftrag endgültig abschließen zu können, und zum anderen, weil die für die Wirksamkeit der Internen Revision extrem wichtige Verfolgung der Maßnahmenumsetzung oft aufwendige, von der ursprünglichen Prüfung grundsätzlich unabhängige Aktivitäten (Statuserhebung, Klärung und Eskalation, Ergebnisvalidierung) erfordert.

Die Tätigkeiten im Rahmen der Auftragsdurchführung der Internen Revision sind in Kap. 5 dieses Buches weiter detailliert.

Literatur

Amling, T./Bantleon, U. (Hrsg.) (2012): Praxis der Internen Revision. Management, Methoden, Prüffelder, Berlin (ESV) 2012.
Auf der Heyde, D./Hahn, U. (2014): Das überarbeitete ISACA IT Audit & Assurance Framework, in: IT-Governance 19 (2014), S. 4–8.
Berwanger, J./Kullmann, S. (2012): Interne Revision, 2. Aufl. Wiesbaden 2012.
Brönner, H. (1992): Geschichte der Revision, Sp. 663 ff., in: Coenenberg A. G./v. Wysocki, K. (Hrsg.): Handwörterbuch der Revision, 2. Aufl., Stuttgart 1992.
Chen, J.-F./Lin, W.-Y. (2011): Measuring Internal Auditing's Value. CBOK Report III, Altamonte Springs FL (IIARF) 2011.
Coenenberg, A. G., Wysocki, K. v. (Hrsg.) (1992): Handwörterbuch der Revision, 2. Aufl., Stuttgart 1992.
COSO (Hrsg.) (2013): Internal Control – Integrated Framework. Framework and Appendices, Durham NC (AICPA) 2013.

COSO (Hrsg.) (2017): Enterprise Risk Management. Integrating Strategy with Performance. Volume II. Appendices, Durham NC (AICPA) 2017.
DIIR (Hrsg.) (2008): Erfahrung nutzen. Zukunft sichern: 50 Jahre Deutsches Institut für Interne Revision e.V., Berlin (ESV) 2008.
DIIR (Hrsg.) (2011): Internationalen Grundlagen für die berufliche Praxis der Internen Revision. Umsetzungsanleitung für kleine Interne Revisionsfunktionen, IPPF-Praxisleitfaden April 2011, Frankfurt am Main (DIIR) 2011.
DIIR (Hrsg.) (2017): Enquete 2017. Die Interne Revision in Deutschland, Österreich und der Schweiz, Frankfurt am Main (DIIR) 2017.
DIIR (Hrsg.) (2019): Internationale Grundlagen für die berufliche Praxis der Internen Revision. Mission, Grundprinzipien, Definition, Ethikkodex, Standards, Implementierungsleitlinien. Version 7 vom 11. März 2019, Frankfurt am Main (DIIR) 2019.
DIIR (Hrsg.) (2020): Praxisleitfaden: Nachweis der Grundprinzipien für die berufliche Praxis der Internen Revision. Enabler und wesentliche Indikatoren, Frankfurt am Main (DIIR) 2020.
ECIIA (Hrsg.) (2009): Common Body of Knowledge in Internal Auditing: A State of the Art in Europe, Berlin (ESV) 2009.
ECIIA (Hrsg.) (2018): Risk in Focus. Hot Topics for Internal Auditors, Brüssel (ECIIA) 2018.
ECIIA/ECODA (Hrsg.) (2012): Making the most of the Internal Audit Function: Recommendations for Directors and Board Committees, Brüssel (ECIIA) 2012.
Eufinger, A. (2012): Zu den historischen Ursprüngen der Compliance, CCZ 2012, 21.
Eulerich, M. (2018): Die Interne Revision. Theorie – Organisation – Best Practice, Berlin (ESV) 2018.
Eulerich, M./Lenz. R. (2020): Defining, Measuring, and Communicating the Value of Internal Audit, Lake Mary (FL) (IIAF) 2020.
FERMA/ECIIA (Hrsg.) (2010): Guidance on the 8th EU Company Law Directive Article 41, Brussels (ECIIA) 2010.
Freidank, C.-C./Peemöller, V. (Hrsg.) (2007): Corporate Governance und Interne Revision. Handbuch für die Neuausrichtung des Internal Auditings, Berlin (ESV) 2007.
Graeff, P./Stessl, A. (2017): Effektive Compliance: Ursachen, Hindernisse und Lösungsvorschläge, in: Stark, C. (Hrsg.) (2017): Korruptionsprävention. Klassische und ganzheitliche Ansätze, Wiesbaden (Springer) 2017, S. 145–161.
Hahn, U. (2007a): Berufsgrundlagen der Internen Revision, Standards von IIA und DIIR, in: Freidank, C.-C./Peemöller, V. (Hrsg.) (2007): Corporate Governance und Interne Revision. Handbuch für die Neuausrichtung des Internal Auditings, Berlin (ESV) 2007, S. 73–107.
Hahn, U. (2007b): Internationale Organisationen der Internen Revision, in: Freidank, C.-C./Peemöller, V. (Hrsg.) (2007): Corporate Governance und Interne Revision. Handbuch für die Neuausrichtung des Internal Auditings, Berlin (ESV) 2007, S. 946–956.
Hofmann, R. (1993): Unternehmensüberwachung: Ein Aufgaben- und Arbeitskatalog für die Revisionspraxis. 2. Aufl., Berlin (ESV) 1993.
IIA (Hrsg.) (2007): A Vision for the Future: Guiding the Internal Audit Profession to Excellence. The New International Practices Framework, Altamonte Springs FL (IIA), 2007.
IIA (Hrsg.) (2011): Practice Guide Interaction with the Board, Altamonte Springs FL (IIA) 2011.
IIA (Hrsg.) (2014): Proposed Enhancements to The Institute of Internal Auditors International Professional Practices Framework (IPPF), Altamonte Springs FL (IIA) 2014.
IIA (Hrsg.) (2015): Leveraging COSO Across the Three Lines of Defense, Durham NC (COSO/AICPA) 2015.
IIA (Hrsg.) (2016a): Celebrating Our Past … Inspiring the Future. 75 Years of Advancing the Internal Audit Profession, Altamonte Springs FL (IIA) 2016.

IIA (Hrsg.) (2016b): Practice Guide Internal Auditing and the Second Line of Defense, Altamonte Springs FL (IIA) 2016.

IIA (Hrsg.) (2019a): Practice Guide Demonstrating the Core Principles for the Professional Practice of Internal Auditing. Enablers and Key Indicators, Lake Mary FL (IIA) 2019.

IIA (Hrsg.) (2019b): Practice Guide Unique Aspects of Internal Auditing in the Public Sector, Lake Mary FL (IIA) 2019.

IIA (Hrsg.) (2020): The IIA's Three Lines Model: An Update of the Three Lines of Defense, Lake Mary FL (IIA) 2020.

Institut für Interne Revision (Hrsg.) (1959): Aufgaben und Praxis der Internen Revision, München (mi) 1959.

ISACA (Hrsg.) (2015): ITAF. Rahmenwerk der Berufspraktiken für die IT-Prüfung, 3. Aufl., Rolling Meadows IL (ISACA) 2015.

ISACA (Hrsg.) (2018): COBIT 2019 Framework. Introduction and Methodology, Rolling Meadows IL (ISACA), 2018.

Königsmaier, H. (1995): Der optimale Prüfzeitpunkt in der Internen Revision: Ein Beitrag zur Lösung des „Audit-Timing"-Problems, Berlin (ESV) 1995.

Lenz, R./Hahn, U. (2015): A Synthesis of Empirical Internal Audit Effectiveness Literature Pointing to New Research Opportunities, in: Managerial Auditing 1/2015, S. 5–33.

Miller, P./Smith, T. (2011): Insight: Delivering Value to Stakeholders, Altamonte Springs FL (IIARF) 2011.

Meggeneder, G. (2012): Die Entwicklung des Berufsstandes, in: Amling, T./Bantleon, U. (Hrsg.) (2012): Praxis der Internen Revision. Management, Methoden, Prüffelder, Berlin (ESV) 2012, S. 549–573.

OECD (Hrsg.) (2019): OECD Corporate Governance Factbook 2019, Paris (OECD) 2019.

OECD (Hrsg.) (2015): G20/OECD-Grundsätze der Corporate Governance, Paris (OECD) 2015.

OECD (Hrsg.) (2004): OECD Principles of Corporate Governance, Paris (OECD) 2004.

OECD (Hrsg.) (1999): OECD Principles of Corporate Governance, Paris (OECD) 1999.

Otremba, S. (2016): GRC-Management als interdisziplinäre Corporate Governance, Wiesbaden 2016.

Peemöller, V.H. (2015): Interne Revision und Compliance, in: ZIR Sonderheft 1/2015, S. 64–72.

Peemöller, V.H./Kregel, J. (2010): Grundlagen der Internen Revision. Standards, Aufbau und Führung, Berlin (ESV) 2010.

Schartmann, B./Büchner, F. (2011): Interne Revision heute – ein Eckpfeiler für mehr Compliance, in: ZIR 2/2011, S. 63–70.

Schartmann, B./Unmuth, A. (2012): Das DIIR – Deutsches Institut für Interne Revision e.V. – ein führendes europäisches Revisionsinstitut, in: Amling, T./Bantleon, U. (Hrsg.) (2012): Praxis der Internen Revision. Management, Methoden, Prüffelder, Berlin (ESV), S. 575–598.

Wagner, N. (2001): 40 Jahre Erfahrungsaustausch Interne Revision in Österreich, in: Audit Journal 3/2001, S. 2–3.

3 Rechtsgrundlagen für die Interne Revision und für die Compliance

3.1 Allgemein: Rechtsquellen/Differenzierungen

3.1.1 Recht

„Recht", das ist ein Sammelbegriff für Regeln. Regeln, das sind Gebote („das musst Du tun!") und Verbote („das darfst Du nicht tun!"). Recht verkörpert eine von mehreren verschiedenartigen Regelformen, die sich Menschen zur Herstellung einer Ordnung für ihre Gemeinschaft gegeben haben. Rechtsregeln bilden innerhalb dieses Gesamtsystems den kleinsten gemeinsamen Nenner. Sie formulieren absolute Mindeststandards, zu denen sich die Gemeinschaft insgesamt, und im Hinblick auf das geforderte gegenseitige Verhalten ihrer Mitglieder untereinander, committen will (siehe ausführlich, auch zur Abgrenzung zur Moral, die Ausführungen oben im ersten Teil zur soziologischen Systemtheorie).

Auch Unternehmer (vgl. § 14 Abs. 1 BGB), als Teile dieser Gemeinschaft, sind von „Recht" betroffen. Bei der Klientel dieses Buches handelt es sich ganz löwenanteilig um Unternehmer in Form von juristischen Personen. Interne Revision und CMS, als rechtlich unselbstständige und – im Fall einer rechtlich geschaffenen eigenständigen Einheit (z. B. einer Revisions-GmbH) – jedenfalls sonst abhängige Teile ihrer Unternehmer, sind mit betroffen. Zumeist sind Interne Revision und CMS untrennbar von der rechtlichen Adressatenposition ihres Unternehmers abhängig und rechtlich automatisch mit involviert. Das gilt, mindestens teilweise, auch für die vom Unternehmer bei einer Revisionsabteilung bzw. in einem CMS eingesetzten einzelnen Mitarbeiter. Als eigenständige Rechtssubjekte unterliegen sie ohnedies schon dem allgemeinen Rechtsregime ihrer Gemeinschaft. Als Arbeitnehmer oder Organe ihres Unternehmers erfährt dieser für sie umspannend gebildete rechtliche Pflichtenkreis eine besondere Konkretisierung. Mitunter existieren sogar Ausprägungen, die diesen Pflichtenkreis signifikant erweitern, was in speziellen Fällen ganz besonders augenscheinlich wird. So z. B. bei der Frage nach der strafrechtlichen Garantenpflicht eines Compliance Officers oder bei vom Unternehmer zusätzlich und exklusiv für seine internen Belange „innenrechtlich" aufgestellten Regeln.

Verschiedene Zwecke von Recht
„Recht" kann unter verschiedenen Blickwinkeln betrachtet werden. Es können einmal Überlegungen zur Urheberschaft von „Recht" angestellt werden. Insoweit geht es hier um den Staat bzw. um das Unternehmen selbst als Normgeber. Weiter ist es denkbar, zu seiner unterschiedlich denkbaren Wirkweise zu differenzieren. Recht kann insoweit – um es einmal mit besonderer rechtlicher Dignität zu attribuieren – „verfassungsgebend" sein. Es kann des Weiteren auch für die operative Arbeit bedeutsam sein. Diese Differenzierung gestaltet den Duktus nachfolgender Erläuterungen. Trotz dieser Klassifizierung in die verschiedenen nachfolgend dargestellten „Rechtstypen" ist jedem/r geneigten Leser/Leserin offenbar, dass eine bestimmte Norm gleichzeitig mehreren der genannten Typen unterfällt/ unterfallen kann.

3.1.2 „Außenrecht" und „Innenrecht"

▶ Außenrecht: Für Unternehmer gelten eine Fülle von Regeln, die ihren Ursprung in Akten staatlicher Institutionen (als Gesetze, richterliche Entscheidungen oder behördliche Anordnungen) haben. Dazu kommen Normen, die sonstige Dritte (z. B. Kunden, Tarifpartner oder der Betriebsrat), zum Teil gemeinsam mit dem Unternehmen, geschaffen haben, so etwa bei einem Vertrag. Ferner können Vorgaben in einem Konzernverbund (etwa eine Konzernrichtlinie oder Kautelen eines Beherrschungsvertrages) allgemein für den Unternehmer gelten. Allen diesen Normen ist gemein, dass sie – soweit ohne Zutun des Unternehmers zustande gekommen – „von außen" auf sein Unternehmen verpflichtend einwirken. Diese können nationalen, aber auch internationalen (SOX) oder supranationalen Ursprungs (EU-RL) sein. Sie werden hier zusammengefasst als „Außenrecht" bezeichnet.

Speziell soweit es sich bei solchem Außenrecht um staatliche Gesetze handelt, ist für den Unternehmer bei der Einhaltung der ihm so gesetzten Regeln besondere Aufmerksamkeit geboten. Denn die staatliche Urheberschaft bewirkt im Fall der Nichtbefolgung für gewöhnlich die staatliche Ahndung der Regel-Nichtbefolgung. Diese staatliche Ahndung kann sich z. B. in einem zivilrechtlichen Urteil, und ggf. dessen Vollstreckung, zeigen, wenn der Unternehmer vertragsbrüchig geworden war und sein Vertragspartner ihn deswegen erfolgreich verklagt hat. Bei der Verletzung von Regeln des öffentlichen Rechts durch den Unternehmer zeigt sich diese Reaktion z. B. in einem verwaltungsrechtlichen Bußgeldverfahren (etwa bei der Nichteinhaltung von umweltrechtlichen Grenzwerten). Ganz drastisch kann es werden, wenn gar staatliche Strafverfolgungen gegen Organmitglieder und/oder Mitarbeiter des Unternehmers anhängig werden oder wenn Bußgeldverhängungen gegen das Unternehmen selbst und/oder Mitarbeiter des Unternehmers drohen.

▶ Innenrecht: Aufgrund der vielfach gegebenen eigenen Rechtspersönlichkeit des vom Unternehmer (so, und nicht *Unternehmen*, heißt es offiziell im Gesetz, vgl. § 14 Abs. 1 BGB) regelmäßig in Form einer juristischen Person unterhaltenen Gebildes richten sich Regeln ausschließlich an diese juristische Person selbst. Da eine juristische Person eine bloße virtuelle Fiktion ist, müssen natürliche Personen, das sind die Organmitglieder und die Mitarbeiter, für den Unternehmer handeln. Sie müssen durch die Organmitglieder und die Mitarbeiter für den Unternehmer verarbeitet werden. Zur Umsetzung müssen daher die Organe und Mitarbeiter hierfür besonders berechtigt bzw. verpflichtet werden. Dies geschieht hauptsächlich durch Dienst- und Arbeitsverträge mit den Organmitgliedern und den Mitarbeitern. Der Unternehmer muss seinem Unternehmen zu diesem Zweck zudem zusätzliche Regeln und Strukturen geben, er muss sich hierfür in seinem Unternehmen eine Organisation zulegen. Auch dies kann „von außen", z. B. über den Gesellschaftsvertrag, eine Geschäftsordnung oder über eine Weisung des Aufsichtsrates, erfolgen. Regelmäßig aber geschieht die weitergehende Ausstrukturierung der Organisation des Unternehmens durch eine eigene und eigenständige Rechtsschöpfung des Unternehmers selbst. Als Regeln werden diese damit „innen" für das Unternehmen geschaffen und sie wirken auch ausschließlich hier. Unternehmensintern wirken sie allerdings ähnlich verbindlich, wie es die Verbindlichkeit der von außen gesetzten Rechtsnormen bewirkt. Daher werden sie hier als „Innenrecht" bezeichnet.[1]

Viele Typen dieser internen Regelungen sind speziell an die Mitarbeiter adressiert, etwa in Form einer allgemeingültigen Handlungsanweisung für einen bestimmten Prozess (z. B. Einkaufsrichtlinie) oder als allgemeine Verhaltensanweisung (z. B. sog. Ethikrichtlinie oder Geschenkerichtlinie). Derartige Regelungen können aber auch die Organe des Unternehmens (Vorstand, Geschäftsführung) berechtigen und verpflichten. Innenrechtliche Regeln sind damit zugleich Ausdruck und Modul einer Compliance-Organisation und im Prinzip (Max Webers Bürokratiebegriff lässt grüßen) sind sie auch notwendig. Unternehmen offenbaren bei der Schaffung von Innenrecht allerdings mitunter eine Regelungswut, die so manchen öffentlichen Normgeber vor Neid erblassen lässt. Jene sind ja zuweilen auch keine Kinder von Traurigkeit, man denke z. B. an die frühere EU-Gurkenrichtlinie. Minutiös werden heute in Unternehmen viele Wechselfälle des betrieblichen Lebens und seiner Prozesse in Form eines besonderen Taylorismus atomisiert und per Richtlinien dekretiert – Frederick Winslow Taylor hätte seine Freude daran gehabt. Die Verfasser bemerken hierzu: Weniger ist Mehr – oder: Manche dieser Gurken hätten das geistige Gewächshaus ihres Schöpfers vielleicht besser nie verlassen.

---

[1] Der juristische Mitverfasser dieses Buches erlaubt sich, für diesen Begriff eine Art von Erfindungsrecht zu proklamieren. Er hat die Differenzierung Innenrecht/Außenrecht erstmals 2008 gebraucht, vgl. Berwanger, J./Kullmann, S. (2008). Soweit richtig bekannt, war dies damals, zumindest für diesen Zusammenhang, neu. In nachfolgenden Werken anderer Verfasser hat diese Begriffswahl Eingang gefunden, vgl. etwa bei Hucke, A./Münzenberg, T. (2015, S. 60).

3.1.3 Statusrecht

▶ Mit dem Begriff „Statusrecht" können Normen umschrieben werden, die für einen Unternehmer bzw. für dessen Interne Revision und das von ihm etablierte CMS institutionell prägend sind. Es geht um Regeln in Form von Geboten, derartige Institutionen in einem Unternehmen zu etablieren (Struktur- und Organisationsvorgaben). Diese sind sowohl in Form staatlicher Gesetze (z. B. AktG) bzw. auch aus innenrechtlichem Ursprung herrührend denkbar. Insbesondere bei Unternehmen in besonderen Branchen, z. B. im Bankenbereich, ist diese in Form von staatlichen Gesetzen (vgl. z. B. in § 25a Abs. 1 S. 3 Nr. 3 c KWG: Schaffung einer Internen Revision und einer Compliancefunktion bei Kreditinstituten) anzutreffen.

Normen im statusgeprägten Bereich, das gilt gerade auch für die „innenrechtlichen", setzen so auch für die Arbeit einer Internen Revision und der Compliance besondere Maßstäbe. Mehr noch, sie bilden zumeist ihre formale „Existenzgrundlage". Das ist besonders bei Vorliegen einer Compliance- bzw. einer Revisionsrichtlinie (letztere zuweilen auch Audit Charter oder Geschäftsordnung genannt) der Fall, die dann als formale Legitimationsbasis der Compliance (CMS) bzw. der Internen Revision im Unternehmen dient.[2] Auch die Regelungen in einem Revisionshandbuch sind hier zu nennen. In ihm werden für die Interne Revision operative Abläufe verbindlich fixiert, etwa zu der Art und Weise von Prüfungsabläufen und zur Berichterstattung. Zuweilen wird das als die „Kernprozesse" der Internen Revision bezeichnet.[3] Es kann in der Praxis vorkommen, dass beide Regelwerke – Revisionsrichtlinie *und* Revisionshandbuch – in einem einheitlichen Katalog dokumentiert sind. Vergleichbare Regelwerke gibt es in Unternehmen für die Compliance.

3.1.4 Operatives Recht

▶ Operatives Recht meint in diesem Buch das rechtliche Handwerkszeug, mit dem ein Unternehmer und seine Organe und Mitarbeiter, und damit auch die eingesetzte Interne Revision und ein CMS, für die Bewältigung des täglichen Geschäfts umzugehen haben. Das kann – ganz umspannend – mit Bezug auf staatlich gesetztes Recht nahezu jede denkbare Rechtsnorm aus dem gesamten Bereich des öffentlichen und privaten Rechts, nationaler wie internationaler Provenienz, sein. Insbesondere wird es sich im Bereich des nationalen Privatrechts größtenteils um privates Wirtschaftsrecht (z. B. BGB, HGB,

---

[2] Vgl. – auszugsweise – die These 5 „Geschäftsordnung der Internen Revision" des Arbeitskreises „Externe und Interne Überwachung" der Schmalenbach-Gesellschaft, (2011, S. 225, 226): Die organisatorische Ausgestaltung der Internen Revision soll in einer Geschäftsordnung festgelegt werden. Die Geschäftsordnung der Internen Revision ist die Grundlage für die Zusammenarbeit zwischen Unternehmensleitung, Interner Revision und anderen Einheiten des Unternehmens. Sie wird von der Unternehmensleitung erlassen und dem Überwachungsgremium zur Kenntnis gebracht.
[3] Vgl. hierzu etwa These 9 „Handbuch der Internen Revision" des Arbeitskreises „Externe und Interne Überwachung" der Schmalenbach-Gesellschaft, (2011, S. 225, 227).

Gesellschaftsrecht) handeln. Daneben kann es sich natürlich auch um aus dem öffentlichen Recht stammende Regeln (z. B. aus dem Gewerbe- oder Umweltrecht) drehen.

Der Fantasie sind hier keine Grenzen gesetzt, nahezu alles ist möglich und kann zusätzlich zum Gegenstand rechtlicher Prüfungen werden. So z. B. wird sich ein Unternehmen aus dem Transportgewerbe (Spedition; Frachtführer) operativ für gewöhnlich schwerpunktmäßig mit zivilrechtlich geprägten transportrechtlichen Normen des BGB und HGB (z. B. §§ 407 ff. HGB) und im öffentlich-rechtlichen Normenbereich mit verkehrsrechtlichen Vorschriften zu befassen haben. Besonderheiten eines einzelnen Auftrags können aber die Notwendigkeit erbringen, im wahrsten Sinne des Wortes exotische rechtliche Prüfvorgänge anstellen zu müssen (vorgesehene Beauftragung eines Großtransports von Elfenbein von Botswana nach Buxtehude – ob das wohl rechtlich funktioniert?).

Geschaffenes Innenrecht ist auch im operativen Bereich für die Prüfarbeit der Internen Revision und für die Arbeit der Compliance eine wesentliche Rechtsquelle. Es ergeben sich aus Richtlinien, Handlungsanweisungen, Kodexen etc. regelmäßig Definitionen mit Soll-Vorgaben, die die operativen Stellen zu beachten haben. Insbesondere in größeren Unternehmen gibt es zu den verschiedenen Tätigkeitsfeldern vieler Bereiche interne Richtlinien etc., die den betroffenen Mitarbeitern fachliche Vorgaben für die Erledigung der täglichen Arbeit machen. Beispielhaft seien hier Personalabteilung, Rechtsabteilung, Controlling, Einkauf, Vertrieb, Marketing, Konzernrechnungswesen und die Kreditoren- und Debitorenbuchhaltung genannt. So kann beispielsweise der Mitarbeiter im Einkauf eines Unternehmens von einer Einkaufsrichtlinie betroffen sein, die ihm im Einzelnen vorgibt, wie bestimmte Vorgänge (etwa die Ausschreibung bei großvolumigen Einkäufen) zu bearbeiten sind.

Infolgedessen kann ein Mitarbeiter der Internen Revision oder der Compliance dazu aufgerufen sein, bei seiner Tätigkeit den Inhalt dieser Richtlinie, auch im Hinblick auf einen Soll/Ist-Abgleich zur Bewertung der Arbeit des Einkaufskollegen, zu beurteilen. Richtlinien und Handbücher sind integrale Bestandteile eines internen Kontrollsystems (IKS). Die Interne Revision und die Compliance wenden diese demzufolge bei ihren Prüfungen und Beurteilungen an und – mehr noch – „Das IKS auf Zweck, Funktion, Wirksamkeit und Vollständigkeit zu überprüfen, ist eine zentrale Aufgabe der Revision."[4]

3.2 Erste statusrechtliche Befundungen – Juristisches Arbeitsprogramm dieses Buches

3.2.1 Keine wirtschaftsrechtliche Einrichtungspflicht – Überblick

Es gibt einige staatlich gesetzte rechtliche Regelungen, anhand von deren Existenz man juristisch auf die Idee kommen kann, sie als konstitutiv-institutionalisierende Grundlagen

---

[4] So wörtlich Wicher, B. (2007, S. 58, 60).

für eine Interne Revision und für ein CMS in deutschen Wirtschaftsunternehmen heranziehen zu können. Dazu gehören im privatrechtlichen Bereich insbesondere die §§ 91 Abs. 2, 107 Abs. 3 S. 2, 76 Abs. 1 und 93 Abs. 1 S. 1 AktG.[5] Die beiden erstgenannten aktienrechtlichen Vorschriften behandeln die Verpflichtung zur Einführung eines Überwachungssystems zur Früherkennung existenzgefährdender Entwicklungen in Unternehmen bzw. befassen sich mit der fakultativen Einrichtung eines Prüfungsausschusses im Aufsichtsrat zur Überwachung u. a. der Wirksamkeit des internen Kontroll-, des Risikomanagement- und des Internen Revisionssystems. § 76 Abs. 1 AktG regelt die allgemeine Pflichtaufgabe des Vorstands zur Leitung der Gesellschaft, § 93 Abs. 1 S. 1 AktG enthält hierfür einen allgemeinen Sorgfaltspflichtmaßstab. Diesbezügliche besondere Vorschriften für bestimmte Branchen (etwa für Banken), das im OWiG hinterlegte System der Verfolgbarkeit von juristischen Personen und Personenvereinigungen (vgl. §§ 9, 29, 29a, 30, 130) und in Empfehlung A.2 S. 1 DCGK (Empfehlung zur Einrichtung eines an der Risikolage des Unternehmens ausgerichteten Compliance Management Systems und zur Offenlegung von dessen Grundzügen) werden zuweilen ebenfalls als Belege herangezogen, um das Bestehen einer allgemeinen Pflicht rechtlich zu begründen.[6]

Kein rechtliches Struktursystem mit einer allgemeinen Einrichtungspflicht
Um demgegenüber eine wesentliche Aussage zu Beginn des Rechtskapitels zu treffen, und was im weiteren noch zu begründen sein wird: Abgesehen von Ausnahmen (z. B. im Bankenbereich) ist festzustellen, dass es keine expliziten deutschen Rechtsnormen, auch kein diesbezügliches übergreifendes rechtliches Struktursystem gibt, wonach deutsche Wirtschaftsunternehmen zur Schaffung und Unterhaltung einer Internen Revision oder eines CMS als Institutionen verpflichtet sind. Dies ist in dieser Form auch nicht vom Verbandssanktionengesetz (VerSanG) vorgesehen. Derartige allgemeinen Strukturvorgaben können also dem Recht nicht entnommen werden. Zum Zeitpunkt des Erscheinens dieses Buches kann sie als die im juristischen Schrifttum zur AG[7] als herrschende Meinung bezeichnet

---

[5] Die Schrittmacherfunktion und Übertragbarkeit von einschlägigen Regeln des AktG auf die Situation von anderen juristischen Personen als der AG, insbesondere der GmbH, ist rechtlich anerkannt, vgl. etwa bei Spindler-MüKOAktG (2019, § 91 Rn. 87) bezüglich § 91 Abs. 2 AktG im Hinblick auf die Etablierung eines Risikoüberwachungssystems. Immerhin kann eine unbesehene Komplettübernahme auf alle Einzelfälle problematisch sein, denn GmbH-Gesellschafter sind gegenüber den Geschäftsführern weisungsbefugt (vgl. § 37 Abs. 1 GmbHG), das gilt auch für Compliancethemen. Demgegenüber kann die Leitungsfunktion eines Vorstands einer AG wegen § 76 Abs. 1 AktG nicht in entsprechender Weise angetastet werden.

[6] Manche Befürworter einer umfassenden Compliance-Pflicht stützen sich nicht auf eine konkrete Vorschrift, sondern gehen davon aus, dass sich eine Vielzahl von Einzelregelungen und von ungeschriebenen Organisationspflichten zu einer so verstandenen CMS-Einrichtungspflicht verdichtet haben; kritisch dazu, mit Nachweisen, Hüffer U./Koch J. (2018, § 76 Rn. 13 f.).

[7] Vgl. etwa vgl. Hüffer U./Koch J. (2018, § 76 Rn. 14), Spindler-MüKOAktG (2019, § 91 Rn. 70 ff.), Böttcher, L. (2011, S. 1054, m. w. N.), Hoffmann, A./Schieffer, A. (2017, S. 402) und Schäfer, H./Baumann, D. (2011, S. 3601, 3604), für die Compliance. Anders Velte, P. (2011, S. 1401, 1404) zur

werden. Gleichermaßen wird das so auch für andere Gesellschaftsformen vertreten,[8] was auch durch eine diesbezügliche Äußerung des Gesetzgebers gestützt wird.[9] Eine (gefestigte) obergerichtliche Rechtsprechung dazu gibt es nicht.[10]

KonTraG & Co.
Insbesondere kann § 91 Abs. 2 AktG so nicht interpretiert werden und bei 107 Abs. 3 S. 2 AktG verhält sich das im Ergebnis genauso (siehe näher die Ausführungen sogleich). Ungeachtet dessen ist, neben den §§ 76 Abs. 1, 93 Abs. 1 S. 1 AktG, vor allem § 91 Abs. 2 AktG die Norm, die einen wichtigen Aufhänger für eine rechtliche Betrachtung zur Internen Revision und zur Compliance bildet. § 91 Abs. 2 AktG war am 01.05.1998 als wesentlicher Bestandteil des „Gesetzes zur Kontrolle und Transparenz im Unternehmensbereich" („KonTraG") in Kraft getreten (BGBl. I 1998, 786). Ebenfalls durch das KonTraG eingeführt wurden einige Änderungen bei Vorschriften des HGB. Wegen ihres Sachzusammenhangs zu § 91 Abs. 2 AktG sind sie für dessen Verständnis von Bedeutung. Dazu gehörte die Neuerung bei amtlich notierten Aktiengesellschaften, dass der Abschlussprüfer bei ihnen die Ordnungsmäßigkeit der getroffenen Maßnahmen und des Überwachungssystems zu beurteilen hat (§ 317 Abs. 4 HGB) und darüber in einem besonderen Berichtsteil zu berichten hat (§ 321 Abs. 4 HGB). Ferner obliegt dem Abschlussprüfer auch bei nicht amtlich notierten Aktiengesellschaften die Prüfung, ob im Lagebericht der Gesellschaft die Risiken zukünftiger Entwicklung zutreffend dargestellt sind (§ 317 Abs. 2 S. 2 HGB), worüber ebenfalls eine Aussage im Prüfungsbericht getroffen werden muss (§ 321 Abs. 1

Internen Revision, der ohne Begründung annimmt, § 91 Abs. 2 AktG begründe eine Rechtspflicht zur Einrichtung einer Internen Revision. Anderer Meinung als hier bzgl. der Compliance z. B. Sonnenberg (2017, S. 917): „Das Bestehen einer Pflicht zur Vorhaltung einer angemessenen Compliance-Organisation ist mittlerweile weitestgehend anerkannt. Für nicht regulierte Unternehmen ist die gesetzliche Grundlage hierfür mangels ausdrücklicher gesetzlicher Normierung nicht völlig eindeutig." Ähnlich apodiktisch Veit, V. (2018, S. 71 Rn. 169): Spätestens seit dem Neubürger-Urteil des LG München I bestehe „kein Ermessensspielraum mehr bei der Frage, **ob** ein CMS einzuführen" sei (Hervorhebung auch bei Veit).

[8] Explizit zur Situation bei der GmbH, vgl. Zöllner, U./Noack, U./Baumbach-Hueck, U. (2017, § 35 Rn. 67; auch § 43 Rn. 17): „Eine Compliance-Organisation ist nur einzurichten, wenn sie erforderlich und zumutbar ist."

[9] Es findet sich in der Regierungsbegründung zu § 91 Abs. 2 AktG (vgl. BT-Drs. 13/9712, S. 15) die Aussage: „In das GmbHG soll keine entsprechende Regelung aufgenommen werden. Es ist davon auszugehen, dass für Gesellschaften mit beschränkter Haftung je nach ihrer Größe, Komplexität ihrer Struktur usw. nichts anderes gilt und die Neuregelung Ausstrahlungswirkung auf den Pflichtenrahmen der Geschäftsführer auch anderer Gesellschaftsformen hat."

[10] Vereinzelte Entscheidungen befassen sich mit speziellen Aspekten, so etwa das OLG Jena (NZG 2010, 226) zur Einrichtung eines Kontrollsystems in der Buchhaltung und zur gegenseitigen Überwachungspflicht bei Geschäftsführern und das OLG Brandenburg (ZIP 2009, 866) – mangelnder Informationsfluss in der Gesellschaft und die Verletzung der Aufsichtsratspflicht, die Geschäftsführung nicht zur Stellung eines Insolvenzantrags angehalten zu haben. Vgl. auch LG München I, Urt. vom 10.12.2013, 5 HKO 1387/10, zum Siemenskomplex, „Neubürger", bei Juris.

HGB). Das Institut für Wirtschaftsprüfer hatte am 25.06.1999 den Prüfungsstandard „Die Prüfung des Risikofrüherkennungssystems nach § 317 Abs. 4 HGB" (IDW PS 340) verabschiedet. Er bildet nach wie vor eine Grundlage für die Arbeit der Abschlussprüfer in diesem Bereich. Seit März 2011 gibt es darüber hinaus ergänzend den Prüfungsstandard IDW PS 980, der vom Hauptausschuss des Instituts der Wirtschaftsprüfer am 11.03.2011 zum Thema Compliance verabschiedet wurde, sowie den IDW PS 981 zum Risikomanagementsystem, den IDW PS 982 zum internen Kontrollsystem des Berichtswesens und den IDW 983 zum Internen Revisionssystem.[11]

Um sich das Wesen der Internen Revision und der Compliance und die statusrechtlichen Grundlagen ihrer Betätigungsfelder erschließen zu können, sind weitere Normen von Bedeutung. Dem KonTraG nachfolgende weitere gesetzliche Vorschriften haben die Rolle des Risikomanagements zumindest noch einmal erwähnt bzw. setzen darauf auf, wenngleich eine nähere Konkretisierung der Inhalte eines solchen Systems auch hier nicht vorgenommen wurde. Dazu gehören Vorschriften des „Gesetzes zur weiteren Reform des Aktien- und Bilanzrechts, zu Transparenz und Publizität" (vom 25.07.2002, BGBl. I 2002, 2681, abgekürzt: „TransPuG"). Mit diesem Gesetz wurde u. a. ein neuer § 161 ins AktG aufgenommen. Er verpflichtet Vorstände und Aufsichtsräte von börsennotierten Gesellschaften jährlich zu erklären, ob ihre Gesellschaft die Empfehlungen des DCGK eingehalten hat bzw. welchen nicht entsprochen wurde.

Besondere Branchen
Besondere Vorgaben existieren im Bereich der Kreditinstitute, des Wertpapierhandels, für Investmentgesellschaften und für Versicherungen. Mit § 25a Abs. 1 S. 3 Nr. 2 KWG beispielsweise findet sich für Institute der Kredit- und Finanzdienstleistung eine gesetzliche Vorschrift, die die formale Schaffung einer prozessunabhängig tätigen Internen Revision als Teil einer ordnungsgemäßen Geschäftsorganisation bei Banken grundsätzlich vorschreibt. Weiter von Bedeutung für die Interne Revision im Bankenbereich sind die Regelungen, die in den letzten Jahren vom Baseler Ausschuss für Bankenaufsicht, „Basel II" und „Basel III", 2004 bzw. 2010 vorgeschlagen worden waren. Sie befassen sich mit Fragen zur angemessenen Eigenkapitalausstattung von Banken und regeln in ihrer sog. zweiten Säule auch den bankenaufsichtlichen Überprüfungsprozess, bei dem auch die Interne Revision eine Rolle spielt. „Basel III" bezeichnet weiter gehende ergänzende Empfehlungen des Basler Ausschusses für Bankenaufsicht. Der Beschluss zu Basel III datiert auf den 12.09.2010. Die Empfehlungen von Basel III sollten ursprünglich spätestens bis zum Jahr 2012 in europäische Richtlinien umgesetzt und sollten das Vorgehen der Bundesregierung auf nationaler Ebene flankieren. Mit der EU-Eigenkapitalrichtlinie zum 1. Januar 2014 wurde es dann umgesetzt.[12]

---

[11] Einen guten Überblick über alle einschlägigen IDW-Standards bietet Spindler-MüKOAktG (2019, § 91 Rn. 33 ff.).

[12] Zu Basel, IDW-Standards und zu MaRisk vgl. die Zusammenfassungen bei Spindler-MüKOAktG (2019, § 91 Rn. 39 ff.).

Die zunehmende Internationalisierung des Geschäfts erbringt deutschen Unternehmen auch Berührungspunkte zu ausländischen und übernationalen Rechtsvorschriften. Für die Interne Revision bedeutsam sind hier z. B. der sog. Sarbanes-Oxley-Act (oft abgekürzt mit „SOX" oder „SOA") und die 8. EU-Richtlinie.

Neben den soeben aufgeführten Rechtsquellen, die auf die Unternehmen als Außenrecht einwirken, sind für die Arbeit der Internen Revision und der Compliance auch vielfältige interne Unternehmensvorschriften, also Innenrecht, von großer Wichtigkeit. Dazu gehören Dienstanweisungen und Richtlinien, mit denen Unternehmen Handlungsanweisungen in Form von Geboten und Verboten setzen. Das sind u. a. Revisionsrichtlinien, die die Aufgaben und Befugnisse der Internen Revision gegenüber den geprüften Stellen definieren.

Es ergibt sich demnach bezüglich statusrechtlicher Normen im Hinblick auf größeren Unternehmen folgender **Überblick**:

- § 91 Abs. 2 AktG
- § 107 Abs. 3 S. 2 AktG
- §§ 76 Abs. 1, 93 Abs. 1 S. 1 AktG
- „Innenrecht": Richtlinien und Dienstanweisungen, z. B. Revisionsrichtlinie
- § 161 AktG, in Verbindung mit dem DCGK
- SOX (insbes. Section 404), Einrichtung eines IKS
- Richtlinie 2006/43/EG vom 17.05.2006, (8. EU RL), Audit Committee.

3.2.2 Juristisches Sachthementableau

Im Wesentlichen entlang vorstehender Aufzählung bewegen sich die nachfolgenden Ausführungen des Rechtsteils. Wegen seiner besonderen Bedeutung für die Interne Revision wird dabei etwas eingehender auf § 91 Abs. 2 AktG eingegangen. Bezüglich des CMS wird § 76 Abs. 1 AktG, zusammen mit § 93 Abs. 1 S. 1 AktG, etwas breiter als andere Themen dargestellt. Die Erörterungen zu § 107 Abs. 3 S. 2 AktG zu Interner Revision und Compliance sind aus Platzgründen vergleichsweise holzschnittartig gehalten und fußen juristisch-methodisch auf den Herleitungen zu § 91 Abs. 2 AktG.

Es folgen Darstellungen zum „Innenrecht" und zum DCGK. Der DCGK wurde bereits oben im ersten Kapitel vorgestellt, nachfolgend soll seine „rechtliche Verklammerung" zu § 161 AktG kurz erörtert werden. Das besondere Eingehen auf SOX und auf die 8. EU RL ist wegen der zunehmenden internationalen Verflechtungen geboten, aus Platzgründen wird auch hier nur ein Überblick geboten. Gleiches gilt analog für die rechtliche Situation im Banken- und Versicherungsbereich. Wegen weiter gehender Fragen wird auf bestehende Spezialliteratur verwiesen.

Auch wenn es im täglichen Sprachgebrauch oft floskelhaft-inflationär daherkommt – hier mit Fug und Recht: *Last but not least* folgen Erläuterungen zu grundlegenden Themen des abweichenden Verhaltens in Form von Wirtschaftskriminalität und zu Haftungsfragen.

Bei Wirtschaftskriminalität wird schwerpunktmäßig auf Korruption und deren Bekämpfung eingegangen. Beschlossen wird der Rechtsteil mit Überlegungen zur Haftungssituation von Unternehmen, Leitungsorganen und von Mitarbeitern der Internen Revision und von Complianceabteilungen. Beide Themenfelder sind für Unternehmer und für deren Interne Revision und für ihr CMS, aber auch für die betroffenen natürlichen Personen (Vorstände, Geschäftsführer und Mitarbeiter), von enormer Wichtigkeit. Bei der Haftung kann es für das Unternehmen und insbesondere auch für dessen Leitungsorgane finanziell in die Vollen gehen.[13]

3.3 Staatliche Statusregeln für die Interne Revision und ein CMS

3.3.1 Vorstellung einschlägiger aktienrechtlicher Vorschriften

3.3.1.1 §§ 76 Abs. 1, 91 Abs. 2, 93 Abs. 1 Satz 1 AktG

Es empfiehlt sich für einen Rechtsanwender stets, den Kontakt zum Gesetz zu halten. Das heißt: Es sollte gelesen werden.

§ 76 Abs. 1 AktG lautet:

Der Vorstand hat unter eigener Verantwortung die Gesellschaft zu leiten.

§ 91 Abs. 2 AktG lautet:

Der Vorstand hat geeignete Maßnahmen zu treffen, insbesondere ein Überwachungssystem einzurichten, damit den Fortbestand der Gesellschaft gefährdende Entwicklungen früh erkannt werden.

§ 93 Abs. 1 Satz 1 AktG lautet:

Die Vorstandsmitglieder haben bei ihrer Geschäftsführung die Sorgfalt eines ordentlichen und gewissenhaften Geschäftsleiters anzuwenden.

Aus diesen Normen und ihrem gesetzlichen Umfeld im AktG lässt sich zusammengefasst ableiten: Der Vorstand einer Aktiengesellschaft ist ihr maßgebliches Leitungsorgan. Er regelt ihre Interna und vertritt sie nach außen. Er ist damit ein notwendiges Organ der Aktiengesellschaft, durch das sie als juristische Person willens- und handlungsfähig wird. Dies umreißt das AktG in seinen §§ 76–78. Danach hat der Vorstand die Gesellschaft unter eigener Verantwortung zu leiten (§ 76 AktG) und ist zu ihrer Geschäftsführung und Vertretung berechtigt und verpflichtet (§ 77 AktG). Geschäftsführung ist jede tatsächliche

---

[13] Beim Fall „Neubürger" (LG München I, Urt. vom 10.12.2013, 5 HKO 1387/10, Juris) war der beklagte ehemalige Vorstand, Heinz-Joachim Neubürger, zur Zahlung von 15 Mio. € verurteilt worden. Die Rechtssache Neuburger endete später beim OLG München mit einem Vergleich, bei dem er – mit Feststellung fehlender persönlicher Schuld – noch 2,5 Mio. € bezahlen musste. Der „Fall" insgesamt endete mit einer menschlichen Tragödie, Heinz-Joachim Neubürger nahm sich am 5. Februar 2015 das Leben.

3.3 Staatliche Statusregeln für die Interne Revision und ein CMS

oder rechtsgeschäftliche Tätigkeit des Vorstands für die AG, bei Leitung geht es um einen herausgehobenen Teilbereich der Geschäftsführung.[14] Trotz dieser grundsätzlichen Überschneidung werden *Leitung* und *Geschäftsführung* bezüglich von Fragen der Delegationsmöglichkeit vom Gesetz unterschieden und differenziert dargestellt. Die Leitung der Aktiengesellschaft ist zwingend dem Vorstand zugewiesen.[15] Die Geschäftsführung nach § 77 AktG hingegen ist auch übertragbar, sowohl innerhalb eines Gesamtvorstands auf einzelne Vorstandsmitglieder als auch auf nachgeordnete Ebenen. Die Rechte und Pflichten eines Vorstands werden vom Gesetz konkreter in den §§ 83, 90–93 AktG benannt. § 93 AktG regelt, in gewisser Weise hinter die Klammer gezogen, Gebote in Form eines allgemeinen Handlungsstandards (Abs. 1), zur Vertraulichkeit (Abs. 2) und fasst schließlich noch einmal eine Reihe von Pflichten zusammen, die im AktG an anderen Stellen geregelt sind (siehe in Abs. 3).

Legalitätspflicht und Legalitätskontrollpflicht
Aus der Kombination der Aussagen in den §§ 76 Abs. 1 und 93 Abs. 1 S. 1 AktG werden die Pflichten des Leitungsorgans an zwei Schlagworten festgemacht: dem der Legalitätspflicht und dem der Legalitätskontrollpflicht.[16] Erst genannte Pflicht gibt ihm vor, sich selbst, als ordentlich und gewissenhaft handelnder Geschäftsleiter, stets gesetzestreu zu verhalten. Er erfüllt die sich aus den Vorschriften des AktG ergebenden Verpflichtungen gegenüber der Gesellschaft und befolgt als Organ alle weiteren einschlägigen Rechtsnormen, die der AG in deren Verhältnis zu Dritten ein bestimmtes Verhalten vorschreiben. Pflichtbewusstes Vorstandshandeln umfasst demnach eigene Regeltreue und schließt dessen Sorge für regelkonformes Verhalten der AG ein, es handelt sich um einen Teil der organschaftlichen Verantwortung des Vorstands. A.1 Grundsatz 5 DCGK erweitert das Spektrum des zu befolgenden staatlich gesetzten Rechts (§ 76 Abs. 1 AktG), indem vom DCGK zusätzlich auch die Befolgung von internen Unternehmensrichtlinien, also von innenrechtlichen Normen, als der Legalitätspflicht des Vorstands unterfallend zugeordnet wird.[17] Die so verstandene Legalitätspflicht des Vorstands besteht im Übrigen grundsätzlich nur gegenüber der Gesellschaft. Im Ergebnis darf der Vorstand überdies auch keine aus seiner Sicht vorteilhaften Gesetzesverstöße für die Gesellschaft begehen, unternehmerische Entscheidungsfreiheit kann nur innerhalb des gesetzlich Erlaubten gelten.[18]

---

[14] Hüffer U./Koch J. (2018, § 76 Rn. 8),

[15] Leitung als untrennbarer und unverzichtbarer Teil der organschaftlichen Vorstandsverantwortung, vgl. Spindler-MüKOAktG (2019, § 76 Rn. 14 f.).

[16] Hüffer U./Koch J. (2018, § 93, Rn. 6); z. B. auch bei Hoffmann, A./Schieffer, A. (2017, S. 401, 402 ff.), Spießhofer, B. (2018, S. 441, 442) und bei Baur, A., Holle, P.M. (2018, S. 14, 18).

[17] Zur Vorfassung des DCGK kritisch, auch weil durch sie das Trennungsprinzip partiell überspielt werde, indem die Vorstandsverantwortung auf Konzernunternehmen ausgedehnt wurde: Spießhofer, B. (2018, S. 441, 442).

[18] Hoffmann, A./Schieffer, A. (2017, S. 401, 402 ff., m. w. N.).

Des Weiteren ist der Vorstand in der Pflicht, auch aktiv Vorkehrungen gegen Verstöße von Unternehmensangehörigen zu treffen (Legalitätskontrollpflicht). Im Rahmen der Legalitätskontrollpflicht hat der Vorstand durch organisatorische Maßnahmen sicherzustellen, dass Gesetze und Regeln vom Unternehmen und seinen Mitarbeitern eingehalten werden.

§ 91 Abs. 2 AktG als spezielle Pflichtennorm für den Vorstand befasst sich mit der Pflicht zur Einrichtung eines Überwachungssystems. § 91 Abs. 2 AktG ist eingebettet in das skizzierte Gesamtsystem von Organpflichten. Als Ausfluss der allgemeinen Sorgfaltspflichtvorschrift am Maßstab des § 93 Abs. 1 S. 1 AktG wird dies durch § 91 Abs. 2 AktG konkretisiert. Es handelt sich hierbei um eine spezielle Ausprägung der Legalitätskontrollpflicht.[19] Vorstandsmitglieder trifft im Hinblick auf diese Überwachungspflicht eine Gesamtverantwortung. Diese gilt auch für Stellvertreter (vgl. § 94 AktG) und bleibt bei ressortmäßiger Aufgabenteilung übergreifend für alle Mitglieder als Überwachungsaufgabe erhalten.[20]

Dieses Gesamtsystem dient dem Schutz der Gesellschaft, seiner Eigentümer und den Gläubigern der Gesellschaft. Soweit die Beantwortung von Detailthemen ansteht, trübt sich die relative Klarheit dieses Gesamtbilds. Das betrifft vor allem § 91 Abs. 2 AktG. Dessen Inhalt lässt sich nicht leicht erschließen. Hierbei geht es speziell um die Themen „Kontrollsystem" und „Risikomanagement".

Dazu hieß es in der Allgemeinen Begründung zum KonTraG und in der Begründung speziell zu § 91 Abs. 2 AktG wörtlich (vgl. BT-Drs. 13/9712, S. 11, 15):

... Das deutsche Aktienrecht hat ein vielschichtiges Kontrollsystem. Überwachung findet auf mehreren Ebenen statt. Entscheidend ist zunächst die Einrichtung einer unternehmensinternen Kontrolle durch den Vorstand (Interne Revision, Controlling). Die nächste Überwachungsebene ist der Aufsichtsrat, der vom Abschlussprüfer unterstützt wird. Sodann übt die Hauptversammlung im Rahmen ihrer gesetzlich definierten Befugnisse Kontrolle über die Verwaltung aus ... Dieses System ist ausgewogen und hat sich insgesamt bewährt ... Die Verpflichtung des Vorstands, für ein angemessenes Risikomanagement und für eine angemessene interne Revision zu sorgen, soll verdeutlicht werden. Es handelt sich um eine gesetzliche Hervorhebung der allgemeinen Leitungsaufgabe des Vorstands gemäß § 76 AktG, zu der auch die Organisation gehört ... Die konkrete Ausformung der Pflicht ist von der Größe, Branche, Struktur, dem Kapitalmarktzugang usw. des jeweiligen Unternehmens abhängig.

Bei der Diskussion nicht immer einheitlich verwandte **Begriffe** (Früherkennungssystem, Überwachungssystem, im engeren und im weiteren Sinne etc.) tragen zur Verwirrung

---

[19] Hoffmann, A./Schieffer, A. (2017, S. 401, 402) sprechen von einem Teilaspekt.
[20] Auch wenn per klarer und eindeutiger Abgrenzung, im Übrigen nicht zwingend schriftlich, eine Ressortaufteilung zulässig ist, ändert das nichts an der Zuständigkeit des Gesamtorgans für nicht delegierbare Angelegenheiten der Geschäftsführung; so mit Bezug auf die GmbH-Geschäftsführung vom BGH (Urteil v. 06.11.2018 – II ZR 11/17, Juris) ausdrücklich herausgestellt, vgl. dazu auch Linden von der, K. (2019, S. 1067).

bei. Dem Vorschub geleistet hat der Gesetzgeber selbst. Wenngleich das im Gesetzestext selbst so nicht verwendet wurde, werden in der soeben auszugsweise zitierten Begründung die Begriffe des „angemessenen Risikomanagements" und der „angemessenen internen Revision" gebraucht. Es ergibt sich eine weitere Unzulänglichkeit, weil die Begriffe „angemessen" und „geeignet" unterschiedlich weit reichende Anforderungen umschreiben. „Angemessen" bedeutet gegenüber der bloßen Geeignetheit ein Mehr. Diese unterschiedlichen Begriffe wurden in der zur Vorschrift geführten Diskussion übernommen, wobei sich zahlreiche Adaptionen und Ausformungen finden lassen. „Maßnahmen" wurden zu „Management", „Entwicklungen" wurden und werden synonym mit gleichgesetzt. Durch die Verquickung der Tätigkeit mit ihrer Überwachung werden die beiden Aktivitäten oft als Einheit innerhalb dieses „Managements" erläutert.

Bedeutung von § 91 Abs. 2 AktG

Die zu § 91 Abs. 2 AktG vertretenen Interpretationen sehen im Wesentlichen wie folgt aus:

Eine eher betriebswirtschaftlich geprägte Auffassung interpretiert die Vorschrift sehr weit gehend, indem aus ihr eine Pflicht zur Schaffung und Unterhaltung eines umfassenden Risikomanagementsystems abgeleitet wird. Wesentlich anders – im Ergebnis enger – fällt das Auslegungsergebnis aus, das sich aus den Interpretationen ergibt, die in der rechtswissenschaftlichen Literatur zu finden sind. Diese Ansicht sieht für den Unternehmensvorstand aus § 91 Abs. 2 AktG eine zwei gestufte Pflicht: Zunächst bestehe die Pflicht zum Ergreifen von Maßnahmen, die in die Lage versetzen (sollen), den Fortbestand der Gesellschaft gefährdende Entwicklungen frühzeitig erkennen zu können. Welche Einrichtungen und Maßnahmen hierfür geeignet sind, das sei von § 91 Abs. 2 AktG nicht vorgegeben. Es gibt schließlich noch eine dritte Meinung zum Verständnis von § 91 Abs. 2 AktG, die zwischen den beiden Ersten hin und her pendelt und damit eine Art Kompromisslösung anbietet. Auch sie leitet aus § 91 Abs. 2 AktG keine Pflicht des Vorstands zur Schaffung eines umfassenden Risikomanagementsystems ab, entspricht damit insoweit der engen Auffassung. Da es immerhin um die Abwehr existenzgefährdender Entwicklungen gehe, komme aber der Vorstand letzten Endes nicht umhin, sich doch mit einer systematisch angelegten Risikofrüherkennung (u. a. mit Differenzierung „bestandsgefährdend/nicht bestandsgefährdend" und mit der Definition von Kommunikationswegen) zu befassen. Rechtstechnisch hergeleitet wird dies aus dem Ergebnis einer spezifischen Auslegung des Wortes „geeignet" in § 91 Abs. 2 AktG.

Zusammengefasst[21] geht es beim Streit um die Reichweite der Vorschrift um folgende Sachfragen: Trotz der Festlegung von Mindestvorgaben in IDW PS 340 – es ist rechtlich umstritten, was geeignete Maßnahmen im Sinne des § 91 Abs. 2 AktG sind bzw. sie sein können und ob das vom Gesetz „insbesondere" geforderte Überwachungssystem einen Teil der geforderten Maßnahmen darstellt oder ob das System nur der Überwachung der Einhaltung dieser Maßnahmen dienen soll.

---

[21] Ausführlicher Berwanger J./Kullmann S. (2012, S. 114 f.).

3.3.1.2 § 107 Abs. 3 Satz 2 AktG

§ 107 Abs. 3 S. 2 AktG hebt sich von vorstehend dargestellten aktienrechtlichen Normen strukturell ab. Es handelt sich um eine Ordnungsvorschrift, die innere Angelegenheiten eines Organs, des Aufsichtsrats der Aktiengesellschaft, regelt.[22] Durch die Erwähnung u. a. des *internen Revisionssystems*, in diesem Fall sogar – weitergehend als bei § 91 Abs. 2 AktG – unmittelbar im Gesetzestext selbst, könnten sich entsprechende statusrechtlichen Annahmen herleiten lassen.

§ 107 Abs. 3 S. 2 AktG lautet:

Er (der Aufsichtsrat, Anm. der Verf.) kann insbesondere einen Prüfungsausschuss bestellen, der sich mit der Überwachung des Rechnungslegungsprozesses, der Wirksamkeit des internen Kontrollsystems, des Risikomanagementsystems und des internen Revisionssystems, sowie der Abschlussprüfung, hier insbesondere der Unabhängigkeit der Abschlussprüfer und der vom Abschlussprüfer zusätzlich erbrachten Leistungen, befasst.

Bedeutung des BilMoG

§ 107 Abs. 3 S. 2 AktG war Bestandteil des Bilanzrechtsmodernisierungsgesetzes, BilMoG (vom 25.05.2009). Das war am 29.05.2009 als Artikelgesetz in Kraft getreten. Das BilMoG wird oft als die tief greifendste Änderung der deutschen Bilanzierungsregelungen seit dem Bilanzrichtliniengesetz (1985) bezeichnet. Bei dem Gesetz ging es allgemein um eine Reform des Bilanzrechts, mit dem eine Deregulierung mit einhergehender Kostensenkung, insbesondere für kleinere und mittlere Unternehmen, bewirkt werden sollte. Mit einhergehend war die gewollte Annäherung des deutschen Rechts an internationale Rechnungslegungsregeln (IFRS). Im Bereich Corporate Governance schuf das BilMoG mit Blick auf die Situation im Ausland Regelungen, um vor allem am Kapitalmarkt tätigen Unternehmen in diesem Bereich zu unterstützen. Diesen sollte so ein Vertrauen bildendes Make-up verschafft werden. Die Botschaft an ausländische Investoren lautete frei übersetzt: „Seht her, liebe Aktionäre und potenzielle Investoren, die ihr noch Aktionäre werden wollt, auch bei uns in Deutschland wird – im Übrigen durch ausgesucht schlaue Leute, vgl. § 100 Abs. 5 AktG – in einem Extraausschuss des Aufsichtsrats besonders aufgepasst, dass Euer Geld hier nicht unter die Räder kommt!" Diese Botschaft wird auch durch § 107 Abs. 3 S. 2 AktG vertont. Durch die Schaffung der Vorschrift wurde europarechtlichen Vorgaben zum „Audit Committee" (zur 8. EU-RL siehe die Ausführungen unten) Genüge getan. Da diese EU-Vorgaben ihrerseits von angloamerikanischen Einflüssen (Section 301 SOX regelt die – ebenfalls nicht zwingend vorgeschriebene – Einrichtung von Audit Committees in amerikanischen Unternehmen) getrieben sind, gelangte über das BilMoG auch Gedankengut ins deutsche Recht, das auf einem monistischen Führungssystem innerhalb von Gesellschaften fußt.

---

[22] Habersack-MüKOAktG (2019, § 107 Rn. 1).

3.3.2 Begründungen der Verfasser: Keine allgemeine Rechtspflicht zur Schaffung einer Internen Revision und eines CMS

3.3.2.1 Aktienrecht

3.3.2.1.1 § 91 Abs. 2 AktG

Die vorgestellten aktienrechtlichen Vorschriften ergeben keinen Halt für eine allgemeine Rechtspflicht. Trotz der sehr stringenten organschaftlichen Vorstandsverpflichtung aus den §§ 76 Abs. 1, 93 Abs. 1 S. 1 AktG (Legalitätspflicht) – ein solcher Automatismus ergibt sich weder aus den §§ 76 Abs. 1, 93 Abs. 1 S. 1 AktG noch aus § 91 Abs. 2 AktG. Es kommt vielmehr auf den Einzelfall an. Dass es bei größeren bzw. risikoträchtigen Unternehmen dennoch regelmäßig so sein wird und – auch rechtlich – im Ergebnis so sein muss, wonach diese Unternehmensteile hier eingerichtet werden müssen, ändert nichts an der Richtigkeit der Ausgangsfeststellung.

Zunächst zu § 91 Abs. 2 AktG: Die Norm kann nicht als Beleg für die Existenz einer allgemeinen Rechtspflicht interpretiert werden. Denn, es ist zu ihrer Interpretation die enge Auffassung zu vertreten. Es geht um zwei unterschiedliche Systeme: Das eigentliche Früherkennungssystem und das zu dessen Überwachung installierte besondere System. Beide sind grundsätzlich einzurichten. Immer, wenn Juristen *Grundsätzlich* sagen – „Grundsätzlich" bedeutet, dass es schon bei dieser Frage nach dem „Ob" Ausnahmen geben kann. Es kann davon abgesehen werden, wenn es aufgrund der besonderen Verhältnisse der Gesellschaft doch nicht notwendig ist.[23] Dies einzuschätzen, unterliegt dem Ermessen des Vorstands. Sind Systeme einzurichten, ist deren konkrete Ausgestaltung (das „Wie") ebenfalls Entscheidungsspielräumen des Vorstands zugänglich. Bezüglich der Ausgestaltung der beiden Systeme existieren keine konkreten Vorgaben des Gesetzes. Das Früherkennungssystem muss durch die von ihm veranlassten Maßnahmen gewährleisten, dass existenzgefährdende Entwicklungen entsprechend gesehen und – vor allem – rechtzeitig an den Vorstand kommuniziert werden. Die Maßnahmen des Früherkennungssystems müssen im Übrigen nur „geeignet" sein, so die allgemeine Vorgabe des Gesetzes. Es wird in der Regierungsbegründung (s. o.) relativ deutlich zum Ausdruck gebracht, dass nicht alle Unternehmen über einen pauschalen Leisten geschlagen werden können. Das ist nach dem Willen des Gesetzgebers vielmehr abhängig von deren konkreten Eigenheiten (Größe, Branche, Struktur, Kapitalmarktzugang etc.).

Es liegt auf der Hand, dass beispielsweise eine kleine „Ein-Mann-AG" ohne Mitarbeiter anderen Bedingungen unterliegt, als ein breit aufgestelltes Unternehmen mit mehreren tausend Mitarbeitern. Im Zweifel benötigt diese „Ein-Mann-AG" überhaupt kein Früher-

---

[23] Das zuweilen in der Literatur verwandte Diktum, dass das „Ob" der Einrichtung einer angemessenen Compliance Organisation nicht zur Disposition des Vorstands stehe (vgl. Hoffmann, A./Schieffer, A., 2017, S. 401, 403) widerspricht der hier vertretenen Annahme aufgrund des „… angemessenen …" nur scheinbar. Etwas unklar Schockenhoff, M.: „Über das *Ob* der Compliance-Pflicht besteht kein Dissens." (2019, S. 281, 283).

kennungssystem (und im Übrigen auch kein Überwachungssystem). An beide völlig unterschiedlichen Unternehmen von Gesetzes wegen über die Anwendung von § 91 Abs. 2 AktG gleiche Anforderungen für die Schaffung und Ausgestaltung des Früherkennungssystems richten zu wollen, wäre unzweckmäßig und überdies auch unverhältnismäßig. Es kann nicht Sinn und Zweck der Vorschrift sein, zu etwas verpflichten, was objektiv niemand (weder die Gesellschaft und auch nicht zu schützende Dritte) braucht. Dies würde zudem gegen Art. 14 GG (Organisationsfreiheit als Ausfluss des Eigentumsgrundrechts) verstoßen.

Schwierigkeiten bei der Anwendung von § 91 Abs. 2 AktG
Es ist im Übrigen nicht möglich, die handwerkliche Unvollkommenheit einer Rechtsvorschrift (§ 91 Abs. 2 AktG) durch eine unsachgemäße und damit regelwidrige Auslegung zu überspielen. Natürlich wäre es – auch unter Beachtung der grundsätzlichen Notwendigkeit einer Ermessenseinräumung – aus Gründen der Rechtssicherheit wünschenswert gewesen, wenn sich der Gesetzgeber bereitgefunden hätte, im Hinblick auf die Ausgestaltung des Früherkennungssystems den Pflichtenstandard konkreter zu fassen. Das hat er aber unterlassen. Zwar können deshalb entstehende Interpretationslücken durch betriebswirtschaftliche Modelle und durch die Vorgaben von Standesorganisationen und von Verbänden grundsätzlich ausgefüllt werden. Wiewohl hierzu einschränkend schon von vornherein festzustellen ist, dass einheitliche und unumstrittene Lösungen nicht an der Tagesordnung sind, können solche Modelle und Vorgaben über Kategorienbildungen immerhin grundsätzlich Richtschnüre schaffen, welches Maß und welche Differenzierungen ein Risikomanagementsystem eines Unternehmens in Abhängigkeit von seinen bestimmten Eigenheiten aufweisen muss. Auch können sich für die konkrete Ausgestaltung von Risikomanagementsystemen daraus bestimmte Verkehrsübungen zur Sorgfaltspflicht eines Vorstands herausbilden. Solche Festlegungen sind als Kriterien tauglich, ob und inwieweit der Tatbestand des § 93 Abs. 1 S. 1 AktG (Sorgfaltspflichten eines ordentlichen und gewissenhaften Geschäftsleiters) im Einzelfall eingehalten wurde oder nicht.

Aber: Auf § 91 Abs. 2 AktG kann das alles keine unmittelbare Auswirkung erzielen, weil diese Vorschrift eben keinen Halt hierfür bietet und die Regierungsbegründung über das Eröffnen von Ermessensspielraum sogar in die andere Richtung tendiert. Es ist daher nicht möglich, eine von der Betriebswirtschaft entwickelte Clusterbildung o. ä. von vornherein als Konkretisierung für das Wort „geeignet" herauszulesen, die dann irgendwie rechtlich wirken soll. Eine solche Art von Nachholung der vom Gesetzgeber versäumten Typisierung ist nicht möglich.

Es entspricht daher allgemeinen Zweckmäßigkeits- und Gerechtigkeitserwägungen, wenn § 91 Abs. 2 AktG dem Vorstand sinnvoller Weise ein Leitungsermessen einräumt, ja sogar einräumen muss, um – abgestimmt auf die speziellen Bedürfnisse seiner AG – agieren zu können. Dieser Pflicht genügt er, wenn die von ihm in Ausübung dieses Ermessens konkret ergriffenen Maßnahmen erfahrungsgemäß ausreichen, dass er die erforderlichen Informationen rechtzeitig erhält. Dies kann einzelfallabhängig sogar ohne Ergreifung von irgendwelchen Maßnahmen möglich sein und legaler Weise, weil eben durch § 91 Abs. 2

AktG unbeanstandet, durch Nichtstun erreicht werden. Vor diesem Hintergrund kann es eine aus § 91 Abs. 2 AktG ableitbare rechtliche Pflicht zur Einrichtung eines (umfassenden) Risikomanagementsystems oder gar auf die Anwendung eines bestimmten betriebswirtschaftlichen Modells nicht geben. Das entspricht auch der Empfehlung in Ziff. A.2 des DCGK. Deren erster Satz lautet: „Er [der Vorstand, Anm. der Autoren] soll für ein an der Risikolage des Unternehmens ausgerichtetes Compliance Management System sorgen und dessen Grundzüge offenlegen."

Anderweitiges würde zudem auch nicht mit dem Gedanken des § 93 Abs. 1 S. 2 AktG harmonieren. Denn die hier hinterlegte sog. Business Judgement Rule,[24] ein Import aus dem US-amerikanischen Recht, räumt dem Vorstand beim Vorliegen von Ermessensspielraum Freiheiten ein und schließt eine Pflichtverletzung aus, „wenn das Vorstandsmitglied bei einer unternehmerischen Entscheidung vernünftigerweise annehmen durfte, auf der Grundlage angemessener Information zum Wohle der Gesellschaft zu handeln."[25]

Anwendung von § 91 Abs. 2 AktG im Ergebnis
Zusammengefasst: Der Vorstand ist bei der konkreten Ausgestaltung relativ frei und hat nach § 91 Abs. 2 AktG Spielräume, welches Modell er wählt. Seine Spielräume sind lediglich insoweit beschränkt, als ihm die konkreten Umstände des Einzelfalles (z. B. Unternehmensgröße) das Ergreifen bestimmter Maßnahmen nahelegen bzw. aufdrängen. Als zusätzliche Sicherung dient die Verpflichtung, eine Überwachungsinstanz einzurichten, die regelmäßig die Einhaltung und die Tauglichkeit der vom Früherkennungssystem vorgesehenen Maßnahmen ihrerseits überwacht. Bezüglich der konkreten Konzeption des Überwachungssystems existieren ebenfalls Gestaltungsspielräume.

Die Richtigkeit dieser Annahmen ergibt sich zudem aus einem Vergleich mit der rechtlichen Situation im Bankenbereich. Während in § 91 Abs. 2 AktG nichts dergleichen geregelt ist, hat sich der Gesetzgeber in § 25a Abs. 1 S. 3 Nr. 3 lit. c KWG wegen der besonderen Situation des Metiers in der Pflicht gesehen, die Schaffung einer Internen Revision und einer Compliance-Funktion als Teil einer ordnungsgemäßen Geschäftsorganisation grundsätzlich vorzuschreiben. Hier wird für Banken auch Wert auf die Koexistenz eines prozessabhängigen Kontrollsystems und einer prozessunabhängigen Internen Revision gelegt. Hätte der Gesetzgeber das allgemein so haben wollen, ist zu unterstellen, dass er es auch in § 91 Abs. 2 AktG so geregelt hätte bzw. hätte regeln müssen. Zum einen ist damit festzustellen, dass seine Enthaltsamkeit in § 91 Abs. 2 AktG als sog. beredtes

---

[24] Vgl. Berwanger, J., im elektronischen Gablerwirtschaftslexikon zu dem Stichwort „Business Judgement Rule", abzurufen unter https://wirtschaftslexikon.gabler.de/.; auch Hoffmann, A./Schieffer, A. (2017, S. 401, 404). Zu Enthaftungsfragen von Leitungsorganen durch Einholung von Rechtsrat bei unklarer Rechtslage und zu den Grenzen der Legalitätspflicht bei unsicherer Rechtslage, anhand von zwei einschlägigen BGH-Entscheidungen (vom 20.09.2011 – II ZR 234/09 und vom 28.04.2015 – II ZR 63/14), vgl. bei Graewe, G./von Harder, S. (2017, S. 707).
[25] Spindler-MüKOAktG (2019, § 92 Rn. 19).

Schweigen angesehen werden kann,[26] zum anderen vermögen es deswegen Wertungen aus den §§ 93 Abs. 1 S. 1 und 76 AktG nicht, ein gegenläufiges Ergebnis tragen zu können. Die von der BaFin geschaffenen Ausnahmeregelungen von den Vorgaben des § 25a KWG bestätigen die hier vertretene Auffassung nachgerade.

Keine allgemeine rechtliche Einrichtungspflicht eines CMS aus § 91 Abs. 2 AktG
Nicht zuletzt liefert § 91 Abs. 2 AktG auch keinen Ansatz, der die formale Schaffung eines CMS fordert. Die für die Interne Revision im Einzelnen ausgebreiteten rechtlichen Herleitungen gelten für ein CMS sinngemäß. Denn es kann diese Vorschrift nach keiner juristischen Auslegungsart so angewandt werden, dass dies ein solches Ergebnis trüge.

Auch für die Compliance lohnt zunächst ein Blick über den rechtlichen Gartenzaun: Wenn in einem Spezialgesetz wie etwa § 80 Abs. 1 S. 1, Abs. 13 S. 2 WpHG durch allgemeinen Verweis auf das KWG bzw. in Form einer besondere Anordnung die Einrichtung einer Compliance-Funktion geregelt ist, hingegen in der allgemeinen Vorschrift des § 91 Abs. 2 AktG oder in anderen Vorschriften des AktG (im Übrigen auch nicht im GmbHG) eine derartige Regelung fehlt, dann ist das als ein deutliches Signal des Gesetzgebers anzusehen, dass er sich auch insoweit enthalten wollte.[27] Die ausdrückliche Einräumung von Ermessensspielräumen und das Vorhandensein von Ausnahmeregelungen, die begleitend zu solchen gesetzlichen Spezialvorschriften existieren (so etwa räumt die BaFin im MaComp-Rundschreiben 05/2018 (vom 19.04.2018, geändert am: 09.05.2018)[28] der Unternehmensleitung bei der Ausgestaltung des CMS durch Verwendung von „… angemessen …" durchaus Spielräume ein, unterstreicht diese Annahme zusätzlich. Eine analoge Anwendung der gesetzlichen Spezialnorm auf die CMS-Situation von Unternehmen, die „nur" dem AktG unterfallen, verbietet sich daher jedenfalls.[29]

Trotz der von COSO getroffenen Zuordnung von Compliance zum IKS – im Übrigen fällt es wegen der unklaren Gesetzeslage schwer, die Compliance *rechtlich* den beiden von § 91

---

[26] Nicht akzeptabel ist daher die Rechtsprechung des VG Frankfurt, Urteil vom 08.07.2004, VersR 2005, 57, bei der mit Bezug auf ein Versicherungsunternehmen § 25a Abs. 1 KWG zur Auslegung von § 91 Abs. 2 AktG herangezogen wurde, weil sich beide Normen „in ihrer rechtlichen Bedeutung entsprechen" und das vom Gesetzgeber so gewollt sei – so das Gericht.

[27] Ob sich der Gesetzgeber wegen des um die Compliance gemachten Hypes künftig auch weiter verschließen wird, bleibt abzuwarten. Er hat dem immerhin schon einige Jahre hartnäckig widerstanden, so wie es zum Redaktionsschluss dieses Buches aussah, auch beim VerSanG. Aus hier vertretener Sicht wäre es verfehlt, eine relativ kleine Zahl von Aufsehen erregenden, wirklich gravierenden Compliancefällen in einigen Großunternehmen zum Anlass und Maßstab für eine allgemeine Regelung zu nehmen – nur weil diese Unternehmen hinterher mit großem Aufwand ihr Heil im Aufbau eines CMS gesucht haben.

[28] https://www.bafin.de/SharedDocs/Veroeffentlichungen/DE/Rundschreiben/2018/rs_18_05_wa3_macomp.html. Zugegriffen am 08.03.2019.

[29] So Fett T./Schwark-Zimmer (2010a, § 33 WpHG Rn. 2). Auch Hüffer U./Koch J. (2018, § 76 Rn. 14) meint „Namentlich aufsichtsrechtliche Sondervorschriften sind bewusst auf spezielle Bereiche beschränkt und nicht ins allgemeine AktG übernommen worden."

Abs. 2 AktG zugrunde gelegten Systemen – Früherkennungssystem und Überwachungssystem – tatbestandlich-begrifflich sauber zu- und sie ihnen per Subsumtion unterzuordnen. Die Aufgabe der Compliance, wie die der Internen Revision, hängt von der konkreten Ausgestaltung im Unternehmen ab. Das kann differieren und es kann zwischen den beiden Bereichen zu erheblichen Überschneidungen bei den Aufgaben kommen.[30] Compliance in einem Unternehmen kann Aufgaben von beiden Systemen zugleich, Früherkennung und Überwachung, in sich vereinen. Mehr noch – nimmt man Compliance und die Ausgestaltung ihrer Aufgabe in den Unternehmen wörtlich, dann ist anzunehmen, dass Compliance als eine Art Originäres Vermeidungssystem sogar eine dritte Kategorie aufmacht. Denn der Compliance wird die Aufgabe zugeschrieben, durch die Ausgestaltung und Formulierung von Prozessen und der Anleitung von Mitarbeitern Fehlentwicklungen von vornherein erst gar nicht entstehen zu lassen, indem die Organisation so auf den Status „Rechtssicher" bzw. „Rechtskonform" getrimmt werden soll.[31] Im Lichte der Kategorien des § 91 Abs. 2 AktG ist das ein Ansatz, der zwar begrifflich mit Früherkennung verwoben sein kann, der aber zeitlich und sachlich dieser noch vorgelagert ist und damit von der Typik der Norm nicht erfasst wird.

Dass damit für die Compliance bei der Organisation von Unternehmen seit langem bewährt angewandte organisatorische Trennungsparameter wie etwa das des Begriffspaares prozessintegriert/prozessunabhängig (für Risikomanagement und Interne Revision) aufgegeben bzw. vermengt werden, ist hier nur beiläufig zu erwähnen.

Rechtlich gesehen kann sich jedenfalls aus § 91 Abs. 2 AktG nicht zuletzt deshalb keine Pflicht für die Unternehmen ergeben, ein CMS einzurichten. Denn das vielschichtige Phänomen der Compliance steht im Lichte der Vorschrift gleichsam für alles und nichts, es wird daher tatbestandlich nicht von ihr erfasst.[32] Darüber hinaus ist auch insoweit das Leitungsermessen des Vorstands (§ 93 Abs. 1 S. 2 AktG) zu berücksichtigen, denn auch hier beeinflusst die in § 93 Abs. 1 S. 2 AktG gemachte Aussage die Anwendung von § 91 Abs. 2 AktG. Wenngleich dem IDW PS 980 mangels rechtlicher Legitimation keine rechtliche Bindungswirkung zukommt, gibt diese Verlautbarung, immerhin eine „Arbeitsvorlage einer anerkannten Institution",[33] das hier vertretene Ergebnis ebenfalls zu Protokoll

---

[30] BGH, NJW 2009, 3173, 3175 nimmt mit Bezug auf eine Literaturmeinung an, dass das regelmäßig der Fall sei. MaComp BT 1.1.1 Nr. 4 verbietet „grundsätzlich" die Anbindung der Compliancefunktion an die Interne Revision, eröffnet aber andererseits die grundsätzliche Möglichkeit der Anbindung der Compliance an andere Kontrollbereiche („Compliance im weiteren Sinne") wie mit dem des Controllings oder mit der Rechtsabteilung.

[31] Salvenmoser, S./Hauschka, C. (2010, S. 331, 334) sprechen von einer „positiven Präventionsstrategie" der Compliance.

[32] Insgesamt sehr lesenswert Wolf, M. (2011, S. 1353). Er warnt auch vor der Vergabe einer „Universalzuständigkeit" an den Compliance Officer, weil es zweifelhaft sei, dass dieser sich die beträchtlichen Detailkenntnisse der jeweiligen Fachbereiche aneignen könne. Zudem ergeben sich nach seiner Meinung „signifikante Abgrenzungsschwierigkeiten" zu den Kompetenzen der Bereichsführungskräfte, vgl. Wolf, M., ebd., S. 1358.

[33] Vgl. Böttcher, L. (2011, S. 1054, 1058). Er arbeitet auch die mangelnde rechtliche Legitimation anschaulich heraus.

und darf deshalb zitiert werden: „CMS ist ein integraler Bestandteil der Corporate Governance. Eine separate CMS Aufbau- und Ablauforganisation ist daher nicht erforderlich." Vorstehend vertretene Auffassung zu § 91 Abs. 2 AktG wird von namhaften Stimmen in der Literatur im Grundsatz geteilt.[34] Abschließend erwähnenswert ist in diesem Zusammenhang, dass auch die ISO 19600 die Anforderungen an ein CMS nur sehr allgemein bestimmt und von der Größe, Natur und Komplexität einer Organisation abhängig macht.

3.3.2.1.2 §§ 76 Abs. 1, 93 Abs. 1 Satz 1 AktG

Zu § 76 Abs. 1 AktG, zusammen mit § 93 Abs. 1 S. 1 AktG: Richtig und unbestritten ist, dass aus § 76 Abs. 1 AktG die Leitungspflicht des Vorstands folgt. Zudem setzt § 93 Abs. 1 S. 1 AktG rechtlich eine beachtliche Marke, denn es geht immerhin um die Pflicht zur Anwendung der Sorgfalt eines „ordentlichen und gewissenhaften Geschäftsleiters". Insbesondere bzgl. großer bzw. risikoträchtiger Unternehmen ist daher unter Heranziehung von § 76 Abs. 1 AktG, zusammen mit § 93 Abs. 1 S. 1 AktG, bzgl. des „Ob" auch nach hier vertretener Meinung eine differenzierte Auffassung zu vertreten. Corporate Compliance gehört als Bestandteil der Unternehmenskontrolle zur Leitung der Gesellschaft (§ 76 Abs. 1 AktG) und wird von der allgemeinen des § 93 Abs. 1 S. 1 AktG umfasst.[35] „Bei nicht ganz kleinen Verhältnissen empfiehlt sich die Bestellung eines Compliance Beauftragten",[36] der einem bestimmten Vorstandsmitglied unmittelbar berichtet und der im Übrigen organisatorisch so ausgestattet sein müsse, dass er seiner zentralen Funktion gerecht werden kann. Alles andere wäre bei einem großen bzw. risikoträchtigen Unternehmen, um in der Diktion des § 93 Abs. 1 S. 1 AktG zu bleiben, *unordentlich* und *gewissenlos*.

Einzelheiten, über die der Vorstand nach seinem unternehmerischen Ermessen entscheidet, hängen aber trotzdem auch hier von den näheren Umständen, insbesondere der besonderen Komplexität ab. Kategorien sind z. B. der Umfang der vom Unternehmen zu beachtenden rechtlichen Regelungen und die Höhe des Verletzungsrisikos.[37] Das „Wie" überlagert bzw. überflügelt somit in solchen Fällen in gewisser Weise das „Ob". Diese Meinung findet Halt, wenn man sich die spezielle rechtliche Situation im Banken- und Wertpapiergeschäft anschaut, denn auch dort gilt, dass besonders komplexe und risikoträchtige Umstände in einem Unternehmen auch rechtlich besondere Anforderungen an das von der Unternehmensleitung bereitzustellende Instrumentarium stellen.

---

[34] Vgl. Hüffer U./Koch J. (2018, § 76 Rn. 14, § 91 Rn. 8 ff.). Anders wohl Klindt, T./Pelz, C./Theusinger, I. (2010, S. 2385) – ohne Abstellen auf Rechtsnormen und ohne eine sonstige rechtliche Begründung: Sie betonen den „integrierten Ansatz" der modernen Compliance in Unternehmen, das sei ein „erstmaliger systematischer Ansatz", wonach die Einhaltung des gültigen Rechts nicht mehr dem Zufall, dem individuellen Engagement oder dem partiellen Abteilungsinteresse zu verdanken sei, sondern als „Compliance-Architektur 24/7" mit dem gesamten internen wie externen Unternehmensauftritt verbunden sei; ausgeübt werde dies durch den Chief Compliance Officer, einem „eigenständig gewachsenen Berufsbild", Klindt, T./Pelz, C./Theusinger, I., ebd.

[35] Vgl. Hüffer U./Koch J. (2018, § 76 Rn. 12).

[36] Hüffer U./Koch J. (2018, § 76 Rn. 19).

[37] Hüffer U./Koch J., ebd.

Keine allgemeine rechtliche Einrichtungspflicht eines CMS aus den §§ 76 Abs. 1, 93 Abs. 1 Satz 1 AktG

Die diesbezüglichen Ausführungen gelten gerade auch für die Compliance.[38] Um es noch einmal zu wiederholen: Es gehört in den Pflichtenkreis jedes „ordentlichen und gewissenhaften Geschäftsleiters", dass er grundsätzlich eine effiziente Unternehmenskontrolle einrichtet. Schon dieses „Ob" kann jedoch – einzelfallabhängig – fraglich sein, will jedenfalls differenziert zu betrachten sein.[39] Erst recht gilt das für das „Wie". Wenn eine Kontrolle eingerichtet werden muss, kann dies jedenfalls nicht bedeuten, dass – rechtlich vorgegeben – eine ganz bestimmte neue und zusätzliche organisatorische Struktur im Unternehmen implementiert werden müsste (Chief Compliance Officer, Stab etc.). Die in der Literatur so oder so ähnlich getroffene Feststellung *„Nach inzwischen wohl übereinstimmender Auffassung trifft den Vorstand einer nicht konzernverbundenen Aktiengesellschaft die Verpflichtung, für Compliance in seinem Unternehmen zu sorgen."*[40] ist daher nach hier vertretener Meinung zwar einerseits korrekt. Sie erscheint aber andererseits trivial, weil sie nicht wesentlich weiterbringt.[41] Man kann nicht einen unbestimmten Begriff wie „Compliance" in einem feststellenden und auf umfassende Allgemeingültigkeit angelegten Thesensatz derart als Hauptbegründungsstütze für die Richtigkeit einer so aufgestellten Behauptung verwenden. Dass der Tod das Leben beendet, ist nach dem medizinischen Kenntnisstand anno 2020 korrekt, es muss aber nicht extra gesagt werden. Dass, und ggf. wie die Unternehmensleitung im Einzelnen der Compliance Leben einhauchen muss und wie sie das umsetzt – das sind die Fragen.

Insbesondere welchen Namen das neue Kind erhalten und wie dessen Spielwiese ausgestaltet sein soll, bleibt dem Organisationsermessen der Unternehmensleitung vorbehalten. Wenngleich die Verwendung dieses Begriffs wegen seiner zwischenzeitlich im Sprachgebrauch der Wirtschaft gefundenen Etablierung für ein Unternehmen doch ratsam erscheint – das Kind muss trotzdem nicht „Chief Compliance Officer" heißen. Dies gilt selbst dann, wenn sich tatsächlich schon ein derartiges Berufsbild in Deutschland

---

[38] Bestätigt wird dies durch § 2 Nr. 1 Buchst. b GeschGehG (vom 26.04.2019) für die Spezialmaterie von Geschäftsgeheimnissen. Hierfür müssen „angemessene" Geheimhaltungsmaßnahmen getroffen werden. Das bietet individuelle Freiräume, Dann, M./Markgraf, J.W. (2019, S. 1774, 1775), auch mit Hinweis auf die Freiräume der ISO 19600.

[39] Wie hier z. B. Dieners (2007, S. 189 Rn. 7): „Das Ob und Wie der erforderlichen Maßnahmen hängt hierbei von einer Reihe unterschiedlicher Faktoren im Einzelfall ab, wie etwa von der Größe des Unternehmens, der Vielfalt und Bedeutung der vom Unternehmen zu betrachtenden Vorschriften, der Gefahrgeneigtheit bestimmter Unternehmenstätigkeiten sowie früheren Missständen und Unregelmäßigkeiten."

[40] Fett, T./Theusinger, I, (2010b, S. 6, 8). Ähnlich Schockenhoff, M. (2019, S. 281, 282): „… Dennoch besteht in der Rechtsprechung und Literatur zum Kapitalgesellschaftsrecht Einigkeit, dass die Leitungsorgane zur Compliance verpflichtet sind."

[41] „… Man sieht: Im Grunde alles Selbstverständlichkeiten. Neu ist nur der Begriff und ggf. die Absicherung der Rechtstreue durch spezielle Organisationsmaßnahmen", so Zöllner, U./Noack, U./Baumbach-Hueck, U., (2017, § 35 Rn. 67).

etabliert haben sollte.[42] Eine derart sklavische Befolgung eines Begriffes wäre, rechtlich gesehen, vielmehr als grundsätzlich kritikwürdige Begriffsjurisprudenz zu werten. Eine dieser vorzuziehende Interessen- und Wertejurisprudenz löst sich zu Recht „von in sich selbst ruhenden Begriffen und Konstruktionen", ihr geht es um „die Befriedigung der Interessen, aber nicht um die Richtigkeit von Begriffsbestimmungen oder die folgerichtige Durchführung von beschlossenen Definitionen."[43]

Ein solcher theoretischer Ansatz muss auch allgemein für den Begriff der „Compliance" gelten. Denn das ist und bleibt ein unscharfer Begriff. Hinter dem Begriff, der im AktG und anderen allgemeinen Gesetzen nicht benutzt wird,[44] steht, zumindest teilweise, ein Allgemeinplatz, für den eine rechtlich eindeutige, trennscharfe Definition auch im speziellen Gesetz fehlt.[45] Zudem ist er einer Fremdsprache entliehen, so dass seine sinnstiftende und rechtlich sichere Transferierung zur Anwendung deutscher Rechtsregeln zusätzliche Hürden nehmen muss. Dabei bleibt es – aber: Natürlich muss das von der Unternehmensleitung Geschaffene, egal wie es konzipiert und genannt wird, auch wirkungsvoll funktionieren.[46]

3.3.2.1.3 § 107 Abs. 3 Satz 2 AktG

Bei diesen Ergebnissen bleibt es, auch wenn man schließlich noch § 107 Abs. 3 S. 2 AktG mit in den Blick nimmt. Es handelt es sich um einen Teil einer Organisationsvorschrift für den Aufsichtsrat, nämlich von § 107 AktG. § 107 AktG insgesamt befasst sich mit speziellen Sachfragen des Aufsichtsrats zu dessen Inneren Ordnung, bei Absatz 3 geht es um Ausschüsse. Ins AktG eingeordnet ist die Vorschrift in dessen zweiten Abschnitt des Vierten Teils („Verfassung der Aktiengesellschaft", „Aufsichtsrat").

Nach seiner systematischen Auslegung anhand dieser Einbettung in die Ordnung des Gesetzes kann sich von § 107 Abs. 3 S. 2 AktG systemlogisch keine juristische Aussage-

---

[42] Mangels etablierter Strukturen, mit Ausbildungsordnung etc., muss das, trotz Lehrgangsschwemme, auch noch im Jahr 2019 bezweifelt werden. Das behaupteten aber – ohne Beleg – Klindt, T./Pelz, C./Theusinger, I (2010, S. 2385). Der Hinweis auf das „gewachsene Berufsbild" des Compliance Officer wurde schon in der Vorauflage ohne Beleg geführt von Göhler-Gürtler, aktuell noch immer (2017, § 9 Rn. 23). Dezidiert anders Wolf, M. (2011, S. 1353, 1358): Es gebe keine allgemeinen Standards zur Aufgabenbreite und -tiefe; vgl. auch Brettel, H. (2018, S. 108 Rn. 106): „kein feststehendes Berufsbild".

[43] Heck, zitiert bei Engisch, K. (2010, S.316 f.).

[44] Fett, T./Theusinger, I. (2010b, S. 6, 7): „Eine gesetzliche Definition von Compliance gibt es in Deutschland nicht." Sie meinen, in Deutschland habe sich die in Ziff. 4.1.3 DCGK verwendete Definition durchgesetzt.

[45] Fett, T.-Schwark/Zimmer (2010a, § 33 WpHG, Rn. 15) listet und erläutert die drei gängigen Bedeutungen auf: Vorhandensein einer entsprechenden Aufbau- und Ablauforganisation sowie die Existenz geeigneter Kontrollverfahren; umfassende Unternehmensphilosophie; „Handeln in Übereinstimmung mit den geltenden Regeln".

[46] „Vorbeugen, Erkennen, Reagieren" als Säulen eines geeigneten CMS, so Hoffmann, A./Schieffer, A. (2017, S. 401, 403); ähnlich auch Baur, A., Holle, P.M. (2018, S. 14, 16): „Aufklären, Abstellen, Ahnden"; auch LG München I, Urt. vom 10.12.2013, 5 HKO 1387/10, „Neubürger", bei Juris.

3.3 Staatliche Statusregeln für die Interne Revision und ein CMS

kraft für die Einrichtungsnotwendigkeit und für die Beschaffenheitsbeschreibung von Strukturen innerhalb der Aktiengesellschaft ergeben, soweit diese außerhalb der Kompetenzen des Aufsichtsrats liegen.[47] Das betrifft insbesondere die Strukturen, deren Schaffung dem Vorstand als dem maßgeblichen operativen Leitungsorgan der Gesellschaft obliegt, gleich, ob das in dessen Ermessen oder in dessen unbedingte Pflicht gestellt ist. Sämtliche Überwachungsgegenstände, die § 107 Abs. 3 S. 2 AktG erwähnt, sind solche Strukturen. Der Aufsichtsrat bzw. sein Ausschuss haben dabei „nur" zu überwachen, ob der Vorstand anhand der ihm vom Gesetzgeber gemachten Vorgaben (u. a. durch § 91 Abs. 2 AktG) alles richtig gemacht hat oder nicht. Darin erschöpft sich der rechtliche Radius der Vorschrift. Als Prüfungsmaßstäbe für den Ausschuss gelten damit jene Vorschriften, und nicht § 107 Abs. 3 S. 2 AktG.

Zudem handelt es sich bei § 107 Abs. 3 S. 2 AktG um eine Ermessensvorschrift. Sie hat wegen der schon in § 107 Abs. 3 S. 1 AktG geregelten grundsätzlich eingeräumten Ermessensfreiheit bei der Ausgestaltung des Selbstorganisationsrechts des Aufsichtsrats eine nur klarstellende Bedeutung.[48] Weiter ist festzustellen, dass § 107 Abs. 3 S. 2 AktG mit Bezug auf erläuternde Hinweise ähnlich spartanisch daherkommt, wie das schon zu § 91 Abs. 2 AktG festzustellen war: „Der Gesetzgeber gibt weder eine Legaldefinition der genannten Überwachungsgegenstände vor, noch liefert das Gesetz zusätzliche Erläuterungen zur hierarchischen Ordnung der Begriffe."[49]

Die Richtigkeit der hier vertretenen Auffassung liegt denklogisch auf der Hand: Dass ein Organ Überwachungsstrukturen einrichten kann, um bei bestimmten Aufgabenfeldern eines anderen Organs kontrollierend nach dem Rechten zu sehen, impliziert nicht, dass das zu kontrollierende Organ alle erwähnten Themen und Aufgaben auch positiv im Sinne eines „Etabliert!" abgehakt haben muss. Neben der bereits hergeleiteten systematischen Auslegung streiten dafür auch die wörtliche und die Auslegung nach Sinn und Zweck von § 107 Abs. 3 S. 2 AktG. Ob z. B. ein internes Revisionssystem als Teil eines internen Kontrollsystems eingerichtet werden muss oder nicht, ist und bleibt eine Frage, die sich allein nach § 91 Abs. 2 AktG richtet.[50] Ist ein solches System eingerichtet, wird seine Wirksam-

---

[47] Vgl. Berwanger, J./Kullmann, S. (2012 S. 131 f.); auch Habersack-MüKOAktG (2019, § 107 Rn. 3): „Die Vorschrift hebt den Prüfungsausschuss und dessen Aufgaben besonders hervor, stellt aber die Einrichtung dieses Ausschusses in das Ermessen des Aufsichtsratsplenums und regelt schon gar nicht die Pflichten des Vorstands im Zusammenhang mit den diversen Kontrollsystemen."

[48] Hüffer U./Koch J. (2018, § 107 Rn. 22) mit Hinweis auf die Reg.Begr. und mit der Anmerkung, dass sich wegen Ziff. 5.3.2 DCGK insbesondere bei börsennotierten Gesellschaften die Einrichtung dringend empfehle.

[49] So wörtlich das Monitum des Arbeitskreises Externe und Interne Überwachung der Unternehmung der Schmalenbach-Gesellschaft für Betriebswirtschaft (2011, S. 2101).

[50] So Hüffer U./Koch J. (2018, § 107 Rn. 24c), allerdings mit dem etwas unklaren Zusatzhinweis, die Pflicht aus § 107 Abs. 3 Satz 2 AktG, ein Risikomanagementsystems einzurichten, entfalle wegen des nur fakultativen Charakters der Ausschüsse. Richtig ist, dass sie auch dann nicht bestünde, wenn es sich bei den Ausschüssen des § 107 Abs. 3 Satz 2 AktG um obligatorische Ausschüsse handeln würde.

keit durch den Ausschuss überwacht. Ist es nicht eingerichtet, erstreckt sich dessen Überwachungspflicht darauf, ob es hätte eingerichtet werden müssen.[51] Und – gibt es keinen Ausschuss, dann hat das Plenum des Aufsichtsrats das zu überwachen. Das gilt analog auch für die Einrichtung einer eigenständigen Compliance-Organisation. Das alles sind dann aber Themen, die nicht anhand des Regelungsbereichs von § 107 Abs. 3 S. 2 AktG zu bewerten sind.

3.3.2.2 Keine Gesetzesanalogie zur Statusbegründung

Sonstige staatlich gesetzten Normen, die aufgrund ihrer Existenz entsprechende allgemein verbindlich wirkende statusrechtlichen Folgerungen für die Etablierung einer Internen Revision oder eines CMS in deutschen Wirtschaftsunternehmen anstellen lassen, sind nicht ersichtlich. Auf Meinungen,[52] die den existierenden Teppich, geknüpft aus Vorschriften und Regelungen, über eine Analogiebildung als rechtliche Grundlage hierfür nehmen wollen (nachfolgend: „Verdichtungstheorie"), ist zu entgegnen: Es gibt das Bild, visualisiert durch diesen Teppich. Der ist ausgestattet mit einem ausgeprägten Patchwork. Einige seiner Versatzstücke bilden § 831 BGB („Haftung für den Verrichtungsgehilfen") und spezifisch unternehmensrechtliche Normen, mit Geboten und Verboten (Tun und Unterlassen). Im StGB etwa sind bestimmte Normen speziell auf geschäftliche Bereiche zugeschnitten, so z. B. § 283b (Verletzung der Buchführungspflicht). Auch gibt es das Wirtschaftsstrafgesetz 1954. Dazu kommen speziell für Wirtschaftsunternehmen ganz bestimmte OWiG-Vorschriften (z. B. die §§ 30, 130 – so enthält § 130 Abs. 1 OWiG den Begriff „gehörige Aufsicht").[53] Des Weiteren gibt es sonstige Bildelemente, wie etwa die für besondere Branchen (Banken etc.) geschaffenen rechtlichen Strukturen, samt dazu ergangener Prüfstandards (z. B. KWG mit IDW-Standards, MaComp und MaRisk).

Im Sinne der hier anstehenden Thematik ist das allerdings eher nur ein Flickenteppich, er kann – um noch ein letztes Mal bei der Sprache im Jargon des ehrbaren Teppichhändlers zu bleiben – das für eine Analogie geforderte klare Webmuster nicht bieten. Will heißen: Es ist rechtlich nicht möglich anzunehmen, dass sich aus der Vielzahl von sonstigen Einzelregelungen und von ungeschriebenen Organisationspflichten eine Verdichtung ergibt, die zu einer so verstandenen allgemeinen CMS-Einrichtungspflicht führen kann.

Eine solche Annahme entfernt sich von den juristischen Grundlagenregeln zur Rechtsquellenlehre, weil eine Kategorie einer derartigen Quelle für diesen Fall nicht im Angebot ist. Der Verdichtungstheorie fehlt der Halt innerhalb der angewandten Rechtswissenschaft.

---

[51] Hüffer U./Koch J. (2018, § 107 Rn. 24c).

[52] Explizit auf § 130 OWiG stellt Göhler-Gürtler ab (2017, § 130 Rn. 9): Es bestehe aus § 130 OWiG eine „mittelbare Verpflichtung zur Einrichtung eines CMS". Vgl. ansonsten die Nachweise bei Hüffer U./Koch J. (2018, § 76 Rn. 13).

[53] So nach geltendem Recht; künftig – mit eingebautem retardierenden Moment – wird das OWiG insoweit zum Teil abgelöst werden durch das neue VerSanG, das im Frühjahr 2020 verkündet werden sollte, vgl. dazu unten die Ausführungen innerhalb des Rechtsteils bei „Unternehmensstrafrecht".

Begründung: Hauptsächlich positiv gesetztes Recht als kodifiziertes Recht bildet im deutschen Rechtssystem die Hauptquelle,[54] daneben gibt es das sog. Gewohnheitsrecht. Gewohnheitsrecht scheidet von vornherein aus. Das ist die dauerhafte *tatsächliche* Übung in einer Rechtsgemeinschaft, die auch von dieser als *rechtsverbindlich* betrachtet wird.[55] Wenn sich, aufs Ganze gesehen, nur wenige große bzw. mittlere Unternehmen ein CMS zulegen, und das auch erst seit relativ kurzer Zeit, kann das keine Grundlage für ein Gewohnheitsrecht im verstandenen Sinn sein. Das gilt auch, wenn man den DCGK und dessen mittelbar, über § 161 Abs. 1 S. 1 AktG erzeugten Befolgungsdruck in diese Betrachtungen miteinbezieht. Beim geschriebenen Recht existieren juristische Methoden (Gesetzesauslegung, Analogie etc.), die dazu dienen sollen, das Spektrum kodifizierter Rechtssätze zu erweitern. Dadurch wird gewährleistet, dass Rechtsfortbildung (vornehmlich durch Gerichte)[56] betrieben werden kann, um fehlendes geschriebenes Recht zu kompensieren.

Gesamtanalogie (auch „Rechtsanalogie" genannt), an die man hier noch am ehesten denken könnte, scheidet ebenfalls aus.[57] Darunter versteht man den Analogieschluss aus mehreren strukturgleichen Normen auf einen ungeregelten Sachverhalt. Durch Folgerung aus gewissen allgemeinen Grundsätzen wird bei der Gesamtanalogie durch die Erhebung einzelner bestimmter Fälle zu einer bestimmten Regel, und durch neue Folgerungen aus dieser, eine entsprechende Rechtsfortbildung erzeugt.[58] Ein Beispiel[59] ist die vor der

---

[54] Kühl, K./Reichold, H./Ronellenfitsch, M. (2015, S. 92 Rn. 18) sprechen von einem von geschriebenem Recht dominierten modernen Rechtsstaat.

[55] Kühl, K./Reichold, H./Ronellenfitsch, M. (ebd.).

[56] Eine so weitreichende Rechtsfortbildung kann auch das BGH-Urteil vom 09.05.2017 (1 StR 265/16, Juris) nicht leisten. Der BGH stuft es im Rahmen des § 30 OWiG grundsätzlich als einen für die Bemessung der Geldbuße bedeutsamem Aspekt ein, wenn ein Unternehmen, vor und nach entdeckter bußgeldbewehrter Gesetzesverletzung, Compliancebemühungen gezeigt hat. Dafür sind die Ausführungen des BGH, nur bezogen auf *eine* Norm, zu knapp ausgefallen, vgl. zum Urteil ausführlicher Baur, A., Holle, P.M. (2018, S. 14).

[57] Anders wohl Schockenhoff, M. (2019, S. 281, 282, 286): Er grenzt Einzelanalogie von Gesamtanalogie ab und bejaht eine Gesamtanalogie zu den §§ 76 Abs. 1, 93 Abs. 1 AktG. Er meint, § 130 OWiG könne zudem „als Generalklausel und Zentralnorm für die bußgeld- und strafrechtliche Compliance in Betrieben und Unternehmen gelten." – was immer damit gesagt werden will. Klarer Kreßel, E. (2018, S. 841, 842 f.): Er leitet aus den §§ 130 OWiG, 91, 93 AktG und 43 GmbHG die „gesetzliche Obliegenheit zu einer angemessenen und geeigneten Compliance-Struktur in *allen* Unternehmen ab" (Hervorhebung auch bei Kreßel).

[58] Raisch, P. (1985, S. 29, 32). Vgl. auch Möllers, T. M.J. (2017, S. 228 Rn. 130) zum Klippklapp-Schema Induktion/Deduktion: Formellogisch erfolgt zunächst ein Induktionsschluss, aus dem ein allgemeiner Gedanke abstrahiert wird. Der wird zu einem allgemeinen Rechtssatz erklärt, um sodann auf einen im Gesetz nicht geregelten Tatbestand angewandt zu werden. Methodische Bedingung ist, dass der ungeregelte Sachverhalt wertungsmäßig ebenso auf dieses Schema zutrifft wie die gesetzlich geregelten Tatbestände. Schließlich erfolgt eine Deduktion auf den vom Gesetz nicht umfassten Fall.

[59] Möllers, T. M.J. (2017, S. 230 Rn. 141).

Schuldrechtsreform von 2002 über Gesetzesanalogie aus verschiedenen Schadensersatzvorschriften des BGB (etwa §§ 122, 179, 523 Abs. 1, 524 Abs. 1, 600, 663 BGB) hergeleitete Culpa in Contrahendo-Schadensersatzhaftung.

Hier mangelt es zum einen am Vorliegen von *strukturgleichen* Gesetzen, zudem fehlt hinsichtlich jedes der herangezogenen Gesetze die für die Möglichkeit der Bejahung einer Gesetzesanalogie geforderte „planwidrige Lücke". Bei einer Analogie geht es um sich das Sich-Zunutze-Machen-Wollen einer Rechtsnorm, gerade mit Bezug auf die von dieser Norm angebotenen Rechtsfolge. Das ist bei der Gesetzes- bzw. Einzelanalogie besonders augenfällig. Das wird man über das Postulat der Strukturgleichheit im Prinzip auch für die hier in Rede stehende Gesamtanalogie fordern müssen – wobei grundsätzlich zu konzedieren ist, dass deren Anwendungsspektrum weiter reicht als das der Gesetzes- bzw. Einzelanalogie. Speziell die gewünschte Rechtsfolge (hier: allgemeine CMS-Einrichtungspflicht für Unternehmen) wird jedoch von den o. g. Normen insgesamt gerade nicht angeboten.

Zwar weisen z. B. die §§ 831 BGB und 130 OWiG mit der Möglichkeit des Entlastungsbeweises bzw. wegen des Merkmals „gehörige Aufsicht" gewisse Ähnlichkeiten auf. Jedoch ist mit Bezug auf diese beiden Vorschriften schon die Annahme der geforderten Strukturgleichheit (z. B. wegen des „cross bording" Öffentliches Recht/Privatrecht) schwierig darzustellen. Warum z. B. sollte es der Gesetzgeber bei § 831 BGB „vergessen" haben, den in Absatz 1 S. 2 enthaltenen Entlastungsbeweis im Sinne einer aktiven Handlungspflicht auszugestalten …? Das ist nicht ersichtlich. Dass er es querbeet, also nicht nur nicht bei einer Vorschrift, nicht getan hat, sondern es bei § 831 BGB mit Bezug auf die sorgfältige Auswahl des Verrichtungsgehilfen vielmehr bei einer Art von Obliegenheit hat bewenden lassen und sich darüber hinaus ansonsten (z. B. bei § 130 OWiG) ähnlich zurückhaltend verhalten hat, spricht für das Gegenteil. Das spricht sehr deutlich für die Annahme eines sog. beredten Schweigens.

Der Verdichtungstheorie ist zu guter Letzt zu erwidern, dass sie – angesichts der vielfach beklagten Überflutung[60] aller Rechtssubjekte mit Rechtsregeln mit ihren vielfältigen Geboten und Verboten (als Tun und Unterlassen) – zu Ende gedacht die Rechtspflicht auch jeder natürlichen Person zur entsprechenden Vorsorge begründen würde. Gleichermaßen grotesk wie konsequent die hier überspitzt formulierte Kontrollfrage: Um sich vor den überall lauernden Gesetzesverstößen und den Folgen zu bewahren – auch für jeden Bürger eine vergleichbare Pflicht, etwa zur Unterhaltung seines festen und ständigen Anwalts, womöglich mit Schlafkabine und Nasszelle im Wohnzimmer …? Wohl doch eher nicht.

3.4 Deutscher Corporate Governance Kodex als Statusnorm?

Der Deutsche Corporate Governance Kodex (DCGK) als 19-seitiges Regelwerk wendet sich hauptsächlich an die Unternehmensleitungen deutscher börsennotierter Gesellschaften. Nicht an der Börse notierten Gesellschaften wird seine Beachtung empfohlen. Es soll

---

[60] Dölling, D. (2007, S. 32 Rn. 46) sieht die „Normenflut" auch als einen Faktor, der Korruption begünstige.

3.4 Deutscher Corporate Governance Kodex als Statusnorm?

der Qualitätslevel bei den Unternehmensleitungen und für deren Überwachung gehoben werden. Das deutsche Corporate Governance System soll so transparent und nachvollziehbar sein. Die Regeln des Kodex sind keine staatlichen Rechtsnormen. Sie stellen keine staatliche Rechtsetzung dar, auch kann das Wirken und Werken der Kodexkommission einer staatlichen Rechtsetzung nicht irgendwie gleichgestellt werden.[61] Es geht um Selbstverpflichtungen der Wirtschaft in Form von Empfehlungen. Nicht zuletzt wegen ihrer gesetzlichen Inbezugnahme durch § 161 Abs. 1 S. 1 AktG erlangen die Empfehlungen immerhin dennoch rechtsähnliche Wirkungen.[62] Sie haben daher eine sehr wichtige Bedeutung für betroffene Wirtschaftsunternehmen und sind deshalb auch für die Arbeit der Internen Revision und der Compliance von Belang. Die im Kodex gemachten Soll-Empfehlungen und Sollte-Empfehlungen enthalten Handreichungen der Kommission, die in dieser Form in gesetzlichen Vorschriften nicht zu finden sind. Sie gehen damit über die Vorgaben des Gesetzes hinaus.

Explizite Normen zur Internen Revision und zur Compliance enthält der DCGK in verschiedenen Vorschriften. Grundsatz 5 sagt: „Der Vorstand hat für die Einhaltung der gesetzlichen Bestimmungen und der internen Richtlinien zu sorgen und wirkt auf deren Beachtung im Unternehmen hin (Compliance)." Nach Empfehlung und Anregung A.2 gilt: „Der Vorstand soll für ein an der Risikolage des Unternehmens ausgerichtetes Compliance Management System sorgen und dessen Grundzüge offenlegen. Beschäftigten soll auf geeignete Weise die Möglichkeit eingeräumt werden, geschützt Hinweise auf Rechtsverstöße im Unternehmen zu geben; auch Dritten sollte diese Möglichkeit eingeräumt werden."

Empfehlung D.3 enthält als Untersuchungsgegenstand für den Aufsichtsrat bzw. für dessen Ausschuss das Thema „Compliance", dort ist auch die Interne Revision aufgeführt.

Hier[63] noch etwas näher zu § 161 AktG: Während die Kann-Anregungen und die Muss-Vorschriften nicht erfasst werden, verpflichtet § 161 Abs. 1 S. 1 AktG Vorstände und Aufsichtsräte von börsennotierten Gesellschaften zur Abgabe von jährlichen Erklärungen

---

[61] Das ist die h. M., vgl. etwa Hüffer U./Koch J. (2018, § 76 Rn. 39) und BGH, Urteil vom 09.10.2018 (II ZR, 78/17, Juris); auch OLG Hamm, Beschluss vom 28.05.2013 (I-27 W 35/13, 27 W 35/13, Juris): Der DCGK enthält lediglich Empfehlungen gegenüber den handelnden Organen von Gesellschaften, die die Gerichte nicht binden. „creeping law" – schleichende Kompetenzerweiterung und Ausweitung und „Erhärtung" der normativen Steuerung, insoweit kritisch zum DCGK Spießhofer, B. (2018, S. 441, 443).

[62] „Halbstaatliche Regelung, die nicht von staatlicher Stelle im Wege parlamentarischer Gesetzgebung erlassen wird und die über den Transmissionsriemen der Erklärungspflicht nach § 161 AktG aber doch Befolgungsdruck ausübt, vgl. Hüffer U./Koch J. (2018, § 76 Rn. 39).

[63] Ausführlich Berwanger J./Kullmann S. (2012, S. 154 ff.) mit allgemeinen Erörterungen, z. B. zur in der Vergangenheit diskutierten möglichen Verfassungswidrigkeit von § 161 AktG („Rechtsgeltung ohne staatliche Rechtsetzung") und zu Haftungsfragen, die bei fehlerhaften Entsprechungserklärungen nach § 161 Abs. 1 S. 1 AktG folgen können.

gegenüber den Aktionären, ob und inwieweit den Soll-Empfehlungen des Kodex entsprochen wurde oder nicht und ggf. warum nicht. Auch darüber, wie man dies zukünftig im Einzelnen zu halten gedenkt, ist zu erklären („Entsprechenserklärungen").

Teilweise wird in der Literatur mit Hinweis auf den Wortlaut der Vorschrift vertreten, § 161 S. 1 AktG gebiete zumindest doch mittelbar, dass den Empfehlungen entsprochen werden soll. Sie seien im Ergebnis als „Verhaltensregeln gesetzesgleichen Inhalts" oder als jedenfalls als „mittelbare Rechtsquellen" anzusehen, manchmal findet sich die Begriffsbezeichnung „soft law".[64]

Dennoch, die Antwort auf die in der Zwischenüberschrift gestellte Frage lautet: Als allgemeingültige Statusbegründungsnorm für alle Unternehmen kann der Inhalt des DCGK nicht dienen. Das ergibt sich schon aufgrund seines nur beschränkten Adressatenbereichs. Mit Bezug auf deutsche börsennotierte Gesellschaften wird immerhin ein stärkerer Effekt in diese Richtung erzeugt, gerade wegen der Wirkung des Prozederes aufgrund § 161 Abs. 1 S. 1 AktG. Unter dem Strich kann aber auch für diese Gesellschaften eine solche Wirkung durch den DCGK rechtlich nicht entfacht werden. Dies gilt im Übrigen gerade hinsichtlich der von Grundsatz 5 (vorher: Nr. 4.1.3 DCGK aF) gegenüber dem Gesetz vorgenommenen Pflichtenerweiterung „Der Vorstand hat für die Einhaltung der gesetzlichen Bestimmungen *und der internen Richtlinien* zu sorgen und wirkt auf deren Beachtung im Unternehmen hin (Compliance)." Zwar ist diese erweiternde Vorgabe, wie allgemein auch alle anderen Soll-Vorschriften des DCGK, beim Inhalt der abzugebenden Entsprechenserklärungen zu berücksichtigen. Wegen seiner Eigenschaft als „Nicht-Gesetz" lassen sich jedoch daraus keine Rückschlüsse für die Auslegung von Rechtsvorschriften, wie etwa der von § 91 Abs. 2 AktG, ziehen.[65] Ebenso aktuell wie prägnant ein jüngeres Urteil des BGH,[66] noch zum alten DCGK (es ging um den Fall einer Aufsichtsratswahl unter Abweichung von Empfehlungen des DCGK), welches die rechtliche Wirkung des DCGK sehr deutlich relativiert und klarstellt: Abweichungen von Anregungen oder Empfehlungen des DCGK selbst sind kein Verstoß gegen ein Gesetz oder gegen die Satzung, da der DCGK weder ein Gesetz noch ein Bestandteil der Satzung ist – und „rechtlich unverbindlich" ist, so der BGH.

---

[64] „Ausdruck juristischer Verlegenheit", so Spießhofer, B. (2018, S. 441, 446, m.N.).

[65] Vgl. Spindler-MüKOAktG (2019, § 91 Rn. 66). Anders Lorenz, M. (2006, S. 1, 8). Er untersucht die „Ausstrahlungswirkung" u. a. des DCGK auf § 91 Abs. 2 AktG. Trotz Betonung, dass die Anforderungen an ein Risikomanagementsystem grundsätzlich unternehmensspezifisch (u. a. Größe und Zahl der Risiken) sind, kommt er so letztlich zur Annahme einer Rechtspflicht zur Einrichtung eines umfassenden Risikomanagementsystems.

[66] BGH, Urteil vom 09.10.2018 (II ZR, 78/17, Juris), mit Erläuterungen zur rechtlichen Bedeutung der Entsprechenserklärung im Zusammenhang mit § 161 AktG; vgl. dazu Vetter, E. (2019, S. 379).

3.5 Recht: International/Supranational

3.5.1 SOX

Die zunehmende Internationalisierung des Geschäfts erbringt deutschen Unternehmen auch Berührungspunkte zu ausländischen und übernationalen Rechtsvorschriften. Für die Interne Revision und die Compliance bedeutsam ist hier zunächst der sog. Sarbanes-Oxley-Act (oft abgekürzt mit „SOX" oder „SOA") – trotz der in den letzten Jahren stattgefundenen Distanzierung deutscher Unternehmen. SOX ist ein amerikanisches Gesetz, das am 30.07.2002 in Kraft gesetzt wurde. Es gilt für ausländische Unternehmen, sofern sie an US-Börsen notiert sind. SOX wurde als die bekannteste, internationale Konkretisierung der Corporate Governance bezeichnet.[67] Es gilt als eines der weitest reichenden US-Kapitalmarktgesetze seit dem Securities Act und dem Securities Exchange Act (aus den Jahren 1933 und 1934).[68] Benannt wurde es nach seinen beiden Verfassern, dem Abgeordneten Michael Oxley (Republikaner) und dem Senator Paul S. Sarbanes (Demokrat).

Das Gesetz stellte eine Reaktion auf vorherige Unternehmensskandale um Enron, WorldCom etc. dar, in die auch Wirtschaftsprüfer involviert waren. Sein Anlass bestand demnach hauptsächlich in Form von zwei durch diese Skandale zum Vorschein getretenen Kritikpunkten: Die bisherige Selbstregulierung des US-Prüferberufs und die Corporate Governance der an US-Börsen gelisteten Unternehmen wurden als regelungsbedürftig angesehen und sollten durch SOX reglementiert werden.

Abhilfe schaffen will das 66 Seiten lange und in elf Abschnitte (diese wiederum sind in Sections untergliedert) aufgeteilte Gesetz durch die Einführung einer damals neuen, mit weit reichenden Kompetenzen ausgestatteten Berufsaufsicht für Prüfer, dem Public Company Accounting Oversight Board, „PCAOB". Bei ihm handelt es sich um ein fünfköpfiges, privatrechtlich organisiertes Aufsichtsorgan, das gegenüber Prüfgesellschaften weit reichende Befugnisse innehat.

Nähere Einzelheiten sind in Section 103 SOX („Auditing, quality control and independence standards and rules") und in den ByLaws and Rules des PCAOB festgelegt.[69] U. a. ist es möglich, dass das PCAOB Qualitätskontrollen bei den registrierten Prüfern und Prüfungsgesellschaften durchführt. Das PCAOB seinerseits wird durch die staatliche Wertpapieraufsichtsbehörde der USA, die Securities and Exchange Commission („SEC"), überwacht. Der SEC obliegt es u. a., die im SOX mitunter nur relativ grob umrissenen Themen konkreteren Detailregelungen („Final Rules") zuzuführen.

---

[67] Horváth, P. (2010, S. 790).
[68] „… most far-reaching reform of American business practices since the time of Franklin Delano Roosevelt." (George W. Bush), vgl. Lenz, H. (2002, S. 2270).
[69] Vgl. deren Fassung vom 29.01.2019, https://pcaobus.org/Rules/Documents/PCAOB-Rules.pdf. Zugegriffen am 03.03.2019.

Die angesprochene Bedeutung für die Corporate Governance und für die Interne Revision und die Compliance ergibt sich vor allem aus zwei bestimmten Sections des SOX. Es handelt sich um Section 302 und Section 404. Section 302 befasst sich mit der Richtigkeitsbestätigung durch den Vorstand bzgl. des Zahlenwerks, Section 404 bezieht sich auf die Bestätigung über das Vorhandensein und die Wirksamkeit der erforderlichen internen Kontrollen (IKS).[70] Konkrete Vorgaben für das interne Kontrollsystem resultieren aus den PCAOB Auditing Standards, die teils weitreichende Vorgaben[71] für prüfungspflichtige Unternehmen enthalten.

Durch die explizite Einbeziehung sog. Foreign Private Issuers werden auch ausländische zweitgelistete Unternehmen, die bei der SEC registrierungspflichtig sind, erfasst. Zum einen betrifft das SOX insoweit direkt die Unternehmen, welche ein sog. Dual Listing in den USA vorgenommen haben. Außerdem müssen auch deutsche Tochterunternehmen US-amerikanischer börsennotierter Unternehmen ihre Berichterstattung an den Vorgaben des SOX ausrichten. Auch die für diese Unternehmen zuständigen ausländischen Prüfgesellschaften werden somit von SOX erfasst (Sec. 106 SOX).

Deutschen Unternehmen war in der Vergangenheit im Hinblick auf SOX vieles zu sperrig. Es haben daher etliche deutsche Unternehmen die Konsequenzen gezogen und in den USA ihr Delisting betrieben. Im März 2019[72] waren noch die Deutsche Bank, Deutsche Telekom, Fresenius und SAP gelistet. 2007 waren noch 18 deutsche Unternehmen in den USA gelistet gewesen und von SOX betroffen.

3.5.2 EU

Dem SOX nachfolgend sollte ähnlich Gutes für die Corporate Governance in den Mitgliedsstaaten der EU eingeführt werden. So das Gebot der 8. EU-RL (Richtlinie 2006/43/EG vom 17.05.2006, Amtsblatt der EU L 157/87), u. a. mit der Pflicht zur Errichtung eines sog. Audit Committees für Unternehmen von öffentlichem Interesse (nach Art. 41). So soll die Wirksamkeit der internen Kontrollen des Unternehmens, der Internen Revision und des Risikomanagementsystems und der Abschlussprüfung (incl. der Unabhängigkeit des Prüfers) überwacht werden. Mit der 8. EU-RL hatte die Kommission einen Regelungsrahmen für die in der EU durchzuführenden Abschlussprüfungen festgelegt. Die Umset-

---

[70] Ausführlicher zum SOX und einiger seiner Einzelregelungen Berwanger J./Kullmann S. (2012, S. 162 ff.).

[71] Vgl. z. B. PCAOB AS 2201: An Audit of Internal Control Over Financial Reporting That Is Integrated with An Audit of Financial Statements und PCAOB AS 2401: Consideration of Fraud in a Financial Statement Audit.

[72] Company Listings NYSE, vgl. http://www.advfn.com/nyse/newyorkstockexchange.asp?companies=D. Zugegriffen am 03.03.2019.

zung in nationales Recht der Mitgliedsstaaten sollte bis zum 29. Juni 2008 erfolgen. In Deutschland wurde dem durch das BilMoG (vom 25.05.2009) Rechnung getragen.

> Die 8. EU-Richtlinie ist für jeden Mitgliedstaat in der Zielvorgabe verbindlich, sie überlässt diesen die Wahl der Form und Mittel, wie im Einzelnen
>
> - die Schaffung einer Regelung zur weltweiten Anerkennung der EU-Unternehmensabschlüsse
> - die Anwendung internationaler Prüfungsgrundsätze bei allen gesetzlichen Abschlussprüfungen in der EU
> - die Harmonisierung eines europäischen Marktes für das Prüfwesen
> - die Forderung nach Rotation bei Prüfungen von Unternehmen des öffentlichen Interesses
> - das Etablieren einer öffentlichen Aufsicht über den Berufsstand in Form eines Aufsichtsgremiums (public oversight)
>
>   als Ziele angesteuert werden können.

Mit der Neufassung der 8. EU-Richtlinie wurde auch die unmittelbare Anwendung der anglo-amerikanisch geprägten International Standards on Auditing (ISA) für die Durchführung der gesetzlichen Abschlussprüfungen kapitalmarktorientierter Unternehmen in der EU verbindlich vorgeschrieben. Die Richtlinie enthält außerdem ausführliche Vorschriften über die Durchführung gesetzlicher Abschlussprüfungen sowie über die Anforderungen an den damit beauftragten Abschlussprüfer und beinhaltet damit ähnliche Vorschriften wie SOX. Die modernisierte Richtlinie fordert die Umsetzung folgender Vorgaben, die weitgehend mit den SOX-Vorgaben übereinstimmen.

3.5.3 UK Bribery Act

Deutsche Unternehmen mit Auslandsberührung können auch mit dem UK Bribery Act 2010 (in Kraft seit 01.07.2011) in – unangenehmen – Kontakt kommen. Er bedroht Unternehmen mit Strafe, wenn Korruption vorliegt (aktiv und durch Unterlassung) und wenn sie zuvor dagegen keine „adequate procedures" ergriffen hatten. Die Besonderheit des Gesetzes ist vor allem der weltumspannende Anwendungsbereich, es reicht ein geschäftlicher Bezug („Carry on a Business") zum UK. Es gilt nicht die Unschuldsvermutung, sondern eine Schuldvermutung. Davon kann sich das Unternehmen durch den Nachweis der durchgeführten adequate procedures entlasten.

Deutsche Unternehmen betrifft das zunächst, wenn sie in Großbritannien tätig sind. Die Bestrafung per UK Bribery Act 2010 betrifft aber auch Taten, die von anderen Konzernunternehmen „abroad" begangen wurden, also gar keinen territorialen oder sonstigen Bezug zu Großbritannien haben. Es reicht insofern für den geschäftlichen Bezug zum UK aus, dass es eine dem Unternehmen nahestehende Person („associated person") ist, die irgendwo auf der Welt Korruption begeht. Obwohl auch das deutsche Strafrecht ausländische Bezüge aufweist (z. B. § 5 Nr. 7 StGB – Schutz von Geschäftsgeheimnissen deutscher Unternehmen gegen Auslandstaten) – ist damit der UK Bribery Act 2010 insoweit *very special* und *outstanding* und mit besonderer Vorsicht zu genießen.[73] Wie es allerdings damit angesichts des Brexits weitergeht, ob der Brexit überhaupt kommt oder nicht, das war zum Zeitpunkt des Redaktionsschluss dieses Buches unklar.

3.6 Innenrecht als Statusgrundlage für die Interne Revision und für ein CMS

3.6.1 Interne Revision

Weil, wie gezeigt, gesetzliche Vorschriften statusmäßig keine allgemeine Legitimationsbasis für die Interne Revision bieten, kommt innenrechtlichen Regelungen eine besondere Bedeutung zu. Sie sind es, die in der Praxis von Unternehmen, von der regulierten Branchen abgesehen, oftmals eine grundsätzliche formale Basis für die Interne Revision im Unternehmen bzw. im Konzern darstellen. Niedergelegt werden diese Grundsätze in Richtlinien bzw. in Geschäftsordnungen. Beide Begriffe werden mitunter synonym verwandt. Verlässliche statistische Zahlen darüber, wie viele Unternehmen in Deutschland von dieser Möglichkeit einer durch Eigenregelung geschaffenen institutionellen Verankerung ihrer Internen Revision Gebrauch gemachten haben, liegen – soweit ersichtlich – nicht vor. Man darf jedoch davon ausgehen, dass zumindest größere Unternehmen, die über eine eigene Interne Revision verfügen, über derartige Regelwerke verfügen.

Eine ähnlich wichtige Bedeutung für die Interne Revision können Regelungen aufweisen, die in einem Revisionshandbuch fixiert sind. Auch dessen Regelungen formulieren Handlungsanweisungen für die operative Revisionsarbeit, sie sind meistens konkreter und richten sich ausschließlich an die Mitarbeiter der Internen Revision selbst.

Mit Bezug auf die in der Praxis verwandten Richtlinien und sonstiger Regelwerke wird auf die näheren Ausführungen zur operativen Revisionsarbeit an anderer Stelle in diesem Buch verwiesen.

---

[73] Vgl. näher zum UK Bribery Act, Fett, T./Theusinger, I. (2010b, S. 6, 7) und Wittig, P. (2014, 110 f., Rn. 12 f.).

3.6.2 CMS

Wie bei der Internen Revision gibt es in der Praxis der Unternehmen vergleichbare innenrechtliche Regelwerke auch für die Compliance-Organisation, zum Teil auch „Compliance-Manuals" genannt. Sie beschreiben operativ den hinter *Compliance* stehenden theoretischen Ansatz und geben verbindliche Hinweise und Anleitungen, wie das CMS im Unternehmen systemisch verortet ist und wie es im Prozess anhand des roten Fadens der Schlagworte „Vorbeugen, Erkennen, Reagieren" umgesetzt werden soll (z. B. Compliance als Matrixstruktur, Schulungen, Whistle-Blowing etc.).[74] Praktische Anschauungsobjekte können auch Internetauftritte von Unternehmen sein, die nach Skandalen ihre Sicht zum Wesen eines CMS als Ergebnis ihres Wandels präsentieren. In Deutschland kann hier Volkswagen als prominentes Beispiel angeführt werden. Volkswagen schreibt auf seiner Webseite:[75] *Der nachhaltige Erfolg unseres Unternehmens hängt auch davon ab, wie frühzeitig wir die Risiken und Chancen aus unserer operativen Tätigkeit erkennen und wie vorausschauend wir sie steuern. In diesem Zusammenhang hat Volkswagen einen ganzheitlichen, integrativen Ansatz gewählt, der das Risikomanagementsystem, das Interne Kontrollsystem und das Compliance-Managementsystem in einem Managementansatz (Governance, Risk & Compliance-Ansatz) vereint. Auf Dauer erfolgreich kann ein Unternehmen nur sein, wenn es sich integer verhält, Recht und Gesetz weltweit einhält und zu seinen freiwilligen Selbstverpflichtungen und ethischen Grundsätzen auch dann steht, wenn es unbequem ist.*

Nachfolgend ein Modell für eine Richtlinie zu einem CMS (das Modell kann bzw. sollte, in Abhängigkeit von den konkreten Gegebenheiten des Unternehmens, weitergehend ausgebreitet werden):

Beispiel

Compliancerichtlinie für den B-Konzern (CMS-Richtlinie)

„Compliance" steht im und für den B-Konzern für die Einhaltung von Gesetzen und Verordnungen. Auch die Beachtung interner Richtlinien, die Erfüllung vertraglicher Verpflichtungen und freiwillig eingegangener Selbstverpflichtungen sowie für ein verantwortungsbewusstes Handeln im Konzern nach ethischen Standards sind Gebote. Das Compliance Management System (CMS) betrifft die Vorbeugung gegen pflichtwidriges Verhalten. Dem dienen die Beratung und Schulungen. Durch die Erkennung von wesentlichen Verstößen und Verdachtsmomenten sowie durch Sanktionierung von Verstößen wird weiteren Aspekten einer wirkungsvollen Compliance Rechnung getragen.

---

[74] Eingehender z. B. Bergmoser, U. (2010, S. 2) und Fett, T./Theusinger, I., (2010b, S. 11 f.), auch Wiederholt, N./Walter, A. (2011, S. 968, 970 f., zum Compliance-Manual) und Gößwein, G./Hohmann, O. (2011, S. 963, zu Organisationsfragen).

[75] http://www.volkswagenag.com/de/group/compliance-and-risk-management.html. Zugegriffen am 05.03.2019.

Fachabteilung Compliance und Konzerngesellschaften

Die Fachabteilung Compliance der Konzernobergesellschaft B-AG („Fachabteilung Compliance") ist für „Compliance" vollumfänglich nach näherer Maßgabe von Nachfolgendem zuständig. Sie wird geleitet vom Chief Compliance Officer. Unterstützt wird die Fachabteilung Compliance innerhalb der B-AG durch alle anderen Abteilungen der B-AG. Mit Bezug auf die Konzerngesellschaften wird die Fachabteilung Compliance durch von den Unternehmensleitungen der Konzerngesellschaften für die Erledigung von Compliance-Themen benannte Funktionsträger („Funktionsträger") unterstützt. Die Fachabteilung Compliance und die Unternehmensleitungen der Konzerngesellschaften regeln Einzelheiten (konkrete Struktur CMS, Anzahl und Aufgaben der Funktionsträger, Kommunikationswege etc.) in Abhängigkeit von den Gegebenheiten der jeweiligen Konzerngesellschaft.

Compliance im B-Konzern befasst sich mit

- *der vorbeugenden Beratung bei der Gestaltung von Geschäftsprozessen und Verträgen,*
- *der Erstellung und Auslegung von compliance-relevanten Richtlinien, insbesondere des Code of Conduct im B-Konzern,*
- *Schulungen zur Korruptionsprävention, Prävention von Wirtschaftskriminalität sowie zum Verhaltenskodex,*
- *Fällen von Korruption (inklusive Verdachtsfällen),*
- *Fällen von Vermögensdelikten durch Mitarbeiter (inklusive Verdachtsfällen),*
- *Fällen von wesentlichen Verstößen gegen compliance-relevante Richtlinien sowie in Themenfeldern gemäß nachfolgenden Regelungen, und*
- *der konzerninternen Berichterstattung über Compliance.*

Weitere Compliance-Themenfelder sind Kartellrecht, Arbeits-, Gesundheits- und Umweltschutz, Steuerrecht, Datenschutz, Datensicherheit, Arbeitsrecht, Persönlichkeitsrechte, Zollrecht, Intellectual Property und Produkthaftungsrecht.[76]

Konkrete Tätigkeiten der Fachabteilung Compliance

Die Fachabteilung Compliance schult mit Unterstützung durch die Funktionsträger die Mitarbeiter in den einzelnen Unternehmens- und Geschäftsbereichen im B-Konzern, soweit sie mit entsprechenden Risiken in Berührung kommen, regelmäßig zu den o. g. Themenfeldern. Für den jeweiligen Adressatenkreis, der vom für die Schulung Verantwortlichen benannt wird, ist die Teilnahme an den Schulungen verpflichtend.

Die Fachabteilung Compliance, unterstützt durch die Funktionsträger, berät zu allen Fragen der einschlägigen Themenbereiche (s. o.).

Bei Compliance-Verstößen und Verdachtsfällen sind alle Mitarbeiter angehalten, wesentliche Verstöße oder entsprechende Verdachtsfälle zu melden. Als Ansprechpartner für die Meldung stehen der zuständige Vorgesetzte, der Abteilungsleiter, die Unter-

---

[76] Siehe auch den wabenförmig gestalteten Risikokatalog des Deutschen Instituts für Compliance, https://www.dico-ev.de/?s=Risikokatalog. Zugegriffen am 21.07.2019

nehmensleitung der Konzerngesellschaft oder die Fachabteilung Compliance bzw. die Funktionsträger nach seiner Wahl zur Verfügung. [Wahlweise ist auch denkbar, ein Ombuds-System oder ein anderes Whistleblower-System einzurichten]. In jedem Fall ist die Meldung unverzüglich an die Fachabteilung Compliance weiterzuleiten.

Bei Verstößen und Verdachtsfällen wird die Fachabteilung Compliance nach ihrem Ermessen (es entscheidet der Chief Compliance Officer oder ein von ihm benannter Vertreter) in Fällen der aktiven und passiven Korruption, Bestechung oder Bestechlichkeit, bei Straftaten mit drohendem oder eingetretenem wesentlichem Vermögensschaden ein konzerninternes Ermittlungsverfahren („Ermittlungsverfahren") einleiten.

Im Rahmen des Ermittlungsverfahrens in einer Angelegenheit von konzernweiter Bedeutung (bei der B-AG selbst oder in gravierenden Fällen bei Konzerngesellschaften) wird durch die Fachabteilung Compliance, in Zusammenarbeit mit dem Funktionsträger, anderen Zentralabteilungen der B-AG (insbesondere der Rechts- und Personalabteilung, ggf. Steuerabteilung) und der Unternehmensleitung der betroffenen Konzerngesellschaft das weitere Vorgehen (z. B. Entscheidung über die Einschaltung staatlicher Ermittlungsbehörden, Vorschlag zur Sanktionierung) entschieden. Diesen legt die Fachabteilung Compliance zeitnah dem zuständigen Vorstand der B-AG zur Entscheidung vor.

Im Falle eines weniger weitgehenden Verstoßes bei Konzerngesellschaften, der auf deren Bereich beschränkt ist, gibt die Fachabteilung Compliance nach Abstimmung mit dem zuständigen Vorstand der B-AG eine Empfehlung über das weitere Vorfahren an die Unternehmensleitung der Konzerngesellschaft.

In Abstimmung mit dem Vorstand der B-AG bzw. mit den Unternehmensleitungen der Konzerngesellschaften organisiert die Fachabteilung Compliance ein Berichtssystem zur Compliance für die B-AG und für die Konzerngesellschaften. Das System hat sich an den gesetzlichen Vorgaben, etwa zur Berichtspflicht gegenüber dem Aufsichtsrat, auszurichten. ◄

3.7 Interne Revision und CMS in besonderen Branchen – Kurzüberblick

Besondere Vorgaben existieren im Bereich der Kreditinstitute, des Wertpapierhandels, für Investmentgesellschaften und für Versicherungen.

Mit § 25a Abs. 1 S. 3 Nr. 3 lit. c KWG findet sich für Institute der Kredit- und Finanzdienstleistung eine gesetzliche Vorschrift, die die formale Schaffung einer prozessunabhängig tätigen Internen Revision und einer Compliance-Funktion als Teil einer ordnungsgemäßen Geschäftsorganisation bei Banken grundsätzlich vorschreibt. Für Aktienbanken kann diese Vorschrift als Konkretisierung des § 91 Abs. 2 AktG herangezogen werden. Der Gesetzgeber hat die BaFin ermächtigt, hierzu in Einzelfällen eingreifen zu können (§ 25a Abs. 2 S. 2 KWG). Diese Eingriffe können auch in Form des Erlassens von Ausnahmeregelungen bestehen. Es existieren einige einschlägigen BaFin-Rundschreiben, so z. B. gibt es zum Thema Risikomanagement das Rundschreiben 09/2017 (BA) – Mindestanforderungen an das Risikomanagement (MaRisk), vom 27.10.2017 (vgl. dort insbesondere unter AT 4.4.2), das Rundschreiben 2/2017 (VA) – Mindestanforderungen an die Geschäftsorganisation von Versicherungsunternehmen (MaGo) i. d. F. vom 02.03.2018, sowie das Rundschreiben 10/2017 (BA) – Bankaufsichtliche Anforderungen an die IT (BAIT) i. d. F. vom 14.09.2018.

Gleichermaßen wie für Institute der Kredit- und Finanzdienstleistung gibt es für den Wertpapierhandel besondere gesetzliche Vorgaben. Das ist im WpHG an verschiedenen Stellen hinterlegt (vgl. etwa § 80 Abs. 1 S. 1, Abs. 13 S. 2 WpHG). § 80 Abs. 13 S. 2 WpHG beispielsweise unterstellt, dass bei Wertpapierhandelsunternehmen eine Compliance-Funktion eingerichtet ist.

Auch für Kapitalanlagegesellschaften (vgl. z. B. §§ 28 Abs. 1 Nr. 1, 29 KapitalanlageG, KAGB, vom 04.07.2013) und für Versicherungen (vgl. 29 VAG) gibt es gesetzliche Spezialvorschriften (zuzüglich jeweils spezieller MaRisk-Verlautbarungen der BaFin dazu) für deren Risikomanagement- bzw. Compliancesysteme.

Schließlich ist hier das Geldwäschegesetz (vom 23.06.2017, Gesetz über das Aufspüren von Gewinnen aus schweren Straftaten, GwG) zu nennen. Es geht um die Bekämpfung von Geldwäsche und Terrorismusfinanzierung. Die vom GwG geregelten Organisationspflichten richten sich an „Verpflichtete". Das sind Kreditinstitute, Finanzdienstleister, Versicherungen, Kapitalverwaltungsgesellschaften, Rechtsberater, Wirtschaftsprüfer, Immobilienmakler u. a. Diesen bleibt ein Beurteilungsspielraum, wie sie bei sich intern die Gestaltung ihres Risikomanagementsystems organisieren (§ 4 Abs. 1 GwG).

3.8 Abweichendes Verhalten – Wirtschaftskriminalität im Unternehmen

3.8.1 Kriminalsoziologischer Rahmen

3.8.1.1 Abweichendes Verhalten und Befindlichkeiten von Buchautoren

Abweichendes Verhalten oder „deviantes Verhalten"[77] sind Begriffe, die der Kriminologie entliehen sind. Die befasst sich mit der Lehre vom Verbrechen. Sie beschreibt und untersucht die Erscheinungsformen von Kriminalität, befasst sich mit deren Bekämpfung und beleuchtet die Charaktere ihrer Protagonisten, vor allem der von Straftätern. Begleitet wird sie von anderen Wissenschaften, so insbesondere von (Kriminal-) Soziologie, Rechtswissenschaft und Psychologie.

Es geht um das Abweichen von gesetzten Regeln. Dabei behandelt das nachfolgende Kapitel des Rechtsteils nicht das alltägliche Finding der Internen Revision. So etwa, wenn

---

[77] Mit der Differenzierung in organisationale und individuelle Devianz. Erste meint die Anwendung von regelwidrigen oder illegalen Mitteln in und von Organisationen, begangen durch Gruppen. Individuelle Devianz bezieht sich auf Einzeltaten, mit denen Akteure versehentlich, fahrlässig oder gezielt von den internen Regeln der Organisation oder von externen Regeln wie Gesetzen abweichen, vgl. bei Hillmann, K.-H. (1994, S. 4 f.).

3.8 Abweichendes Verhalten – Wirtschaftskriminalität im Unternehmen

von der Internen Revision bei einer Routineprüfung festgestellt wird, dass der Mitarbeiter einen Arbeitsvorgang falsch erledigt hatte. Ob dies bewusst oder unbewusst, entgegen den Vorgaben einer Unternehmensrichtlinie, also nach deren Lesart fehlerhaft und falsch, geschehen ist, wird zwar sicher entsprechend im Bericht der Internen Revision ausgeführt und moniert. Solche Fälle spielen aber für hier keine Rolle. Und obwohl damit allmählich eine Annäherung zum Pudels Kern hin stattfindet – negativ abzugrenzen sind die anstehenden Themen auch von den Fallgruppen, die für gewöhnlich unter den Begriff der brauchbaren Illegalität subsumiert werden. Das ist ein bewusstes Verhalten bzw. Handeln von Organisationsmitgliedern einer Organisation (z. B. Mitarbeiter eines Unternehmens), das gegen die formalen Erwartungen der Organisation verstößt (he did it his own way).[78] Als *brauchbar* wird ein solches Handeln deshalb bezeichnet, weil die Organisation von diesem Verhalten ihrer Mitglieder profitiert. Nicht selten wird es von den Beteiligten auch deshalb begangen, weil man die Erreichung der Unternehmensziele auf diese Art zu erreichen sucht. Typisches Beispiel ist der sprichwörtliche „kurze Dienstweg", mit der Außerachtlassung von gebotenen Kommunikationswegen (etwa ohne die vorgeschriebene Abstimmung eines Vorgangs innerhalb der Hierarchie).

Wirtschaftskriminalität

Es geht nachfolgend um doch massivere Angelegenheiten. Wenngleich auf *Wirtschaftskriminalität* abgestellt werden soll, werden auch die Spektren verschiedener anderer Begriffe wie *Unternehmenskriminalität*, *Fraud* und *Corporate Fraud* berührt – auch wenn deren verschiedene Bedeutungen nicht durchgängig klar voneinander abgegrenzt sind.[79] Es geht um abweichendes Verhalten, das Strafrecht berührt und um solche Abweichungen, wenn sie als Ordnungswidrigkeiten bußgeldrechtliche Folgen nach sich ziehen.[80] Dies gilt, obwohl Ordnungswidrigkeiten normalerweise nicht mit kriminellem Unrecht gleichge-

---

[78] Unter den verschiedenen Abweichler-Typen, das sind: Innovatoren, Ritualisten, Weltflüchtige/Apathische und Rebellen, geht es hier um den Innovator. Der hält sich an die Ziele, lehnt aber die Beschränkung auf die vorgegebenen Mittel ab. Im Bereich des gewöhnlichen Strafrechts geht es z. B. um Diebe, Betrüger und Fälscher, vgl. Hillmann, K.-H. (ebd.).

[79] Vgl. dazu Siller, H. im Gabler Wirtschaftslexikon, https://wirtschaftslexikon.gabler.de/definition/fraud-53400/version-276493. Zugegriffen am 16.03.2019.

[80] Wegen des Dieselskandals waren 2018 gegen Volkswagen und gegen Audi Bußgelder von 1 Mrd. Euro bzw. 800 Mio. Euro verhängt worden. Gegen Porsche und Daimler wurden im Mai 2019 bzw. September 2019 Bußgelder in Höhe von 535 Mio. Euro bzw. 870 Mio. Euro verhängt. Gegen den Zulieferer Bosch gab es Ende Mai 2019 ein Bußgeld von 90 Mio. Euro. Der seinerzeit amtierende CEO von Audi, Stadler, saß 2018 zeitweise in Untersuchungshaft. Mitte April 2019 hatte die Staatsanwaltschaft Braunschweig Anklagen gegen fünf leitende VW-Manager, darunter gegen Prof. Dr. Martin Winterkorn, wegen schweren Betrugs, Untreue und Verstoß gegen das UWG erhoben. Im September 2019 wurden weitere Anklagen wegen Marktmanipulation gegen zum Teil amtierende Manager aus der Führungsetage von VW, darunter den amtierenden Vorstands- und den Aufsichtsratsvorsitzenden, Diess und Pötsch, von der Staatsanwaltschaft Braunschweig vorbereitet. Gegen Diess und Pötsch wurden die Verfahren beim LG Braunschweig mit Beschlüssen vom 20. Mai 2020 (§ 153a Abs. 2 StPO) gegen Zahlung von jeweils 4,5 Mio. € eingestellt.

setzt werden (arg. § 1 OWiG/§ 1 StGB). Dennoch sind Ordnungswidrigkeiten Unrecht. Das gilt vor allem für das Kartellrecht, rechtliche Reaktionen bei der staatlichen Bekämpfung finden hier weitestgehend über eine Ahndung als bußgeldpflichtige Ordnungswidrigkeit statt. Dabei geht es im Kartellbereich nicht um Kleingeld, wie bei einem „Knöllchen" von 20 €, etwa fürs Falschparken.[81] Gerade auch im Zusammenhang mit EU-Kartellverstößen können Entwicklungen eine fast unübersehbare Tragweite erlangen.[82] Das rechtfertigt die Einbeziehung von Kartellrecht bzw. von diesbezüglichen Ordnungswidrigkeiten in die Erörterungen zur Wirtschaftskriminalität. Es wird im Übrigen nachfolgend allein nationales Recht betrachtet.[83]

Um schon zu Beginn nach dieser ersten Einführung einem ersten möglichen Schock bei den geschätzten Leserinnen und Lesern vorzubeugen – Unternehmer und ihre Mitarbeiter sind nach Meinung der beiden Buchautoren natürlich nicht alle Straftäter, sicher ganz im Gegenteil. Das Gros der deutschen Unternehmen, ihre Organe und Mitarbeiter, ist weitestgehend rechtstreu. Das darf man trotz anwachsender statistischer Zahlen bei der Wirtschaftskriminalität ungeschützt und ohne weiteres so sagen können. Sicher, es dürfte bei so manchem, vielleicht in der Summe sogar bei vielen Unternehmen vergleichsweise nicht anders sein, wie bei jedem guten deutschen Vorbild-Individualbürger auch – da mal eine rote Ampel überfahren, dort mal ein Glas zu viel am Steuer und vielleicht auch mal die eine oder andere Schummelei bei der Steuererklärung. Ähnlich auch eine Sicht in der juristischen Literatur, wonach ein Wirtschaftsbetrieb in der Regel nicht auf kriminelle Aktivitäten angelegt ist.[84]

---

[81] Es geht bei Bußgeldern im Kartellbereich nicht selten um Millionen-Euro Beträge, wenn nicht sogar um Milliarden; beim sog. Zement-Kartell wurde 2003 gegen HeidelbergCement ein Bußgeld in Höhe von 251,5 Mio. € verhängt. Beim LKW-Kartell wurde 2016 von der EU Kommission Daimler mit einem Bußgeld von mehr als 1 Mrd. € belegt, wegen verschiedenen Kartellverstößen wurden gegen Google gleich mehrere Milliardenbußgelder verhängt, zuletzt 1,49 Mrd. € im März 2019. Die exorbitanten Höhen bei den EU-Bußgeldern ergeben sich aus der Abhängigkeit von den Unternehmensumsätzen, vgl. näher in Art. 23 EG KartellVO 1/2003 (ABl. Nr. L 001, vom 04.01.2003, 1).

[82] Bei Redaktionsschluss nicht ausdiskutiert waren die Folgen der Skanska-Entscheidung des EuGH (Urteil v. 14.03.2019, C-724-17). Es war vom EuGH entschieden worden, dass der weite Unternehmensbegriff des Art. 101 AEUV für Kartellbußgeldverfahren auch auf den Ersatzpflichtigen im Kartellschadensersatzrecht durchschlägt. Damit konnte im entschiedenen Fall ein Rechtsnachfolger des Schädigers für verursachte Kartellschäden des nicht mehr existenten und vom Rechtsnachfolger übernommenen Schädigers herangezogen werden. Im Nachgang zum Urteil zum Teil angestellte Mutmaßungen, wonach dem Urteil eine Art „Sippenhaft" für Mutter/Tochter/Schwester/Schwester-Verhältnisse entnommen werden könne, werden vom jur. Mitverfasser dieses Buches nicht gesehen. Das erinnert zwar an Regelungsmechanismen des UK Bribery Acts, der gezeigt hat, dass nichts unmöglich ist. Das kann indes der Skanska-Entscheidung nicht entnommen werden.

[83] Zu internationalem Recht vgl. den Überblick oben, zu Skanska soeben. Neben dem skizzierten UK Bribery Act ist mit Bezug auf Korruption zusätzlich auf den amerikanischen Foreign Corruption Practices Act (FCPA) hinzuweisen.

[84] So Brettel, H. (2018, S. 92 Rn. 61). Er geht daher davon aus, dass ein Unternehmen „zumeist" auf Basis des Rechts arbeitet und sich auch die Belegschaft „nicht vom Recht gelöst" hat.

3.8 Abweichendes Verhalten – Wirtschaftskriminalität im Unternehmen

Die gleichwohl begangenen Delikte sind dann nicht die großkalibrigen Sachen, auch wenn es bei Unternehmen bei solchen Übertretungen dann ebenfalls um *Wirtschaftskriminalität* geht. Aber und immerhin – und um das an dieser Stelle klarzustellen: Auch dagegen ist von den Unternehmen anzugehen, im Bereich von Fraud sind das die klassischen Tätigkeitsfelder von Interner Revision und eines CMS. Im Übrigen sind es, wie sehr oft allgemein im strafrechtlichen Bereich,[85] relativ gesehen, bei Wirtschaftskriminalität der massiveren Art nur wenige, die mit ihrem Verhalten eine allgemeine staatliche Gegen-Reaktion provozieren.[86] Mitunter ist es gar so arg, dass bei manchen aufgedeckten Unternehmensskandalen eine derartig negative Beharrlichkeit und Nachhaltigkeit im Verhalten von Unternehmen zum Vorschein kommt, für die in der Kriminalsprache, für schwere Jungs als Individualstraftäter, für gewöhnlich Begriffe wie *Serien-* oder *Fortsetzungsstraftäter*, gar *Hangtäter* in Gebrauch stehen. Die zuweilen mit großer Geste und entsprechendem Habitus dargebotenen Auftritte des Spitzenpersonals solcher Unternehmen kann darüber nicht hinwegtäuschen. Im Übrigen verdirbt schon ein faules Ei das ganze Omelett. Mehrere faule Eier tun das allemal. Das Gros der rechtstreuen Unternehmen gerät wegen relativ wenigen Spielverderbern in einen Strudel der Mitbetroffenheit, auch in eine Art von Generalverdacht. Das gilt wegen des als Reaktion zunehmend aufgebauten Strafdrucks und im Hinblick auf die damit im Zusammenhang stehenden Complianceverrenkungen, die auch rechtstreue Unternehmen nicht zuletzt deshalb an den Tag legen müssen.

Wie es dazu kommen konnte, dass Wirtschaftskriminalität im Lauf der Zeit zunehmend Platz griff, wurde in der zeitgenössischen Literatur,[87] anschaulich – man ist geneigt zu sagen unnachahmlich – wie folgt beschrieben: „… Es gab natürlich schon immer Worte und Bilder: Der ehrliche Hamburger Kaufmann. Der unbestechliche deutsche Halbschwergewichtsboxer oder Libero. Die sparsame schwäbische Hausfrau. Klar, dass ein anständiger deutscher Unternehmer ein Mensch ist wie Du und Ich, dem man einfach vertrauen muss (andernfalls man sich des Kommunismus verdächtig macht). Mit anderen Worten: Anständigkeit. Vertrauen. Zuverlässigkeit. Gerechtigkeit. Fairness. Elf Freunde sollt Ihr sein. Dafür legte sich der Deutsche Vorstopper in Malente in die Jugendherberge und duschte kalt. … Dann geriet, wir wissen nicht wie, die Märklin-Welt ins Trudeln.

---

[85] Vgl. Berwanger, J. (2016, S. 56). Aus Sicht der Verfasser sehr weitgehend Samson, E., Langrock, M. (2007, S. 1684), wenn sie sagen: Wirtschaftskriminalität in Unternehmen ist „geradezu ubiquitär".

[86] Ein Beispiel einer solchen staatlichen Reaktion ist die im Jahr 2018 eingeführte sog. Musterfeststellungsklage. Diese wurde mit Bezug auf das Inkrafttreten am 01.11.2018 zeitlich gezielt so platziert, dass VW-Kunden noch die Chance hatten, kaufgewährleistungsrechtliche Ansprüche wegen des Dieselskandals ohne Verjährungsprobleme gerichtlich geltend machen zu können, vgl. Berwanger, J., unter dem Stichwort Musterfeststellungsklage, https://wirtschaftslexikon.gabler.de/definition/musterfeststellungsklage-99490/version-367743. Zugegriffen am 16.03.2019.

[87] Thomas Fischer, Fischer im Recht, Beitrag vom 06.12.2016, vgl. https://www.zeit.de/gesellschaft/2016-12/recht-und-wirtschaft-zum-glueck-gibt-es-compliance-fischer-im-recht. Zugegriffen am 13.04.2019.

Märklin stürzte ab, die HSH-Nordbank stürzte hoch. Siemens verkaufte Siemens, Bayer kaufte Schering, Volkswagen verkaufte abgasfreie Diesel, die Sparkassen und Volksbanken Hanau und Markkleeberg verkauften Derivate auf Wettscheine aus Dallas im Hochsauerlandkreis, im Zwischenhandel über Hongkong, was, wie der Aufsichtsrat der Filiale Rottweil schwor, nahe der kreisfreien Stadt Luxemburg liegt. Hätten sie es nicht getan, so beschwören uns die Vorstände bei den Gebeinen ihrer Großväter – die allesamt ehrsame Hufschmiede waren oder pünktliche Uhrmacher oder akkurate Teppichhändler – so wären sie vernichtet worden vom Sturm der Moderne, dem Tsunami der Agenda 1989, kurz – vom Weltgeist …"

Unternehmenswerte
Manche Dinge sind einfach zeitlos und Buchautoren sind auch nur Menschen. Dieses Buch ist unter dem Eindruck aktueller großer Firmenskandale geschrieben worden. Und wenn sich negative Bewertungen und Einschätzungen (wieder einmal) bestätigt haben – es kommt keine Genugtuung oder gar Schadenfreude auf, auch deswegen nicht, weil man richtig gelegen hat. Das gilt für die vom juristischen Mitautor schon bei früherer Gelegenheit[88] vertonte skeptisch-kritische Haltung zu von Unternehmen mit ihrem Marketing für sich mit großer Geste propagierten Unternehmenswerten. Fatal ist der Eindruck, wenn genau bei diesen Unternehmen dennoch ein abweichendes Verhalten möglich war und – mehr noch – sogar nach erster Aufdeckung zusätzlich weiter begleitet.[89] Nicht nur Pleiten, Pech und Pannen, mitunter sogar handfeste Skandale sind daher nachhaltige Themenbegleiter und unrühmliche Negativbeispiele für ein Buch über Interne Revision und Compliance. Für diese beiden Unternehmensteile ist das auch nicht weiter verwunderlich, denn wegen ihrer Aufgabenfelder liegt das in der Natur der Sache.

Dieselskandal
Mit dem Dieselskandal von Volkswagen und anderen Autoherstellern und – so der Vorwurf – dem angeblich dahinterstehenden technischen bad brain Bosch,[90] bekannt geworden im September 2015, hat sich wiederum ein Ereignis von besonderer Qualität gezeigt.

---

[88] Berwanger, J./Kullmann, S. (2012).

[89] Vgl. zu dem „umstrittenen Nutzen" von *compliance programs* in den USA und in Europa Tiedemann, K. (2017, S. 7, Rn. 14). Wegen Großfällen von Unternehmenskriminalität sei Skepsis angebracht, „Enron und WorldCom verfügten über detaillierte und gut installierte Compliance-Programme, welche die folgenschweren Bilanzfälschungen nicht verhindert haben."; zu „kosmetischen" Verschönerungsmaßnahmen der Unternehmen durch Compliance als Window-Dressing, vgl. schon Nell, M. (2008, S. 149).

[90] Mitarbeiter der Fa. Bosch lieferten die Software für die manipulierte Abgasreinigung, im Mai 2019 wurde deshalb ein von Bosch akzeptiertes Bußgeld von 90 Mio. Euro gegen Bosch verhängt. Es waren in Deutschland auch Gerichtsverfahren bzw. Ermittlungsverfahren u. a. gegen acht Beschäftigte von Bosch, u. a. wegen Beihilfe zum Betrug, anhängig, vgl. den Beitrag von Tatje, C.: „Er warnte früh vor dem Dieselbetrug. Später wurde ihm gekündigt. Ein Bericht vom Kulturkampf bei Bosch", in: Die Zeit, vom 04.04.2019, Wirtschaft S. 19 f. In den USA lief ein Sammelverfahren

Getoppt wurden die Manipulationen nur noch durch die von den Unternehmen zeitweise praktizierte Vorgehensweise bei ihrer Kommunikation anlässlich der nachträglichen Aufarbeitung. Eine widersprüchliche oder unglaubwürdige Kommunikation kann nur schwerlich als erfolgversprechender Ansatz oder als einen „Teil der Lösung"[91] auf dem Weg der Wiedergewinnung von Glaubwürdigkeit angesehen werden. Als eine nicht unerhebliche Mit-Ursache an Problemen wird der unredliche Umgang von Unternehmen und ihren führenden Repräsentanten mit den von ihnen selbst ausgegebenen Werten angesehen – ein Verhalten, das schon vor geraumer Zeit als „Window dressing" bezeichnet worden ist.[92] Welchen Eindruck Führungskräfte abgeben sollen als Vorbild, bestimmt sich wesentlich nach den im Unternehmen propagierten Werten, wie sie in ihren Ethikprogrammen definiert sind. Da liegt mitunter das tiefere Problem, insbesondere wenn die Programme nur vorgeschoben werden.[93]

Natürlich, das ist auch von Seiten der Autoren einzuräumen und einem Unternehmen wie etwa VW grundsätzlich zuzugestehen, der Aphorismus „Ich will lieber geschäftlich als charakterlich versagen" (Michel Montaigne) ist im Programm von Wirtschaftsunternehmen und ihrem Management nicht vorgesehen. Einem allzu ehrlichen Vorstand, der nach seinem Fehltritt die Hosen komplett runterlässt, droht womöglich eine persönliche Haftung. Offene Eingeständnisse kosten viel Geld, unter Umständen mehr, als wenn es mit der bekannten Salamitaktik versucht wird. Dennoch – wäre es nicht, gerade aus öko-

---

gegen Bosch und Daimler, vgl. Meldung vom 05.02.2019 bei https://rsw.beck.de/aktuell/meldung/usa-gericht-laesst-sammelklage-von-autobesitzern-gegen-daimler-und-bosch-zu. Zugegriffen am 08.04.2019.

[91] „Wir sind ein Teil der Lösung", so Dieter Zetsche im August 2017 auf die wegen des Dieselskandals an der Automobilindustrie geäußerte Kritik, vgl. https://twitter.com/Daimler/status/892814366587924481. Zugegriffen am 22.04.2019. Man mag es sich aussuchen, Chuzpe oder unbedarftes Wording des seinerzeitigen CEO von Daimler? Und – es grüßte ab den Jahren 2016 beim Dieselskandal des Öfteren das Murmeltier: Mitte April 2019 wurden der wiederum ins Staunen versetzten Öffentlichkeit Vorwürfe wegen einer angeblich neuen Schummelsoftware von Daimler bekannt; zum Anhörungsverfahren des Kraftfahrt-Bundesamtes gegen das Unternehmen war bis zum Redaktionsschluss nichts mehr weiter bekannt geworden, vgl. https://www.zdf.de/nachrichten/heute/kraftfahrt-bundesamt-neuer-schummelverdacht-bei-daimler-100.html. Zugegriffen am 15.04.2019.

[92] Peter Eigen, der deutsche Gründer von Transparency International, im Interview „Wir sitzen im Glashaus", in: Die Zeit, vom 24.05.2007, Wirtschaft S. 33: „ … Das war für mich eine Riesenenttäuschung. Siemens hat seit Jahren eng mit uns zusammengearbeitet. Viele haben uns gewarnt, das sei alles nur window dressing. Wir haben immer gesagt, man müsse Vertrauen haben. Am Ende wurde unser Vertrauen missbraucht."

[93] Hefendehl, R. (2006, S. 119, 122, 124 f.) betonte schon 2006, dass – entsprechend dem Vorbild der US-amerikanischen Sentencing Guidelines – die Einrichtung von Normbefolgungsprogrammen nach den Strafzumessungsrichtlinien auch in Deutschland wie ein Schutzschild gegen die Bestrafung des Unternehmens, mindestens aber eine wesentliche Strafmilderung bewirke. Das sei „ganz nüchtern" auch ein Grund zur Einführung von Compliance-Programmen. Der BGH hat dies in seiner Entscheidung vom 09.05.2017 (1 StR 265/16, Juris) justizamtlich nachvollzogen.

nomischen Gründen, für Unternehmen trotzdem nicht besser, von vornherein alles offen zu legen und klar aufzudecken? Reinen Tisch zu machen? Wäre zwar schmerzhaft und teuer, wobei jedoch das Geständnis eine sinnvolle und zukunftstragende Investition sein könnte. Zu diesem Weg konnten sich die in den Dieselskandal involvierten Unternehmen allerdings nicht durchringen.

Zusammenfassend ist bezüglich der Themen dieses Buches zum Stand des Redaktionsschlusses als Befund zum Dieselskandal festzustellen: Weil aufgrund rechtskräftig gewordener Bußgeldbescheide ohnehin teilweise Dinge schon feststehen, und wie immer auch Gerichte am Ende des Tages über das Verschulden von Unternehmen und ehemaligen führenden Managern noch weiter urteilen werden – das Thema *Dieselskandal* bewegt sich in einem Raum, der Lichtjahre von *Governance* und *Compliance* entfernt ist. Daran ändern auch die Verfahrenseinstellungen gegen Diess und Pötsch (nach § 153a Abs. 2 StPO) nichts. Der Dieselskandal ist insofern nicht mehr und nicht weniger als eine Katastrophe – für die betroffenen Unternehmen, für eine ganze Industrie und für das Ansehen der Wirtschaftsnation Deutschland.

3.8.1.2 Compliance 2.0 vs. Compliance 1.0

Ihre wissenschaftliche Redlichkeit gebietet es den Autoren, auch über Lichtblicke bei der Compliance zu berichten, zumal sie offenbar sogar empirisch (im Gesundheitswesen und in Unternehmen der Pharmaindustrie) belegt sind. In der neueren Literatur[94] wird deswegen auf Differenzierung großen Wert gelegt. Es gebe zwar nach wie vor viel Schatten, aber eben auch deutliche Lichtblicke. Es wird auf erzielte Erfolge der *Compliance 2.0* hingewiesen. Diese habe die *Compliance 1.0* zum Teil abgelöst. Hinter den beiden Begriffen verbirgt sich ein neues, gewandeltes Bild von Compliance, welches sich nachweisbar zumindest in einigen Unternehmen etabliert habe. Das frühere Bild von Compliance sei oft ausschließlich dem Ziel der Reputationssteigerung geschuldet gewesen. Mit äußerlicher Verbrämung und Erzeugung einer Kulisse der „Scheinberuhigung" sei es in Unternehmen auf einen Effekt eines „Window-dressing" ausgerichtet gewesen (*Compliance 1.0*). Compliance 1.0 habe versagt, weil es trotz prämierter Codes of Ethics (z. B. bei Enron), ausgefeilter Organisationsstrukturen, Genehmigungsprozesse und insgesamt erheblicher Investitionen der Unternehmen in die Compliance nicht gelungen sei, eine echte „Culture of Compliance" zu implementieren. Compliance Anforderungen hätten so eine Schein- und Parallelwelt im Unternehmen erzeugt, gegen die sich Mitarbeiter und verantwortliche Leitungspersonen abschotten („motivated blindness") und wogegen Neutralisierungsstra-

---

[94] Schneider, H. (2018, S. 304 ff. Rn. 4 ff., m. w. N.). In diesem Sinne gleichermaßen stringent, jedoch ohne Begründung Göhler-Gürtler (2017, § 130 Rn. 9): *Window-Dressing* mag „im Einzelfall vielleicht ursprünglich zugetroffen haben, heute ist jedenfalls Compliance ... nach § 130 OWiG ... nicht mehr wegzudenken"; dass Unternehmen alles Mögliche an Kontrollen, Organisation etc. aufbauten und dennoch korruptives Verhalten zumindest dulden würden, das würde heute „einen Ausnahmefall darstellen, der zudem gut nachweisbar sei". Dem ist von Seiten der Autoren zu entgegnen: „Enron lässt schön grüßen."

tegien entwickelt wurden (z. B. die Betrachtung des Compliance Officer als *Spaß- und Wachstumsbremse*). Insbesondere müssten wirtschaftliche Ziele und Ziele der Compliance miteinander kompatibel sein.[95]

Das alles lasse sich allerdings in dieser Allgemeinheit neuerdings so nicht mehr aufrechterhalten. Es lasse sich vielmehr feststellen, dass durch Compliance 2.0 in manchen Unternehmen das moralische Fundament von Compliance wirklich und echt betont werde. Hier gehe es um den Erwerb, den Erhalt oder die Wiedererlangung einer „Reputation für integres Verhalten", das Grundlage für die Handlungsressource Vertrauen sei. Compliance Maßnahmen würden danach darauf abzielen, dass Mitarbeiter eine intrinsische Motivation für Compliance und Integrität entwickeln und so die Unternehmenskultur auf allen Hierarchieebenen formen (u. a. durch Compliance-Schulungen).[96] Es gebe Indikatoren, woraus sich ablesen lasse, dass diese Art von Ernsthaftigkeit, mit der Compliance betrieben werde, in Unternehmen heute durchaus unterschiedlich ausfalle. Ein wichtiger Indikator, dass in manchen deutschen Unternehmen ein frischer Wind wehe, bestehe u. a. in den Qualitätsanforderungen und der Ausrichtung, die an die Stelle des Compliance Officers gekoppelt sind. Das sei zwar auch heute noch in mittelständischen Unternehmen ein sehr kritisches Thema. Hier komme es nach wie vor häufig vor, dass die Unternehmensleitung einen Mitarbeiter neben seinem bisherigen Tätigkeitsspektrum beauftrage, ohne dass Rechte und Pflichten in einer Stellenbeschreibung konkretisiert werden.

Dennoch, in anderen Fällen sei es aber doch anders, hier gebe es etliche Anzeichen (z. B. Stellenausschreibung, Unterstellung des Compliance Officers unter die Unternehmensleitung, verstetigte Evaluierung), aus der ein reelles Präventionsanliegen des Unternehmens abzulesen sei. Es werde sogar deutlich, dass es noch um mehr als nur profane Ziele als das der Durchdringung mit einem hohen Grad von Integrität gehen könne. Insofern wird beispielhaft auf die Möglichkeit von Compliance 2.0 als einem integralen Bestandteil des Geschäftsmodells bzw. der Merkmale des vertriebenen Produkts (als „selling point") oder der wirtschaftlichen Ausrichtung des Unternehmens insgesamt („branded house") hingewiesen.[97]

Trotz Beherzigung des grundsätzlichen Verbots eines pars pro toto Schlusses durch die Autoren und trotz gewisser Lichtblicke durch *Compliance 2.0* – die grundsätzlich skeptische Perspektive der Autoren tut das nur mäßig erhellen. Sie registrieren nicht, dass ein kräftiger Wind of Change die Unternehmen compliancemäßig in einen Frühling führt, auch wenn sich hier und da ein laues Lüftchen bemerkbar machen mag. Wenn Wunschvor-

---

[95] Schneider, H. (2018, S. 305 f. Rn. 7), u. a. mit Hinweis auf Erkenntnisse amerikanischer Studien: „It's a good idea to look at what you're encouraging employees to do. A sales goal of $ 147 an hour led auto mechanics to „repair" things that weren't broken." Zu irrealen Zielinhalten bei entgeltlichen Zielvereinbarungen in Deutschland vgl. Berwanger, J. (2005, S. 224 ff.).

[96] Die besondere Dimension der „Kultur" von Compliance betont auch Kreßel, E. (2018, S. 841, 843, 844 f.).

[97] Schneider, H. (2018, S. 306, Rn. 8) mit dem Beispiel des Unternehmens „The Body Shop".

stellungen die reale Welt dominieren und wenn die reale Welt doch so nicht ist, wie sie sein soll, gilt ein Wort Hegels: „Umso schlimmer für die Tatsachen."

Die Autoren fragen daher weiter: Was muss man aus solchen Ereignissen wie dem des Dieselskandals mitnehmen? Für eine Allgemeinbetrachtung zu Wirtschaftsunternehmen im Land? Wie konnte es dazu kommen? Was ist davon zu halten, dass Deutschland auf dem Korruptionswahrnehmungsindex 2018 von Transparency International nur Platz 11 einnimmt – sonst strebt man überall (Welt-)Meistertitel an?![98] Ist es vielleicht nicht doch so, dass *Compliance 1.0* immer noch oft deutlich die Oberhand hat? Öfter, als einem lieb sein kann? – man wird es empirisch nicht klären können. Außerdem, wenn unkorrektes Verhalten dem Markt allem Anschein nach weitgehend gleichgültig ist – Volkswagen verdiente nach Aufdeckung des Skandals weiter prächtig[99] – gilt dann vielleicht noch nicht einmal mehr der alte Spruch, „Mach es, aber Du darfst Dich nur nicht erwischen lassen."?[100] Was ist mit dem groß von Seiten vieler Compliance-Apologeten propagierten Menetekel wider die Korruption, das besagt, der Reputationsverlust mit seinen gravierenden finanziellen Folgen sei so groß, dass man als Unternehmen besser die Finger von Korruption lassen sollte?! Denn wenn doch eine Chance besteht, dass das Erwischtwerden ohne nachhaltige Folgen bleibt – will dann der Ehrliche dann wirklich noch der Dumme bleiben?[101] Welche Rückkopplungen ergeben sich für die Compliance und für die Interne Revision? Zwingt das nicht zum Ablegen des Offenbarungseids dieser Unternehmensfunktionen? Was soll dann überhaupt ein Buch wie dieses, für wen wird es geschrieben?

Gemach, Gemach! Um sogleich hier auf Fragen erste Antworten zu geben – nein, natürlich kein Offenbarungseid. Auch wenn Wirtschaftskriminalität nach dem Bundeslagebild des BKA im Ansteigen begriffen ist – es geht bei Fällen von solchem Kaliber wie dem Dieselskandal zum Glück nur um Ausnahmefälle. Wenngleich sie wegen der Prominenz der Protagonisten als Arbeitgeber einer Schlüsselindustrie dieses Landes immerhin in der öffentlichen Wahrnehmung zurecht entsprechend intensiv diskutiert werden und grundsätzliche und allgemeine Zweifel am Guten im Menschen aufkommen lassen können.[102]

---

[98] Aus Sicht der befragten Wirtschaftschefs hatte Korruption und Bestechung in Wirtschaft und öffentlichen Institutionen in Deutschland zugenommen, vgl. https://www.transparency.de/cpi/. Zugegriffen am 05.04.2019.

[99] Das galt im Frühjahr 2019 auch für den Zulieferer, die Fa. Bosch; im Übrigen bot die Fa. Bosch anhand des nachfolgenden Artikels in der ZEIT ein sehr anschauliches Beispiel von Compliance 1.0 – und das vor dem Hintergrund des historischen Vermächtnisses von Robert Bosch aus dem Jahr 1921: „Eine anständige Art der Geschäftsführung ist auf Dauer das Einträglichste.", vgl. Tatje, C.: Die Zeit, vom 04.04.2019, Wirtschaft S. 19.

[100] So ein ehemaliger Siemens-Manager über die damalige Losung in seinem Unternehmensteil, vgl. dazu den Artikel „Mach es, und lass dich nicht erwischen.", von Gehrmann, W., in: Die Zeit, vom 04.04.2007, Wirtschaft S. 27.

[101] Wirtschaftsdelikte können eine Sog- bzw. Ansteckungswirkung haben. Gemeint ist damit die Nachahmung durch Mitbewerber, um konkurrenzfähig zu bleiben, vgl. Wittig, P. (2014, S. 8 Rn. 17).

[102] Hefendehl, R. (2006, S. 123, 125) konstatierte allgemein: „… Und so stehen wir nahezu vor einem Trümmerhaufen, was die Versuche anbelangt, Wirtschaftsdelinquenz zu verhindern. Doch bes-

3.8 Abweichendes Verhalten – Wirtschaftskriminalität im Unternehmen

Aber – die Autoren sind keine weltfremden Romantiker und erst recht keine verbitterten Kulturpessimisten[103] und sie sind auch nicht vom Glauben abgefallen. Der Rat kann aber nur der sein, dass man von Seiten des Staates (und natürlich der Unternehmen selbst) solchen Auswüchsen umso entschiedener entgegentreten sollte. Das wird nachfolgend, u. a. bei den Ausführungen zum Unternehmensstrafrecht, beschrieben. Im Übrigen sind Interne Revision und Compliance weisungsabhängige Unternehmensteile ihrer Leitungen, sie arbeiten ihnen zu und sind von ihnen abhängig. Wenn ein Fall einmal so liegt, dass von Unternehmensleitungen verkündete und auf Compliance getrimmte Erklärungen als „Tone from the Top" nur der Show gedient haben, weil dennoch, hinter den Kulissen, verdeckt oder gar offen, sogar mit System kriminelles abweichendes Verhalten praktiziert und von der obersten Leitungsebene mit getragen wurde,[104] dann werden in solchen Unternehmen diese beiden Funktionen weitgehend bis ganz wertlos. Die Mitarbeiter/innen von Interner Revision und der Complianceabteilung in einem solchen Unternehmen müssen dann jeder/jede für sich selbst überlegen, wie sie sich verhalten sollen und welche persönlichen Konsequenzen sie für sich ziehen wollen.[105]

---

ser ein Trümmerhaufen als eine Scheinwelt von Business Ethics und Corporate Governance, in der angeblich von innen geläuterte Unternehmen und deren Spitzen auf unlautere Praktiken verzichten."

[103] Es würden „Zyniker unter den Ökonomen … weder die Erbitterung der Kulturpessimisten, noch das entsetzte Erstaunen des Durchschnittsverbrauchers über Art und Ausmaß von Lug und Trug im Wirtschaftsleben überhaupt nur verstehen, sagen doch ihre Modelle für eine breite Skala von Umständen exakt dieses Verhalten voraus …", Tietzel, zitiert bei Benz, J./Heißner, S./John, D. (2007, S. 46 Rn. 9). Es ergebe sich daraus eine Tendenz einer Grenzmoral mit Verfall gesellschaftlicher Werte, so Benz, J./Heißner, S./John, D. (ebd.).

[104] Dieser Punkt war beim Dieselskandal von VW bei Redaktionsschluss noch nicht restlos aufgeklärt. Allerdings kommt es womöglich rechtlich darauf nicht an. Denn das OLG Braunschweig erklärte im März 2019, dass nach seiner „vorläufigen Auffassung" auch das Wissen leitender Angestellter (Bereichsleiter) der AG zurechenbar und demzufolge für sog. Ad-hoc-Mitteilungen (nach neuerem Recht geregelt in § 26 WpHG) relevant sein könnten, vgl. https://www.oberlandesgericht-braunschweig.niedersachsen.de/startseite/aktuelles/presseinformationen/5-verhandlungstag-im-kapitalanleger-musterverfahren-gegen-vw-und-porsche-vor-dem-oberlandesgericht-braunschweig-175317.html. Zugegriffen am 26.03.2019. Mit Urteil vom 12.06.2019 (5 U 1318/18, Juris) entschied das OLG Koblenz, dass der Käufer eines vom VW-Abgasskandal betroffenen Fahrzeugs von Volkswagen wegen vorsätzlicher sittenwidriger Schädigung Schadensersatz in Form der Rückzahlung des Kaufpreises, abzüglich des erlangten Nutzungsvorteils gegen Rückgabe des Fahrzeugs, verlangen kann. Der BGH hat das mit Urteil vom 25.05.2020 (VI ZR 252/19) bestätigt. In diesem Sinn auch vorher schon OLG Karlsruhe mit Urteil vom 18.07.2019 (17 U 160/18): Der Schaden liege bereits im Abschluss des Kaufvertrages an sich.

[105] Manche/r Fachkollege/-kollegin, der/die in solchen Skandalunternehmen früher tätig war, schreibt Complianceaufsätze – ein Ventil zur Aufarbeitung von Versagens- oder Ohnmachtstraumata? Völlig unglaubwürdig, wenn in solchen Unternehmen aktuell tätige Kollegen andern die Welt erklären wollen – so die Wahrnehmung des juristischen Mitautors anlässlich einer Einladung zu einem Managementlehrgang für Aufsichtsräte im Mai 2019, mit einem Group Chief Compliance Officer von Volkswagen als einem der Referenten – ein entscheidendes Argument für den Nichtbesuch dieser Veranstaltung.

3.8.2 Wirtschaftskriminalität allgemein, insbesondere Korruption

Der Begriff der Wirtschaftskriminalität ist nicht klar konturiert, es fehlt eine gesetzliche Definition. Die Strafrechtswissenschaft bemüht sich, ihn unter Anwendung verschiedener Ansätze begreifbar zu machen. Dazu gehören kriminologische Ansätze (täterbezogene, unternehmensbezogene, schadens- und opferbezogene Definitionen), strafprozessual-kriminalistische Begriffe (insbes. § 74c GVG) und strafrechtsdogmatische Begriffsfindungsversuche (u. a. Deutung des Unrechtsgehalts von Wirtschaftsstraftaten, mit Herausarbeitung des spezifischen Rechtsgüterschutzes).

Ein Buch über und für die Interne Revision und die Compliance, das sich nicht als juristisches Spezialbuch verstehen kann, kann und sollte die Darstellung dieser verschiedenen Facetten nicht leisten. Das würde zu weit führen. Insofern wird auf Speziallitaratur verwiesen.[106]

Unter *Wirtschaftskriminalität* kann man, auch als Basis für die Zwecke dieses Buches, als Oberbegriff Delikte verstehen, die im Rahmen tatsächlicher oder vorgetäuschter wirtschaftlicher Betätigungen begangen werden und die über eine Schädigung von Einzelnen hinaus das Wirtschaftsleben beeinträchtigen oder die Allgemeinheit schädigen können und/oder deren Durchführung bzw. Aufklärung besondere kaufmännische Kenntnisse erfordern.[107] Darunter werden die verschiedensten Erscheinungsformen bzw. Delikte subsumiert, so insbesondere Korruption, Betrug, wettbewerbsbeschränkende Absprachen bei Ausschreibungen, Subventionsbetrug, Submissionsbetrug, Falschbilanzierung, Geldwäsche, Steuerhinterziehung, Verletzung des Dienstgeheimnisses, des Geschäftsgeheimnisses, Industriespionage, Produktpiraterie, Urkundenfälschung, Unterschlagung und Veruntreuung.[108]

Von Bedeutung ist der Terminus der *Sonderdelikte*. Das sind solche, die, vom Gesetz ausdrücklich benannt oder stillschweigend, nur von einem spezifischen Täterkreis begangen werden können. Wirtschaftsstrafrecht fungiert hier als Berufsstrafrecht. Es geht z. B. um den *Arbeitgeber* (§ 266a StGB) oder um den *Kaufmann* (283 Abs. 1 Nr. 5–7 StGB). Zu nennen ist weiter § 331 HGB (Unrichtige Darstellung), er betrifft Vorstände,

---

[106] Vgl. z. B. bei Tiedemann, K. (2017, S. 27 ff. Rn. 72 ff.).

[107] So im Ansatz auch Siller, H. zu Fraud, vgl. https://wirtschaftslexikon.gabler.de/definition/fraud-53400/version-276493. Zugegriffen am 20.03.2019. Das Bundeskriminalamt verweist in seinem Bundeslagebild Wirtschaftskriminalität 2017 auf die fehlende Legaldefinition und orientiert sich am Katalog des § 74c Abs. 1 Nr. 1 bis 6 b GVG. Es hat im Übrigen einen „starken Fallanstieg" („Höchster Stand der letzten fünf Jahre") mit „starkem Schadensanstieg" festgestellt.

[108] In der Literatur wird mit Bezug auf Compliance auf historisch-rechtspolitische Entwicklungen in den letzten Dekaden hingewiesen: In den 90iger-Jahren standen Bestechung/Bestechlichkeit im Vordergrund, gefolgt von Kartellverstößen (z. B. Schienen- und LKW-Kartell). Aktuell seien Fragen der technischen Compliance (Dieselskandal) en vogue. Ein nächstes „Hochrisikofeld" könnte in der Umsetzung der 2018 eingeführten Datenschutzgrundverordnung liegen, vgl. Kreßel, E. (2018, S. 841, 843 f.).

Aufsichtsräte und Geschäftsführer von Kapitalgesellschaften. Gleiches gilt z. B. für die Insolvenzantragspflicht des § 15a InsO, der auf Organe zugeschnittene Pflichten festlegt.

Im Übrigen ist alles ist in steter Bewegung und unterliegt Veränderungen. In der neueren Literatur[109] wird vor dem Hintergrund des soziologischen Ansatzes der Risikogesellschaft (Ulrich Beck) auf eine „Evolution" des Wirtschaftsstrafrechts mit einem „politisch-publizistischen Verstärkerkreislauf" verwiesen. Danach würden nach einem Skandal von Medien mit Hilfe von Reizworten (z. B. „Investment Banking") öffentliche Diskurse (Talkshows etc.) befeuert, was in der Kausalkette zu Strafverschärfungen, vollzogen durch einen so angestachelten bzw. gezwungenen Gesetzgeber, führen könne. Wegen zum Teil von Seiten kapitalismus-kritischer Kriminologen vorgetragener Argumente könnten in der Gesellschaft (Wähler!) diffuse Viktimisierungsängste geweckt werden, die nur durch das harte Durchgreifen des Staates gegen die „Snakes in Suits" wieder beruhigt werden könnten.

Korruption als gar nicht so seltenes Phänomen der Wirtschaftskriminalität ist von diesen Entwicklungen ebenfalls betroffen und im Übrigen weltweit Gegenstand interdisziplinärer Forschung.[110] Auch dieser Begriff ist nicht klar definiert, er ist kein strafrechtlicher terminus technicus, sondern er beschreibt ein kriminologisches Phänomen.[111] Im Kern geht es darum, dass eine Person, die bestimmte Aufgaben für eine andere Person wahrzunehmen hat, für ein Handeln oder Unterlassen der Aufgabenerfüllung unzulässige Vorteile erhält.[112] Es finden sich dazu unterschiedliche Ansätze. Neben sozialwissenschaftlichen Ansätzen gibt es für Korruption eine ökonomische Sicht, die das Prinzip der Gegenleistung herausstellt. So findet bei Korruption im Allgemeinen unter Verletzung von Gesetzen und Verhaltensregeln ein Tausch („Unrechtsvereinbarung") zwischen dem Vorteilsgeber und dem Vorteilsnehmer statt. Folglich zieht jede der Parteien einen Nutzen aus diesem korrupten Verhalten.

Institutionenökonomisch stellt Korruption eine Verletzung des Vertrages zwischen dem Prinzipal und dem Agenten durch den bestechenden Klienten dar, die zu Lasten eines unbeteiligten Dritten bzw. sogar zu Lasten der Allgemeinheit geht.[113] Die sozialethische Sicht sieht in dieser Vertragsverletzung einen gravierenden Vertrauensbruch, der gesellschaftlich nicht toleriert werde. Das ist dann auch der Grund, weswegen der Vorgang durch die Protagonisten vor der Öffentlichkeit oft verheimlicht werden muss. Es wird davon ausgegangen, dass Korruption langfristig eine freiheitliche Gesellschaftsordnung zer-

---

[109] Schneider, H. (2018, S. 47 ff. Rn. 69 ff.; S. 53 Rn. 86).

[110] Einen relativ breiten Überblick für den Praktiker bietet zu verschiedensten Facetten von Korruption das nach wie vor in 1. Auflage bestehende Handbuch der Korruptionsprävention für Wirtschaftsunternehmen und öffentliche Verwaltung, herausgegeben von Dölling, D. (2007).

[111] Hellmann, U. (2018, S. 258 Rn. 784).

[112] Dölling, D. (2007, S. 3 Rn. 2).

[113] Vgl. dazu und zu dem Folgenden: Pritzl, R. F.J. (1999, S. 1 ff.; Seitenangaben aus Ausdruck Internet).

stört, die die wirtschaftliche und gesellschaftliche Entwicklung behindert und durch die die Ungleichheit von Teilen der Bevölkerung verstärkt wird. Grundlegende gesellschaftliche Werte werden durch Korruption beeinträchtigt, weil z. B. Freiheit, Gleichheit, Sicherheit und Wohlstand in ihrer Integrität verletzt werden. Korruption gilt daher – zumindest in der Theorie – als asozial und undemokratisch.

In allokativer Hinsicht bewirkt Korruption eine Beeinträchtigung des marktlichen Wettbewerbs sowie eine Behinderung von Innovationen und Investitionen. Marktliche Leistung ist infolge von Korruption oft nicht mehr erforderlich, reell kalkulierende Anbieter werden benachteiligt, unproduktive Anbieter können sich im Markt halten und etablieren. Das kann zu einer Fehlallokation von volkswirtschaftlichen Ressourcen, zu einer Beeinträchtigung des wirtschaftlichen Wachstums und letzten Endes zu einer Herausbildung einer unproduktiven „Rentiermentalität" führen.[114]

3.8.3 Korruptionsursachen – Mitarbeiter und (Top-) Management

In der Literatur werden für das Entstehen von Korruption klassischer Weise drei täter- und unternehmensbezogene Faktoren genannt: Anreiz, Gelegenheit und Rechtfertigung. Diese ergeben das sog. Betrugsdreieck (Fraud Triangle) nach *Joseph T. Wells,* dem Gründer der US-amerikanischen Association of Certified Fraud Examiners (ACFE).[115] Es ist danach zunächst ein zu aufwändiger Lebensstil des Täters, der zu einem entsprechenden Anreiz bzw. zu einem Zwang zur Korruption führt (Faktor Anreiz: Anteil: 37 %). Dazu kommt eine ungenügende interne Kontrolle in seinem Unternehmen, die dem Täter die Gelegenheit zu korruptem Handeln bietet (Faktor Gelegenheit: 42 %). Dritte Ursache ist schließlich das mangelnde Werte- und Unrechtsbewusstsein beim Täter, der sich so seine eigene Rechtfertigung zurechtbastelt (Faktor Rechtfertigung: 66 %).

Wie bereits erläutert, liegt die Ausübung der Legalitätskontrollpflicht auch mit Bezug auf die Vermeidung bzw. die Aufklärung von Korruption grundsätzlich beim Leitungsmanagement. In Abhängigkeit von den konkreten Gegebenheiten im Unternehmen hat die Unternehmensleitung ein Internes Kontrollsystem einzurichten bzw. für die Etablierung eines CMS zu sorgen. Und, natürlich, das Leitungsmanagement muss sich nach der Legalitätspflicht auch selbst an Recht und Gesetz halten. Überwacht wird es dabei durch den Aufsichtsrat bzw. durch einen seiner Ausschüsse (Prüfungsausschuss). Aus Sicht der Ver-

---

[114] Pritzl, R. F.J. (ebd., S. 3.). Immerhin wird aus wohlfahrtstheoretischer Sicht darauf hingewiesen, dass Korruption unter bestimmten Bedingungen auch zu effizienteren Allokationen führen kann.

[115] Wells, J.T.: (2004). In Teilen der Literatur wird die Erfindung des Dreiecks Donald R. Cressey zugeschrieben, vgl. z. B. Siller, H. https://wirtschaftslexikon.gabler.de/definition/fraud-triangle-53393. Zugegriffen am 23.03.2019. Die Verfasser beteiligen sich nicht an einer diesbezüglichen Recherche nach dem wahren Urheber, denn es kann jedenfalls als gesichert angenommen werden, dass beide Dreiecke, sowohl das von Wells und auch das von Cressey, je drei Ecken haben.

3.8 Abweichendes Verhalten – Wirtschaftskriminalität im Unternehmen

fasser kann das Dreieck in ebenso plastischer wie einfacher Form einen ersten aufschlussreichen Blick auf Ursachen ermöglichen.

Die Kategorie „mangelndes Werte- und Unrechtsbewusstsein" wird jedoch bei gewöhnlichen Mitarbeitern, aber auch beim Management, sicher zu ergänzen sein durch die Problematik der zunehmenden Undurchschaubarkeit von Sachverhalten.[116] Das gilt vor allem für die rechtliche Bewertung von Sachverhalten auf nahezu allen Unternehmensfeldern. Manch fehlerhafte Maßnahme, die objektiv den Tatbestand einer Wirtschaftsstraftat ausfüllt, wird aus Unwissen bzw. aufgrund von mangelhafter Einschätzung begangen. Die Grenzen zwischen erlaubter Geschäftstüchtigkeit und Straftat sind flüssig.[117] Zwar wird man in diesen Fällen unter Umständen, und zwar bei Vorsatztatbeständen, die Verwirklichung des Straftatbestandes verneinen und die Protagonisten werden einer Bestrafung vielleicht entgehen können. Ungeachtet dessen steht aber oft die schon fahrlässige Begehung eines Delikts unter Strafe bzw. ist als Ordnungswidrigkeit mit einem Bußgeld bedroht. Zudem droht, auch bei einem Irrtum, am Ende wegen eines festgestellten Eventualvorsatzes bzw. wegen eines unbeachtlichen Rechtsirrtums (die Dogmatik des Strafrechts hat mehrere Irrtumstypen im Angebot, z. B. direkter oder indirekter Verbotsirrtum, Erlaubnistatbestandsirrtum, Erlaubnisirrtum), am Ende womöglich doch die Bestrafung wegen der Wirtschaftsstraftat.[118]

Auch wenn das (Top-) Management selbst beteiligt ist und mit Korruptionsvorsatz handelt, wird für gewöhnlich entsprechend dem Strickmuster des Betrugsdreiecks vorgegangen: „Topmanagement-Fraud ist grundsätzlich immer dann zu erwarten, wenn sowohl eine Motivation als auch eine Gelegenheit vorliegt und die beteiligten Personen eine entsprechende innere Grundeinstellung besitzen, die es ihnen ermöglicht, ihr Tun zu rechtfertigen. Als Motivation für die wachsende Bereitschaft von Top-Managern zu Täuschungen im Rahmen der Rechnungslegung kann der erheblich gewachsene Erfolgsdruck des Kapitalmarkts auf das Topmanagement im Zusammenhang mit dessen Entlohnungssystemen angesehen werden … ".[119]

Korruptionsfälle, begangen durch das (Top-)Management, lassen sich aus Sicht der Verfasser nicht (mehr) ohne weiteres allein mit den Ansätzen des Betrugsdreiecks erklären. Neben den bereits angesprochenen Fehlern aus Unwissenheit – ob beispielsweise der Wells'sche Faktor „zu aufwändiger Lebensstil" heute wirklich noch eine solche signifikante Rolle spielen soll, kann fraglich sein. Jedenfalls beim Top Management großer

---

[116] Schneider, H. (2018, S. 56 Rn. 96) verweist auch auf die Verlangsamung der Geschäftsprozesse mit verursachten Sekundärkosten, wegen Angst und Zögerlichkeit der Mitarbeiter, hervorgerufen durch „unklares Wirtschaftsstrafrecht".

[117] Schneider, H. (2018, S. 56 Rn. 95 u. S. 59 Rn. 102).

[118] Brettel, H. (2018, S. 118 ff. Rn. 131 ff.). Brettel, H. (2018, S. 69 ff. Rn. 3 ff.) verweist auf zudem gegebene Risiken aus strafrechtlichen Blankettnormen, Generalklauseln und abstrakten Gefährdungsdelikten, letztere u. a. mit der Tendenz der Vorverlagerung der Strafdrohung in das Vorfeld der eigentlichen Rechtsgutverletzung bzw. mit Bezug auf konturlose Allgemeininteressen.

[119] Schruff, W. (2003, S. 901, 906).

Konzerne kann das angesichts der exorbitanten Gehälter (denen für die Integrität einer funktionierenden Gesellschaft systemsprengender Charakter beigemessen wird – aber das ist ein anders Thema) durchaus in Frage stehen. Beinahe ist man wegen dieser Gehälter geneigt zu fragen, wie das funktionieren soll.

Spitzenmanager, zumal wenn es sich um Vorstände oder sogar um geschäftsführende Gesellschafter handelt, verkörpern das Unternehmen nach außen und nach innen. Gerade in Zeiten von anonymen Eigentumsverhältnissen (Stichwort: Hedge-Fonds) fehlt es oft an einer Zuordnung zu einer konkreten Eigentümer-Bezugsperson. Wiewohl die Agenturtheorie und das Gesellschaftsrecht mit ihren Zuordnungen der Spitzenmanager als Agenten bzw. Organe Differenzierungen bereithalten – in der Realität haben diese nach außen und nach innen die Eigentümer-Rolle auszuüben. Sie repräsentieren den Inhaber und handeln wie er. Es werden „toughe", entscheidungsfreudige Manager („Risk Seeker") als Erfolgstypen hochstilisiert. Typische Wirtschaftsstraftäter sind, empirisch gesehen, erfolgreiche Manager.[120] Führungspraktisch befinden sie sich einer Vorbildposition, die sie gegenüber den Mitarbeitern einnehmen. Auch in Anlehnung an Erkenntnisse aus der Stewardship-Theorie – man darf in vielen Fällen durchaus unterstellen, dass sie ihren Job gut machen wollen. Im Zusammenhang mit dem Thema Korruption spielt die Vorbildfunktion und die persönliche Integrität der Protagonisten an der Spitze eine hervorgehobene Rolle. Auf den „Tone from the Top" bzw. auf den „Tone at the Top" kommt es an, also darauf, dass Botschaften wirklich ehrlich gemeint sind.[121]

Wenn Werte und Vorgaben von Managern, auch in der zweiten oder in der dritten Reihe, nicht eingehalten werden, kann der Apparat ab dieser Ebene „top down" in Richtung Korruption und sonstigen Wirtschaftsstraftaten abdriften. In diesen Fällen gerät auch das Topmanagement in den Verdacht und wird zumindest moralisch mitverantwortlich gemacht, so jedenfalls nach dem Urteil einer „eher unscharf urteilenden Öffentlichkeit."[122] Mitunter ist es aber sogar auch mit von der Partie. Dabei ist es vor dem geschilderten Hintergrund im Einzelfall weniger der strafbare Eigennutz der in die eigene Tasche wirtschaftenden (Top-)Manager. Korruption kann und soll sich nach deren Willen mindestens kurz- bis mittelfristig für das Unternehmen rentieren. Korrupte Manager wollen nicht unbedingt in die eigene Tasche wirtschaften, sie wollen das für das Unternehmen tun. In der Literatur wird dieses Phänomen schon seit geraumer Zeit als Deliktstypus des „altruistisch motivierten Delikts" bzw. der „nützlichen Straftat" diskutiert.[123]

---

[120] Hefendehl, R.: (2006, S. 119, 124, m. w. N.).

[121] Vgl. zu dieser begrifflichen Differenzierung Veit, V. (2018, S. 76, Rn. 182). In einigen Bekenntnissen zu seinen Moralvorstellungen durchaus glaubhaft wirkend Josef Ackermann im Interview, in: Zeit magazin Leben, Nr. 22, v. 25.05.2007, S. 44, 47: „ … Aber wenn es um Geschäfte geht, bei denen man sich in kriminellen Grauzonen bewegt, gibt es einen ganz hohen moralischen Anspruch. Ich erinnere mich nicht, dass wir je gesagt hätten: ‚Das ist unmoralisch, aber profitabel.' Das habe ich noch nie gehört, und es würde auch niemand wagen, das zu sagen."

[122] Samson, E./Langrock, M. (2007, S. 1684, 1686).

[123] Vgl. Samson, E./Langrock, M. (2007, S. 1684, 1686) und Krause, R. (2007, S. 2).

Aus dem englischen Sprachraum ist insoweit die Unterscheidung *corporate crime* (Unternehmenskriminalität im wirtschaftlichen Interesse des Unternehmens durch Unternehmensangehörige) und *occupational crime* (der Täter handelt hier im eigenen Interesse unter Ausnutzung seiner Position im Unternehmen) bekannt.[124] Es wird auf die besondere Gefährlichkeit des Deliktstypus der „nützlichen Straftat" für das Unternehmen und für die Geschäftsleitung hingewiesen. In Abhängigkeit von der Tragweite eines Skandals – ein aufgedeckter Fall kann zu weit reichenden Folgen (incl. Unternehmenskrise und einhergehenden massiven betriebswirtschaftlichen Problemen) führen. Indes muss das nicht zwingend sein, was sich bei Volkswagen zumindest nach Blick auf die Umsätze und die Verkaufszahlen nach dem Dieselskandal gezeigt hat. Jedenfalls wird von Wirtschaftsstraftätern in Zeiten von oft eher kurzfristigen Effekthaschereien das Risiko des Auftretens mittel- bis langfristiger Probleme von den korrupten Akteuren oft ausgeblendet.

Die vielfach zur Rechtfertigung von Tätern gebrachten Einwände („Anders geht es nicht!") sind im Übrigen zurückzuweisen. Rechtlich im Sinne eines Rechtfertigungsgrunds greifen sie ohnehin nicht. Auch die von den Tätern teilweise vorgeschobenen moralisch verbrämten Notlagensituationen, etwa mit der Argumentationskette („Ich muss da mitmachen, anders mache ich kein Geschäft, der Firma geht's sonst dreckig – Arbeitsplätze sind in Gefahr"), verfangen nicht. Zum einen ist die sachliche Richtigkeit des Gedankengangs zu bestreiten, weil die Mehrheit der sauber agierenden Unternehmen beweist, dass es doch ohne geht. Zum andern würde dieser Gedankengang, selbst wenn er sachlich zuträfe, die Wirkung der Rechtsvorschriften nicht aushebeln können. Schließlich und endlich: Es bleibt das Risiko, dass ein aufgedeckter massiver Korruptionsfall doch den Anfang einer Kausalkette bilden kann, die zum Unternehmensruin führt.

3.8.4 Staatliche Antworten gegen Wirtschaftskriminalität in Form von Korruption u. a. Missständen

3.8.4.1 Geltendes Recht; Strafrecht und OWiG

Wirtschaftsstrafrecht ist enorm verzweigt, fast schon unübersichtlich.[125] Strafrechtliche Normen (incl. Bußgeldtatbeständen) finden sich kodifiziert nicht nur im sog. Kernstrafrecht des StGB. Daneben gibt es im Rechtssystem auch andernorts etliche wirtschaftsstrafrechtlichen Normen. Es handelt sich bei diesen, neben den im Kernstrafrecht des StGB existierenden Vorschriften, sogar quantitativ gesehen um die Mehrheit, die – nomen

---

[124] Und zwar als Untergruppen von „White Collar Crime" in solchen Staaten, die ein besonderes Unternehmensstrafrecht haben, vgl. dazu Schneider, H. (2018, S. 34 Rn. 15 f.). Zur Einführung von Unternehmensstrafrecht in Deutschland siehe die Ausführungen sogleich.

[125] Eine detaillierte tabellarische Übersicht mit alphabetischer Aufzählung von 67 Gruppen an Gesetzen/Rechtsgebieten (Strafrecht und OWi), von *AEUV* bis *Wucher*, die für die Annahme eines wirtschaftsstrafrechtlichen Charakters grundsätzlich in Betracht kommen, mit dem Stand Anfang 2017, bietet Tiedemann, K. (2017, S. 243 ff. Rn. 585 ff.).

est omen – im sog. *Nebenstrafrecht* geregelt sind. Mit dem Finanzstrafrecht (AO), dem Bilanzstrafrecht (HGB), dem Strafrecht von Kapitalgesellschaften (verstreut im AktG und GmbHG und anderen Gesetzen), dem Kapitalmarktstrafrecht (z. B. dem WpHG), dem Geschäftsgeheimnisstrafrecht (Geschäftsgeheimnisgesetz, GeschGehG, in Kraft getreten am 26.04.2019, siehe dort § 23), dem Verbraucherschutzstrafrecht (z. B. im LFGB), dem Wucher- und Preisstrafrecht (z. B. hinterlegt im WiStrG 1954) und dem Strafrechtsschutz des geistigen Eigentums (z. B. im PatG und im MarkenG) finden sich für alle Wechselfälle des strafbaren Wirtschaftslebens Hausnummern, die die Begehung von Wirtschaftskriminalität mit Strafe bedrohen. Es wird hierdurch ein Akzessorietätsprinzip (Abhängigkeit) sichtbar: Der Gesetzgeber regelt ganz verstreut Gebote und Verbote zu den verschiedensten wirtschaftsrelevanten Themen. Er macht dies in den verschiedenen Gesetzen und es liegt dann nahe, auch dort, in diesen Gesetzen, die strafrechtlich motivierten Folgen von Gesetzesübertretungen zu regeln. Diese Art von Gesetzestechnik ist wegen der übersichtlichen und leichten Durchführung von Änderungen naheliegend.[126] Soweit es um das in Wirtschaftsunternehmen geforderte Compliance-Verhalten von Leitungsorganen und Mitarbeitern geht, können alle diese nebenstrafrechtlichen Rechtsgebiete betroffen sein.

Auch im Hinblick auf Ordnungswidrigkeiten gibt es Sondernormen. Im Wertpapierhandelsbereich etwa gibt es mit den §§ 119 f. WpHG Straf- und Bußgeldvorschriften, u. a. zum Insiderhandel. Für den Bußgeldbereich ist § 81 Abs. 3 Ziff. 3a GWB beispielhaft anzuführen. Bei Kartellverstößen durch ein Konzernunternehmen erlaubt die Norm die Festsetzung einer Geldbuße auch gegen deren Obergesellschaft und gegen deren „Leitungspersonen", wenn diese mittelbar oder unmittelbar einen bestimmenden Einfluss auf das Konzernunternehmen ausgeübt hatten.[127]

Gesetzestechnisch arbeitet das Wirtschaftsstrafrecht viel mit Verweisungen. Diese finden sich zum Beispiel in Form sog. Blankettnormen. Blankettnormen sind solche, die bezüglich ihrer Tatbestandsmäßigkeit auf die Anwendung anderer Tatbestände verweisen bzw. auf jene angewiesen sind. Klassisches Beispiel ist § 283b Abs. 1 Nr. 1 StGB („Verletzung der Buchführungspflicht"), wo es um die strafbewehrte Pflicht zur Führung von Handelsbüchern geht. Da die gesetzliche Buchführungspflicht dort nicht geregelt ist, wohl aber in § 238 HGB, erschließt sich der Verbotsinhalt des § 283b Abs. 1 Nr. 1 StGB nur durch Hinzunahme des Inhalts von § 238 HGB. Erwähnenswert ist auch, dass sich der DCGK mittelbar, ohne das Wort *Korruption* zu verwenden, dieses Themas angenommen hat. In Empfehlung und Anregung A.2 wird in Satz 2 von „… Rechtsverstößen im Unternehmen …" gesprochen.

---

[126] Brettel, H. (2018, S. 71 Rn. 7) mit Hinweis auf eine diesbezügliche Äußerung des BGH (BGH St. 20, 177).

[127] Im März 2019 wurde bekannt, dass die EU Kommission wegen angeblich EU-kartellrechtswidriger Absprachen bei der Technologie der Abgasreinigungstechnik (Nichteinbau von Partikelfiltern gegen Feinstaub in Ottomotoren) Milliardenbußgelder gegen VW, BMW und Daimler verhängen wollte; der Stand der Dinge war bei Redaktionsschluss offen. Just gegen diese drei Unternehmen verhängte das Bundeskartellamt im November 2019 Bußgelder über insgesamt rund 100 Mio. Euro wegen unzulässiger Preisabsprachen beim Stahleinkauf.

3.8 Abweichendes Verhalten – Wirtschaftskriminalität im Unternehmen

Zum strafrechtlichen Ansatz gegen Korruption gibt es etliche Reaktionsmechanismen. Diese finden sich vor allem im Kernstrafrecht des StGB. Niederschlag im deutschen Strafrecht findet die öffentliche Form von Korruption in den §§ 331 ff. StGB (Amtsdelikte – Bestechung und Bestechlichkeit, Vorteilsnahme). Im privatrechtlichen Verkehr sind neben § 266 StGB (Untreue) und § 263 StGB (Betrug) die §§ 298 ff. StGB zu nennen. Hier geht es u. a. um „Bestechlichkeit und Bestechung im geschäftlichen Verkehr" und „Bestechlichkeit und Bestechung im Gesundheitswesen". Unter Strafe gestellt wird u. a. eine „ … Vereinbarung einer unlauteren Bevorzugung bei dem Bezug von Waren oder gewerblichen Leistungen als Gegenleistung für den Vorteil für sich oder einen Dritten …" (§ 299 Abs. 1 StGB). Die Regelungen des § 299 StGB gelten auch für Handlungen im ausländischen Wettbewerb. Rechtsgut der Vorschrift ist der freie Wettbewerb, das heißt, die Freiheit der Marktkonkurrenz von unlauteren, nicht offenbarten Einflüssen, die das Austauschverhältnis von Waren und Leistungen einseitig zugunsten eines Beteiligten verzerren. Dahinter steht als sog. offenes Rechtsgut letztlich die bereits angesprochene marktwirtschaftliche Gesellschaftsordnung als Ganzes, für die das Funktionieren des auf dem Leistungsprinzip beruhenden Wettbewerbs und das Bewusstsein der Bevölkerung von der Rationalität und Öffentlichkeit des Marktes konstituierend ist.[128] Mittelbar geschützt werden auch die Vermögensinteressen des Geschäftsherren und der Wettbewerber, wenngleich es nicht unbedingt zu einem Vermögensnachteil beim Geschäftsherren gekommen sein muss. Die Tat nach § 299 StGB basiert auf einem Täuschungselement zu Lasten Dritter, wobei es auf den konkreten Eintritt eines Vermögensvorteils beim Täter nicht ankommt.[129] § 299 StGB ist im Übrigen darauf angelegt, auch Vorteile des Betriebes, für den der Täter handelt, zu erfassen. Der Betrieb als Geschäftsherr kann also ebenfalls Dritter im Sinne der Vorschrift sein, auf eine Eigennützigkeit des Täters kommt es demnach nicht an. Der Mitarbeiter als Täter wird deshalb auch mit Strafe bedroht, wenn er es „gut meinte" mit seinem Unternehmen/seinem Betrieb und ausschließlich ihm den Vorteil verschaffen wollte.[130]

Weitere einschlägige Vorschriften, die bei Korruptionsfällen zur Anwendung kommen können, sind die §§ 73 StGB und 30, 130 OWiG. Nach § 73 StGB kann ein Gericht für den Fall, dass jemand aus einer Straftat „etwas erlangt" hat, bezüglich des Erlangten die Einziehung anordnen, weswegen es dann an den Staat herauszugeben ist. Das kann dazu führen, dass der Gewinn aus einem „geschmierten Geschäft" vom Unternehmen abzugeben ist. Nach § 30 OWiG kann auch eine Geldbuße gegen das Unternehmen selbst verhängt werden, wenn die Geschäftsleitung des Unternehmens ihre Aufsichtspflichten i. S. von § 130 OWiG verletzt hat. Zu diesen Pflichten gehört u. a., dass das Unternehmen dem einzelnen Mitarbeiter jederzeit die Information darüber ermöglichen muss, ob das von ihm geplante oder ihm angesonnene Verhalten etwa strafrechtliche Grenzgebiete überschreitet. Die Einziehungsvorschrift des § 29a OWiG („Einziehung des Wertes von

---

[128] So Fischer, T. (2019, Vorbem. zu § 298 Rn. 6).
[129] Fischer, T. (2019, § 299 Rn. 3, 22).
[130] Fischer, T. (2019, § 299 Rn. 17, 18).

Taterträgen") bietet, ähnlich wie § 73 StGB im Strafrecht, eine Abschöpfmöglichkeit für den Bußgeld verhängenden Staat.

3.8.4.2 Neues Unternehmensstrafrecht als Bekämpfungsinstrument

3.8.4.2.1 Ausgangslage

Die Einführung eines allgemeinen Unternehmensstrafrechts in Deutschland, oft auch *Verbandsstrafrecht* genannt, war und ist immer mal wieder Gegenstand von Reformüberlegungen. Das Thema ist ein Wiedergänger, schon seit den 1950er- Jahren. Kann das deutsche Strafrecht gegen ein Unternehmen, genauer gesagt gegen seinen Rechtsträger, selbst angewandt werden? – lautet die Frage. In einigen ausländischen Rechtsordnungen ist Bestrafung vorgesehen (z. B. in Österreich, Dänemark, Frankreich, Irland, Norwegen und Finnland). Die Rechtslage in Deutschland war nach dem Besatzungsrecht nach dem 2. Weltkrieg, mit dem Wirtschaftsstrafgesetz 1949 (vom 26.07.1949), auch schon einmal stärker in eine solche strafrechtliche Richtung orientiert gewesen.[131] In Deutschland ist das nach aktuellem Recht allerdings nicht mehr der Fall, hier kann nur eine Geldbuße wegen Ordnungswidrigkeit gegen das Unternehmen verhängt werden. Trotz vorgesehener Erweiterungen in Form aktueller Reformüberlegungen (siehe die Ausführungen sogleich) wird sich daran wohl auch nichts ändern. Die Einführung von Kriminalstrafen gegen Unternehmen ist nicht vorgesehen. Bereits 2013/2014 hatte es für Deutschland einen konkreten Vorstoß gegeben, und zwar in Form eines diesbezüglichen Gesetzesentwurfs des Landes NRW. Er war für den Bundesrat konzipiert, er war von den übrigen Bundesländern mehrheitlich befürwortet worden.

Die seit dem Frühjahr 2018 amtierende Bundesregierung hat ebenfalls Änderungen ins Auge gefasst. Laut Koalitionsvertrag der die Bundesregierung tragenden Parteien CDU, CSU und SPD (vom 07.02.2018) soll u. a. gelten: „… Wir werden sicherstellen, dass bei Wirtschaftskriminalität grundsätzlich auch die von Fehlverhalten von Mitarbeiterinnen und Mitarbeitern profitierenden Unternehmen stärker sanktioniert werden". Der schließlich am 21. April 2020 von Seiten der Bundesregierung veröffentlichte Referentenentwurf eines Verbandssanktionengesetzes (VerSanG) war von der Regierung zuvor relativ lange unter Verschluss gehalten worden. Das vorgesehene Gesetz wird euphemistisch-verharmlosend „Gesetz zur Stärkung der Integrität der Wirtschaft genannt". Es sieht u. a. die Einführung einer „Verbandsgeldsanktion" vor. Bei Konzernunternehmen mit Umsätzen von mehr als 100 Millionen Euro soll die Höchstgrenze möglicher Verbandsgeldsanktionen 5 % bzw. 10 % des durchschnittlichen Konzernumsatzes betragen (Art. 1§ 9 Abs. 2 Nr. 1 VerSanG-E). Das Opportunitätsprinzip soll künftig insoweit nicht gelten, stattdessen das Legalitätsprinzip. Neben der Verhängung einer Verbandsgeldsanktion soll auch die öffentliche Bekanntmachung der Verurteilung des Verbandes angeordnet werden können.

---

[131] Vgl. die Hinweise von Tiedemann, K. (2017, S. 176 Rn. 439, FN 1) auf BGHSt. 5, 28 = NJW 1953, 1838.

Eine besondere Regelung im Entwurf will Compliance-Maßnahmen in Unternehmen fördern. Sie sieht Anreize dafür vor, dass Unternehmen über interne Untersuchungen dazu beitragen, Straftaten aufzuklären.[132]

Allerdings – das Gesetz soll erst zwei Jahre nach Verkündung in Kraft treten. Regierungsbegründung hierfür: Die Frist von zwei Jahren soll unter anderem gewährleisten, dass die organisatorischen Maßnahmen bei den Gerichten, Strafverfolgungsbehörden und der Registerbehörde getroffen werden können, die Voraussetzung für eine Umsetzung der Neuregelungen sind. Außerdem soll den Verbänden damit ausreichend Zeit zur Verfügung stehen, die internen Abläufe zu überprüfen und erforderlichenfalls weitere Compliance-Maßnahmen zu treffen.

Die Verfasser wissen nun nicht, ob und inwieweit dies, ebenso wie der Name des Gesetzes, als Beispiele für erfolgreiche Lobbyarbeit angesehen werden kann. Eine dezidierte Auseinandersetzung mit den Inhalten des VerSanG kann jedenfalls auf die 2. Auflage dieses Buches verschoben werden.

Hintergrund aller Erweiterungsbemühungen über all die Jahre waren und sind u. a. Auswüchse und Fehlentwicklungen von abweichendem Managerverhalten (insofern erstaunt auch der Titel des VerSanG). Dem soll gezielter und stärker dort entgegengetreten werden, wo die Vorteile weitgehend generiert werden – bei den Unternehmen. Das aktuell bestehende gesetzliche Instrumentarium – Unternehmen können per Ordnungswidrigkeit (vgl. §§ 9, 29, 29a, 30, 130 OWiG) zur Rechenschaft gezogen werden – wird als unzureichend empfunden. Rechtssubjekte nach deutschem Recht sind natürliche Personen und juristische Personen (§§ 1 ff., 21 ff. BGB). Unternehmer kann eine natürliche oder eine juristische Person oder eine rechtsfähige Personengesellschaft sein (§ 14 Abs. 1 BGB). Juristische Personen sind „rechtsfähig", können also Träger von Pflichten und Rechten sein. Wegen der Haftungsvorteile geht es in der Praxis fast ausschließlich um juristische Personen (GmbH und AG), über die Unternehmer ihre Geschäfte abwickeln. Hintergrund ist der juristische Trennungsgrundsatz bezüglich der Haftung. Er besagt, dass es, bis auf Ausnahmen,[133] keine Durchgriffshaftung eines Mitglieds der juristischen Person für deren Verbindlichkeit gibt. D. h., die Gesellschafter müssen nicht haften, sondern nur die von ihnen unterhaltene juristische Person.

Juristische Personen sind bloße Fiktionen.[134] Sie haben als virtuelle, menschliche Zweckschöpfungen die Ausstattung und die rechtlichen Möglichkeiten, wie natürliche Personen am Rechtsverkehr teilnehmen zu können. Dieser Ansatz ist mit Bezug auf das geltende Strafrecht nicht vollzogen. Beim deutschen Strafrecht heutiger Konzeption

---

[132] Vgl. erste Besprechungen zu Entwurfsinhalten, etwa bei Baur, A./Holle, M. (2019, S. 186).

[133] Etwa bei unlauterem Verhalten, z. B., wenn die juristische Person von den Gesellschaftern zur Schmiergelderlangung vorgeschoben wird, vgl. Palandt/Ellenberger (2019, Einf v § 21 Rn. 13).

[134] Unentschieden kann bleiben, welcher Theorie zu juristischen Personen, Fiktionstheorie, Theorie der realen Verbandspersönlichkeit oder Theorie des Zweckvermögens, gefolgt werden soll. Der Streit ist ohnedies für die Praxis nicht weiterführend, vgl. Palandt/Ellenberger (2019, Einf v § 21 Rn. 1).

steht allein der Mensch (natürliche Person) als Rechtssubjekt im Mittelpunkt. Zwar forscht die Juristerei im Gefolge des Stichworts Künstliche Intelligenz schon seit einiger Zeit zu möglichen Erweiterungen der Schaffung einer zusätzlichen „elektronischen Person", neben juristischen Personen (z. B. für selbst lernende Fahrroboter im Auto). Es bleibt aber dabei: Da juristische Personen, „ontologisch" gesehen, nicht handlungsfähig sind,[135] bedürfen sie natürlicher Personen (Menschen), die für sie handeln. Nicht zuletzt deshalb gilt in Deutschland mit Bezug auf Bestrafung immer noch als Postulat: „Bestraft … werden kann die Gesellschaft als solche nicht."[136] Strafrechtliche Normen beziehen sich nur auf Menschen. Bei Verwirklichung kann für einen Menschen, auf Basis seiner persönlichen Schuld (*nulla poena sine culpa* – keine Strafe ohne Schuld), Bestrafung, auch in der Form von Freiheitsentzug im Gefängnis (§ 38 StGB), die Folge sein. Dieser streng persönlichkeitsbezogene Aspekt bereitet bei der Überlegung einer Adaption auf juristische Personen aufgrund von deren Fiktionalität mindestens gedankliche Schwierigkeiten. Wegen des personalen Schuldprinzips, das nach geltendem Recht (§ 46 Abs. 1 S. 1 StGB) explizit und ausschließlich auf natürliche Personen bezogen ist, ist es auch rechtlich-dogmatisch nicht einfach, diesen Aspekt auf juristische Personen zu übertragen. Vielleicht auch deshalb hat die zum Redaktionsschluss dieses Buches amtierende Bundesregierung bei ihrem VerSanG-E von solchen abenteuerlichen und anspruchsvollen rechtlichen Ausflügen vorsorglich Abstand genommen. Reformüberlegungen bei der Sanktionsform gegen Unternehmen fokussieren und beziehen sich demnach nach wie vor auf die Verhängung einer „Bebußung" gegenüber Rechtsträgern von Unternehmen.

3.8.4.2.2 Sicht der Verfasser

Schon durch den Einsatz bestehender gesetzlicher Möglichkeiten nach dem OWiG können durchaus beachtliche Beträge erzielt werden können (siehe etwa die wegen des Dieselskandals verhängten Geldbußen gegenüber VW und gegenüber Audi in Höhe von 1 Mrd. € und 800 Mio. €, im Frühjahr bzw. Herbst 2018). Dennoch ist eine Remedur notwendig. Mit dem VerSanG soll sie kommen, wenn auch mit eingebautem retardierenden Moment. Die Bußgeldhöhe ist gesetzlich auf nur zehn Millionen Euro begrenzt (vgl. § 30 Abs. 2 Nr. 1 OWiG). Wegen der Schwere der Schuld mitunter angezeigte Mehrbeträge können zwar zum Teil über die Einziehungsvorschrift des § 29a OWiG („Einziehung des Wertes von Taterträgen") abgeschöpft werden. Dennoch ist durch die Einführung einer entsprechend anders konzipierten Geldbuße eine Korrektur vorzunehmen. Im Übrigen regelt das bei Verfahren nach dem OWiG geltende Opportunitätsprinzip (§ 47 Abs. 1 OWiG), dass es (nur) ins pflichtgemäße Ermessen der Verfolgungsbehörde gestellt ist, ob es zur Bußgeldverhängung kommt oder nicht. Das kann für die Fälle hier so nicht stehen bleiben. Es ist das bei Strafverfahren geltende Legalitätsprinzip auch hier einzuführen. Denn da-

---

[135] BVerfGE 20, 323, 335 f.; Beschluss vom 25.10.1966; Brettel, H. (2018, S. 76 Rn. 20).
[136] BGHSt 3, 130, 132, Beschluss vom 11.07.1952.

3.8 Abweichendes Verhalten – Wirtschaftskriminalität im Unternehmen

nach muss die Strafverfolgungsbehörde verfolgen, wenn hinreichender Tatverdacht besteht (vgl. §§ 152 Abs. 2, 170 Abs. 1 StPO).

Die Einführung eines „Unternehmensstrafrechts" bzw. jedenfalls die Überarbeitung der bestehenden OWi-Vorschriften, in der Form, wie durch den VerSanG-Referenten-Entwurf vorgesehen, ist daher mindestens geboten. Korruptionsfällen und anderen gravierenden Missständen innerhalb eines Unternehmens muss entschieden(er) entgegengetreten werden. Auch wenn der negative Aspekt der Generalprävention (= allgemeine Abschreckungswirkung gegenüber allen potenziellen Tätern) nicht immer verfangen mag,[137] bei massiven Unkorrektheiten bis hin zu (kriminellen) Rechtsverstößen muss es dennoch darüber versucht werden. Denn bei einer sehr hohen Geldbuße gegen die Unternehmen kommt zudem auch die juristische Differenzierung zwischen natürlichen und juristischen Personen zum Tragen. Weil es natürliche Personen sind, die für juristische Personen handeln, stellen sich dann für das privatrechtliche Rechtsverhältnis zwischen beiden und auch im betroffenen Bereich des Strafrechts Themen. Beim Strafrecht stehen der Manager bzw. der Mitarbeiter in der Verantwortung. Wenn nun der staatliche Sanktionsanspruch hier halt machen würde, wäre das ein halbherziger und inkonsequenter Schritt. Der Staat muss auch dort kraftvoll anpacken können, wo die durch eine Straftat erlangten Vorteile hauptsächlich entstanden sind. Denn dann drohen dem Manager bzw. Mitarbeiter der zivilrechtliche Regress ihres Unternehmens.

Weiter gehende Sanktionierungsformen gegenüber Unternehmen, sollten sie denn zukünftig einmal von einer mutigeren Bundesregierung ins Auge gefasst werden, dürften jedenfalls nicht an deren Rechtsnatur als juristische Personen scheitern. Dem Interesse der staatlichen Gemeinschaft an der Erhaltung ihrer Grundwerte und an der Bewahrung des Rechtsfriedens soll dadurch Rechnung getragen werden, dass die Rechtsordnung bestimmte sozialschädliche Verhaltensweisen bei Strafe verbietet.[138] Die Sicherung des Rechtsfriedens durch Strafrecht ist seit jeher eine wichtige Aufgabe staatlicher Gewalt.[139] Das darf nicht an rechtlichen Formalien scheitern, insbesondere darf das nicht vor geschaffenen Fiktionen Halt machen. Rechtlich-dogmatische Probleme wegen des Schuldprinzips sollten lösbar sein. Insbesondere eine Zurechnung von Drittverschulden ist gestaltbar, weil ein normativ-funktionales Verständnis des Schuldbegriffs in der Tendenz eines general-präventiv orientierten Sicherheits-Strafrechts liegt.[140]

---

[137] Zum Thema „Abschreckung vs. Entdeckungsrisiko, vgl. Berwanger, J. bei https://wirtschaftslexikon.gabler.de/definition/fahrverbot-33215; zum Sinn des Strafens allgemein vgl. Berwanger, J. bei https://wirtschaftslexikon.gabler.de/definition/straftheorien-118933; auf beide zugegriffen am 10.04.2019.

[138] In diesem Sinne die Rechtsprechung des BVerfG, vgl. sinngemäß etwa bei BVerfGE 51, 324, 343, Beschluss vom 19.06.1979.

[139] So wörtlich das BVerfG, Beschluss vom 27.06.2018, Az. 2 BvR 1405/17, Tz. 68, Juris.

[140] Fischer, T. (2019, § 14 Rn. 1c).

3.8.5 Bekämpfung von Korruption durch die Unternehmen

3.8.5.1 Prävention und Reaktion

„There is no magic bullet to cure this disease."[141] Alle sehr richtigen Erkenntnisse, wie diese, nutzen für die Praxis letztlich doch nicht so viel. Um dennoch bei diesem Bild zu bleiben: Der Revolver muss jedenfalls ständig geladen parat sein und bei der Munition sollte der Anteil an Blindgängern und Platzpatronen tunlichst klein gehalten werden. Auch die Korruptionsbekämpfung folgt dem allgemeinen CMS-Konzept „Aufklären, Abstellen, Ahnden". Der Aspekt der Prävention kann beim Auflegen eines Risikomanagements durch ein ganzes Bündel von Maßnahmen betrieben werden. Abhängig ist das für den konkreten Einzelfall von den Ergebnissen der zuvor im Unternehmen durchzuführenden Risikoanalyse.[142] Nach dem

Modell[143] sind bestimmte Module bzw. Felder der Korruptionsprävention im Auge zu behalten und zu bearbeiten:

- Kontrollumfeld (u. a. Ethik- und Verhaltenskodex; Geschenkerichtlinie; Internes Kontrollsystem; Steuerung der Personal- und Lieferantenauswahl; Stringente Strukturierung der Aufsicht durch den Aufsichtsrat oder durch seinen Prüfungsausschuss; Strafrechtliche Verfolgung)
- Fraud-Risikobeurteilung (systematische Ermittlung von Schadenspotenzialen; Risikomanagement mit Korruptionsindikatoren)
- Kontrollaktivitäten (u. a. Vier-Augen-Prinzip, Prinzip der Funktionstrennung, Need-to-know-Prinzip, Job-Rotation, vor allem in risikobehafteten Bereichen; Durchführung regelmäßiger Prüfungen und Prüfungen im Nachgang zu Vorkommnissen; Unterhalten einer leistungsfähigen Internen Revision und eines Controllings)
- Information und Kommunikation (z. B.: Prozesstransparenz; Mitarbeitersensibilisierung; Wahrung der Vertraulichkeit gegenüber Dritten; die Einführung eines Whistleblowersystems, Ombudsmann; Telefonhotline, E-Mail-System, externer Korruptionsanwalt; Vereinfachung von Meldewegen) und
- Überwachung (permanente Überwachung korruptionsrelevanter Tätigkeitsbereiche durch das Management).

Die ständig kontrollierende Begleitung des operativen Geschäftsbetriebs des Unternehmens durch ein CMS, weniger durch die Interne Revision,[144] ist im Hinblick auf die Tätig-

---

[141] Becker, zitiert bei Benz, J./Heißner, S./John, D. (2007, 49 Rn. 20, FN 25).

[142] Die Notwendigkeit einer vorab durchzuführenden Risikoanalyse ist essenziell. Das betonen z. B. auch Sonnenberg (2017, S. 917, 918 f.) und Hoffmann, A./Schieffer, A. (2017, S. 402, 404 f.).

[143] Vgl. zu COSO ausführlicher Otremba, S. (2016, S. 110 ff.). Zur Aufklärung allgemein vgl. Rudkowski, L., Schreiber, A. (2018).

[144] Insofern ist zu konstatieren, dass durch das Aufkommen der Compliance diesbezügliche früheren Pflänzchen, die auf dem Feld der Internen Revision schon sprossen, verkümmert sind.

keit des CMS geprägt von einem permanenten Sich-Einmischen, mit Rat und Tat. So z. B., wenn die Abfassung eines Agenturvertrages mit einem externen Handelsvertreter ansteht, zu veranlassen durch die operativ zuständige Abteilung (etwa durch den Vertrieb oder den Einkauf). Es kann anhand einer bestehenden Unternehmensrichtlinie für die zuständige Abteilung geboten sein, die näheren Regelungen des abzuschließenden Vertrages (z. B. mit Aufnahme der Verpflichtung des Agenten, sich nach den Regelungen der Unternehmens-Compliancerichtlinie zu verhalten), und überhaupt das Prozedere (Notwendigkeit der Einholung von Vergleichsangeboten etc.), mit der Complianceabteilung abzustimmen.

Mit Bezug auf Korruption bzw. den Verdacht auf Korruption ist es für ein funktionierendes CMS wichtig, dass die Compliancemitarbeiter stets die Hand am Puls des Unternehmens haben. Das aufmerksame Hinschauen und Hinhören („Flurfunk", Gerüchte; Hinweise/Bemerkungen von Teilnehmern in Complianceschulungen etc.) gehören dazu. Mögliche Anhaltspunkte für Korruption können vielfältig sein. Warnzeichen können sich aus fehlenden Rechnungen, fehlender Leistungsbeschreibung im Beratervertrag, Zahlung einer Provision auf ein Konto in einem offshore-Land, Nichtbeachtung des Vieraugenprinzips und personellen Verflechtungen zwischen Kunden und Berater ergeben – um nur einige zu nennen.[145]

Speziell zur Einführung eines Whistleblowersystems: Dessen Einführung ist im Laufe der Zeit innerhalb der kleinen Historie, die die Compliance in Deutschland mittlerweile zurückgelegt hat, als Empfehlung immer drängender und dringlicher geworden. In der juristischen Literatur[146] wird ein Hinweisgebersystem als ein „unverzichtbares Element" des CMS angesehen, um die ansonsten bestehende Blockade eines „Bottum-up Kontrollvakuums" zu überwinden. Nach im April 2019 aufgehobenen Recht in Deutschland, § 17 Abs. 1 UWG (a. F.), galt ohne ein solches System ein grundsätzlicher Vorrang des Vermögensschutzes des Unternehmens. Ohne eingerichtetes System lief demnach ein Whistleblower Gefahr, dass er sich strafbar machte. Am 26.04.2019 ist unter Aufhebung von § 17 Abs. 1 UWG das Geschäftsgeheimnisgesetz (GeschGehG) in Kraft getreten. Nach dessen § 5 Nr. 2 gibt es einen besonderen Whistleblowerschutz.[147] Ungeachtet dessen wird in einer Einführung eines Systems in einem Unternehmen das Einverständnis des Unternehmens in die Geheimnisoffenbarung gegenüber der Instanz gesehen.[148]

Schließlich und endlich sind CMS und Interne Revision gefragt, wenn eine anlassbezogene Untersuchung durchgeführt werden muss. Dazu gehören für die Sachverhaltsaufklärung u. a. die Auswertung von Dokumenten, von E-mail-Accounts und die Befragungen von

---

[145] Veit, V. (2018, S. 106 ff. Rn. 248 ff.) listet etliche Red Flags sowohl im Korruptions- als auch im Kartellbereich auf.
[146] Schneider, H. (2018, S. 312 Rn. 28).
[147] Kritisch dazu Dann, M./Markgraf, J.W. (2019, S. 1774, 1777).
[148] Vgl. Tiedemann, K. (2017, S. 154 f. Rn. 399). Zu der nach Edward Snowden und WikiLeaks aufgekommenen kontroversen öffentlichen Diskussion „Nestbeschmutzer/Straftäter vs. Held" vgl. auch die am 07.10.2019 vom EU-Rat angenommenen Richtlinienregelungen zum Schutz von Whisteblo-

Mitarbeitern. Das BAG[149] hat einen allgemeinen Auskunftsanspruch im Arbeitsverhältnis aus § 242 BGB bejaht, wenn der Verpflichtete dem anderen unschwer über etwas Auskunft geben kann und der entschuldbar unwissende Berechtigte ansonsten nur mit Mühe an die Information kommen würde. Das gilt auch zu Gunsten des Arbeitgebers gegenüber seinem Arbeitnehmer, wenn ein berechtigtes, billigenswertes und schutzwürdiges Interesse des Arbeitgebers an der Beantwortung besteht und die Frage im Zusammenhang mit dem Arbeitsverhältnis steht. Falsche Auskünfte des Arbeitnehmers führen zur Nebenpflichtverletzung aus dem Arbeitsvertrag. Bejaht wurde dies z. B. bei erkannten Lohnüberzahlungen, die der Arbeitnehmer zu offenbaren hat.[150] Ein Auskunftsinteresse des Arbeitgebers wird man bei internen Ermittlungen ebenfalls grundsätzlich bejahen können. Hier hat das LAG Hamm[151] eine bestehende allgemeine BGH-Rechtsprechung zur Rechenschaftspflicht des Beauftragten (§ 666 BGB) auf das Arbeitsverhältnis übertragen. Es kann hiernach ein intern, z. B. von der Compliance, befragter Mitarbeiter die Pflicht haben, sich selbst zu belasten. Das ginge dann weiter als seine Erklärungspflicht gegenüber Polizei und Staatsanwaltschaft. Nach hier vertretener Ansicht ist das kritisch zu sehen, ein Beauftragter kann nicht mit einem – schutzwürdigeren – Arbeitnehmer verglichen werden. Trotz manch stattgefundener Erosion, immer noch gilt grundsätzlich: „Arbeitsrecht ist Arbeitnehmerschutzrecht". Man darf Ausnahmesituationen wie hier nicht mit zu offenbarenden Lohnüberzahlungen vergleichen. Nach Meinung der Autoren ist eine solche Sicht wie die des LAG Hamm zudem nicht von Praxisrelevanz und geht auch sonst an der Realität vorbei, denn diese Pflichtverletzung, würde man sie annehmen können, wird der befragte Mitarbeiter (der ja dann wohl in der Regel etwas zu verbergen haben dürfte) dann auch noch riskieren und er wird leugnen bzw. schönreden.

Mit Bezug auf interne Ermittlungen sind, einzelfallabhängig, ggf. eine ganze Reihe von weiteren rechtlichen Eigenheiten zu beachten. Neben betriebsverfassungsrechtlichen Fragen, etwa bei einer bestehenden Betriebsvereinbarung mit einschlägiger Regelung (etwa: muss hier vorab aus mitbestimmungsrechtlichen Gründen der Betriebsrat hinzugezogen werden, ggf. auch zur Befragung des Mitarbeiters?) kann es auch um Datenschutzrecht (BDSG und DSGVO) gehen. Jedenfalls müssen die aufmerksamen internen Ermittler sehr darauf achten, dass sie nicht selbst mit dem Gesetz in Konflikt geraten. Neben § 206 Abs. 1 StGB (Verletzung des Post- und Fernmeldegeheimnisses) gibt es z. B. mit § 202a StGB (Ausspähung von Daten) eine weitere Strafvorschrift, die verletzt werden könnte.[152] Es

---

wern, die von den Mitgliedstaaten innerhalb von zwei Jahren in nationales Recht umgesetzt werden müssen, https://data.consilium.europa.eu/doc/document/PE-78-2019-INIT/de/pdf. Zugegriffen am 27.10.2019; dazu Dilling, J. (2019, S. 214).

[149] BAG, NZA 1997, 41.

[150] Erfk2019/Preis BGB § 611a Rn. 736.

[151] LAG Hamm, Urteil vom 03.03.2009, 14 Sa 1689/08, Juris.

[152] In einem Kündigungsschutzprozess bemühte die Klägerin das ArbG Berlin (Urt. v. 18.02.2010, 38 Ca 12879/09, Juris). Sie war als Compliance Officer tätig gewesen. Eine Kündigung wegen von ihr initiierter Überwachungsmaßnahmen (Abgleich personenbezogener Daten von Arbeitnehmern) sei nur zulässig, wenn sie objektiv rechtswidrig gehandelt und subjektiv um die Rechtswidrigkeit seiner Maßnahme gewusst habe, so das Gericht. Im Streitfall obsiegte die Klägerin.

empfiehlt sich daher für die Compliance und für die Interne Revision, zur rechtlichen Absicherung ihrer internen Ermittlungen eine enge Abstimmung mit der Rechtsabteilung des Unternehmens oder mit einer externen Kanzlei zu pflegen. Schließlich umfasst eine anlassbezogene Untersuchung die Aufgabe für die Interne Revision und für die Compliance, für die Unternehmensleitung auf der Basis eines gefundenen Ermittlungsergebnisses Empfehlungen auszuarbeiten.

Wegen weiterer Details zu den aufgeführten Punkten und zu weiteren Einzelheiten wird auf die in der einschlägigen, auch in der neueren Literatur aufgelegten Maßnahmenkataloge verwiesen.[153] Dort finden sich auch weitere Aspekte, etwa zur Korruptionsprävention durch Verbände (z. B. Verein gegen das Bestechungsunwesen oder Transparency International) oder zur Funktion des Arbeitsrechts.[154]

3.8.5.2 Speziell: Zusammenarbeit von Interner Revision und Compliance mit dem Aufsichtsrat

Sofern es um eine Direktzugriffsmöglichkeit des Aufsichtsrats auf die beiden Unternehmensteile geht, lautet die Antwort: Grundsätzlich nein.

In der Praxis ist bei aufgedeckten Korruptions(verdachts)fällen ein vermehrtes Sich-Einbringen und die verstärkte Inanspruchnahme der Internen Revision und der Compliance in die unternehmerischen Abläufe festzustellen. Insbesondere bei dem Hochkommen von gravierenden Themen bei großen Konzernen wird zuweilen auch öffentlich bekannt, dass diese Unternehmensteile von der Unternehmensleitung eingeschaltet sind. Mindestens als Sparringspartner der in solchen Fällen zunehmend engagierten externen großen Anwaltskanzleien machen Interne Revision und die Compliance dann ihren Job.[155] Bei sehr gravierenden Dingen, bei denen der Vorstand an den Aufsichtsrat berichten muss, werden die gewonnenen Ermittlungsergebnisse – über den Vorstand – an den Aufsichtsrat transportiert. Es ist dann nicht auszuschließen, dass Mitarbeiter zu einer Sitzung des Aufsichtsrats oder in den Prüfungsausschuss eingeladen werden, um selbst dort unmittelbar zu berichten. Der Revisionsleiter wurde insofern sogar auch schon einmal als „geborene Auskunftsperson"[156] des Aufsichtsrats bezeichnet.

Eine Durchbrechung des Informationsmonopols des Vorstands jedoch, wonach der Aufsichtsrat bzw. sein Ausschuss, am Vorstand vorbei, regelmäßig und routinemäßig di-

---

[153] Vgl. schon Dölling, D. (2007) und Stierle, J. (2006, S. 109); siehe auch Stark, C. (2017), Sonnenberg, T. (2017, S. 917), Kreßel, E. (2018, S. 841) und Hoffmann, A./Schieffer, A. (2017, S. 402).

[154] In der neueren Literatur eingehend hierzu Kreßel, E. (2018, S. 841).

[155] Eingehender zu den mit internen Ermittlungen der Unternehmen, ohne Polizei und Staatsanwaltschaft, zusammenhängenden rechtlichen und sonstigen Problematiken Veit, V. (2018, 102 ff. Rn. 237 ff.). Siehe auch das BVerfG (u. a. die beiden Nichtannahmebeschlüsse vom 27.06.2018, Az. 2 BvR 1287/17 und Az. 2 BvR 1405/17, Juris) zu abgelehnten Verfassungsbeschwerden von VW und seinen Anwälten gegen die im März 2017 im Zusammenhang mit dem Dieselskandal erfolgten Beschlagnahmen von internen Ermittlungsakten bei den VW-Anwälten (Jones Day). Tenor der Entscheidung gegen VW: Es war im entschiedenen Fall nicht unverhältnismäßig, dass sich der Staat im Rahmen einer Strafverfolgung mit Zwang Zugang zu maßgeblichen Informationen verschafft hatte.

[156] Schichold, zitiert bei Velte, P. (2011, 1401 FN 2).

rekt auf den Leiter der Internen Revision oder auf den Compliance Officer zugreifen kann, ist nach Auffassung der Autoren zu verneinen.[157] Das wird man allenfalls in spezifischen Ausnahmefällen annehmen dürfen (z. B. beim dringenden Verdacht auf TOP Management Fraud). Grund: Es ist kein aus dem Gesetz herleitbarer Ansatz als Halt hierfür zu finden. Denn weder kann § 107 Abs. 3 S. 2 AktG, noch können andere Normen das leisten. Der in § 107 Abs. 3 S. 2 AktG geregelte Prüfungsausschuss betrifft lediglich eine innerorganisatorische Angelegenheit des Aufsichtsrats. Die Norm enthält ansonsten keinerlei Vorgaben, wie ein eingerichteter Ausschuss die ihm obliegende Wirksamkeitsüberprüfung durchführen kann und soll. Insbesondere ergibt sich nicht, dass zu einer wirkungsvollen Ausübung der Tätigkeit eine solche Direktbefragung notwendig und geboten wäre.

Die Aufnahme einer derartigen Regelung in den § 107 Abs. 3 S. 2 AktG wäre im Übrigen auch systemwidrig gewesen, denn das Thema hier betrifft das grundsätzliche Verhältnis zwischen Aufsichtsrat und Vorstand. Das aber wird ganz maßgeblich insbesondere in den §§ 90, 111 AktG geregelt. Wenngleicher ein Leitungsorgan der AG ist – der Aufsichtsrat ist dennoch kein Teil der Unternehmenshierarchie, sondern er nimmt die Position eines Beobachters und Kontrolleurs ein.[158] Geprägt wird das Verhältnis zwischen Vorstand und Aufsichtsrat durch Schlüsselbegriffe wie „Informationsmonopol des Vorstands", „garantierter Informationsanspruch des Aufsichtsrats", „Trennungsprinzip" und „Geschäftsführungsverbot des Aufsichtsrats". Wenn er gewollt hätte, hätte der Gesetzgeber z. B. dort, etwa im Zuge des BilMoG oder bei anderer Gelegenheit, mit Bezug auf die Befragung von Mitarbeitern der Internen Revision und der Compliance etwas regeln können, um eine solche Systemgrenzen überschreitende Maßnahme explizit vorzusehen. Das hat er aber nicht getan.

Auch D. Grundsatz 15 S. 1 DCGK besagt, dass die Informationserteilung gegenüber dem Aufsichtsrat Aufgabe des Vorstands ist. Weiter ist darauf hinzuweisen, dass auch speziell § 109 Abs. 1 S. 2 AktG (i. V. m. § 111 Abs. 2 S. 1 AktG) nicht als Grundlage für einen solchen Direktzugriff in Betracht kommt. Nach dieser Vorschrift können „Sachverständige und Auskunftspersonen" zu den Sitzungen des Aufsichtsrats und seiner Ausschüsse zugezogen werden. Zu „Auskunftspersonen" können auch Mitarbeiter des Unternehmens gehören und daher hat sich an dieser Norm die rechtswissenschaftliche Diskussion entfacht, ob der Aufsichtsrat ohne weiteres zuziehen kann oder ob er vorher den Vorstand um Erlaubnis fragen muss.[159]

---

[157] Anders Habersack-MüKOAktG (2019, § 111, Rn. 80 f.): Ein solches Zugriffsrecht diene der Effektuierung der Kontrolle von Vorstandshandeln durch den Aufsichtsrat, es bedürfe hierfür auch keines konkreten Verdachts. Ähnlich auch schon Kropff, B. (2003, 346) und Velte, P. (2011, 1401, 1403). Wie hier z. B. Hüffer U./Koch J. (2018, § 11 Rn. 21, § 90 Rn. 11): Nur ausnahmsweise, bei Verdacht einer erheblichen Pflichtverletzung, „eine eigenständige Befragung der Internen Revision ist abzulehnen."

[158] Benz, J./Heißner, S./John, D. (2007, S. 60 Rn. 83, m.N.).

[159] Habersack-MüKOAktG (2019, § 111 Rn. 80 f.).

Nach hier vertretener Meinung bleibt es dabei: Der Vorstand allein hat grundsätzlich das Informationsweitergabemonopol, das mit dem entsprechenden Auskunftsanspruch des Aufsichtsrats korrespondiert. Mitarbeiter der Internen Revision oder der Compliance können und sollen durchaus als Informationsgeber in Betracht kommen – wegen der Rechtslage aber eben grundsätzlich nur nach vorheriger Vermittlung durch den Vorstand. In dementsprechenden Fällen ist der Vorstand verpflichtet, den Mitarbeitern Anweisung zur Informationserteilung an den Aufsichtsrat zu geben. Ungeachtet von rechtlichen Implikationen – alles andere würde einem auf Vertrauen und konstruktive Zusammenarbeit angelegten Verhältnis zwischen Vorstand und Aufsichtsrat schaden und wäre der Funktionsfähigkeit des Systems damit abträglich.

Das betrifft im Übrigen auch das Verhältnis des Vorstands zu den Mitarbeitern der Internen Revision und der Complianceabteilung. Das sind *seine* Mitarbeiter. Es ist hier abschließend zudem noch einmal daran zu erinnern, dass die organschaftlichen Verpflichtungen der Vorstände jenen weit Reichendes an Pflichten auferlegen. „Jedes Vorstandsmitglied ist dem Aufsichtsrat gegenüber zu unbedingter Offenheit verpflichtet."[160] Auch wenn es so ist, wonach ein in einem juristischen Kommentar derart apodiktisch formuliertes Postulat arg theoretisch und lebensfremd daherkommt, so dass es in der Praxis in dieser Form nur selten hält – immerhin ist doch festzustellen, dass einem Vorstand bei Verletzung seiner Pflichten womöglich drastische Schadensersatzansprüche drohen. Das mag ihn durchaus dazu veranlassen, seinem Aufsichtsrat zu wesentlichen Themen reinen Wein einzuschenken – auch wenn der hinsichtlich der Details bestehende schmale Grat zwischen Dichtung und Wahrheit nicht immer justiziabel sein mag. Haftung ist Gegenstand des nachfolgenden Unterkapitels.

3.9 Haftungsrecht

3.9.1 Haftung allgemein

Haftung (i. w. S.) ist das rechtliche „Dafür-Geradestehen-Müssen" eines Rechtssubjekts (Schuldner) für ein Ereignis oder für einen eingetretenen Umstand, oft in Form eines Schadens bei einem anderen Rechtssubjekt (Gläubiger). Es gibt differenzierende Verständnisansätze, die in der Praxis zu unterschiedlicher Benutzung des Begriffs führen.[161] Der Begriff ist jedenfalls zu trennen vom dem der Schulden. Schulden sind einzelne (nicht immer auf Geldzahlung angelegte) Leistungspflichten des Schuldners aus einem Rechtsverhältnis, zumeist aus einem Schuldverhältnis vertraglicher oder gesetzlicher Art.[162]

---

[160] So wörtlich Spindler-MüKOAktG (2019, § 76 Rn. 13).
[161] Vgl. Palandt/Grüneberg (2019, Einf v § 241 Rn. 10 f.).
[162] Vgl. allgemein Berwanger, J., zu dem Stichwort „Schuldverhältnis", https://wirtschaftslexikon.gabler.de/definition/schuldverhaeltnis-42058. Zugegriffen am 07.11.2019.

Haftung bedeutet, dass die Erfüllung der Leistungspflicht durch Rückgriff auf das Vermögen des Schuldners, ggf. auch auf dasjenige eines dritten mithaftenden Rechtssubjekts (z. B. eines Bürgen), gesichert ist. Der Haftende steht grundsätzlich mit seinem ganzen Vermögen dafür ein, dass die Schuld (also z. B. ein Schaden) beim anderen Rechtssubjekt, dem Gläubiger, diesem gegenüber ausgeglichen werden. Die auf Auslandsreisetour als Urlaubstrophäe ergatterte ausgesucht schöne Ming-Vase des Schuldners unterliegt ebenso dem Vollstreckungszugriff des vom Gläubiger losgeschickten Gerichtsvollziehers, wie das mit starken emotionalen Erinnerungen gepflegte Familienerbstück. Und das unter Umständen nur, weil der Schuldner als Käufer bei einem profanen Waschmaschinenkauf gegenüber dem Gläubiger (hier: Verkäufer) nicht performt hatte und den Kaufpreis nicht bezahlt hatte. Ausnahmen können im Privatrecht besonders vorgesehen sein, so z. B. bei der bei einem Kommanditisten einer Kommanditgesellschaft nur auf dessen Einlage beschränkten Haftung.

Einem Haftungsfall zu Grunde liegen kann ein eigener „Fehler" des haftenden Schuldners,[163] oder ein – diesem zurechenbarer – fremder Fehler eines anderen Rechtssubjekts. Denkbar ist eine Haftung auch aufgrund eines ohne einen solchen Fehler eingetretenen Ereignisses, so z. B. bei einer Garantiehaftung des Schuldners.

Ein Haftungsfall kann sich im Privatrecht oder im Öffentlichen Recht ereignen.[164] Im Öffentlichen Recht geht es um die Verletzung von Interessen der Allgemeinheit, die durch Straf- oder ordnungswidrigkeitsrechtliche Vorschriften geschützt werden. Verletzt also ein Rechtssubjekt eine strafbewehrte oder eine mit Bußgelddrohung versehene Norm, wird dadurch der grundsätzliche Verfolgungs- und Ahndungsanspruch der Allgemeinheit, verfolgt durch den Staat, ausgelöst. Die Haftung zeigt sich in Form von Bestrafung oder Bußgeldverhängung gegen den Verletzenden. Den nennt man im Strafrecht Straftäter und im Ordnungswidrigkeitenrecht Täter. Die in Anspruch genommenen können juristische Personen als Täter (Bußgeld) und/oder natürliche Personen als Straftäter bzw. Täter (Strafrecht und Bußgeld wegen Ordnungswidrigkeit) sein.

Im Privatrecht geht es bei den Haftungsfällen dieses Buches regelmäßig um Schadensersatzansprüche, die durch eine Pflichtverletzung (als eine mögliche Form eines „Fehlers") eines Rechtssubjekts ausgelöst werden. Auslöser dabei sind begangene Pflichtverletzungen juristischer Personen (Unternehmen) und solche von natürlichen Personen (Leitungspersonal des Unternehmens als Organe und Mitarbeiter des Unternehmens; Dritte), die für sich oder für das Unternehmen handeln. Ähnlich einem Ping-Pong-Effekt

---

[163] Im Privatrecht z. B. in Form einer Pflichtverletzung, vgl. dazu Berwanger, J., https://wirtschaftslexikon.gabler.de/definition/pflichtverletzung-42279/version-347794. Zugegriffen am 07.11.2019.

[164] Hier nur eine rechtliche Schnellbesohlung: Es gibt im deutschen Rechtssystem eine grundsätzliche Entweder/Oder Zweiteilung des Rechts, in Öffentliches Recht und in Privatrecht. Öffentliches Recht sind die hoheitlichen Rechtsbeziehungen, bei dem die Parteien ein Über-/Unterordnungsverhältnis aufweisen. Typisch ist das Strafrecht, bei dem der Staat den überführten Straftäter einseitig mit Zwangsmitteln zur Strecke bringt. Beim Privatrecht herrscht gleiche Augenhöhe, etwa zwischen den beiden Parteien eines Kaufvertrages.

(„Haftungskette")[165] können Pflichtverletzungen übergreifend in der Sphäre des Öffentlichen Rechts entsprechende Haftungsbeziehungen auslösen und sogleich wieder Rückwirkung auf das Privatrecht haben. Als Beispiel ist die schuldhafte Verletzung der Legalitätskontrollpflicht des GmbH-Geschäftsführers (§ 43 Abs. 2 GmbHG) anzuführen. Das ist eine Pflichtverletzung und kann zu einem Schadensersatzanspruch der GmbH ihm gegenüber führen. Der gleiche Sachverhalt kann zusätzlich die Verhängung eines Verbandsbußgelds gegen die GmbH erbringen (§§ 9, 30, 130 OWiG), wobei dies, sofern das Bußgeld vom Unternehmen gezahlt wird, wiederum als (weiterer) Schadensposten in den privatrechtlichen Schadensersatzanspruch des Unternehmens gegen den Geschäftsführer einfließen kann.

Zum angesprochenen Ping-Pong-Effekt: Es handelt sich, zumindest aus der Perspektive der Öffentlichkeit, um einen zuweilen fast irreal anmutenden Automatismus. Ein Unternehmen verklagt seinen ehemaligen Manager. Auf den juristischen Laien kann das im Einzelfall befremdlich wirken. Denn, war es nicht so, dass der von „seinem" Unternehmen verklagte Spitzenmanager und das Unternehmen in der Vergangenheit immer durch ihn verkörpert worden war? Und hat nicht das Unternehmen, vielleicht sogar gerade wegen der Pflichtverletzung, gut mit ihm verdient? Schließlich: Das war doch, auch mit Bezug auf die Unregelmäßigkeit, alles innerhalb des Unternehmens bekannt, jedenfalls bei den maßgeblichen Stellen ganz oben …?! Alles nachvollziehbare Überlegungen. Dennoch spielt das rechtlich keine Rolle, die Abgrenzung zwischen Management und Vermögensinhaber ist durch die moderne Aufteilung von Management und Kapital vorgegeben. Aktuell amtierende Leitungsorgane, bei Aktiengesellschaften allen voran der Aufsichtsrat,[166] sind wegen des Legalitätsprinzips gezwungen, mögliche zivilrechtliche Ansprüche des Unternehmens gegen (frühere) Leitungsorgane zu prüfen und ggf. gegen diese durchzusetzen. Ansonsten laufen sie selbst Gefahr, in die Haftung genommen zu werden. Dieser Automatismus ist damit auch der rechtlichen Dualität zwischen juristischer Person und natürlicher Person geschuldet und es geschieht zur Durchsetzung der Eigentümerinteressen des Unternehmens. Dass vielleicht genau diese Eigentümer vorher, womöglich gerade aufgrund der früheren Pflichtverletzungen, schon einmal einen besonderen Profit gehabt haben, nützt dem verklagten Manager nichts, weder rechtlich noch moralisch.

3.9.2 Öffentliches Recht

3.9.2.1 Strafrechtliche Haftung

3.9.2.1.1 Das Unternehmen selbst
Wie schon festgestellt, ist nach dem derzeit geltenden Recht in Deutschland eine Bestrafung des Rechtsträgers eines Unternehmens nicht vorgesehen. Das Unternehmen kann

---

[165] Veit, V. (2018, S. 3 Rn. 8).
[166] Vgl. dazu auch bei Berwanger, J., zu dem Stichwort „Aufsichtsrat", https://wirtschaftslexikon.gabler.de/definition/aufsichtsrat-31617. Zugegriffen am 07.11.2019.

daher nicht mit einer Kriminalstrafe bestraft werden, es ist nicht deliktsfähig und kommt damit als Straftäter nicht in Betracht.

3.9.2.1.2 Leitungsorgane, mit Aufsichtsräten

Ganz anders sieht das bei den natürlichen Personen aus, die in operativ tätigen Leitungsorganen (insbesondere AG-Vorstand, GmbH-GF) oder in einem im Unternehmen eingerichteten Aufsichtsrat tätig sind. Im Prinzip stehen alle Strafvorschriften, die es gibt, auf dem Zettel und können von Leitungsorganen begangen werden. Auch wenn es natürlich denkbar ist, dass ein Vorstand aus Wut und Enttäuschung über schlechte Zahlen, vielleicht zusätzlich versehen mit den Allüren anderer exponierter Charaktere,[167] sein Büromobiliar verwüstet (Sachbeschädigung, § 303 StGB) – im Zuge von Wirtschaftskriminalität für den Rahmen dieses Buches fokussiert sich das typischer Weise auf die Wirtschaftsstraftaten, die mit *Compliance* zusammenhängen und die bereits im Überblick vorgestellt wurden. Es geht zunächst um Betrugs- und Untreuedelikte (§§ 263, 266 StGB) und um solche aus dem Bereich der Korruption (§§ 298 ff. StGB). Taugliche Täter der Bestechlichkeit etwa (§ 299 Abs. 1 StGB), einem sog. Sonderdelikt, können *Angestellte* und nicht der Betriebsinhaber selbst sein, wobei dazu, neben gewöhnlichen Mitarbeitern, auch Vorstandsmitglieder und GmbH Geschäftsführer gerechnet werden. Besonders die oben kurz skizzierten Sonderdelikte aus vielfältigen Rechtsbereichen sind vielfach explizit auf Organmitglieder zugeschnitten bzw. können verstärkt von diesen qua ihrer Ämter begangen werden. Ohne Anspruch auf Vollständigkeit sind insoweit eine ganze Reihe von Straftatkomplexen zu nennen: Kapitalmarkt- und Finanzmarktstrafrecht (z. B. § 264a StGB Kapitalanlagebetrug), Verbotenes Insiderhandeln (z. B. § 119 Abs. 4 WpHG), Bilanz- und sonstige Delikte aus dem Handels- und Gesellschaftsrecht (z. B. §§ 283 Abs. 1 Nr. 7, 283b Abs. 1 Nr. 3 StGB; §§ 399 ff. AktG, § 84 GmbHG), Insolvenzverschleppungsstraftaten (z. B. § 15a InsO), Außenwirtschaftsstrafrecht (z. B. bei Embargoverstößen, die allerdings auch von Mitarbeitern begehbar sind) und Bankrotthandlungen (§§ 283 ff. StGB).

Insbesondere kann *Untreue*, § 266 StGB, bei Compliancethemen von Führungsorganen („Organuntreue")[168] eine hervorgehobene Rolle spielen. Geschützes Rechtsgut ist hier das Vermögen. Es hat jemand einem anderen sein Vertrauen im Hinblick auf die Wahrung seiner Angelegenheiten rund ums Vermögen geschenkt und dem anderen in diesem Zuge die entsprechenden Dispositionsmöglichkeiten eingeräumt. Das Vertrauen wurde durch „verletzende Missgriffe" des Täters enttäuscht und das führte zum Vermögensnachteil. In der Juristerei ist das Verhältnis der beiden Tatbestände des § 266 Abs. 1 StGB zueinander, Missbrauchstatbestand (§ 266 Abs. 1 1. Alt. StGB) und Treubruchtatbestand (§ 266 Abs. 1

---

[167] Manche Rockbands pflegen das zweifelhafte Image, auf Tourneen ihre Hotelzimmer zu zerlegen. Versuche, sich mit der Aura ikonischer Verdichtungen ähnlich der von Popstars zu versehen, soll es auch heute noch bei manchem Management von Unternehmen geben. Dennoch dürfte die Schar der Fans überschaubar sein, denn der „one and only great man" als Leitbild hat ausgedient. Das Aufkommen von Groupies in Unternehmen stagniert stetig.

[168] Tiedemann, K. (2017, S. 230 Rn. 562; S. 446 ff. Rn. 1080 ff.).

2. Alt. StGB), nicht ganz ausdiskutiert. Es werden etliche rechtliche Details von Tatbestandsmerkmalen hin und her gewendet. Für die Zwecke dieses Buches ausreichend illustrieren zu der Norm ergangene strafgerichtliche Entscheidungen zu beiden Tatbeständen deren jeweilige Eigenheiten eindrücklich. Es bietet sich ein Füllhorn mit einschlägigen Fällen. Zunächst kann die im Zusammenhang mit dem Treubruchtatbestand des § 266 Abs. 1 2. Alt. StGB erörterte Relevanz der vom zuständigen Leitungsorgan unterlassenen Einrichtung von Compliancestrukturen in einem Unternehmen, obwohl aufgrund nach dessen Legalitätspflicht geboten, ein Thema sein.[169] Weitere mögliche Fälle der Strafbarkeit wegen „schlechter Ausführung der Geschäftsbesorgung", wobei diese hier nicht vollständig aufgeführt werden können, sind unordentliche Buchführung, Bildung schwarzer Kassen,[170] überzogene oder zum Schein gewährte Vergütungen,[171] Verjährenlassen von Forderungen, Nichtgeltendmachung von Forderungen, Verwendung öffentlicher Gelder entgegen ihrer haushaltsrechtlichen Zweckbestimmung für Repräsentationszwecke und *Churning*.[172]

Es geht im Übrigen oft um Vorsatzdelikte, aber es kann sich auch um Fahrlässigkeitsdelikte handeln. Bei der Begehungsart ist sowohl ein aktives Tun als auch eine Straftat per „Begehung durch Unterlassen" (§ 13 StGB) denkbar. Besonders Unterlassungsstraftaten, hier in Form sog. unechter Unterlassungsdelikte,[173] können ein Thema sein. Sie erfordern das Vorliegen einer sog. Garantenstellung. Obwohl hier im Detail juristisch manches streitig ist, so insbesondere im Zusammenhang mit den Stichworten *Geschäftsherrenhaftung* und *Organisationsherrschaft* – es haben z. B. Überwachungsorgane von Kapitalgesellschaften, das gilt vor allem für Mitglieder des Aufsichtsrats, eine Garantenstellung als Beschützergarant für das Gesellschaftsvermögen und als Überwachungsgarant zur Verhinderung von Straftaten anderer Organe und Mitarbeiter der Gesellschaft zum Nachteil Dritter. Stichworte ergeben sich z. B. aus Themen der strafrechtlichen Produktverantwortlichkeit und oder Überwacherverantwortlichkeit aus sog. Ingerenz (Verantwortlichkeit aus

---

[169] Zweifelnd, ob eine Untreuestrafbarkeit wegen des Unterlassens angemessener Geheimhaltungsmaßnahmen nach § 2 Nr. 1 Buchst. b GeschGehG vorliegt, Dann, M./Markgraf, J.W. (2019, S. 1774, 1775).

[170] Vgl. dazu etwa das BGH-Urteil vom 06.09.2016, 1 StR 104/15, Juris (Siemens): Nicht jedes Unterhalten einer schwarzen Kasse oder deren mangelnde Auflösung stellt eine Untreue im Sinne § 266 StGB dar. Untreue liegt nur dann vor, wenn es bei wirtschaftlicher Betrachtungsweise zu einem Vermögensnachteil bei der Treugeberin kommt.

[171] Vgl. etwa das VW-Urteil des BGH (BGHSt 54, 148; Gebauer/Volkert): Scheinagenturvertrag mit der brasilianischen Geliebten zu deren Finanzierung; der im Aufsichtsrat tätige Gesamt- und Weltkonzernvorsitzende erhielt von der AG 10 Mio. € „Sonderboni" und es wurden ihm die Kosten einer Wohnung, auch Bordellrechnungen und Kaufpreise für Maßanzüge und Schmuck, verdeckt als „Ausgaben im Geschäftsinteresse des Gesamtbetriebsrats" von der AG bezahlt, vgl. dazu Tiedemann, K. (2017, S. 235 Rn. 567).

[172] „Provisionsschneiderei", auch „Provisionsschinderei"; vgl. Schönke-Schröder-Perron (2019, § 266 Rn. 19a f., 35a), mit der beispielhaften Aufzählung von weiteren Fällen.

[173] Vgl. dazu etwas eingehender Berwanger, J./Kullmann, S. (2012, S. 174).

Schaffung einer Gefahrenquelle). Die h. M.[174] befürwortet eine Überwachergarantenstellung des Inhabers oder Leiters eines Unternehmens zur Abwendung aller betriebsbezogenen Straftaten und zur Abwendung von Ordnungswidrigkeiten, begangen durch Mitarbeiter, die diese in Erfüllung der ihnen aufgetragenen Aufgaben verwirklichen. Vorstandsmitglieder, Geschäftsführer und Aufsichtsräte haben ebenfalls eine Garantenstellung zum Schutz des Gesellschaftsvermögens, nur ausnahmsweise gilt das allerdings für das Verhältnis des Geschäftsführers (Vorstands) bzw. von Aufsichtsräten zu den Gesellschaftern,[175] ebenfalls nur ausnahmsweise im Verhältnis zu außenstehenden Dritten.[176]

Bezüglich der strafrechtlichen Rolle von Leitungsorganen ist sowohl eine Täterschaft als auch eine Teilnahme zur Haupttat eines Täters (Anstiftung oder Beihilfe, §§ 26, 27 StGB) denkbar. Bei der Täterschaft von Leitungsorganen spielen Zusammenhänge zu Fragen der Delegation und der Gestaltung einer innerhalb des Unternehmens vertikal konzipierten Organisationsherrschaft eine besondere Rolle. Das kann für eine deshalb womöglich vorliegende sog. mittelbare Täterschaft (§ 25 Abs. 1 2. Alt. StGB) von Bedeutung sein. Der mittelbare Täter handelt durch einen anderen, über sein „Werkzeug", das er maßgeblich steuert. Zu dieser Rechtsfigur ist in der Juristerei mit Bezug auf die Übertragung auf die Verhältnisse in Unternehmen vieles umstritten. So z. B., ob man vergleichsweise geordnete Verhältnisse in einem Unternehmen, in der Regel ausgestattet mit mündigen und kritischen Mitarbeitern, gleichsetzen darf mit stramm auf Befehl und Gehorsam getrimmten Staatssystemen. Denn deren stringente Befehlskette von oben nach unten macht den „Ausfall" eines Untergebenen wett und lässt mittelbare Täterschaft der Spitze gut begründbar erscheinen. Ungeachtet dessen, dass im Regelfall ein sklavisches auf Befehl und Gehorsam angelegtes System in einem heutigen Unternehmen modernen Zuschnitts nicht angenommen werden kann, ist in der Juristerei eine sehr deutliche Tendenz zur Ausweitung der Fälle von mittelbarer Täterschaft auch zu Lasten von Leitungsorganen in Unternehmen festzustellen. Insbesondere wenn Vorgesetzte regelhafte Abläufe im Rahmen einer hierarchischen Unternehmensstruktur ausnutzen, um durch Einbindung nachgeordneter Mitarbeiter Straftaten zu begehen, wird dies von der Rechtsprechung angenommen.[177]

Strafrechtliche Kriterien zu bestimmten unternehmensbezogenen Sonderdelikten und der dazugehörigen strafrechtlichen Delegation regelt, nicht so leicht verständlich, § 14

---

[174] Siehe die Hinweise von Hellmann, U. (2018, S. 353 Rn. 1057, FN 113, m. w. N.) und Kühl, K. (2017, S. 721 Rn. 118b).

[175] Tiedemann, K. (2017, S. 137 Rn. 359). Vgl. allgemein zur Garantenstellung Berwanger, J., https://wirtschaftslexikon.gabler.de/definition/garantenstellung-32061. Zugegriffen am 07.11.2019.

[176] Speziell zur Situation bei Aufsichtsräten vgl. Habersack-MüKOAktG (2019, § 116 Rn. 82 ff.) und das OLG Braunschweig (Beschluss vom 14.06.2012, Ws 44/12 und Ws 45/12, Juris): Leitsatz 3: „Aufsichtsratsmitglieder haben eine Garantenstellung im Sinne des auf den Untreuetatbestand anwendbaren § 13 StGB".

[177] Vgl. Wessels, J./Beulke, W./Satzger, S. (2018, S. 299 Rn. 852) mit Hinweis auf eine „gefestigte Rechtsprechung" des BGH, u. a. BGHSt 49, 147, 163 (Bremer Vulkan).

StGB. Die Norm bewirkt eine allgemeine Strafausdehnung in Form einer Verschiebung „nach unten", indem sie bei *Sonder- bzw. Pflichtdelikten* den Anwendungsbereich der jeweiligen Tatbestände auf solche Personen ausdehnt, die stellvertretend für den Normadressaten handeln.[178] Normadressat bei Sonderdelikten ist das – selbst deliktsunfähige – Unternehmen. Seine Leitungsorgane sind Stellvertreter. Typischer Fall ist der Bankrott (283 StGB), ein Sonderdelikt, das sich nur gegen den Schuldner richtet. Ist Schuldner ein Unternehmen in der Rechtsform einer juristischen Person, muss § 14 StGB als Zurechnungsnorm bemüht werden. Bei operativ tätigen Vorständen, die insoweit offensichtlich im Lead stehen, liegt die Zurechenbarkeit auf der Hand. Die Hinzuziehung von Aufsichtsräten zu dem nach § 14 Abs. 1 Nr. 1 StGB betroffenen Kreis wird kontrovers diskutiert, im Sinne einer Risikovorausschau sollte man aber als Aufsichtsrat auf Nummer Sicher gehen und sich vorsichtshalber als dazu gehörig betrachten. Immerhin handelt es sich beim Aufsichtsrat nach gesellschaftsrechtlicher Lesart auch um ein Leitungsorgan der Gesellschaft.[179] Über § 14 Abs. 1 Nr. 1 StGB erfasst wird das Gremium auf jeden Fall, wenn es in einem Einzelfall um eine Vertretung des Unternehmens gegenüber dem Vorstand geht (arg. § 112 AktG). Ansonsten nicht von § 14 StGB erfasste Personen, das gilt dann auch für Aufsichtsräte, können im Übrigen jedenfalls Unterlassungstäter kraft § 13 StGB sein, es kommt insoweit eine Teilnehmerstrafbarkeit in Betracht.[180]

Eine grundsätzlich mögliche Delegation muss im Übrigen genau, speziell und zeitlich begrenzt sein und sie darf nur einen Teil der obersten oder oberen Leitungsebene betreffen; außerdem müssen die Delegaten (also die nachgeordneten Mitarbeiter) hinreichend sachkompetent sein, um die ihnen übertragenen Aufgaben sachgerecht erledigen zu können. Die oberste Verantwortung wegen Auswahl, Aufsicht und Kontrolle verbleibt in jedem Fall beim Delegatar. Der Grundsatz, dass sich das Organ seiner Verantwortung als Prinzipal nicht völlig entledigen kann, klingt in § 14 Abs.1 StGB an, weil der Vertreter danach *auch* verantwortlich ist, der Vertretene seine Verantwortung mithin also nicht voll delegieren kann.[181] Ansonsten gilt, dass bei einer rechtswidrigen Anweisung auch die Ausführung grundsätzlich rechtswidrig ist.[182] In einer durch die zuständige Leitungsebene getätigten Anweisung an die Adresse von Hilfspersonen zur Vornahme von Handlungen, die als solche einen Straftatbestand ausfüllen, kann einzelfallabhängig nach dem eben Gesagten ansonsten Täterschaft des Anweisenden, insbesondere in Form von mittelbarer

---

[178] Fischer, T. (2019 § 14 Rn. 1b).

[179] Vgl. Kühl, K. (2017, 840 f. Rn. 165c) zur Thematik Interessentheorie vs. Funktionstheorie. Der Rechtsprechung reichte es bislang zur Bejahung der Zurechnung aus, wenn der Vertreter zumindest auch im (wirtschaftlichen) Interesse des Vertretenen gehandelt hatte. Zuletzt favorisierte der BGH die Ansicht, dass es ausreicht, wenn der Vertreter im Geschäftskreis des Vertretenen tätig war und in dessen Namen auftrat oder wenn jedenfalls der Vertretene aufgrund der bestehenden Vertretungsmacht des Vertreters im Außenverhältnis gebunden werde konnte (Funktionentheorie).

[180] Tiedemann, K. (2017, S. 172 Rn. 436).

[181] Tiedemann, K. (2017, S. 170 Rn. 430).

[182] Tiedemann, K. (2017, S. 145 Rn. 375).

Täterschaft, vorliegen. Angestellte, die eine offensichtlich rechtswidrige bzw. jedenfalls rechtlich höchst fragwürdige Anweisung kritiklos und unreflektiert umsetzen, werden mangels eigener Tat- und Willensherrschaft regelmäßig nicht als Täter in Betracht kommen. Wohl aber kommen sie als Beihilfestraftäter (§ 27 StGB) in Betracht. Auch eine Mittäterschaft des Mitarbeiters mit dem ihn anweisenden Vorgesetzten ist nicht ausgeschlossen.[183]

3.9.2.1.3 Mitarbeiter des Unternehmens

Wie eingangs des Rechtsteils allgemein festgestellt, befinden sich auch gewöhnliche Mitarbeiter eines Unternehmens qua ihrer Stellung als Unternehmensangehörige in einer besonderen Pflichtenumgebung. Manifestiert wird dies zivilrechtlich vor allem durch den Arbeitsvertrag, zumeist begleitet durch kollektiv-rechtliche Regelwerke, Tarifvertrag und Betriebsvereinbarungen. Als natürliche Personen, die strafrechtlich für alles Mögliche voll zur Verantwortung gezogen werden können, wird durch das Eingehen eines Arbeitsverhältnisses die schon mit sehr vielen Grau-Farben ausgestattete Strafbarkeitspalette, wie sie alle natürlichen Personen als Otto-Normalbürger u. a. nach dem StGB sowieso schon betrifft, exklusiv um weitere dunkle Töne erweitert. Augenscheinlich wird das z. B. bei der Bestechlichkeit (§ 299 Abs. 1 StGB), die als Sonderdelikt nur von einem Angestellten begangen werden kann.

Ansonsten sind bezüglich der Mitarbeiterstrafbarkeit die Ausführungen soeben zu den Leitungsorganen auf die Situation von gewöhnlichen Mitarbeitern eines Unternehmens grundsätzlich übertragbar. Die Strafbarkeitsausdehnung innerhalb von solchen Unternehmen, die bei Unternehmen in Form von juristischen Personen nach § 14 Abs. 1 StGB deren Leitungsorgane „befallen" kann, kann gemäß § 14 Abs. 2 StGB durch rechtswirksame Beauftragung auch auf Personen erstreckt werden, die mit der Leitung (§ 14 Abs. 2 Nr. 1 StGB) oder die mit der Wahrnehmung von bestimmten hervorgehobenen Aufgaben des Betriebs- bzw. Unternehmensinhabers extra von diesen beauftragt worden sind (§ 14 Abs. 2 Nr. 2 StGB). § 14 Abs. 2 Nr. 1 StGB betrifft z. B. den Betriebsleiter oder den kaufmännischen, sowie den Filialleiter. § 14 Abs. 2 Nr. 2 StGB kann sich auch auf den „gewöhnlichen" Personal- oder Steuersachbearbeiter beziehen. Maßgebend für die Ausdehnung ist das Maß der Entscheidungsfreiheit des Mitarbeiters, nicht die Stellung als Vorgesetzter, die allein nicht ausreicht.

3.9.2.1.4 Speziell: Mitarbeiter der Internen Revision und der Compliance-Organisation

Für Mitarbeiter der Internen Revision und eines eingerichteten CMS gibt es gegenüber dem Vorgesagten zunächst grundsätzlich keine Besonderheiten. Da sie in Erledigung ihrer

---

[183]Tiedemann, K. (2017, S. 170 Rn. 431), mit dem Hinweis, dass die Wahrscheinlichkeit von Mittäterschaft abnimmt, je weiter man sich der untersten Stufe der Betriebshierarchie nähert; und dem Hinweis auf Rechtsprechungstendenzen der Ausdehnung der mittelbaren Täterschaft durch die Gerichte (ebd. Rn. 432).

arbeitsvertraglichen Pflichten, mehr als andere Mitarbeiter, mit mitunter heikel-sensiblen Angelegenheiten befasst sind, kann sie das strafrechtlich doch in besondere Themenfelder führen. Beispielsfälle hierzu sind bereits im Zusammenhang mit internen Ermittlungen beschrieben worden.

Für Leitungspersonen, das gilt damit für den Leiter der Internen Revision und für den (Chief) Compliance Officer, kann sich eine besondere strafrechtliche Verantwortung aus dem Untreuetatbestand des § 266 Abs. 1 2. Alt. StGB (sog. Treubruchtatbestand) ergeben. Klärungsbedürftig für den Einzelfall ist, ob durch den jeweiligen Arbeitsvertrag mit dem Unternehmen ein Treueverhältnis im Sinne der Vorschrift begründet wurde. Das würde voraussetzen, dass im Rahmen der vertraglich übertragenen Aufgaben und der auf der Grundlage dieser Aufgaben gewährten Entscheidungsbefugnisse eine gewisse Selbstständigkeit gewährt wird. Diese muss als Führungsverantwortung Raum für eigenverantwortliche Entscheidungen lassen. Nicht schon jede der Revisionsleitung bzw. dem Compliance Officer übertragene arbeitsvertragliche Pflicht rechtfertigt die Annahme eines solchen Treueverhältnisses. Übertragene Pflichten müssen sich inhaltlich auf die Wahrnehmung der Vermögens- und Geschäftsinteressen des Unternehmens, mit Elementen einer Geschäftsbesorgung, richten. Im Ergebnis kann es in vielen Fällen so sein, dass man bei den genannten Führungskräften entsprechende Kompetenzen annehmen kann, mit Elementen einer Geschäftsbesorgung zugunsten des Unternehmens. Ein Treueverhältnis, das die Wahrnehmung von Vermögensfürsorgepflichten zugunsten des Unternehmens beinhaltet, liegt dann nahe. Eine von § 266 Abs. 1 2. Alt. StGB geforderte pflichtwidrige Treubruchhandlung wird im Übrigen nur bei gravierenden Verstößen gegen Vermögensfürsorgepflichten angenommen.[184] Das ist ebenfalls einzelfallabhängig zu entscheiden.[185]

Gewöhnliche Mitarbeiter der Internen Revision und des CMS unterhalb der Hierarchieebene der Leitung unterliegen im Regelfall keinem Treueverhältnis im Sinne von § 266 Abs. 1 2. Alt. StGB. Es fehlt hier zumindest in der Regel eine selbstständige Entscheidungskompetenz, also ein Raum für eigenverantwortliche Entscheidungen der Mitarbeiter. Abweichende Ergebnisse im Einzelfall sind jedoch denkbar, etwa soweit Mitarbeitern arbeitsvertraglich Aufgaben entweder für einen bestimmten Zeitraum oder für ein bestimmtes, organisatorisch von anderen Gebieten abgegrenztes Sachgebiet (z. B. bei einem Projekt) eine derartige Entscheidungskompetenz, inclusive von Vermögensbetreuungspflichten, arbeitsvertraglich übertragen worden war. Soweit und sofern eine täterschaftliche Begehung des Untreuetatbestandes für nachgeordnete Mitarbeiter mangels Vorliegens

---

[184] So BGHSt. 56, 213 (=NJW 2016, 3256), kritisch dazu Schönke-Schröder-Perron (2019, § 266 Rn. 19b).
[185] Vgl. Hucke, A./Münzenberg, T. (2015, S. 110, FN 209) mit dem Beispiel einer fehlenden Geschäftsordnung als Ursache für nicht ordnungsgemäß durchgeführte Prüfungshandlungen und einen so hervorgerufenen Schaden für das Unternehmensvermögen, mit Hinweis auf die Bedeutung der Geschäftsordnung nach DIIR-Leitfaden zur Durchführung eines Quality Assessments, auch zu den übrigen Tatbestandsvoraussetzungen des § 266 Abs. 1 2. Alt. StGB.

eines Treueverhältnisses nicht in Betracht kommt, kommt allerdings womöglich eine strafbare Beihilfe des Mitarbeiters nach den §§ 27, 266 Abs. 1 2. Alt. StGB in Betracht.[186]

Zum einschlägigen Strafrecht für Revisions- und Compliancemitarbeiter hat vor allem ein Urteil des BGH aus dem Jahr 2009[187] Beachtung gefunden. Die Kommentierungen in einschlägigen Fachzeitschriften fielen weitgehend kritisch aus, sowohl juristisch als auch aus operativer Revisions- und Compliancesicht wurde das Urteil mindestens differenziert-kritisch bewertet.[188] In der neueren juristischen Lehrbuch- und Kommentarliteratur[189] findet sich auch grundsätzliche Zustimmung zu dem Urteil. Es ging bei dem Urteil um die strafrechtliche Verantwortung des Leiters der Internen Revision einer öffentlich-rechtlichen Anstalt (a) und um mögliche vom Urteil eröffnete Rückschlüsse für die Strafbarkeit von Revisionsleitern in privaten Wirtschaftsunternehmen (b) und von Compliance Officers in privaten Wirtschaftsunternehmen (c).

Zum Thema (a), dem einzig vom Gericht zu beurteilenden Sachverhalt, bestätigte der BGH eine Bestrafung eines Leiters der Internen Revision und der Rechtsabteilung bei den Berliner Stadtreinigungsbetrieben (BSR), einer öffentlich-rechtlichen Anstalt. Bestätigt hatte der BGH eine vom LG Berlin erkannte Beihilfe, begangen durch Unterlassen, zum Betrug in mittelbarer Täterschaft (§§ 263, 25 Abs. 1 2. Alt., 27, 13 StGB). Es waren durch die BSR gegenüber Bürgern der Stadt Berlin fehlerhaft überhöhte Anliegerreinigungsgebühren (insgesamt 23 Mio. Euro) berechnet worden. Bürger waren als Anlieger für Straßen zur Kasse gebeten worden, bei denen es gar keine Anlieger gab und wofür das Land allein kostenmäßig verantwortlich war. Das war zwischenzeitlich bei BSR bemerkt worden, der Fehler wurde aber auf Anweisung des Haupttäters, des für die Gebühren fachlich zuständigen Vorstandsmitglieds der BSR, nicht korrigiert. Vielmehr wurde die falsche Berechnung der somit „betrügerisch überhöhten Gebühren" (BGH, NJW 2009, 3173, 3175) durch BSR fortgesetzt. Der Revisionsleiter hatte Kenntnis davon erlangt, unternahm aber nichts dagegen. Insbesondere informierte er nicht seinen Vorgesetzten, den Vorstandsvorsitzenden. Diese Passivität wurde ihm vom Gericht als Beihilfe angekreidet, deswegen machte er sich strafbar. Auch die für ein sog. unechtes Unterlassungsdelikt rechtlich notwendige Garantenstellung (§ 13 StGB) hatte der BGH angenommen.

Kritikpunkte erntete das Urteil im Hinblick auf seine Ausführungen zu (c).[190] Der BGH hat in diesem Zusammenhang in seiner Urteilsbegründung zur Rolle der Compliance Officers u. a. festgestellt: „… Deren Aufgabengebiet ist die Verhinderung von Rechtsverstö-

---

[186] Vgl. Hucke, A./Münzenberg, T. (2015, S. 112) mit dem Beispielsfall eines geschönten Revisionsberichts auf Veranlassung des Revisionsleiters, wobei der Prüfer sich einverstanden erklärt, sein finding aus dem Bericht herauszustreichen, wodurch es beim Unternehmen kausal zu einem Vermögensnachteil kommt.

[187] Vom 17.07.2009 (5 StR 394/08; NJW 2009, S. 3173).

[188] Vgl. etwa Berwanger, J./Kullmann, S. (2012, S. 176 f., m. w. N.).

[189] Fischer, T. (2019, § 13 Rn. 39), Hellmann, U. (2018, S. 355 Rn. 1062), Brettel, H. (2018, S. 106 ff. Rn. 99 ff.).

[190] Ausführlich zu (a) und (b) Berwanger, J./Kullmann, S. (2012, S. 173 ff.).

ßen, insbesondere auch von Straftaten, die aus dem Unternehmen heraus begangen werden und diesem erhebliche Nachteile durch Haftungsrisiken oder Ansehensverlust bringen können ... Derartige Beauftragte wird regelmäßig strafrechtlich eine Garantenpflicht i. S. § 13 StGB treffen, solche im Zusammenhang mit der Tätigkeit des Unternehmens stehende Straftaten von Unternehmensangehörigen zu verhindern. Dies ist die notwendige Kehrseite ihrer gegenüber der Unternehmensleitung übernommenen Pflicht, Rechtsverstöße und insbesondere Straftaten zu unterbinden ..." (BGH, NJW 2009, 3173, 3175). Eine Komplikation bzw. Schwierigkeit, das BGH-Urteil richtig zu deuten, ergibt sich daraus, dass der BGH auf die seiner Meinung nach gegebenen „regelmäßig erheblichen Überschneidungen im Aufgabengebiet" zwischen dem Compliance Officer (c) und dem Revisionsleiter (b) hingewiesen hatte.

Die vom juristischen Mit-Autor bereits bei früherer Gelegenheit geäußerte differenziert-kritische Haltung zu dem Urteil[191] wird aufrechterhalten. Dass es für die Ergebnisfindung bei einer Rechtsfrage zumeist auf die Umstände des Einzelfalls, auf den konkreten Sachverhalt, ankommt, ist in der Juristerei ein geflügeltes Wort und es ist eine Binsenweisheit. Das obiter dictum des BGH bringt diese Notwendigkeit der einzelfallbezogenen Sicht nicht klar genug zum Ausdruck. Die Rolle des Compliance Officers in einem Wirtschaftsunternehmen wird zu verallgemeinernd, und im Ergebnis mit der problematischen Tendenz zur allgemeinen Bejahung der Garantenstellung, dargestellt. Das kommt vor allem in der Verwendung des Wortes „... regelmäßig ..." durch den BGH zum Ausdruck. Der Pflichtenstatus eines Compliance Officers ist aber im allgemeinen gerade nicht so klar in diese Richtung konturiert. Das kann so sein, muss es aber nicht. Das ist von Unternehmen zu Unternehmen unterschiedlich. Das aber dann in dieser Form, ohne Wert auf eine ausdrückliche Differenzierung zu legen, mit einer strafrechtlichen Folge zu belegen, wie der BGH das zu (c) angedeutet hat, erscheint kritikwürdig. Um es abschließend noch einmal zu betonen: Dass natürlich, einzelfallabhängig, die Dinge per Arbeitsvertrag des Compliance Officers doch anders geregelt sein können, ist denkbar und wird in einem solchen Fall, aber eben nur in einem solchen Fall, eine strafrechtliche Garantenpflicht des Compliance Officers begründen können. So jedenfalls die hier vertretene Sicht.

3.9.2.2 Ordnungswidrigkeitsrechtliche Haftung

3.9.2.2.1 Das Unternehmen selbst

Der Ausfall einer strafrechtlichen Verantwortlichkeit von Unternehmen wird kompensiert durch die Existenz von drei entscheidenden Normen im OWiG. Es handelt sich um die §§ 9, 30, 130 OWiG. Insbesondere § 130 OWiG besitzt nicht selten die Funktion eines Auffangtatbestands für die Fälle, in denen eine Beteiligung der Leitungspersonen an der Straftat oder an der Ordnungswidrigkeit eines Mitarbeiters nicht beweisbar ist.[192]

---

[191] Berwanger, J./Kullmann, S. (2012, S. 176 f.).
[192] Hellmann, U. (2018, S. 357 Rn. 1065).

Rechtlicher Anknüpfungspunkt, explizit den Rechtsträger eines Unternehmens von staatlicher Seite „bebußen" zu können, ist § 30 OWiG. Vorausgesetzt ist, dass eine in der Norm genannte Leitungsperson eine Straftat oder Ordnungswidrigkeit begangen hat (*Anknüpfungs-* oder *Bezugstat* genannt) und dadurch entweder Pflichten, welche die juristische Person oder Personenvereinigung treffen, verletzt worden sind oder die juristische Person bzw. Personenvereinigung bereichert worden ist oder bereichert werden sollte (vgl. § 30 Abs. 1 OWiG). Als Rechtsfolge kann dann gegen den Rechtsträger des Unternehmens eine Geldbuße verhängt werden. Sie beträgt nach geltendem Recht bis zu 10 Mio. € (§ 30 Abs. 2 S. 1 OWiG). § 30 OWiG ist kein eigener Ordnungswidrigkeitstatbestand, sondern es handelt sich nach h. M.[193] um eine Zurechnungsnorm, indem dem Unternehmen die Straftat oder die Ordnungswidrigkeit seiner Leitungspersonen rechtlich zugerechnet wird. Die Unternehmensgeldbuße tritt in der Regel neben die Sanktionierung des Täters der Bezugstat, also der Leitungsperson, die für das Unternehmen gehandelt hatte. U. a. den Eigenheiten des Opportunitätsprinzips geschuldet – dieses kann wegen des eingeräumten pflichtgemäßen Ermessens zu einer Nichtverfolgung der Bezugstat als Ordnungswidrigkeit führen (§ 47 Abs. 1 S. 1 OWiG) – war es dem Gesetzgeber wichtig, die Selbstständigkeit des Bußgeldverfahrens nach §30 OWiG festzuhalten. Dies hat er in § 30 Abs. 4 S. 1 OWiG geregelt: „Wird wegen der Straftat oder Ordnungswidrigkeit ein Straf- oder Bußgeldverfahren nicht eingeleitet oder wird es eingestellt oder wird von Strafe abgesehen, so kann die Geldbuße selbständig festgesetzt werden." Ungeachtet der Existenz dieser Vorschrift unterfällt die Verfolgung von Unternehmen nach § 30 OWiG ihrerseits den Eigenheiten des Opportunitätsprinzips. Bei der vorgesehenen gesetzlichen Reformierung des Unternehmensstrafrechts (VerSanG) wird sich das zukünftig ändern.

Die besondere Bedeutung von § 30 OWiG erschließt sich erst in der Zusammenschau mit § 14 StGB bzw. § 9 OWiG und mit § 130 OWiG. Kennzeichnend für diese Normen ist „das Prinzip der Zurechnung oder Zuordnung von Merkmalen und Verhaltensweisen beim Handeln oder Unterlassen auf unterschiedlichen Firmenebenen mit dem Ziel der Haftungsausdehnung."[194] § 9 OWiG übernimmt dabei im Bereich des OWiG die Zurechnungsfunktion, für die § 14 StGB beim Strafrecht steht. Es wird an das materielle Kriterium des für die Leitung des Betriebs oder des Unternehmens verantwortlichen Handelns angeknüpft (§ 9 Abs. 3 OWiG; siehe auch § 30 Abs. 1 Nr. 5 OWiG). Es geht nach § 30 Abs. 1 Nr. 5 OWiG auch um eine sonstige Person, „die für die Leitung des Betriebs oder eines Unternehmens einer juristischen Person oder einer in Nummer 2 oder 3 genannten Personenvereinigung verantwortlich handelt, wozu auch die Überwachung der Geschäftsführung oder die sonstige Ausübung von Kontrollbefugnissen in leitender Stellung gehört …". Zusammenfassend: Zwar ist er es nicht nur § 130 OWiG,[195] weil auch alle anderen straf-

---

[193] Vgl. Wittig, P. (2014, S. 129 ff. Rn. 1 ff.).
[194] Wittig, P. (2014, S. 132 Rn. 9).
[195] Im Kartellbereich ist besonders an § 81 Abs. 3 Ziff. 3a GWB zu denken. Er ordnet eine konzernweite Haftung an, die bei Kartellverstößen durch ein Unternehmen die Festsetzung einer Geldbuße auch gegen deren Obergesellschaft und gegen deren Leitungsperson erlaubt, sofern sie mittelbar oder unmittelbar einen bestimmenden Einfluss auf die Konzerngesellschaft ausgeübt haben, vgl. dazu Schockenhoff, M. (2019, S. 281, 289).

und ordnungswidrigkeitsrechtlichen Normen als Bezugstaten für § 30 OWiG in Betracht kommen. Speziell aber ist § 130 OWiG „der Bringer" für die Anwendung des § 30 OWiG. Gerade für die begangenen Delikte durch untere Angestellte eines Unternehmens ergibt sich über § 130 OWiG der Link für die Bußgeldverantwortung des Unternehmens.

3.9.2.2.2 Leitungsorgane, mit Aufsichtsräten

Wie bereits vorstehend hergeleitet, steht mit Bezug auf die Verfolgung von Leitungsorganen an oberster Stelle die Norm des § 130 OWiG – auch wenn auch im Bußgeldbereich, unabhängig von § 130 OWiG, noch viele andere „verletzbare" Vorschriften denkbar sind. Es handelt sich bei § 130 OWiG um ein Sonderdelikt, dessen Adressaten der Inhaber eines Betriebs oder eines Unternehmens sind. Erst durch die Anwendung von § 9 Abs. 1 Nr. 1 OWiG wird rechtstechnisch eine Erfassung von Vorständen bzw. Geschäftsführern und anderen Leitungsorganen herbeigeführt. Zu den Leitungsorganen dieser Vorschrift können auch Aufsichtsräte gehören (siehe oben die Ausführungen zu § 14 StGB). Zu bejahen ist das jedenfalls, wenn es um einen im Gesetz oder in der Satzung geregelten Sonderfall geht, so z. B., wenn sie als Vertreter der Gesellschaft gegenüber dem Vorstand (§ 112 AktG) handeln. Bei der Tathandlung geht es um das Unterlassen von Aufsichtsmaßnahmen, die erforderlich sind, um in dem Betrieb oder in dem Unternehmen Zuwiderhandlungen gegen Pflichten zu verhindern, die den Inhaber treffen und deren Verletzung mit Strafe oder Bußgeld bedroht ist. § 130 OWiG ist damit ein sog. echtes Unterlassungsdelikt und es betrifft mit Bezug auf staatliches Ahndungsrecht das Core Business von Interner Revision und eines CMS. Kurzum – § 130 OWiG und seine Leitlinien verkörpern genau einen entscheidenden roten Faden dieses Buches. Eine Aufsichtspflichtverletzung kann vor allem in einem Organisationsmangel bestehen, wenn es der Pflichtige unterlassen hat, „durch Bestellung einer geeigneten und zuverlässigen Person sicherzustellen, dass betriebliche Pflichten erfüllt werden, für deren Beachtung er nicht selbst sorgen konnte, oder wenn er die Zuständigkeit so unklar regelt, dass dies die Gefahr der Verletzung betrieblicher Pflichten begründet, weil entweder niemand oder eine dafür ungeeignete Person sich dafür zuständig halten" kann.[196] Stichprobenkontrollen sind geboten. Wenn abzusehen ist, dass solche Maßnahmen nicht ausreichen, müssen andere, geeignete Maßnahmen ergriffen werden. § 130 Abs. 1 S. 2 OWiG verpflichtet den Betriebsinhaber des Weiteren ausdrücklich zur Überwachung der Aufsichtspersonen. Er kann sich durch deren (einmalige) Bestellung nicht vollständig und nachhaltig seiner diesbezüglichen Pflichten entledigen. Sog. objektive Bedingung der Ahndung eines Unterlassens nach § 130 OWiG ist das Vorliegen einer tatsächlich durch einen Untergebenen (also z. B. einen Mitarbeiter) begangenen Anknüpfungstat. Durch diese Anknüpfungstat muss gegen betriebsbezogene Pflichten

---

[196] Tiedemann, K. (2017, S. 183 Rn. 453) mit Hinweis auf eine einschlägige BGH-Rechtsprechung. Zweifelnd, ob eine Haftung nach § 130 OWiG bei fehlenden „angemessenen" Geheimhaltungsmaßnahmen nach § 2 Nr. 1 Buchst. b GeschGehG in Betracht kommt: Dann, M./Markgraf, J.W. (2019, S. 1774, 1775).

verstoßen worden sein und es muss angenommen werden können, dass die Anknüpfungstat bei gehöriger Aufsicht hätte verhindert oder zumindest wesentlich erschwert hätte werden können. Anknüpfungstat des Mitarbeiters muss nicht unbedingt eine Ordnungswidrigkeit sein, sondern sie kann auch in einer Strafrechtsverletzung durch den Mitarbeiter liegen. Das Unrecht der über § 130 OWiG zu ahndenden Aufsichtspflichtverletzung ergibt sich sodann aus der fehlenden Ordnung des Betriebs. Da im Gegensatz zu einigen bereits abgehandelten Straftatbeständen § 130 OWiG neben der vorsätzlichen Unterlassung auch durch fahrlässiges Nichtstun begangen werden kann, führt dieser Tatbestand zu einer erheblichen Erweiterung der Haftungsgefahr nicht nur für Organe, sondern auch für Arbeitnehmer des Unternehmens. Eine selbstständige Garantenstellung zur Verhinderung von Straftaten und Ordnungswidrigkeiten durch Mitarbeiter hingegen ergibt sich für die Leitungsperson aus § 130 OWiG nicht. Allerdings muss eine betriebsbezogene Pflicht verletzt worden sein (z. B. die allgemeine Verkehrssicherungspflicht, Beispiel: unzuverlässiger, unüberwachter Hausmeister schippt keinen Schnee, wodurch es bei einem Besuchskunden des Unternehmens zu einem Beinbruch kommt, § 230 StGB, fahrlässige Körperverletzung).

3.9.2.2.3 Mitarbeiter des Unternehmens

Insoweit wird es ebenfalls oft um eine Anwendung von § 130 OWiG gehen. Auch im Hinblick auf gewöhnliche Mitarbeiter bedarf die Norm der Unterstützung durch § 9 OWiG, durch Hinzunahme von sog. gewillkürten Stellvertretern. Das sind der Betriebsleiter und die Mitarbeiter, denen eine Position der eigenverantwortlichen Aufgabenwahrnehmung zugewiesen worden ist. Betriebsleiter im Sinne des § 9 Abs. 2 Nr. 1 OWiG sind Personen, die von dem Inhaber des Betriebs bzw. eines Unternehmens den Auftrag zur vollen oder jedenfalls partiellen Betriebs- bzw. Unternehmensleitung erhalten haben. Nach allgemein anerkannter Rechtsauffassung muss die Stellung des Betriebsleiters dabei so verantwortlich sein, dass die Übernahme von Aufgaben des Betriebsinhabers auf der Hand liegt. Dies trifft z. B. für die Leiter von sektoral getrennten Abteilungen des Unternehmens (zweite Führungsebene direkt unterhalb der Vorstands- bzw. Geschäftsführungsebene, z. B. der Prokurist) zu, da in der Regel mit dieser Position eine Leitungsfunktion auf oberer Ebene verbunden ist.

Sonstige Beauftragte im Sinne des § 9 Abs. 2 Nr. 2 OWiG sind Personen, die von dem Inhaber des Betriebs oder Unternehmens ausdrücklich beauftragt worden sind, in eigener Verantwortung einzelne Aufgaben wahrzunehmen, die an sich dem Inhaber selbst obliegen. Maßgeblich ist aber auch hier, dass der Auftrag an die betroffenen Mitarbeiter die Übertragung eigener Verantwortung beinhaltet, was eine selbstständige und im Betrieb weisungsfreie Entscheidungsmöglichkeit umfassen muss.

3.9.2.2.4 Speziell: Mitarbeiter der Internen Revision und der Compliance-Organisation

Analog zu den Ausführungen eben zu § 14 StGB wird man auch bezüglich der Position der Leitung der Internen Revision und für den Chief Compliance Officer eine Betriebsleitereigenschaft im Sinne des § 9 Abs. 2 Nr. 1 OWiG für den Einzelfall zu prüfen haben.

Diese Leitungsfunktionen sind damit neben den Organen des Unternehmens vielfach Adressaten des Normbefehls des § 130 OWiG.

Für den Bereich der gewöhnlichen Mitarbeiter der Internen Revision und des CMS wird das eher seltener in Betracht kommen. Dennoch können auch für diese, unterhalb der Ebene ihrer Leitungen, als sonstige Beauftragte bußgeldträchtige Situationen über die Anwendung von § 9 Abs. 2 Nr. 2 OWiG in Betracht kommen. So etwa, wenn in größeren Unternehmen Revisoren oder Compliancemitarbeiter als Führungskräfte eingesetzt werden, etwa für bestimmte Projekte, die es mit sich bringen, dass ihnen für einen bestimmten Zeitraum oder für einen abgegrenzten Unternehmensbereich Aufgaben zugwiesen sind, die mit einer weisungsfreien Entscheidungsmöglichkeit verbunden sind.

3.9.3 Zivilrecht

3.9.3.1 Haftung des Unternehmens und seiner Leitungsorgane

3.9.3.1.1 Unternehmen selbst

Eine Unternehmenshaftung aufgrund von Compliance-Unregelmäßigkeiten (i. w. S.) kann dem Unternehmen ein geradezu unüberschaubares zivilrechtliches Haftungsszenario erbringen. Der (negativen) Fantasie sind mit Bezug auf mögliche Fallgestaltungen so gut wie keine Grenzen gesetzt. Unternehmen, wenn sie rechtlich als juristische Personen verfasst sind, stehen selbstständig im Rechtsverkehr und nehmen an ihm teil. Sie werden durch ihre Organe (vgl. z. B. §§ 78 Abs. 1 S. 1 AktG, 35 Abs. 1 S. 1 GmbHG) und durch ihre Mitarbeiter (z. B. per Prokura oder Handlungsvollmacht, vgl. §§ 48 ff. HGB) mit der Außenwelt rechtlich verbunden. So z. B. durch zivilrechtliche Verträge, mit denen sie Rechte und Pflichten eingehen. Ein Unternehmen kann auch für es selbst unplanmäßig-einseitig, von außen gesteuert, getroffen werden. Eine solche Fallgruppe betrifft z. B. die Verschuldenshaftung der unerlaubten Handlung (§§ 31, 823 ff., 826, 831 BGB). § 31 BGB („Haftung des Vereins für Organe") ist Ausdruck der sog. Organtheorie. Als haftungszuweisende Vorschrift gilt sie nicht nur für Vereine, sondern für alle juristischen Personen und sie ist überdies auf OHG und KG entsprechend anzuwenden. Das Handeln der verfassungsmäßigen Vertreter wird so als eigenes Handeln dem Unternehmen zugerechnet. Der Anwendungsbereich der Vorschrift ist auf Organisationsmängel erweitert worden. Die juristische Person ist verpflichtet, den Gesamtbereich ihrer Tätigkeit so zu organisieren, dass für alle wichtigen Aufgabengebiete ein verfassungsgemäßer Vertreter zuständig ist, der die wesentlichen Entscheidungen selbst trifft; entspricht die Organisation diesen Anforderungen nicht, muss sich die juristische Person so behandeln lassen, als wäre der tatsächlich eingesetzte Verrichtungsgehilfe ein verfassungsmäßiger Vertreter.[197] Die Übertragung eines wichtigen Aufgabenbereichs an einen Funktionsträger oder Bediensteten

---
[197] Palandt/Ellenberger (2019, § 31 Rn. 7).

begründet daher für die juristische Person eine Haftung ohne Entlastungsmöglichkeit. Hat sie dem Vertreter eine selbstständige Stellung mit eigenen Entscheidungsbefugnissen eingeräumt, ist er verfassungsgemäßer Vertreter; ist das nicht geschehen, kann § 31 BGB wegen eines Organisationsmangels anwendbar sein.[198]

Sehr bedeutsam kann auch eine verschuldensunabhängige Gefährdungshaftung sein. Sie beruht auf dem Aspekt, dass derjenige, der zu seinem Nutzen rechtmäßig einen gefährlichen Betrieb eröffnet, auch die Schäden tragen soll, die in der Verwirklichung dieses Risikos typischer Weise eintreten, selbst wenn sie von diesem nicht verhindert werden können. Es gibt hierzu eine ganze Reihe spezialgesetzlicher Haftungstatbestände (so etwa im HaftpflG, im WHG oder im UmwHG). § 3 HaftpflG weitet das als Repräsentantenhaftung des Unternehmens für Verschulden von Repräsentanten noch einmal aus. Eine Exkulpationsmöglichkeit (wie das bei § 831 BGB möglich ist) gibt es hier nicht, weil eigenes Unrecht und Verschulden des Unternehmens für § 3 HaftpflG bedeutungslos sind. Die Vorschrift lautet: „Wer ein Bergwerk, einen Steinbruch, eine Gräberei (Grube) oder eine Fabrik betreibt, haftet, wenn ein Bevollmächtigter oder ein Repräsentant oder eine zur Leitung oder Beaufsichtigung des Betriebes oder der Arbeiter angenommene Person durch ein Verschulden in Ausführung der Dienstverrichtungen den Tod oder die Körperverletzung eines Menschen herbeigeführt hat, für den dadurch entstandenen Schaden."

Zu den vorstehend aufgezeigten Regelungen kommen noch etliche weitere Vorschriften aus dem öffentlich-rechtlichen Bereich, etwa aus dem Steuer- und Sozialrecht. Durch eine Klageerhebung mit nachfolgender Verurteilung durch ein Gericht und durch darauffolgende Vollstreckungsmaßnahmen können sich ebenfalls von außen, einseitig auf das Unternehmen treffende Haftungsthemen ergeben („Niemand ist davor gefeit, mit einer Klage überzogen zu werden."). Man kann im Übrigen unter Umständen schon die profane Nichterfüllung einer vertraglich eingegangenen Pflicht durch ein Unternehmen als Compliancethema ansehen. Dies jedenfalls dann, wenn eine Vertragspflicht grob schuldhaft, gar vorsätzlich, nicht eingehalten wird. Erst recht gilt dies, wenn sich das Unternehmen im strafrechtlichen bzw. im ordnungswidrigkeitsrechtlichen Bereich negativ hervorgetan hatte. Gerade insoweit können dem Unternehmen zusätzliche privatrechtliche Haftungsszenarien – neben der ahndungsrechtlichen Seite der Medaille – blühen. So etwa, wenn ein wegen einer kartellrechtswidrigen Preisabsprache, diese mit Geldbuße belegt, ein übergangener Wettbewerber seine zivilrechtlichen Ansprüche, z. B. wegen überhöhter Preise, geltend macht (über § 823 Abs. 2 BGB mit Art. 101 AEUV als sog. Schutzgesetz).[199]

3.9.3.1.2 Vorstände von AGs

Pflichtwidrig-schuldhafte Verstöße von Vorständen mit Bezug auf die ihnen obliegenden Pflichten führen zu einem Schadensersatzanspruch der AG, wenn der AG hierdurch ein

---

[198] Palandt/Ellenberger (2019, § 31 Rn. 8).
[199] BGH, 28.06.2011 – KZR 75/10, Juris; zum Skanska-Urteil des EuGH siehe schon die Ausführungen oben bei 3.8.1.1.

3.9 Haftungsrecht

Schaden entstanden ist (§ 93 Abs. 2 S. 1 AktG). Das gilt mit Bezug auf Compliancethemen sowohl im Hinblick auf die Legalitätspflicht wie auch für die Legalitätskontrollpflicht. Zu den Schadenspositionen können Verbandsgeldbußen nach § 30 OWiG[200] und Aufklärungs- und Rechtsverfolgungskosten zählen. Es genügt auch eine leichte Fahrlässigkeit des nicht für Compliance verantwortlichen Vorstandsmitglieds. Im Fall Siemens-Neubürger des LG München I hat das Gericht es bejaht, wonach auch ein nicht mit Compliance befasstes Vorstandsmitglied die Pflicht hat, bei dem Verdacht von Unregelmäßigkeiten, trotz gegenteiligen Vorstandsbeschlusses, aktiv darauf hinzuwirken, dass Vorwürfen weiter nachgegangen wird. Bei ersten Anhaltspunkten auf das Vorliegen von Complianceverstößen muss sich das Vorstandsmitglied zunächst um die Herbeiführung eines Beschlusses, gerichtet auf die Untersuchung der Vorwürfe, bemühen.[201] Kommt dieser nicht zu Stande, so kann sich das Mitglied nicht auf das Überstimmtwerden durch die restlichen Vorstandsmitglieder berufen. Es muss Gegenvorstellungen anbringen und ggf. den Aufsichtsrat entsprechend informieren. Das alles gilt jedenfalls dann, wenn sich dem Vorstandsmitglied „die Notwendigkeit von Maßnahmen aufdrängen muss."[202] An Mitarbeiter unterhalb der Vorstandsebene dürfen nur solche Aufgaben übertragen werden, die nicht im Kernbereich der Leitungsverantwortung des Vorstands liegen; andernfalls liegt schon in der unzulässigen Delegation selbst ein Pflichtverstoß.[203] Ein Delegationsverbot wird man nur bei wesentlichen, grundlegenden Organisationsfragen und im Hinblick auf die Befassung mit Fällen von herausragender Bedeutung (z. B. Korruptions- und Kartellverstöße) annehmen können. Mit diesen muss sich der Vorstand selbst befassen und zumindest in wesentliche Schritte eingebunden sein, im Übrigen kann er die Pflichten an die Compliance-Organisation im Unternehmen delegieren.[204]

Bei der Prüfung von Exkulpationsmöglichkeiten muss das mit einer Haftungsthematik angegangene Vorstandsmitglied darlegen, dass es die Sorgfalt des ordentlichen Kaufmanns angewendet hat (§ 93 Abs. 2 S. 2 AktG). Das Vorstandsmitglied hat auch die Beweisführungspflicht dafür, dass *kein* Verschulden bei ihm vorliegt. Bei seiner Verteidigung helfen kann ihm unter Umständen die Haftungserleichterung der Business Judgement Rule. § 93 Abs. 1 S. 2 AktG besagt, dass eine Pflichtverletzung des Vorstands nicht vorliegt, wenn das Vorstandsmitglied bei einer unternehmerischen Entscheidung „vernünftigerweise annehmen durfte, auf der Grundlage angemessener Information zum Wohle der Gesellschaft zu handeln." Diese Regel führt dazu, dass unter den von ihr aufgestellten

---

[200] Anders das LAG Düsseldorf (NJOZ 2015, 782) zum Schienenkartell, das eine Haftung des GmbH-Geschäftsführers für gegen das Unternehmen verhängte Kartellbußen mit der Begründung der Besonderheit der Sanktionsregelung in § 81 GWB verneint hat. Diese Regelung sei darauf angelegt, gerade das Unternehmen zur Verantwortung ziehen, so das LAG.
[201] BGHSt 37, 106 = NJW 1990, 2560 – Lederspray-Entscheidung.
[202] LG München I, Urt. vom 10.12.2013, 5 HKO 1387/10, Juris.
[203] Hoffmann, A./Schieffer, A. (2017, S. 401, 405, m. N.).
[204] Hoffmann, A./Schieffer, A. (2017, S. 401, 405, m. w. N.).

Bedingungen bei unternehmerischen Entscheidungen des Vorstands (und nur bei solchen!) die Pflichtwidrigkeit eines Vorstandshandelns im Nachhinein als nicht gegeben festgestellt werden kann. Das heißt, trotz eines bei der AG eingetretenen Schadens geht das Vorstandsmitglied dann mangels *Pflichtwidrigkeit* haftungsfrei aus.[205]

Neben vertragsrechtlich angelegten Schadensersatzansprüchen sind gesetzliche Schadensersatzansprüche, im BGB nach § 823 Abs. 1 und 2 und aus § 826, nicht ausgeschlossen. Als Schutzgesetze nach § 823 Abs. 2 BGB können z. B. die §§ 399, 400, 404 ff. AktG (z. B. strafbare falsche Angaben über bestimmte Gesellschaftsverhältnisse) fungieren. Auch in anderen spezialgesetzlichen Regularien außerhalb des BGB, etwa nach den §§ 97 f. WpHG (fehlende ad hoc-Mitteilungen), existieren besondere zivilrechtliche Haftungsregeln. Zwar treffen diese an sich nur die AG als Gesellschaft, über § 826 BGB können die für die Kapitalmarktinformation zuständigen Vorstandsmitglieder ebenfalls einer Außenhaftung unterliegen. Entsprechendes gilt für die Prospekthaftung nach den §§ 21 ff. WpHG und nach den §§ 20 ff. VermAnlG.

3.9.3.1.3 Geschäftsführer einer GmbH

Im Prinzip gilt hier entsprechend das Gleiche, wie soeben für AG-Vorstände ausgeführt: Pflichtwidrig-schuldhafte Verstöße von Geschäftsführern mit Bezug auf die ihnen obliegenden Pflichten führen zu einem Schadensersatzanspruch der GmbH, wenn der GmbH hierdurch ein Schaden entstanden ist (§ 42 Abs. 2 GmbHG).[206] Der gegebene Unterschied zu AG-Vorständen, wonach GmbH-Geschäftsführer im Gegensatz zu jenen weisungsabhängig(er) sind, mag im Einzelfall bei Haftungsfragen zu ihren Gunsten eine Rolle spielen. Denn, wurden sie zuvor von den Gesellschaftern zu etwas angewiesen, kann das grundsätzlich haftungsbefreiend wirken. Auch die Business Judgement Rule gilt zu Gunsten von GmbH-Geschäftsführern. Diese wird in der Regel nicht aus der analogen Anwendung von § 93 Abs. 1 S. 2 AktG hergeleitet, sondern aus § 43 Abs. 1 GmbHG und dem dort aufgestellten Sorgfaltsprinzip. Wer als Geschäftsführer nachweisen kann, dass er bei unternehmerischen Entscheidungen alles entsprechend bedacht hat, der handelte sorgfältig.

---

[205] Vgl. Berwanger, J., im elektronischen Gablerwirtschaftslexikon zu dem Stichwort „Business Judgement Rule", abzurufen unter https://wirtschaftslexikon.gabler.de/.
[206] Complianceverstöße können auch zu Abberufung und Kündigung führen, vgl. OLG Hamm, 29.05.2019, 8 U 146/18, Juris, Leitsätze 1 und 2: „1. Gibt ein GmbH-Geschäftsführer eine Zahlung auf eine – wie er weiß – fingierte Forderung frei, um damit eine Provisionsabrede zu honorieren, die gegen die unternehmensinternen Compliance-Vorschriften über zustimmungsbedürftige Geschäfte verstieß, kann darin eine Pflichtverletzung liegen, die einen wichtigen Grund zur Kündigung des Anstellungsvertrages darstellt. Den Geschäftsführer entlastet dann nicht die Annahme, sein Mitgeschäftsführer habe das Vorgehen gebilligt. 2. Die Kündigung aus wichtigem Grund wegen gravierender Compliance-Verstöße eines Geschäftsführers setzt keine Abmahnung voraus."

3.9.3.1.4 Aufsichtsräte

Auch Aufsichtsräte sind bei pflichtwidrigem Verhalten Haftungsansprüchen der AG bzw. der GmbH ausgesetzt. Vieles entspricht in etwa dem, wie vorstehend zu AG-Vorständen bzw. zu GmbH-Geschäftsführen ausgeführt: Pflichtwidrig-schuldhafte Verstöße von Aufsichtsräten mit Bezug auf die ihnen obliegenden Pflichten führen danach zu einem Schadensersatzanspruch der Gesellschaft, wenn dieser hierdurch ein Schaden entstanden ist (§§ 116 S. 1, 93 Abs. 2 S. 1 AktG).[207] Bezugspunkt der Sorgfaltspflicht von Aufsichtsräten ist das Gesellschaftsinteresse. Das kommt auch in den weiteren in § 116 Abs. 1 AktG aufgenommen Regelungen zur Verschwiegenheit und zur Ersatzpflicht bei unangemessener Vergütungsfestsetzung für den Vorstand zum Ausdruck. Neben diesen aktienrechtlich angelegten Schadensersatzansprüchen sind auch beim Aufsichtsrat andere gesetzliche Schadensersatzansprüche, im BGB nach § 823 Abs. 1 und 2 und nach § 826, denkbar. Als Schutzgesetze nach § 823 Abs. 2 BGB können auch hier die §§ 399, 400, 404 ff. AktG fungieren. Insbesondere § 404a AktG (Verletzung der Pflichten bei Abschlussprüfungen) kann von Belang sein.

Ebenfalls kann die Business Judgement Rule zu Gunsten von Aufsichtsräten, ob in einer AG oder in einer GmbH, eingreifen, allerdings nur, wenn diese in unternehmerische Entscheidungen der Gesellschaft eingebunden waren. Das ergibt sich aus der ausdrücklichen gesetzlichen Anordnung (§ 116 S. 1 AktG). Eine von diesen Vorgaben grundsätzlich statuierte Schadensersatzpflicht für Aufsichtsratsmitglieder scheidet also aus, wenn es infolge der analogen Anwendung der Business Judgement Rule objektiv an einer Pflichtverletzung fehlt. Das Haftungsprivileg greift aber auch hier nur bei unternehmerischen Entscheidungen, die man am ehesten in Fällen getroffener Entscheidungen nach § 111 Abs. 4 S. 2 AktG wird antreffen können.

3.9.3.2 Haftung der Mitarbeiter

3.9.3.2.1 „Normale" Mitarbeiter

Mitarbeiter von Unternehmen sind regelmäßig arbeitsrechtlich im Unternehmen tätig. *Arbeitnehmer* ist ein Begriff des Arbeitsrechts. Mitarbeiter schulden ihrem Arbeitgeber die anständige Erledigung des Jobs mit den anfallenden Aufgaben. Herkömmlicher Weise werden die Leistungs- und die Treuepflicht als Pflichten des Arbeitnehmers genannt. Dazu gehört alles Mögliche. So liegt es beispielsweise auf der Hand, dass der Arbeitnehmer ein Angebot auf Erhalt von Schmiergeldern grundsätzlich zurückzuweisen hat. Ob er aber seinen Arbeitgeber in jedem Fall darüber zu benachrichtigen hat, ist aber z. B. umstritten, aber richtigerweise zu bejahen."[208] Vom Arbeitnehmer entgegengenommene Bestechungsgelder sind von diesem an den Arbeitgeber nach den §§ 687 Abs. 2, 681 S. 2, 667 BGB herauszugeben.[209]

---

[207] Vgl. zu Einzelfragen der Haftung, etwa im Zusammenhang mit der Verfolgung von Ansprüchen der AG gegen Vorstände, bei Berwanger, J., im elektronischen Gablerwirtschaftslexikon zu dem Stichwort „Aufsichtsrat", abzurufen unter https://wirtschaftslexikon.gabler.de/.
[208] Schaub ArbR-HdB-Linck, R. (2017, § 53 Rn. 35). Zur Korruptionsbekämpfung im bestehenden Arbeitsverhältnis vgl. Maschmann, F. (2007, S. 111 ff. Rn. 43 ff.).
[209] BAG, BB 1970, 883.

Wenn Mitarbeiter bei ihrer Arbeit schuldhaft-pflichtwidrig schadensverursachende Fehler begehen, stellen sich bzgl. der Konsequenzen für die Überlegungen des Arbeitgebers zunächst bestandsrechtliche Fragen (Ermahnung, Abmahnung, gar Kündigung) und entlohnungsrechtliche Folgen (z. B. Tantiemenkürzung). Als Haftungsfall kann außerdem ein Schadensersatzanspruch des Arbeitgebers gegen den Arbeitnehmer in Betracht kommen (§§ 280 Abs. 1 S. 1, 619a BGB i. V. m. Arbeitsvertrag). Praktisch denkbar ist auch die Verwirklichung von Strafrechtsnormen durch den Mitarbeiter, so etwa des § 266 StGB (Untreue). Wenn sich ein Mitarbeiter strafbar gemacht hat, kann § 266 StGB als sog. Schutzgesetz – neben dem Anspruch aus § 280 Abs. 1 S. 1 BGB – zu einem Schadensersatzanspruch des Arbeitgebers gegen den Arbeitnehmer nach § 823 Abs. 2 BGB führen. Schließlich kann ein Anspruch aus § 826 BGB bestehen.

Dritte, etwa Geschäftspartner des Arbeitgebers oder andere Mitarbeiter, können ebenfalls Schadensersatzansprüche unmittelbar gegen den Mitarbeiter haben, wenn dessen Fehler dort zu einem Schaden geführt hat. Anspruchsgrundlagen können hier § 823 Abs. 1 BGB bzw. § 823 Abs. 2 BGB (i. V. m. Schutzgesetz) sein. Über die sog. Erfüllungsgehilfenhaftung (§§ 280 Abs. 1, 278 BGB i. V. m. Vertrag) oder über § 831 BGB (Haftung für den Verrichtungsgehilfen) können Dritte u. U. Ansprüche auch gegen den Arbeitgeber herleiten. Greifen solche Ansprüche gegen beide durch, dann haften Arbeitgeber und Arbeitnehmer dem Dritten gegenüber grundsätzlich als Gesamtschuldner (§§ 426, 830, 840 BGB). In allen vorstehend aufgeführten Fällen, auch mit Bezug auf diese Gesamtschuldnerschaft des Mitarbeiters, können den Mitarbeitern – trotz gemachter Fehler – Haftungserleichterungen zu Gute kommen. Trifft das im Einzelfall zu, muss der Arbeitnehmer gegenüber seinem Arbeitgeber nur eingeschränkt bzw. gar nicht haften. Auch gegenüber dritten Anspruchstellern nutzt das dem Arbeitnehmer, indem er seinen Arbeitgeber im Innenverhältnis zur Freistellung gegenüber dem Dritten zwingen kann (§ 257 BGB).

Bei den soeben angesprochenen Haftungserleichterungen geht es um die Fälle, die im Arbeitsrecht früher an dem Begriff *gefahrgeneigte Arbeit* festgemacht wurden. Das ist eine solche, die es von ihrer Eigenart her mit sich bringt, dass auch dem sorgfältigen Arbeitnehmer gelegentlich Fehler unterlaufen können, die für sich allein betrachtet zwar jedes Mal vermeidbar waren, mit denen aber angesichts der menschlichen Unzulänglichkeit erfahrungsgemäß zu rechnen ist. Ein klassischer Fall der gefahrgeneigten Arbeit war der des Berufskraftfahrers, hier kann auch dem Sorgfältigsten eine Unachtsamkeit mit Folgen unterlaufen. Die Haftungsmilderung zugunsten des Arbeitnehmers richtet sich nach dem Verschuldensmaßstab: Bei Vorsatz des Mitarbeiters gibt es keine Haftungsmilderung, also muss er voll haften. Gleichermaßen gilt das grundsätzlich bei grober Fahrlässigkeit. Dabei muss sich das Verschulden sowohl auf die Pflichtwidrigkeit als auch auf den Schaden beziehen.[210] Ausnahmen von dieser Haftung bei grober Fahrlässigkeit sind aber doch möglich, so z. B. bei einem erheblichen Missverhältnis zwischen Schadensrisiko und Verdiensthöhe. Bei mittlerer Fahrlässigkeit wird eine Quotelung zwischen Arbeitgeber und Arbeitnehmer vorgenommen, das heißt, der Arbeitnehmer haftet dann nur teilweise, den Rest muss der Arbeitgeber tragen. Diese quotale Ver-

---

[210] Kreßel, E. (2018, S. 841, 843, 845, m.N.).

teilung wird anhand der Abwägung der Gesichtspunkte des Einzelfalles (Höhe des Schadens, Versicherbarkeit, Stellung des Arbeitnehmers im Betrieb, Höhe des Gehalts etc.) ermittelt. Bei sog. leichtester Fahrlässigkeit, die einem Arbeitnehmer unterlaufen ist, entfällt jegliche Haftung, dann muss der Arbeitgeber alles allein tragen. In der modernen arbeitsrechtlichen Diskussion wird diese Haftungsbegrenzung nicht mehr aus einer Gefahrgeneigtheit der Arbeit hergeleitet. Die Herleitung wird jetzt, neben dem Abstellen auf andere Ansätze, vornehmlich aus der Anwendung des Rechtsgedankens in § 254 BGB (Mitverschulden) hergeleitet.[211] Die Beweislast bei Haftungsfällen im Verhältnis Arbeitgeber/Arbeitnehmer liegt, abweichend von § 280 Abs. 1 S. 2 BGB, grundsätzlich beim Arbeitgeber (vgl. § 619a BGB).

3.9.3.2.2 Speziell: Mitarbeiter der Internen Revision und der Compliance-Organisation

Fehler, die passieren können, sind mannigfaltig. Hier nur ein Beispiel[212] aus dem Aufgabenspektrum der Internen Revision: Ein falsches Finding in einem Revisionsbericht wurde durch fehlerhaft erledigte Recherche des Mitarbeiters ermittelt, etwa weil der Prüfer entgegen der operativen Anweisung im Revisionshandbuch oder gegen die Vorgabe des Prüfungsleiters gehandelt hatte. Führt das zu einer unternehmerischen Fehlentscheidung mit Schadensversursachung, stellt sich die Haftungsfrage.

Wesentlich weiter als bei gewöhlichen Mitarbeitern reicht das Aufgabenspektrum des Revisionsleiters bzw. des (Chief) Compliance Officers. Damit korreliert, dass Unternehmensleitungen versuchen, sich möglichst weitestgehend ihrer gesetzlich-originären Verantwortung (§ 76 Abs. 1 AktG) durch Delegation auf diese Funktionen zu entledigen. Dies geschieht regelmäßig aus nachvollziehbaren Gründen (notwendige Komplexitätsreduktion beim Vorstand bzw. einer Geschäftsführung). Entsprechend vielfältiger sind jedenfalls die konkreten Leitungsaufgaben und die möglichen Fehler der nachgeordneten Führungskräfte: Auflegen falscher bzw. „standardunkonformer" Revisions- bzw. Compliancerichtlinien im Unternehmen und mangelnde Überwachung der unterstellten Mitarbeiter sind zwei klassische Fälle, die Inhabern dieser Leitungsfunktionen unterlaufen können.

Auch Angehörige der Internen Revision oder der Compliance profitieren im übrigen von der grundsätzlichen Möglichkeit einer Haftungserleichterung. Denn ihre Tätigkeiten sind durch den Betrieb veranlaßt sind und sie werden aufgrund eines Arbeitsverhältnisses geleistet. Auch leitende Angestellte haben diesen Schutz.[213] Also können auch der Revisionsleiter und der Chief Compliance Officer davon profitieren. Es kann aber den Inhabern dieser Leitungsfunktionen passieren, dass Berufsstandards verschärfte Verschuldenmaßstäbe zu ihren Lasten statuieren, das kann sich auch bei der Haftung zu ihren Lasten auswirken.[214]

---

[211] Kreßel, E. (2018, S. 841, 843, 846).

[212] Vgl. weitere Beispiele bei Münzenberg, T. (2008, S. 38 ff.).

[213] BAG, NJW 2001, 3123.

[214] Vgl. zu der Internen Revision Hucke A./Münzenberg, T. (2015, S. 107 f.) mit dem Hinweis auf den DIIR-Revisionsstandard Nr. 3 und Ziff. 1.6.1.2.2: Pflicht zur Aufrechterhaltung von Qualitätsstandards mit Selbstkontrollen.

Literatur

Baur, A./Holle, P. M. (2018): Compliance-Defense bei der Bußgeldbemessung und ihre Einpassung in das gesellschaftsrechtliche Pflichtprogramm, NZG 2018, 14.

Baur, A./Holle, M. (2019): Entwurf eines Verbandssanktionengesetzes – Eine erste Einordnung, ZRP 2019, 186.

Benz, J./Heißner, S./John, D. (2007): Korruptionsprävention in Wirtschaftsunternehmen und durch Verbände, in: Dölling, D. (Hrsg.): Handbuch der Korruptionsprävention für Wirtschaftsunternehmen und öffentliche Verwaltung, München 2007, Seite 41–78.

Bergmoser, U. (2010): Integration von Compliance-Management-Systemen, BB Special „Compliance", Nr. 4.2010, vom 06.12.2010.

Berwanger, J. (2005): Einführung variabler Vergütungssysteme, insbesondere in Form entgeltlicher Zielvereinbarungen, in bestehende betriebliche Strukturen – soziologische Betrachtung unter Einschluss arbeitsrechtlicher Fragen, Saarbrücken, 2005.

Berwanger, J. (2017): G20 in Hamburg – Staatshaftung wegen Vandalismus?, NVwZ 2017, 1348.

Berwanger, J. (2016): Reaktionismus – ein hilfloser Leviathan geht seinen Weg, ZRP 2016, 56.

Berwanger, J./Kullmann, S. (2008): Interne Revision, 1. Aufl. Wiesbaden 2008.

Berwanger, J./Kullmann, S. (2012): Interne Revision, 2. Aufl. Wiesbaden 2012.

Böttcher, L. (2011): Compliance: Der IDW PS 980 – Keine Lösung für alle (Haftungs-)Fälle!, NZG 2011, 1054.

Brettel, H. (2018) in: Brettel, H./Schneider, H., Wirtschaftsstrafrecht, 2. Aufl., Baden-Baden 2018.

Bundeskriminalamt (Hrsg.) (2018): Wirtschaftskriminalität, Bundeslagebild 2017, Wiesbaden 2018; http://www.bka.de.

Dann, M./Markgraf, J.W. (1774): Das neue Gesetz zum Schutz von Geschäftsgeheimnissen, NJW 2019, 1774.

Dieners, P. (2007): Vermeidung von Korruptionsrisiken aus Unternehmenssicht – Rechtliche Gestaltung von Geschäftsbeziehungen, Behördenkontakten und Lobbying, in: Dölling, D. (Hrsg.): Handbuch der Korruptionsprävention für Wirtschaftsunternehmen und öffentliche Verwaltung, München 2007, Seite 183–235.

Dilling, J. (2014): Der Schutz von Hinweisgebern und betroffenen Personen nach der EU-Whistleblower-Richtlinie, CCZ 2019, 214.

Dölling, D. (2007): Grundlagen der Korruptionsprävention, in: Dölling, D. (Hrsg.): Handbuch der Korruptionsprävention für Wirtschaftsunternehmen und öffentliche Verwaltung, München 2007; Seite 1–40.

Dölling, D. (Hrsg.) (2007): Handbuch der Korruptionsprävention für Wirtschaftsunternehmen und öffentliche Verwaltung, München 2007.

Erfurter Kommentar zum Arbeitsrecht, 19. Aufl., München 2019, zit.: Erfk2019/Bearbeiter.

Fett, T./Schwark, E./Zimmer, D. (2010a): Kapitalmarktrechts-Kommentar, 4. Aufl., München 2010.

Fett, T./Theusinger, I. (2010b): Compliance im Konzern – Rechtliche Grundlagen und praktische Umsetzung, BB-Special Nr. 4. 2010 Compliance, S.6.

Fischer T. (2019): Strafgesetzbuch-Kommentar, 66. Aufl., München 2019.

Gößwein, G./Hohmann, O. (2011): Modelle der Compliance-Organisation in Unternehmen – Wider den Chief Compliance Officer als „Überoberverantwortungsnehmer", BB 2011, 963.

Göhler, E./Gürtler, F./Seitz, H./Bauer, M. (2017): Ordnungswidrigkeitengesetz, Kommentar, 17. Aufl., München 2017, zit.: Göhler-Gürtler.

Graewe, D./von Harder, S. (2017): Enthaftung der Leitungsorgane durch Einholung von Rechtsrat bei unklarer Rechtslage, BB 2017, 707.

Habersack, M. (2019): in: Münchener Kommentar zum Aktienrecht, Band 2, 5. Aufl., München 2019.

Hillmann, K.-H. (1994): Wörterbuch der Soziologie, 4. Aufl., Stuttgart 1994.

Hellmann, U. (2018): Wirtschaftsstrafrecht, 5. Aufl., Stuttgart 2018.
Hoffmann, A./Schieffer, A. (2017): Pflichten des Vorstands bei der Ausgestaltung einer ordnungsgemäßen Compliance-Organisation, NZG 2017, 401.
Horváth, P. (2010): Controlling, 10. Aufl., München 2010.
Hucke, A./Münzenberg, T. (2015): Recht der Revision, Berlin 2015.
Hüffer, U./Koch, J. (2018): AktG-Kommentar, 13. Aufl., München 2018.
Klindt, T./Pelz, C./Theusinger, I (2010): Compliance im Spiegel der Rechtsprechung, NJW 2010, 2385–2391.
Krause, R. (2007): Nützliche Rechtsverstöße im Unternehmen – Verteilung finanzieller Lasten und Sanktionen, in: BB-Special 8/2007, Bestechungen und Kartellverstöße durch Vorstände und Mitarbeiter, S. 2.
Kreßel, E. (2018): Compliance und Personalarbeit Rechtliche Rahmenbedingungen bei der Verankerung von Compliance in der Personalarbeit, NZG 2018, 841.
Kropff, B. (2003): Zur Information des Aufsichtsratsüber das interne Überwachungssystem, NZG 2003, 346.
Kühl, K. (2017): Strafrecht, Allgemeiner Teil, 8. Aufl., München 2017.
Kühl, K./Reichold, H./Ronellenfisch, M. (2015): Einführung in die Rechtswissenschaft, 2. Aufl. München 2015.
Lenz, H. (2002): Sarbanes-Oxley Act of 2002, Abschied von der Selbstregulierung der Wirtschaftsprüfer in den USA, BB 2002, 2270.
Linden, von der, K. (2019): Teile und herrsche – auch als Geschäftsführer, NJW 2019, 1039.
Lorenz, M. (2006): Rechtliche Grundlagen des Risikomanagements, in: ZRFG 1/06, 1, 8.
Maschmann, F. (2007): Vermeidung von Korruptionsrisiken aus Unternehmersicht – Arbeitsrecht- und Zivilrecht, Corporate Governance, in: Dölling, D. (Hrsg.): Handbuch der Korruptionsprävention für Wirtschaftsunternehmen und öffentliche Verwaltung, München 2007; Seite 87–181.
Möllers, T. M.J. (2017): Juristische Methodenlehre, München 2017.
Münzenberg, T. (2008): Die zivil- und strafrechtliche Haftung von Organen und Arbeitnehmern wegen fehlerbehafteter Aufgabenerledigung im Bereich der Internen Revision, Gutachten für das DIIR, Juli 2008.
Nell, M. (2008): Korruptionsbekämpfung ja – aber richtig! – Reformüberlegungen zur Unternehmenshaftung nach OWiG, ZRP 2008, 149.
Otremba, S. (2016): GRC-Management als interdisziplinäre Corporate Governance, Wiesbaden 2016.
Palandt, Bürgerliches Gesetzbuch, Kommentar, 78. Aufl., München 2019, zit.: Palandt/Bearbeiter.
Pritzl, R.F.J. (1999): Korruption als ethische Herausforderung, in: Die neue Ordnung, Heft 1 1999, Tugend und Sozialprinzip, S. 1 ff.
Raisch, P. (1985): Zur Analogie handelsrechtlicher Normen, in: Lutter, M./Mertens, H.-J./Ulmer, P.: Festschrift für Walter Stimpel zum 68. Geburtstag am 29. November 1985, Berlin 1985, S. 29–46.
Rudkowski, L./Schreiber, A. (2018): Aufklärung von Compliance-Verstößen, 2. Aufl., Wiesbaden 2018.
Salvenmoser, S./Hauschka, C. (2010): Korruption, Datenschutz und Compliance, NJW 2010, 331.
Samson, E./Langrock, M. (1684): Bekämpfung von Wirtschaftskriminalität im und durch Unternehmen, DB 2007, 1684.
Schäfer, H./Baumann, D. (2011): Compliance-Organisation und Sanktionen bei Verstößen, NJW 2011, 3601.
Schaub, G. (2017): Arbeitsrechtshandbuch, 17. Aufl., München 2017, zit.: Schaub ArbR-HdB-Bearbeiter.
Schmalenbach-Gesellschaft/Arbeitskreis Externe und Interne Überwachung der Unternehmung (keine namentliche Verfasserangabe). (2011) : Überwachung der Wirksamkeit des internen Kontrollsystems und des Risikomanagementsystems durch den Prüfungsausschuss – Best Practice, DB 2011, 2101.

Schruff, W. (2003): Zur Aufdeckung von Top-Management-Fraud durch den Wirtschaftsprüfer im Rahmen der Jahresabschlussprüfung, Die Wirtschaftsprüfung 2003, 901.

Schneider, H. (2018), in: Brettel, H./Schneider, H.: Wirtschaftsstrafrecht, 2. Aufl., Baden-Baden 2018.

Schneider, T. (2018): Wirkungsvolle Compliance, Wiesbaden, 2018.

Schockenhoff, M. (2019): Compliance im Verein, NZG 2019, 281.

Schönke/Schröder. (2019): Strafgesetzbuch, Kommentar, 30. Aufl., München 2019, zitiert: Schönke-Schröder-Bearbeiter.

Sonnenberg, T. (2017): Compliance-Systeme in Unternehmen, JuS 2017, 917.

Spießhofer, B. (2018): Compliance und Corporate Social Responsibility, NZG 2018, 441.

Spindler, G. (2019) in: Münchener Kommentar zum Aktienrecht, Band 2, 5. Aufl., München 2019.

Stark, C. (Hrsg) (2017): Korruptionsprävention, Wiesbaden 2017.

Tiedemann, K. (2017): Wirtschaftsstrafrecht, 5. Aufl., München 2017.

Veit, V. (2018): Compliance und interne Ermittlungen, Heidelberg 2018.

Velte, P. (2011): Direktzugriff des Aufsichtsrats auf die Interne Revision – Ausnahme- oder Regelfall?, NZG 2011, 1401.

Vetter, E. (2019): Bändigung des Tigers?, NZG 2019, 379.

Wells, J. T. (2004): Report to the Nation on Occupational Fraud and Abuse, Austin, Texas 2004.

Wessels, J./Beulke, W./Satzger, H. (2018): Strafrecht, Allgemeiner Teil, 48. Aufl., Heidelberg 2018.

Wicher, B. (2007): Die Rolle der Internen Revision bei Prävention und Aufdeckung von dolosen Handlungen, in: ZIR 2007, 58–60.

Wiederholt, N./Walter, A. (2011): Compliance – Anforderungen an die Unternehmensorganisationspflichten, BB 2011, 968.

Wittig, P. (2014): Wirtschaftsstrafrecht, 3. Aufl., München 2014.

Wolf, M. (2011): Der Compliance-Officer – Garant, hoheitlich Beauftragter oder Berater im Unternehmensinteresse zwischen Zivil-, Straf- und Aufsichtsrecht?, BB 2011, 1353.

Zöllner, U./Noack, U. (2017) in: Baumbach, A./Hueck, A., GmbHG-Kommentar, 21. Aufl., München 2017.

Revisionsmanagement 4

4.1 Organisationsmodelle der Internen Revision

Zum grundsätzlichen Verständnis und zur Analyse der Organisation einer Internen Revision sind die im folgenden dargestellten Metamodelle der Internen Revision einsetzbar.[1]

Die vierstufige Management-Pyramide der Internen Revision stellt deren wichtigste Tätigkeitsblöcke dar. Aus dem Kontext der Revisionsfunktion ergeben sich ihre Ziele (Ebene 1). Das für die Organisation sinnvolle Arbeitsfeld der Revisionsfunktion wird aus diesen Zielen konkretisiert und anschließend prioritätenbasiert beurteilt bzw. geprüft. Das Ergebnis dieser Prüfungs- und Beurteilungstätigkeit sind Informationen (z. B. Absicherung/Bestätigung) und Veränderungsimpulse (Ebene 2) für die Organisation. Um nutzbringende Informationen und Impulse zu erhalten, wird die Tätigkeit der Revisionsfunktion operativ geplant, gesteuert, und die Ergebnisse werden kommuniziert (Ebene 3). Grundlegende Basis der Revisionstätigkeit ist das Durchführen von Prüfungs- und Beratungsaufträgen (Ebene 4).

Das siebenteilige Komponenten-Modell kann für die Beschreibung und Analyse der Ressourcen einer Revisionsfunktion verwendet werden.

Beide Meta-Modelle haben sich in der Praxis als guter Ausgangspunkt erwiesen, um die Revisionsfunktion mit ihren Elementen, Schnittstellen, Inputs und Outputs systemisch – insbesondere für Zwecke der Organisationsentwicklung – darzustellen und zu hinterfragen.

---

[1] Vgl. weiter gefasst das Integrationsmodell der Internen Revision bei Kagermann, H. et al. (2006), S. 111–114.

4.1.1 Vierstufige Managementpyramide der Internen Revision

Das vierstufige Managementmodell der Internen Revision (siehe Abb. 4.1) zeigt die wichtigsten Tätigkeitsblöcke der Internen Revisionsfunktion.

In der ersten, oberen Ebene des vierstufigen Managementmodells der Internen Revision (Abb. 4.1) werden ausgehend von Stakeholder-Bedürfnissen die Aufgabenstellung und die Ziele der Revisionsfunktion festgelegt. Üblicherweise sind die übergeordneten, strategischen Ziele und die Mission der Internen Revision in einer Geschäftsordnung (auch Audit Charter) dokumentiert. Die Geschäftsordnung und mit ihr die Mission der Internen Revision werden auf Basis eines meist durch die Leitung der Internen Revision erarbeiteten Vorschlages mit Geschäftsleitung und Überwachungsorgan abgestimmt und durch diese genehmigt.

Die zweite Ebene der Pyramide beschreibt das Arbeitsfeld und die operative Ausrichtung der Internen Revision konkreter; sie werden mit der Geschäftsleitung und dem Überwachungsorgan regelmäßig abgestimmt. An die Geschäftsleitung und das Überwachungsorgan erfolgt die Kommunikation über die Umsetzung des Auftrags der Revisionsfunktion und der Periodenpläne. Dies geschieht z. B. im Rahmen regelmäßiger Gesprächstermine (Jour Fixe), der Quartals- und der Jahresberichterstattung.

In der dritten Ebene findet die Disposition der Einzelaufträge und der Ressourcen statt. Dort wird die Auftragsabwicklung gesteuert und überwacht und die Ergebnisse der Aufträge – einzeln oder konsolidiert – werden der Geschäftsleitung und dem Überwachungsorgan berichtet.

Die vierte und unterste Ebene der Pyramide umfasst die Tätigkeiten zur Abwicklung der Einzelaufträge (Vorbereitung, Durchführung und Berichterstattung) sowie im Nachgang die Überwachung der Erledigung der erforderlichen Korrekturmaßnahmen.

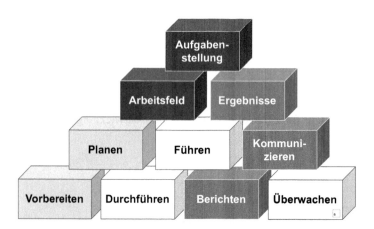

Abb. 4.1 Vierstufige Managementpyramide der Internen Revision. (Eigene Darstellung)

4.1 Organisationsmodelle der Internen Revision

Ausgehend von den oberen Ebenen der Pyramide finden mit abnehmender Intensität Kontakte zu den Governance-Funktionen der Organisation – also z. B. in der Privatwirtschaft Prüfungsausschüsse und Vorstände – statt. In den unteren Ebenen werden Schnittstellen der Internen Revision primär zu Peers (Gleichgestellten, also z. B. Bereichs- und Stabsverantwortliche), operativen Führungskräften und Mitarbeitern der Organisation (Geprüften, operativen Informationslieferanten und -empfängern) vorhanden sein.

4.1.2 Siebenteiliges Komponenten-Modell der Revisionsorganisation

Einen nützlichen Beschreibungsansatz bietet das von ISACA aus vorliegenden betriebswirtschaftlichen Metamodellen für COBIT abgeleitete siebenteilige Komponentenmodell.[2] Dessen Anwendung für Assurance-Funktionen wird in COBIT for Assurance exemplarisch für die IT-Audit und -Assurance-Funktion[3] darstellt.

Die sieben Komponenten zur Darstellung der Revisionsfunktion, hier der besseren Handhabbarkeit halber in drei Gruppen (Ziele, Organisation, Ressourcen) gegliedert, sind:

Ziele

- Regeln und Vorgaben

Organisation

- Ablauforganisation
- Aufbauorganisation
- Unternehmenskultur

Ressourcen

- Information
- Services und Infrastruktur
- Personal und Fähigkeiten

---

[2] In COBIT 5 (vgl. ISACA (2012), S. 29) sprach ISACA noch von Enablern/Befähigern. COBIT 2019 verwendet den handlicheren Ausdruck „Components" – Komponenten, vgl. ISACA (2018), S. 21 f.

[3] Vgl. ISACA (2013), S. 23 f. sowie dort detailliert auch in Appendix B.

Die Berücksichtigung von Regeln und Vorgaben wird im Abschnitt Positionierung ausführlich behandelt.

Die Organisation wird im Abschnitt Aufbauorganisation skizziert, sowie im Zusammenhang mit den Berufsgrundlagen und der Auftragsdurchführung beschrieben. Unternehmenskulturelle Aspekte werden primär in den Abschnitten Positionierung und Personal abgehandelt, sowie überall dort, wo Varianten der Revisionsorganisation beleuchtet werden.

Die Ressourcen werden hauptsächlich in den Abschnitten Personal, Planung (Information), Durchführung und Follow-up (Information, Services, Fähigkeiten) sowie Berichterstattung (Services, Information) beschrieben.

COBIT for Assurance[4] bietet detaillierte, grundsätzliche Beschreibungen der Komponenten für die IT-Audit und -Assurance-Funktion, die sich mit geringem Aufwand unter Nutzung des umfangreichen Materials von IIA und nationalen Fachverbänden für die Anwendung im eigenen Kontext adaptieren lassen.

4.1.3 Umsetzung in den Berufsgrundlagen

In den Attributstandards IIAS 1nnn (Attribute Standards) werden die Positionierung und grundsätzliche Merkmale der Revisionsfunktion verbindlich beschrieben. In den Ausführungsstandards IIAS 2nnn (Performance Standards) werden die Tätigkeitsfelder und die operative Organisation der Internen Revision einschließlich der Auftragsdurchführung dargestellt. Sowohl Attribut- als auch Ausführungsstandards werden durch ebenfalls verbindliche Umsetzungsstandards (Implementation Standards mit der Kennung A für Assurance/Prüfung und C für Consulting/Beratung) detailliert.

Für die Ausrichtung und Organisation der Revisionsfunktion sind insbesondere folgende Blöcke der IIA-Standards wesentlich (siehe Abb. 4.2):

- IIAS 10nn – Aufgabenstellung, Befugnisse, Verantwortung
- IIAS 21nn – Art der Arbeiten
- IIAS 11nn – Unabhängigkeit, Objektivität
- IIAS 12nn – Fachkompetenz, berufliche Sorgfaltspflicht
- IIAS 20nn – Leitung der Internen Revision
- IIAS 13nn – Qualitätssicherung und -verbesserung

---

[4] Siehe ISACA (2013), S. 25–52.

4.2 Aufgaben und Positionierung

1000 Aufgabenstellung, Befugnisse, Verantwortung	1010 Verbindliche Leitlinien in der Geschäftsordnung
	2100 Art der Arbeiten
1100 Unabhängigkeit und Objektivität	1110 Organisatorische Unabhängigkeit
	1120 Persönliche Objektivität
	1130 Beeinträchtigungen
1200 Fachkompetenz und berufliche Sorgfaltspflicht	1210 Fachkompetenz
	1220 Berufliche Sorgfaltspflicht
	1230 Regelmäßige fachliche Weiterbildung
1300 Programm zur Qualitätssicherung und -verbesserung	1310 Anforderungen an das Qualitätsprogramm — 1311 Interne Beurteilung / 1312 Externe Beurteilung
2000 Leitung der IR	1320 Berichterstattung zum Qualitätsprogramm

Abb. 4.2 Ausrichtung und Organisation der Revisionsfunktion im IPPF. (Eigene Darstellung)

4.2 Aufgaben und Positionierung

4.2.1 Ausrichtung: Art der Arbeiten

Die wichtigsten Arbeitsfelder der Internen Revision sind in den Standards IIAS 21nn (Art der Arbeiten) benannt: Im Fokus der Revisionstätigkeit sollen Governance (Führung und Überwachung), Risikomanagement und interne Kontrolle (GRC – Governance, Risk, and Control) stehen.

> **IIAS 2100 – Art der Arbeiten**
> Die Interne Revision muss durch die Anwendung eines systematischen, zielgerichteten und risikoorientierten Vorgehens Führungs-, Überwachungs-, Risikomanagement- und Kontrollprozesse der Organisation bewerten und zu deren Verbesserung beitragen. Glaubwürdigkeit und Wert der Internen Revision werden verbessert, wenn Revisoren proaktiv sind und ihre Bewertungen neue Einblicke ermöglichen und zukünftige Auswirkungen berücksichtigen.

Neben dem Fokus auf das Themenfeld Governance, Risiko und interne Kontrolle verpflichten die Berufsgrundlagen die Interne Revision auch, systematisch und zielgerichtet vorzugehen. Daraus resultiert, dass die Interne Revision eine Systematik sowohl für die Festlegung der durchzuführenden Prüfungen als auch für die Durchführung der festgelegten Prüfungen hat und anwendet. Weiter erfordert dies, dass sinnvolle Ziele bestimmt worden sind und diese die Arbeit der Internen Revision leiten. Diese Ziele sind in der Geschäftsordnung und in der Periodenplanung der Internen Revision sowie in dem jeweils einer Prüfung zugrunde liegenden Prüfungsauftrag festgelegt. Neben Beurteilungen von

Governance, Risikomanagement und interner Kontrolle soll die Interne Revision Verbesserungsimpulse setzen, die der Organisation langfristig dienen.

Governance

IIAS 2110 – Führung und Überwachung [Governance]
Die Interne Revision muss zur Verbesserung der Führungs- und Überwachungsprozesse der Organisation Folgendes beurteilen und dafür angemessene Empfehlungen geben:

Treffen strategischer und operativer Entscheidungen;

Überwachung von Risikomanagement und -steuerung;

Fördern ethisch angemessener Normen und Werte in der Organisation;

Sicherstellen einer wirksamen Leistungssteuerung und -messung sowie klarer Verantwortlichkeiten in der Organisation;

Kommunikation von Risiko- und Kontrollinformationen an die in der Organisation zuständigen Funktionen;

Koordination der Aktivitäten von und Kommunikation zwischen Geschäftsleitung bzw. Überwachungsorgan, externen und internen Prüfern, anderen Prüfungsdienstleistern sowie operativem Management.

IIAS 2110.A1 – Beurteilung des Ethikprogramms

Die Interne Revision muss Gestaltung, Umsetzung und Wirksamkeit der ethikbezogenen Ziele, Programme und Aktivitäten der Organisation beurteilen.

IIAS 2110.A2 – Beurteilung der IT-Governance

Die Interne Revision muss beurteilen, ob die IT-Führung und -Überwachung der Organisation die Strategien und Ziele der Organisation fördert.

Aufgabe der Internen Revision ist es u. a., festzustellen, ob Führung und Governance einer Organisation konzeptionell angemessen und praktisch wirksam angemessen sind, und, wo möglich, auch Verbesserungsvorschläge zu machen.

Risikomanagement
Mit den IIAS 2120 (auf das Risikomanagement bezogene Aufgaben der Internen Revision) und den ergänzenden Umsetzungsstandards IIAS 2120.A1 und IIAS 2110.A2 werden die COSO-Kontrollziele im weiteren Sinne, auf Basis des COSO ERM, als Grundlage für die Arbeit der Internen Revision in Bezug auf den Umgang mit Risiken eingeführt.[5]

Bei diesem Prüffeld geht es darum, dass die Interne Revision hinterfragt, wie die Organisation bzw. die Verantwortlichen mit Risiken umgehen.[6] Das formale Risikomanage-

---

[5] Zu den Aufgaben der Internen Revision unter Bezug auf die COSO-Modelle vgl. z. B. ausführlicher Schweizerischer Verband für Interne Revision (2013), S. 56–79.

[6] Zur Risk Governance vgl. IIA (2019), S. 19 ff. Dort werden insbesondere die Bestimmung der Risikostrategie auf Basis der Risikotragfähigkeit und des Risikoappetits, die Nutzung von Risikokennzahlen, insbesondere Key Risk Indicators (KRI), sowie die Notwendigkeit angemessener Rollen zur Steuerung der Risiken (Risk Governance) unterstrichen.

mentsystem ist dabei in den meisten Fällen nur ein Teilaspekt. Jede betriebliche Entscheidung und Aktivität verlangt die Abwägung von möglichem Nutzen und Risiken. Das Management von Risiken bzw. die Funktionsfähigkeit des Risikomanagements ist damit ein inhärenter Gegenstand fast jeder Prüfungshandlung.

IIAS 2120 – Risikomanagement
Die Interne Revision muss die Funktionsfähigkeit der Risikomanagementprozesse beurteilen und zu deren Verbesserung beitragen.

IIAS 2120.A1 – Beurteilung der Risiken

Die Interne Revision muss die Risikopotenziale in Führung und Überwachung, in Geschäftsprozessen und in den Informationssystemen der Organisation bewerten in Bezug auf:

Erreichung der strategischen Ziele der Organisation,

Zuverlässigkeit und Integrität von Daten des Rechnungswesens und von operativen Informationen,

Effektivität und Effizient von Geschäftsprozessen und Programmen,

Sicherung des Betriebsvermögens und

Einhaltung von Gesetzen, Verordnungen, Richtlinien, Verfahren und Verträgen.

IIAS 2120.A2 – Risiko doloser Handlungen

Die Interne Revision muss die Möglichkeit des Auftretens doloser Handlungen und die Vorgehensweise der Organisation bei der Steuerung des Risikos doloser Handlungen beurteilen.

Interne Kontrolle
Mit den IIAS 2130 und IIAS 2130.A1 werden analog zu IIAS 2120 die COSO-Kontrollziele im weiteren Sinne (d. h. auf Basis des COSO ERM) mit Bezug auf das interne Kontrollsystem (IKS) abgebildet.

Das interne Kontrollsystem soll auf seine Funktion und seine Sinnhaftigkeit – hier „Wirtschaftlichkeit" – hin beurteilt werden.[7] In der Praxis wird ein Prüfer häufig zuerst herausfinden wollen, welche internen Kontrollen erforderlich sind. Was sind die Ziele des geprüften Bereiches, welches sind die wesentlichen Risiken? Welche internen Kontrollen bestehen zurzeit? Passen die bestehenden Kontrollen zu den Zielen und den Risiken? Ist das Risiko, dass dolose Handlungen[8] auftreten, angemessen unter Kontrolle? Fehlen Kontrollen? Funktionieren die bestehenden, zieladäquaten Kontrollen hinreichend zuverlässig? Gibt es überflüssige interne Kontrollen?

---

[7] Die Grundlagen des IKS sind ausführlich in den COSO-Modellen dargestellt. Eine inoffizielle Übersetzung wesentlicher Kernbausteine und Instrumente findet sich bei Bungartz, O. (2020).

[8] Vgl. zur Rolle der Internen Revision in Bezug auf dolose Handlungen (Fraud) IIA (2009b) sowie IIA (2014).

IIAS 2130 – [Interne] Kontrollen

Die Interne Revision muss die Organisation bei der Aufrechterhaltung wirksamer Kontrollen unterstützen, indem sie deren Effektivität und Effizienz bewertet sowie kontinuierliche Verbesserungen fördert.

IIAS 2130.A1 – Beurteilung der internen Kontrollen

Die Interne Revision muss die Angemessenheit und Wirksamkeit der Kontrollen, die Risiken von Führung und Überwachung, der Geschäftsprozesse und Informationssysteme der Organisation beurteilen in Bezug auf:

- Erreichung der strategischen Ziele der Organisation,
- Zuverlässigkeit und Integrität von Daten des Rechnungswesens und von operativen Informationen,
- Effektivität und Effizienz von Geschäftsprozessen und Programmen,
- Sicherung des Betriebsvermögens und
- Einhaltung von Gesetzen, Verordnungen, Richtlinien, Verfahren und Verträgen.

Um diesen erst einmal generischen, sich offensichtlich ebenfalls auf die Kontrollkriterien der COSO-Modelle beziehenden Auftrag erfüllen zu können, benötigt die Interne Revision eine klare Zuweisung ihres Auftrags und den Zugriff auf die zur Erfüllung des Auftrags erforderlichen Ressourcen. Diesem Zweck dient die Geschäftsordnung der Internen Revision, die durch interne und externe Regeln, das Revisionshandbuch und durch Zielvereinbarungen ergänzt wird.

Ziele und Aufgaben in der Praxis

Die regelmäßige Erhebung der Innenrevisions-Verbände zeigt mit klarem Abstand die Unterstützung der Unternehmensleitung, die Einhaltung von internen und externen Regeln sowie die Wirksamkeit des IKS als wichtigste Aufgabenbereiche der Internen Revision.[9] Beachtenswert ist, dass eine jüngere Studie bei Stakeholdern der Internen Revision das Einhalten von Regeln nur auf Platz 9 Prioritätenliste der Unternehmensführungen[10] sah. Dies deutet auch auf einen Konflikt hin, dem Interne Revisoren alltäglich ausgesetzt sind: Der eigenen und fremden Erwartung, für Regeltreue zu sorgen sowie der dem oft entgegenstehenden, faktisch höheren Priorisierung anderer Ziele (Tab. 4.1).

---

[9] Vgl. DIIR (2017a), S. 23 f.
[10] Vgl. DIIR (2018a), S. 4.

4.2 Aufgaben und Positionierung

Tab. 4.1 Ziele und Aufgaben der Internen Revision[a]

Bewertung: 1: trifft nicht zu … 5: trifft zu	
Unterstützung der Unternehmensleitung	4,47
Unterstützung Verwaltungsrat (CH)/AR/Audit Committee (SOX)/Prüfungsausschuss	3,44
Unterstützung der Corporate Governance	3,82
Sicherstellung der Wirksamkeit des IKS	4,34
Sicherstellung der Einhaltung gesetzlicher/aufsichtsrechtlicher Vorschriften	4,23
Sicherstellung der Einhaltung unternehmensinterner Regularien	4,46
Sicherstellung der Wirksamkeit des Risikomanagements	3,8
Sicherstellung der Wirksamkeit des Compliance Management Systems	3,71
Sicherstellung der Wirtschaftlichkeit und Effizienz der Geschäftsprozesse	3,83
Fraud Prevention/Detection	3,76
Vermögenssicherung	3,75
Verbesserung der Wirtschaftlichkeit und Effizienz der Geschäftsprozesse	3,75
Vorbereitung für High-Potentials auf Fach- und Führungsfunktionen	2,27

[a]Daten: DIIR (2017a), S. 23; siehe nahezu unverändert auch DIIR (2020), S. 25

4.2.2 Strategie

Die (Revisions-) Strategie soll die Ausrichtung der Internen Revision sicherstellen. Dazu muss in einem systematischen und strukturierten Prozess ein strategischer Plan erstellt und regelmäßig an die Bedürfnisse des internen (z. B. Ziele, Ressourcen) und externen Kontexts (z. B. Gesetze, Regulierung, Märkte) angepasst werden. Das Erstellen der strategischen Planung einer Internen Revision kann in sieben Schritten erfolgen[11]:

- Verstehen der Branche und der Ziele der Organisation
- Interpretation der Berufsgrundlagen
- Analysieren der Stakeholder-Erwartungen
- Anpassen von Mission und Vision der Internen Revision
- Bestimmen der kritischen Erfolgsfaktoren
- Durchführen einer SWOT-Analyse
- Erstellen einer Roadmap zur Umsetzung

Die strategische Planung arbeitet häufig zuerst mit einer Mission, die Basis für die Unternehmensstrategie bildet. Die Mission kann ergänzend durch eine Vision verbildlicht werden. Von der Unternehmensstrategie werden konkretisierende Ziele abgeleitet. Durch regelmäßige oder anlassbedingte Soll-/Ist-Abgleiche wird die Steuerung nachjustiert und Impulse von außen und innen werden umgesetzt.

Die strategische Planung der Internen Revision muss ebenso wie die Strategie der Organisation regelmäßig oder im Zug wesentlicher Veränderungen überprüft und ggf. aktualisiert werden.

---

[11]Vgl. IIA (2012a). Für die detaillierte Darstellung des Strategieprozesses vgl. beispielhaft Welge, M.K. et al. (2017), S. 195.

4.2.3 Geschäftsordnung

Die Interne Revision benötigt einen generellen Auftrag, der sie konstituiert, ihren Tätigkeitsbereich umreißt, ihr die erforderlichen Kompetenzen gibt und zugleich die Kriterien für eine erfolgreiche Arbeit benennt. Dazu verlangt IIAS 1000 das Vorliegen einer Geschäftsordnung (auch Anweisung, Charter, Richtlinie o. ä.) für die Interne Revision.

> **IIAS 1000 – Aufgabenstellung, Befugnisse und Verantwortung**
> Aufgabenstellung, Befugnisse und Verantwortung der Internen Revision müssen formell in einer Geschäftsordnung der Internen Revision bestimmt sein, der die Mission der Internen Revision und die verbindlichen Elemente der Internationalen Grundlagen für die berufliche Praxis der Internen Revision (die Grundprinzipien für die berufliche Praxis der Internen Revision, der Ethikkodex, die Standards und die Definition der Internen Revision) zugrunde liegen. Der Leiter der Internen Revision muss die Geschäftsordnung regelmäßig überprüfen und den leitenden Führungskräften und der Geschäftsleitung bzw. dem Überwachungsorgan zur Genehmigung vorlegen.
>
> **IIAS 1000.A1 – Festlegung der Prüfungsleistungen**
> Die Art der zu erbringenden Prüfungsleistungen muss in der Geschäftsordnung der Internen Revision festgelegt werden. Wenn Prüfungsleistungen für Dritte erbracht werden, müssen diese ebenfalls in der Geschäftsordnung der Internen Revision definiert werden.

Die Berufsgrundlagen halten noch einmal explizit fest, dass die Geschäftsordnung der Internen Revision ein förmliches, von der Unternehmensleitung verabschiedetes Dokument ist.

Die von den Berufsgrundlagen verlangte, regelmäßige Überprüfung der Geschäftsordnung kann zum Beispiel im Rahmen der Periodenplanung oder im Rahmen der alljährlichen Strategiebestimmung der Internen Revision durchgeführt und dann auch nachgewiesen werden. Die Überprüfung der Geschäftsordnung wird unter angemessener Berücksichtigung des internen und externen Kontexts (z. B. Regulierung, Unternehmensstruktur, Märkte, Unternehmensstrategie), der Ziele und der Arbeits- bzw. Berufsgrundlagen vorgenommen. Angepasst wird die Geschäftsordnung nur dann, wenn dies notwendig ist; übergreifende Vorgaben wie Geschäftsordnungen sollten nicht ohne materiellen Zusatznutzen verändert werden.

> **IIAS 1010 – Berücksichtigung verbindlicher Leitlinien in der Geschäftsordnung der Internen Revision**
> Der verbindliche Charakter der Grundprinzipien für die berufliche Praxis der Internen Revision, des Ethikkodex, der Standards und der Definition der Internen Revision muss in der Geschäftsordnung der Internen Revision berücksichtigt sein. Der Leiter der Internen Revision soll die Mission der Internen Revision und die verbindlichen Elemente der Internationalen Grundlagen für die berufliche Praxis der Internen Revision mit leitenden Führungskräften und Geschäftsleitung bzw. Überwachungsorgan besprechen.

Die Geschäftsordnung der Internen Revision soll die Regelungen der Berufsgrundlagen kontextadäquat umsetzen und auf die Gültigkeit der Berufsgrundlagen für die Interne Revision als Funktion und auch für deren Mitarbeiter hinweisen. Tatsächlich finden sich in vielen Geschäftsordnungen Verweise auf die Verbindlichkeit von Definition, Ethikkodex und IIA-Standards, oder es gibt einen generellen Verweis auf die verbindlichen Komponenten der Berufsgrundlagen, so wie sie von IIA und/oder dem nationalen Revisionsverband aktuell verkündet worden sind. In einigen Fällen wird man zusätzlich Verweise auf das ISACA ITAF oder geltende Regulierungen (z. B. die MaRisk[12] oder MaGo[13]) finden.

Elemente einer Geschäftsordnung der Internen Revision
Typische Elemente einer Geschäftsordnung für die Interne Revision[14] sind

- Einführung (Revisionsrolle und IPPF-Bezug)
- Befugnisse (Zugriffsrecht, Schutzpflicht)
- Organisation und Berichtslinien (funktional/fachlich, administrativ/disziplinarisch)
- Unabhängigkeit und Objektivität (Interessenkonflikte)
- Verantwortlichkeiten (Planung, Dokumentation, Berichterstattung, Follow-up)
- Qualitätsmanagement
- Genehmigung (Zeichnung durch Geschäftsleitung und/oder Überwachungsorgan)

Das DIIR stellt eine Muster-Geschäftsordnung für die Interne Revision[15] auf Basis der IIA Model Internal Audit Activity Charter[16] zur Verfügung.

4.2.4 Rechte und Pflichten

Die Geschäftsordnung der Internen Revision bestimmt die Stellung der Revisionsfunktion in der Organisation sowie den Umfang der Tätigkeit der Internen Revision. Sie gestattet darüber hinaus der Internen Revision auch den Zugriff auf die zur Auftragsdurchführung erforderlichen Aufzeichnungen, Mitarbeiter und Vermögensgegenstände (IIAS 1000). Weiter kann die Geschäftsordnung der Internen Revision auch noch einmal explizit auf die mit den Berufsgrundlagen einhergehenden Verpflichtungen wie Objektivität, Verschwiegenheit und berufsübliche Sorgfalt hinweisen.

---

[12] BaFin (2017), zu den aktuellen Anforderungen vgl. Angermüller, N.O./Ramke, T. (2018).
[13] BaFin (2018), vgl. Angermüller, N.O./Wolff, S (2017).
[14] Vgl. detaillierter IIA IG 1000:2016.
[15] Vgl. dazu DIIR (2017c).
[16] Siehe IIA (2017b).

4.3 Aufbauorganisation

Generell ist bei der Internen Revision zunächst zwischen kleinen, mittleren und großen Revisionsfunktionen zu unterscheiden. Kleine Revisionsfunktionen müssen bzw. dürfen auf viele Instrumente verzichten, während große Revisionsfunktionen zuweilen unter einer ausufernden Bürokratie leiden. Hinsichtlich der Aufbauorganisation stellen sich prinzipiell – die entsprechende Größe vorausgesetzt – folgende Fragen:

- Zentralisierung vs. Dezentralisierung
- Räumliche, fachliche oder geschäftsbezogene Gliederung
- Bündelung oder Verteilung von Stabsfunktionen
- Flache oder tiefe Hierarchien

4.3.1 Strukturmodelle

Vereinfacht lassen sich zentrale, hybride und verteilte (teils auch als dezentral bezeichnete) Revisionsorganisationen unterscheiden.[17] Die Abb. 4.3 zeigt eine exemplarische Organisationsstruktur[18] einer Internen Revision, an der man die typischen Aufbaustruktur-Optionen erkennen kann.

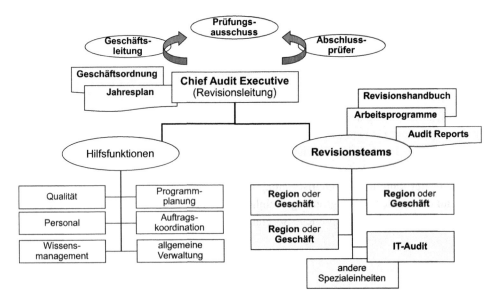

Abb. 4.3 Aufbauorganisation Corporate Audit. (Eigene Darstellung)

---

[17] Vgl. am Beispiel international strukturierter Interner Revisionen Kahlen, A. et al. (2017), S. 151 ff. sowie auch Eulerich, M. (2017).

[18] Vgl. ähnlich IIA (2019), S. 32 f. und zu den Strukturmodellen für die Aufbauorganisation weiter ausführlich z. B. Peemöller, V.H./Kregel, J. (2010), S. 137–146.

4.3 Aufbauorganisation

Die Leitung der Internen Revision (Chief Audit Executive, CAE) hält Kontakt zu Unternehmensleitung und Überwachungsorgan, zu Peers in der Organisation – also Bereichs- und funktionalen Leitungen – sowie zum Management bzw. der zweiten Ebene des Revisionsteams. Wichtiges Steuerungs- und Abstimmungsinstrument auf dieser Ebene sind die Geschäftsordnung sowie die Perioden- und Ressourcenplanung der Revisionsfunktion.

Vernetzung der Internen Revision
Es ist leicht ersichtlich, dass schon bei mittlerer Unternehmensgröße eine Vielzahl von Schnittstellen einen bedeutenden Teil der Kapazität der Revisionsleitung beanspruchen wird. Auch innerhalb der Internen Revision entstehen Schnittstellen, z. B. zwischen fachlichen Gruppen, regionalen Teams oder kulturellen Subsystemen (Alter, Ausbildung, Herkunft etc.).[19] Kontakte zu Unternehmensleitung und zu Peers in der Organisation werden dann in die zweite Führungsebene der Internen Revision – z. B. zu regional Verantwortlichen oder Themenkoordinatoren – verlagert. Das Gleiche gilt auch für laufende Kontakte und die Überwachung des operativen Prüfungsgeschäfts. Zwar gibt die Revisionsleitung – mit zunehmender Größe der Internen Revision schnell unvermeidbar – die direkte Kontrolle aus der Hand, aber durch die so mögliche, deutlich breitere Aufstellung wird die Revisionsfunktion in der Organisation präsenter und ihr Netzwerk gestärkt.

Revisionsinterne Funktionen, Gruppen und Teams
Viele Interne Revisionen setzen auf flache Organisationsmodelle: Auftragsteams werden unter wechselnder, meist fachlich begründeter Leitung aus einem Pool von erfahrenen und weniger erfahrenen Prüfern sowie mittleren und teils auch höheren Führungskräften der Internen Revision zusammengestellt. Dies ermöglicht es, Qualifikationen und Kapazitäten auftragsbezogen zu optimieren, und es fördert den Austausch und Kompetenzaufbau in der Internen Revision. Aus praktischen Erwägungen – dies ist schon bei kleinen Internen Revisionen zu beobachten – werden neben den auftragsbezogenen Teams weitere Gruppenstrukturen[20] gebildet. Üblich ist dies nach Standort oder nach Region, nach Kontaktgruppe (z. B. Geschäftsbereich oder Funktion: Personal, IT, …) oder auch nach Tätigkeitsfeldern bzw. Kernprozessen (F&E – Produktion – Vertrieb – After Sales).

Hilfsfunktionen
Hilfsfunktionen können administrativer Art sein, aber auch unterstützend: Planung, Pflege der Arbeitsmethodik und des Revisionshandbuchs sowie Qualitätssicherungs- und Überwachungstätigkeiten können in Stabsfunktionen zusammengezogen oder auf mehrere Verantwortliche in der Internen Revision verteilt sein. Große Revisionsabteilungen bilden häufig zentrale Stäbe, welche teils sehr selbstständige operative Teilrevisionen steuern und/oder unterstützen. Wichtige Einflussfaktoren auf den Grad der Zentralisierung und die

---

[19] Vgl. zu den Mechanismen am Beispiel internationaler Revisionsfunktionen Krane, R. (2020), S. 83–88.
[20] Vgl. dazu DIIR (2017a), S. 18.

Bedeutung bzw. den Einfluss der zentralen Einheiten in einer größeren Internen Revision sind (beteiligungs-) rechtliche Bindungen sowie die Führungskultur in der Organisation.

Funktionendiagramm Interne Revision: RACI-Darstellung

Die Aufbaustruktur einer Internen Revision lassen sich in einem RACI-Chart[21] darstellen, das die typisch vorkommenden Rollen in einer Internen Revision und im organisatorischen Kontext in Beziehung setzt.

In dem in Abb. 4.4 beispielhaft gezeigten RACI-Chart lässt sich das Zusammenspiel wesentlicher Rollen und Tätigkeiten eines Aufgabenfeldes, eines Prozesses o. ä. verknüpft darstellen. Das RACI- oder zu deutsch DEMI-Chart stellt dar, wer eine Aufgabe ausführt (R – responsible bzw. D – durchführen), wer die Verantwortung für eine Aufgabe trägt (A – accountable bzw. E – entscheiden), wer einzubeziehen ist (C – consulted bzw. M – mitwirken) und wer informiert werden muss (I – informed bzw. I – informiert).

In Abb. 4.4 wird das RACI-Konzept auf die Interne Revision und ihren Kontext angewendet. Auf der x-Achse werden die an der Revisionsarbeit beteiligten Rollen bzw. Funktionen dargestellt. Dabei lassen sich zunächst einmal zwei Gruppen unterscheiden,

RACI-Chart Interne Revision

	ST	TL	AM	AD	AS	CAE	AU	AC	CEO	CFO	2nd	3rd	OU
Positionierung	I	I	C	C		R		A	A	A	C	I	I
Periodenplanung	C	C	R	R	R	A	C	C	C	C	C	C	I
Auftragsvorbereitung	R	R	A	C	I	C	C			C	C		
Auftragsdurchführung	R	R	A	A	C	I	C			I	C		
Berichterstattung	C	R	R	C	C	A	C	I	I	I	I		I
Kommunikation		I	C	R	R	A		I	I	I	I		
Follow-up	C	R	I	A		A	C	I	I	I	C	I	

Verantwortlichkeit
R - responsible
A - accountable
C - consulted
I - informed

Rollen in der Internen Revision:
ST - Staff (Mitarbeiter)
TL - Team Lead (Teamleiter)
AM - Audit Manager (Manager)
AD - Audit Director
AS - Support (Assistenz, Stab)
CAE - Chief Audit Executive (Leitung der IR)

Revisionsexterne Rollen:
AC - Audit Committee (Prüfungsausschuss)
CEO - Unternehmensleitung
CFO - Finanzleitung
2nd - Funktionen der 2. Verteidigungslinie
3rd - Funktionen der 3. Verteidigungslinie
AU - Auditees (Geprüfte)
OU - Other Users (andere Nutzer)

Abb. 4.4 RACI-Chart für die Interne Revision. (Eigene Darstellung. Zum analogen Vorgehen am Beispiel der Erstellung des Audit Universe vgl. Bauer (2010), S. 56)

---

[21] Das RACI-Chart (RACI = responsible – accountable – consulted – informed) ist ein erweitertes Funktionendiagramm. Es wird in aktuellen Rahmenmodellen häufig verwendet, um Verantwortlichkeiten in einem Prozess oder einem Tätigkeitsfeld darzustellen. Das deutsche Akronym für RACI lautet DEMI: durchführend – entscheidend – mitwirkend – informiert.

(a) die Revisionsfunktion selbst sowie deren (b) Nutzer und Stakeholder. Die Nutzer und Stakeholder (b) lassen sich wiederum in (b1) Organisationsinterne und (b2) Externe differenzieren. Auf der y-Achse werden Tätigkeitsfelder, Prozesse, Arbeitsschritte o. ä. dargestellt. Im hier gezeigten Beispiel für die Interne Revision sind dies Führungsebenen- und ablauforientiert wesentliche Tätigkeitsfelder der Internen Revision, z. B. Periodenplanung, Prüfungsvorbereitung, Prüfungsdurchführung, Auftragsberichterstattung und Follow-up.

4.3.2 Unabhängigkeit und Objektivität

Interne Revision ist ein Vertrauensgeschäft – die bekannten und zukünftig denkbaren Nutzer der Revisionsergebnisse müssen sich auf die Informationen verlassen können, die sie von der Internen Revision bzw. dem Revisor erhalten. Auf jeden Fall wollen Nutzer von durch die Interne Revision erhobenen, bereitgestellten und beurteilten Informationen deren Zuverlässigkeit und mögliche Unsicherheiten gut beurteilen können. Das kann nur dann funktionieren, wenn die Internen Revisoren tatsächlich und auch dem Anschein nach unparteiisch handeln.

IIAS 1100 – Unabhängigkeit und Objektivität
Die Interne Revision muss unabhängig sein, und die Internen Revisoren müssen bei der Durchführung ihrer Aufgaben objektiv vorgehen.

Um auf Seiten der Nutzer der Revisionsinformationen ein hinreichendes Vertrauen zu ermöglichen, aber auch um Revisoren einen Mindestrahmen für das Ausüben ihrer Pflichten zu setzen, enthalten die Berufsgrundlagen konkrete Regelungen zu Unabhängigkeit und Objektivität, die Ziel- und Interessenkonflikte vermeiden oder transparent machen sollen.[22]

IIAS 1110 – Organisatorische Unabhängigkeit
Der Leiter der Internen Revision muss der Ebene innerhalb der Organisation unterstehen, die sicherstellen kann, dass die Interne Revision ihre Aufgaben sachgerecht erfüllen kann. Der Leiter der Internen Revision muss Geschäftsleitung bzw. Überwachungsorgan mindestens jährlich die organisatorische Unabhängigkeit bestätigen.

IIAS 1110.A1 – Freiheit von Einflussnahme
Die Interne Revision darf bei der Festlegung des Umfangs der internen Prüfungen, bei der Auftragsdurchführung und bei der Berichterstattung der Ergebnisse nicht behindert werden. Der Leiter der Internen Revision muss der Geschäftsleitung bzw. dem Überwachungsorgan solche Beeinflussungen offenlegen und die Auswirkungen besprechen.

---

[22] Vgl. detailliert dazu IIA (2011a).

Tab. 4.2 Disziplinarische Zuordnung der Revisionsleitung[a]

Dem gesamten Aufsichtsrat/Verwaltungsrat	3 %
Dem Vorsitzenden des Aufsichtsrats/Verwaltungsrates	5 %
Dem Audit Committee/Prüfungsausschuss	8 %
Der/dem gesamten Unternehmensleitung/Vorstand/Leitung öffentlicher Institutionen	17 %
Dem Vorsitzenden/CEO/Sprecher der Unternehmensleitung	38 %
Dem Finanzvorstand/CFO/Kaufmännischen Geschäftsführer	17 %
Einem anderen Mitglied der Unternehmensleitung/des Vorstandes	7 %
Dem Leiter einer übergeordneten Internen Revision	1 %
Einem sonstigen Vorgesetzten unterhalb der Unternehmens- bzw. Behördenleitung	4 %

[a]Daten: DIIR (2020), S. 21

Berichtslinien der Internen Revision

Funktionale und disziplinarische Berichtslinien der Internen Revision sollen so bestimmt sein, dass die Interne Revision ihre Arbeit frei von störender Einflussnahme durchführen kann. Die Anstellung, Beurteilung und Beendigung des Arbeitsverhältnisses der Leitung der Internen Revision soll deswegen von Geschäftsleitung und Überwachungsorgan sorgfältig überwacht und abgewogen werden.[23]

Disziplinarisch sind die meisten Revisionsleitungen der Geschäftsleitung (CEO o. ä.), einzelnen Geschäftsleitungsmitgliedern (CFO o. ä.) oder – besonders in der Schweiz – dem Prüfungsausschuss unterstellt (siehe Tab. 4.2).[24]

Noch bedeutender für die erfolgreiche Arbeit der Internen Revision ist die fachlich-funktionale Berichtslinie, also die fachliche Anbindung und Steuerung der Internen Revision.

IIAS 1111 – Direkte Zusammenarbeit mit und Überwachungsorgan

Der Leiter der Internen Revision muss direkt mit Geschäftsleitung bzw. Überwachungsorgan kommunizieren und zusammenarbeiten

Typisch sind funktionale Berichtslinien an die Geschäftsleitungsebene, also z. B. an den Vorstandsvorsitzenden oder – weil fachlich einschlägig – den Finanzvorstand. In Systemen mit ausgeprägter Aufsichtsrats-/Verwaltungsratsfunktion findet man oft auch eine fachlich-funktionale Berichtslinie an die Leitung des Prüfungsausschusses oder eine vergleichbare Funktion im Aufsichtsrat bzw. im Verwaltungsrat.

Weitere Verantwortlichkeitsbereiche der Leitung der Internen Revision

Tatsächlich haben nicht wenige Revisionsleitungen noch weitere Aufgaben neben der Leitung der Internen Revision. Nur zwei Drittel der Revisionsleitungen haben keine weiteren

---

[23] Zur Überwachung und Beteiligung der Leitungs- und Aufsichtsorgane sowie zu Evaluationskriterien für die Leitung der Internen Revision (Chief Audit Executive, CAE) siehe IIA (2010a).

[24] Datenbasis: Regelmäßige Mitgliederumfrage (Enquete) der Innenrevisionsverbände in D-A-CH, vgl. DIIR (2020), S. 21, man beachte die signifikanten Unterschiede zwischen D, A und CH.

4.3 Aufbauorganisation

Tab. 4.3 Weitere Funktionen der Internen Revision[a]

Keine weitere Funktion	54,7 %
Compliance	15,9 %
Datenschutz/IT-Sicherheit	12,3 %
Qualitätsmanagement	1,4 %
Recht	0,7 %
Risikomanagement/Risikocontrolling	15,6 %
Sonstiges	17,4 %

[a]Daten: DIIR (2020), S. 18

Verpflichtungen, und jeweils ca. 10 % der Revisionsleitungen sind gleichzeitig für Compliance, Risikomanagement oder Datenschutz verantwortlich (Tab. 4.3).

Werden die originären Funktionen der Internen Revision auf Ebene der Leitung oder der Mitarbeiter der Internen Revision vermischt, sind zusätzliche Maßnahmen zum Sicherstellen einer hinreichenden Glaubwürdigkeit der Internen Revision erforderlich. Unabhängigkeit und Objektivität der Internen Revision können einfacher gewahrt werden, wenn eine klare Trennung zwischen der Internen Revision und den anderen Aktivitäten eingerichtet werden kann, und wenn die anderen von der Revisionsleitung verantworteten Funktionen gründlicher (d. h. ausreichend objektiv) oder im besseren Fall durch unabhängige Dritte überwacht bzw. geprüft werden.[25]

IIAS 1112 – Rollen des Leiters der Internen Revision über die Interne Revision hinaus

Wenn der Leiter der Internen Revision Rollen und/oder Verantwortlichkeiten außerhalb der Internen Revision wahrnimmt oder dieses von ihm erwartet wird, müssen Vorkehrungen zur Begrenzung von Beeinträchtigungen der Unabhängigkeit und der Objektivität getroffen werden.

Unabhängigkeit und Objektivität lassen sich auf Gruppenebene (Revisionsfunktion, Prüfungsteam etc.) bzw. individuell (Prüfer, Revisionsleitung, …) betrachten.[26] Die Berufsgrundlagen der Internen Revision differenzieren in den Standards vereinfachend zwischen der Unabhängigkeit der Funktion Interne Revision und der Objektivität des Individuums Interne(r) Revisor(in).[27] Bei genauer Betrachtung wird deutlich, dass auch das Individuum hinreichend unabhängig sein muss, denn andernfalls kann Objektivität kaum zu erwarten sein. Und Objektivität kann von Stakeholdern und Nutzern auch auf höherem Aggregationsniveau (Revisionsfunktion, Prüfungsteam) wahrgenommen werden.

---

[25] Vgl. zu den Maßnahmen zur Stärkung von Unabhängigkeit und Objektivität der Internen Revision IIA (2011a), S. 8 f. sowie IIA (2016), S. 11 ff.

[26] Unterschieden werden können weitere Ebenen, das IIA differenziert fünf Ebenen: Individuum, Auftrag, Revisionsfunktion, Organisation (Unternehmen) sowie Berufsstand und skizziert mögliche Problemstellungen und Vorkehrungen, vgl. IIA (2011a), S. 15–17.

[27] Vgl. so auch schon Institut für Interne Revision (1959), S. 42 f.

IIAS 1120 – Persönliche Objektivität
Interne Revisoren müssen unparteiisch und unvoreingenommen sein und jeden Interessenkonflikt vermeiden.

Die persönliche, individuelle Objektivität wird durch die Mitarbeiterauswahl der Internen Revision und dann wiederum des einen Prüfungs- oder Beratungsauftrag bearbeitenden Revisionsteams, durch die Auswahl passender Prüfungshandlungen und Prüfnachweise (z. B. Stichproben, Transaktionen) sowie durch laufende Kommunikation und Überwachung auf Funktions- und Auftragsebene sichergestellt.

IIAS 1130 – Beeinträchtigung von Unabhängigkeit oder Objektivität
Ist die Unabhängigkeit oder Objektivität tatsächlich oder dem Anschein nach beeinträchtigt, so müssen den zuständigen Stellen die entsprechenden Einzelheiten offengelegt werden. Die Art der Offenlegung hängt von der jeweiligen Beeinträchtigung ab.

IIAS 1130.A1 – Beurteilung ehemaliger Verantwortungsbereiche

Interne Revisoren müssen von der Beurteilung von Geschäftsprozessen absehen, für die sie zuvor verantwortlich waren. Die Objektivität kann als beeinträchtigt angenommen werden, wenn ein Interner Revisor eine Aktivität prüft, für die er im Verlauf des vorangegangenen Jahres verantwortlich war.

IIAS 1130.A2 – Beurteilung von Verantwortungsbereichen der Revisionsleitung

Prüfungen von Organisationseinheiten, für die der Leiter der Internen Revision die Verantwortung trägt, müssen von einer Stelle außerhalb der Internen Revision überwacht werden.

IIAS 1130.A3 – Beurteilung ehemaliger Beratungsfelder

Die Interne Revision kann Prüfungsdienstleistungen in Bereichen anbieten, in denen sie vorher Beratungsdienstleistungen erbracht hat, vorausgesetzt, dass die Art der Beratung die Objektivität nicht beeinträchtigt hat und dass die individuelle Objektivität beachtet wird, wenn Ressourcen dem Auftrag zugeordnet werden.

Um hinreichendes Vertrauen in die Revisionsfunktion, die Internen Revisoren und die Prüfungsergebnisse zu ermöglichen, sollen unvermeidliche, mögliche oder mutmaßliche Beeinträchtigungen von Unabhängigkeit und Objektivität transparent gemacht werden. Wo dies erforderlich ist, können Einschränkungen auch explizit – zum Beispiel im Rahmen der Auftragsvorbereitung oder der Ergebnisabstimmung – zur Sprache gebracht werden. Einschränkungen von Unabhängigkeit und Objektivität werden immer dann vermutet, wenn laufende oder frühere Aufgaben überprüft werden sollen oder wenn persönliche oder geschäftliche Beziehungen vorliegen. Auch aufgrund mangelnder Kenntnisse oder Erfahrungen kann eine objektive Beurteilung nur eingeschränkt möglich sein.

4.3.3 Sachkunde und Sorgfaltspflicht

Die Arbeit einer Internen Revision, eines Revisionsteams oder des einzelnen Internen Revisors muss den Erwartungen genügen, die eine verantwortungsvoll handelnde Unternehmensleitung und andere an den Prüfungsergebnissen mittelbar oder unmittelbar teilhabende Interessengruppen (Stakeholder) an eine dem Kontext und dem Prüfungsgegenstand angemessene Prüfung hätten. Das bedeutet einerseits, dass die Interne Revision in der Lage sein muss, hinreichend sachkundige Teams für die Bearbeitung der Prüfungs- oder Beratungsaufträge zusammenzustellen. Im Zweifel muss Unterstützung hinzugezogen werden. Andererseits müssen insbesondere Prüfungen auch angemessen sorgfältig – d. h. mit angemessenen Prüfungsmethoden und mit sachgerechtem Prüfungsumfang (z. B. hinsichtlich Stichprobenauswahl und -umfang) durchgeführt werden. Eine angemessene Sorgfalt bedingt, dass weder zu wenige (ineffektive) noch zu viele (ineffiziente) Prüfungshandlungen durchgeführt werden.

> **1200 – Fachkompetenz und berufliche Sorgfaltspflicht**
> Aufträge müssen mit Fachkompetenz und der erforderlichen beruflichen Sorgfalt durchgeführt werden.

Kenntnisse, Erfahrungen und Qualifikationen

Die Berufsgrundlagen verlangen, dass einzelne Revisionsmitarbeiter und die Interne Revision als Ganzes die jeweils erforderlichen Kenntnisse, Erfahrungen und Qualifikationen haben.[28] Mit Kenntnissen ist hier erlerntes Wissen gemeint. Erfahrungen resultieren aus im Betrieb oder andernorts Erlebtem. Der Begriff Qualifikationen umschreibt in der Diktion der Berufsgrundlagen einschlägige Zertifizierungen, wie z. B. CIA, CISA oder weitere für die Tätigkeit der Internen Revision fachlich relevante Ausbildungs- und Qualifikationsnachweise.

> **IIAS 1210 – Fachkompetenz**
> Interne Revisoren müssen über das Wissen, die Fähigkeiten und sonstige Qualifikationen verfügen, die erforderlich sind, um ihre persönlichen Verantwortlichkeiten zu erfüllen. Die Interne Revision muss insgesamt das Wissen, die Fähigkeiten und sonstige Qualifikationen besitzen oder sich beschaffen, die erforderlich sind, um ihre Verantwortlichkeiten zu erfüllen.

> **IIAS 1210.A1 – Unterstützung beiziehen**
> Der Leiter der Internen Revision muss kompetenten Rat und Unterstützung einholen, falls es Internen Revisoren an Wissen, Fähigkeiten oder sonstigen Qualifikationen mangelt, die zur teilweisen oder vollständigen Erfüllung des Auftrags erforderlich sind.

---

[28] Vgl. IIA IG 1210:2016 sowie Bünis, M. (2018), S. 233.

IIAS 1210.A2 – Verständnis für Indikatoren doloser Handlungen

Interne Revisoren müssen über ausreichendes Wissen verfügen, um Risiken für dolose Handlungen und die Art, wie diese Risiken in der Organisation gehandhabt werden, zu beurteilen. Es werden jedoch nicht in gleichem Umfang Sachkenntnis und Erfahrung erwartet wie bei Experten für die Aufdeckung und Untersuchung doloser Handlungen.

IIAS 1210.A3 – Verständnis für IT-Risiken

Interne Revisoren müssen Kenntnisse der grundlegenden Risiken und Kontrollen von Informationstechnologien (IT) sowie der verfügbaren technologiegestützten Prüfungstechniken besitzen, um ihre Aufgaben erfüllen zu können. Allerdings wird nicht von allen Internen Revisoren erwartet, dass sie dieselben Kenntnisse besitzen wie spezialisierte IT-Revisoren.

Angemessene Fachkompetenz sicherzustellen bedeutet, im Zweifel rechtzeitig sachkundige Unterstützung beizuziehen.

Interne Revisoren müssen so zuverlässig (sorgfältig) arbeiten, wie es von den Beteiligten und Nutzern der Revisionsinformationen unter Berücksichtigung des Kontexts der Untersuchung (Anlass, Komplexität, Kritikalität, Eilbedürftigkeit, Ressourcenverfügbarkeit, …) von einem sorgfältigen und kompetenten Prüfer erwartet wird.[29] Diese unbestimmte Erwartung erfordert, den Kontext eines Revisionsauftrags zu verstehen und sich als Prüfer darauf einzustellen, nicht jede Erwartung erfüllen zu können.

Risiko doloser Handlungen (Fraud)

Die Nutzer der Revisionsinformationen erwarten im Regelfall Transparenz hinsichtlich betrieblicher Risiken, insbesondere hinsichtlich doloser Handlungen. Diese gehen häufig nicht nur mit wirtschaftlichen, sondern auch mit Reputationsschäden einher. Aus diesem Grund benötigen Interne Revisoren ein Grundverständnis hinsichtlich des Risikos doloser Handlungen in ihrem Arbeitsfeld. Von Internen Revisoren wird erwartet, Anzeichen möglicher doloser Handlungen zu erkennen und, falls nötig, angemessene Maßnahmen zu ergreifen.

IT-Risiken

Da IT-Systeme eine sehr wichtige Infrastruktur für viele betriebliche Abläufe sind, müssen Prüfer auch die wichtigsten IT-Risiken in den zu planenden oder untersuchten Prüffeldern erkennen können und, falls erforderlich, Experten hinzuziehen.

Darüber hinaus sollen Interne Revisoren die ihnen zugänglichen Daten möglichst IT-gestützt analysieren, anstatt sich durch die Betrachtung einer Auswahl einzelner Nachweise auf einen Teil des möglichen Prüfungsumfangs zu beschränken.

---

[29] Vgl. dazu z. B. IIA IG 1220:2016 sowie Bünis, M. (2018), S. 234.

4.3 Aufbauorganisation

IIAS 1220 – Berufliche Sorgfaltspflicht
Interne Revisoren müssen jenes Maß an Sorgfalt und Sachkunde anwenden, das üblicherweise von einem sorgfältigen und sachkundigen Internen Revisor erwartet werden kann. Berufliche Sorgfaltspflicht ist nicht gleichbedeutend mit Unfehlbarkeit.

IIAS 1220.A1 – Ausüben der Sorgfaltspflicht
Interne Revisoren müssen ihre berufliche Sorgfaltspflicht ausüben, indem sie folgende Punkte beachten:

- Den zum Erreichen der Prüfungsziele erforderlichen Arbeitsumfang,
- die relative Komplexität, Wesentlichkeit oder Bedeutung der Sachverhalte, die Gegenstand von Prüfungshandlungen sind,
- die Angemessenheit und Effektivität von Führungs- und Überwachungs-, Risikomanagement- und Kontrollprozessen,
- die Wahrscheinlichkeit des Vorliegens bedeutender Fehler, doloser Handlungen oder der Nichteinhaltung von Vorschriften und
- die Kosten der Prüfungstätigkeit im Verhältnis zum möglichen Nutzen.

IIAS 1220.A2 – Datenanalyse
Im Rahmen ihrer beruflichen Sorgfaltspflicht müssen Interne Revisoren den Einsatz technologiegestützter und anderer Datenanalysemethoden berücksichtigen.

IIAS 1220.A3 – Risikoorientierung
Interne Revisoren müssen sich der wesentlichen Risiken bewusst sein, die Auswirkungen auf Geschäftsziele, Geschäftsprozesse oder Ressourcen haben können. Jedoch können die Prüfverfahren der Internen Revision allein, auch wenn sie mit der erforderlichen beruflichen Sorgfalt durchgeführt werden, nicht sicherstellen, dass alle wesentlichen Risiken erkannt werden.

Zwar wird von der Internen Revision erwartet, dass sie die wesentlichen Risikofelder erkennt, untersucht und beurteilt sowie auf erkannte Schwachstellen hinweist. Sie verantwortet allerdings nicht die Risiken des Betriebs und der Geschäftsleitung. Originäre Risk Owner (Risikoverantwortliche) sind die Geschäftsleitung, das Überwachungsorgan und die Führungskräfte der Organisation.

IIAS 1230 – Regelmäßige fachliche Weiterbildung
Interne Revisoren müssen ihr Wissen, ihre Fähigkeiten und ihre sonstigen Qualifikationen durch regelmäßige fachliche Weiterbildung erweitern.

Interne Revisoren sind angehalten, sich regelmäßig fachlich weiterzubilden. Die fachliche Weiterbildung kann Neuerungen im Arbeitsfeld des Revisors betreffen, in Aussicht stehende Prüffelder, oder aber Soft-Skill-Inhalte zur Erweiterung der Interaktionskompetenz mit Geprüften, Stakeholdern und Teammitgliedern beinhalten. Typisch sind jährlich mindestens 40 Stunden fachliche Weiterbildung (Continuing Professional Education – CPE) für aktive Zertifikatsträger aus der Internen Revision (IIA) oder der IT-Prüfung (ISACA).

Teile der fachlichen Weiterbildung sind häufig bereits intern durch Präsentationen und Austausch in Teammeetings oder durch interne kollegiale Beratung abgedeckt. Mit dem Begriff „sonstige Qualifikationen" meinen die Autoren des IPPF fachlich einschlägige Qualifikationsnachweise wie z. B. eine aktive Registrierung als Certified Internal Auditor (CIA) oder Certified Information Systems Auditor (CISA).

4.4 Ressourcenausstattung

Die Kernressourcen der Internen Revision sind Finanzmittel und Personal. Wichtig ist außerdem die Infrastruktur, heute insbesondere die Informationstechnologie als Arbeitsmittel.

Zusätzliche Infrastrukturressourcen sind Räumlichkeiten und Arbeitsmittel, die hier nur der Vollständigkeit halber erwähnt sein sollen. Die im Komponenten-Modell vorgesehene Ressource „Information" wird im Rahmen der Planung/Vorbereitung, der Prüfungsdurchführung sowie der Berichterstattung berücksichtigt.

4.4.1 Finanzmittel

Zwei Faktoren bestimmen die finanzielle Ausstattung der Internen Revision: Der aus dem Audit Universe, dem Risikoprofil und dem in der Geschäftsordnung festgelegten Auftrag abschätzbare Bedarf an Prüfungsumfang und -tiefe, sowie, als bedeutendster Einflussfaktor,[30] die von der Unternehmensleitung tatsächlich bereitgestellten oder bereitstellbaren Mittel.

In regulierten Branchen werden in der Regel das Audit Universe und die branchentypische Prüfungsintensität das Budget prägen, während in nicht regulierten Branchen Kostenerwägungen im Vordergrund stehen werden. Der größte Kostenblock der Internen Revision sind – sieht man einmal von Outsourcing-Modellen ab – die Personalkosten; sie liegen typischerweise bei 70–90 %. Die in manchen Branchen stärker mögliche Standardisierbarkeit von Prüfungen führt zu tendenziell unterdurchschnittlichen Pro-Kopf-Gehältern, während komplexe, global ausgerichtete Unternehmen aufgrund erforderlicher Sprachkenntnisse und teils intensiver Reisetätigkeit der Mitarbeiter mit deutlich überdurchschnittlichen Pro-Kopf-Gehältern rechnen müssen.[31] Ein weiterer bedeutender Kostenblock können Reisekosten sein; bei zentralisierten, global tätigen Revisionen werden für die Reisekosten bis zu zehn, manchmal sogar 15 % des Budgets eingeplant.

---

[30] Vgl. DIIR (2017a), S. 50.
[31] Zu Einkommensstrukturen vgl. Z. B. DIIR (2020), S. 79 ff.

4.4 Ressourcenausstattung

Weiterbelastung der Kosten der Internen Revision
Mehr als die Hälfte der Internen Revisionen belastet Prüfungskosten nicht weiter, und nur ein geringer Teil belastet die Prüfungskosten verursachergerecht weiter.[32] Die Weiterbelastung von Prüfungskosten findet z. B. dann statt, wenn ausländische Finanzbehörden Konzernumlagen der Zentrale nur sehr eingeschränkt anerkennen.

4.4.2 Sourcing-Strategien

Es gibt ein Spektrum möglicher Organisationsmodelle[33] für die Bereitstellung der Ressourcen einer Revisionsfunktion. Das Kontinuum reicht von komplett intern und ausschließlich aus der Revisionsfunktion bereitgestellten Ressourcen bis hin zu fast vollständig an Dritte ausgelagerten Ressourcen, mit nur noch einer Person als verantwortliche Schnittstelle im Unternehmen. Daraus resultieren die typischen Sourcing-Strategien für die Interne Revision:

- Interner Ressourcenaufbau
- Internes Co-Sourcing
- Externes Co-Sourcing
- Outsourcing

Der durchschnittliche Auslagerungsgrad der Internen Revision schwankt von Markt zu Markt – Regulierung, Branchenusancen, die Situation auf lokalen (Assurance-) Märkten, wellenförmig beobachtbare Trends sowie schlussendlich auch die Verfügbarkeit von geeignetem und willigem Personal spielen eine große Rolle.

Interner Ressourcenaufbau
Viele Revisionsfunktionen versuchen, ihre Leistungen zuerst selbst zu erbringen. Dies geschieht aus Gründen der Vertraulichkeit, der vermuteten besseren Kenntnis von Unternehmen und Geschäft, der Wirtschaftlichkeit und vielleicht auch ganz einfach deswegen, weil die Unternehmensleitung keine externen Ressourcen zukaufen möchte oder kann. Dadurch wird in vielen Fällen eine langfristige Personalplanung erforderlich.

Die oft langfristige Ausrichtung der Personalplanung der Internen Revision bedingt die regelmäßige Analyse des unternehmensspezifischen Bedarfs und Bestands an Kenntnissen und Fähigkeiten, zum Beispiel im Rahmen der regelmäßigen Periodenplanung. Damit einher gehen die Gewinnung, der gezielte Einsatz und die Weiterentwicklung des Personals, ein für die Leistungsfähigkeit der Internen Revision kritisches Betätigungsfeld. Im Abschnitt Personal wird auf die von den Berufsverbänden als Hilfsmittel bereitgestellten Kompetenzmodelle eingegangen.

---

[32] Vgl. DIIR (2017a), S. 23.
[33] Siehe hierzu auch die Ausführungen bei Berwanger, J./Kullmann, S. (2012), S. 101–103.

Internes Co-Sourcing
Ressourcenengpässe der Internen Revision können – planmäßig oder ausnahmsweise – durch interne Zu- und Mitarbeit (internes Co-Sourcing) entschärft werden. Rotation, Traineeprogramme, auftragsbezogene Personaltransfers oder die Aufteilung von Arbeiten zwischen Fachabteilung, anderen Kontroll- und Stabsfunktionen sowie Interner Revision ermöglichen nicht nur den Zugriff auf freie oder besonders kompetente Personalressourcen, sondern sie fördern auch den Know how-Austausch und das gegenseitige Verständnis.

Externes Co-Sourcing
Eine häufige Lösung zur Behebung fachlicher, räumlicher und zeitlicher Ressourcenengpässe ist das Hinzuziehen externer Experten durch Co-Sourcing. Diese Externen können Aufträge der Internen Revision, zusammen mit Prüfungsteams oder allein und selbstständig, jedoch überwacht durch die Interne Revision, durchführen. Dadurch gewinnt die Revisionsfunktion an Flexibilität, sie kann ergänzende oder erforderliche Services erbringen und hat gleichzeitig die Möglichkeit, eigene Kompetenzen zu stärken.

Outsourcing
Outsourcing der Internen Revision bedeutet das vollständige oder nahezu vollständige Auslagern der Internen Revision an Dritte. Dies können professionelle Prüfungsdienstleister, Shared Service-Center oder – z. B. im Konzernverbund – im weitesten Sinne verbundene Einheiten sein.

> **IIAS 2070 – Dienstleister und Verantwortung für die ausgelagerte Interne Revision**
> Sofern ein externer Dienstleister die Aufgaben der Internen Revision übernommen hat, muss dieser die Organisation auf ihre Verantwortung zum Aufrechterhalten einer funktionsfähigen Internen Revision hinweisen.

In der Regel wird die auslagernde Organisation intern nicht nur eine Kommunikations-Schnittstelle, sondern auch eine definierte Verantwortlichkeit für die Revisionsfunktion, ihre Ausrichtung, Planung und Tätigkeit sowie für das Überwachen der angemessenen Berücksichtigung der Revisionsergebnisse bestimmen müssen[34] – falls dies nicht bereits durch Regulierungsauflagen[35] vorgeschrieben ist. Will die Organisation eine mit den Berufsgrundlagen konforme, ausgelagerte Interne Revision betreiben, müssen die Instrumente des Qualitätssicherungs- und Verbesserungsprogramms (QSVP, IIAS 1300 ff.) auch beim beauftragten Dienstleister greifen.[36]

---

[34] Zur Umsetzung der Berufsgrundlagen im Falle der Auslagerung von Revisionstätigkeiten an Dienstleister vgl. DIIR (2018c).
[35] Vgl. z. B. Bafin (2018), Ziff. 81.
[36] Vgl. dazu Bünis, M. (2020), S. 12.

4.4 Ressourcenausstattung

Tab. 4.4 Revisionsmitarbeiter je 1000 MA nach Branche[a]

Branche	Revisions-MA/1000 MA
Dienstleistung	3,91
Handel	0,72
Industrie/Produktion	0,87
Kreditinstitute/Finanzdienstleistung	12,61
Medien	0,80
Non-Profit-Organisationen	2,71
Öffentliche Institutionen	3,91
Pensions-/Sozialversicherungen	3,59
Sonstiges	2,79
Telekommunikation	1,29
Versicherungen	4,01
Versorgungsunternehmen	1,48

[a]Daten: DIIR (2017a), S. 51, ähnlich DIIR (2020), S. 70.

4.4.3 Personal

Sieht man von der finanziellen Ausstattung ab, ist das Personal die wichtigste Ressource der Revisionsfunktion.[37] Die Kenntnisse, die Fähigkeiten sowie die Kapazität des Revisionsteams bestimmen, in welchem Umfang und in welcher Tiefe Prüfungen vorgenommen werden können und wie die Erkenntnisse in der Organisation vermittelt und nutzbar gemacht werden.

Personalbemessung

Ansatzpunkte für die Personalbemessung kann die Erhebung der Innenrevisionsverbände (siehe Tab. 4.4) geben.

Tab. 4.4 gibt einen Überblick über das durchschnittliche Verhältnis von Revisionsmitarbeitern zur Gesamtzahl der Mitarbeiter in der Organisation. Als Faustformel für die Personalbemessung der Internen Revision gilt ein Faktor von ca. 1:100 für Finanzdienstleister, 1:250 für Versicherungen, Dienstleister und öffentliche Institutionen sowie ca. 1:1000 für Industrieunternehmen. In Abhängigkeit von der Unternehmensgröße können generell degressive Verläufe des Bemessungsfaktors beobachtet werden.[38]

Qualifikationen

Das IIA spricht in den Berufsgrundlagen (IIAS 1210 Fachkompetenz) von Wissen, Fähigkeiten und sonstigen Fertigkeiten, die ein Mitarbeiter der Internen Revision mitbringen soll. Diese Voraussetzungen sollen im (Prüfungs-) Auftragsteam im Speziellen und der Revisionsfunktion im Allgemeinen so vorhanden sein, dass die Auftragsziele erreicht wer-

---

[37] Zur Ressource Personal, der Beschaffung bzw. Sourcing von Personal siehe z. B. Anderson, U. et al. (2017), S. 9-9–9-13.

[38] Vgl. DIIR (2017a), S. 51 und DIIR (2020), S. 70 (dort scheint eine Bereinigung erforderlich).

den können. Wenn Voraussetzungen fehlen oder unvollständig sind, soll die Interne Revision die erforderlichen Ressourcen intern oder extern beschaffen, oder sie muss den Auftrag einschränken oder ablehnen.

Wenn die Verweildauer der Mitarbeiter einer Internen Revision hoch ist, aber auch wenn häufig neue Mitarbeiter in das Revisionsteam aufgenommen werden, muss die Leitung der Internen Revision eine langfristige ausgerichtete Personalstrategie verfolgen. Bedarf, Rekrutierung, Einsatz, Ausbildung und Abgänge des Revisionspersonals erfordern regelmäßige Analyse und laufende Maßnahmen.[39]

Die Leitung der Internen Revision wird im Regelfall über eine Auflistung der für die Revisionsfunktion erforderlichen Kernkompetenzen verfügen und diese – unter Berücksichtigung der rechtlichen Rahmenbedingungen – in einer Matrix besetzten und offenen Stellen zuordnen, um Lücken oder Ersatzbedarf rechtzeitig transparent zu machen.

Die Fachverbände haben Qualifikationsmodelle[40] entwickelt, die regelmäßig aktualisiert werden und das Spektrum der Basis- und Zusatzqualifikationen darstellen.[41]

Das Qualifikationsmodell des IIA[42] besteht aus zehn Kernkompetenzen in vier Gruppen, die im Modell jeweils noch weiter detailliert werden. Es wendet sich nicht an die Funktion, sondern individuell und differenziert nach Mitarbeitern, Führungskräften und Leitung (CAE) an die Internen Revisoren.

Die Elemente des IIA-Qualifikationsmodells[43] sind:

- Grundlagen (Foundation)
- I. Verhaltenskodex
- II. Revisionsmanagement
- Technische Fertigkeiten (Technical Expertise)
- III. Anwenden der Berufsgrundlagen (IPPF)
- IV. Governance, Risikomanagement und interne Kontrolle im Kontext sehen
- V. Geschäftssinn: Kontext, Branche und Organisation verstehen
- Persönliche Kompetenzen (Personal Skills)
- VI. Kommunikation
- VII. Überzeugen und Zusammenarbeiten
- VIII. Kritisches Denken
- Ergebnisse (Outcomes)
- IX. Produkte der Revisionstätigkeit
- X. Verbesserung und Innovation

---

[39] Vgl. dazu IIA (2015).
[40] Siehe hierzu insbesondere IIA (2013) sowie ergänzend IIA (2015), IIA (2018c), Eulerich, M. (2011), DIIR (2012b) sowie Hampel, V./Schermer, D. (2012).
[41] Zu allgemeinen Anforderungen auf Basis einer Analyse von Stellenanzeigen siehe Bünis, M./Maruck, A. (2014), S. 236.
[42] IIA (2013).
[43] IIA (2013), S. 3.

Ressource Personal – Aufwandsstrukturen

Betrachten kann man die Verteilung des Zeitaufwands auf Ebene der (a) Revisionsfunktion und des (b) Einzelauftrags.

Auf Ebene der Revisionsfunktion (a) wird man bei ehrlicher Zeitaufschreibung feststellen, dass das Erreichen produktiver Zeitanteile von 60–70 % – also tatsächliche Prüfungs- und Beratungszeit – einige Anstrengung erfordert, da sich Verteilzeiten, Administration, Abteilungsprojekte, Zusatzarbeiten und auftrags- oder betriebsbedingte Leerläufe als Zeitfresser bemerkbar machen. Diese Kapazitätsausschöpfung deckt sich mit ähnlichen Strukturen, wie zum Beispiel Prüfungsgesellschaften oder Beratungsunternehmen. Höhere „Wirkungsgrade" lassen sich bei stark strukturierbarer Prüfungstätigkeit[44] erreichen, geringere sind ein deutliches Zeichen für Optimierungsbedarf.

Erstrebenswert ist eine Aufwandsverteilung, die möglichst viel Ressourcen des auftragsbezogenen Arbeitszeitaufwandes (b) auf die eigentliche Prüfungsdurchführung verwenden lässt, zum Beispiel:

- Planung und Vorbereitung 5–10 %
- Durchführung (Datenerhebung, Analyse, Beurteilung, Dokumentation, laufende Abstimmung/Berichterstattung) > 80 %
- Abschlussberichterstattung 5–10 %
- Abschluss < 5 %

Die Erhebungen von IIA und DIIR zeugen von der Schwierigkeit, die Phasen gegeneinander abzugrenzen und die vor- und nachgelagerten Phasen effizient abzuwickeln.

4.4.4 IT-Infrastruktur

Die IT-Infrastruktur der Internen Revision (siehe Abb. 4.5) lässt sich in drei Kategorien einteilen: Die im Betrieb in der Regel bereits vorhandenen operativen und Büro-Systeme, die Prüfsoftware sowie die Revisionsmanagement-Systeme.

Revisionsmanagementsysteme

Revisionsmanagementsysteme dienen der Steuerung, Überwachung und Unterstützung der Revisionstätigkeit. Sie werden für die Unterstützung wichtiger Revisionstätigkeiten und -prozesse wie – in der Reihenfolge ihrer Bedeutung – administrative Follow-ups, risikoorientierte Planung, Auftragsvorbereitung (z. B. durch Bereitstellen von Prüfkatalogen), Dokumentation und Berichterstellung verwendet. Überwachungsfunktionen ermöglichen

---

[44] Hier lohnt es sich hinzuschauen, ob die hohen Auslastungen über Teile der oder über die gesamte Revisionsfunktion gemessen sind – fast ausschließlich Prüfungstätigkeiten durchführende Teams arbeiten in der Regel in einem gut organisierten Umfeld, so dass die Verteilzeiten lediglich an anderer Stelle anfallen.

Büro- und operative Systeme	[Allgemeine] Prüfsoftware	Revisionsmanagement-Anwendungen
• Textverarbeitung • Tabellenkalkulation • Präsentationssoftware • Andere Bürosoftware (Mind Map, Flowchart, Statistik, ...) • Datenbanken • ERP-Systeme • Data Warehouse-Systeme • Reportgeneratoren • ...	• Import, Export • Verknüpfungen • Auswertungsfunktionen • Massendatenanalysen • Gesicherter Prüfpfad • Archivierung von Methoden • Automatisierung	• Programmplanung • Personaldisposition • Prüfungsvorbereitung • Arbeitspapiere • Prüfungsberichte • Maßnahmenverfolgung • Prüfleitfäden

Abb. 4.5 IT-Infrastruktur der Internen Revision. (Eigene Darstellung)

das Verfolgen der Planabwicklung, von auftragsbezogenen Meilensteinen, Kennzahlen sowie des (Zeit-) Ressourcenverbrauchs. Die Revisionsmanagementsysteme können als Plattform für das Revisionshandbuch dienen und/oder die Vorlagen, Verfahren und Methoden (z. B. Risikobeurteilung, Testkataloge, Bewertungsschemata, Berichtsblöcke) der Internen Revision bereitstellen.

Allgemeine Prüfsoftware (GAS)
Unter allgemeiner Prüfsoftware (generalized audit software, GAS) versteht man im Kern Software zur Datenextraktion und Datenanalyse, wie z. B. ACL und IDEA. Teilweise werden diese Anwendungen auch mit dem eigentlich weiter gedachten Begriff CAAT – computer-assisted audit tools – bezeichnet. Der Begriff „allgemeine Prüfsoftware" stammt aus der Zeit, als Prüfer im Zuge der aufkommenden Computerisierung begannen, Daten und Systeme zu untersuchen. Damals war es eine große Herausforderung, die Daten aus den technisch sehr verschiedenen Systemen und Dateiformaten zu lesen und für die Analyse aufzubereiten, und mit knapper Rechen- und Speicherkapazität in beschränkt gegebener Zeit Auswertungen zu erstellen.

Mit diesen Problemstellungen sind Prüfer heute nur noch relativ selten konfrontiert, da die meisten Systeme über Schnittstellen zu Standardformaten und/oder eigene Auswertungsmöglichkeiten verfügen sowie für den Großteil der Analysen hinreichend Speicher- und Rechenkapazität zur Verfügung steht. Wichtiger sind jetzt die für eine Vielzahl von Anwendungsfällen separat verfügbaren, teils hochkomplexen Auswertungsfunktionen und fallweise auch die beweissichere Dokumentation. Neben den ursprünglich eher technisch ausgerichteten Datenextraktions- und -analysetools hat sich daher ein breites Spektrum an speziellen Modulen und Anwendungen etabliert; beispielhaft seien hier Tax Data Analytics, Data und Process Mining sowie Continuous Auditing/Monitoring genannt.

Operative und administrative betriebliche Systeme
Für die Revisionstätigkeit steht eine Vielzahl von betrieblichen Systemen zur Verfügung, die sich für diese Zwecke grob in operative und administrative Systeme unterteilen lassen.

Operative Systeme dienen in erster Linie dem Betrieb. Auf der Geschäftsprozessebene können dies Anwendungen für das Rechnungswesen inkl. Data Warehousing, die Leistungserstellung (Produkte und Dienstleistungen) oder andere betriebliche Funktionen sein. Hier findet der Prüfer eine Fülle von Funktionen, wie zum Beispiel Auswertungen und Berichte für den Betrieb und das Controlling, oder auch speziell für die Überwachung/Analyse durch die Interne Revision oder andere Kontrollfunktionen. Auf der Infrastrukturebene finden sich z. B. Datenbanken sowie Komponenten des IT-Managements und des IT-Betriebs, die sowohl Datenquelle als auch Plattform für Prüfinstrumente (Protokollierungen, Auswertungen, Warnmeldungen) sind.

Administrative (Büro-) Systeme dienen der Unterstützung der Tagesarbeit; für Prüfer gehören insbesondere Tabellenkalkulations-, Textverarbeitungs-, Präsentations- und Kommunikationssoftware zum unverzichtbaren Handwerkszeug für Organisation und Durchführung ihrer Arbeit.

4.5 Planung

Für die Planung einer Internen Revision können die Ebenen

- Strategie
- Mehrjahresplanung
- Periodenplanung
- Auftragsplanung

differenziert und betrachtet werden.[45]

Praktisch wird sich die Strategie der Internen Revision zuerst in ihrer Geschäftsordnung sowie in den grundsätzlichen Vereinbarungen niederschlagen, welche die Geschäftsleitung und das Überwachungsorgan mit der Leitung der Internen Revision darüber hinaus hinsichtlich Prüfungsumfang, Prüfungsarten, Prüfkriterien, Risikobeurteilung und Ergebniserwartung treffen. Für die (Mehr-) Perioden- und Auftragsplanung gibt es anerkannte Vorgehensweisen und ein umfassendes Instrumentarium[46]; beides wird in diesem Abschnitt des Buches vorgestellt.

Bei der Erstellung einer risikobasierten Planung für die Interne Revision kann in folgenden Schritten[47] vorgegangen werden:

---

[45] Siehe dazu auch Berwanger, J./Kullmann, S. (2012), S. 168–188.
[46] Eine detaillierte Beschreibung eines praktikabel-pragmatischen Vorgehens aus dem gewerblichen Bereich findet sich bei Bauer (2010).
[47] Vgl. IIA (2020), S. 6.

- Verständnis der Organisation schaffen
- Risiken identifizieren, beurteilen und priorisieren
- Abstimmung mit anderen Assurance-Funktionen
- Aufwand schätzen
- Planentwurf erstellen
- Planentwurf vorstellen und Feedback einholen
- Plan fertigstellen
- Plan zur Genehmigung vorlegen <= *
- Plan umsetzen
- Risikolage laufend beobachten
- Plananpassung vornehmen => *

Der hier dargestellte Ablauf stellt die Planung für eine oder mehrere Perioden, z. B. Jahre, dar und berücksichtigt Anpassungen, die in den Planperioden durch interne oder externe Veränderungen erforderlich werden.

4.5.1 Audit Universe

Mit dem Audit Universe – auch Prüflandkarte oder Prüfungslandkarte genannt – werden die in der Organisation prüfbaren Objekte strukturiert und vollständig abgebildet.

Aus einer mehrdimensionalen Betrachtung der Organisation (siehe Abb. 4.6) werden Prüfelemente abgeleitet, zerlegt oder zusammengefasst. Typische Dimensionen[48] sind rechtliche bzw. organisatorische Strukturen (Organisationseinheiten, Funktionen), Geschäftsprozesse, regulatorische Themenfelder oder Geschäftsfelder.

Mögliche Strukturelemente können Regionen, Länder, Firmen (-gruppen) oder Organisationseinheiten sein.[49] Typische Geschäftsprozesse und Funktionen sind Forschung und Entwicklung, Beschaffung, Produktion/Leistungserstellung, Vertrieb, Logistik, IT, Perso-

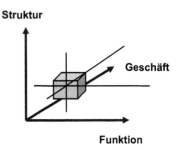

Abb. 4.6 Dimensionen der Prüflandkarte. (Eigene Darstellung)

---

[48] Vgl. DIIR (2017a), S. 31. Ein Audit Universe enthält im Schnitt ca. 150 Elemente, vgl. DIIR (2020), S. 35.

[49] Vgl. zu den Ansätzen in der Praxis DIIR (2017a), S. 31.

nal etc. Geschäftsfelder könnten Großkunden- und Endabnehmergeschäfte oder Retail- und Investmentbanking sein.

Mehr als drei Dimensionen haben sich auch bei großen Organisationen als schlecht handhabbar oder überflüssig erwiesen; kleine Organisationen kann auch eine eindimensionale Darstellung zufriedenstellen.

Die Anzahl der Elemente des Audit Universe hängt demnach von der Größe und Komplexität der Organisation ab. Bei großen Organisationen kann das Audit Universe mehrere hundert Elemente umfassen, bei kleinen Organisationen reicht vielleicht schon eine kleine zweistellige Anzahl prüfbarer Elemente.

Um keine Lücken bei der Risikobeurteilung entstehen zu lassen, soll das Audit Universe regelmäßig – zum Beispiel im Rahmen der Periodenplanung – überprüft und, falls erforderlich, aktualisiert werden (siehe IIA IG 2010:2016). Ein Instrument zur Abstimmung der Prüffelder von Interner Revision und anderen internen und externen Assurance-Funktionen ist die sogenannte Assurance-Map,[50] also die „Bestätigungslandkarte" für die Organisation.

4.5.2 Risikobeurteilung

Für die Risikobeurteilung im Rahmen der Periodenplanung werden die Elemente der Prüflandkarte – die Prüfungsobjekte – hinsichtlich ihres Risikos bewertet. In den meisten Fällen werden Risikoeinschätzungen aus internen und externen Daten sowie aus Erhebungen bei den internen Verantwortlichen gewonnen und mittels eines Faktorenmodells gegenübergestellt. Von der Internen Revision in Betracht gezogene Risikofaktoren können zum Beispiel sein[51]:

- Auswirkung
- Wahrscheinlichkeit
- Liquidierbarkeit von Vermögenswerten
- Qualifikation der Mitarbeiter und Führungskräfte
- Qualität und Einhaltung des internen Kontrollsystems
- Ausmaß von Wechsel oder Beständigkeit
- Zeitpunkt und Ergebnisse der letzten Prüfung
- Komplexität
- Beziehungen zu Arbeitnehmern und staatlichen Stellen

Ein anderes Modell[52] des IIA bezieht Schadenspotenzial, Strategiewirkung, Kontrollumfeld, Komplexität, Risikoüberwälzung (Versicherung) sowie Berücksichtigung durch die Verantwortlichen als Faktoren für die der Jahresplanung berücksichtigten Risiken auf.

---

[50] Vgl. IIA (2018a).
[51] Vgl. zu diesem, in einer Vielzahl von Revisionen leicht abgewandelt eingesetzten Modell IIAPA 2010-1:2009 Ziff. 5.
[52] Vgl. IIA (2020), S. 34 f.

Interne und externe Risikofelder und Risikofaktoren
Ein Konzept des IIA sieht eine Betrachtung interner und externer Risikofelder und Risikofaktoren vor:[53]

- Interne Risikofelder
- Produkte und Services
- Personal
- Systeme
- Interne Risikofaktoren
- Veränderung der Risikolage seit der letzten Prüfung
- Qualität der Kontrollen
- Externe Risikofelder
- Wettbewerb
- Lieferanten
- Brancheneinflüsse
- Externe Risikofaktoren
- Regulatorische oder gesetzliche Veränderungen
- Politische und wirtschaftliche Faktoren

Die einbezogenen Faktoren werden in einem Scoringverfahren je Prüfungsobjekt bewertet und – teils gewichtet – aggregiert. Die so bewerteten Prüfungsobjekte können dann nach der Höhe des bewerteten Risikos, dem Risikoscore, priorisiert werden.

Es gibt eine Vielzahl weiterer Möglichkeiten, z. B. können Indices wie der Transparency International Corruption Perception Index (CPI) einbezogen werden. Die mathematische Statistik lehrt, dass der Einfluss eines einzelnen Faktors auf das Gesamtergebnis mit der Anzahl der in einem Modell verwendeten Faktoren stark zurückgeht. Komplexe Modelle mit mehr als fünf, sechs oder gar sieben Faktoren sind vor dem Hintergrund der dann zunehmenden Ungenauigkeit der zugrunde gelegten Zukunftserwartungen und der statistisch nachlassenden Relevanz der einzelnen Einflussfaktoren nur in ausgemachten Ausnahmefällen sinnvoll.

Risikokategorien
Die betrachteten Risiken können – stark abhängig von der Branche und den Organisationszielen – nach Risikokategorien beurteilt oder zusammengefasst werden, hier ein operativ ausgerichtetes Beispiel:[54]

- Umfeld – Politik, Aufsicht, Recht, Märkte
- Kunden – Erwartungen, Verfügbarkeit, Service
- Betrieb – Koordination, Bestände, Zykluszeiten, Auslastung, Infrastruktur
- Beschaffung – Preise, Verfügbarkeit, Qualität

---

[53] Vgl. den Risikofaktor-Ansatz in IIA IG 2010:2016.
[54] Eigene Zusammenstellung.

4.5 Planung

- Organisation – Personal, Wandel
- Führung und Steuerung – Ziele, Kultur, Informationsfluss, Ethik

Risiko- und Kontrollmatrix

Eine Methode zur Priorisierung von Prüffeldern ist die Risiko- und Kontrollmatrix (siehe Abb. 4.7). Mit ihr können Risikofelder, Prozesse oder Organisationseinheiten etc. hinsichtlich ihres inhärenten Risikos und ihres Restrisikos bewertet und gegenübergestellt werden. Die Risiko- und Kontrollmatrix ist sowohl für die Periodenplanung als auch für die Auftragsplanung nutzbar.

Die exemplarische Risiko- und Kontrollmatrix in Abb. 4.7 dient der Bewertung einiger Prozesse. Nach der Auswahl der zu untersuchenden Prüfungsobjekte (hier der Prozesse Beschaffung, Vertrieb sowie Forschung und Entwicklung) (Spalte 0) werden – oft anhand eines Kataloges geeigneter Ziele – die wichtigsten Prozessziele (Spalte 1) festgelegt. Für die Prozessziele werden nun – ggf. auch aus einem Katalog – die wesentlichen Risiken (Spalte 2) bestimmt. Dann werden die Wahrscheinlichkeit (WA) und die Auswirkungen (WI) bewertet (Spalten 3). Beide werden dann kombiniert (Spalte 4), in vielen Fällen wird dabei eine einfache Multiplikation (4) vorgenommen. Mit (4) ist dann das inhärente Risiko (RI) berechnet. Den inhärenten (Brutto-) Risiken können nun Kontrollen (Spalte 5) gegenübergestellt werden. Die Kontrollen werden hinsichtlich ihre Güte (hier ST) bewertet (Spalte 6) und dann mit einem in vielen Fällen ebenfalls einfachen Rechenvorgang (hier: Division) mit dem inhärenten Risiko (RI) zum Restrisiko (RE) kombiniert (Spalte 7).

Mit diesem Verfahren erhält man jeweils zwei Risikoscores, einen Score (bzw. Risikofaktor, Risikowert, …) für das inhärente Risiko und einen Score für das Restrisiko. Anhand dieser Risikoscores können die inhärenten Risiken und die Restrisiken für Zwecke der Pe-

#	0 Kernprozess	1 Prozessziele	2 Risiken	3 WA	3 WI	4 RI	7 RE	6 ST	5 Kontrollen	Bemerkungen
1	Beschaffung	Materialverfügbarkeit	signifikante Materialengpässe Produktionsausfälle	2	3	6	3,0	2	(1) Verfolgung A-Material durch Werksleitung (2) quartalsweise	
2		Verfügbarkeit Fertigware	f/g-Engpässe Marktanteilsverluste	2	3	6	1,5	4	(1) Monatsforecasts Ausstoß (2) 14-tägig SOP-Meeting	Abstimmung Monatsforecasts/SOP-Meeting unzuverlässig
3		Qualität des Contract Manufacturing	Versand minderwertiger Qualität an Kunden	3	4	12	4,0	3	(1) Verträge (2) Kontrolle Wareneingang (3) Factory Audits	In kritischen Bereichen: nur zertifizierte Lieferanten zulässig
4	Vertrieb	Top 2 Marktposition in strategischen Produktgruppen	ungenügender Marktanteil sinkender			0			…	
5		5% des Umsatzes in neuen Märkten	Wirtschaftlichkeit des Vertriebs schlechte Sichtbarkeit/Positionierung	2	2	4	2,0	2	(1) Wöchentliche Verkaufsanalyse per Markt (2) Meetings Marketing/Vertriebs-	
6	FuE	100 Patente jährlich in Kernmärkten	Verlust Technologieführung Lizenzierungsprobleme	3	3	9	4,5	2	…	
7						0				
8						0				
9						0				

Risikobeurteilung: WA - Wahrscheinlichkeit, WI - (Aus-) Wirkung; Kontrollbeurteilung: ST - Stärke
Ergebnisse: RI - Risiko inhärent, RE - Restrisiko
Skala: 4 - stark/hoch, 3 - wesentlich, 2 - schwach; 1 - vernachlässigbar

Abb. 4.7 Risiko- und Kontrollmatrix. (Eigene Darstellung)

riodenplanung oder auch der Auftragsplanung priorisiert werden. In manchen Organisationen oder Branchen sind umfangreiche, für den Geschäftsbetrieb relevante Daten verfügbar. In diesem Fall sind häufig auch komplexere Rechenmodelle im Betrieb oder in der Revision möglich bzw. sogar durch Regulierungsbehörden vorgeschrieben. In den meisten Fällen sind die Scoring-Verfahren allerdings mit so vielen Unsicherheiten und Ungenauigkeiten behaftet, dass aufwändige Risikoscores keinen praktischen Nutzen haben.

4.5.3 Periodenplanung

Die Interne Revision soll auf Basis einer mindestens einmal jährlich durchzuführenden Risikobeurteilung (IIAS 2010.A1) einen risikoorientierten Prüfungsplan erstellen, der die Prioritäten der Internen Revision im Einklang mit den Unternehmenszielen festlegt (IIAS 2010). Damit Risikobeurteilungen sachgerecht sind und Trends abgelesen werden können, ist ein systematisches und regelmäßiges Planungsverfahren erforderlich, welches die Revisionsleitung einrichtet und pflegt. Abb. 4.8 zeigt wesentliche Einflussfaktoren und Komponenten der Periodenplanung.

In den meisten Fällen wird man jährliche Planungszyklen[55] finden, mit bedarfsgetriebenen oder regelmäßigen (z. B. quartalsweisen) unterjährigen Anpassungen. Mehrjahres- und Langfristplanungen findet man häufiger in regulierten Branchen, wo vom Re-

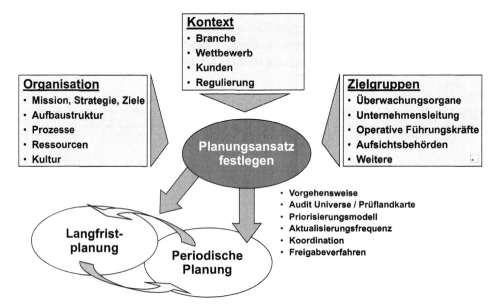

Abb. 4.8 Determinanten des Planungsansatzes der Revisionsfunktion. (Eigene Darstellung, vgl. Hahn, U. (2007), S. 92 f.)

---

[55] Vgl. DIIR (2017a), S. 27 und DIIR (2020), S. 29.

4.5 Planung

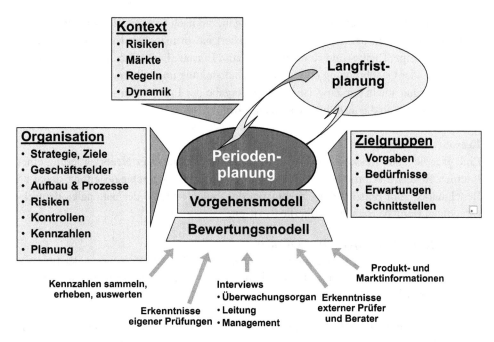

Abb. 4.9 Periodenplanung der Internen Revision. (Eigene Darstellung, nach Hahn, U. (2007), S. 93)

gulator ggf. eine nachweisbar vollständige Abdeckung des Audit Universe erwartet wird. In den meisten Fällen wird man eine Vormerkliste und einen „Überlauf" für Folgeperioden finden.

Kürzere, fließende, rollierende oder ähnliche „agile" Planungsansätze, mit denen sich auch Arbeitsgruppen des IIA[56] immer wieder auseinandergesetzt haben, haben trotz in den vergangenen Jahrzehnten wiederholt auftauchender Empfehlungen regelmäßig nur eingeschränkt Bestand gehabt, da die Ergebnismessung und -darstellung durch wegfallende mittelfristige Messpunkte erschwert, wenn nicht gar unmöglich wird.[57]

Wie auch frühere Versionen des IPPF legt DIIR RS3:2017 (Kriterium 17/Mindeststandard 4) ein geregeltes Planungsverfahren nahe. Dies erfordert konsistent eingesetzte Bewertungs- und Vorgehensmodelle für die Risikoerfassung und die Risikobeurteilung; beides Kriterien für die Konformitätsbeurteilung im Rahmen eines Quality Assessments der Internen Revision. IIA IG 2010:2016 beschreibt die erforderlichen Aktivitäten.[58]

Die Periodenplanung der Internen Revision (siehe Abb. 4.9) orientiert sich am Kontext. Kategorien der Kontextanalyse können zum Beispiel Umfeld (extern), Organisation (intern) und Zielgruppen sein.

---

[56] Vgl. dazu beispielhaft IIA IG 2010:2016.
[57] Vgl. Eulerich, M./Wagner, R. (2018), S. 91.
[58] Vgl. auch ausführlich Kagermann, H. et al. (2006), S. 204–222.

Ergebnis ist eine Tabelle möglicher Prüfungen, die nach Organisationseinheiten, Themen, Typen, Risiken und Ähnlichem kategorisiert ist. In manchen Fällen kommt die in Abb. 4.7 gezeigte Risiko- und Kontrollmatrix zum Einsatz. Diese Tabelle dient – meist in Kurzform – der Genehmigung durch die Geschäftsleitung und teils auch durch das Überwachungsorgan sowie der Zuweisung und Übergabe der Prüfthemen – dann oft ausführlicher erläutert – an die ausführenden Teams oder Prüfer.

Ressourcenplanung
Eine grundlegende Ressourcenplanung wird bei Einrichtung oder Neuorientierung einer Internen Revision erforderlich. Meist orientiert sich die Unternehmensleitung dabei an Benchmarks, zum Beispiel den Ergebnissen der Enquete-Studie der nationalen deutschsprachigen Berufsverbände für Interne Revision.[59]

IIAS 2030 – Ressourcen-Management
Der Leiter der Internen Revision muss sicherstellen, dass die Ressourcen der Internen Revision angemessen und ausreichend sind und wirksam eingesetzt werden, um die genehmigte Planung erfüllen zu können.

Bei der Erstellung des Periodenplans müssen vorhandene oder vorgesehene Ressourcen mit dem aus der Risikoanalyse resultierenden Prüfungsinhalt und Prüfungsumfang in Einklang gebracht werden (IIAS 2030). Letztendlich kann die Leitung der Internen Revision hinsichtlich der Ressourcenausstattung nur Wünsche äußern: In den meisten Unternehmen wird die Ressourcenausstattung von der Geschäftsleitung festgelegt und verantwortet, teils unter Einflussnahme von Überwachungsorgan oder Regulierungsbehörden. Weitere wesentliche Randbedingungen stellen die in der Regel nicht nach Belieben austauschbaren Komponenten Personal und Organisation dar.

Freigabe und Überwachung der Planung
Der fertiggestellte (Perioden-) Planentwurf wird dem Auftraggeber der Revisionsfunktion – in der Regel die Geschäftsleitung und das Überwachungsorgan – vorgelegt und dort genehmigt.

IIAS 2020 – Berichterstattung und Genehmigung
Der Leiter der Internen Revision muss den leitenden Führungskräften und der Geschäftsleitung bzw. dem Überwachungsorgan die Planung der Internen Revision, den Bedarf an Personal und Sachmitteln sowie zwischenzeitliche wesentliche Änderungen zur Kenntnisnahme und Genehmigung berichten. Außerdem muss der Leiter der Internen Revision die Folgen etwaiger Ressourcenbeschränkungen erläutern

Die Abstimmung und Freigabe des Planentwurfs kann durch einen intensiven Austausch mit den Leitungsverantwortlichen stattfinden, aber auch gänzlich ohne deren Mit-

---

[59] Zum Beispiel DIIR (2020).

wirkung. In den meisten Fällen werden die am Ende der Planungsphase in einer Liste zusammengestellten Prüfungsvorschläge gesamthaft in den Leitungs- und ggf. auch in den Überwachungsgremien genehmigt. In manchen Organisationen wird die Planung von den Leitungs- und Überwachungsgremien lediglich zur Kenntnis genommen und gilt als akzeptiert, soweit ihr nicht widersprochen wurde.

IIAS 2060 – Berichterstattung an Geschäftsleitung und Überwachungsorgan
Der Leiter der Internen Revision muss regelmäßig an die leitenden Führungskräfte und die Geschäftsleitung bzw. das Überwachungsorgan über Aufgabenstellung, Befugnisse und Verantwortung der Internen Revision und über die Aufgabenerfüllung im Vergleich zur Planung sowie über die Einhaltung des Ethikkodex und der Standards berichten. Die Berichterstattung muss auch wesentliche Risiko- und Kontrollthemen einschließlich des Risikos doloser Handlungen, der Führung und Überwachung sowie andere Themen berücksichtigen, die die Aufmerksamkeit der leitenden Führungskräfte und/oder der Geschäftsleitung bzw. des Überwachungsorgans erfordern.

Die Leitung der Internen Revision soll regelmäßig über den Planfortschritt berichten. Wesentliche Änderungen soll die Leitung der Internen Revision an die Geschäftsleitung und/oder das Überwachungsorgan kommunizieren und dort abstimmen. Dies geschieht üblicherweise im Rahmen der regelmäßigen Gespräche (Jour Fixe) zwischen der Revisionsleitung und ihrem fachlichen Vorgesetzten oder im Rahmen der Quartalsberichterstattung. Transparent gemacht und erklärt werden signifikante Planabweichungen auch im jährlichen Tätigkeitsbericht der Revisionsfunktion.

Sowohl die laufende als auch die Quartals- und Tätigkeitsberichterstattung haben neben dem Planfortschritt eine Vielzahl anderer Inhalte – z. B. aggregierte oder wesentliche Prüfungsergebnisse, Hinweise auf Risikolagen und Informationen über revisionsinterne Vorhaben.[60]

4.5.4 Abstimmung mit anderen Assurance-Funktionen

Wichtig ist auch, dass die Interne Revision ihre Planung mit anderen internen und externen Assurance-Funktionen abstimmt. Intern sind dies im Three-Lines-of-Defense-Modell operativ Verantwortliche und Funktionen (erste Linie) und die Steuerungs-, Kontroll- und Unterstützungsfunktionen der zweiten Linie, wie z. B. Controlling, Risikomanagement, Sicherheit, Compliance und Qualitätsmanagement. Dazu kommen externe Kontrollfunktionen, wie z. B. der Abschlussprüfer, Regulierungsinstanzen und technische Prüfer.

Als Ergebnis entsteht eine „Assurance Map",[61] anhand derer die Leitung der Internen Revision prüferisch über- und unterdeckte Bereiche erkennen kann. Dadurch sollen Lücken und Doppelarbeiten vermieden werden.

---
[60] Vgl. Bünis, M. (2020), S. 10 ff.
[61] Vgl. IIA (2012c), S. 8 sowie beispielhaft IIA (2018a), S. 11.

IIAS 2050 – Koordination und Vertrauen
Der Leiter der Internen Revision soll Informationen austauschen, Aktivitäten koordinieren und das Vertrauen auf die Arbeiten anderer interner und externer Prüfungs- und Beratungsdienstleister berücksichtigen, damit eine angemessene Abdeckung erzielt und Doppelarbeiten vermieden werden.

Aufgrund ihrer exponierten Rolle, die mit weiten Kompetenzen einhergeht, soll die Interne Revision proaktiv auf die Koordination der Prüffunktionen einwirken.[62] Insbesondere der Leitung der Internen Revision sollen Ziele, Risiken und Kontrollen der Organisation bewusst sein, um im Rahmen der Koordination z. B. mit dem Risikomanagement und im Rahmen der Planung auf der Makro- und Mikroebene sachgerecht beurteilen und entscheiden zu können.[63] In den meisten Fällen gelingt dies, obwohl die Abstimmung mit inhaltlich überlagernden Funktion (Risikomanagement, Compliance) in der zweiten Verteidigungslinie sowie den operativ Verantwortlichen der ersten Verteidigungslinie Konfliktpotenzial birgt.[64]

Wie stark sich die Interne Revision auf andere Quellen (Prüfer, Parteien) stützen kann, hängt einem Konzept des IIA[65] zufolge von fünf Aspekten (siehe Abb. 4.10) ab:

- Zweck der ausgeführten Prüfung
- Unabhängigkeit und Objektivität der Partei

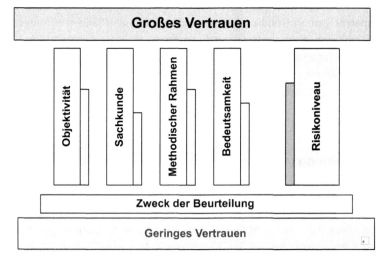

Abb. 4.10 Faktoren zur Beurteilung des Vertrauens in Prüfer. (Eigene Darstellung nach IIA (2011c), S. 5)

---

[62] Vgl. dazu weiter IIA IG 2050:2016, IIA (2018a) und IIA (2012c), S. 4 f.
[63] Vgl. IIA (2012c), S. 4 f.
[64] Vgl. mit empirischen Daten DIIR (2017a), S. 46 f.
[65] Vgl. IIA (2011c), S. 4 f.

- Sachkunde der prüfenden Partei
- Qualifiziertes (berufsständisch abgesichertes) Vorgehen
- Berichterstattung und Maßnahmeneinleitung

Zweck und Anlass der durchgeführten Prüfung zeigen an, wessen Interessen Auslöser der Prüfung waren und welche Kriterien angelegt werden. Je größer Unabhängigkeit und Objektivität des Prüfers sind, desto mehr kann der Nutzer den Sachstandbeschreibungen und Beurteilungen vertrauen. Die Sachkunde des Prüfers stellt sicher, dass alle wesentlichen Faktoren erkannt sowie sach- und situationsgerecht gewürdigt werden konnten. Ein geordnetes, bevorzugt auf einer gesicherten berufsständischen Rahmenorganisation beruhendes Vorgehen sichert eine Mindestqualität von Prüfer, Prüfungsvorgehen und Prüfungsurteil. Die Regelung von Berichterstattung und Maßnahmeneinleitung im Kontext der Prüfung ist ein Indikator für die Transparenz und Praxisrelevanz der Prüfung.

4.6 Qualitätsmanagement der Internen Revision

Wie jede andere betriebliche Funktion benötigt auch die Interne Revision Elemente, die der Zielfindung, der Steuerung zur Zielerreichung und der Anpassung an geänderte Rahmenbedingung dienen. Die grundlegenden, allgemein in der ISO 9000 definierten Qualitätsmanagementprinzipien[66]

- Kundenorientierung
- Führung
- Einbeziehung von Personen
- Prozessorientierter Ansatz
- Verbesserung
- Faktengestützte Entscheidungsfindung
- Beziehungsmanagement

ermöglichen die Optimierung und die laufende Anpassung des Nutzenbeitrags der Internen Revision.

4.6.1 Programm zur Qualitätssicherung und -verbesserung

Die Berufsgrundlagen setzen die Qualitätsprinzipien um: Das Qualitätsmanagement der Internen Revision ist insbesondere in den IIAS 1300 (Qualitätssicherungs- und Verbesse-

---

[66] Vgl. DIN EN ISO 9000:2015 und ISO (2015). Vgl. mit Verweis auf Lück bei Bungartz, O./Henke, M. (2011), S. 162 ff.

rungsprogramm), IIAS 2000 (Leitung der Internen Revision) sowie in den Standards für die Auftragsdurchführung IIAS 2200 (Auftragsplanung) bis IIAS 2400 (Bericht) dargelegt. Die Implementierung der Qualitätsmanagement-Grundsätze geschieht mit Ausnahme der IIAS 1300 nicht explizit, sondern implizit durch die Beschreibung von Vorgehensweisen, Kriterien, Inputs, Ergebnisformaten, Freigaben und Reporting-Methoden. Auch Prüfungsdienstleister[67] benötigen ein Qualitätssicherungs- und Verbesserungsprogramm, wenn sie Dienstleitungen für die Interne Revision erbringen.

IIAS 1300 – Programm zur Qualitätssicherung und -verbesserung
Der Leiter der Internen Revision muss ein Programm zur Qualitätssicherung und -verbesserung, das alle Aufgabengebiete der Internen Revision umfasst, entwickeln und pflegen.

Der Attributstandard IIAS 1300 detailliert bei eingehender Betrachtung nur einen Teilaspekt des Qualitätsmanagementsystems der Internen Revision, nämlich, wie der Name besagt, das Qualitätssicherungs- und -verbesserungsprogramm[68] (QSVP). Große Teile der operativen Elemente des Qualitätsmanagements sind in den Ausführungsstandards zum Revisionsmanagement (IIAS 2000) und zur Auftragsdurchführung (IIAS 2200, 2300, 2400) festgelegt. Grundsätzlich gilt, dass die Revisionsleitung verpflichtet ist, ein QSVP aufzubauen und zu betreiben, um die Funktionsfähigkeit der Revisionsorganisation zu gewährleisten und um sowohl die Revisionsorganisation als auch das QSVP selbst laufend an sich wandelnde Erfordernisse anzupassen.

In der Praxis stellt sich regelmäßig die Frage, ob das Qualitätsmanagement-System der Internen Revision – z. B. als Teil des Revisionshandbuchs – explizit darzustellen ist. Dies wird bei kleineren, nicht regulierten Revisionen in der Regel nicht der Fall sein. Ein zumindest übersichtsweises Konzept im Revisionshandbuch wird in den meisten Fällen nicht unbedingt erforderlich sein, ist aber eine sinnvolle, Klarheit schaffende und mit absehbarem Aufwand umsetzbare Option. Mit wachsender Größe, abhängig von Regulierungsgrad und Risikoneigung des Geschäfts, steigt das Erfordernis einer konkreten Aussage zum Qualitätsmanagement. Dies kann ein Mapping der Qualitätsinstrumente im Revisionshandbuch und ggf. im Revisionsmanagement-System in Form einer Übersicht sein, oder ein eigenständiger Teil des Revisionshandbuchs.

---

[67] Zu den Anforderungen an Prüfungsdienstleister und die Verantwortlichkeit der beauftragenden Organisation bzw. Leitung der Internen Revision siehe DIIR (2018c).
[68] Mit der Verwendung des Begriffs „Programm" fokussiert das IIA auf das Durchführen der Qualitätsmanagement-Aktivitäten. Möglich wäre auch eine weiter gefasste, systemische Betrachtung, dann eines „Qualitätssicherungs- und -verbesserungssystems".

IIAS 1320 – Berichterstattung über das Qualitätssicherungs- und -verbesserungsprogramm

Der Leiter der Internen Revision muss die Ergebnisse des Qualitätssicherungs- und -verbesserungsprogramms an die leitenden Führungskräfte und die Geschäftsleitung bzw. das Überwachungsorgan berichten. Die Offenlegung soll enthalten:

- Umfang und Häufigkeit der internen und externen Beurteilungen.
- Qualifikationen und Unabhängigkeit des/der Beurteiler(s) oder des Beurteilungsteams, einschließlich potenzieller Interessenkonflikte.
- Schlussfolgerungen der Beurteiler.
- Korrigierende Maßnahmenpläne.

Ein Teil der Internen Revisionsfunktionen berichtet extern an Geschäftspartner (Kunden, Lieferanten, Miteigentümer) oder durch einen Abschnitt im Governance-Teil des Geschäftsberichts der Organisation über das Vorhandensein, die Arbeitsgrundlage und ihre Aufgaben. Wenn eine Interne Revision oder eine Organisation die Aussage machen will, dass eine mit den Berufsgrundlagen konform aufgebaute und agierende Interne Revision existiert, muss dies durch eine den Vorgaben der Berufsgrundlagen (IIIAS 1312) genügende Beurteilung (Quality Assessment) festgestellt worden sein.

IIAS 1321 – Gebrauch der Formulierung „übereinstimmend mit den Internationalen Standards für die berufliche Praxis der Internen Revision"

Die Angabe, dass die Interne Revision die Internationalen Standards für die berufliche Praxis der Internen Revision einhält, ist nur sachgerecht, wenn dies durch die Ergebnisse des Programms zur Qualitätssicherung und -verbesserung gestützt wird.

In der Praxis bedeutet dies, dass eine Interne Revision spätestens nach fünfjährigem Bestehen ein externes, unabhängiges Quality Assessment (Qualitätsbeurteilung) durchgeführt haben muss, und dass das Quality Assessment dann mindestens alle fünf Jahre zu wiederholen ist. Das Quality Assessment sollte die Konformität der Internen Revision bestätigen oder aber zumindest nur leichten Verbesserungsbedarf, d. h. keine wesentlichen Abweichungen von den grundlegenden Standards des Berufsstandes, ergeben.

IIAS 1322 – Offenlegen von Abweichungen

Wenn sich Abweichungen von dem Ethikkodex oder den Standards auf den Tätigkeitsbereich oder die Durchführung der Internen Revision auswirken, muss der Leiter der Internen Revision Abweichung und Auswirkungen an die leitenden Führungskräfte und die Geschäftsleitung bzw. das Überwachungsorgan berichten.

Der IIAS 1322 (Offenlegen von Abweichungen) bezieht sich auf die Revisionsorganisation insgesamt, IIAS 2431 (Offenlegung der Nichteinhaltung der Standards im Rahmen des Auftrags) regelt die Kommunikation von wesentlichen Abweichungen analog für die Auftragsabwicklung.

Ergeben das Organisationsmodell der Internen Revision sowie interne oder externe Beurteilungen wesentliche Abweichungen von den verbindlichen Elementen des IPPF – hier insbesondere Standards und Ethikkodex -, ist dies transparent zu machen. Diese Offenlegung wird für IIAS 1321 in der Regel im Rahmen der Tätigkeitsberichterstattung der Internen Revision und – wo erforderlich – auch auf Ebene der Auftragsberichterstattung geschehen.

Erwähnenswerte Abweichungen, Risiken und Gegenmaßnahmen ergeben sich in der Regel, wenn die Leitung der Internen Revision noch andere Verantwortlichkeiten in Bereichen wie Datenschutz, Risikomanagement, Compliance, Mitarbeitervertretung oder anderen Funktionen hat. Potenzielle und bestehende Interessenkonflikte sollen transparent gemacht werden, ebenso wie die Maßnahmen, die ergriffen wurden, um mögliche Schwächen des Governance- und Kontrollsystems zu kompensieren. Typische Maßnahmen sind gezielte oder intensivierte externe Überprüfungen der von der Internen Revision übernommenen Funktionen, umfassendere Prüfungshandlungen, „Chinese Walls" (d. h., klare organisatorische Abgrenzung), verstärkte Ressourcen und erweiterte Kommunikation bzw. zusätzliche Berichtslinien.

4.6.2 Interne und externe Beurteilungen

Ein wirksames Qualitätsmanagementsystem erfordert eine laufende Messung und Anpassung der Revisionsfunktion und ihres Kontextes.

IIAS 1310 – Anforderungen an das Qualitätssicherung und -verbesserungsprogramm
Das Programm zur Qualitätssicherung und -verbesserung muss sowohl interne als auch externe Beurteilungen umfassen.

Das IIA skizziert in den Berufsgrundlagen die erforderlichen Messziele und Messkonzepte des Qualitätssicherungs- und -verbesserungssystems (siehe Abb. 4.11).
Primäre Messziele im Rahmen des Qualitätssicherungs- und -verbesserungssystems sind

- Konformität der Revisionsfunktion mit der Definition und den Standards
- Einhaltung des Ethikkodexes durch die Revisoren
- Zielerreichung und Wirtschaftlichkeit der Revisionsfunktion
- Verbesserungspotenzial der Revisionsfunktion

Die Mess- und Steuerungskonzepte des Qualitätssicherungs- und -verbesserungssystems sind

4.6 Qualitätsmanagement der Internen Revision

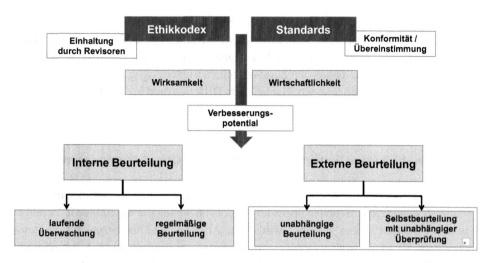

Abb. 4.11 Komponenten des Qualitätssicherungs- und -verbesserungsprogramms (QSVP)

- Interne Beurteilungen
  - laufende Überwachung
  - regelmäßige Beurteilung
- Externe Beurteilungen
  - unabhängige Beurteilung
  - Selbstbeurteilung mit unabhängiger Überprüfung

4.6.3 Laufende Überwachung und regelmäßige interne Beurteilungen

Interne Beurteilungen[69] in Form von laufender Überwachung finden durch die in den Revisionsprozessen implementierten Quality Gates[70] (z. B. Vorgaben, Reviews, Freigaben) sowie die Messung von Kennzahlen (Aufwände, Erfüllungsgrade, Meilensteine) statt.

IIAS 1311 – Interne Beurteilungen
Interne Beurteilungen müssen umfassen:

- Laufende Überwachung der Aufgabenerfüllung der Internen Revision.
- Regelmäßige Selbstbeurteilungen oder Beurteilungen von Personen innerhalb der Organisation, die über ausreichende Kenntnisse der Arbeitsmethoden der Internen Revision verfügen.

---

[69] Vgl. hierzu IIA PG 1311.
[70] Siehe beispielhaft Bünis, M./Gossens, T. (2018), S. 206 f.

Regelmäßige interne Beurteilungen können Monats- oder Quartalsreportings der Internen Revision, Planfortschritts- und Kostenstellenberichte sowie Untersuchungen bzw. Benchmarks von Teilbereichen sein. Auch die regelmäßige, jährliche (Selbst-) Überprüfung hinsichtlich der Konformität mit den Berufsgrundlagen unter Zugrundelegen der IIA-Standards, des IIA Quality Assessments Manuals, des DIIR Standard 3, AMIR oder des Q-SAT zählt in diese Kategorie.

4.6.4 Unabhängige, externe Beurteilungen – Quality Assessments

Wie in Qualitätsmanagement-Systemen üblich, soll in regelmäßigen Abständen durch unabhängige, qualifizierte Experten überprüft werden, ob die Interne Revision anforderungskonform aufgebaut ist und betrieben wird. Erste Ansätze zum Quality Assessment stammen aus den 80er-Jahren, als Beurteilungen in der externen Prüfung nachhaltiger gefordert wurden. Bereits damals befürwortete das IIA freiwillige, unabhängige Beurteilungen, die einer Erhebung des IIA im Jahr 1983 zu Folge bereits von 40 % der befragten Internen Revision durchgeführt wurde.[71] Das IIA gibt heute einen Höchstabstand von fünf Jahren zwischen den unabhängigen, externen Beurteilungen vor. Allerdings wird diese Vorgabe von vielen Internen Revisionen noch nicht befolgt; ein häufig genannter Grund dafür ist „Prüfungsangst"[72] der Internen Revision. In Abb. 4.11 sind die Ziele des externen Quality Assessments nach IIAS 1312 ersichtlich.

IIAS 1312 – Externe Beurteilungen
Externe Beurteilungen müssen mindestens alle fünf Jahre von einem qualifizierten, unabhängigen Beurteiler oder einem Team von Beurteilern durchgeführt werden, der bzw. das nicht der Organisation angehört. Der Leiter der Internen Revision muss folgende Aspekte mit der Geschäftsleitung bzw. dem Überwachungsorgan besprechen:

- Die Form und Häufigkeit externer Beurteilungen
- Die Fachkenntnis und Unabhängigkeit des externen Beurteilers oder Beurteilungsteams einschließlich möglicher Interessenkonflikte

Einige Revisionsfunktionen werden durch Abschlussprüfer und/oder Regulierungsbehörden überprüft. Aufgrund von Abweichungen der Kriteriensets können diese Überprüfungen das auf die Implementierung der Berufsgrundlagen bezogene externe Quality Assessment nach IIAS 1312 nur in Ausnahmefällen ersetzen

---

[71] Vgl. Hofmann, R. (1993), S. 66 f.

[72] Vgl. zu den Hintergründen und Mechanismen auf Basis einer empirischen Untersuchung Amling, T./Knöchelmann, S. (2012).

4.6 Qualitätsmanagement der Internen Revision

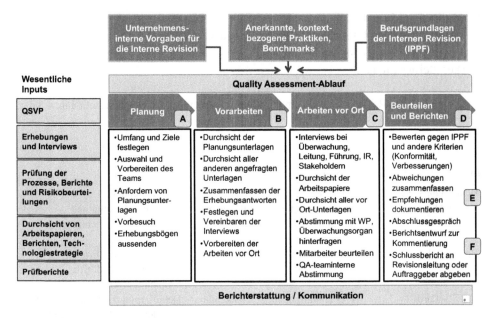

Abb. 4.12 Quality Assessment-Ablauf nach dem Model des IIA. (Nach IIA (2017a), S. 41)

Vorgehens- und Kriterienmodelle für externe Beurteilungen liefern das direkt auf den IIA-Standards aufbauende IIA Quality Assessment Manual[73] sowie der DIIR RS 3:2017,[74] der dem IDW PS 983 (2017c1) entspricht. Abb. 4.12 zeigt exemplarisch das Vorgehensmodell nach dem IIA Quality Assessment Manual – der Ablauf eines Quality Assessments ist in weiten Zügen unabhängig vom gewählten Bewertungsmodell. Die Buchstaben A bis E in Abb. 4.12 verweisen auf die einzelnen Toolsets des IIA Quality Assessment Manuals.

4.6.5 Beurteilungsverfahren und -instrumente

Übliche, aus dem Controlling bekannte Mess- und Beurteilungsverfahren sind Kennzahlen und Benchmarks. Revisionsspezifische Verfahren zur Beurteilung der Internen Revision sind

- die Nutzung der IIA-Standards,
- des Kriterienkatalogs zum DIIR-Standard 3:2017,
- des Kriterienkatalogs Q-SAT des IIA Switzerland,

---

[73] IIA (2017a).
[74] DIIR (2017b), vgl. auch zusammenfassend Cauers, L./Scharr, C. (2017).

- das IIA QA Manual,
- das IIA Nederland Internal Audit Ambition Model (IA AM),
- weitere Bewertungsmodelle des IIA und
- Dienstleister-Modelle.

Die wichtigsten Beurteilungsverfahren mit ihren Stärken und Schwächen stellt Tab. 4.5 dar.

Tab. 4.5 Übersicht Beurteilungsverfahren[a]

Beurteilungsverfahren	Stärken	Schwachpunkte
Kennzahlen	Standard-Methodik, viele leicht verfügbare Beispiele	Auswahl, Messung und Anwendung der richtigen Kennzahlen
Benchmarks	Abgleich von Kennzahlen und Organisation	Messunschärfen, Ergebnisse interpretationsbedürftig, Zugang zu quantitativen Daten
IIA-Standards	Frei erhältlich, einfach handhabbar	Detaillierung z. B. durch IIA IG erforderlich – dann aufwendig
Kriterienkatalog zum DIIR-Standard 3:2017	In Deutschland anerkanntes Verfahren	Unscharf, Detaillierung nicht frei zugänglich
Kriterienkatalogs IIA Switzerland Q-SAT	Pragmatische Konkretisierung der IIA-Standards	Nur IIAS-Mitgliedern zugänglich
IIA QA Manual[b]	Global anerkanntes Verfahren, Konkretisierung der IIA-Standards	Auf den ersten Blick unhandliche Dokumentation
IIA Nederland IA AM 2.0[c]	Verbessertes IIA PS-CM. Fachlicher Review durch Praxis-Benchmark.	Details im Online-Tool
Bewertungsmodelle des IIA[d]	Umfassende Kriterien- und Good Practice-Kataloge, gute Grundlage für Verbesserungsmaßnahmen	Abweichung von ISO/CMMI-Taxonomie/Methodik, mehrere divergente Modelle, Kriterien oft schwammig
Dienstleister-Modelle[e]	Teils weit entwickelt	Schwer zugänglich, teils intransparent

[a]Quelle: Eigene Zusammenstellung
[b]Vgl. IIA (2017a)
[c]IIA Nederland (2018)
[d]Zu den vom IIA veröffentlichten Varianten gehört z. B. das IIA IA-CM, vgl. IIA (2009a), vom DIIR überarbeitet und übersetzt als AMIR verbreitet (vgl. DIIR (2019a))
[e]Eine Vielzahl von Prüfungs- und Beratungsgesellschaften bietet eigene, in der Regel an den Berufsgrundlagen orientierte Organisationsmodelle, Good Practices und Kennzahlenvergleiche an

4.6.6 Revisions-Kennzahlen und Benchmarks

Als Ausgangspunkt für Revisionskennzahlen lassen sich die eigenen Revisionsabläufe sowie deren Inputs und Outputs nutzen. Das IIA bietet ein grundlegendes Kennzahlenmodell auf Basis einer modifizierten Balanced Scorecard[75] an, vom DIIR sind weitere Kennzahlensammlungen[76] veröffentlicht worden.

Das modifizierte Balanced Scorecard-Modell des IIA wird – zusammen mit einer Erläuterung zum Aufbau und Betrieb eines Kennzahlensystems in der Internen Revision – im Practice Guide „Measuring Internal Audit Effectiveness and Efficiency"[77] beschrieben (siehe Abb. 4.13).

Implementierung des Kennzahlensystems
Das IIA schlägt für den Aufbau und Betrieb eines Kennzahlensystems vor, zuerst Wirksamkeitskriterien und Stakeholder[78] zu bestimmen, dann darauf aufbauend das Kennzahlensystem zu entwickeln und schließlich die Kennzahlen zu erheben und zu kommunizieren; Tab. 4.6 detailliert die Tätigkeitsfelder.

Abb. 4.13 Balanced Scorecard für die Interne Revision. (Nach IIA (2010b), S. 6. Siehe dazu weiter Hahn, U. (2007), S. 90 sowie insbesondere mit mehr Detail Hahn, U. (2011), S. 453)

---

[75] Zum Balanced Scorecard-Modell und seinem Einsatz in der Internen Revision vgl. ausführlich Pasternack, N.-A. (2010), S. 225–243.
[76] Z. B. DIIR (2018b), S. 148–158 sowie DIIR (2012a).
[77] IIA (2010b).
[78] Zu den Stakeholdern der Internen Revision vgl. ausführlich Eulerich, M. (2018), S. 169–221.

Tab. 4.6 Entwicklung eines IR-Kennzahlensystems[a]

Bestimmen der Effektivitätskriterien	
Inputs für die Kriterienbestimmung	– Berufsgrundlagen – Strategie von Organisation und Revision – Geschäftsordnung/Aufgaben von Überwachungsorgan, Leitung und Interner Revision – Erwartete und erforderliche Ergebnisse
Ergebnis der Kriterienbestimmung	– Grundlegende Erwartungen an Wirksamkeit und Wirtschaftlichkeit der Revisionsfunktion – Abstimmung mit den Stakeholdern hinsichtlich Wirksamkeit und Wirtschaftlichkeit (Überwachungsorgan, Leitung)
Wesentliche interne und externe Stakeholder bestimmen	
Interessengruppen konkretisieren	– Wichtige interne und externe Stakeholder von Interner Revision und Organisation – In die Revisionsergebnisse vertrauende Assurance-Nutzer – Nutznießer der Revisionsarbeit – Unterstützer der Internen Revision
Kennzahlensystem entwickeln	
Zielgrößen bestimmen	– Stakeholder-Erwartungen – Erforderliche Revisionsergebnisse und -attribute
Messinstrumente entwickeln	– Messinstrumente für Wirksamkeit und Wirtschaftlichkeit – Abstimmung mit wesentlichen Stakeholdern
Überwachen und Berichten	
Berichterstattung konzipieren	– Format und Häufigkeit festlegen – Regelmäßiger Review der Kennzahlen-Berichte
Kennzahlen nutzen	– Anpassung von Revisionsstruktur und -aktivitäten – Steuerung der Revisionsfunktion

[a]Vgl. IIA (2010b), S. 4 f.

Revisionskennzahlen

Kennzahlen dienen in der Internen Revision nicht allein der Leistungsmessung.[79] Ein typisches Set an Revisionskennzahlen, zusammengestellt anhand des Balanced Scorecard-Modells mit den vier BSC-Dimensionen Finanzen, Kunden, interne Prozesse sowie Lernen und Entwicklung, ist Folgendes:[80]

- Finanzen
  - Budgeteinhaltung
  - Kosten pro Prüfungstag
  - Sachkostenanteil
  - Reisekostenanteil

---

[79] Zur Leistungsmessung in der Internen Revision vgl. Hölscher, L./Rosenthal, J. (2011).
[80] Vgl. u. a. DIIR (2018b), S. 148–158 und Bünis, M./Gossens, T. (2018), S. 209 f., Geis, A. (2012), S. 236–240 sowie Hahn, U. (2011), S. 456 f. Ausführlich beschäftigt sich Busch, J. (2010) mit dem System der Kosten- und Leistungskennzahlen für die Interne Revision.

- Kunden
  - Stakeholder- und Nutzerzufriedenheit
  - Häufigkeit Stakeholder-Kontakte
  - Abdeckung des Audit Universe
  - Umsetzung der Periodenplanung
  - Nutzen der Ergebnisse
- Prozessperspektive
  - Einhalten der internen Verfahren
  - Konformität mit Standards und Ethikkodex
  - Durchlaufzeiten
  - Anteil Leerlauf- und Verteilzeiten
- Entwicklungsperspektive
  - Schulungstage je Mitarbeiter
  - Zertifizierungsgrad

Viele Interne Revisionen werden die meisten der aufgelisteten Indikatoren messen. Welche BSC-Indikatoren schlussendlich gezielt überwacht oder gar gesteuert werden, ist individuell. Wenn nachhaltige Veränderungen geplant sind, bleiben meist nur wenige, zielgerecht ausgewählte Steuerungsgrößen sinnvoll.

Benchmarks
Bei den Benchmarks lassen sich quantitative (Kennzahlen-) und Organisationsbenchmarks (Aufbau und Prozesse) unterscheiden. Im Rahmen der quantitativen Benchmarks werden Revisionskennzahlen intern und extern abgeglichen. Dazu stehen umfangreiche Datensammlungen der Berufsverbände[81] sowie von Dienstleistern zur Verfügung.

4.7 Revisionsorganisation

Die Leitung der Internen Revision ist angehalten, die Interne Revision angemessen zu organisieren, erforderliche Ressourcen anzufordern und sachgerecht einzuteilen, den Betrieb der Internen Revision zu führen und zu überwachen sowie über die Tätigkeit und die Ergebnisse der Internen Revision zu berichten. Dies unterstützen – nicht allein – die Komponenten des QMS der Internen Revision.

Managementmodell der Internen Revision
Die wesentlichen Abläufe der Internen Revision lassen sich im vierstufigen Managementmodell der Internen Revision (Abb. 4.14) abbilden.

---

[81] Z. B. die im mehrjährigen Rhythmus erhobenen Daten der Enquete von DIIR, IIA Switzerland und IIA Austria, die globalen CBOK-Erhebungen des IIA sowie die IIA Audit Intelligence Services (AIS, ehemals GAIN), eine globale und kostengünstige Benchmark-Plattform des IIA, aus der auch viele Dienstleister ihr Datenmaterial beziehen.

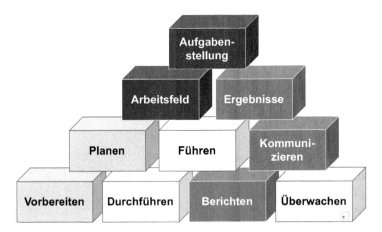

Abb. 4.14 Vierstufiges Managementmodell der Internen Revision. (Eigene Darstellung)

Die unterste Ebene des vierstufigen Managementmodells (Abb. 4.14) der Internen Revision stellen der generische Auftragsablauf sowie die ggf. erforderliche Maßnahmenverfolgung dar. Der Prüfungsprozess selbst besteht aus Vorbereitung, Durchführung, Berichterstattung und Abschluss. Die Maßnahmenverfolgung kann als separater Prozessblock betrachtet werden. Daneben gibt es weitere Auftragsprozesse, zum Beispiel für Beratung und Sonderaufträge. Die zweite untere Ebene deckt die Tätigkeiten zum Management der Revisionsfunktion ab.

Beide unteren Ebenen, im Wesentlichen Auftragsablauf und Revisionsmanagement, werden in den Berufsgrundlagen primär durch die operativen Ausführungsstandards (IIAS 2nnn) sowie die Attributstandards zum Qualitätsmanagement (IIAS 13nn) beschrieben.

4.7.1 Richtlinien und Verfahren

Es ist Aufgabe der Leitung der Internen Revision, die Interne Revision sachgerecht zu organisieren. Ein zentrales Instrument ist hierbei das Revisionshandbuch.

IIAS 2040 – Richtlinien und Verfahren
Der Leiter der Internen Revision muss Richtlinien und Verfahren für die Führung der Internen Revision festlegen.

Eine angemessene Organisation erfordert neben der Festlegung von Auftrag und Kompetenzen in der Geschäftsordnung der Internen Revision sowie der Planung von Arbeiten und Ressourcen auch das Festlegen von Richtlinien und Verfahren im Revisionshandbuch (RHB). Die Geschäftsordnung und das Revisionshandbuch werden durch Arbeitsmittel oder durch die Implementierung eines die Revisionsarbeit unterstützenden und lenkenden Revisionsmanagementsystems ergänzt.

4.7 Revisionsorganisation

Revisionshandbuch In vielen Fällen erforderliche Inhalte eines Revisionshandbuchs[82] – häufig als Dokumenten-, Muster- und Linksammlung verfügbar – sind:

- Geschäftsordnung
- Ethikkodex
- Organigramm
- Prozessmodell der Revisionsfunktion
- Beschreibung des IRS
- Beschreibung des QMS
- Ablaufbeschreibungen
  - Periodenplanung mit Freigabe
  - Prüfungsvorbereitung
  - Prüfungsdurchführung
  - Berichtserstellung mit Freigabe
  - Berichtsverteilung
  - Auftragsabschluss und Archivierung
  - Administrative Maßnahmenverfolgung
  - Tätigkeitsberichterstattung (Quartal/Jahr)
  - Informationsweitergabe
- Musterdokumente
  - Vorbereitungscheckliste
  - Ankündigung
  - Arbeitsprogramm
  - Arbeitspapier
  - Feststellungsliste
  - Bericht
- Arbeitshilfen
  - Checklisten
  - Verfahrensanleitungen (z. B. Dokumentation, Stichprobenauswahl)
  - Bewertungsschemata
  - CAAT
  - Instrumente zur Modellanwendung (COSO, COBIT, …)
- Personal
  - Stellenprofile
  - Onboarding- und Ausbildungspläne

IRS und QMS werden in vielen Fällen implizit durch die Elemente des Revisionshandbuchs beschrieben sein; für Zwecke des externen Quality Assessments ist es hilfreich, zumindest eine knappe konzeptionelle Beschreibung von IRS und QMS bereitzuhalten.

---

[82] Siehe auch IIA IG 2040:2016 und Bünis, M. (2020), S. 8.

Das Revisionshandbuch soll jedem Mitarbeiter der Internen Revision bekannt sein und durch die Leitung der Internen Revision regelmäßig, z. B. jährlich im Rahmen der Überprüfung der Revisionsstrategie, auf Aktualisierungsbedarf hin überprüft werden.

4.7.2 Die Bedeutung des Formalisierungsgrads – Revision 9.0

Wie bereits mit Bezug auf die praktikablen Periodenplanungsansätze erwähnt, ist auch der Berufsstand der Internen Revision nicht vor zyklisch wiederkehrenden Modewellen gefeit.

Typische Themen sind Fraud (= Compliance Management), der IT-Einsatz in der Internen Revision (= Datenanalyse = Continuous Auditing), die Unternehmenskultur (= Governance und ERM) sowie die Revisionsorganisation (= Risikoorientierung = Agilität). Beispielhaft für dieses Phänomen seien hier – Zwischenschritte der Einfachheit halber vernachlässigt – „verwaltungsmäßige Rationalisierungsarbeiten … ab 1924 [durch] Buchungsmaschinen … mechanische Hilfsmittel (z. B. elektronische Datenverarbeitung)"[83] (späte 50er-Jahre des vergangenen Jahrhunderts) und dann die Computerisierung und das Application Service Provisioning (80er-Jahre) sowie, abermals 30 Jahre danach, die Digitalisierung und Cloud Services genannt.[84]

Die Beschäftigung des Berufsstandes mit dem Thema „Agilität" (ehemals Revision 1.2, dann 2.0, zur Zeit 4.0) hat eine reinigende Wirkung: Aufgrund seiner Aufgabenstellung neigt der typische Revisor zu Genauigkeit und Absicherung. Beides sind Neigungen, die für einen Piloten vor dem Start sicher förderlich ist, sich aber in der Unternehmensrealität oft als störend erweisen. Durch die Beschäftigung mit agilen, aber auch anderen, den zeitgemäßen Methodenwerkzeugkästen zugeordneten Steuerungsmethoden der Unternehmens- und Projektsteuerung, kann sich im Revisionsalltag anhäufender organisatorischer Ballast überprüft[85] und bereinigt werden. Eine gute Handreichung für den pragmatischen Umgang mit den (eigenen) Revisorencharakteristika kann die Berücksichtigung des auf die Revisionssituation angepassten agilen Manifests[86] sein:

---

[83] Institut für Interne Revision (1959), S. 17 f. Dort wird auch auf die steigende Beratungsintensität der Revisionsarbeit hingewiesen.

[84] Siehe beispielhaft für grundsätzlich wiederkehrende, auch (als) aktuell wahrnehmbare Trends IIA (2018b). Der Autor erinnert sich an den Besuch einer ERFA-Veranstaltung Interner Revisoren, bei der Prüfer ihre (IT-) Prüfungsergebnisse als aktuelles Hot Topic, als kritischen Untersuchungs- und Risikobereich darstellten. Fast auf den Monat genau 20 Jahre vorher und in großer räumlicher Nähe zum aktuellen Prüfobjekt hat ein engagierter Mitarbeiter des Autors ebendies geprüft, vorgefunden und analog im Prüfbericht als Feststellung beschrieben.

[85] Vgl. zu Differenzierungen als Instrument zur kritischen Analyse des Status Quo Botzenhardt, A.H./Schommer, T. (2019), S. 162.

[86] Nach Hackenholt, A./Rosenbach, N. (2019), S. 57. Dort wird auch ein Versuch der Übertragung des agilen Manifests gemacht, die auf den Konzepten von (risikoorientiert?) priorisierender Planung, Time Boxing und iterativer Erstellung des Arbeitsprogramms beruht; vgl. Hackenholt, A./Rosenbach, N. (2019).

- Prüfer, Beteiligte und Nutzer und deren Interaktion sind wichtiger als die Prozesse und Methoden der Internen Revision.
- Die Prüfungsergebnisse sind wichtiger als das Erstellen von Aufzeichnungen.
- Der Nutzen der Prüfung ist wichtiger als die Erfüllung des Prüfungsauftrages.
- Anpassen an die aktuelle Situation ist wichtiger als das Befolgen der Perioden- und Auftragsplanung.

In diesem Modell ist der zweite Teil der vier Aussagen wichtig, aber den Vorrang hat der jeweils erste Teil der Aussage.[87]

4.7.3 Überwachen der Auftragsdurchführung

IIAS 2340 – Beaufsichtigung der Auftragsdurchführung
Die Durchführung der Aufträge ist in geeigneter Weise zu überwachen, um sicherzustellen, dass die Auftrags- und Qualitätsziele erreicht werden sowie die Weiterentwicklung des Personals gefördert wird.

Die laufende Überwachung der Auftragsdurchführung ist ein wichtiges Element des QMS der Internen Revision. Für die laufende Überwachung steht eine Vielzahl von Instrumenten[88] zur Verfügung, die auf Vorgaben, Verfahren und Planung beruhen. Überwacht wird die Auftragsdurchführung durch die Leitung der Internen Revision oder durch dafür verantwortliche Mitarbeiter. Dies sind z. B. Leitungen von Teilbereichen der Revisionsfunktion, Stabsstellen innerhalb der Revisionsfunktion (u. a. haupt- oder nebenamtliche QM-Verantwortliche), Themenkoordinatoren, Leitungen der Prüfungsteams und schlussendlich die Mitarbeiter der Internen Revision selbst.

4.8 Funktionsbezogene Berichterstattung, Tätigkeitsbericht

Über die Tätigkeit der Internen Revision kann auf drei Ebenen berichtet werden[89]:

- Mikroebene der Arbeitsergebnisse (z. B. Prüfungsbericht)
- Makroebene der Arbeitsergebnisse (z. B. Quartalsbericht)
- Metaebene (z. B. QSVP-Funktion im Tätigkeitsbericht)

---

[87] Botzenhardt, A.H./Schommer, T. (2019), Hackenholt, A./Rosenbach, N. (2019) sowie Hauf, A. (2019) beschreiben und hinterfragen den Einsatz des agilen Werkzeugkoffers für die wesentlichen Tätigkeitsblöcke der Internen Revision und ähnlich mit Blick auf IT-Prüfungen Andelfinger, U./Haferkorn, P. (2020), S. 7 ff.

[88] Vgl. zu System, Kriterien und Instrumenten zur Überwachung der Internen Revision ausführlich Hahn, U. (2011).

[89] Zur Kommunikation mit der Unternehmensleitung vgl. detailliert IIA (2011b).

Zuerst findet die Berichterstattung der Arbeitsergebnisse statt. In der Regel geschieht dies durch Prüfberichte (Mikro-Ebene) und deren Zusammenfassungen, durch Abstimmmeetings der Internen Revision mit Fachverantwortlichen, Geschäftsleitung und Überwachungsorgan, oder formale Quartalsberichte und im Rahmen der jährlichen Tätigkeitsberichte (Makro-Ebene).[90]

Daneben gibt es eine weitere Ebene, die Berichterstattung aus Sicht der Metaebene (Metareporting). Die Interne Revision wird durch ein Regelsystem gesteuert, das die richtige Ausrichtung und die Leistung der Revisionsfunktion lenkt. Es misst zum Beispiel Planabweichungen, Stakeholder-Zufriedenheit, Inputs (meist Arbeitsstunden) und Outputs (Berichte, Feststellungen, Durchlaufzeiten).[91] Dieses Metareporting[92] dient der Steuerung und Überwachung durch die Führungskräfte in der Internen Revision sowie durch die Besteller der Revisionsleistung, also in erster Linie die Geschäftsleitung und das Überwachungsorgan.

IIAS 2060 – Berichterstattung an Geschäftsleitung und Überwachungsorgan
Der Leiter der Internen Revision muss regelmäßig an die leitenden Führungskräfte und die Geschäftsleitung bzw. das Überwachungsorgan über Aufgabenstellung, Befugnisse und Verantwortung der Internen Revision und über die Aufgabenerfüllung im Vergleich zur Planung sowie über die Einhaltung des Ethikkodex und der Standards berichten. Die Berichterstattung muss auch wesentliche Risiko- und Kontrollthemen einschließlich des Risikos doloser Handlungen, der Führung und Überwachung sowie andere Themen berücksichtigen, die die Aufmerksamkeit der leitenden Führungskräfte und/oder der Geschäftsleitung bzw. des Überwachungsorgans erfordern.

Die Leitung der Internen Revision soll regelmäßig an die wichtigsten primären Stakeholder, die Geschäftsleitung und das Überwachungsorgan, berichten. Neben dem Planfortschritt und wesentlichen Planänderungen gehört dazu ein breites Spektrum weiterer unternehmens- oder revisionsbezogener Inhalte: Aggregierte oder wesentliche Prüfungsergebnisse, Hinweise auf Risikolagen, interne und externe Entwicklungen sowie Informationen über revisionsinterne Vorhaben.[93]

Die Abb. 4.15 zeigt die verschiedenen Berichtszyklen direkt bei oder nach Erstellung eines Prüfungsberichtes, in zweiwöchentlichem oder monatlichem Rhythmus, z. B. in Gesprächen mit der Geschäftsleitung, quartalsweise z. B. im Rahmen der Berichterstattung an Überwachungsorgan, Risikoausschuss, oder die Geschäftsleitung, und jährlich im Rahmen des umfassenden Berichts über die abgeschlossene Planungsperiode oder das abgeschlossene Geschäftsjahr.

---

[90] Vgl. zu den Beurteilungen der Internen Revision auf Makro- und Mikroebene ausführlich IIA (2009c).
[91] Vgl. dazu Hahn, U. (2011), S. 451–462.
[92] Vgl. z. B. in Bezug auf das QSVP IIA (2012-pgqaip), S. 3–5.
[93] Vgl. Bünis, M. (2020), S. 10 ff.

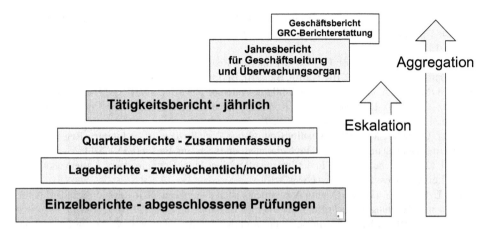

Abb. 4.15 Funktionsbezogene Berichterstattung der Internen Revision. (Eigene Darstellung; siehe dazu IIA (2011b))

Literatur

Amling, T./Bantleon, U. (Hrsg.) (2012): Praxis der Internen Revision, Berlin (ESV) 2012.

Amling, T./Knöchelmann, S. (2012): Problemfelder des Quality Assessment der Internen Revision – Eine empirische Untersuchung zum Status Quo auf Grundlage von Experteninterviews, in: Amling, T./Bantleon, U. (Hrsg.) (2012): Praxis der Internen Revision, Berlin (ESV) 2012, S. 249–276.

Andelfinger, U./Haferkorn, P. (2020): Agile Prüfungen – eine Orientierungshilfe, in: IT Governance (32) 2020, S. 3–10.

Anderson, U. et al (2017): Internal Auditing. Assurance & Advisory Services. 4th Edition, Lake Mary FL (IAF) 2017.

Angermüller, N.O./Wolff, S. (2017): Die Mindestanforderungen an die Geschäftsorganisation von Versicherungsunternehmen (MaGo). Auswirkungen auf die Interne Revision, in: ZIR 4/2017, S. 176–187.

Angermüller, N.O./Ramke, T. (2018): Fünfte Novelle der MaRisk und BAIT. Wesentliche Änderungen und Auswirkungen auf die Interne Revision, in: ZIR 3/2108, S. 121–126.

BaFin (Hrsg.) (2017): Rundschreiben 09/2017 (BA) – Mindestanforderungen an das Risikomanagement – MaRisk vom 27. Okt. 2017, Berlin (BaFin) 2017.

BaFin (Hrsg.) (2018): Rundschreiben 2/2017 (VA) – Mindestanforderungen an die Geschäftsorganisation von Versicherungsunternehmen (MaGo) i.d.F. vom 2. März 2018, Berlin (BaFin) 2018.

Bauer, M. (2010): Integriertes Revisionsmanagement. Praxismodell für eine ganzheitliche Organisation der Internen Revision, Berlin (ESV) 2010.

Berwanger, J./Kullmann, S. (2012): Interne Revision. Funktion, Rechtsgrundlagen und Compliance, 2. Aufl., Wiesbaden (Springer Gabler) 2012.

Botzenhardt, A.H./Schommer, T. (2019): Agile Auditing: Die Lösung der Revision für steigende Anforderungen. Empirische Studie zu Akzeptanzfaktoren und Hindernissen bei der Implementierung, in: ZIR 4/2109, S. 160–170.

Bünis, M. (2018): Die Implementierungsleitlinien. Konkrete Handlungshinweise in den Internationalen Grundlagen für die berufliche Praxis der Internen Revision (Teil 1), in: ZIR 5/2018, S. 232–236.

Bünis, M. (2020): Die Implementierungsleitlinien. Konkrete Handlungshinweise in den Internationalen Grundlagen für die berufliche Praxis der Internen Revision (Teil 5), in: ZIR 1/2020, S. 4–12.

Bünis, M./Gossens, T.: (2018): Das 1x1 der Internen Revision: Bausteine eines erfolgreichen Revisionsprozesses. 2. Aufl., DIIR-Forum, Band 10, Berlin (ESV) 2018.

Bünis, M./Maruck, A. (2014): Das Berufsbild des Internen Revisors, in: ZIR 5/2014, S. 232–241.

Bungartz, O. (2020): Handbuch Interne Kontrollsysteme (IKS). Steuerung und Überwachung von Unternehmen, 6. Aufl., Berlin (ESV) 2020.

Bungartz, O./Henke, M. (2011): Quality Control und Peer Review in der Internen Revision. Verbessertes Qualitätsmanagement durch ein integriertes System, Berlin (ESV) 2011.

Busch, J. (2010): Benchmarking in der Internen Revision. Mehr Effizienz durch Kostenkalkulation und Leistungsmessung, Berlin (ESV) 2010.

Cauers, L./Scharr, C. (2017): Quality Assessments nach dem neuen DIIR Revisionsstandard Nr. 3. Die neuen Regelungen zur Prüfung der Internen Revision, in: ZIR 2/2107, S. 60–70.

DIIR (Hrsg.) (2012a): Key Performance Indicators (KPI) in der Internen Revision am Beispiel der Logistik, Frankfurt am Main (DIIR) 2012.

DIIR (Hrsg.) (2012b): Qualifikationsmodell für Interne Revision, Frankfurt am Main (DIIR) 2012.

DIIR (Hrsg.) (2017a): Enquete 2017. Die Interne Revision in Deutschland, Österreich und der Schweiz, Frankfurt am Main (DIIR) 2017.

DIIR (Hrsg.) (2017b): DIIR Revisionsstandard Nr. 3. Prüfung von Internen Revisionssystemen (Quality Assessments), Frankfurt am Main (DIIR) 2017.

DIIR (Hrsg.) (2017c): Muster-Geschäftsordnung für die Interne Revision, Frankfurt am Main (DIIR) 2017.

DIIR (Hrsg.) (2018a): IIA Global Perspectives and Insights. Agilität und Innovation, Frankfurt am Main (DIIR) 2018.

DIIR (Hrsg.) (2018b): Online-Revisionshandbuch für die Interne Revision in Kreditinstitute. Erarbeitet vom DIIR Arbeitskreis MaRisk, Frankfurt am Main (DIIR) 2018.

DIIR (Hrsg.) (2018c): Ergänzende Leitlinie: Anwendung der Internationalen Grundlagen für die berufliche Praxis der Internen Revision des IIA als professioneller Dienstleister, Frankfurt am Main (DIIR) 2018.

DIIR (Hrsg.) (2019a): AMIR. Das Anspruchsmodell der Internen Revision Version 1.0, Frankfurt am Main (DIIR) 2019.

DIIR (Hrsg.) (2019b): Internationale Grundlagen für die berufliche Praxis der Internen Revision. Mission, Grundprinzipien, Definition, Ethikkodex, Standards, Implementierungsleitlinien. Version 7 vom 11. März 2019, Frankfurt am Main (DIIR) 2019.

DIIR (Hrsg.) (2020): Enquete 2020. Die Interne Revision in Deutschland, Österreich und der Schweiz, Frankfurt am Main (DIIR) 2020.

Eulerich, M. (2011): Kernkompetenzen der Internen Revision in Deutschland, in: ZIR 5/2011, S. 280–286.

Eulerich, M. (2017): Internationale Organisation der Internen Revision – Eine theoretische Diskussion, in: ZIR 1/2017, S. 36–42.

Eulerich, M. (2018): Die Interne Revision. Theorie – Organisation – Best Practice, Berlin (ESV) 2018.

Eulerich, M./Wagner, R. (2018): Die Interne Revision in Deutschland, Österreich und der Schweiz. (Weitere) Ergebnisse der Enquete 2017, in: ZIR 2/2018, S. 90–93.

Freidank, C.-C./Peemöller, V.H. (Hrsg.) (2007): Corporate Governance und Interne Revision: Handbuch für die Neuausrichtung des Internal Auditings, Berlin (ESV) 2007.

Freidank, C.-C./Peemöller, V.H. (Hrsg.) (2011): Kompendium der Internen Revision. Internal Auditing in Wissenschaft und Praxis, Berlin (ESV) 2011.

Geis, A. (2012): Qualitätsmanagement in der Internen Revision, in: Amling, T./Bantleon, U. (Hrsg.) (2012): Praxis der Internen Revision, Berlin (ESV) 2012, S. 223–247.

Hackenholt, A./Rosenbach, N. (2019): Agiles Projektmanagement in der Internen Revision. Eine Übersetzung, in: ZIR 2/2019, S. 56–63.

Hahn, U. (2007): Berufsgrundlagen der Internen Revision, Standards von IIA und DIIR, in: Freidank, C.-C./Peemöller, V.H. (Hrsg.) (2007): Corporate Governance und Interne Revision: Handbuch für die Neuausrichtung des Internal Auditings, Berlin (ESV) 2007, S. 73–107.

Hahn, U. (2011): Überwachung der Internen Revision: Berufsgrundlagen, Instrumente, Revisionsprozesse, in: Freidank, C.-C./Peemöller, V.H. (Hrsg.) (2011): Kompendium der Internen Revision. Internal Auditing in Wissenschaft und Praxis, Berlin (ESV) 2011, S. 433–476.

Hampel, V./Schermer, D. (2012): Professionalisierung der Internen Revision unter Nutzung eines Qualifikationsmodells, in: Amling, T./Bantleon, U. (Hrsg.) (2012): Praxis der Internen Revision, Berlin (ESV) 2012, S. 599–619.

Hauf, A. (2019): Die agile Revision, eine neue Chance? Erste Überlegungen zu agilen Methoden in der Steuerung der Internen Revision, in: ZIR 3/2019, S. 110–111.

Hofmann, R. (1993): Unternehmensüberwachung: Ein Aufgaben- und Arbeitskatalog für die Revisionspraxis. 2. Aufl., Berlin (ESV) 1993.

Hölscher, L./Rosenthal, J. (2011): Leistungsmessung der Internen Revision, in: Freidank, C.-C./Peemöller, V.H. (Hrsg.) (2011): Kompendium der Internen Revision. Internal Auditing in Wissenschaft und Praxis, Berlin (ESV) 2011, S. 477–503.

IIA (Hrsg.) (2009a): Internal Audit Capability Model (IA-CM) for the Public Sector: Overview and Application Guide, Altamonte Springs FL (IIA RF) 2009.

IIA (Hrsg.) (2009b): Practice Guide Internal Auditing and Fraud, Altamonte Springs FL (IIA RF) 2009.

IIA (Hrsg.) (2009c): Practice Guide Internal Formulating and Expressing Internal Audit Opinions, Altamonte Springs FL (IIA RF) 2009.

IIA (Hrsg.) (2010a): Practice Guide Chief Audit Executives – Appointment, Evaluation, and Termination, Altamonte Springs FL (IIA) 2010.

IIA (Hrsg.) (2010b): Practice Guide Measuring Internal Audit Effectiveness and Efficiency, Altamonte Springs FL (IIA) 2010.

IIA (Hrsg.) (2011a): Practice Guide Independence and Objectivity, Altamonte Springs FL (IIA) 2011.

IIA (Hrsg.) (2011b): Practice Guide Interaction with the Board, Altamonte Springs FL (IIA) 2011.

IIA (Hrsg.) (2011c): Practice Guide Reliance on other Assurance Providers, Altamonte Springs FL (IIA) 2011.

IIA (Hrsg.) (2012a): Practice Guide Developing the Internal Audit Strategic Plan, Altamonte Springs FL (IIA) 2012.

IIA (Hrsg.) (2012b): Practice Guide Quality Assurance and Improvement Program, Altamonte Springs FL (IIA) 2012.

IIA (Hrsg.) (2012c): Practice Guide Coordinating Risk Management and Assurance, Altamonte Springs FL (IIA) 2012.

IIA (Hrsg.) (2013): The IIA's Global Internal Audit Competency Framework, Altamonte Springs FL (IIA) 2013.

IIA (Hrsg.) (2014): Practice Guide Auditing Anti-bribery and Anti-corruption Programs, Altamonte Springs FL (IIA) 2014.

IIA (Hrsg.) (2015): Practice Guide Talent Management. Recruiting, Developing, Motivating, and Retaining Great Team Members, Altamonte Springs FL (IIA) 2015.

IIA (Hrsg.) (2016): Practice Guide Internal Audit and the Second Line of Defense, Altamonte Springs FL (IIA) 2016.

IIA (Hrsg.) (2017a): Quality Assessment Manual for the Internal Audit Activity, 7th edition, Altamonte Springs FL (IIA) 2017.
IIA (Hrsg.) (2017b): Model Internal Audit Activity Charter, Altamonte Springs FL (IIA) 2017.
IIA (Hrsg.) (2018a): Practice Guide Coordination and Reliance. Developing an Assurance Map, Lake Mary FL (IIA) 2018.
IIA (Hrsg.) (2018b): North American Pulse of Internal Audit: The Internal Audit Transformation Imperative, Lake Mary FL (IIA) 2018.
IIA (Hrsg.) (2018c): Internal Audit Competencies. Understanding and Building Competencies for Success, Lake Mary FL (IIA) 2018.
IIA (Hrsg.) (2019): Practice Guide Foundations of Internal Auditing in Financial Services Firms, Lake Mary FL (IIA) 2019.
IIA (Hrsg.) (2020): Practice Guide Developing a Risk-based Internal Audit Plan, Lake Mary FL (IIA) 2020.
IIA Nederland (Hrsg.) (2018): The Internal Audit Ambition Model. Overview and Application Guide. IA AM 2.0, Amsterdam (IIA Nederland) 2018.
IDW (Hrsg.) (2017): IDW PS 983 Grundsätze ordnungsmäßiger Prüfung von Internen Revisionssystemen 2017 vom 03.03.2017, in: IDW Life 2017, S. 448 ff.
Institut für Interne Revision (Hrsg.) (1959): Aufgaben und Praxis der Internen Revision, München (mi) 1959.
ISACA (Hrsg.) (2012): COBIT 5. Rahmenwerk für Governance und Management der Unternehmens-IT, Rolling Meadows IL (ISACA) 2012.
ISACA (Hrsg.) (2013): COBIT 5 for Assurance, Rolling Meadows IL (ISACA), 2013.
ISACA (Hrsg.) (2018): COBIT 2019 Framework. Introduction and Methodology, Rolling Meadows IL (ISACA), 2018
ISO (Hrsg.) (2015): Quality Management Principles, Geneva (ISO) 2015.
Kahlen, A.v./Krane, R./Spreckelsen, B.v./Temming, M. (2017): Die Organisation der Internen Revision in international tätigen Unternehmen. Chancen und Herausforderungen verschiedener Organisationsformen, in: ZIR 3/2107, S. 150–158.
Kagermann, H./Küting, K./Weber, C.-P. (2006): Handbuch der Revision. Management mit der SAP-Revisions-Roadmap, Stuttgart (Schäffer-Poeschel) 2006.
Krane, R. (2020): Der Interne Revisor im Spannungsfeld funktions- und länderübergreifender Interaktionen. Ergebnisse einer Interviewstudie, in: ZIR 2/2020, S. 81–89.
Pasternack, N.-A. (2019): Qualitätsorientierte Führung der Internen Revision. Eine theoretische und empirische Untersuchung zu einem Qualitätsmanagement, Hamburg (Kovac) 2010.
Peemöller, V.H./Kregel, J. (2010): Grundlagen der Internen Revision. Standards, Aufbau und Führung, Berlin (ESV) 2010.
Schweizerischer Verband für Interne Revision (SVIR) (Hrsg.) (2013): Leitlinie zum Internen Audit, 3. Aufl., Zürich (SVIR) 2013.
Welge, M.K./Al-Laham, A./Eulerich, M. (2017): Strategisches Management. Grundlagen – Prozess – Implementierung, 7. Aufl., Wiesbaden (Springer Gabler) 2017.

Durchführung von Prüfungs- und Beratungsaufträgen 5

5.1 Der Revisionsprozess

Abb. 5.1 stellt die typische, grundlegende Struktur des Revisionsprozesses dar. Im Vordergrund der Darstellung steht der Kernprozess zur Abwicklung der Aufträge. Management- und Hilfsprozesse, wie zum Beispiel die Periodenplanung und die Tätigkeitsberichterstattung, sind im Kapitel Revisionsmanagement erläutert und bleiben hier außen vor.

In der Praxis und im Rahmen der Durchführung von Sonderaufträgen entstehen in der Prüfungsabwicklung Prozessvarianten. Auf einige wesentliche Beispiele wird hier eingegangen. Auch die separat betrachteten, stark projekt- bzw. auftragsabhängigen Beratungsaufträge lassen sich nur in einen hinsichtlich der Durchführung sehr offenen Ablaufrahmen einpassen.

Der Prüfungsprozess der Internen Revision besteht im Regelfall aus dem Tätigkeitsfeld Disposition, aus der eigentlichen Prüfung[1] inklusive Vorbereitung, aus Feldarbeit, aus der Berichterstattung und aus dem Nachlauf sowie als weiterem, abgrenzbarem Tätigkeitsfeld aus dem administrativen, selektiven oder umfassenden Follow-up. Überlagert werden diese Tätigkeitsfelder von der Steuerung und Überwachung durch die Revisionsleitung und das (Qualitäts-) Managementsystem der Internen Revision.

In dem in Abb. 5.1 skizzierten Prüfungsprozess sind die wesentlichen Schritte, Inputs und Outputs des Prozesses zu erkennen.

Inputs des Durchführungs-Prozesses sind geplante oder anlassbezogene Prüfungs- und Beratungsaufträge sowie die durch Prüfungshandlungen und Abstimmungen gewonnenen Daten und Informationen. Grundlage bilden die Koordination des Prüfungsprozesses und als wichtiger, hier nicht direkt erkennbarer Inputfaktor, die Prüfer mit ihren Kenntnissen und Fertigkeiten.

---

[1] Vgl. dazu das verkürzte Prozessmodell bei Bünis, M./Gossens, T. (2018), S. 89 f.

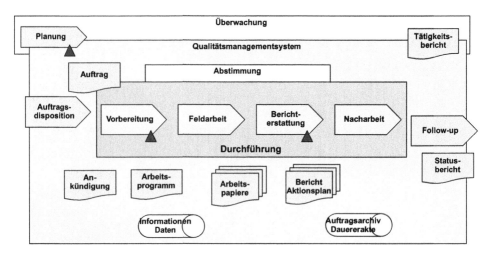

Abb. 5.1 Prüfungsprozess der Internen Revision. (Eigene Darstellung. Vgl. ähnlich Hahn (2011b), S. 466 und Berwanger, J./Kullmann, S. (2012, S. 184 oder eine detailliertere Aufgliederung des Ablaufs bei Kagermann, H. et al. (2006) und Busch, J. (2010), S. 167.)

Als Kontrollpunkte sind folgende Elemente erkenn- und differenzierbar: die Freigabe des (Perioden-) Plans durch Geschäftsleitung und Überwachungsorgan, die Zuordnung der Aufträge, die Freigabe des Arbeitsprogramms (d. h. des Projektplans) durch die Revisionsleitung, die Überwachung der Auftragsdurchführung sowie die Qualitätssicherung bzw. Freigabe des Berichts durch die Revisionsleitung, die Überprüfung der Maßnahmenumsetzung durch die Revisionsfunktion, und schließlich die Tätigkeitsberichterstattung der Revisionsleitung an Geschäftsleitung und Überwachungsorgan (Tab. 5.1).

Greifbare Outputs des Prüfungsprozesses sind Berichte, Aktionspläne, archivierte Arbeitspapiere, konsolidierte Elemente des Tätigkeitsberichts sowie – schlecht messbar – die Lernerfahrungen und Veränderungsimpulse, die der Organisation auf allen Ebenen gegeben werden. Das Einhalten einer einheitlichen Grundstruktur bei der Durchführung des Revisionsprozesses stellt sicher, dass den Prüfungen unabhängig von Ort und Zeitpunkt konsistente Rahmenbedingungen und Kriterien zugrunde liegen. Daraus resultiert ein einheitliches, Vertrauen erweckendes Außenbild und eine verbesserte Qualitätssicherung der Internen Revision.[2]

5.1.1 Der Revisionsprozess in den Berufsgrundlagen

Die Performance- bzw. Ausführungsstandards des IPPF (siehe Abb. 5.2) bieten einen adaptiven Rahmen für das Management der Revisionsfunktion und für die Abwicklung von Bestätigungs-, Beratungs- oder anderen Aufträgen.

---

[2] Vgl. Berwanger, J./Kullmann, S. (2012), S. 184.

5.1 Der Revisionsprozess

Tab. 5.1 Grundlegende Kontrollpunkte im Revisionsprozess[a]

Kontrollpunkt	Verantwortliche Funktionen
(Perioden-) Planfreigabe	Geschäftsleitung, Überwachungsorgan
Auftragszuordnung	Revisionsleitung
Freigabe des Arbeitsprogramms	Revisionsleitung
Überwachung der Auftragsdurchführung	Revisionsleitung, Teamleitung
Qualitätssicherung Bericht	Revisionsleitung, Teamleitung
Freigabe Bericht	Revisionsleitung
Überprüfung Maßnahmenumsetzung	Revisionsleitung, Revisions-Mitarbeiter
Tätigkeitsberichterstattung	Revisionsleitung

[a]Eigene Darstellung

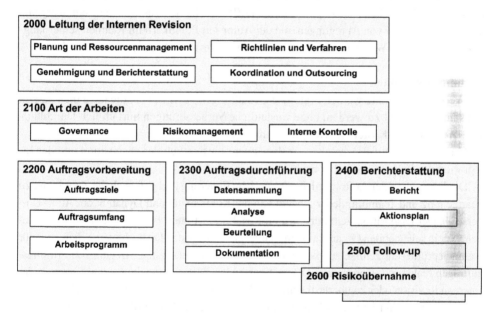

Abb. 5.2 Revisionsmanagement und Auftragsabwicklung – Performance-Standards. (Eigene Darstellung. Siehe auch Hahn (2011a), S. 92)

Der Block IIAS 2000, ergänzt durch IIAS 1300, sowie auch IIAS 2100 beschäftigt sich primär mit der Organisation, der Planung und der Ressourcenausstattung der Internen Revision sowie mit der diesbezüglichen Berichterstattung. Der Block IIAS 2200 (Vorbereitung), 2300 (Durchführung) und 2400 (Berichterstattung) behandelt die Auftragsabwicklung von der Vorbereitung bis zur Archivierung. Der Block IIAS 2500 (Follow-up) und 2600 (Risikoübernahme) beschäftigt sich mit der Nutzung bzw. Umsetzung der Auftragsergebnisse.

Im Folgenden werden die Teile des Revisionsprozesses, ausgehend von der in den Berufsgrundlagen dargestellten Struktur (Auftragsvorbereitung – Auftragsdurchführung – Berichterstattung – Follow-up), erklärt. Zuerst erfolgt die Darstellung im Hinblick auf die Prüfungsaufträge; auf die deutlich weniger geregelte Abwicklung der Beratungsaufträge wird in einem separaten Unterabschnitt eingegangen.

5.1.2 Good Practices und Varianten

Zu den einzelnen Aktivitätsblöcken der Auftragsdurchführung werden Good Practices und Verfahrensvarianten dargestellt, durch die die Breite der Optionen sichtbar und durch Praxisbezüge beurteilbar wird

Good Practices
Unter der Überschrift „Good Practices" werden in den Unterabschnitten (jeweils den Durchführungsschritten entsprechend) Vorgehensweisen zusammengestellt, die zu konsistenten und risikoorientierten Revisionsabläufen ohne überflüssige Verzögerungen und für das Erreichen der Primärziele nicht erforderliche Tätigkeiten führen. Die Vorschläge basieren auf den QSVP-Handreichungen von IIA, DIIR und IIA Switzerland. Sie werden ergänzt durch eine Vielzahl von Anregungen, die der Autor mit Praktikern im Rahmen seiner langjährigen Arbeit als Workshopleiter und Berater von Revisionsleitungen erarbeitet hat.

Verfahrensvarianten
Als Verfahrensvariante werden optionale Gestaltungen beschrieben, die dazu dienen, den Umständen gerecht zu werden, ohne wesentliche Verbesserungen hinsichtlich Durchlaufzeit, Wirkung und Kosten der Revisionsfunktion zu bieten.

Varianten sind auf Prozessebene insbesondere hinsichtlich der Disposition und der Integration des Follow-ups zu beobachten.

Die Disposition der Aufträge, d. h. die zeitliche Fixierung und ggf. auch die Zuordnung zu Teamleitung und Teammitgliedern, hängt von der Komplexität und Dynamik des Audit Universe ab. Der Dispositionszeitraum wird im Regelfall zwischen zwei und sechs Monaten liegen. Nur in sehr stabilen Organisationen ist eine jahresbezogene Disposition möglich, und nur wenn Geprüfte sehr zeitnah zuarbeiten können, wäre ein kurzfristiger Beginn von Prüfungsaufträgen realistisch. Unpassende Dispositionszyklen führen zu teuren Leerlaufzeiten in der Internen Revision oder zu überlastbedingten Verzögerungen in der Auftragsabwicklung.

Insbesondere in regulierten Branchen kann ein regelmäßiges Prüfen des gesamten Audit Universe erforderlich sein. Da die geprüften Einheiten dann oft im Jahresrhythmus oder noch häufiger besucht werden, wird dort das Überprüfen der Maßnahmenumsetzung in die Folgeprüfungen integriert. Zu regelrechten Nachschauprüfungen kommt es dann nur noch in Ausnahmefällen.

5.2 Prüfungsvorbereitung

Die geplanten Prüfungen einer Planperiode werden sukzessive abgearbeitet. Dazu werden die Mitarbeiter der Revision fachlich, räumlich und zeitlich in Prüfungsteams disponiert.[3] In den seltensten Fällen – kleine Revisionen, sehr stabile Organisationen – können und sollen alle Planprüfungen zu Beginn der Planperiode fest terminiert werden.

---
[3] Vgl. dazu Berwanger, J./Kullmann, S. (2012), S. 193–196.

IIAS 2200 – Planung einzelner Aufträge
Die Interne Revision ist verpflichtet, für jeden Auftrag eine Ziele, Umfang und Zeitplan umfassende Planung zu erstellen, die den Zielen des Unternehmens gerecht wird.

Die Aufträge sollen ordentlich geplant und der Plan (das Arbeitsprogramm) von der Revisionsleitung genehmigt werden. Die Planung wird in der Regel von dem für die Auftragsabwicklung verantwortlichen Revisor bzw. Teamleiter verantwortet. Als erster Schritt wird die Verantwortlichkeit für die Auftragsabwicklung zugeordnet.

5.2.1 Disposition der (Prüfungs-) Aufträge

Im Regelfall wird nur ein Teil der Prüfungen fest terminiert sein, zum Beispiel im Zusammenhang mit Projekten oder anderen Terminen in der Organisation oder im Kontext. Für terminierte Prüfungen sowie für den Rest der geplanten, nicht terminierten Prüfungen gibt es zwei grundsätzliche Ansätze zur Auftragsdisposition in der Planperiode:

- Rollierende Planung
- Blockweise Planung

In den meisten Fällen wird die Revisionsleitung für einen vorausliegenden Teil der Planungsperiode den (Auftrags-) Teamleitungen rollierend Prüfungen zuordnen. Die Teamleitungen sollen die Prüfungen dann vorbereiten und im Team mit dem Auftrag zugeordneten Prüfern abwickeln. Je nach Branche und Organisationsstruktur kann der Vorlauf – die Zeit zwischen Anstoßen und Beginn der Prüfungshandlungen – Tage oder wenige Wochen (überschaubare, zentrale Strukturen mit wenig Reisetätigkeit) bis mehrere Monate (globale Strukturen mit starker Reisetätigkeit von Management und Revision) umfassen.
Andere Revisionen planen blockweise, zum Beispiel für halbe Jahre, Quartale oder individuelle Zyklen. Sofern sich feste oder abgestimmte Zyklen realisieren lassen, können die Revisoren zu Beginn und gegen Ende der Taktung leichter in andere Teams wechseln. Dies ist ein Konzept, das mittleren und größeren Revisionen zur Flexibilisierung, Qualifizierung, aber auch zur Motivation der Mitarbeiter dient.
Zu den geplanten Prüfungen kommen in der Regel kurzfristig bzw. ad hoc beauftragte Sonderprüfungen hinzu. Gut organisierte Revisionen können Art und Umfang der typischerweise anfallenden Sonderprüfungen abschätzen und sehen diese – zum Beispiel als Leeraufträge – bereits in der Kapazitätsplanung für die Planungsperiode vor.

5.2.2 Prüfungsauftrag und Prüfungsankündigung

In den meisten Internen Revisionen gibt es eine mehr oder weniger förmliche Beauftragung, damit die Verantwortlichkeit für die Auftragsdurchführung klar – in der Regel einer

(Auftrags-) Teamleitung – zugeordnet ist. Damit soll auch erreicht werden, dass gegenüber den Geprüften die Legitimation für Prüfungsvorbereitung, -durchführung und für die Berichterstattung nachgewiesen werden kann. In manchen Revisionen wird die Beauftragung intern informell gehandhabt, in der Regel dient dann die von der Revisionsleitung gezeichnete Prüfungsankündigung als Auftragsvergabe und Legitimation.

Da Prüfungsauftrag und Prüfungsankündigung stark überlappende Informationen (siehe Tab. 5.2) enthalten können, verzichten viele Revisionen auf eines der beiden Instrumente.

5.2.3 Voruntersuchung

Vor dem eigentlichen Beginn einer einzelnen Prüfung steht eine Planungsphase, bei der – im Regelfall ausgehend vom Periodenplan – Ziele, Umfang und Vorgehensweise eines Prüfungsauftrags konkretisiert werden. Zweck dieser Vorbereitung ist es, Prüfungsziele und -umfang auf die aktuelle Situation abzustimmen[4] und ein Arbeitsprogramm zu erstellen, auf dessen Basis die Revisionsleitung die eigentliche Prüfungsdurchführung freigeben kann. Bei Sonderprüfungen kann dieser Ablauf verkürzt sein, übersprungen werden sollte er aber auf keinen Fall.

IIAS 2201 – Planungsüberlegungen
Bei der Planung eines Auftrags müssen Interne Revisoren folgende Faktoren berücksichtigen:

- Die Strategien und Ziele des zu prüfenden Tätigkeitsbereichs sowie die Mittel, mit denen dieser seine Leistung überprüft.
- Wesentliche Risiken für die Ziele, Ressourcen und Geschäftsprozesse des Tätigkeitsbereichs und die Mittel, mit denen mögliche Folgen der Risiken in einem vertretbaren Rahmen gehalten werden.

Tab. 5.2 Inhalte von Prüfungsauftrag und Prüfungsankündigung[a]

Auftrags-Ankündigungselement	Auftrag	Ankündigung
Auftrags- bzw. Prüfungs-ID	Ja	Ja
Plan- oder Sonderauftrag	Ja	Ja
Thema	Ja	Ja
Prüffelder	Teilweise	Häufig
Ziel und Umfang	Ja	Ja, oft genauer
Prüfungshandlungen	Selten	Teilweise
Zeitraum	Teilweise	Häufig
Meilensteine	Selten	Teilweise
Teamleitung	Ja	Ja
Teammitglieder	Teilweise	Ja

[a]Eigene Darstellung

---

[4]Vgl. hierzu Bünis, M./Gossens, T. (2018), S. 92.

5.2 Prüfungsvorbereitung

- Die Angemessenheit und Wirksamkeit der Steuerung des betreffenden Tätigkeitsbereiches, des Risikomanagements und der Kontrollprozesse des betreffenden Tätigkeitsbereichs im Verhältnis zu einem relevanten Rahmenwerk oder Modell.
- Die Möglichkeiten, wesentliche Verbesserungen an der Steuerung, dem Risikomanagement und den Kontrollprozessen des betreffenden Tätigkeitsbereichs vorzunehmen.

Je nach individuellem Ablaufmodell der Revisionsabteilung kommt es in der Vorbereitungsphase zu Kontakten und Abstimmungen mit Stakeholdern, Berichtsempfängern und Geprüften[5] und zur ersten – wenn auch im Regelfall eingeschränkten – Informationserhebung. Weiter werden nun zur formellen Verkündung des Prüfungsbeginns die Prüfungsaufträge oder Prüfungsankündigungen an die Geprüften versandt.[6]

5.2.4 Aktivitäten – Prüfungsvorbereitung und Vorerhebung

Wie oben beschrieben wird ausgehend von der Jahresplanung oder dem Anlass einer Sonderprüfung die Verantwortung für die Durchführung einer Prüfung einer Teamleitung oder einem einzelnen Prüfer zugewiesen, der Revisionsauftrag wird also disponiert. Der Auftragsverantwortliche bereitet die Prüfung vor (vgl. Abb. 5.3).[7] Bei umfangreichen Prüfungen oder in größeren Unternehmensstrukturen können weitere Personen, z. B. Fachverantwortliche, Koordinationsfunktionen oder spätere Teammitglieder einbezogen werden.

Viele Revisionsabteilungen unterstützen die Auftragsvorbereitung bzw. die Erstellung des ersten Arbeitsprogramms mit einer Arbeitsanleitung, einer Checkliste, Musterdokumenten (z. B. zur Abfrage von Vorabinformationen) oder einem Auftragsvorbereitungs-/Setup-Modul im Revisionsmanagementsystem.[8]

Als Instrumente zur Vorbereitung von Prüfungsaufträgen[9] Folgende kommen in Frage:

- Aktenstudium, Vorberichte und Arbeitspapiere
- Datenauswertungen (Berichtswesen, Controlling)
- Benchmarking (intern oder extern)
- Vorbesprechungen in der Internen Revision
- Vorbesprechungen im zu prüfenden Bereich
- Fragebogenerhebungen im zu prüfenden Bereich

---

[5] Etwa 2/3 der Revisionsabteilungen binden die Geprüften bereits in die Vorbereitung der Prüfungen ein; vgl. dazu DIIR (2017a), S. 31.
[6] Vgl. dazu mit ergänzenden Details und Diskussion der Vor- und Nachteile einer rechtzeitigen Ankündigung von Prüfungen Berwanger, J./Kullmann, S. (2012), S. 196 f.
[7] Zu den Aufgaben der Teamleitung siehe Bünis, M./Gossens, T. (2018), S. 94.
[8] Siehe. z. B. DIIR (Hrsg.) (2018).
[9] Vgl. DIIR (2017a), S. 32 sowie DIIR (2020), S. 37.

Aufgaben der Prüfungsvorbereitung	PR	TL	RM	AS/QM	RL
Planungsmemorandum erstellen		X			
Vorabstimmung mit Nutzern, Prüfern und Geprüften	(X)	X	X		X
Informationen einholen	(X)	X		(X)	
Prüfungsobjekt verstehen		X			
Prüfungsziele konkretisieren		X	(X)		
Prüfungsumfang festlegen		X	(X)		
Arbeitsprogramm erstellen	(X)	X			
Prüfungshandlungen, Ressourcen und Zeit planen		X			
Arbeitsprogramm genehmigen					X

Abb. 5.3 Aufgaben der Prüfungsvorbereitung. (Eigene Darstellung. Legende: PR – Prüfer; TL – (Auftrags-) Teamleitung; RM – Revisionsmanagement (falls Management-Ebene vorhanden, sonst: Aufgabe RL); AS – Assistenz; RL – Revisionsleitung (CAE))

- Einsatz von Prüfsoftware
- Hinzuziehen revisionsfremder Experten

5.2.4.1 Prüfungsziele konkretisieren

IIAS 2210 – Auftragsziele
Für jeden Auftrag müssen Ziele festgelegt werden.

Zuerst werden die Prüfungsziele konkretisiert. Zwischen dem Abschluss einer Periodenplanung und dem Beginn einer Prüfung können viele Monate verstrichen sein, und der Planeintrag für den zu beginnenden Auftrag wurde eventuell von einer anderen Person erstellt. Daher erfordert die Planung eines Prüfungsauftrags die Abstimmung der konkreten Ziele mit den Stakeholdern und unter Berücksichtigung des aktuellen internen und externen Kontexts. Dies kann durch Kontakte mit der Leitungsebene im Unternehmen und der Revision, durch Einholen aktueller Umfeld- und Unternehmensdaten sowie durch eine gezielte Risikobeurteilung geschehen.

IIAS 2210.A1 – Risikobeurteilung vor der Prüfungsdurchführung
Vor der Auftragsdurchführung müssen Interne Revisoren eine Einschätzung der Risiken des zu prüfenden Tätigkeitsbereiches vornehmen. Die Auftragsziele müssen diese Einschätzung widerspiegeln.

Vor dem Auftragsbeginn werden die mit dem Prüffeld bzw. Prüfthema einhergehenden, wesentlichen Risiken zusammengestellt und beurteilt. Auf der Grundlage der erkannten

Risiken sollen die Prüfungsziele, der Prüfungsumfang und die geplanten Prüfungshandlungen festgelegt werden. Diese Beurteilung konkretisiert und aktualisiert die bei geplanten Prüfungen im Rahmen der Periodenplanung bereits grundlegend erstellte Risikobeurteilung.[10]

Als Risikofaktoren für die Prüfungsplanung werden zum Beispiel genutzt:[11]

- Auswirkung
- Wahrscheinlichkeit
- Wesentlichkeit
- Liquidierbarkeit von Vermögenswerten
- Qualifikation der Führungskräfte
- Qualität und Einhaltung des internen Kontrollsystems
- Ausmaß von Wechsel oder Beständigkeit
- Zeitpunkt und Ergebnisse der letzten Prüfung
- Komplexität
- Beziehungen zu Arbeitnehmern und staatlichen Stellen

Möglich ist auch die Betrachtung interner sowie externer Risikofelder und Risikofaktoren,[12] oder der Einsatz einer Risiko- und Kontrollmatrix (siehe Kap. 4).

5.2.4.2 Risikoportfolio untersuchen

Die Risikofelder eines Auftrags bzw. des damit einhergehenden Prüffeldes können in einem Risikoportfolio (auch Risikolandkarte, Risikomatrix) dargestellt werden (siehe Abb. 5.4).

Im Risikoportfolio (Abb. 5.4) werden die Risiken in zwei Dimensionen mit ihren Auswirkungen und ihrer Häufigkeit dargestellt. Die Darstellung kann für einzelne Risikoereignisse (SLE – Single Loss Expectancy), für eine Betrachtungsperiode oder für beides erstellt werden. Für die Periodenbetrachtung wählt man meist ein Geschäftsjahr (dann ALE – Annualized Loss Expectancy, periodenbezogene Verlusterwartung), um eine kaufmännische Kosten-/Nutzenabwägung von Risikomaßnahmen zu ermöglichen.

Wahrnehmungspsychologisch begründet werden die Risiken mit zunehmender Bedeutung weiter rechts bzw. oben dargestellt. Die Zuordnung der Achsen zu den Kategorien „Auswirkungen" und „Häufigkeit" hängt vom Ziel der Portfoliodarstellung ab. In der Praxis finden sich beide Varianten. Die unbedeutenden Risiken sammeln sich damit links unten und die bedeutenden Risiken gut sichtbar rechts oben. Abhängig von der darzustellenden Risikostreuung werden lineare oder nicht-lineare (z. B. logarithmische) Skalierun-

---

[10] Dabei soll die Interne Revision eine kritische Grundhaltung einnehmen; dazu vgl. Bantleon (2018), S. 282.
[11] Vgl. zu diesem, in einer Vielzahl von Revisionen leicht abgewandelt eingesetzten Modell IIAPA 2010-1:2009 (Verknüpfung der Prüfungsplanung mit Risiken und Gefahren), Ziff. 5.
[12] Vgl. den Risikofaktor-Ansatz in IIA IG 2010:2016.

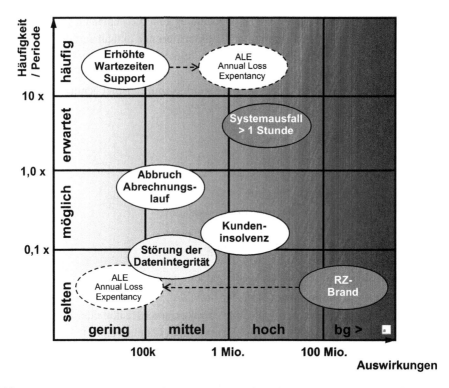

Abb. 5.4 Risikoportfolio. (Eigene Darstellung. Legende: x-Achse: erwartete Schadenshöhe z. B. in EUR, bg = bestandsgefährdend; y-Achse: erwartete Häufigkeit je Periode)

gen verwendet. In der Dimension „Auswirkungen" kann der Bereich der bestandsgefährdenden Risiken (hier mit „bg" gekennzeichnet) explizit dargestellt werden.

Die Achse „Häufigkeit" wird oft auch als „Eintrittswahrscheinlichkeit" o. ä. dargestellt. Risiken, die regelmäßig auftreten (z. B. Forderungsausfälle im Endkundengeschäft), haben bei einer periodenbezogenen Darstellung eine Eintrittswahrscheinlichkeit nahe 1. Diese erwartet eintretenden Risiken würden sich dann am Endpunkt der Wahrscheinlichkeits-Achse sammeln. Dies ist für die meisten Betrachtungen jedoch nicht aussagekräftig genug, so dass die Achsendimension „Häufigkeit je Periode" in den meisten Fällen sinnvoller sein wird.

Das Risikoportfolio zeigt die Priorisierung der Risikofelder klar auf. Risikofelder mit hohen Auswirkungen bis hin zur Bestandsgefährdung und mit hoher Häufigkeit (Wahrscheinlichkeit) werden gründlich geprüft. Mittlere Risikofelder werden mit wirtschaftlich angemessenem, beschränktem Aufwand geprüft. Bei nachrangigen Risikofeldern wird gezielt entschieden, ob sie nicht, gesamthaft oder nur eingeschränkt und selektiv geprüft werden, um so die Revisionsressourcen risikoorientiert und wirtschaftlich einzusetzen. Nachrangige Risikofelder wird man insbesondere dann bearbeiten, wenn sichergestellt werden soll, dass das verantwortliche Management auch in Randbereichen die nötige

5.2 Prüfungsvorbereitung

Sorgfalt walten lässt. Dies kann z. B. aufgrund strenger Compliance-Anforderungen erforderlich sein.

5.2.4.3 Risiko doloser Handlungen berücksichtigen

Insbesondere Fraud- und IT-Risiken sollen gezielt in die Planung eines Prüfungsauftrags einbezogen werden.[13]

> **IIAS 2210.A2 – Risiko von Fehlern, dolosen Handlungen, Regelverstößen**
> Interne Revisoren müssen bei der Festlegung der Prüfungsziele die Wahrscheinlichkeit, dass wesentliche Fehler, dolose Handlungen, Regelverstöße sowie sonstige Risikopotenziale vorliegen und Vorschriften nicht eingehalten werden, berücksichtigen.

Von einer Internen Revision wird erwartet, dass sie auf ungewöhnliche Vorgänge im geprüften Bereich aufmerksam wird und dann angemessene Maßnahmen – vertiefte Prüfung, Eskalation und Einbeziehen anderer Funktionen – ergreift. Im Rahmen der Planung muss die Risikoneigung beurteilt werden und das Arbeitsprogramm bestimmt werden. Der im IPPF hier und an anderer Stelle auch gemachte Bezug auf Fehler, dolose Handlungen und Regelverstöße beruht auf der Kategorisierung in den internationalen und nationalen Berufsgrundlagen der Abschlussprüfer.

Das Risiko doloser Handlungen wird wesentlich durch die drei Einflussfaktoren „Motivation", „Gelegenheit" und „Rechtfertigung" bestimmt (siehe Abb. 5.5). Die drei im „Fraud Triangle" dargestellten Einflussfaktoren sind sowohl Risikoindikatoren als auch die Stellschrauben für die Beschränkung des Risikos.

Typische Indikatoren für dolose Handlungen sind:

- Komplexe Transaktionen
- Großzügige Bonusvereinbarungen
- Dominierende Führungskräfte
- Hohe Rücklaufquoten nach Periodenabschluss
- Fehlende Dokumente
- Unüblich hohe Zahlungen an Lieferanten
- Mitarbeiter, die kritische Funktionen ununterbrochen innehaben
- Materielle Kontrollschwächen

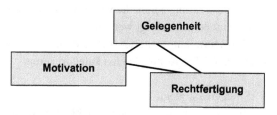

Abb. 5.5 Fraud Triangle. (Eigene Darstellung. Vgl. Anderson, U.L. et al. (2017), S. 8-10 f.)

---

[13] Vgl. IIA IG 2110:2016 und detaillierter IIA (2017).

- Unklare Funktionstrennung und Verantwortungszuweisung
- Schneller Wechsel von Führungskräften im Rechnungswesen
- Starke Ausrichtung der Führungskräfte auf Ertragssteigerung
- Aufwändiger Lebenswandel von Mitarbeitern oder Führungskräften

Von Revisoren wird nicht erwartet, dass sie Experten für dolose Handlungen sind. Aber es wird von ihnen verlangt, dass sie Warnzeichen erkennen können und, falls erforderlich, rechtzeitig Experten hinzuziehen oder die verantwortlichen Stellen informieren.

5.2.4.4 Beurteilungskriterien festlegen

Für die Beurteilung der im Verlauf einer Prüfung gesammelten Informationen braucht es geeignete Kriterien. Da sich die Prüfungsziele an den Zielen der Organisation orientieren sollen, muss die Interne Revision die wesentlichen Ziele bei der Vorbereitung des Auftrags erkennen und der Planung der Prüfungshandlungen zugrunde legen. Man kann sich die Ziele als Pyramide von Regeln und Vorgaben vorstellen, die teils intern (Unternehmensleitung, Führungskräfte) und teils extern (Gesetze, Verordnungen, Vereinbarungen, Praktiken, praktische Erfordernisse) gegeben sind.

Mit zunehmender Nähe zur operativen Basis werden die anzuwendenden Regeln und Vorgaben immer konkreter und messbarer. Die Prüfungen der Internen Revision werden zuerst bei den von der Leitung vorgegebenen Kriterien ansetzen und externe Vorgaben, z. B. Gesetze, Verordnungen und Vereinbarungen, mit in Betracht ziehen. Die Konkretisierungen im Betrieb müssen sich daran immer messen. Fehlen konkrete Kriterien, muss die Interne Revision diese mit den verantwortlichen Führungskräften abstimmen oder – und nur wenn die Abstimmung mit den Verantwortlichen unmöglich ist – selbst festlegen.

IIAS 2210.A3 – Ermitteln der Beurteilungskriterien
Zur Bewertung von Steuerung, Risikomanagement und Kontrollen sind angemessene Kriterien erforderlich. Interne Revisoren müssen ermitteln, inwieweit das Management und/oder Geschäftsleitung bzw. Überwachungsorgan angemessene Kriterien zur Beurteilung der Zielerreichung festgelegt hat. Soweit die Kriterien angemessen sind, müssen sie von Internen Revisoren bei der Beurteilung verwendet werden. Soweit die Kriterien nicht angemessen sind, müssen Interne Revisoren durch Diskussion mit Management und/oder Geschäftsleitung bzw. Überwachungsorgan angemessene Beurteilungskriterien identifizieren.

Vor der Prüfung sollen die wesentlichen Kriterien erkannt, abgestimmt und im Arbeitsprogramm berücksichtigt werden.

Die Beurteilungskriterien für Risikofelder bzw. Prüfungsergebnisse lassen sich z. B. nach den COSO-Kontrollzielen kategorisieren:

- Strategie (strategic)
- Zielerreichung und Wirtschaftlichkeit (operations)

- Interne und externe Transparenz (reporting)
- Einhalten externer und interner Vorgaben (compliance)
- Vermögenssicherung (safeguarding of assets)

5.2.4.5 Prüfungsumfang festlegen

Anhand der Prüfungsziele wird nun der Prüfungsumfang festgelegt: Welche Unternehmensbereiche, -prozesse und -funktionen, welche Transaktionen, welche Zeiträume sollen Gegenstand der Beurteilung werden? Eine Beurteilung der Risiken und Kontrollen im erweiterten Prüffeld macht inhärente Risiken und Kontrollrisiken sichtbar und ermöglicht das Priorisieren der Prüffelder sowie der Prüfungshandlungen.

IIAS 2220 – Auftragsumfang
Der festgelegte Umfang muss ausreichend sein, um das Erreichen der Auftragsziele zu ermöglichen.

Bei der Festlegung des Prüfungsumfangs muss eine Abwägung zwischen Wünschenswertem und Machbarem stattfinden. Schließlich wird von der Internen Revision sowohl Sorgfalt als auch Wirtschaftlichkeit erwartet.

IIAS 2220.A1 – Prüfungsumfang festlegen
Bei der Festlegung des Prüfungsumfangs müssen relevante Systeme, Aufzeichnungen, Personalausstattung und Vermögensgegenstände einbezogen werden, einschließlich jener, die sich in der Kontrolle Dritter befinden.

Die Prüfungsobjekte im Prüfungsumfang sind anschließend mit Prüfungshandlungen abzudecken: Können die dafür vorgesehenen Ressourcen ausreichen, welche Bereiche lassen sich ggf. vernachlässigen oder könnten durch geschickte Auswahl von Prüfungshandlungen mit weniger Aufwand bearbeitet werden? Welcher Umfang ist erforderlich, um die als wesentlich erkannten Risiken sachgerecht abzudecken?

2220.A2 – Beratungsnotwendigkeit
Sollte im Verlauf eines Prüfungsauftrags ein wesentlicher Beratungsbedarf auftreten, sollte eine gezielte schriftliche Vereinbarung getroffen werden, die Ziele, Umfang, Verantwortlichkeiten und weitere Erwartungen umfasst; die daraus resultierenden Ergebnisse werden unter Zugrundelegung der Beratungsstandards kommuniziert.

Beratung gehört nicht in den originären Arbeitsumfang einer Prüfung. Genau genommen ist eine klare Trennung von Prüfung und Beratung erforderlich, um unbefangen Prüfungsurteile fällen zu können. Teils propagierte „Blended Audits"[14] würden diese klare Trennung zwischen Prüfung und Beratung aufheben. Im Rahmen einer Prüfung kann der Wunsch oder der Bedarf nach Beratung durch die Interne Revision konkret werden. Falls

---
[14] Vgl. ebenfalls kritisch Anderson, U.L. et al (2017), S. 15-9.

die Interne Revision diese beratende Unterstützung als sinnvoll und angemessen erachtet, sollen die Ziele und der Umfang der Beratungstätigkeit explizit vereinbart werden, und zwar so, dass Unabhängigkeit und Objektivität der Internen Revision gewahrt bleiben.

Ressourcenabstimmung

IIAS 2230 – Ressourcenzuteilung
Interne Revisoren müssen eine angemessene und zum Erreichen der Auftragsziele ausreichende Ressourcenausstattung festlegen. Dabei sind Art und Komplexität des Auftrags, Zeitvorgaben und die zur Verfügung stehenden Ressourcen zu berücksichtigen.

Im nächsten Schritt sollen die vorgesehen Ressourcen auf Prüfungsziele, -umfang, Prüfungshandlungen und Verfügbarkeit abgestimmt werden. Ausgehend von der Risikobeurteilung können ggf. über das ursprünglich im Rahmen der Periodenplanung vorgesehene Maß hinaus Ressourcen hinzugefügt oder freigesetzt und anderweitig verwendet werden. Tab. 5.3 zeigt, welche Sourcing-Optionen sich der Internen Revision anbieten.

Falls der Revisionsfunktion die erforderlichen Ressourcen fehlen, sehen die Berufsgrundlagen vor, diese intern oder extern hinzuzuziehen (Co-Sourcing). Je nach Art des Prüfungsauftrags können Aufträge komplett ausgelagert werden, Teile des Auftrags extern vergeben werden oder es wird gemeinsam mit den hinzugezogenen Prüfern oder unabhängigen, externen Experten geprüft (dies wäre eine Form des Joint Audit).

Neben der Art des Auftrags hängt das Hinzuziehen revisionsexterner Unterstützung vom allgemeinen Vorgehen der Revisionsfunktion hinsichtlich der Nutzung zusätzlicher Ressourcen ab; das Kapitel Revisionsmanagement geht näher drauf ein.

Tab. 5.3 Eigene und hinzugezogene Auftragsressourcen[a]

Ablaufphase	Eignung für Auslagerung	Vor- und Nachteile
(Perioden-) Planung	–	+ intern: Kontrolle über Steuerung und Vernetzung der Revisionsfunktion – Auslagerung: Verantwortlichkeit für Ausrichtung außerhalb der Organisation
Auftragsvorbereitung	O … +	+ intern: Kenntnis der Organisation, Vernetzung + Auslagerung: Objektivität, Spezialkompetenzen, Logistik
Auftragsdurchführung	? … ++	+ Auslagerung: Kapazität, Flexibilität, Spezialkompetenzen, Logistik
Auftragsberichterstattung	O	+ Auslagerung: Unabhängigkeit, Objektivität, teilweise höhere Glaubwürdigkeit – Auslagerung: Wenig bis keine Verantwortlichkeit für Konsequenzen
Maßnahmenverfolgung	–	+ intern: Verantwortlichkeit für Überwachung, Steuerung und Eskalation in der Organisation + Auslagerung: ggf. Logistik

[a]Eigene Zusammenstellung. Siehe dazu auch Hahn, U., in: Freidank/Peemöller (2007), S. 94

5.2.4.6 Ankündigung der Prüfung

Falls dies nicht im Rahmen einer Prozessvariante schon vorher geschehen ist, wird die Prüfung im Rahmen der Vorbereitungsphase formell angekündigt.[15] Bei einigen Prüfungen – z. B. Kassenprüfungen, Fraud-Untersuchungen – ist eine Ankündigung nicht sachgerecht. Auch und besonders dann ist ein formaler Prüfungsauftrag erforderlich, der, sofern als Dokument nicht explizit vorgesehen, auch kurzfristig im Ankündigungsformat ausgefertigt werden kann.

Hat die Abstimmung mit den Stakeholdern und geprüften Bereichen wie erforderlich stattgefunden und ist das Arbeitsprogramm hinreichend genau definiert, kann die Ankündigung Meilensteine, wie z. B. Beginn und Ende der Prüfungshandlungen und Termine für das Durchsprechen des Berichtsentwurfs oder die Verteilung des Berichts enthalten.

5.2.4.7 Erstellen des Arbeitsprogramms

Das Arbeitsprogramm entspricht dem Projektplan für einen Prüfungs- oder Beratungsauftrag.

Wie auch bei einem Projekt soll das Arbeitsprogramm dem Auftraggeber – der Revisionsleitung – Klarheit hinsichtlich der inhaltlichen, zeitlichen und wirtschaftlichen Planung verschaffen. Das bedeutet, dass das Arbeitsprogramm vor Beginn der eigentlichen Auftragsarbeiten hinreichend genau erstellt[16] und dann vom revisionsinternen Auftraggeber genehmigt werden muss. Die Dauer von Prüfungen wird in den meisten der Revisionsabteilungen (71 %)[17] regelmäßig vorgegeben.

IIAS 2240 – Arbeitsprogramm
Interne Revisoren müssen Arbeitsprogramme entwickeln und dokumentieren, die dem Erreichen der Auftragsziele dienen.

Risikoorientierte Arbeitsprogramme
Das Arbeitsprogramm wird ausgehend von Prüfungszielen und -umfang sowie den wesentlichen Risiken und Kontrollen im Prüffeld erstellt. Es enthält die vorgesehenen Prüfungshandlungen, Methoden, Umfänge und Ressourcenbemessungen (Zeit, Termine, Verantwortliche).

IIAS 2240.A1 – Inhalt und Genehmigung des Arbeitsprogramms für Prüfungen
Die Arbeitsprogramme müssen die Verfahrensschritte zur Identifikation, Analyse, Bewertung und Aufzeichnung von Informationen während der Prüfung enthalten. Das Arbeitsprogramm muss vor Beginn seiner Umsetzung genehmigt werden; alle späteren Anpassungen sind umgehend zur Genehmigung vorzulegen.

---

[15] Vgl. weiter auch Amling, T./Bantleon, U. (2009), S. 276 ff. sowie Ruud, F./Friebe, P. (2013), S. 82.
[16] Vgl. u. a. Ruud, F./Friebe, P. (2013), S. 81–87.
[17] Vgl. DIIR (2017a), S. 29.

Im Arbeitsprogramm ist die Prüfstrategie festgelegt, also die Zusammenstellung und Abfolge der Prüfungshandlungen. Grundlegende Prüfstrategien sind:

- Vollständige vs. teilweise Prüfung
- Materielle Prüfungshandlungen vs. Datenanalysen
- Prüfung von Kontrollen und Prozessen vs. Geschäftsvorfälle

Die Identifikation der aktuellen Risiken soll vor Prüfungsbeginn durch die Prüfer mit Bezug auf Hintergrundinformationen und Geprüfte stattfinden. Auch sog. agile Konzepte erfordern, dass vor dem Beginn von Ressourcen verlangenden Arbeiten eine Zielrichtung und dazu passende Ressourcen verstanden und kommuniziert sind. Die Bewertung der Risiken legt Auswirkungen und Häufigkeit (Wahrscheinlichkeit) der Risikoereignisse zugrunde, daraus resultiert die Priorisierung der Prüffelder im Arbeitsprogramm.

Beim Entwickeln des Arbeitsprogramms sollen die als wesentlich beurteilten Risiken in den Vordergrund gestellt werden, sowie ggf. mit Stakeholdern vereinbarte, sinnvolle Zusatzthemen (Tab. 5.4).

Bei der Detailplanung des Prüfungsauftrags werden Prüfungsziel, Prüfungsumfang und Prüfer in den meisten Fällen festgelegt, weniger häufig die Prüfungsdauer. Mit der Erstellung des in den Berufsgrundlagen ebenfalls als erforderlich erkannten, förmlichen Arbeitsprogrammes tun sich einige Revisionsabteilungen offensichtlich schwer.

Arbeitsprogramm im Checklisten-Format

Regelmäßig wiederkehrende Prüfungen lassen sich meist einfacher planen als einmalige oder neuartige Prüfungen. Für wiederkehrende Prüfungen gibt es daher in vielen Internen Revisionen vorgefertigte, detaillierte Arbeitsprogramme (Prüfchecklisten).[18]

Vorgefertigte Arbeitsprogramme und Checklisten unterstützen eine genaue Aufwandsplanung. Sie sollen auch weniger erfahrene Prüfer dazu befähigen, umfassende Prüfungen vorzunehmen. Allerdings wird das checklistenbasierte Vorgehen häufig kritisiert, weil Be-

Tab. 5.4 Bestandteile der Detailplanung einer Prüfung (%)[a]

	Ja	Nein	Fallweise
Prüfungsziel	87,1	3,0	9,9
Prüfungsumfang	86,5	2,3	11,2
Prüfungsdauer	78,9	6,1	15,0
Prüferzuteilung	84,5	84,5	84,5
Schriftliches Arbeitsprogramm	8,3	8,3	8,3

[a]DIIR (2017a), S. 30

---

[18] Als Grundlage dienen in vielen Fällen allgemeine Prüfprogramme z. B. aus den umfassenden Veröffentlichungen der Arbeitskreise von DIIR und IIA Austria sowie im IT-Bereich z. B. im Rahmen der COBIT-Veröffentlichungen von ISACA, aber auch weiter beispielhaft von Organisationen wie dem BSI, anderen Fachverbänden, Arbeitskreisen und Normungsorganisationen.

sonderheiten im Prüffeld vor Ort dadurch zu wenig Beachtung finden könnten und befürchtet wird, dass Prüfer bei der Bearbeitung der Checkliste bequem und unreflektiert nur ein Minimalprogramm ableisten.[19]

Flexible Arbeitsprogramme
Oft ist ein Prüffeld einmalig oder noch nicht gut erschlossen. In diesem Fall wird das Arbeitsprogramm üblicherweise unschärfer und flexibler sein. Trotzdem ist es für eine zuverlässige Planung und Abwicklung des – risikoorientierten – Gesamtprogramms der Internen Revision erforderlich, den vorgesehenen Aufwand hinreichend genau zu budgetieren und einzuhalten.[20]

Das Arbeitsprogramm in Abb. 5.6 bildet Prüfgebiete, Prüffelder und Prüfungshandlungen ab, und ist zusätzlich zur Dokumentation von Prüfungsergebnissen und Referenzen geeignet. Manche Formate sehen – ausgehend von Prozessen oder Funktionen – das Auflisten betrieblicher Ziele, der dazugehörigen Risiken, der entsprechenden Kontrollen, der Kontrolltests und der Testergebnisse vor; dies kann eine gründliche Vorbereitungsphase erfordern.

Abb. 5.6 zeigt die Musterstruktur eines Arbeitsprogramms, die so oder sehr ähnlich häufig in der Praxis, z. B. im Word-, Excel- oder Datenbankformat zu finden ist. Auf dieses Dokument können Dateien und Intranet-Adressen verlinkt werden, so dass sich eine Prüfung einfach auf Basis eines Wurzel-Dokumentes aufzeichnen lässt.

Die Revisionsleitung genehmigt das Arbeitsprogramm vor Beginn der Prüfung. Bei großen und/oder räumlich weit verteilten Revisionsabteilungen kann das Arbeitsprogramm auch durch eine beauftragte regionale oder fachliche Führungskraft genehmigt werden. Das Prüfungsteam darf erst nach der Genehmigung (Freigabe) des Arbeitsprogramms mit den Prüfungshandlungen beginnen, damit die knappen Ressourcen der Revisionsabteilung gezielt disponiert sind. Wenn im Verlauf der Prüfung wesentliche Änderungen der Vorgehensweise erforderlich werden, muss die Genehmigung erneuert werden.

Das Arbeitsprogramm als Basis für die Prüfungsdokumentation
Das Arbeitsprogramm dient einigen Internen Revisionen direkt als Basis für die Prüfungsdokumentation. Es kann um Prüfungsergebnisse und Beurteilungen ergänzt werden und erhobene Daten können daraus referenziert werden. Dies ist sowohl bei dokumentenbasierten als auch bei datenbankgestützten Arbeitsprogrammen möglich, lediglich die technische Implementierung unterscheidet sich.

In der Praxis führt das Verlinken (Referenzieren) auf Dokumente (Arbeitspapiere) zu Störungen, wenn die Referenzen durch Umbenennen oder Verschieben von Verzeichnissen und Dateien nach einiger Zeit nicht mehr aktuell sind. Auch wenn Dokumente durch mehrere Personen oder an mehreren Speicherorten bearbeitet werden, können Inkonsis-

---
[19] Vgl. dazu Berwanger, J./Kullmann, S. 2012, S. 208.
[20] Siehe dazu und auch weiter zum Konkretisierungsgrad von Arbeitsprogrammen Amling, T./Bantleon, U. (2009), S. 273–276.

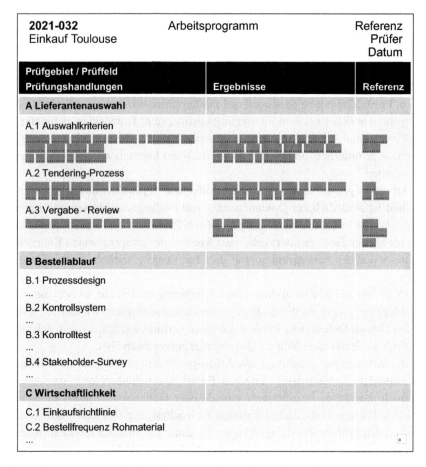

Abb. 5.6 Arbeitsprogramm für einen Prüfungsauftrag. (Eigene Darstellung)

tenzen oder Datenverluste auftreten. Alternativ zu den häufiger anzutreffenden (Word-) textverarbeitungs-basierten Lösungen lassen sich analog strukturierte Lösungen auch in (Excel-) Tabellen abbilden. Die tabellenkalkulations-basierte Lösung wird allerdings oft als unhandlicher empfunden und ist daher weniger häufig anzutreffen.

Moderne, datenbankgestützte Revisionsmanagementsysteme sind stabiler, wenn die notwendigen Funktionalitäten vorhanden und korrekt implementiert sind.

Auswahlkriterien für geeignete Prüfungshandlungen
Mögliche Prüfungshandlungen lassen sich nach den Kategorien Qualität, Wirtschaftlichkeit und Nebenwirkungen (siehe Abb. 5.7) beurteilen und auswählen:

- Qualität der Ergebnisse
  – Vollständigkeit
  – Richtigkeit
  – Aktualität

Abb. 5.7 Auswahlkriterien für Prüfungshandlungen. (Eigene Darstellung)

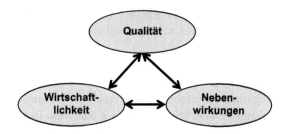

- Wirtschaftlichkeit der Prüfungshandlungen
  - Zeitbedarf und Kosten
  - Im geprüften Bereich
  - In der Internen Revision
- Nebenwirkungen
  - Im geprüften Bereich
  - In der Internen Revision
  - Bei Dritten

Vollständigkeit kann nur bei beschränktem Prüfungsumfang oder durch analytische Prüfungshandlungen erreicht werden. Dies ist ein Grund für die wiederholte Mahnung des IIA, den Einsatz IT-gestützter Prüfverfahren in Betracht zu ziehen – so lassen sich in vielen Fällen auch große Grundgesamtheiten vollständig prüfen. Hohe Erwartungen an die „Richtigkeit" der Prüfungsergebnisse erfordern oft aufwändigere Prüfungshandlungen. In manchen Fällen wird die „richtige" Messung nicht möglich sein, z. B. wenn der Prüfungsgegenstand dafür zerstört werden müsste, oder wenn die Messung das Messergebnis maßgeblich beeinflusst. Auch die Aktualität der Prüfnachweise kann die Interne Revision vor Herausforderungen stellen, z. B. wenn zum Referenzzeitpunkt nicht gemessen werden kann oder wenn räumlich und/oder zeitlich verteilte Transaktionen aggregiert werden müssen.

Die Wirtschaftlichkeit der Prüfungshandlungen lässt sich am Zeitbedarf bei Interner Revision, Geprüften und auch Dritten festmachen, sowie an den Kosten, die dort entstehen oder geltend gemacht werden. Zusätzlich können Kosten für Hilfsmittel oder die Nutzung von Infrastruktur entstehen.

Erwünschte Nebenwirkungen von Prüfungshandlungen sind z. B. die Erhöhung von Sachkenntnis und Erfahrung hinsichtlich des Prüfungsgegenstandes, des Kontextes, der Ziele und der Risikolage sowie intensivierte Kommunikation und insgesamt gesteigerte Transparenz. Unerwünschte Nebenwirkungen von Prüfungshandlungen können u. a. die Verschlechterung des Betriebsklimas, das Aufdecken unerwünschter Informationen, zusätzliche Kosten, rechtliche Konsequenzen und Imageschäden sein.

Genehmigung und Freigabe des Arbeitsprogramms

IIAS 2240.A1 – Inhalt und Genehmigung des Arbeitsprogramms für Prüfungen
Die Arbeitsprogramme müssen die Verfahrensschritte zur Identifikation, Analyse, Bewertung und Aufzeichnung von Informationen während der Prüfung enthalten. Das

Arbeitsprogramm muss vor Beginn seiner Umsetzung genehmigt werden; alle späteren Anpassungen sind umgehend zur Genehmigung vorzulegen.

Das in der Vorbereitungsphase entworfene Arbeitsprogramm wird gem. IIAS 2240.A1 (Inhalt und Genehmigung des Arbeitsprogramms) von der Revisionsleitung oder einem Beauftragten genehmigt. Im Verlauf der Prüfung erforderlich werdende wesentliche Änderungen sind der Revisionsleitung oder dem Beauftragen zur Freigabe vorzulegen und zu dokumentieren (IIA IG 2240:2016 – Arbeitsprogramm).

5.2.4.8 Kick-off

Vor oder zu Beginn der eigentlichen Prüfung ist im Regelfall eine Abstimmung zwischen Prüfern und Geprüften erforderlich. Soweit erforderlich, können weitere Beteiligte oder interessierte Parteien hinzugezogen werden.

Das Kick-off-Meeting[21] kann als Qualitätsinstrument oder als Messpunkt für das Revisionscontrolling genutzt werden. Zum Beispiel, kann ausgehend vom Kick-off-Meeting die Zeit zwischen dem Beginn der Prüfung oder den Prüfungshandlungen und dem Abschluss der Prüfung (Ende der Feldarbeit, Berichtsverteilung) gemessen werden.

Für das Kick-off Meeting sollte eine – oft auf einem Muster beruhende – Einladung rechtzeitig versandt werden. Eine Ablauf- und Inhaltscheckliste und Informationen über den Arbeitsansatz der Revisionsfunktion sollte verfügbar und ein Protokoll erstellt sein.

Themen für ein Kick-off-Meeting können Prüfungsziele und Prüfungsumfang, Informationen über das Prüffeld, Risikoeinschätzung, Erwartungen und Bedürfnisse von Geprüften, Stakeholdern und Prüfern, die Abstimmung der Prüfungshandlungen, Termine, Ansprechpartner sowie die ersten Schritte der Prüfung sein.

Viele Revisionsabteilungen verfügen darüber hinaus über eine Standard-Präsentation, einige Präsentationsfolien oder ein verteilbares Dokument (Flyer, Broschüre), um im Rahmen des Kick-off-Meetings oder auch bei anderen Gelegenheiten über den Ansatz und den Ablauf der Revisionsarbeit zu informieren.

Kick-off-Varianten

Die Bezeichnung Kick-off-Meeting wird unterschiedlich verwendet, z. B. für Abstimmkontakte vor oder im Rahmen der Arbeitsprogrammerstellung, zu Beginn der Prüfung[22] oder zu Beginn der Feldarbeit im engeren Sinne.

In Kick-off-Meetings bei global tätigen oder sehr nah am Prüfungsobjekt ausgerichteten Revisionen kann die endgültige Entscheidung über Prüfschwerpunkte und wesentliche Arbeitsprogrammkomponenten auch in den Kick-off-Meetings mit dem geprüften Management getroffen werden. Bei global tätigen Revisionen ermöglicht dies eine Abstimmung vor Ort, so dass die lokalen Gegebenheiten konkreter beurteilbar werden.

---

[21] Vgl. dazu Amling, T./Bantleon, U. (2009), S. 279 f.
[22] Vgl. zum Auftaktgespräch Berwanger, J./Kullmann, S. 2012, S. 202 f.

5.2.5 Werkzeuge für die Vorbereitungsphase

Die meisten Revisionsfunktionen nutzen Vorbereitungschecklisten, mit denen typische Informationen abgefragt und standardmäßige Vorbereitungsschritte gesteuert werden. Dies sind zum Beispiel[23]

- Abfrage der Stakeholder-Bedürfnisse
- Erstkontakt mit den Führungskräften im Prüffeld
- Anforderungsliste zur Abfrage von Planungsinformationen (Kontakte, Reporting, Datenquellen, Termine, Kontext und Risikolage)
- Bestimmen von Prüffeldern und Risiken
- Risikobewertung der Prüffelder
- Risikobasierte Priorisierung und Auswahl von Prüffeldern
- Termin- und Aufwandsplanung
- Auftragsfreigabe-Ablauf

5.2.6 Prüfungsvorbereitung – Good Practices und Varianten

Aufgabe der Vorbereitungsphase ist es, sachgerechte Prüfungsziele und ein Arbeitsprogramm, mit dem diese erreicht werden können festzulegen. Als gute Praktiken[24] haben sich bewährt:

- Verwendung einer Vorbereitungscheckliste (Planungsmemorandum)
- Durchsicht der in der Revision vorhandenen Informationen
- Zugriff auf die Datenbestände bezüglich des Prüffeldes
- Abfrage der Bedürfnisse bei Stakeholdern (Leitung)
- Kontakt mit der Leitung der geprüften Funktionen
- Verwendung einer Muster-Anforderungsliste
- Verwendung einer Arbeitsprogramm-Vorlage
- Hinterfragen von Risikobeurteilung und Vorgehen mit anderen Revisoren
- Kommunikation des Auftragsprofils an die Geprüften
- Musterarbeitsprogramme für häufige Prüffelder
- Bestimmen von Meilensteinen für den Auftrag

---

[23] Eigene Zusammenstellung.
[24] Eigene Zusammenstellung, basierend auf den QSVP-Handreichungen von IIA, DIIR und IIA Switzerland, ergänzt durch eine Vielzahl von Anregungen von Praktikern im Rahmen der vom Autor durchgeführten Revisionsworkshops.

Vorbereitungsphase – Verfahrensvarianten
Einige Revisionsfunktionen sehen ausgedehnte Vorbereitungsphasen vor, die eine umfassende Datenerhebung und -analyse beinhalten. Dadurch verschiebt sich die Leitungsfreigabe des Arbeitsprogramms auf einen nachgelagerten Zeitpunkt, zu dem schon umfangreiche Ressourcen verbraucht wurden. Dieses Vorgehen ist allerdings kaum im Sinne einer hinreichend genauen Steuerung der Revisionsressourcen wie in IIA IG 2240:2016 (Arbeitsprogramm) skizziert.

5.3 Auftragsdurchführung

Abb. 5.8 stellt die wesentlichen, in den Berufsgrundlagen der Internen Revision beschriebenen Tätigkeitsblöcke bei der Durchführung eines Prüfungsauftrages dar.

Im Rahmen der Durchführung eines Prüfungsauftrages (siehe Abb 5.8) sammelt, analysiert und beurteilt die Interne Revision Daten und Informationen (IIAS 2300 – Durchführung des Auftrags).

Parallel zur Prüfungsdurchführung werden die gesammelten Daten, Informationen, Prüfungshandlungen und Beurteilungen der Revision sowie die Prüfungsergebnisse so dokumentiert, dass diese nachweisbar und nachvollziehbar sind.

IIAS 2300 – Auftragsdurchführung
Interne Revisoren müssen Informationen identifizieren, analysieren, bewerten und dokumentieren, die ausreichend zum Erreichen der Auftragsziele sind.

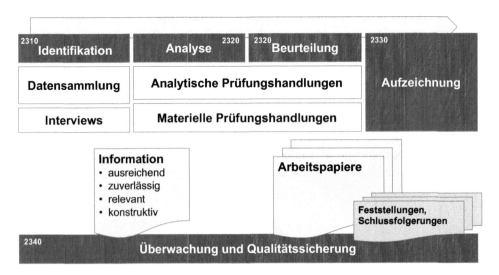

Abb. 5.8 Prüfungsdurchführung nach den Berufsgrundlagen. (Eigene Darstellung)

5.3 Auftragsdurchführung

Typische Tätigkeiten im Rahmen der Informationserhebung (siehe Abb. 5.9) sind das Sammeln von Daten, das Durchführen von Interviews[25] und die Beobachtung des Betriebs, um hinreichende Nachweise für das Erreichen der Prüfungsziele zu erhalten. Für die Analyse und Beurteilung werden Test- und Analyseverfahren angewandt. Im Rahmen der Dokumentation werden Arbeitspapiere angelegt. Beobachtungen bzw. Feststellungen werden gesammelt, Prüfurteile werden gefällt.

Der wichtige Prozess der (Prüfungs-) Auftragsdurchführung wird vom Qualitätsmanagement der Internen Revision und der Revisionsleitung laufend gesteuert und überwacht.

Das Sammeln, Aggregieren, Analysieren, Beurteilen und Dokumentieren der Prüfnachweise sind im Wesentlichen Aufgaben des mit dem Prüfungsauftrag betrauten Teams oder Prüfers. Das Abstimmen der Prüfungsergebnisse fällt grundsätzlich in den Verantwortungsbereich der Leitung des mit dem Auftrag betrauten Teams. Nur eingeschränkt fällt die Abstimmung der Prüfungsergebnisse in den Verantwortungsbereich der ausführenden Prüfer, und nur wo notwendig auch in den Verantwortungsbereich der Revisionsleitung. Für das Überwachen der Auftragsdurchführung sind Team- und Revisionsleitung verantwortlich. Die Revisionsleitung kann in allen Fällen durch weitere Managementebenen oder Stabsfunktionen der Internen Revision entlastet werden.

Prüfansätze – Kategorien

Prüfansätze (allgemein) und Prüfmethoden (spezifisch) lassen sich in mehrere Dimensionen kategorisieren:

Aufgaben der Auftragsdurchführung	PR	TL	RM	AS/QM	RL
Sammeln von Informationen	X	X	(X)		
Analysieren von Informationen	X	X			
Beurteilen der Prüfungsergebnisse	(X)	X	(X)		(X)
Dokumentation der Prüfungshandlungen	X	X			
Dokumentation von Feststellungen und Beurteilungen	X	X	(X)		(X)
Abstimmung mit Geprüften, Revision und Stakeholdern	(X)	X	X		(X)
Überwachen der Auftragsdurchführung		X	X	(QM)	X

Abb. 5.9 Aufgaben der Auftragsdurchführung. (Eigene Darstellung. Legende: PR – Prüfer; TL – (Auftrags-) Teamleitung; RM – Revisionsmanagement (falls Management-Ebene vorhanden, sonst: Aufgabe RL); AS – Assistenz/QM – Qualitätsmanagement; RL – Revisionsleitung (CAE))

---

[25] Vgl. dazu ausführlicher Amling, T./Bantleon, U. (2009), S. 286 f.

- Prüfungsanlass
- Prüfungszeitpunkt
- Prüfungsrichtung
- Abstraktionsgrad

Prüfungsanlass – Hinsichtlich des Prüfungsanlasses unterscheidet man zwischen geplanten und Ad hoc-Prüfungen. In der Praxis sind die meisten Prüfungen geplant. Für Ad hoc-Aufträge wird eine Reserve im Periodenplan vorgesehen. Als Indikation kann hier ein Wert von 10–15 % dienen.[26] Höhere Abweichungen entstehen bei unvorhergesehen Organisationsänderungen, Marktumbrüchen oder wenn, etwa betrieblich bedingt, sich wiederholende Problemstellungen in der Planung nicht angemessen als Risiko berücksichtigt wurden. Weiterhin lassen sich angekündigte und Überraschungsprüfungen differenzieren. Üblicherweise werden Prüfungen angekündigt. Bei erhöhtem Risiko des Umgehens von Kontrollen (z. B. bei Kassen- und Lagerbeständen, Hygiene und Sicherheit) werden Prüfungen unangekündigt, d. h. überraschend durchgeführt, um ein realitätsnahes Bild der tatsächlichen Situation zu erhalten.

Prüfungszeitpunkt – Bezüglich des Prüfungszeitpunktes werden Prüfungen im Nachhinein (Ex post-Prüfungen) und im Vorgriff (Ex ante-Prüfungen) unterschieden. Die meisten Prüfungen beziehen sich auf vergangene Ereignisse und Geschäfte, sind also Ex post-Prüfungen. Um Fehler zu verringern und Kontrollen zu stärken gibt es aber auch Prüfungshandlungen, die primär auf die Zukunft gerichtet sind, die Ex ante-Prüfungen. Dazu gehören z. B. die projektbegleitende Prüfung, das Überprüfen von Kontrollen vor deren Implementierung sowie das Prüfen von Vergabeverfahren und Investitionsentscheidungen. Zukunftsgerichtete Ex ante-Prüfungen gehen in Beratungstätigkeiten über, wenn der prüferische Anteil zugunsten der Unterstützung der operativ Verantwortlichen in den Hintergrund tritt. Besonderes Augenmerk ist dann darauf zu richten, dass Unabhängigkeit und Objektivität der Internen Revision gewährleistet bleiben.

Prüfungsrichtung – Unterschieden wird zum einen das Prüfen ausgehend von der eigentlichen Transaktion, dem Informations- bzw. Belegfluss folgend (progressiv – vorwärts), und zum anderen das Prüfen ausgehend von Aufzeichnungen hin zu den ursprünglichen Transaktionen (retrograd – rückwärts).[27] Wenn eine zuverlässige Aufzeichnung (Protokollierung) am Ort der Transaktion erfolgt, kann durch die progressive Prüfung die vollständige Verbuchung und Verarbeitung von Geschäftsvorfällen validiert werden. Dies ist der Grund dafür, dass an vielen Stellen in Organisationen u. a. durch das Vier-Augen-Prinzip und die Funktionstrennung möglichst manipulationssichere Aufzeichnungen erzeugt werden – Rechnungseingangsbücher, Belegerfassungen, Verarbeitungsprotokolle, Zugriffs-Logs, um nur einige Beispiele zu nennen. Mit der retrograden Prüfung lässt sich feststellen, ob Aufzeichnungen die erfassten (und nur diese) Geschäftsvorfälle korrekt wiedergeben.

---

[26] Vgl. DIIR (2017a), S. 30 und DIIR (2020), S. 34.

[27] Vgl. hierzu Marten, K.-U. et al (2007), S. 47 ff.

Abstraktionsgrad – Durch den Abstraktionsgrad lassen sich weitere Typen von Prüfungshandlungen beschreiben. Materielle und formelle Prüfungen lassen sich danach unterscheiden, ob z. B. das konkrete Nachvollziehen eines Geschäftsvorfalles (Beschaffung, Verkauf, Kreditvergabe o. ä.) oder lediglich die Überprüfung der Einhaltung der vorgegebenen Formalia Prüfungsgegenstand ist. Sowohl direkte als auch indirekte Prüfungen sind möglich: Eine Kohlehalde wird man z. B. nicht wiegen, sondern anhand der Geometrie (Volumen) und des spezifischen Materialgewichts indirekt schätzen, 20 Goldbarren hingegen wird man direkt im Tresor in Beschau nehmen. Außerdem können System oder Einzelfall/Ergebnis geprüft werden: Die Systemprüfung gibt eine Indikation über die Angemessenheit der Funktion an sich, Detailinformationen fehlen aber meist. Einzelfall- bzw. Transaktionsprüfungen liefern detaillierte Daten über das Ausführen betrieblicher Funktionen, aber oft weniger Einsicht in die Zuverlässigkeit der Organisation. Eine weitere, ähnliche Differenzierung sind Voll- oder Auswahlprüfungen. Während früher aufgrund fehlender Daten oder zeitaufwändiger Analyseverfahren Auswahlprüfungen – i. d. R. die mathematischen Grundidee flexibel anwendende „Stichproben" – üblich waren, legen die Berufsverbände heute die intensive Nutzung EDV-gestützter Analyseverfahren nahe.

Durch die meist umfassende Verfügbarkeit EDV-gestützter Datenbestände und leistungsfähige Analysetools lassen sich Muster und Ausreißer im Geschäftsbetrieb schnell erkennen und dann sehr viel gezielter analysieren. Methoden wie Data und Process Mining werden dort, wenn sie effizient einsetzbar sind, regelmäßig genutzt.

Prüfungsmethoden-Portfolio
Ausgehend von den allgemeinen Kategorisierungen lässt sich eine Vielzahl von Prüfungsmethoden[28] zusammenstellen. Tab. 5.5 zeigt eine Auswahl häufig erwähnter Methoden aus Literatur und Schulungen.

Die Prüfungsmethoden werden im Rahmen der Erstellung des Arbeitsprogramms und bei dessen Konkretisierung im Verlauf der Prüfungsdurchführung nach den Kategorien Qualität, Wirtschaftlichkeit und Nebenwirkungen (siehe Abb. 5.7) ausgewählt.

5.3.1 Prüfungsdurchführung – Informationssammlung

Im Rahmen der Prüfungsdurchführung sammelt, selektiert, verdichtet und dokumentiert das Prüfungsteam eine Vielzahl von Informationen. Ziel ist es, die für die Prüfungsziele erforderlichen Nachweise zu erhalten.

Die Daten- und Informationssammlung beginnt genau genommen schon vor der Auftragsplanung, wenn in der Internen Revision im Rahmen der Periodenplanung, regelmäßig (z. B. aus dem Reporting bzw. Controlling der Organisation), gezielt oder zufällig Infor-

---

[28] Vgl. auch die Kategorisierung und Zusammenstellung bei Amling, T./Bantleon U. (2009), S. 289–292.

Tab. 5.5 Prüfungsmethoden-Portfolio[a]

Gespräche	Erstgespräch
	Interview
	Besprechung
Analysen	Akten, Unterlagen
	Belege, Daten
	Prozessdurchlauf (Walk Through), Testfälle
	Kennzahlen, Benchmarks
	Nicht-statistische und statistische Stichproben/Verfahren
	Data und Process Mining, Ziffernanalyse (Benford)
Recherchen	Literatur, Medien
	Prozessaufnahme
	Erhebung
	Beobachtung, Begehung
Weitere, generelle Verfahren	Checkliste, Fragebogen
	Kreativitäts-, Problemlösungstechniken
	Moderation
	Präsentation
	Control Self Assessment

[a]Eigene Zusammenstellung, vgl. z. B. auch Anderson, U.L. et al (2017), S. 10-6 und 10-9

mationen über Prüffelder anfallen. Weiterhin werden im Vorfeld der Prüfung Informationen zur Erstellung des Arbeitsprogramms erhoben und analysiert, die ggf. als Datenbasis für die dann folgenden Prüfungshandlungen genutzt werden.[29]

Ein Teil der gesammelten Informationen wird im Rahmen der Analyse und Beurteilung zum Prüfnachweis, dient als Grundlage für Abstimmung sowie Bericht und bleibt daher in den Arbeitspapieren dokumentiert. Als Prüfnachweis nicht erforderliche Informationen werden beim Abschluss der Prüfung in die Dauerakten – ein konservativer Terminus für die heute vielfältigen technischen Möglichkeiten, langfristig relevante Informationen zusammenzutragen – übernommen oder vernichtet.

Das Ablaufmodell zur Auswahl und Verarbeitung von Prüfnachweisen in Abb. 5.10 geht davon aus, dass zuerst eine Vielzahl von Daten und Informationen gesichtet wird, um dann geeignete Prüfnachweise herauszufiltern. Diese werden analysiert und beurteilt, um anschließend den erforderlichen Handlungsbedarf mit den Verantwortlichen zu bestimmen und die – hoffentlich abgestimmten – Ergebnisse der Untersuchung zu kommunizieren.

Ein anderes, stärker an den Ablauf in der Abschlussprüfung angelehntes Modell[30] benennt die Schritte

- Verschaffen eines Überblicks,
- Verifizierung,
- Beurteilung und Maßnahmenentwicklung sowie
- Berichterstattung.

---

[29] Vgl. dazu IIA IG 2320:2016.

[30] Vgl. mit Verweis auf Horvath Berwanger, J./Kullmann, S. (2012), S. 206.

5.3 Auftragsdurchführung

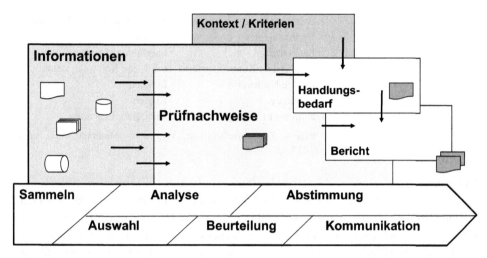

Abb. 5.10 Bestimmen und Verarbeiten von Prüfnachweisen. (Eigene Darstellung)

Die Berufsgrundlagen (IIAS 2310) verlangen, dass die verwendeten Prüfnachweise (Informationen) hinreichend überzeugend (ausreichend), zuverlässig, zutreffend (relevant) und zudem handlungsorientiert (konstruktiv) sind.[31]

2310 – Identifikation von Informationen
Interne Revisoren müssen zum Erreichen der Auftragsziele ausreichende, zuverlässige, relevante und konstruktive Informationen identifizieren.

Ausreichend sind Informationen dann, wenn die Schlussfolgerungen des Prüfers für sachverständige und informierte Personen nachvollziehbar sind, und die der Situation entsprechend minimal erforderlichen Informationen vorliegen.

Zuverlässig sind Informationen dann, wenn sie genau und ohne Verfälschung sind. Die Informationen stammen bevorzugt von Dritten oder vom Internen Revisor selbst, da bei den Geprüften tendenziell Interessenkonflikte zu erwarten sind. Die Informationen müssen so zuverlässig sein, dass sie den Prüfer und die Berichtsempfänger zufriedenstellen.

Informationen sollen relevant für die zu bewertenden Sachverhalte sein, und so sparsam, dass die Aufmerksamkeit auf Wesentliches gelenkt wird.

Konstruktiv sind Informationen dann, wenn sie den Organisationszielen entsprechen und dem mit der Erhebung verbundenen Kosten- und Zeitaufwand gerecht werden. Dass im Rahmen einer Prüfung auch Informationen anfallen können, die für die Organisation mit Risiken behaftet sind, erfordert eine Abwägung des Inhalts und des Umfangs der erhobenen Informationen.

Zuverlässigkeit von Prüfnachweisen
Die Zuverlässigkeit der gesammelten Informationen hängt von der Quelle und von folgenden Faktoren ab (Tab. 5.6):

---

[31] Das IPPF weicht leicht von den meist drei Kategorien in Abschlussprüfung und Bilanzrecht ab.

Tab. 5.6 Zuverlässigkeit von Prüfnachweisen[a]

eher zuverlässige Nachweise	eher unzuverlässige Nachweise
Unabhängige	Prozessbeteiligte
Sachkundige	unerfahrene Quellen
ausgeprägte Kontrollsysteme	schwache Kontrollsysteme
direkte Nachweise	Indizien
Originale	Kopien
zeitnahe Erfassung	verzögerte Erfassung

[a]Eigene Zusammenstellung. Vgl. auch Anderson, U.L. et al (2017), S. 10-4

Kommunikation

Ein wichtiger Aspekt der Prüfungsdurchführung ist die Kommunikation – das Sammeln, Austauschen und Verbreiten von Daten und Informationen. Im Rahmen der Prüfungsdurchführung lassen sich im Wesentlichen die zwei Dimensionen Förmlichkeit und Medium unterscheiden. Die Förmlichkeit (formell … informell) bezieht sich insbesondere auf Struktur, Sachlichkeit und Inhalt, und hinsichtlich der Medien lassen sich grundsätzlich schriftliche bzw. mündliche Kommunikationsmittel unterscheiden. Dies ist insofern von Bedeutung, als dass die angemessene Kommunikation der Internen Revision einen maßgeblichen Einfluss auf Effektivität und Effizienz der Revisionsarbeit hat. Der Revisor muss abhängig von Inhalten, Kommunikationsziel und Adressat entscheiden, ob ein förmliches Dokument oder Gespräch erforderlich oder ob stattdessen ein informeller Text bzw. ein kurzer persönlicher Kontakt zielführender sind. Sowohl übermäßig förmliche als auch unangemessen lockere Kommunikation können zu Störungen führen und sind daher situationsbewusst zu vermeiden.

Im Rahmen der Prüfungsdurchführung ist es sinnvoll, erste und auch längere (Interview-) Kontakte oder die Kommunikation von materiellen Inhalten, Problemen und Maßnahmenerfordernissen eher förmlich und strukturiert durchzuführen. Das Abfragen von ergänzenden Details, das Abstimmen der laufenden Prüfungstätigkeit und das Hinterfragen von Handlungsoptionen wird in vielen Fällen auf Grundlage einer dann meist bestehenden, gesunden Arbeitsbeziehung aus Effizienzgründen verstärkt informell und direkt ablaufen.

5.3.2 Informationssammlung – Good Practices und Varianten

Die Interne Revision stellt insbesondere im Verlauf der Auftragsdurchführung alle zum Erreichen der Prüfungsziele erforderlichen Informationen geordnet zusammen. Als gute Praktiken[32] für die Sammlung von Prüfnachweisen haben sich u. a. bewährt:[33]

---

[32] Basierend auf den QSVP-Handreichungen von IIA, DIIR und IIA Switzerland, ergänzt durch eine Vielzahl von Anregungen von Praktikern im Rahmen der vom Autor durchgeführten Revisionsworkshops.

[33] Eigene Zusammenstellung.

5.3 Auftragsdurchführung

- Nutzung aller relevanten, ab der Vorbereitungsphase anfallenden Informationen
- Standardisierte Abfrage häufig angeforderter Daten
- Überwachung angefragter und erhaltener Informationen
- Dokumentation von Datenquelle und Erhebungsmethode
- Strukturierte, mit der Auftragsdurchführung wachsende Ablage
- Archivierung der Originaldaten (-auszüge)
- Abstimmung erhaltener Daten mit anderen Quellen
- Validierung von Daten und Beurteilungen bei Quellen und Nutzern
- Regelmäßiger Informations- und Statusabgleich im Prüfteam
- Abteilungsinterner, auftragsübergreifender Informationsaustausch

Informationssammlung – Verfahrensvarianten

Wenn umfangreiches Datenmaterial im Vorfeld verfügbar ist, wird die Interne Revision bereits in der Vorbereitungsphase nahezu alle erforderlichen Daten sammeln bzw. den Zugriff sicherstellen. Dies wird in der Regel dann der Fall sein, wenn Unternehmen ihr Rechnungswesen und/oder operative IT-Systeme zentralisiert haben. Dabei werden häufig standardisierte Auswertungen und Datenanalyse-Tools eingesetzt, teilweise in Zusammenarbeit mit anderen Kontrollfunktionen, z. B. dem Controlling.

Prinzipiell ist es wünschenswert, dass die Freigabe des Arbeitsprogrammes möglichst früh im Verlauf einer Prüfung erfolgt. Schließlich dient das Arbeitsprogramm dazu, die erforderlichen Ressourcen zu schätzen und die Ressourcenallokation gezielt vorzunehmen.

Einige Interne Revisionen führen im Rahmen der Vorbereitung bereits sehr umfangreiche Analysen durch und erstellen erst dann das zu genehmigende Arbeitsprogramm. Dieses Arbeitsprogramm bezieht sich dann meist im Wesentlichen auf die im Kontakt mit den Geprüften – z. B. im Rahmen der eigentlichen Feldarbeit – noch zu klärenden Sachverhalte. Nachteil dieser Vorgehensweise ist der mit zunehmendem Umfang der Vorlaufphase steigende Kontrollverlust hinsichtlich der Terminplanung und des Arbeitsaufwandes für die Durchführung des Prüfungsauftrages.

Global agierende Revisionen beginnen aus praktischen Gründen insbesondere bei kleineren Einheiten oder wenn Detailinformationen (noch) nicht zentral zugänglich sind, erst vor Ort mit der Datensammlung, falls nicht einheitliche, zentralisierte Systeme die Datenerhebung aus der Ferne ermöglichen. Unter günstigen Umständen erübrigen sich dann Besuche vor Ort, sie können durch Telefon- und Videokonferenzen ersetzt werden (Remote Audit).

5.3.3 Prüfungsdurchführung – Analyse und Beurteilung

Die wesentlichen Schritte für die Analyse und die Beurteilung der zur Durchführung eines Prüfungsauftrages erforderlichen Daten und Informationen sind im Arbeitsprogramm bereits festgelegt. Bereits im Zuge der Prüfungsvorbereitung können dazu Risiko- und Kontrollmatrizen angelegt, Kontrolldesigns grundlegend beurteilt oder Datenbestände teilweise ausgewertet werden.

2320 – Analyse und Bewertung
Interne Revisoren müssen ihre Schlussfolgerungen und Revisionsergebnisse auf geeignete Analysen und Bewertungen stützen.

Im Rahmen der eigentlichen Prüfungsdurchführungs-Phase werden Daten und Informationen auf Soll-/Ist-Abweichungen hin untersucht, die Ergebnisse konsolidiert und Abweichungsursachen sichtbar gemacht (Abb. 5.11).

Grundlage und auch Ergebnis der Analysen im Rahmen der Prüfungsdurchführung sind Prüfnachweise. Durch die Analysen im Rahmen der Prüfungsdurchführung entstehen aus den während der Informationssammlung zusammengestellten (Roh-) Daten und Informationen neue, verdichtete und/oder abgeleitete Daten und Informationen.

5.3.3.1 Prüfnachweise

Für die im Laufe einer Prüfung gesammelten Daten und Informationen gibt es eine Vielzahl von Bezeichnungen: Prüfnachweis, Prüfungsnachweis, Prüfbeleg, Beweis, Prüfgrundlage etc. Bei genauer Betrachtung gibt es feine Bedeutungsunterschiede: Ist ein Nachweis schon Beweis für Konformität oder Abweichung, oder ist der Prüfungsnachweis nur auf die Prüfungsdurchführung als solche bezogen? Für die Praxis von Informationssammlung und Dokumentation hat das erst einmal wenig Belang. Es geht um Material, das der Prüfer sammelt, um sich ein Urteil zu bilden, und das er zuerst einmal aufbewahren muss, damit sowohl Grundlage als auch Vorgehen bei der Urteilsbildung verständlich („nachvollziehbar") bleiben.

In der Praxis können die Nachweis- und Beweismittel viele Ausprägungen haben; häufig vorkommende Nachweise sind in Tab. 5.7 zusammengestellt.

Die Prüfnachweise werden im Rahmen der Prüfungsvorbereitung und -durchführung dokumentiert, gesammelt, analysiert und beurteilt. Die angewandten Verfahren werden z. B. in analytische und manuelle (bzw. eher transaktionsbezogene) Verfahren unterteilt. Diese Unterteilung ist teils historisch, teils durch Unschärfen zwischen englischer und deutscher Fachsprache begründet.

Aufgaben der Datenanalyse	PR	TL	RM	AS/QM	RL
Auswahl der anzuwendenden Sollkriterien und Zielgrößen	(X)	X	(X)		(X)
Auswahl der zu analysierenden Daten und Informationen	X	X			
Durchführen von Soll-/Ist-Abgleichen	X	X			
Abweichungsursachen-Analyse	X	X			
Abstimmung der Analyseergebnisse	X	X	(X)		(X)

Abb. 5.11 Aufgaben der Datenanalyse. (Eigene Zusammenstellung. Legende: PR – Prüfer; TL – (Auftrags-) Teamleitung; RM – Revisionsmanagement (falls Management-Ebene vorhanden, sonst: Aufgabe RL); AS – Assistenz; RL – Revisionsleitung (CAE))

Tab. 5.7 Datenanalyse – typische Nachweis- und Beweismittel[a]

Dokumente	Ursprünglich (originale) Papierdokumente, heute auch elektronisch. In vielen Fällen müssen Integrität und Authentizität gewährleistet sein.
Abstimmungen	Abgleich von Informationen aus verschiedenen Quellen (z. B. Haupt- und Nebenbuch). Differenzen müssen erklärbar sein.
Analyse von quantitativen Daten	Quantifizierbarkeit kann die Zuverlässigkeit der Nachweise erhöhen.
Wiederholen von Geschäftsprozessen	Prozessdurchlauf zur Erhebung von Ist-Abläufen, Erkennen von Schwachstellen oder zum Testen von Kontrollen.
Berichte	Beschreibung von Beobachtungen – Qualität und Inhalt können quellen- und zeitabhängig stark variieren. Häufig widersprüchlich, wertend.
Bekenntnisse	Beschreibung eigenen Handelns – tendenziell zuverlässiger. Stark geprägt durch (un-) bewusste Interessen- und Zielkonflikte.
Befragungsmitschriften, Protokolle	Wichtiges Arbeitsinstrument. Häufig reichen stichwortweise Ergebnisprotokolle aus, anlassbezogen sind aufwendige wörtliche Mitschriften (Transskripte) erforderlich.
Visa	Zeichnung, z. B. durch Namenskürzel, Stempelung, Freigabe im System, …
Bestätigung durch Dritte	Explizit z. B. im Rahmen einer Saldenanfrage, implizit durch Annahme oder Akzeptieren einer Abbuchung.
Verifizierung	Konkretes Überprüfen, z. B. im Rahmen einer Inventur.
Asservaten, fotos	Physische Nachweise häufig bei Gutachtern untersucht und gelagert. fotos zur schnellen, umfassenden und überzeugenden Dokumentation.

[a]Eigene Zusammenstellung

5.3.3.2 Manuelle, transaktionsbezogene und analytische Verfahren

In den Berufsgrundlagen der Internen Revision (IPPF) sind einige manuelle (transaktionsbezogene) und analytische Verfahren beschrieben.[34] Sie finden sich ähnlich dargestellt auch in den Prüfungsstandards der Abschlussprüfer wieder.

Manuelle Verfahren

Beispielhafte manuelle Verfahren sind retrogrades (rückwärts von der Buchung ausgehend) oder progressives (vorwärts von der Ersterfassung des Geschäftsvorfalls ausgehend) Verfolgen von Buchungen (bzw. erfassten Informationen), das Nachvollziehen und die unabhängige Bestätigung.

Analytische Verfahren

Beispielhaft im IPPF erwähnte analytische Verfahren sind Kennzahlen-, Trend-, und Regressionsanalysen, Verprobungen und Benchmarks. Benchmarks können Indikatoren für

---

[34]Vgl. IIA IG 2320:2016 (Analyse und Bewertung), siehe dazu auch Anderson, U.L. et al (2017), S. 10-5 f.

mögliche Störungen im Prüffeld liefern. Man kann grundlegend quantitative Benchmarks (Kennzahlen) und generische Benchmarks (z. B. Prozess-Rahmenmodelle wie COBIT, ITIL) unterscheiden. Darüber hinaus gibt es interne und externe Benchmarks, funktionale und Branchen-Benchmarks, Referenzbenchmarks und weitere Kategorien.

Analytische Verfahren können vorhandene oder fehlende Abweichungen, Fehler, Regel- und Gesetzesverstöße sowie einmalige und ungewöhnliche Transaktionen oder Ereignisse sichtbar machen.[35]

5.3.3.3 Umgang mit Daten und Informationen

Die von der Internen Revision u. a. im Rahmen der Auftragsdurchführung zusammengestellten Daten und Informationen sind auch über gesetzliche Vorgaben hinaus mit besonderer Sorgfalt zu behandeln. Dabei sind insbesondere zu beachten:

- Wesentlichkeit
- Struktur
- Nachvollziehbarkeit
- Vertraulichkeit
- Aufbewahrung
- Offenlegung
- Rechtlicher Rahmen

Für das Auftragsziel Wesentliches sammeln – alle wesentlichen Daten und Informationen müssen vorhanden sein. Überflüssige Daten und Informationen verstellen den Blick auf das Wesentliche und sollen daher vermieden werden.

Struktur – Zur Sammlung, zur Analyse und zum Zugriff auf die Informationen ist eine Minimalstruktur erforderlich. In der Praxis bedeutet dies eine Strukturierung der Arbeitspapiere nach Tätigkeitsblöcken (z. B. einfach: Ergebnisse (Bericht), Vorbereitung, Prüffelder A … Z, Anhang), und sinnvollerweise auch eine Strukturierung der Arbeitspapiere in sich, durch Kopfinformationen und eine klare Sichtbarkeit von Zielen, Prüfungshandlungen, Ergebnissen und Bewertung.

Nachvollziehbarkeit von Methoden und Bewertungen – ein sachkundiger Leser soll die verwendeten Methoden und Bewertungen in angemessener Zeit nachvollziehen können. Dies erfordert, dass die Methoden benannt und die Arbeitsschritte mit Zwischenergebnissen erkennbar (d. h. dokumentiert, aufbewahrt) sind. Anhand der klar benannten Ergebnisse und Kriterien sollen die Bewertungen nachvollziehbar abgeleitet sein.

Vertraulichkeit von Daten und Informationen – die Vertraulichkeit der im Verlauf der Prüfung in- und außerhalb der Prüfungsakten gesammelten Informationen muss gewährleistet werden. Neben sicherer Aufbewahrung (Trägermedien, Zwischenspeicher, …) und Speicherorten (Schreibtische, Taschen, …) geht es hier auch um die Verschwiegenheit, also darum, die erhaltenen Informationen auf keinen Fall unachtsam weiterzugeben.

---

[35] Vgl. z. B. Ruud, F./Friebe, P. (2013). S. 90 f.

Aufbewahrungsfristen – Für Revisionsdokumente sollen Aufbewahrungsfristen geregelt sein; dies kann aufsichtsrechtlich oder aus einfach praktischen Erwägungen heraus begründet sein. Eine Faustregel ist, Prüfungsakten (von Ausnahmen abgesehen) für sieben Jahre zu archivieren – sechs Jahre analog zu Buchhaltungsunterlagen zuz. einem Jahr Puffer. Manche Revisionen bewahren die Prüfungsakten auch zehn Jahre auf, wenige weichen von diesen Ansätzen ab.

Erforderliche und angemessene Offenlegung – Revisionsinformationen werden immer wieder intern und extern weitergegeben. Um Lecks und Konflikte zu vermeiden soll die Revisionsleitung angemessene Vorgaben machen, und Offenlegungen ggf. auch einem expliziten Genehmigungsprozess unterwerfen.

Rechtliche Rahmenbedingungen – häufig wird hier der Datenschutz thematisiert – spielen eine wichtige Rolle bei der Auswahl und Aufbewahrung der in den Arbeitspapieren der Internen Revision enthaltenen Informationen. Es gibt aber noch viele andere Aspekte zu berücksichtigen, wie z. B. Melde- und Aufbewahrungspflichten. Diesbezüglich stimmt sich die Interne Revision mit den primär verantwortlichen Stellen im Betrieb ab.

5.3.3.4 Beurteilung der Ergebnisse

Interne Revisoren sollen Schlussfolgerungen hinsichtlich der Prüfungsziele ziehen. Sie tun dies auf Basis der Prüfungsergebnisse, die sie bei der Durchführung des Arbeitsprogramms gewonnen haben. Die Schlussfolgerungen können sich z. B. darauf beziehen, ob die im geprüften Bereich eingegangenen Risiken oder die vorhandenen internen Kontrollmechanismen angemessen sind.

2320 – Analyse und Bewertung
Interne Revisoren müssen ihre Schlussfolgerungen und Revisionsergebnisse auf geeignete Analysen und Bewertungen stützen.

Für die Beurteilung der erhaltenen Prüfungsergebnisse stellt sich zuerst die Frage nach der Tauglichkeit der Prüfnachweise: Neben den vier im IPPF erwähnten Kriterien „ausreichend", „zuverlässig", „relevant" und „konstruktiv" (IIAS 2310) findet sich in der (Abschluss-) Prüfungsliteratur auch eine Kategorisierung nach „ausreichend" (sufficient), „aussagekräftig" (competent) und „einschlägig" (relevant). Erfüllen Daten oder Informationen diese Kriterien, können sie als Prüfnachweis herangezogen werden.

Abb. 5.12 zeigt die Tätigkeiten im Rahmen der Erfassung und Beurteilung (die vorliegende deutsche Übersetzung der Berufsgrundlagen spricht etwas verengend von „Bewertung") von Revisionsergebnissen. Der Berichterstattungsablauf wird an anderer Stelle betrachtet.

Für die Beurteilung wird eine Skalierung angewandt, durch die Feststellungen und/oder Maßnahmen in Kategorien gruppiert werden können.[36] In der Praxis kommen meist einfache Skalierungen zum Einsatz, die sich auf das Risiko, die Kontrollgüte oder den Handlungsdruck

---

[36] Vgl. mit Bsp. DIIR (2017b), S. 61–64.

Aufgaben der Ergebnisbeurteilung	PR	TL	RM	AS/QM	RL
Erfassen von Feststellungen	X				
Kategorisieren der Feststellungen	X	(X)			
Festlegen der Schwere (Beurteilung) der Feststellungen	(X)	X	(X)		(X)
Konsolidieren der Prüffelder	X	X			
Festlegen der auftragsweiten Beurteilung		X	(X)		(X)
Abstimmung der auftragsweiten Beurteilung		X	(X)		(X) [a]

Abb. 5.12 Aufgaben der Ergebnisbeurteilung. (Eigene Darstellung. Legende: PR – Prüfer; TL – (Auftrags-) Teamleitung; RM – Revisionsmanagement (falls Management-Ebene vorhanden, sonst: Aufgabe RL); AS – Assistenz; RL – Revisionsleitung (CAE))

beziehen. Manche Revisionen setzen darüber hinaus aufwändige Scoring-Verfahren ein, die sich auf Quantifizierungen oder (COSO-) Kontrollkategorien stützen. In regulierten Branchen können von Aufsichtsbehörden vorgegebene Kategorisierungen zum Einsatz kommen.

Die einfachen Kategorisierungen von Prüfungsergebnissen sind im Regelfall drei- bis fünfstufig (z. B. geringe – mittlere – hohe Kritikalität) und können eine weitere (Null-) Kategorie für lediglich zur Information erfasste Beobachtungen vorsehen. Grundsätzlich sollen alle Abweichungen und Verbesserungspotenziale zuerst einmal erfasst werden, um dann auf dem richtigen Weg weiterverarbeitet zu werden. So kann es zum Beispiel risikobehaftete Feststellungen geben, drängende oder optionale Verbesserungspotenziale, oder einfach nur Alternativvorschläge/Anregungen. Die erfassten Beobachtungen werden differenziert an die Geprüften oder die Leitung kommuniziert, sowie vorgabegemäß in den Follow-up-Prozess überführt.

5.3.4 Analyse und Beurteilung – Good Practices und Varianten

Die Analysen der Internen Revision dienen dem Abgleich von erwarteten bzw. Soll-Werten mit dem vorgefundenen Ist-Zustand. Als gute Praktiken[37] für die Analyse der Prüfnachweise haben sich u. a. bewährt:

- Orientierung an Prüfungszielen und Risiken
- Nutzung IT-gestützter Analysemethoden

---

[37] Basierend auf den QSVP-Handreichungen von IIA, DIIR und IIA Switzerland, ergänzt durch eine Vielzahl von Anregungen von Praktikern im Rahmen der vom Autor durchgeführten Revisionsworkshops.

- Planung und Dokumentation des Vorgehens
- Nachweis der Datenquelle
- Beurteilung der Datenqualität
- Regelmäßiger Austausch im Prüfungsteam
- Validierung der Analyseergebnisse
- Abstimmung mit Datenlieferanten und Datennutzern
- Ableiten nachvollziehbarer Schlussfolgerungen

Die Beurteilungen der Internen Revision sollen die Schlussfolgerungen hinsichtlich der Prüfungsziele begründen. Als gute Praktiken[38] für die Beurteilung der Prüfungsergebnisse haben sich u. a. bewährt:

- Vorab bestimmte, dokumentierte Beurteilungskriterien
- Eindeutige Dokumentation von Soll- und Ist-Werten sowie Abweichungen
- Klare, einfach handhabbare Skalierungen
- Eine allgemeingültige Definition der Beurteilungsstufen
- Begrifflichkeiten, die unnötige Konflikte vermeiden
- Skalierungen, die sowohl Prüffeld als auch Gesamtorganisation beschreiben
- Eine definierte, konsistent angewandte Skalierung
- Abstimmung der Beurteilung mit Geprüften und Verantwortlichen
- Bezugnahme auf anerkannte Kontroll- und Risikomodelle

Analyse – Verfahrensvarianten
Für die Analyse gibt es eine Vielzahl von Verfahrensvarianten, aus welchen die Prüfer im Rahmen der Prüfungsziele und ihrer Sorgfaltspflicht relativ frei, aber kontextspezifisch und unter Berücksichtigung von Effizienz und Effektivität auswählen können. Die Übersichten von Prüfungsansätzen und Prüfungsmethoden (Tab. 5.5) geben einen Überblick über das breite Spektrum der Möglichkeiten.

Beurteilung der Ergebnisse – Verfahrensvarianten
Bei der Nutzung von Beurteilungsskalen (Taxonomien) kann es sinnvoll sein, zwischen Gesamtorganisation und Prüffeld zu differenzieren: Feststellungen, die für eine kleine Niederlassung kritisch sind, können auf Gesamtkonzernebene vernachlässigbar sein. Bei der nach Organisationsebene differenzierten Beurteilung ergeben sich z. B. zwei separate, ebenen-spezifische Beurteilungswerte für die Feststellungen/Beobachtungen der Internen Revision.

---

[38] Basierend auf den QSVP-Handreichungen von IIA, DIIR und IIA Switzerland, ergänzt durch eine Vielzahl von Anregungen von Praktikern im Rahmen der vom Autor durchgeführten Revisionsworkshops.

Aufwändigere Scoring-Verfahren zur Beurteilung legen mehrere Kriterien zugrunde, wie zum Beispiel die im Risikomanagement üblichen Input-Faktoren Auswirkung, Häufigkeit, Verletzlichkeit, Volatilität und so weiter. Die Kriterien orientieren oft an betrieblichen Erfordernissen und Usancen.

Neben den nach Größe angeordneten Ordinalskalen (gering – mittel – hoch) findet man teilweise auch quantitative Kardinalskalen (z. B. 0 ... 5,73645 ... 7,92827 ... 10), die entweder nur als Zwischengröße genutzt werden oder aber tatsächlich die Reihung der beurteilten Risiken, Beobachtungen o. ä. abbilden sollen. Eine gelegentlich zu beobachtende, auf Nachkommastellen vorgenommene Reihung ergibt aus Sicht des Autors in der Praxis meistens keinen Sinn: In den zu Grunde liegenden Informationen sind vielfältige Unsicherheiten (Schätzungen, Ungenauigkeiten, Modellmängel, Lücken, ...) enthalten, so dass eine Scheingenauigkeit vorgegaukelt wird, die die klare Entscheidungsfindung eher stört als fördert.

Einige Revisionen beurteilen Feststellungen und Risiken anhand einer ordinalen Skalierung der Kontrollgüte (z. B. ungenügend ... gut) der COSO-Kontrollziele. Hier wird z. B. beurteilt, wie weit vorgefundene Kontrollen das Erreichen der strategischen Ziele (Kontrollziel „Strategic") oder externer Vorgaben („Compliance"/„external") sichern. Wenn man sämtliche COSO-Kontrollziele zugrunde legt, kann wiederum ein Scoring aufgebaut werden.

Scoring-Verfahren haben den Vorteil, dass sie die Beurteilungen vergleichbarer machen – insbesondere wenn viele, unterschiedlich vorbereitete Mitarbeiter Beurteilungen vornehmen – und dass die Beurteilungsergebnisse weniger angreifbar werden. Der Nachteil ist allerdings, dass es zu teils langwierigen Verhandlungen zwischen Revisoren und Beurteilten über einzelne Faktoren kommen kann. Dies lässt sich entschärfen, indem solche Scorings nur als erste interne Beurteilungsbasis verwendet werden.

Dort, wo von Aufsichtsbehörden empfohlene oder sogar vorgeschriebene Kategorisierungen zum Einsatz kommen – z. B. in regulierten Branchen – finden sich teilweise die parallele Anwendung mehrere Kategorisierungen, um die betrieblichen Bedürfnisse besser zu unterstützen oder zusätzlich den Bezug zu Rahmenmodellen wie COSO oder CO-BIT herzustellen.

5.3.5 Prüfungsdurchführung – Dokumentation

Im Rahmen der Auftragsdurchführung sollen alle für die Durchführung und das Nachvollziehen des Auftrags erforderlichen Informationen dokumentiert werden. Die so entstehende Dokumentation eines Auftrags wird häufig gesamthaft mit dem Begriff „Arbeitspapiere" (Work Papers) bezeichnet.

IIAS 2330 – Aufzeichnung von Informationen
Interne Revisoren müssen ausreichende, zuverlässige, relevante und zweckdienliche Informationen aufzeichnen, um die Revisionsergebnisse und Schlussfolgerungen zu begründen.

5.3 Auftragsdurchführung

Die Arbeitspapiere der Internen Revision dienen unter anderem folgenden Zielen:

- Strukturieren der Projektarbeit
- Dokumentation der Prüfungsziele und -planung
- Speichern von Informationen
- Aufzeichnung von Prüfungsablauf und Beurteilungen
- Informationsaustausch im Team
- Archivierung von Beweismitteln
- Umsetzung gesetzlicher Dokumentationspflichten
- Qualitätssicherung

Die Revisionsleitung ist dafür verantwortlich, dass eine angemessene Dokumentation erstellt wird und dass die so zusammengestellten Informationen sachgerecht gegen Verlust und Offenlegung abgesichert sind. Die Dokumentation wird im Wesentlichen von den Prüfern im Verlauf der Auftragsabwicklung erstellt. Die Teamleitung des Auftrags muss sicherstellen, dass die von der Revisionsleitung vorgegebenen Dokumentations- und Qualitätsziele eingehalten werden (Abb. 5.13).

Die Revisionsleitung oder von der Revisionsleitung Beauftragte überwachen das Dokumentieren. Typische dokumentationsbezogene Überwachungstätigkeiten – eng mit der Überwachung der Auftragsabwicklung verbunden – sind z. B. regelmäßige und abschließende Reviews der Dokumentation.

Aufgaben der Dokumentation	PR	TL	RM	AS/QM	RL
Festlegen der Anforderungen an die Dokumentation			(X)		X
Aufnehmen der Prüfnachweise	X	X			
Aufzeichnen der Prüfungshandlungen	X	X			
Aufzeichnen der Beurteilungen und Ergebnisse	X	X	X		X
Referenzieren der Arbeitspapiere und Prüfnachweise	X	X			
Prüfen der Dokumentation auf Vollständigkeit	X	X	(X)	(X)	(X)
Prüfen der Dokumentation auf Nachvollziehbarkeit	X	X	(X)		(X)
Durchsicht der Dokumentation	(X)	X	X		(X)
Abnahme der fertiggestellten Dokumentation		(X)	X		(X)

Abb. 5.13 Aufgaben der Dokumentation. (Eigene Darstellung. Legende: PR – Prüfer; TL – (Auftrags-) Teamleitung; RM – Revisionsmanagement (falls Management-Ebene vorhanden, sonst: Aufgabe RL); AS – Assistenz; RL – Revisionsleitung (CAE))

5.3.5.1 Arbeitspapiere

Im weiteren Sinne bezeichnet der Begriff „Arbeitspapier" sämtliche Inhalte einer Auftragsdokumentation. Das bedeutet, dass Arbeitspapiere in vielen verschiedenen Formen anfallen können – physisch, elektronisch, knapp, umfangreich, ausführlich oder minimalistisch.

Damit die Auftragsdokumentation handhabbar bleibt, gibt es einige Grundregeln für das Erstellen der Arbeitspapiere – Elemente, welche die Erfassung und den Zugang erleichtern sollen. Neben einem sachgerechten Ablagekonzept sind folgende Mindestinformationen[39] typisch:

- Auftrags-ID
- Arbeitspapier-Titel
- Arbeitspapier-Referenz
- Ersteller
- Erstellungsdatum
- Inhalte
  Prüfungsziel
  Prüfungshandlungen
  Ergebnisse
  Beurteilung

Abb. 5.14 zeigt eine Musterstruktur, die sich schnell auf ein Blanko-Arbeitspapier schreiben lässt, als Vorlage gedruckt oder auch elektronisch als Maske bzw. in Tabellenform implementiert werden kann.

5.3.5.2 Aktenplan und Aktenordnung

IIA IG 2330:2016 (Aufzeichnung von Informationen) legt nahe, zur zuverlässigen und wirtschaftlichen Durchführung von Prüfungen neben der Struktur eines einzelnen Arbeitspapieres auch eine Struktur für die Dokumentation eines Auftrags an sich festzulegen. Auch die Dokumentation der Revisionsabteilung an sich benötigt eine Strukturierung, so dass sich folgende Ebenen ergeben:

- Aktenplan Revisionsabteilung
- Aktenordnung (Prüfungs-) Auftrag
- Struktur Arbeitspapier

Abb. 5.15 zeigt die beispielhafte Aktenordnung für einen (Prüfungs-) Auftrag, der als physische Akte, gemischt elektronisch/papiergebunden oder in einer (Revisions-) Datenbank umgesetzt werden kann.

---

[39] Eigene Zusammenstellung.

5.3 Auftragsdurchführung

2020/007	Projektmanagement Ausbau Ost	P-1000
Werk Freiburg		A. Müller
		13. Aug. 2021

	Referenz
Prüfungsziele Beurteilen von Angemessenheit und Funktionsfähigkeit des Projektmanagements für den Ausbau Ost.	

Prüfungshandlungen
 Projektbeurteilung mit Checkliste A
 	
 Abgleich Projektplan / Ist-Status
 	
 Befragung
     Projektleitung
     Werksleitung
     Controlling
	P-1100
	
	 P-1300
	
	 P-1600
	 P-1620
	 P-1640
	 P-1660

Prüfungsergebnisse
 Abweichungen Checkliste A
     * formell: 4 Abweichungen
     * materiell: 2 Abweichungen
 	
 Planabgleich:
 Ca. 2 Wochen Verzögerung im Projektablauf
 	
 Befragung: OK
	
	 P-1110
	 P-1120
	
	 P-1350
	
	 P-1600

Beurteilung Keine wesentlichen Beanstandungen	

Abb. 5.14 Muster Arbeitspapier. (Eigene Darstellung)

Arbeitspapiere fallen über den ganzen Auftragsprozess hinweg an, d. h. auch in der Vorbereitungs- und Nachbereitungsphase. Es ist deswegen sinnvoll, dass ein standardisierter Aktenplan für Prüfungsaufträge und – soweit als Rahmen möglich – auch für Beratungsaufträge vorhanden ist und umgesetzt wird.

	Ergebnisse - Zusammenfassung, Bericht, Aktionsplan - Protokoll Schlussbesprechung - Protokoll Kick-off-Meeting	1
	Planung - offene Punkte - Prüfungsplan, Teamplanunf, Zeit & Kosten - Praktische Informationen (Kontakte, Anreise, Profil der Einheit)	2
	Korrespondenz & Protokolle - nach Datum	3
	Arbeitsprogramm - Arbeitsprogramm - Ankündigung - Voruntersuchung (Kennzahlen, Prozessübersicht, Vorprüfungen)	4
A1-	**Prüfgebiet** - Prüffeld - Prüffeld	5
A2-	**Prüfgebiet** - Prüffeld - Prüffeld	6
A3-	**Prüfgebiet** - Prüffeld - Prüffeld	7
A4-	**Prüfgebiet** - Prüffeld - Prüffeld	8
A5-	**Prüfgebiet** - Prüffeld - Prüffeld	9
A6-	**Prüfgebiet** - Prüffeld - Prüffeld	10
A7-	**Prüfgebiet** - Prüffeld - Prüffeld	11
Z-	**Zusatzinformationen** - Unternehmens- und Marktinformationen - ...	12

Abb. 5.15 Muster-Aktenplan. (Eigene Darstellung)

5.3 Auftragsdurchführung

Die im Rahmen eines Prüfungsauftrages anfallende Dokumentation lässt sich beispielhaft in folgende Blöcke unterteilen[40]:

- Ergebnisse
  Prüfungsbericht
  Hinweise für die Folgeprüfung
- Allgemeines
  Abschlusscheckliste
  Review Notes/ToDo-Liste
  Arbeitsprogramm
  Kontakte
  Vorbereitungscheckliste
  Risikobeurteilung
  …
- Deckblatt Prüfgebiet (1)
  Deckblatt Teilgebiet (11)
  Dokumente Teilgebiet
  Deckblatt Teilgebiet (1 …)
  Dokumente Teilgebiet
  Deckblatt Teilgebiet (1n)
  Dokumente Teilgebiet
- Deckblatt Prüfgebiet (…)
  …
- Deckblatt Prüfgebiet (n)
  Deckblatt Teilgebiet (n1)
  Dokumente Teilgebiet
  Deckblatt Teilgebiet (n …)
  Dokumente Teilgebiet
  Deckblatt Teilgebiet (nn)
  Dokumente Teilgebiet
- Anhang
  Zusatzinformationen
  Reste
  zu vernichten

Es ist sinnvoll, die Dokumente so zu ordnen, dass sie über die Phasen des Auftragsprozesses hinweg gut zugänglich sind – also häufig genutzte, gegen Ende des Ablaufs erstellte, wenig umfangreiche Dokumente auf vordere Plätze und selten genutzte, umfangreiche Dokumente dorthin, wo sie Bearbeiter und Leser wenig stören.

---

[40] Eigene Zusammenstellung.

Wird eine Revisionsmanagement-Software genutzt, lässt sich der Zugriff gut über prozessschrittspezifische Zugriffe – Tabellen und Masken für Vorbereitung, Erstellung, Überwachung, Berichterstattung und Recherche – steuern.

5.3.5.3 Referenzierungsschema

Eine vorgegebene Rahmenstruktur erleichtert das Erstellen der Auftragsdokumentation und auch den Zugriff auf Informationen und Beurteilungen während und nach der Prüfung. Insbesondere im Rahmen der Ergebnisabstimmung können unerfreuliche Situationen entstehen, wenn die zugrunde liegenden Informationen nicht verfügbar oder unklar sind.

Eine möglichst praktikable, dem Revisionskontext angemessene Referenzierungslogik unterstützt die Ablage der und den Zugriff auf die Arbeitspapiere. In der Wirtschaftsprüfung ist eine Zwei-Wege-Referenzierung üblich – vom Abschluss (-bericht) ins Detail sowie auch vom Detail in den Abschluss. Dieser Aufwand ist in der Internen Revision nur in Ausnahmefällen erforderlich und – wirtschaftlich – sinnvoll.

In der Internen Revision reicht im Normalfall eine hierarchische (Baum-) Struktur, die die Arbeitspapiere nach Themen gliedert und ein tieferes Nachforschen (Drill-down) im Detail ermöglicht. Abb. 5.16 zeigt eine beispielhafte Logik, die sich physisch/manuell sowie auch teilweise oder ganz elektronisch umsetzen lässt.

Bereits mit einer einfachen hierarchischen Referenzierung kann Klarheit und Übersicht gewahrt bleiben. Aus Praktikabilitätsgründen findet man heute in der Praxis häufig noch eine Mischung aus physischen und elektronischen Dokumenten.

Revisionsmanagementsysteme arbeiten häufig mit internen Verweisen (im Prinzip sind dies Dokument-IDs); diese können bei korrekter Implementierung auch stabile automatisierte Zwei-Wege-Referenzen ermöglichen. Manuelle Verweise – insbesondere auf Dateinamen – funktionieren in der Regel nur dann, wenn ein klares Referenzierungsschema diszipliniert genutzt wird.

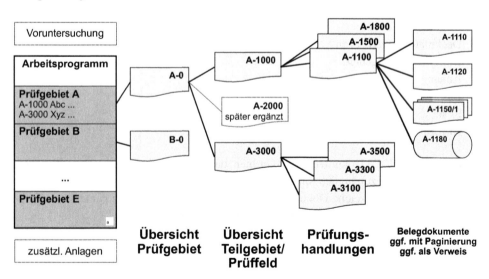

Abb. 5.16 Referenzierungsschema für Arbeitspapiere. (Eigene Darstellung)

Vielfach wird mit einfachen Dateireferenzen gearbeitet, die aus einem Arbeitsprogramm (Datenbank, Textdokument oder Tabelle) auf lokale oder Netzwerklaufwerke verweisen. Diese Dateireferenzen gehen in der Praxis über kurz oder lang verloren, und die Arbeitspapiere können unbrauchbar werden.

Eine weitere Herausforderung stellen für Analysen bezogene, große Dateien dar, die sich aus Performancegründen häufig nur schlecht in Revisionsmanagementsystemen speichern lassen. Auch hier sind Referenzen – teils auf Offline-Medien – erforderlich.

5.3.6 Dokumentation – Good Practices und Varianten

Die Dokumentation in den Arbeitspapieren dient in der Innenrevision nicht nur dazu, im Zweifel über hinreichende Nachweise für Aussagen und Prüfungsurteile zu verfügen, sie ist auch ein wichtiges Instrument zur Strukturierung und Durchführung der Prüfungshandlung.[41] Eine konsistente Dokumentation ist in deutschen Revisionen allerdings nicht selbstverständlich.[42] Als gute Praktiken[43] haben sich bewährt:

- Einheitlicher Aktenplan für Prüfungsaufträge
- Einheitliches Referenzierungs-System für Verweise
- Definierter Grundaufbau von Arbeitspapieren
- Prüfungsablaufs-gerechter Aufbau der Arbeitspapiere
- Angemessene Detaillierung und Genauigkeit
- Kontrollierte, zentrale Archivierung
- Einfache Nutzerschnittstellen von Revisionsmanagementsystemen
- Standard-Arbeitspapiere bzw. Checklisten für häufige Prüffelder
- Durchsicht und Kommentierung der Dokumentation durch Vorgesetzte

Dokumentation – Verfahrensvarianten

Die bei Abschlussprüfern übliche Über-Kreuz-Referenzierung (cross referencing) der Arbeitspapiere wird in der Innenrevision nur selten angewandt; eine hierarchische Referenzierung ausgehend vom Arbeitsprogramm wird in den meisten Fällen ausreichend sein.

Der Wunsch, Prüfungen mehr oder weniger EDV-gestützt durchzuführen, führt zu teils vollständig elektronischer, teils hybrid elektronisch-physischer Aktenführung, abhängig von der Leistungsfähigkeit des verwendeten Systems sowie der Art und dem Umfang der anfallenden Nachweise.

---

[41] Vgl. Hahn, U./Westhausen, U. (2007), S. 72–74.
[42] Vgl. Berwanger, J./Kullmann, S. (2012), S. 212.
[43] Basierend auf den QSVP-Handreichungen von IIA, DIIR und IIA Switzerland, ergänzt durch eine Vielzahl von Anregungen von Praktikern im Rahmen der vom Autor durchgeführten Revisionsworkshops.

5.3.7 Überwachen der Auftragsdurchführung

Die Berufsgrundlagen (IIAS 2340) sprechen vom Beaufsichtigen der Auftragsdurchführung, wobei durch Überwachung – eigentlich also durch die übergeordnete, allgemeinere Tätigkeit – sichergestellt werden soll, dass die Auftrags- und Qualitätsziele erreicht werden.

2340 – Überwachen der Auftragsdurchführung
Die Durchführung der Aufträge ist in geeigneter Weise zu überwachen, um sicherzustellen, dass die Auftrags- und Qualitätsziele erreicht werden sowie die Weiterentwicklung des Personals gefördert wird.

Es ist Aufgabe der Revisionsleitung, sicherzustellen, dass Prüfungsaufträge auf Basis der vereinbarten Planung sachgerecht und sorgfältig durchgeführt werden.[44] Sobald die Interne Revision mehrere Hierarchiestufen hat, erfordert dies eine Delegation der Überwachungsaufgaben an die Leitung der Auftragsteams sowie an die fachliche oder regionale Managementebene in der Internen Revision. Abhängig von der Komplexität des Prüfungsauftrages und der Erfahrung des Prüfungsteams erfordert die Überwachung mehr oder weniger Aufmerksamkeit.

Die Überwachung der Auftragsdurchführung beginnt mit der Abstimmung und Freigabe des Arbeitsprogrammes im Rahmen der Prüfungsvorbereitung. Dort werden die Ziele und Umsetzungsschritte der Prüfung festgelegt, welche Grundlage der Überwachung im Zuge der Auftragsdurchführung und Berichterstattung sind. Im Rahmen der Auftragsdurchführung finden regelmäßige Abstimmungen innerhalb des Prüfungsteams statt. Die verantwortliche Leitung des Teams vergewissert sich laufend, ob das Prüfungsteam auf Basis des Arbeitsprogramms arbeitet. Außerdem sichert sie den Austausch von Informationen im Team, in der Revision sowie mit Geprüften und anderen Beteiligten. Revisionsleitung und Revisionsmanagement halten Kontakt mit der Teamleitung, um unterstützend oder lenkend eingreifen zu können.

Kleine Revisionsfunktionen haben evtl. keine separate Managementebene, so dass als Überwachungsmechanismus lediglich die revisionsinterne Organisation (Ablauf, Methoden und Instrumente), teaminterne Peer Reviews sowie die Abstimmung mit Geprüften und Stakeholdern verbleibt (Abb. 5.17).

Der Überwachungszyklus im Rahmen der Auftragsdurchführung endet mit dem Abschluss des Auftrags. Zur Steuerung und Dokumentation können Feedbackmeetings mit Prüfungsteam und Revisionsmanagement durchgeführt, oder Auftragschecklisten – teilweise in Form von prüfungsbegleitend gepflegten Laufzetteln – verwendet werden.

Die Auftragschecklisten können im Rahmen des Qualitätssicherungs- und -verbesserungsprogramms (QSVP) der Internen Revision ausgewertet werden. Die Auswertung der ausgefüllten Checklisten zeigt positive und verbesserungsbedürftige Ablaufmuster auf, z. B. werden fehlende Dokumente oder verzögerte Ablaufschritte sichtbar gemacht.

---

[44] Siehe Hahn, U. (2011b), S. 444 f.

5.3 Auftragsdurchführung

2021-032 Einkauf Toulouse	Checkliste Auftragsablauf			Referenz Prüfer Datum
Teilprozess / Aktivität / Meilenstein	Termin Soll	T-Ist Visum	Review	Referenz Arbeitspapier
Vorbereitung				
Zuordnung Teamleitung				
Abfrage Stakeholder-Erwartungen				
Erstkontakt Geprüfte				
Datenabfrage Prüffeld				
Entwurf Arbeitsprogramm				
Durchführung				
Versand Ankündigung				
Kick-off Meeting				
Beginn Feldarbeit				
Schlussbesprechung Feld				
Workpaper-Review				
Versand Berichtsentwurf				
Schlussbesprechung Bericht				
Versand Bericht				
Abschluss				
Teambesprechung				
Update Risiko-Beurteilung				

Abb. 5.17 Checkliste/Laufzettel Abwicklung Prüfungsauftrag. (Eigene Darstellung)

5.3.8 Überwachen der Auftragsdurchführung – Good Practices und Varianten

Die Überwachung der Auftragsdurchführung soll das Erreichen der Auftragsziele – bei Prüfungsaufträgen der Prüfungsziele – durch angemessen sorgfältiges und wirtschaftliches Umsetzen des Arbeitsprogramms sicherstellen. Als gute Praktiken[45] haben sich u. a. bewährt:

---

[45] Basierend auf den QSVP-Handreichungen von IIA, DIIR und IIA Switzerland, ergänzt durch eine Vielzahl von Anregungen von Praktikern im Rahmen der vom Autor durchgeführten Revisionsworkshops.

- Steuerung der Auftragsdurchführung durch Ablauf und Mustervorlagen
- Einsatz einer die Revisionsprozesse abbildenden Revisionssoftware
- Ablaufchecklisten für die Auftragsdurchführung und -messung
- Regelmäßige Kontakte zwischen Revisionsmanagement und Auftragsteam
- Nachweis der Überwachung (Quality Gates, interne Abstimmungen, Durchsicht)
- Revisionsinterne Abschlussbesprechung nach Auftragsabwicklung
- Die revisionsweite Auswertung/Analyse der Überwachungsdokumentation

Überwachen der Auftragsdurchführung – Verfahrensvarianten

Es ist wünschenswert, dass die Auftragsdurchführung laufend durch die Revisionsleitung oder durch von ihr beauftragte Mitarbeiter überwacht wird. In der Praxis werden die Ergebnisse der Auftragsdurchführung – die Abarbeitung des Arbeitsprogramms, das Anlegen der Arbeitspapiere sowie das Einhalten von Quality-Gates und Meilensteinen mit drei verschiedenen Methoden überwacht: Laufend, periodisch oder zum Abschluss der Prüfung. Welche Vorgehensweise gewählt wird, hängt davon ab, wie engmaschig die verantwortliche Revisionsleitung die Überwachung implementiert.

Kriterien für die Intensität der Überwachung der Auftragsdurchführung sind die Bedeutung der im Audit Universe enthaltenen Risiken, die Risikoneigung der Organisation, die Fähigkeit der Mitarbeit die anstehenden Themen selbstständig zu bearbeiten sowie Kontextbedingungen wie z. B. Regulierung.

Eine zu engmaschige Überwachung hemmt die Schlagkraft und Motivation des Prüfungsteams, während eine zu schwache Überwachung Qualitätsmängel und Ineffizienzen fördert.

5.4 Auftragsberichterstattung und Auftragsabschluss

Bereits während der Durchführung von Prüfungsaufträgen fallen laufend Ergebnisse an, die teils sofort mit den Geprüften ausgetauscht und abgestimmt werden. Dies ist ein oft wichtiger, wirksamer Teil der Berichterstattung der Internen Revision. Am Ende eines Prüfungsauftrags soll ein förmlicher, abgestimmter Bericht erstellt werden.

IIAS 2400 – Berichterstattung
Interne Revisoren müssen über die Ergebnisse von Prüfungs- bzw. Beratungsaufträgen berichten.

Mit dem Schlussbericht ist die Auftragsdurchführung aus Sicht der Internen Revision noch nicht beendet – die Prüfung muss noch revisionsintern aufbereitet und die Prüfungsdokumentation endgültig archiviert werden.

5.4.1 Auftragsberichterstattung

Während der Durchführung einer Prüfung und ggf. bereits im Rahmen der Voruntersuchung werden bereits Ergebnisse berichtet.[46] Die Interne Revision soll sich laufend mit den Geprüften und den Berichtsempfängern abstimmen. Grundlage und Gegenstand der Abstimmung sind auch erste Ergebnisse der Prüfungsdurchführung, unabhängig davon, ob diese nachher in den Schlussbericht einfließen. Die Intensität der prüfungsbegleitenden Abstimmung hängt vom Prüfungsauftrag ab. Bei kritischen oder komplexen Themen kann die Abstimmung sehr häufig und eng sein, bei unkritischen Themen oder komplizierter Auftragslogistik findet eine Abstimmung vielleicht nur punktuell zu Beginn und am Ende wichtiger Schritte statt.

Ziel der zeitnahen Abstimmung ist es, die Informationen und Beurteilungen der Internen Revision zu validieren und ggf. Beurteilungen oder vorgesehene weitere Prüfungshandlungen zu korrigieren. Die laufende Abstimmung kann auch die Akzeptanz für die Prüfungstätigkeit und die Prüfungsergebnisse bei den Geprüften fördern. Wenn Handlungsbedarf entsteht, können die Verantwortlichen schnell reagieren.

Es gibt Situationen, in denen eine laufende Abstimmung mit den Geprüften selbst nicht sinnvoll oder nicht machbar ist. Dies ist z. B. der Fall, wenn auf dolose Handlungen hin geprüft wird. In einer solchen Situation wird die Abstimmung mit ausgewählten Stakeholdern und an der Prüfung beteiligten Parteien (z. B. der Personal- oder Rechtsabteilung) häufig um so intensiver erforderlich.

Abb. 5.18 zeigt die wesentlichen Aktivitäten[47] im Rahmen der Auftragsberichterstattung.

5.4.1.1 Schlussbesprechung

Am Ende einer Prüfung wird in der Regel eine Schlussbesprechung abgehalten.[48] Der Begriff Schlussbesprechung steht für verschiedene Formate: Die Schlussbesprechung kann z. B. am Ende der Feldarbeit vor Ort stattfinden, im Verlauf der Erstellung des Berichtsentwurfs mit Verantwortlichen aus dem geprüften Bereich und/oder kurz vor Prüfungsabschluss zur Besprechung und Abstimmung des endgültigen Berichtsentwurfs.

Die Schlussbesprechung ist, zusammen mit dem Versand des Schlussberichts, ein wesentlicher Meilenstein im Prüfungsablauf. Auch nach der Erstellung des Abschlussberichts kann es zur Vorstellung von Prüfungsergebnissen kommen, was im weiteren Sinne ebenfalls als Schlussbesprechung gelten kann.

5.4.1.2 Revisionsbericht

Ein zentrales Element der Berichterstattung über Durchführung und Ergebnisse eines Prüfungsauftrags ist der Revisions-, Prüfungs- bzw. Schlussbericht. Weil die verbreiteten Re-

---

[46] Vgl. so auch Ruud, F./Friebe, P. (2013), S. 97 f.
[47] Zum Ablauf vgl. etwas Pickett, K.H.S. (2005), S. 252.
[48] Vgl. zu Häufigkeit und Teilnehmerkreis DIIR (2017a), S. 34 f. und DIIR (2020), S. 40 f. sowie zu den Zielen der Schlussbesprechung Füss, R. (2004), S. 189.

Aufgaben der Auftragsberichterstattung	PR	TL	RM	AS/QM	RL
Abstimmung laufender Prüfungsergebnisse	(X)	X	X		X
Schlussbesprechung abhalten	X	X	(X)		(X)
Berichtsentwurf erstellen	X	X	(X)		
Berichtsentwurf qualitätssichern		X	X	(X)	(X)
Berichtsentwurf Geprüften zustellen		X	(X)		(X)
Berichtsentwurf mit Geprüften abstimmen	(X)	X	X		(X)
Prüfungsbericht fertigstellen	(X)	X	(X)	(X)	(X)
Prüfungsbericht freigeben		X	(X)		X
Prüfungsbericht zeichnen	(X)	X	(X)		X
Prüfungsbericht verteilen			(X)	AS	(X)

Abb. 5.18 Aufgaben der Auftragsberichterstattung. (Eigene Darstellung. Legende: PR – Prüfer; TL – (Auftrags-) Teamleitung; RM – Revisionsmanagement (falls Management-Ebene vorhanden, sonst: Aufgabe RL); AS – Assistenz; RL – Revisionsleitung (CAE))

visionsberichte bei den Empfängern große Aufmerksamkeit finden, sprechen Revisionen vielfach vom Revisionsbericht als „Visitenkarte" der Internen Revision.[49]

Typische Inhalte eines Revisionsberichts[50] sind:

- Deckblatt
  Berichtsidentifikation (Nummer, Datum)
  Prüfungsgegenstand
  Titel
  Verantwortliche Prüfer
  Verteiler
- Einleitung
  Übersicht Prüffeld
  Prüfungsauftrag, -anlass
  Ziel* und Schwerpunkt
  Prüfungsumfang* (Sache, Ort, Zeit)
  Beschränkungen (Ziele, Umfang, Prüfungshandlungen)
  Prüfurteil*

---

[49] Vgl. dazu Berwanger, J./Kullmann, S. (2012), S. 214 f sowie detaillierter zu den Anforderungen an die Berichterstattung Peemöller, V.H./Kregel, J. (2010), S. 279–290.

[50] Eigene Zusammenstellung.

5.4 Auftragsberichterstattung und Auftragsabschluss

- Kurz- oder Langbericht
  Zusammenfassung* (Management Summary)
  Kriterien für den Sollzustand
  Geprüfte Unterlagen/Informationen
  Beurteilung der einzelnen Prüffelder
  Aktionsplan* (Maßnahmenliste)
  Abstimmung – Datum/Anwesende Schlussbesprechung
- Ergänzend im Langbericht
  Inhaltsverzeichnis
  Durchgeführte Prüfungshandlungen
  Detaillierte Prüfungsergebnisse (Ist-Zustand, Abweichungen)
- Anhang
  Analyseergebnisse

Einen Teil der Inhalte – hier mit * gekennzeichnet – schreiben die Berufsgrundlagen (IIAS 2410, IIAS 2410.A1) verbindlich vor. Die sind zum Beispiel die Prüfungsziele, der Prüfungsumfang, die wesentlichen Ergebnisse, eine Beurteilung sowie ein Maßnahmenplan.

IIAS 2410 – Berichterstattungskriterien
Die Berichterstattung muss Ziele, Umfang und Ergebnisse des Auftrags enthalten.

IIAS 2410.A1 – Schlussbericht für den Prüfungsauftrag

Der Schlussbericht eines Auftrages muss geeignete Schlussfolgerungen enthalten. Er muss außerdem geeigneten Empfehlungen und/oder Aktionspläne beinhalten. Soweit angebracht sollte die Beurteilung des Internen Revisors enthalten sein. Eine Beurteilung muss Erwartungen der leitenden Führungskräfte, der Geschäftsleitung bzw. des Überwachungsorgans sowie von anderen Interessengruppen berücksichtigen und durch ausreichende, zuverlässige, relevante und zweckdienliche Informationen belegt sein (Abb. 5.19).

Regelmäßig durchgeführten Umfragen im Berufsstand der Internen Revision zu Folge sind die wichtigsten Anforderungen an Revisionsberichte: objektive Feststellungen, vereinbarte Maßnahmen, Prüfungsziele, Ergebniszusammenfassung, die Beurteilung der Prüfungsergebnisse, das Aufzeigen von Handlungsbedarf sowie die Aufbereitung und der Verteiler. Als demgegenüber nachrangig angegeben werden Erläuterungen, Positivmeldungen und formalisierte Ratings.[51]

In der Praxis haben sich weitere Kriterien für gute Revisionsberichte gebildet:[52]

- Schnelle Berichtsabstimmung
- Kurze Berichte

---

[51] Vgl. DIIR (2017a), S. 34 und DIIR (2020), S. 39.
[52] Vgl. dazu Berwanger, J./Kullmann, S. (2012), S. 216.

Abb. 5.19 Struktur Prüfungsbericht. (Eigene Darstellung. Grau: verbindliche Teile, weiß: optionale Teile)

- Visuell zugängliche Zusammenfassungen
- Konsistente Sprache und Struktur
- Praktikable Aktionspläne mit Terminen und Verantwortlichkeiten
- Klare Priorisierung des Aktionsplans

Grundsätzliche Berichtsformate sind Fließtext, Tabelle, Präsentation und Übersicht (Dashboard); in Tab. 5.8 sind die Berichtsformate gegenübergestellt.

Die Länge von Revisionsberichten schwankt stark. Manche Interne Revisionen kommen mit Deckblatt, Übersichts- und Ergebnisseite sowie ein bis zwei Seiten zusammengefassten, prüffeldbezogenen Ergebnissen und einem knappen Aktionsplan aus. Andere Revisionen schreiben über 100-seitige, sehr detaillierte Berichte. Tab. 5.9 zeigt wesentliche Beweggründe für die beiden Extreme auf.

Schlussendlich legt die Revisionsleitung das Berichtsformat in Abstimmung mit den wesentlichen internen (Geschäftsleitung, oberes Management und geprüfte operative Funktionen) und externen (i. d. R. Aufsichtsbehörden, Kunden) Berichtsempfängern selbst fest.

Die Bedürfnisse und Wünsche der verschiedenen Berichtsempfänger gehen in der Praxis oft weit auseinander. Ein Empfänger erhält viele Berichte und benötigt daher möglichst verdichtete Ergebnisse, denn bei zu großer Detailfülle geht der Überblick verloren. Ein anderer Empfänger sucht möglichst umfassende Hintergrundinformationen, um sich selbst einen detaillierten Eindruck über das Prüffeld zu verschaffen. Einzelne Empfänger, Geprüfte oder Beteiligte schließlich können starken Widerstand gegen Prüfungsergebnisse

5.4 Auftragsberichterstattung und Auftragsabschluss

Tab. 5.8 Grundsätzliche Berichtsformate – Beschreibung und Beurteilung[a]

Berichtsformat	Beschreibung	Beurteilung
Fließtext	Darstellung von Ergebnissen und Vorgehen in einem Fließtext. Zusammenfassung und Detailbericht gegliedert nach Prüffeldern und Darstellung der Einzelfeststellungen.	Weit verbreitet, kann viele Details enthalten, Gefahr inhaltlicher Überfrachtung > Empfehlenswert für fokussierte Texte (Zusammenfassung, Anlagen)
Tabelle	Darstellung von Feststellungen, Maßnahmen und/oder Prüffeldern.	Günstig für die Darstellung von Feststellungen und Maßnahmen sowie wiederkehrende, gut strukturierbare Prüfungen > Bevorzugt für strukturierte Inhalte (Feststellungen, Aktionsplan)
Präsentation	Tendenziell grafische Darstellung von Urteil, Prüffeldern, Feststellungen auf separaten Seiten	Geringerer Detailgehalt oder aufwändig zu erstellen bzw. unübersichtlich > Ergänzend nutzbar
Übersicht (Dashboard)	Komprimierte Zusammenfassung der Ergebnisse, z. B. Ampeln, Radar-Charts, Kennzahlen etc.	Fokussierung, Informationsverlust durch Aggregation > Für Top-Management geeignet

[a]Erweitert nach Berwanger, J./Kullmann, S. (2012), S. 219

Tab. 5.9 Einflussfaktoren Berichtsumfang[a]

Sehr knappe Berichterstattung	Sehr umfassende Berichterstattung
+ Berichtserstellung zügig möglich	– Detaillierte Berichtserstellung zeitaufwändig
+ Berichtsreview zügig möglich	– Detaillierter Berichtsreview zeitaufwändig
+ Berichtsabstimmung zügig möglich	– Detaillierte Berichtabstimmung zeitaufwändig
+/– Konfliktpotenzial meist auf den ersten Blick sichtbar	+/– Konfliktpotenzial muss sichtbar gekennzeichnet werden
– Gekonnte Verdichtung der Berichtsinhalte erforderlich	+ Einfache, weil direkte Aufzeichnung der Beobachtungen und Ergebnisse möglich
+/– keine Offenlegung von Details an interne und externe Berichtsempfänger	+/– Offenlegung von Details an interne und externe Berichtsempfänger
+ Detailergebnisse bleiben intern und extern vertraulich	+ Berichtsempfänger erhalten erklärende Detailergebnisse
– Umfassende und klare Arbeitspapiere zur Prüfungsdokumentation erforderlich	+ Knappe, die Berichterstattung ergänzende Arbeitspapiere möglich
+ Prüfnachweise in den Arbeitspapieren gesammelt	– Prüfnachweise korrekt im Bericht darzustellen
+/– Vertrauen in Personen	+ Vertrauen in Fakten

[a]Eigene Darstellung. Legende: +: tendenziell Vorteil, +/–: sowohl Vor- als auch Nachteil, –: tendenziell Nachteil

leisten, so dass sich die Interne Revision genötigt fühlt, ihre Beurteilungen sehr detailliert zu begründen.

Als gute Richtschnur für das Konzipieren der Revisionsberichterstattung hat sich erwiesen, zuerst einen für alle Adressaten vertretbaren, aus Sicht der Internen Revision wirtschaftlich motivierten Mindestumfang festzulegen. Besonders einflussreiche Stakeholder können darauf aufbauend mit zusätzlichen, differenziert verfügbar gemachten Informationen versorgt werden. Allen Wünschen gerecht werdende Maximallösungen erfordern häufig einen großen, mit dem möglichen Nutzen nicht mehr zu rechtfertigenden Aufwand (Abb. 5.20).

Das Deckblatt des Revisionsberichts enthält alle Informationen, die zur Identifikation des Berichts erforderlich sind. Auf der Folgeseite befindet sich in der Regel eine verdichtete Zusammenfassung des Prüffeldes (z. B. Organisations- oder Prozessstruktur, Kennzahlen) und die Eckdaten des Prüfungsauftrags (Ziel, Umfang, Kriterien-Set, Beurteilung). Auf den Folgeseiten findet sich die Zusammenfassung der Prüfungsergebnisse. Diese Zusammenfassung der Prüfung kann sehr knapp gehalten sein (ein bis drei Seiten oder eine Tabelle), oder auch umfassender – acht, 15 oder manchmal mehr Seiten. Kurze Zusammenfassungen bieten weniger Angriffsfläche für Konflikte, erfordern aber eine geschickte und ausbalancierte Verdichtung der Ergebnisse. Längere Zusammenfassungen sind dort interessant, wo interne oder externe Leser Informationen über die Funktion eines ihnen nicht bekannten Prüffeldes wünschen. Die Zusammenfassung wird immer um eine Liste der Feststellungen und Maßnahmen (im IIA-Jargon „Aktionsplan") ergänzt.

Bis hierhin kann der Gesamtbericht relativ kurz erstellt werden. Ein Teil der Internen Revisionen stellt danach aber auch ausführlich detaillierte Prüfungshandlungen und Prü-

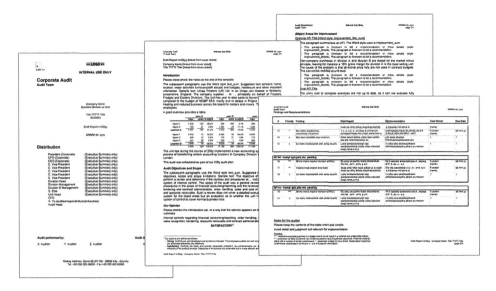

Abb. 5.20 Musterlayout Schlussbericht. (Eigene Darstellung)

5.4 Auftragsberichterstattung und Auftragsabschluss

fungsergebnisse dar.[53] Dafür gibt es typischerweise zwei Ansätze, entweder ausgehend von den Prüffeldern oder aber angelehnt an die Feststellungen. Diese Detailergebnisse werden also ggf. nach Prüffeldern gegliedert. Alternativ können die Detailergebnisse nach Themenfeldern untergliedert werden, in denen Abweichungen bzw. Feststellungen aufgetreten sind.

Die Revisionsberichte werden im Regelfall von den Prüfern erstellt und dann vom Revisionsmanagement qualitätsgesichert und genehmigt. Aus den in Revisionsmanagement-Systemen im Rahmen der Auftragsdurchführung erfassten Daten lassen sich Revisionsberichte ganz oder teilweise (z. B. Eckdaten und Aktionsplan) generieren, wenn die entsprechenden Funktionen implementiert sind. Die praktische Umsetzung solcher Berichtsgeneratoren bereitet allerdings häufig Probleme, weil unternehmensspezifische Überarbeitungsabläufe oder Formatierungswünsche schwer zu implementieren sind.

Ergänzende Informationen im Revisionsbericht
Je nach Auftragsziel und -umfang werden Detailinformationen in den Revisionsbericht, den Anhang des Revisionsberichts oder in eine ergänzende Berichterstattung aufgenommen. Dies können z. B. Erhebungsdaten, Analysen, Prozessbeschreibungen und Regelsammlungen sein. Besonders vertrauliche Informationen können in einem gesonderten Anhang des Revisionsberichtes kommuniziert werden.

Die Inhalte und das Format der Revisionsberichte sollen vom Prüfungsteam im Rahmen der Auftragsvorbereitung mit Stakeholdern und Berichtsempfängern abgestimmt werden. Unzureichende Abstimmung führt bestenfalls zu Verstimmungen; im schlimmsten Fall muss eine Prüfung wiederholt werden, weil selbst korrekt dargestellte Prüfungsergebnisse nicht mehr vermittelbar und daher unbrauchbar sind.

Es ist möglich, positive Prüfungsergebnisse explizit zu erwähnen oder darzustellen. Die Darstellung positiver Prüfungsergebnisse kann zum Beispiel dazu dienen, die Geprüften bei schwachen Ergebnissen nicht in einem unangemessen schlechten Licht erscheinen zu lassen, Anerkennung für ein insgesamt sehr gut geführtes Prüffeld zu zeigen, oder auch um beobachtete, an anderen Stellen in der Organisation nützliche Good Practices sichtbar und zugänglich zu machen.

IIAS 2410.A2 – Erwähnen zufriedenstellender Leistungen
Internen Revisoren wird empfohlen, zufriedenstellende Leistungen im Rahmen der Berichterstattung anzuerkennen.

Darüber hinaus beruht das Erwähnen positiver Sachverhalte auch auf kulturellen Eigenheiten: In manchen (Unternehmens-) Kulturen wird nur positiv oder verklausuliert kritisiert. Andernorts sind klare Worte üblich und erwartet. Beobachtungen in der Praxis deu-

---

[53] Die meisten (2017: ca. 80 %) Revisionen berichten auf weniger als 20 Seiten, vgl. dazu DIIR (2017a), S. 35. Zu den Berichtsformaten und Inhalten vgl. weiter ausführlich Peemöller, V.H./Kregel, J. (2010), S. 290–307.

ten darauf hin, dass die Akzeptanz von negativen Nachrichten tatsächlich eher von der Unternehmens-, Führungs- oder sogar revisionsinternen Kultur bestimmt wird und weniger – wie teils behauptet – vom externen räumlichen oder funktionalen Kontext. Ähnliche Wirkungsmechanismen gelten für das in manchen Revisionsberichten übliche Loben (teils mit einem Notensystem) der von den Geprüften gezeigten Kooperationsbereitschaft. Beides verschiebt den Fokus der Berichterstattung, die „Airtime" der Internen Revision, weg von den betrieblichen Risiken und Schwachstellen hin zur Präsentation der Geprüften.

Verbreitungs- und Nutzungsbeschränkungen
In den meisten Fällen enthalten Revisionsberichte Verbreitungs- und Nutzungsbeschränkungen. Diese sollen sicherstellen, dass die Verbreitung der von der Revision zusammengetragenen Informationen und der darauf beruhenden Beurteilungen auf den gezielt festgelegten Adressatenkreis beschränkt bleibt.

IIAS 2410.A3 – Verbreitungs- und Nutzungsbeschränkungen
Beim Offenlegen von Auftragsergebnissen an organisationsexterne Stellen muss auf Verbreitungs- und Nutzungsbeschränkungen hingewiesen werden.

Verbreitungsbeschränkungen bzw. Vertraulichkeitshinweise werden insbesondere dann erforderlich, wenn Revisionsergebnisse an Externe weitergegeben werden.

In offenen Unternehmenskulturen wird eine breite Verteilung von Erkenntnissen der Internen Revision üblich. Es gibt allerdings viele Situationen und Gründe, die auch intern der Verbreitung von Revisionsergebnissen entgegenstehen: Daten-, Rechte- und Knowhow-Schutz, und auch der Wunsch, Individuen und Teams nicht dadurch zu demotivieren, dass sie vor der Belegschaft in schlechtes Licht gerückt werden.

Durch die externe Verbreitung von Revisionsergebnissen ist die Kontrolle über deren weitere Verbreitung nur noch schwer möglich. Typische Situationen, in denen Revisionsergebnisse weitergegeben werden, sind die teils detaillierte Berichterstattung an Kunden und Geschäftspartner oder die Weitergabe von Planungen, Prüfungsergebnissen und Prüfungsberichten der Internen Revision an Aufsichtsbehörden und Abschlussprüfer.

Qualität der Berichterstattung
Wie bereits erwähnt, wird der Revisionsbericht häufig als die „Visitenkarte" der Internen Revision bezeichnet.

So wie bei Visitenkarten auch finden sich viele verschiedene Ausprägungen – kurze und lange Berichte, Textstrukturen und tabellarische Berichte, dichte Wälder kleinster Zeichen und ausgefeilte grafische Ergebnisdarstellungen.

Eines sollen alle Berichte gleichermaßen erfüllen – sie sollen eine für die Berichtsziele und Berichtsempfänger hinreichende qualitative Güte erreichen. Im IIAS 2420 sind die qualitativen Mindestkriterien für die angemessene Revisionsberichterstattung definiert.

5.4 Auftragsberichterstattung und Auftragsabschluss

IIAS 2420 – Qualität der Berichterstattung
Revisionsberichte müssen richtig, objektiv, klar, prägnant, konstruktiv und vollständig sein und zeitnah erstellt werden.

Richtig meint faktenbasiert, frei von Fehlern, Verzerrungen. Objektivität erfordert eine sachliche, unparteiische und unvoreingenommene Beurteilung. Klarheit und Prägnanz entstehen durch Verständlichkeit, logische Schlüssigkeit und Konzentration auf das Wesentliche. Konstruktiv sind Berichte, welche Verbesserungen in der Organisation und durch die Berichtsempfänger fördern. Berichte sollen alle für die Berichtsempfänger wesentlichen Informationen darstellen (vollständig) und so rechtzeitig (zeitnah) sein, dass Verantwortliche rechtzeitig Maßnahmen ergreifen können.

IIAS 2421 – Fehler und Auslassungen
Enthält ein Schlussbericht wesentliche Fehler oder Auslassungen, muss der Leiter der Internen Revision allen Parteien, die den ursprünglichen Bericht erhalten haben, die berichtigten Informationen übermitteln.

In Einzelfällen kann es dazu kommen, dass nach der Verbreitung des Revisionsberichts wesentliche Fehler oder Auslassungen im Bericht erkannt werden. In diesem Fall muss die Revisionsleitung die ursprünglichen Berichtsempfänger über den Sachverhalt informieren. Falls erforderlich, können die ursprünglichen Berichtsempfänger dann die Ergänzungen oder Richtigstellungen weiterleiten. Ungünstig wäre es, eine zweite Version des ursprünglichen Berichts zu veröffentlichen – verschiedene kursierende Versionen eines Revisionsberichts können zu Irritationen führen.

Einhalten der Berufsgrundlagen
Eine Interne Revision kann über das Einhalten der Berufsgrundlagen im Rahmen der Auftragsdurchführung berichten, sie muss es aber nicht. Nur wenige Interne Revisionen nutzen diese Möglichkeit regelmäßig. Sinnvoll kann die für die Revisionsberichte vorgesehene Formulierung „in Übereinstimmung mit den Internationalen Grundlagen für die berufliche Praxis der Internen Revision durchgeführt" sein, wenn die Berichte häufig oder immer an Externe weitergegeben werden. Dies ist zum Beispiel der Fall, wenn Dienstleistungsunternehmen Berichte an ihre Kunden weitergeben oder wenn Regulierungsbehörden Berichte erhalten. Ebenso wird die Formulierung im Regelfall verwendet, wenn ein Prüfungsdienstleister Berichte im Auftrag erstellt – damit werden die fachlichen Grundlagen und Zusicherungen der Prüfungsdienstleistung transparent gemacht.

IIAS 2430 – Zugrundelegen der Berufsgrundlagen
Die Angabe, dass Aufträge „in Übereinstimmung mit den Internationalen Standards für die berufliche Praxis der Internen Revision durchgeführt" wurden, ist nur sachgerecht, wenn die Beurteilung des Programms zur Qualitätssicherung und -verbesserung diese Aussage zulässt.

Es gibt Situationen, in denen von den Berufsgrundlagen abgewichen wird. Dies kann der Fall sein, wenn die Interne Revision im Prüffeld beraten hat oder wenn Sachverhalte im direkten oder erweiterten Verantwortungsbereich der Revisionsleitung geprüft werden müssen. Wenn die Verfügbarkeit oder die Erfahrung des Prüfungsteams begrenzt sind, kann es erforderlich sein, dass Prüfungshandlungen vereinfacht oder gestrichen werden. Auch muss darauf hingewiesen werden, wenn die Abweichung – hier z. B. von der Sorgfaltspflicht – wesentlich ist.

IIAS 2431 – Offenlegen von Abweichungen
Falls sich ein Abweichen von dem Ethikkodex oder von den Standards auf einen bestimmten Auftrag auswirkt, muss bei der Berichterstattung der Ergebnisse Folgendes offengelegt werden:

- Prinzip(ein) und Regelung(en) des Ethikkodex oder Standard(s), das bzw. die nicht vollständig eingehalten wurde(n).
- Grund bzw. Gründe für das Abweichen.
- Auswirkung des Abweichens auf den Auftrag und die berichteten Auftragsergebnisse.

Kommt es zu Abweichungen von den Berufsgrundlagen, dann soll die Abweichung (der/die Standard(s)) benannt und die möglichen Auswirkungen sowie die ergriffenen Gegenmaßnahmen erläutert werden.

5.4.1.3 Zusammenfassende Beurteilungen von IKS, RMS und CMS

Manche Revisionsabteilungen geben sog. „zusammenfassende Beurteilungen" zu Teilen des Governance-Systems ab. Dazu zählen das interne Kontrollsystem (IKS), das Risikomanagementsystem (RMS) sowie das Compliance-Managementsystem (CMS). Im Zuge der SOX-Einführung legten die Berufsgrundlagen (das IPPF) dies zeitweise sogar explizit nahe. Das IIA hat dann allerdings schnell erkannt, dass diese Ambitionen viele Interne Revisionen überfordern und die entsprechenden Maßgaben wieder aus den Berufsgrundlagen entfernt bzw. so verändert, dass den praktischen Erfordernissen und Möglichkeiten besser Rechnung getragen wird.

Zusammenfassende Beurteilungen der GRC[54]-Teilsysteme durch die Internen Revision finden sich heute somit in manchen Organisationen, und bevorzugt zu Teilbereichen wie dem Risikomanagementsystem, dem Compliance-Managementsystem oder dem IKS. Deutlich ist, dass ähnliche Beurteilungen in vielen Organisationen auch durch Externe – z. B. den Abschlussprüfer – durchgeführt werden. Intern wird in diesen Fällen ggf. zuge-

---

[54] Im Kontext der Internen Revision steht das Akronym GRC häufig für die Begriffe Governance, Risk [Management] and [Internal] Control; vgl. so z. B. IIAS 2110:2017, IIAS 2120:2017 und IIAS 2130:2017).

arbeitet, oder aber die Beurteilung wird bewusst (z. B. aus Wirtschaftlichkeitserwägungen heraus) den Externen überlassen.

IIAS 2450 – Zusammenfassende Beurteilungen
Wenn eine zusammenfassende Beurteilung abgegeben wird, muss diese die Strategien, Risiken und Ziele der Organisation sowie die Erwartungen der leitenden Führungskräfte, der Geschäftsleitung bzw. des Überwachungsorgans sowie von anderen Interessengruppen berücksichtigen. Die zusammenfassende Beurteilung muss durch ausreichende, zuverlässige, relevante und zweckdienliche Informationen belegt sein.

Die Berufsgrundlagen (das IPPF) weisen zuerst einmal darauf hin, dass zusammenfassende Beurteilungen den Kontext reflektieren müssen – also z. B.: Gibt es bereits externe Prüfungserfordernisse? Soll die Geschäftsleitung oder das Überwachungsorgan eine Aussage zu den Systemen machen und braucht dafür eine Grundlage? Letzteres findet sich häufig im (quasi-) öffentlichen Sektor.

Zusammenfassende Beurteilungen können sich auf die Ergebnisse verschiedener Prüfungen stützen. Das heißt, eine explizite Prüfung des Systems ist nicht erforderlich. Allerdings muss die Beurteilung hinreichend zuverlässig sein. Auch negative Beurteilungen der Systeme müssen begründet werden. Ursache für diese interessante Maßgabe kann sein, dass in prominenten Organisationen Konflikte entstanden sind, weil deren Revisionsleitungen zum Ärger der Leitungsorgane die Funktionsfähigkeit von Systemen nicht bestätigen konnten oder wollten.

Die zusammenfassende Beurteilung der Internen Revision zu Teilen des Governance-Systems soll den Beurteilungszeitraum, zugrunde gelegte Kriterien (Modelle) und Informationen sowie die Beurteilung selbst enthalten.

Berichtsentwurf
Das für die Durchführung eines Auftrags verantwortliche Prüfungsteam stellt einen Berichtsentwurf zusammen. Für dessen Qualität ist zuerst die Leitung des Prüfungsteams verantwortlich. Teile oder Inhalte des Berichtsentwurfs werden in der Regel frühzeitig mit den Verantwortlichen für Risiken und Maßnahmen abgestimmt.[55] Der endgültige Berichtsentwurf wird qualitätsgesichert – teilweise lediglich durch die Teamleitung, aber auch durch Führungskräfte der Internen Revision, eine förmlich für die Berichtskritik verantwortliche Funktion oder die Revisionsleitung selbst. Bei der internen Qualitätssicherung des Berichtsentwurfs werden häufig auch die Arbeitspapiere für den Auftrag herangezogen und Rücksprache mit dem Prüfungsteam gehalten. Sind Nacharbeiten erforderlich, wird die Teamleitung diese mit dem Prüfungsteam ausführen, um einen überarbeiteten Berichtsentwurf zu erstellen. Der fertige Berichtsentwurf wird dann an den Ansprechpartner auf Seite der Geprüften mit Bitte um Freigabe und/oder Kommentierung übermittelt.

---

[55] Vgl. zu Häufigkeit und Inhalt der Abstimmung von Prüfungsergebnissen und Berichtsinhalten DIIR (2017a), S. 35 f. und DIIR (2020), S. 40 f.

5.4.1.4 Feststellungen, Empfehlungen und Maßnahmen

Im Rahmen der Prüfungsdurchführung (nähere Erläuterungen siehe dort) wird der Ist-Zustand erhoben, Abweichungen von Soll-Vorgaben festgestellt und – soweit im Rahmen der Prüfung bzw. durch den Prüfer möglich – auch die zugrunde liegenden Ursachen bestimmt. Abb. 5.21 zeigt Zusammenhänge zwischen Ist-Zustand, Kriterien (Soll), Feststellungen, Empfehlungen und Maßnahmen auf.

Die Bedeutung einer Feststellung ergibt sich, vereinfacht gesagt, aus den Auswirkungen für den Geschäftsbetrieb, die im weiteren Sinn auch für Stakeholder entstehende Folgen umfassen. Das Hauptaugenmerk liegt in vielen Organisationen weniger auf den Feststellungen (Abweichungen) selbst, sondern mehr auf den abgestimmten Abhilfe-Maßnahmen und den Verantwortlichen, die die aufgedeckten Problemfelder durch diese Maßnahmen adressieren sollen. Die Berufsgrundlagen sprechen hier vom „Aktionsplan" (IIAS 2410.A1).

Skalierung/Kategorisierung von Feststellungen und Maßnahmen

Die im Rahmen der Durchführung des Prüfungsauftrages dokumentierten Abweichungen werden von der Internen Revision kategorisiert, um Entscheidungsträgern und Handelnden eine Orientierung hinsichtlich der Dringlichkeit zu geben. Die Priorisierung von Feststellungen und Maßnahmen erfordert zumindest eine Kategorisierung in kritische, umzusetzende, wünschenswerte und optional zu bearbeitende Themen (bzw. Risiken, Feststellungen oder Maßnahmen). In vielen Fällen findet man eine entsprechende A-B-C-Gliederung[56] sowie ggf. noch eine weitere Kategorie nachrichtlicher Punkte. Im Abschnitt zur Auftragsdurchführung sind weitere Aspekte der Kategorisierung erläutert.

5.4.1.5 Maßnahmen- und Aktionsplan

Eine verbindliche Komponente der Auftragsberichterstattung ist der Aktions- bzw. Maßnahmenplan (IIAS 2410.A1). Während der Auftragsdurchführung werden Abweichungen

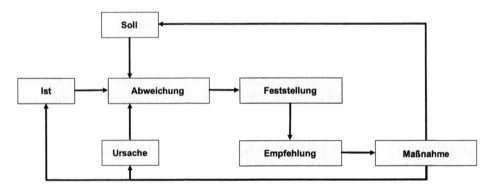

Abb. 5.21 Erarbeiten des Maßnahmenplans. (Eigene Darstellung)

---

[56] Vgl. ebenso Dieterle, O. (2018), S. 168 f.

5.4 Auftragsberichterstattung und Auftragsabschluss

(Feststellungen) aufgezeichnet, beurteilt und, soweit möglich, Ursachen festgestellt sowie mit den Verantwortlichen mögliche Maßnahmen und ein Zeitrahmen festgelegt.

Abb. 5.22 zeigt eine beispielhafte, kurz gehaltene Struktur eines dem Revisionsbericht verbindlich beizufügenden Aktionsplanes.

Üblicherweise werden die Feststellungen im Aktionsplan des Revisionsberichtes nach Prüffeldern gegliedert, priorisiert und das mit der Feststellung verbundene Risiko wird benannt. Die beispielhafte Tabelle löst Feststellungen in bei der Umsetzung und im Follow-up leicht handhabbare, knappe Texte auf. Weitere Details finden sich in diesem Fall in den Arbeitspapieren oder ggf. ein einem ergänzenden, nicht in allen Organisationen erforderlichen Detailbericht. Weiter sind dort die vereinbarten Maßnahmen (von manchen Internen Revisionen euphemistisch als „Empfehlung" bezeichnet), die – eine – für die Erledigung der Feststellung verantwortliche Stelle sowie der vereinbarte Zieltermin enthalten. In manchen Organisationen ist es erforderlich, im Aktionsplan Empfehlungen der Internen Revision und von der Fachabteilung vorgeschlagene Maßnahmen getrennt auszuweisen; dies geschieht, wenn der Berichts- und Abstimmprozess eine separate Reaktion der Fachverantwortlichen verlangt.

Typischerweise werden Feststellungen mit einer Referenz zu den zugrunde liegenden Arbeitspapieren in einer Tabelle oder Datenbank gesammelt und alle weiteren im Verlauf erforderlichen Informationen dort ergänzt. Tab. 5.10 zeigt die wesentlichen Elemente einer solchen Datenbank.

Aus der Feststellungs- bzw. Maßnahmendatenbank (für die bereits eine einfache Excel-Tabelle ausreichend sein kann) lassen sich zur Verfolgung der Maßnahmenumsetzung (Follow-up) Statusreports zur Darstellung von Inhalt und Umsetzungsstand des Aktions-

2021-017 - Zentrallager Wien 15. Feb. 2021						Aktionsplan
#	Feststellung	Rating	Risiko	Empfehlung/ Maßnahme	Verantwortlich	Termin
01	▨	A	▨	▨	Buchhaltung	30.4.21
02	▨	B	▨	▨	Einkauf	28.2.21 (erledigt)
03	▨	B	…	…	Lagerleitung	31.7.21
04	▨	C	…	…	CISO	15.4.21
…						
…						
…	Legende A - kritisch, B - wesentlich, C - Verbesserungspotential, * - nachrichtlich					
Bericht 2021-017 - Aktionsplan			= intern / vertraulich =			7 (9)

Abb. 5.22 Aktionsplan des Revisionsberichts. (Eigene Darstellung)

Tab. 5.10 Datenelemente des Aktionsplans[a]

ID	z. B. Jahr, Berichtsnummer, Feststellungsnummer
Feststellung	Titel oder Kurztext
Feststellungsdetail	Langtext oder Beschreibung
Referenz	z. B. in die Arbeitspapiere (intern) oder den Revisionsbericht
Priorität	z. B. kategorisiert nach A – B – C – zur Information
Kategorie	z. B. COSO-Kontrollziele oder Risikomodellkategorien
Auswirkungen	z. B. kategorisiert nach vernachlässigbar – merklich – bedeutend – bestandsgefährdend, gering – mittel – hoch, …
Maßnahmen	Kurztext der Aktion oder des Aktionsziels (meist günstiger, weil flexibler umzusetzen)
Verantwortlichkeit	Organisationseinheit
Fertigstellungstermin	Erster vereinbarter Zieltermin
Verfolger (revisionsintern)	Die Umsetzung überwachender Revisionsmitarbeiter
Anzahl Verlängerungen	Zähler für Verlängerungen
Neuer Fertigstellungstermin	Nach Verlängerung aktualisierter Fertigstellungstermin

[a]Eigene Zusammenstellung

plans erstellen. Die Aktionen können dabei z. B. nach Organisationseinheit und Kritikalität selektiert sowie – ggf. über die Geschäftsleitung – an die jeweils Verantwortlichen zur Bearbeitung der Feststellungen oder zur Abfrage des Umsetzungsstandes weitergeleitet werden.

Qualitätssicherung: Berichtskritik und schriftliche Kommunikation
Für die Optimierung der Berichterstattung[57] – Feststellungen, Maßnahmen und Beurteilungen – gibt es Indikatoren und bewährte Methoden aus der Publizistik. Diese Methoden fließen in die Ausbildung der Revisionsmitarbeiter, in die Qualitätskriterien und in die Handreichungen im Revisionshandbuch sowie in den revisionsinternen Qualitätssicherungsprozess (hier: die Berichtskritik) ein.

Ein Konzept, das bei der Erstellung adressatengerechter Revisionsberichte unterstützt, ist das der „vier Verständlichmacher", die von Schulz von Thun und seinem Team entwickelt wurden (Abb. 5.23):

Daneben können Indices beispielsweise die Satzteillänge, den Grundwortschatz- oder Fremdwortanteil, die formale Verständlichkeit (Fass-Dich-Kurz-Index FDK) und den Abstraktheitsgrad (ASV) messen – manche Internen Revisionen nutzen einfach die im Textverarbeitungsprogramm integrierte Lesbarkeitsstatistik.

---

[57]Vgl. zu praktischen Aspekten der Optimierung von Revisionsberichten Wesel, P./Jackmuth, H.-W. (2006). S. 84 ff.

5.4 Auftragsberichterstattung und Auftragsabschluss

Einfach (statt kompliziert)	**Stimulierend** (statt langweilig)

• Einfache Worte
• Kurze Sätze (max. 20 Worte)
• Aktiver Stil (Zeitwörter)
	• Grafik
	  • Klare Diagramme
	  • Titel mit Aussage
	• Konkrete Beispiele
	• Farbe?

Gegliedert (statt unübersichtlich)	**Kurz** (statt weitschweifig)
• Klare Abschnitte • Zwischentitel mit Aussagen	• Das Wichtigste auf einer Seite

Abb. 5.23 Revisionsberichterstattung – die vier Verständlichmacher. (Vgl. Langer et al. (2015))

Schlussbesprechung
Die bereits an anderer Stelle behandelte Schlussbesprechung dient der Abstimmung der Prüfungsergebnisse, Beurteilungen, Feststellungen und Maßnahmen.

Freigabe des Prüfungsberichtes
Die an anderer Stelle im Buch beschriebene Freigabe (Genehmigung) des Prüfungsberichts stellt ein wichtiges Quality Gate des Revisionsprozesses dar. In vielen Internen Revisionen prüfen die Revisionsleitungen alle oder zumindest alle kritischen Berichte vor deren Freigabe und Verteilung.

Verbreitung der Prüfungsergebnisse
Es ist wichtig, dass alle für die aufgedeckten Risiken und die Umsetzung von Maßnahmen Verantwortlichen zeitnah und sachgerecht informiert werden. Dazu dient neben der laufenden Kommunikation während der Auftragsdurchführung auch der für Prüfungsaufträge anzufertigende Abschlussbericht.

IIAS 2440 – Verbreitung der Ergebnisse
Der Leiter der Internen Revision muss alle zweckmäßigen Parteien über die Ergebnisse informieren.

Üblicherweise nutzt die Interne Revision Standardverteiler, die um auftragsspezifische Empfänger ergänzt werden. Zu den standardmäßigen Empfängern gehören Geschäftsleitungen (Vorstände), Überwachungsorgane (Prüfungsausschussleitungen), operative (Geschäftsbereiche, Gesellschaften) oder funktionale (IT, Personal, Beschaffung) Leitungen sowie Kontrollfunktionen (Controlling, Risikomanagement, Compliance, …).[58] Wer einmal erlebt hat, was passiert, wenn sich Funktionsträger übergangen sehen, versteht die dem Berichtsverteiler durch manche Revisionsleitung geschenkte, unbedingte Aufmerksamkeit.

IIAS 2440.A1 – Berichtsempfänger
Der Leiter der Internen Revision ist dafür verantwortlich, dass die Endergebnisse an diejenigen Beteiligten kommuniziert werden, die sicherstellen können, dass die Ergebnisse angemessene Beachtung finden.

Auch externe Berichtsempfänger können in Standard- oder auftragsspezifische Verteiler aufgenommen werden: Aufsichtsbehörden, Abschlussprüfer oder Kunden empfangen häufig Berichte der Internen Revision.

Die Ergebnisse der Prüfungen sollen möglichst zeitnah kommuniziert werden, im Normalfall geschieht dies innerhalb von zwei bis vier Wochen nach Beendigung der Prüfungshandlungen.[59]

Auftragsberichterstattung – Werkzeuge
Gebräuchliche Werkzeuge für die Auftragsberichterstattung sind Mustervorlagen für die Berichterstattung, Bewertungsskalen und Scoring-Tabellen (z. B. nach COSO). Weitere Hilfsmittel für das Erstellen der Revisionsberichte können Textbausteine sein, Standardberichte für wiederkehrende Prüfungen oder auf Basis der Feststellungen gesteuerte Generatoren für den Berichtsinhalt.

5.4.2 Auftragsberichterstattung – Good Practices und Varianten

Aufgabe der Auftragsberichterstattung ist es in erster Linie, wesentliche Prüfungsergebnisse an die Verantwortlichen für das Durchführen erforderlicher Korrekturmaßnahmen und an die Verantwortlichen für die Überwachung des geprüften Bereichs zu transportieren.

Als gute Praktiken[60] haben sich bewährt:

- Definierte Musterberichte
- Konsequentes Umsetzen von Berichtsstruktur und Berichtslayout
- Management-Zusammenfassung zu Beginn des Berichts

---

[58] Vgl. zu Formaten und Empfängern der Revisionsberichte DIIR (2017a), S. 36 ff. und DIIR (2020), S. 41 f.

[59] Vgl. DIIR (2017a), S. 38.

[60] Basierend auf den QSVP-Handreichungen von IIA, DIIR und IIA Switzerland, ergänzt durch eine Vielzahl von Anregungen von Praktikern im Rahmen der vom Autor durchgeführten Revisionsworkshops.

- Eine Übersicht über wesentliche Feststellungen im Bericht
- Definierte Beurteilungsskalen für Berichte und Prüffelder
- Revisionsinterne Peer-Reviews der Berichte
- Vorbereitete Standardverteiler

Auftragsberichterstattung – Verfahrensvarianten
Bei der Berichterstattung sind Varianten in zwei Bereichen augenfällig: Beim Umfang und Layout der Berichte sowie beim Zeitraum, den die Revisionsabteilungen für die Veröffentlichung von vorläufigen und endgültigen Prüfungsergebnissen benötigen.

Wie bei den Ausführungen zur Berichtsstruktur dargestellt, können Berichte wenige bis mehr als hundert Seiten umfassend erstellt werden. Sie können primär textlich, tabellarisch oder – selten – auch sehr grafisch sein. Wie die Berichte schlussendlich aussehen, ist stark von der Revisionsleitung und den wesentlichen Stakeholdern der Revision abhängig. Hier gibt es große Freiheitsgrade, deren Ausprägungen nur bedingt mit der Funktionsfähigkeit der Internen Revision und ihrem Wertbeitrag korrelieren. Dies bedeutet, dass eine Interne Revision sowohl mit umfassenden als auch mit knappen Berichten einen guten Nutzenbeitrag erzielen kann, genauso wie mit altbacken daherkommenden und modisch designten Layouts. Revisionsberichte sind damit so knapp wie irgend möglich und so umfassend wie unbedingt erforderlich zu gestalten; aufgrund wirtschaftlicher Erwägungen bei Erstellung und Kommunikation ist einer knappen Berichterstattung der Vorzug einzuräumen.

Auch die Bearbeitungs- bzw. Veröffentlichungszeit der Berichte schwankt stark. Während einige Revisionsleitungen auf das unbedingte Erfordernis gründlicher und zeitraubender Abstimmprozesse hinweisen, sind andere von Stakeholdern ebenfalls positiv beurteilte Interne Revisionen in der Lage, Berichte sofort oder wenige Tage nach dem Prüfungsabschluss zu verbreiten. Die sehr unterschiedlichen Erstellungs- und Abstimmzeiten sind im Wesentlichen durch die Unternehmenskultur und die Positionierung der Internen Revision bestimmt.

5.4.3 Auftragsabschluss

Zum Abschluss des Auftrags wird die Prüfungsakte geschlossen, interne Abschlussarbeiten werden durchgeführt und die Prüfungsunterlagen werden zuverlässig archiviert.

5.4.3.1 Aktivitäten
Nach der Verteilung des endgültigen Prüfberichtes wird die Auftragsdokumentation so aufbereitet, dass sie den Prüfungsablauf und die Schlussfolgerungen der Prüfer vollständig und strukturiert nachvollziehen lässt.

Die Arbeitspapiere sollten keinesfalls erst in der Abschlussphase angefertigt oder fertiggestellt werden. Nach der Durchführung der Prüfung und nach Verteilung des Berichts sollten lediglich noch unklare Teile der Arbeitspapiere klargestellt werden oder falsche bzw. fehlende Verweise korrigiert werden (Abb. 5.24).

Aufgaben für den Auftragsabschluss	PR	TL	RM	AS/QM	RL
Auftragsdokumentation fertigstellen	(X)	X			
Prüfung der Auftragsakte		X	X	(X)	
Durchsprechen der Auftragsdurchführung	X	X	X	(QM)	X
Aktualisierung von Audit Universe und Risikobeurteilung		X	(X)		
Hinweise für Folgeprüfungen dokumentieren		X			
Auftragsdokumentation archivieren		(X)		X	
Schließen des Auftrags			X		(X)
Genehmigen der Offenlegung von Auftragsdokumenten			(X)		X
Vernichtung alter Auftragsakten				(X)	X [a]

Abb. 5.24 Aufgaben für den Auftragsabschluss. (Eigene Darstellung. Legende: PR – Prüfer; TL – (Auftrags-) Teamleitung; RM – Revisionsmanagement (falls Management-Ebene vorhanden, sonst: Aufgabe RL); AS – Assistenz; RL – Revisionsleitung (CAE))

Der Auftragsabschluss dient dem geregelten Abschluss der operativen Auftragsdurchführung sowie der revisionsinternen Qualitätssicherung.

Beurteilung der Auftragsdurchführung – Post Mortem

Wie in vielen Projektmanagement-Modellen vorgesehen, ist es auch nach Abschluss eines Prüfungsauftrages sinnvoll, die Projekt- bzw. Auftragsabwicklung zu hinterfragen und Informationen für Folgeaufträge oder die Revisionsorganisation zu gewinnen. Dazu lässt sich eine Checkliste verwenden, die bereits während des Projektes genutzt werden kann, um den Projektverlauf zu steuern, zu überwachen und zu dokumentieren. Revisionsmanagementsysteme bieten häufig Funktionen und Module zur Dokumentation und Überwachung der Projektabwicklung an.

Neben den Instrumenten, die primär dem Projektcontrolling dienen, empfiehlt sich auch das nachgängige Durchsprechen des Projekts im Auftragsteam und mit der Revisionsleitung oder der revisionsinternen Qualitätssicherung.

Durch die Befragung ausgewählter Berichtsempfänger und Geprüfter können weitere Informationen über die Projektabwicklung sowie über die Stärken und Schwächen der Internen Revision gewonnen werden.

Aktualisierung der Risikobeurteilung

Im Rahmen der Nacharbeiten aktualisieren viele Interne Revisionen die Risikobeurteilung für den geprüften Bereich und korrigieren – falls erforderlich – auch das Audit Universe,

d. h. die Struktur der vorhandenen bzw. möglichen Prüfungsobjekte. Darüber hinaus werden spätestens jetzt auch Hinweise für Folgeprüfungen aufgezeichnet und allgemeine, für die sog. Dauerakten relevante Informationen abgelegt.

Zugriff auf und Weitergabe von Unterlagen der Internen Revision
Die Unterlagen der Internen Revision enthalten viele vertrauliche Informationen, die teilweise auch einem besonders strengen Schutz – z. B. durch die Datenschutzgesetzgebung – unterliegen. Daher muss die Revisionsleitung Vertraulichkeitsregeln vorgeben und die Revisionstätigkeit so organisieren, dass die der Internen Revision anvertrauten Informationen sicher verwahrt und nur dort, wo dies erforderlich und zulässig ist, offengelegt werden.

IIAS 2330.A1 – Zugang zu Prüfungsunterlagen
Der Leiter der Internen Revision muss den Zugang zu den Prüfungsunterlagen regeln. Vor der Freigabe dieser Unterlagen an externe Stellen muss der Leiter der Internen Revision die Genehmigung der leitenden Führungskräfte, ggf. auch die Stellungnahme eines Rechtsberaters, einholen.

Vertraulichkeitsregeln finden sich üblicherweise in der Geschäftsordnung der Internen Revision, in den Stellenbeschreibungen der Revisionsmitarbeiter und in den Teilen des Revisionshandbuchs, die das Anlegen und Archivieren der Revisionsdokumentation regeln.
Revisionsinformationen werden bereits im Vorfeld von Prüfungen – im Zuge von Risikobeurteilung und Auftragsvorbereitung – ausgetauscht. Weiter werden Revisionsinformationen im Verlauf von Aufträgen mit den Geprüften – nicht immer den Informationslieferanten und -eignern ausgetauscht, sowie im Rahmen der Abstimmung und der Berichterstattung. Auch außerhalb von Prüfungen oder nach Prüfungen können Informationen von nicht beteiligten Stellen bei der Internen Revision abgefragt oder im Rahmen anderer Aufträge genutzt werden. Hier wird offensichtlich, dass ganz eindeutige Vorgaben kaum möglich sind, sieht man einmal von einem Pauschalverbot der nachträglichen Informationsnutzung ab. In der Praxis kann man in vielen Fällen von einem auch im späteren Verlauf berechtigten Interesse an der Nutzung der Informationen ausgehen. Hier soll dann eine angemessen kompetente Stelle in der Internen Revision, als letzte Instanz die Revisionsleitung nach Rücksprache mit anderen Stellen (z. B. dem Informationseigner, der Rechtsabteilung oder dem Datenschutzbeauftragten), entscheiden.

IIAS 2440.A2 – Externe Weitergabe von Revisionsergebnissen
Soweit durch rechtliche, gesetzliche oder behördliche Regelungen nicht anders vorgesehen, muss der Leiter der Internen Revision vor Weitergabe von Ergebnissen an organisationsexterne Stellen:

- das Risiko für die Organisation bewerten,
- sich mit den leitenden Führungskräften und/oder wenn erforderlich mit einem Rechtsbeistand abstimmen und
- die Verbreitung durch Nutzungsbeschränkungen einschränken.

Revisionsergebnisse – Berichte, Auswertungen, Prüfnachweise – werden teilweise geplant, teilweise aber auch ungeplant herausgegeben. Eine geplante, externe Weitergabe findet zum Beispiel statt, wenn Kunden oder Kooperationspartner Informationen erhalten, oder wenn Informationen bzw. Berichte an Wirtschaftsprüfer oder Aufsichtsbehörden herausgegeben werden. Dies soll nicht unkontrolliert geschehen – die Revisionsleitung sollte, soweit die Weitergabe bindend erforderlich ist, diese genehmigen bzw. zumindest davon Kenntnis haben. Soweit erforderlich sind die Rechtsabteilung bzw. andere einschlägige Stellen in der Organisation einzubeziehen.

Um eine unkontrollierte Verbreitung der herausgegebenen Informationen zu vermeiden, sollten eindeutige Verbreitungs- und Nutzungsbeschränkungen auf den herausgegebenen Informationen angebracht werden. In der Praxis bedeutet dies, dass zumindest auf den Revisionsberichten und deren Anlagen ein Vertraulichkeitsvermerk angebracht wird.

5.4.3.2 Archivierung von Auftragsunterlagen und Arbeitspapieren

IIAS 2330.A2 – Aufbewahrungsfristen für Prüfungsunterlagen
Der Leiter der Internen Revision muss für die Prüfungsunterlagen, ungeachtet des verwendeten Mediums, Aufbewahrungsfristen festlegen. Diese Aufbewahrungsfristen müssen den Richtlinien der Organisation und allen einschlägigen behördlichen oder sonstigen Anforderungen genügen.

Das Revisionshandbuch enthält Regeln zu Archivierung der Arbeitspapiere bzw. der Auftragsunterlagen. Darüber hinaus sieht ein Revisionshandbuch bereits zu Beginn der Prüfung Instrumente wie z. B. einen Aktenplan vor, die eine geordnete Projektdokumentation und deren Archivierung erst ermöglichen.

Typischerweise orientiert sich die Archivierung der Arbeitspapiere an rechtlichen Vorgaben, die entweder generell für die kaufmännische Dokumentation der Organisation gelten, von der Art des geprüften Geschäfts abhängen, oder die spezifisch – z. B. durch eine Aufsichtsbehörde – vorgegeben sind. Orientiert sich die Interne Revision an der Aufbewahrungsfrist für kaufmännische Dokumente, wird häufig ein Aufbewahrungszeitraum von sechs, sieben (sechs plus eins) oder zehn Jahren vorgegeben. Handelt es sich um Prüfungen, bei denen es zu einer Haftung kommen kann, finden sich auch Aufbewahrungsfristen von 30 Jahren, bei technischen Großanlagen z. B. teils noch länger bis zum endgültigen Abbau der Anlage.

Günstig ist es, für alle Prüfungen – von Ausnahmen abgesehen – eine einheitliche Aufbewahrungsfrist vorzugeben und die Prüfungsakten dann später in Jahresblöcken zu vernichten.

5.4.3.3 Auftragsabschluss – Werkzeuge
Der Abschluss eines Prüfungsauftrags wird im Revisionshandbuch geregelt. Eine Checkliste kann zur Erfassung des Auftragsverlaufs und zur Bestätigung der Auftragsarbeiten

5.4 Auftragsberichterstattung und Auftragsabschluss

einschließlich des Abschlusses verwendet werden. Checklisten dienen auch der Erfassung und Dokumentation von auftragsbezogenen Qualitätsdaten und Lessons Learned. Elektronische oder manuelle Daueakten dienen der Sammlung und Bereitstellung von Informationen für Folgeprüfungen oder Prüffelder. Risikodatenbanken – Stand-alone oder als Modul eines integrierten Revisionsmanagements-Systems – erfassen aktualisierte Risikobeurteilungen und Hinweise für Folgeprüfungen (Tab. 5.11).

Checklisten zum Auftragsabschluss können um Fragen zur Abwicklung der Prüfung, zur Leistung des Prüfungsteams und zur Beurteilung des Prüffeldes ergänzt werden. Ebenso kann die Checkliste in die auftragsbegleitend erstellte Dokumentation der Auftragsabwicklung integriert sein.

5.4.4 Auftragsabschluss – Good Practices und Varianten

Aufgabe der Abschlussphase ist es, alle Tätigkeiten des Auftrags fertigzustellen und die über den Bericht hinaus gewonnenen Erkenntnisse hinsichtlich des Audit Universe (z. B. für die Risikobeurteilung) und der Auftragsdurchführung (beispielsweise im Rahmen des Qualitätsmanagements) zu verwerten. Als gute Praktiken[61] haben sich bewährt:

- Internes Abschlussgespräch des Prüfungsteams
- Beurteilen der Auftragsdurchführung anhand einer Checkliste/eines Auftrags-Laufzettels
- Aktualisieren der Risikobewertung
- Dokumentieren der Hinweise für Folgeprüfungen

Tab. 5.11 Checkliste Auftragsabschluss[a]

Arbeitspapiere überprüft	O
Teamfeedbackrunde durchgeführt	O
Feedback bei Geprüften und Berichtsempfängern eingeholt	O
Auftragsabwicklung (Prozess, Quality Gates, Zeitschiene) beurteilt	O
Wesentliche Erkenntnisse an die fachliche Berichtslinie kommuniziert	O
Abstract für den Quartalsbericht erstellt	O
Feststellungen und Maßnahmen für das Follow-up erfasst	O
Audit Universe aktualisiert	O
Risikobeurteilungen aktualisiert	O
Arbeitspapiere archiviert	O

[a]Eigene Darstellung

---

[61] Basierend auf den QSVP-Handreichungen von IIA, DIIR und IIA Switzerland, ergänzt durch eine Vielzahl von Anregungen von Praktikern im Rahmen der vom Autor durchgeführten Revisionsworkshops.

- Dokumentieren von Verbesserungsmöglichkeiten für die Revisionsfunktion
- Periodische Auswertung der dokumentierten Verbesserungsmöglichkeiten
- Fristengebundenes Archivieren der Arbeitspapiere für den Auftrag

Auftragsabschluss – Verfahrensvarianten
Einige wenige Revisionsfunktionen behandeln das Follow-up als Teil der ursprünglichen Prüfung. Damit wird eine Prüfung erst nach Abschluss aller Follow-up-Aktivitäten abgeschlossen. Dies soll der Vereinfachung dienen, hat aber den Nachteil, dass der Abschluss des im Regelfall größten Arbeitsblocks, der eigentlichen Prüfung, von externen Faktoren abhängig wird und sich ein Stau offener Revisionsaktivitäten aufbauen kann.

5.5 Follow-up und Übernahme der Verantwortung

Die Revisionsleitung soll ein Follow-up-Verfahren – auch Nachschau[62] genannt – einrichten, durch welches der Umsetzungsstand der mit den Berichtsempfängern vereinbarten Maßnahmen überwacht wird.

Berufsgrundlagen
IIAS 2500 (Überwachen des weiteren Vorgehens) bestimmt, dass die Revisionsleitung ein Follow-up-Verfahren einsetzen und betreiben soll. IIAS 2600 (Kommunikation der Risikoakzeptanz) beschreibt das Vorgehen für die vom Management akzeptierten Risiken aus Feststellungen der Revision.

IIAS 2500 – Überwachen des weiteren Vorgehens [Follow-up-Verfahren]
Der Leiter der Internen Revision muss zur Überwachung der Erledigung der Feststellungen in den dem Management übergebenen Revisionsberichten ein entsprechendes System entwickeln und pflegen.

Als Grundlage für die „Überwachung des weiteren Vorgehens" – so die Berufsgrundlagen der Internen Revision – hat die Revisionsleitung ein geeignetes Verfahren mit dem Überwachungsorgan und der Geschäftsleitung zu vereinbaren. Auch die Erwartungen von Aufsichtsbehörden, verbundenen Organisationen oder Kunden können bei der Festlegung des Vorgehens eine Rolle spielen. Hinsichtlich der Informationsbedürfnisse und der Einbindung dieser wichtigen Stakeholder findet sich in der Praxis ein großer Variantenreichtum:[63] Das Spektrum reicht von Statusmeldungen mit ausnahmsweiser Eskalation[64] bis hin zur expliziten Entscheidung über jede einzelne Maßnahmendurchführung durch die Geschäftsleitung.

---

[62] Berwanger, J./Kullmann, S. (2012, S. 220) sprechen hier noch passender von Nachhalten.
[63] Vgl. IIA IG 2500:2016 (Überwachung des weiteren Vorgehens).
[64] Zu Eskalationsmechanismen vgl. Bünis, M./Gossens, T (2018), S. 167 ff.

5.5 Follow-up und Übernahme der Verantwortung

IIAS 2500.A1 – Sicherstellen der Maßnahmenumsetzung
Der Leiter der Internen Revision muss ein Follow-up-Verfahren einrichten, mit dem überwacht und sichergestellt wird, dass vereinbarte Maßnahmen wirksam umgesetzt werden oder die leitenden Führungskräfte das Risiko auf sich genommen haben, keine Maßnahmen durchzuführen.

IIA IG 2500:2016 erläutert, dass die Revisionsleitung ein Verfahren implementieren soll, um die Umsetzung der Maßnahmen zu überwachen, deren Durchführung als Folge von Feststellungen der Internen Revision vereinbart wurde. D. h., es kann auch Feststellungen ohne umzusetzende Maßnahmen geben, sowie Maßnahmenempfehlungen, deren Umsetzung nicht überwacht wird. Ältere Praktische Ratschläge des IIA[65] konkretisierten weiter, dass die Interne Revision neben der sachgerechten auch die zeitgerechte Erledigung beurteilen soll.

IIAS 2600 – Kommunikation der Risikoakzeptanz [Risikoübernahme]
Kommt der Leiter der Internen Revision zu dem Schluss, dass das Management ein für die Organisation nicht tragbares Risiko akzeptiert, so muss der Leiter der Internen Revision diese Sachlage mit den leitenden Führungskräften besprechen. Falls der Leiter der Internen Revision der Auffassung ist, dass die Angelegenheit nicht zufriedenstellend gelöst wurde, muss er die Angelegenheit der Geschäftsleitung bzw. dem Überwachungsorgan vortragen.

Die für Risiken verantwortlichen Führungskräfte können sich im Rahmen der Risikobeurteilung durch die Interne Revision, schon während des Verlaufs einer Prüfung einschließlich der diesbezüglichen Berichterstattung, aber auch erst später im Rahmen der Überwachung der Maßnahmenumsetzung entscheiden, Risiken zu übernehmen. Aufgabe der Internen Revision ist es nicht, solche Risiken zu beseitigen. Sie muss allerdings Transparenz schaffen und gesamthaft oder – wenn Risiken kritisch sind auch gezielt – eskalieren. Vor allem besonders risikobehaftete oder regulierte Organisationen haben häufig Verfahren implementiert, die sicherstellen sollen, dass die vom Management eingegangen Risiken einzeln und auch systemisch unter Kontrolle sind. Wichtige Instrumente sind das unternehmensweite Risikomanagementsystem (ERM) sowie operative Risikomanagementverfahren für Geschäftsfelder, Funktionen und Projekte.

5.5.1 Aktivitäten

Drei Varianten der Überprüfung der Maßnahmenumsetzung werden unterschieden[66]:

- Administrativer Follow-up
- Follow-up im Rahmen einer Folgeprüfung
- Gezielte Follow-up-Prüfung bei Vorliegen kritischer Feststellungen

---

[65] Vgl. IIAPA 2500.A1-1:2009 (Nachschauverfahren), Ziff. 2.
[66] Vgl. zur Häufigkeit der Verfahren und zu den eingesetzten Methoden DIIR (2017a), S. 39 f. und DIIR (2020) S. 44 f.

Abb. 5.25 zeigt die typischen Ablaufzusammenhänge des Follow-up-Verfahrens der Internen Revision. Die Tätigkeiten im Rahmen der Maßnahmenverfolgung sind in Abb. 5.26 dargestellt.

Die Interne Revision soll den Umsetzungsstand der vereinbarten Maßnahmen so verfolgen, dass die festgestellten Schwachstellen sachgerecht und zeitnah derart behoben werden, dass die verbleibenden Risiken ein akzeptables Niveau erreichen. Dazu werden Informationen von den Umsetzungsverantwortlichen eingeholt und eventuell auch neue oder verbesserte Kontrollen durch Tests validiert.

Dazu legt die Revisionsleitung Follow-up-Verfahren fest und passt sie, wenn erforderlich an. Typischerweise werden drei grundlegende Methoden angewandt,

- die administrative Statusverfolgung und -validierung,
- die Nachschau im Rahmen von Folgeprüfungen sowie
- die gezielte Nachschau durch regelrechte Follow-up-Prüfungen.

5.5.2 Administrativer Follow-up

Beim administrativen Follow-up werden Statusmeldungen eingeholt, validiert und berichtet.[67] Die dafür erforderlichen Informationen werden im Vorfeld der der Statusberichterstattung abgefragt und/oder kontinuierlich gesammelt. Aus Follow-up-Datenbanken können Erinnerungen automatisch versendet werden, und Umsetzungsverantwortliche können Statusinformationen dort direkt einpflegen.

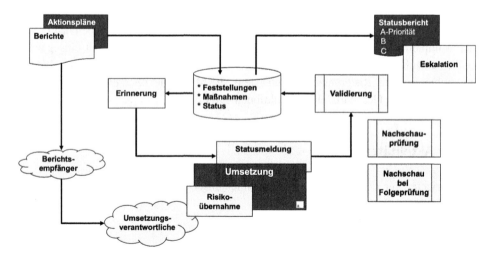

Abb. 5.25 Follow-up-Prozess. (Eigene Darstellung)

---

[67] Vgl. hierzu auch Dieterle, O. (2018), S. 171 f.

5.5 Follow-up und Übernahme der Verantwortung

Aufgaben der Massnahmenverfolgung	PR	TL	RM	AS/QM	RL
Erfassen der Feststellungen (üblicherweise im Verlauf der Prüfungsdurchführung)	X	X			
Erfassen der Maßnahmen (während Prüfung und Auftragsberichterstattung)	X	X			
Statusmeldungen abrufen	X			(X)	
Aktualisierung des Maßnahmenstatus	X			(X)	
Berichten des Umsetzungsstands und wesentlicher Beobachtungen			X		X
Eskalation überfälliger Maßnahmen			X		X
Streichen erledigter oder anderweitig obsoleter Maßnahmen			X		X

Abb. 5.26 Aufgaben der Maßnahmenverfolgung. (Eigene Darstellung. Legende: PR – Prüfer; TL – (Auftrags-) Teamleitung; RM – Revisionsmanagement (falls Management-Ebene vorhanden, sonst: Aufgabe RL); AS – Assistenz; RL – Revisionsleitung (CAE))

Typischerweise werden Quartalsberichte erstellt. Ist das Verfahren eingespielt, werden die Fertigstellungsmeldungen oft durch die Maßnahmenverantwortlichen gemeldet. Trotzdem hat es sich bewährt, rechtzeitig vor dem Ablauf der Meldefrist an offene Maßnahmen zu erinnern, um Störungen und Konflikte zu vermeiden. Die üblicherweise zum Quartalsende erstellten Statusberichte listen offene und überfällige Maßnahmen auf. Dabei hat sich eine Gliederung nach Organisationseinheiten – dort liegt die Verantwortlichkeit für die Maßnahmenumsetzung – bewährt. Laufende und überfällige Maßnahmen können in dieser Liste z. B. durch Angabe von ursprünglichem und verlängertem Termin und der Zahl der Verlängerungen, oder durch das Erstellen einer separaten Liste transparent gemacht werden. Komplexere Berichtskonzepte sind möglich, z. B. können im Rahmen des Quartalsberichts der Internen Revision Zahl, Kategorisierung und Schließungsgrund (erledigt, entfallen, …) offener Maßnahmen gezeigt werden.

5.5.3 Follow-up im Rahmen von Folgeprüfungen

Follow-ups im Rahmen von Folgeprüfungen finden häufig dort statt, wo Prüffelder regelmäßig bearbeitet werden, also z. B. in regulierten Branchen mit hoher Prüfungsdichte. Sie eignen sich für Feststellungen mittlerer Kritikalität, oder eben wenn Organisationseinheiten regelmäßig geprüft werden.

Wenn Bereiche regelmäßig – typischerweise in Finanzdienstleistungsorganisationen – oder innerhalb eines absehbaren Zeitrahmens wieder von Prüfern besucht werden, kann der Umsetzungsstand ganz oder teilweise (bezogen nur auf kritische Feststellungen) effizient vor Ort bei den Geprüften bzw. im Rahmen der Folgeprüfung validiert werden. Follow-ups im Rahmen von Folgeprüfungen eignen sich für Feststellungen mittlerer Kritikalität, oder eben wenn Organisationseinheiten regelmäßig geprüft werden

5.5.4 Gezielte Follow-up-Prüfungen

Gezielte Follow-up-Prüfungen werden durchgeführt, wenn im Rahmen einer Prüfung kritische Feststellungen aufgetreten sind und die wirksame Umsetzung entsprechender Maßnahmen sichergestellt werden soll.[68] In Folgeperioden durchzuführende Follow-up-Prüfungen werden wie normale Prüfungen in den Periodenplan eingestellt, kurzfristig erforderliche Follow-up-Prüfungen werden aus dem Zeitbudget für Unvorhergesehenes disponiert. Es hat sich bewährt, bei gezielten Follow-up-Prüfungen das gleiche Verfahren wie bei ordentlichen Prüfungsaufträgen durchzuführen (Auftrag, Vorbereitung, Durchführung, Berichterstattung); dies ermöglicht die einfachste, weil dem Standard-Ablauf folgende Handhabung.

Das Arbeitsprogramm einer Follow-up-Prüfung orientiert sich an den zugrunde liegenden Feststellungen und Maßnahmen sowie ggf. der aktualisierten Risikoeinschätzung. Der generische Prüfungsprozess kann dazu verwendet werden. Die Vorbereitung einer gezielten Follow-up Prüfung kann weiterhin zu über die Statuserhebung hinausgehenden Prüfungshandlungen führen, die der Beurteilung der im Prüffeld zum Zeitpunkt des Follow-ups wesentlichen – ursprünglichen oder veränderten – Risiken dienen.

5.5.5 Risikoübernahme

Die für das Beheben von Feststellungen Verantwortlichen können sich vor oder während der Umsetzungsphase entschließen, das mit einer offenen Feststellung einhergehende Risiko zu übernehmen. Dann muss die Revisionsleitung abwägen, ob diese Entscheidung sachgerecht und von einer dem Risiko adäquaten Hierarchieebene gefällt wurde. Die Übernahme eines Risikos wird in der Berichterstattung der Internen Revision transparent gemacht sowie ggf. gezielt an höhere Leitungsebenen, im Zweifel an die Geschäftsleitung oder gar das Überwachungsorgan, eskaliert.[69]

5.5.6 Werkzeuge

Ein wichtiges Instrument sind Follow-up-Datenbanken, oft als eine Funktionalität integrierter Revisionssysteme bereits vorhanden, welche die Erfassung von Feststellungen,

---

[68] Vgl. dazu Berwanger, J./Kullmann, S. (2012), S. 221 f.
[69] Im Rahmen des Follow-up-Verfahrens haben ca. 80 % der Internen Revisionen einen Eskalationsprozeß installiert; vgl. DIIR (2017a), S. 39 und DIIR (2020), S. 45.

Maßnahmen, Terminen, Verantwortlichkeiten und weiteren Detailinformationen sowie die Einrichtung komplexer Workflows ermöglichen.[70]

In einer Follow-up-Datenbank geführte Datenelemente sind ID, Kurztext, Beschreibung, Priorisierung, Risiko, Maßnahmen (-vorschlag), verantwortliche Stelle, ursprünglicher Zieltermin, aktueller Zieltermin, Anzahl der Verlängerungen, Fertigstellungstermin (= Umsetzungsstand), Statusmeldungen der Umsetzenden, (Bearbeitungs-) Vermerke des verfolgenden Revisors, Workflow-Status und Änderungsprotokoll. Aus diesen Datenelementen können praxistaugliche Reports für die Statusmeldung an Leitungsorgane, für die Maßnahmenverfolgung innerhalb der Internen Revision sowie für die Maßnahmenumsetzung seitens der verantwortlichen Führungskräfte gewonnen werden.

Typische Reports sind ad hoc- und periodische Berichte nach verantwortlicher Organisationseinheit, Umsetzungsstand, Überfälligkeit, Revisionsbericht und – wenn von der Internen Revision mitgeführt – Risikoarten, Kontrollzielen, Prozessen, Schließungsgrund oder Fehlerkategorie.

5.5.7 Follow-up – Good Practices und Varianten

Aufgabe des Follow-ups ist es, zu erheben, ob die auf Feststellungen der Internen Revision hin vom Management getroffenen Maßnahmen die im Rahmen einer Prüfung erkannten Schwachstellen hinreichend und rechtzeitig beseitigt haben, oder ob alternativ von berechtigter Seite die Verantwortung dafür übernommen wurde, dass die von der Internen Revision aufgezeigten Schwachstellen nicht abgestellt werden. Als gute Praktiken[71] haben sich bewährt:

- Nutzung einer Datenbank für Feststellungen, Maßnahmen, Details und Verfolgung
- Aufnahme von Feststellungen und Maßnahmen aus relevanten Prüfungen anderer Assurance-Funktionen (z. B. Wirtschaftsprüfer)
- Regelmäßiges, automatisiertes und/oder fristenbasiertes Erinnern der verantwortlichen Stellen an offene Feststellungen bzw. Maßnahmen
- Regelmäßiges Überprüfen des Fortschritts langfristiger Maßnahmen
- Überprüfen der Validität von Rückmeldungen durch die Interne Revision
- Periodische Statusberichterstattung an die Geschäftsleitung
- Festgelegte Eskalationsmechanismen
- Ausnahmslose Berichterstattung über Fristverlängerungen und -überschreitungen
- Periodische, zusammenfassende Berichterstattung über Erfolg und Störungen im Umsetzungsfortschritt

---

[70] IIA IG 2500:2016 beschreibt typische Verfahrensvarianten.
[71] Basierend auf den QSVP-Handreichungen von IIA, DIIR und IIA Switzerland, ergänzt durch eine Vielzahl von Anregungen von Praktikern im Rahmen der vom Autor durchgeführten Revisionsworkshops.

Follow-up – Verfahrensvarianten

In der Praxis finden sich Verfahren, die die Vorgehensweise beim Follow-up nochmals nach Schwere und Dringlichkeit der Maßnahmen oder nach der Bedeutung der betroffenen Kontrollen differenzieren; dies gilt insbesondere für Organisation, die einer Aufsicht unterliegen und dadurch ggf. eine große Anzahl von Feststellungen unterschiedlichen Schweregrades dokumentieren müssen.

5.6 Beratungsaufträge

In der Einleitung zum IPPF[72] erläutert das IIA in groben Zügen die Unterschiede zwischen den von der Internen Revision durchgeführten Prüfungs- und Beratungsaufträgen.

Bei Prüfungsaufträgen (Abb. 5.27) erarbeitet die Interne Revision eine für zum Teil bekannte Nutzer vorgesehene unabhängige, sachkundige und objektive Beurteilung von Aktivitäten eines (Prozess-) Verantwortlichen. Bei Beratungsaufträgen (Abb. 5.27) arbeitet die Interne Revision auftragsgebunden für den Empfänger der Beratungsleistung.

5.6.1 Aktivitäten

Typische Beratungsaktivitäten der Internen Revision sind:

- Projektbegleitung
- Zuarbeit zu strategischen Vorhaben
- Unabhängig-objektive Erhebung und Darstellung von Daten und Informationen
- Kommentierung von Prozesskonzepten
- Kommentierung von Kompetenzregelungen
- Validierung von Investitionsvorschlägen
- Validierung von Statusmeldungen
- Gewährleisten der Regeleinhaltung

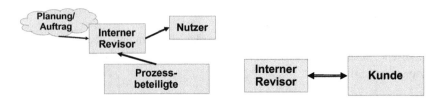

Abb. 5.27 Beziehung des Revisors bei Prüfungs- und Beratungsaufträgen. (Eigene Darstellung)

---

[72] Vgl. DIIR (2019), S. 22 f.

Die Liste macht deutlich, dass das Sicherstellen von Unabhängigkeit und Objektivität bei und nach der Durchführung von Beratungsaufträgen durch die Interne Revision eine besondere Herausforderung darstellt. Die an anderer Stelle im Text beschriebenen Berufsgrundlagen zum Auftrag der Internen Revision (IIAS 1100 ff.) beschäftigen sich daher ausführlich damit, welche Grenzen der Beratungstätigkeit der Internen Revision gesetzt sind und welche Vorkehrungen in Frage kommen.

Abb. 5.28 stellt die wesentlichen Aufgabenfelder bei der Abwicklung von Beratungsaufträgen der Internen Revision dar. Auch in größeren Revisionsabteilungen kann es erforderlich werden, dass wesentliche Teile eines Beratungsauftrags von der Revisionsleitung oder der zweiten Ebene innerhalb der Internen Revision abgewickelt werden, zum Beispiel wenn es sich um unternehmenskritische oder streng vertrauliche Aufträge handelt. Die Abb. 5.28 stellt im Gegensatz dazu eher den Normalfall eines Beratungsauftrags dar, der in großen Teilen von angemessen qualifizierten Teammitgliedern ausgeführt werden kann.

Die Überwachung der Beratungsaufträge erfordert vom Revisionsmanagement besondere Aufmerksamkeit, da die Aufträge oft nicht den üblichen Abläufen folgen und sich über einen längeren Zeitraum erstrecken können.

Berufsgrundlagen
Für die Beratung gelten in der Internen Revision neben den Attribut- (IIAS 1nnn) und Ausführungsstandards (IIAS 2nnn) des IPPF die Implementierungsstandards. Sie enthalten ergänzende, prüfungs- (IIAS nnn.An) oder beratungsspezifische (IIAS nnnn.Cn, siehe Tab. 5.12) Regelungen.

Aufgaben Beratungsaufträge	PR	TL	RM	AS/QM	RL
Periodenplanung			(X)	(X)	X
Annahme Anfragen	(X)	(X)	X		X
Disposition			(X)	(X)	X
(Auftrags-) Vorbereitung	(X)	X	(X)		
Durchführung	X	X	(X)		(X)
Dokumentation	X	X	(X)		(X)
Überwachung		X	X		X
Berichterstattung		X	(X)		X
Abschluss	(X)	X	(X)		(X)

Abb. 5.28 Aufgaben Beratungsaufträge. (Eigene Darstellung. Legende: PR – Prüfer; TL – (Auftrags-) Teamleitung; RM – Revisionsmanagement (falls Management-Ebene vorhanden, sonst: Aufgabe RL); AS – Assistenz; RL – Revisionsleitung (CAE))

Tab. 5.12 Beratungsspezifische Implementierungsstandards[a]

IIAS 1000 – Aufgabenstellung, Befugnisse und Verantwortung
1000.C1 – Festlegung der Beratungsleistungen in der Geschäftsordnung
IIAS 1130 – Beeinträchtigung von Unabhängigkeit oder Objektivität
1130.C1 – Beratung ehemaliger Aufgabenbereiche
1130.C2 – Offenlegen möglicher Beeinträchtigungen
IIAS 1210 – Fachkompetenz
1210.C1 – Auftragsannahme und Beiziehen von Unterstützung
IIAS 1220 – Berufliche Sorgfaltspflicht
1220.C1 – Festlegen eines sachgerechten Beratungsansatzes
IIAS 2010 – Planung
2010.C1 – Annahmekriterien für Beratungsaufträge
IIAS 2120 – Risikomanagement
2120.C1 – Berücksichtigen von Risiken bei Beratungsaufträgen
2120.C2 – Berücksichtigen gewonnener Risikoinformationen
2120.C3 – Keine Verantwortungsübernahme für Risikoentscheidungen
IIAS 2130 – Kontrollen
2130.C1 – Berücksichtigung des Internen Kontrollsystems
IIAS 2201 – Planungsüberlegungen
2201.C1 – Vereinbarung von Beratungsaufträgen
IIAS 2210 – Auftragsziele
2210.C1 – Beratungsschwerpunkte Führung, Risikomanagement, Kontrolle
2210.C2 – Unternehmensziele einbeziehen
IIAS 2220 – Umfang des Auftrags
2220.C1 – Sachgerechter Umfang von Beratungsaufträgen
2220.C2 – Berücksichtigung Interner Kontrollen
IIAS 2240 – Arbeitsprogramm
2240.C1 – Format des Arbeitsprogramms bei Beratungsaufträgen
IIAS 2330 – Aufzeichnung von Informationen
2330.C1 – Aufbewahrung von Beratungsunterlagen
IIAS 2410 – Berichterstattungskriterien
2410.C1 – Form und Inhalt von Beratungsergebnissen auftragsabhängig
IIAS 2440 – Verbreitung der Ergebnisse
2440.C1 – Berichterstattung über Beratungsergebnisse
2440.C2 – Kommunikation aufgetretener wesentlicher Risiken
IIAS 2500 – Überwachung des weiteren Vorgehens
2500.C1 – Überwachung von beratungsbedingten Maßnahmen nach Vereinbarung

[a]Stand 10/2019, Implementierungsstandard-Titel: eigene Übersetzung

Da der Beratung eine Kunden-Dienstleister-Beziehung zugrunde liegt, sind die beratungsspezifischen Implementierungsstandards (siehe Tab. 5.12) in der Regel offener und flexibler als die prüfungsbezogenen Implementierungsstandards. Die prüfungsbezogenen Standards müssen Unabhängigkeit und Objektivität der Internen Revision sicherstellen, und sie sollen auch für eine Mindestqualität der Prüfungsleistung sorgen. Die Beratungsstandards geben lediglich einen Mindestrahmen vor, damit die originäre Rolle der Internen Revision nicht gefährdet wird.

5.6.2 Umfang, Objektivität und Sorgfalt

Eine Interne Revision soll nicht nach Belieben Beratungsleistungen anbieten und ausführen. Dies könnte zum einen die für Prüfungstätigkeiten erforderlichen und vorzuhaltenden Revisionsressourcen für die falschen Aufgaben binden, und zum anderen könnte umfangreiche Beratungstätigkeit die Unabhängigkeit und die Objektivität der Internen Revision nachhaltig gefährden. Aus diesem Grund müssen Umfang und Inhalt der auszuführenden Beratungsleistungen nach Absprache mit der Geschäftsleitung und dem Überwachungsorgan in der Geschäftsordnung der Internen Revision festgehalten werden.

IIAS 1000 – Aufgabenstellung, Befugnisse und Verantwortung
1000.C1 – Festlegung der Beratungsleistungen in der Geschäftsordnung

Die Art der zu erbringenden Beratungsleistungen muss in der Geschäftsordnung der Internen Revision festgelegt werden.

Der Fokus der Beratungsleistungen einer Revisionsfunktion soll auf den in den IIAS 2100 benannten Arbeitsfeldern Governance, Risikomanagement und interne Kontrolle liegen. Dort ist die Interne Revision kompetent und kann Synergieeffekte mit der Prüfungstätigkeit erzielen.

In der Fachwelt wird der Internen Revision zyklisch die umfassendere Ausrichtung auf vermeintlich wertschöpfende Beratungsaktivitäten nahegelegt. Ein zu starker Beratungsfokus muss aufgrund begrenzter Ressourcen schlussendlich zu einer Vernachlässigung des eigentlichen Revisionsauftrages und über kurz oder lang – spätestens beim Wechsel wichtiger Personen in der Geschäftsleitung oder im Überwachungsorgan – auch zur Unzufriedenheit kritischer Stakeholder der Internen Revision führen.

IIAS 1130 – Beeinträchtigung von Unabhängigkeit oder Objektivität
1130.C1 – Beratung ehemaliger Aufgabenbereiche

Interne Revisoren können Beratungsleistungen für Geschäftsprozesse erbringen, für die sie früher Verantwortung getragen haben.

1130.C2 – Offenlegen möglicher Beeinträchtigungen

Wenn Interne Revisoren in Verbindung mit einer Beratungsleistung eine mögliche Beeinträchtigung der Unabhängigkeit oder Objektivität sehen, muss dies dem Kunden vor der Annahme des Auftrags offengelegt werden.

Interne Revisoren sollen Bereiche, für die sie verantwortlich sind oder kürzlich verantwortlich waren, nicht prüfen. Beraten dürfen Revisoren jene Bereiche, für die sie verantwortlich waren oder sind; sie müssen allerdings auch hier die Erwartungen der Stakeholder hinsichtlich ihrer Unabhängigkeit und Objektivität beachten. Das Maß an Unabhängigkeit und Objektivität, das von einer Internen Revision erwartet wird, hängt maßgeblich von Kontext, Auftrag und den Stakeholdern der Internen Revision ab. Bei Beratungstätigkeiten sollen daher tatsächlich oder dem Anschein nach mögliche Beeinträchtigungen von Unabhängigkeit oder Objektivität transparent gemacht und mit den Auftraggebern sowie ggf. auch mit der Geschäftsleitung und dem Überwachungsorgan abgestimmt werden.

IIAS 1210 – Fachkompetenz
1210.C1 – Auftragsannahme und Beiziehen von Unterstützung

Der Leiter der Internen Revision muss einen Beratungsauftrag ablehnen oder kompetenten Rat und Unterstützung einholen, wenn Interne Revisoren nicht über das Wissen, die Fähigkeiten oder sonstige Qualifikationen verfügen, die zur teilweisen oder vollständigen Erfüllung des Auftrags erforderlich sind.

IIAS 1220 – Berufliche Sorgfaltspflicht

1220.C1 – Festlegen eines sachgerechten Beratungsansatzes

Interne Revisoren müssen ihre berufliche Sorgfaltspflicht wahrnehmen, indem sie bei einem Beratungsauftrag folgende Aspekte beachten:

- Die Bedürfnisse und Erwartungen der Kunden einschließlich der Art der Beratung, die Zeitvorgaben und die Berichterstattung über die Ergebnisse,
- die relative Komplexität und den Umfang der Tätigkeiten zum erreichen der Ziele des Beratungsauftrages und
- die Kosten des Beratungsauftrages im Verhältnis zum erwarteten Nutzen.

Die Interne Revision als Funktion soll die für ihr Aufgabenspektrum erforderliche Fachkompetenz bereithalten. Die Kenntnisse und Erfahrungen der beratenden Revisoren bestimmen das erforderliche Ausmaß der Überwachung durch die Revisionsleitung im Zuge der (Beratungs-) Auftragsdurchführung. Kompetenz- und Kapazitätslücken sollen durch interne und externe Ressourcen bzw. durch hinzugezogene Experten gedeckt werden. Fehlen wesentliche Kompetenzen, muss die Revisionsleitung darauf hinweisen. Die Interne Revision soll Beratungsaufträge, die nicht durch die erforderlichen Kompetenzen und Kapazitäten abgedeckt sind, ablehnen.

Die bei Beratungsaufträgen zugrunde zu legende Sorgfalt orientiert sich am Ethikkodex und den Standards des IIA. Häufig geben auch Ethikkodices und Standards anderer Berufsorganisationen Hinweise. Beispielsweise greifen die Berufsgrundlagen der ISACA, wenn zertifizierte IT-Prüfer an einem Beratungsauftrags beteiligt sind.

Die IIA-Standards setzen so auch den Rahmen für Planung (Vorbereitung), Durchführung und Dokumentation der Beratungsaufträge. Auch wenn sie beraten, sind Interne Revisoren nicht unfehlbar. Sie sollen aber auch hier die in der jeweiligen Situation von einem qualifizierten Prüfer typisch erwartete Sorgfalt und Sachkunde anwenden. Darüber hinaus wird von Internen Revisoren erwartet, dass sie Indikatoren für wesentliche Fehler, Betrug oder andere Unregelmäßigkeiten erkennen und diesen Missständen auch nachgehen. Wenn Indikatoren für dolose Handlungen und andere wesentliche Störungen oder

Schwachstellen stichhaltig erscheinen, sollen Interne Revisoren Maßnahmen bei den Verantwortlichen anstoßen. Wenn nötig, sind die Beobachtungen an übergeordnete Stellen zu eskalieren. Ebenso wie bei Prüfungen soll die Revisionsleitung die Durchführung der Beratungsaufträge beaufsichtigen. Zu berichtende Ergebnisse und Schlussfolgerungen soll die Revisionsleitung überprüfen.

Über die Anforderungen an Fachkompetenz und Sorgfalt hinaus müssen die Beratungsaktivitäten der Internen Revision im Rahmen des Qualitätssicherungs- und Verbesserungsprogramms (QSVP) auch in die laufende und periodische Beurteilung der Revisionsfunktion durch die Revisionsleitung einbezogen sein.[73]

5.6.3 Revisionsplan, Risikoorientierung und IKS

Die IIAS 2000 und IIAS 2100 regeln wesentliche Elemente der Revisionsorganisation. Die IIAS 2100 beschreiben den Fokus der Revisionstätigkeit – Governance, Risikomanagement und interne Kontrolle.

IIAS 2010 – Planung
2010.C1 – Annahmekriterien für Beratungsaufträge

Der Leiter der Internen Revision beurteilt bei der Annahme eines vorgeschlagenen Beratungsauftrags dessen Chance, zur Verbesserung des Risikomanagements, zur Wertschöpfung und zur Verbesserung der Geschäftsprozesse beizutragen. Die angenommenen Aufträge müssen in die Planung einbezogen werden.

Bei der Auftragspriorisierung und der Ressourcenzumessung im Rahmen der (Perioden-) Planung soll die Revisionsleitung risiko- und nutzenorientiert vorgehen. Anfragen und Anregungen aus der Organisation sind dabei einzubeziehen. Beratungsaufträge sind in der Periodenplanung zu berücksichtigen, soweit sie bereits absehbar sind, konkret geplant, oder pauschal auf Basis der Erwartungen der Revisionsleitung.[74] Über die ursprüngliche Planung hinausgehende Beratungswünsche oder Beratungsbedarfe werden vor ihrer Annahme hinsichtlich der Bedeutung der zu Grunde liegenden Risiken und des erwarteten Nutzens der Ergebnisse beurteilt.

Die gezielte Abstimmung von Prüfungs- und Beratungsaktivitäten mit anderen Assurance-Funktionen und die Bezugnahme zum festgelegten Auftrag der Internen Revision soll Lücken und Doppelarbeiten vermeiden. Dabei sind auch revisionsnahe Beratungsaktivitäten zu berücksichtigen; ein Überblick über die prüferische Abdeckung der Organisation kann durch die entsprechenden Planungen oder Prüfungsübersichten (Assurance Maps) gewonnen werden.[75]

---

[73] Siehe dazu IIAS 1310 (Anforderungen an das QSVP).
[74] Siehe IIA IG 2020:2016 (Berichterstattung und Genehmigung).
[75] Vgl. dazu IIA IG 2050:2016 (Koordination und Vertrauen).

Beratung durch die Interne Revision kann besonders dort sinnvoll sein, wo betriebliche Probleme oder Kontrollschwächen bekannt sind oder wo die Reife der Organisation allgemein gering ist.[76]

IIAS 2120 – Risikomanagement
2120.C1 – Berücksichtigen von Risiken bei Beratungsaufträgen

Im Verlauf von Beratungsaufträgen müssen Interne Revisoren Risiken vor dem Hintergrund der Ziele des Beratungsauftrags berücksichtigen und aufmerksam bezüglich anderer wesentlicher Risiken sein.

2120.C2 – Berücksichtigen gewonnener Risikoinformationen

Interne Revisoren müssen Erkenntnisse über im Rahmen von Beratungsaufträgen entdeckte Risiken in ihre Beurteilung der Risikomanagementprozesse der Organisation einfließen lassen.

Bei der Definition und Annahme eines Beratungsauftrags hinterfragt die Revisionsleitung die mit dem Auftrag zusammenhängenden Risiken – Risiken beim Auftraggeber, im Kontext, und auch die Risiken für die Revisionsfunktion. Die Risikoabwägung durch die Revisionsleitung und die Abstimmung mit dem Auftraggeber entscheiden über die Ziele des Auftrags, über das Vorgehen und auch über die Intensität der erforderlichen Beaufsichtigung bzw. Begleitung durch die Revisionsleitung.

IIAS 2130 – Kontrollen
2130.C1 – Berücksichtigung des internen Kontrollsystems

Interne Revisoren müssen die im Rahmen von Beratungsaufträgen erlangten Kenntnisse über Kontrollen in die Beurteilung der Kontrollprozesse der Organisation einfließen lassen.

Die im Zuge von Beratungsaufträgen gewonnenen Erkenntnisse über das interne Kontrollsystem – Schwachstellen, Risiken, aber auch Vorhandensein und Zuverlässigkeit Interner Kontrollen – sind im Rahmen der Beratungsaufträge selbst, im Rahmen der allgemeinen Berichterstattung der Internen Revision sowie im Rahmen der Periodenplanung und Auftragsvorbereitung zu berücksichtigen.

IIAS 2120 – Risikomanagement
2120.C3 – Keine Verantwortungsübernahme für Risikoentscheidungen

Im Rahmen der Unterstützung des Managements beim Aufbau oder der Verbesserung von Risikomanagementprozessen müssen Interne Revisoren von der Übernahme jeglicher Führungsverantwortung durch operative Risikomanagementaktivitäten Abstand nehmen.

---

[76] Siehe IIA IG 2110:2016 (Führung und Überwachung).

Die Interne Revision soll das Risikomanagement der Organisation auch im Rahmen von Beratungsaufträgen beurteilen und dessen Weiterentwicklung fördern. Mit geeigneten Absicherungen für Unabhängigkeit und Objektivität kann die Interne Revision unterstützende Risikomanagement-Aufgaben übernehmen; die Verantwortung für das Risikomanagement an sich oder die Verantwortung für Risikoentscheidungen darf sie jedoch nicht auf sich nehmen.[77]

5.6.4 Durchführung von Beratungsaufträgen

Bevor die Interne Revision einen Beratungsauftrag ausführt, sollen wie bei einem extern zugekauften Beratungsauftrag Ziele, Umfang und Verantwortlichkeiten geklärt und festgehalten werden. Ziel ist es, sicherzustellen, dass die Revisionsressourcen sinnvoll – risikogerecht – disponiert werden und dass die legitimen Ziele der Organisation gezielt unterstützt werden.

IIAS 2200 – Planung einzelner Aufträge
2201.C1 – Vereinbarung von Beratungsaufträgen

Interne Revisoren müssen mit den Kunden, die Beratungsaufträge erteilen, Ziele, Umfang, jeweilige Verantwortung und andere Erwartungen vereinbaren. Bei größeren Aufträgen muss diese Vereinbarung schriftlich festgehalten werden.

Bei umfangreicheren Aufträgen sollen schriftliche Vereinbarungen getroffen werden, um eine klare Abgrenzung des Auftrags sicherzustellen und Missverständnisse zwischen den Auftragsparteien zu vermeiden. In der Praxis fördern klare Auftragsvereinbarungen eine realistische Klärung der Erwartungen mit den Beteiligten – Empfängern, Betroffenen und Auftraggebern.

IIAS 2210 – Auftragsziele
2210.C1 – Beratungsschwerpunkte Führung, Risikomanagement, Kontrolle

Die Ziele eines Beratungsauftrags müssen die Führungs- und Überwachungs-, Risikomanagement- sowie Kontrollprozesse, in dem Ausmaß ansprechen, wie sie mit dem Kunden vereinbart wurden.

2210.C2 – Unternehmensziele einbeziehen

Die Ziele eines Beratungsauftrags müssen mit den Werten, Strategien und Zielen der Organisation übereinstimmen.

Wie auch bei prüferischen Aufträgen soll der Fokus der Revisionstätigkeit in den Bereichen Governance, Risiko und Interner Kontrolle liegen. Für hochspezifische Problem-

---

[77] Vgl. IIA (2009), S. 3–6 sowie IIA (2012).

felder gibt es häufig Verantwortliche und Experten im Unternehmen, mit deren Aufgaben die Interne Revision nicht in Konflikt treten sollte. Auch soll bei der Übernahme prüfungsferner Aufträge hinterfragt werden, ob diese legitim sind, also zum Beispiel ob es nicht primär darum geht, Munition für die interne Politik oder ein Sündenregister zu liefern. Aufträge zum Zweck organisationsinterner Politik können das Vertrauen in die Unabhängigkeit und Objektivität der Internen Revision anhaltend erschüttern, wenn die verfolgten Ziele und Interessen nicht legitim erscheinen.

IIAS 2220 – Umfang des Auftrags
2220.C1 – Sachgerechter Umfang von Beratungsaufträgen

Bei der Durchführung von Beratungsaufträgen müssen Interne Revisoren sicherstellen, dass der Umfang des Beratungsauftrags ausreicht, um die vereinbarten Ziele zu erreichen. Wenn bei Internen Revisoren im Verlauf der Arbeiten Zweifel an der Angemessenheit des Umfangs auftreten, müssen diese mit dem Kunden besprochen werden, um über die Fortführung des Beratungsauftrags zu entscheiden.

2220.C2 – Berücksichtigung Interner Kontrollen

Im Verlauf von Beratungsaufträgen müssen Interne Revisoren Kontrollen im Einklang mit den Zielen des Beratungsauftrags berücksichtigen und auf das Vorhandensein anderer wesentlicher Kontrollschwächen achten.

Bei der Planung und Absprache von Beratungsaufträgen soll die Revisionsleitung darauf achten, dass Dauer und Umfang der Beteiligung angemessen sind. Vor der Auftragsannahme muss sichergestellt sein, dass die erforderlichen Kompetenzen und Kapazitäten vorhanden sind, und dass der Auftrag zur Zufriedenheit abgearbeitet werden kann. Insbesondere bei den nicht regelmäßig durchgeführten Beratungsprojekten kann es schnell vorkommen, dass die anfängliche Freude über die scheinbare Gelegenheit, sich profilieren zu können, verfliegt, wenn den beteiligten Revisoren die Komplexität und den Umfang der erforderlichen Mitarbeit und das Ausmaß der erwarteten Verantwortung bewusst werden.

IIAS 2240 – Arbeitsprogramm
2240.C1 – Format des Arbeitsprogramms bei Beratungsaufträgen

Form und Inhalt der Arbeitsprogramme für Beratungsaufträge können in Abhängigkeit von der Art des Auftrags variieren.

Die Abwicklung von Beratungsaufträgen lässt sich in der Internen Revision nur dann sinnvoll im Detail und auf Ebene des Arbeitsprogramms standardisieren, wenn häufig gleich gelagerte oder zumindest vom Ablauf her gleich strukturierte Beratungsleistungen erbracht werden. Dies kann der Fall sein, wenn – wie bei Finanzdienstleistern üblich – regelmäßig Stellungnahmen der Internen Revision eingeholt werden oder wenn Interne Revisoren regelmäßig Projekte begleiten.

Die Durchführung der Beratungsaufträge hängt dann von den mit den Auftraggebern vereinbarten Zielen und Aufgaben der beteiligten Internen Revisoren ab. Dies können rein beobachtende Rollen sein, aber auch z. B. die Übernahme von Teilaufgaben (Erhebungen, Analysen, Konzepte) unter der Aufsicht und Verantwortung einer Projektleitung, die nicht der Internen Revision untersteht.

Auch bei der Durchführung von Beratungsaufträgen gelten die Sorgfalts- und Verschwiegenheitspflichten des Ethikkodexes der Internen Revision und der allgemeinen IIA-Standards. Die daraus resultierenden Anforderungen an die Beratungsqualität der Internen Revision erhöhen den Wert ihres beraterischen Beitrags, erfordern aber auch ein besonderes Augenmaß der Revisoren bei der Annahme, Durchführung und Ergebniskommunikation.

IIAS Aufzeichnung von Informationen
2330.C1 – Aufbewahrung von Beratungsunterlagen

Der Leiter der Internen Revision muss Richtlinien für die Aufbewahrung und Aufbewahrungsfristen der Unterlagen von Beratungsaufträgen festlegen, wie auch für die Offenlegung dieser Unterlagen an interne und externe Stellen. Diese Vorgaben müssen den Richtlinien der Organisation und allen einschlägigen behördlichen oder sonstigen Anforderungen genügen.

Im Rahmen von Beratungstätigkeiten der Internen Revision anfallende Detaildaten und Dokumentationen werden oft beim Auftraggeber verbleiben. Für die sichere revisionsinterne Archivierung der in der Internen Revision verbleibenden Beratungsdaten und -dokumente soll die Revisionsleitung Vorgaben machen. Dies gilt insbesondere, wenn sensitive Informationen gesammelt und verarbeitet werden. Oft findet man keine spezifische Archivierungslogik für Beratungsaufträge, so dass die angemessene Archivierung im Wesentlichen den beteiligten Revisoren überlassen bleibt. Die Berufsgrundlagen der Internen Revision weisen deswegen insoweit explizit darauf hin, dass auch für Beratungsunterlagen weitergehende gesetzliche, regulatorische oder fachliche Anforderungen (Datenschutz, Aufbewahrungspflichten) gelten können.

Wenn die Archivierung geregelt ist, hat es sich als praktisch und zuverlässig erwiesen, Beratungsakten soweit wie möglich analog zu Prüfungsakten zu behandeln. So können Beratungsakten der grundlegenden Struktur von Prüfungsaufträgen (Auftrag, Voruntersuchung, Ergebnisse, Detailbereiche) folgen und können teilweise sogar mit dem gleichen Schema wie Prüfungsakten referenziert werden.

IIAS 2410 – Berichterstattungskriterien
2410.C1 – Form und Inhalt von Beratungsergebnissen auftragsabhängig

Form und Inhalt der Berichterstattung über den Fortschritt und die Ergebnisse von Beratungsaufträgen können, abhängig von der Art des Auftrags und den Bedürfnissen des Kunden, variieren.

Wie das Ziel und die Struktur von Beratungsaufträgen sind auch die Ergebnisformate und die Ergebniskommunikation der Beratung stark abhängig von den Vereinbarungen mit dem Auftraggeber.

Beispielsweise können Daten und Informationen gesammelt und übergeben, Analysen auf Basis kundenbezogener Daten erstellt, Stellungnahmen zu Entscheidungsvorlagen schriftlich oder mündlich gegeben oder Prozesse durch Moderation und Methodenkompetenz begleitet werden. Dadurch entsteht ein breites Spektrum möglicher und sinnvoller Ergebnisse – Datensammlungen, Tabellen, Grafiken, Flussdiagramme, textliche Beschreibungen, Gutachten, Präsentationen, Gespräche, knappe und umfassende Ergebnisse, reine Daten oder komplexe Beurteilungen. Minimalanforderung der Ergebniskommunikation bei Beratungsaufträgen ist, dass der Beitrag der Internen Revision zumindest in Grenzen messbar übergeben wird, wodurch der Auftrag den vereinbarten Zielen gemäß geordnet abgeschlossen werden kann.

IIAS 2440 – Verbreitung der Ergebnisse
2440.C1 – Berichterstattung über Beratungsergebnisse

Der Leiter der Internen Revision ist verantwortlich für die Berichterstattung über Beratungsergebnisse an die Kunden.

2440.C2 – Kommunikation aufgetretener wesentlicher Risiken

Im Verlauf eines Beratungsauftrags können Schwachstellen im Bereich Führung und Überwachung, Risikomanagement und Kontrolle festgestellt werden. Falls diese für die Organisation von Bedeutung sind, müssen sie den leitenden Führungskräften und der Geschäftsleitung bzw. dem Überwachungsorgan berichtet werden.

Wie auch bei Prüfungsaufträgen sollen wesentliche Schwachstellen in Führung und Überwachung, Risikomanagement und Interner Kontrolle transparent gemacht bzw. an die Verantwortlichen kommuniziert werden. Darüber hinaus werden die Ergebnisse von Beratungsaufträgen im Rahmen der regelmäßigen Berichterstattung zumindest summarisch an die Geschäftsleitung und das Überwachungsorgan berichtet.

5.6.5 Maßnahmenüberwachung

Die Überwachung der aus Beratungsaufträgen resultierenden Maßnahmen ist im Regelfall Aufgabe der beratenen Fachabteilungen. Wenn es sinnvoll oder erforderlich ist, kann die Interne Revision diese Überwachungsaufgabe übernehmen.

IIAS 2500 – Überwachung des weiteren Vorgehens
2500.C1 – Überwachung von beratungsbedingten Maßnahmen nach Vereinbarung

Die Interne Revision muss die Umsetzung der Beratungsergebnisse in dem mit dem Kunden vereinbarten Umfang überwachen.

Die aktive Maßnahmenverfolgung durch die Interne Revision kann beispielsweise günstig sein, wenn die Fachabteilung nur eingeschränkt Kontrolle über die Umsetzungsverantwortlichen hat, die Verantwortlichkeiten auf viele Stellen oder räumlich weit verteilt sind, oder wenn die für die Überwachung verantwortlichen operativen Funktionen nicht klar genug zugeordnet werden können.

5.6.6 Beratungsaufträge – Good Practices und Varianten

Beratungsaufträge sollen in der Jahresplanung der Internen Revision berücksichtigt werden. Dies kann dadurch umgesetzt werden, dass bereits bekannte Aufträge konkret budgetiert werden. Aufgrund ihrer Größenordnung abschätzbare Aufträge können zum Beispiel in kleine, mittlere und große Aufträge kategorisiert werden. Sie können entsprechend der erwarteten Anzahl blanko in die Planung eingestellt werden. Die einfachste, wenn auch ungenaue Lösung ist das Einplanen eines pauschalen Pufferanteils oder Puffervolumens für Beratungstätigkeiten. Für den Fall, dass die Interne Revision regelmäßig oder in größerem Umfang Beratungstätigkeiten ausführt, ist eine möglichst konkrete Planung wünschenswert.

Bei der Durchführung von Beratungsaufträgen erfordern die Berufsgrundlagen insbesondere

- eine eindeutige Vereinbarung von Beratungsziel und -umfang,
- das Vermeiden von Ziel- und Interessenkonflikten und
- die Fokussierung auf Kernbereiche der Revisionskompetenz (i. d. R. GRC).

Bei der Durchführung von Beratungsaufträgen kann die Interne Revision durch ihre Stellung als unabhängiger und objektiver Vertreter der Gesamtorganisation zwischen den Beteiligten vermitteln. Ziele, Rahmen und Widersprüche können so immer wieder konstruktiv aufgezeigt und es kann Transparenz geschaffen werden. Die im Zuge von Beratungsaufträgen gewonnen Erkenntnisse nutzt die Revision im Verlauf weiterer Planungen und Aufträge.

Beratungsaufträge – Verfahrensvarianten
Beratungsaufträge können auf Anfrage hin geleistet werden. In einigen Bereichen (z. B. bei Finanzdienstleistern) ist es darüber hinaus üblich, dass die Interne Revision planmäßig bei Projekten oder Änderungen in kritischen Bereichen beteiligt wird. Wenn es vorgesehen ist, dass die Interne Revision planmäßig tätig wird, dann wird der dafür absehbare Aufwand projektweise, oder wenn dies nicht möglich ist pauschal, in den Jahresplan der Internen Revision aufgenommen.

Das vom IIA an einigen Stellen erwähnte Konzept des Blended Audit – ein Konzept, das insbesondere von Revisoren aus dem US-amerikanischen öffentlichen Sektor in die

Fachgremien eingebracht wurde – vermischt Prüfung und Beratung.[78,79] Wenn der Prüfer im Zuge einer Prüfung einen Beratungsbedarf erkennt, soll er die Fachabteilung eher beraten als mit der Prüfung eines schwachstellenbehafteten Prüffeldes fortzufahren. Oder er soll, falls im Rahmen einer Prüfung Beratung angebracht erscheint, diese leisten. Um die Unabhängigkeit und Objektivität des Prüfers zu gewährleisten, müssen Prüfung und Beratung allerdings klar getrennt bleiben.

Literatur

Amling, T./Bantleon, U. (2009): Handbuch der Internen Revision, Berlin (ESV) 2009.

Anderson, U.L. et al. (2017): Internal Auditing: Assurance & Advisory Services, 4th Edition, Lake Mary, FL (Internal Audit Foundation) 2017.

Bantleon, U. (2018): Bedeutung der Professional Skepticism für den Erfolg der Internen Revision. Konzept, aktuelle Entwicklung und Umsetzung, in: ZIR 6/2018, S. 276–285.

Berwanger, J.; Kullmann, S. (2012): Interne Revision. Funktion, Rechtsgrundlagen und Compliance. 2. Aufl., Wiesbaden (Gabler) 2012.

Bünis, M.; Gossens, T. (2018): Das 1x1 der Internen Revision. Bausteine eines erfolgreichen Revisionsprozesses. 2. Aufl., Berlin (ESV) 2018.

Busch, J. (2010): Benchmarking in der Internen Revision. Mehr Effizienz durch Kostenkalkulation und Leistungsmessung, Berlin (ESV) 2010.

Dieterle, O. (2018): Praxishandbuch Interne Revision in der Öffentlichen Verwaltung. Berlin (ESV) 2018.

DIIR (Hrsg.) (2017a): Enquete 2017. Die Interne Revision in Deutschland, Österreich und der Schweiz, Frankfurt am Main (DIIR) 2017.

DIIR (Hrsg.) (2017b): Online-Revisionshandbuch für die Interne Revision in Kreditinstituten. Erarbeitet vom DIIR Arbeitskreis MaRisk. Frankfurt am Main (DIIR) 2017.

DIIR (Hrsg.) (2017c): DIIR Revisionsstandard 3. Prüfung von Internen Revisionssystemen (Quality Assessments), Frankfurt am Main (DIIR) 2017.

DIIR (Hrsg.) (2018): Praxisleitfaden: Auftragsplanung – Festlegung von Zielen und Umfang, Frankfurt am Main (DIIR) 2018.

DIIR (Hrsg.) (2019a): AMIR. Das Anspruchsmodell der Internen Revision. Überblick und Anwendungsleitfaden für die Selbstbeurteilung auf Basis der Internationalen Standards. Version 1.0, Frankfurt am Main (DIIR) 2019.

DIIR (Hrsg.) (2019b): Internationale Grundlagen für die berufliche Praxis der Internen Revision 2017. Version v7 vom 11. März 2019, Frankfurt am Main (DIIR) 2019.

DIIR (Hrsg.) (2020): Enquete 2020. Die Interne Revision in Deutschland, Österreich und der Schweiz, Frankfurt am Main (DIIR) 2020.

Freidank, C.-C.; Peemöller, V.H. (Hrsg.) (2011): Kompendium der Internen Revision. Internal Auditing in Wissenschaft und Praxis. Berlin (ESV) 2011.

Füss, R. (2004): Die interne Revision in Deutschland, in Österreich und in der Schweiz 2004. Frankfurt a.M., Wien, Zürich (DIIR) 2004.

---

[78] Vgl. Anderson, U.L. et al (2017), S. 15-9 f., die als Beispiel Due Diligence Engagements, Systementwicklungsprojekte, Prozess-Reengineering und die Unterstützung des Risikomanagements nennen.

[79] Vgl. COSO (2013), S. 7–12.

Hahn, U. (2011a): Internationale Berufsgrundlagen der Internen Revision, in: Freidank, C.-C.; Peemöller, V.H. (Hrsg.): Kompendium der Internen Revision. Internal Auditing in Wissenschaft und Praxis, Berlin (ESV) 2011, S. 74–106.

Hahn, U. (2011b): Überwachung der Internen Revision: Berufsgrundlagen, Instrumente, Revisionsprozesse, in: Freidank, C.-C.; Peemöller, V.H. (Hrsg.): Kompendium der Internen Revision. Internal Auditing in Wissenschaft und Praxis, Berlin (ESV) 2011, S. 433–476.

Hahn, U.; Westhausen. H.-U. (2007): Haben wir unsere Arbeitspapiere im Griff? – Good Practices für den Umgang mit Arbeitspapieren, in: ZIR 2/2007, S. 72–74.

IIA (Hrsg.) (2009): The Role of Internal Auditing in Enterprise-wide Risk Management. Altamonte Springs FL (IIA) 2009.

IIA (Hrsg.) (2012): Coordinating Risk Management and Assurance. Altamonte Springs FL (IIA) 2012.

IIA (Hrsg.) (2017): Engagement Planning. Assessing Fraud Risks. Lake Mary FL (IIA) 2017.

IAF (Hrsg.) (2017): Quality Assessment Manual for the Internal Audit Activity. 2017 IPPF Aligned, Lake Mary (FL) (Internal Audit Foundation) 2017.

Kagermann, H./Küting, K./Weber, C.-P. (2006): Handbuch der Revision. Management mit der SAP-Revisions-Roadmap, Stuttgart (Schäffer-Poeschel) 2006.

Langer, I.; Schulz von Thun, F.; Tausch, R. (2015): Sich verständlich ausdrücken. München (Ernst Reinhard) 2015.

Marten, K.-U.; Quick, R.; Ruhnke, K. (2007): Wirtschaftsprüfung. Grundlagen des betriebswirtschaftlichen Prüfungswesens nach nationalen und internationalen Normen. 3. Aufl., Stuttgart (Schäffer-Poeschel) 2007.

Peemöller, V.H.; Kregel, J. (2010): Grundlagen der Internen Revision. Standards, Aufbau und Führung, Berlin (ESV) 2010.

Pickett, K.H.S. (2005): The Essential Handbook of Internal Auditing, Chichester (Wiley) 2005.

Ruud, F.; Friebe, P. (2013): Leitlinie zum Internen Audit. 3. Aufl., Zürich (SVIR) 2013.

Wesel, P.; Jackmuth, H.-W. (2006): Berichterstattung der Internen Revision (IR), in: Lück, W. (Hrsg.): Zentrale Tätigkeitsbereiche der Internen Revision. Aktuelle und zukünftige Schwerpunkte erfolgreicher Revisionsarbeit. Berlin (ESV) 2006, S. 79–97.

6 Spezielle Auftragstypen und besondere Prüffelder

6.1 IKS und Risikomanagement

Definitionsgemäße Hauptaufgabenfelder[1] der Internen Revision sind Governance, Risikomanagement und interne Kontrolle. Eine weit verbreitete konzeptionelle Grundlage sind die Rahmenwerke und die Rahmenwerke ergänzenden Veröffentlichungen des Arbeitskreises COSO.

Die Grundzüge dieser Modelle finden sich in vielen Normen, Best Practice-Modellen und insbesondere in den für die im wirtschaftlichen Bereich prüfenden Berufe in den Vorgaben von IFAC/IAASB, IIA und ISACA, insbesondere ergeben sie sich in allen Fällen, wenn auch manchmal nur dem geübten Auge sofort erkennbar, aus den davon abgeleiteten nationalen Vorgaben.

Im Folgenden werden daher einige für die Interne Revision nützliche Grundlagen und Anwendungen dargestellt.

6.1.1 GRC-Funktionen in den COSO-Modellen

Referenzen auf ein allgemeines GRC-System finden sich in den COSO-Modellen primär durch die Nennung der beteiligten Rollen, die Nennung der Kontrollziele und einige weitere Erläuterungen und Grafiken. Die für die Interne Revision wichtigen Rollen des Überwachungsorgans, der Unternehmensleitung, der operative Führungskräfte und der anderen Unterstützungs- und Kontrollfunktionen werden in einem separaten Papier dar-

---

[1] Vgl. dazu im Detail IIAS 2100, 2110, 2120 und 2130.

gestellt und in Beziehung gesetzt, indem anhand des Three Lines of Defence-Modells insbesondere die Rolle der Internen Revision herausgearbeitet wird.[2]

Die Kontrollziele der COSO-Modelle sind Strategie, Betrieb (Zielerreichung und Wirtschaftlichkeit), Berichterstattung (intern und extern), Regeleinhaltung (ebenfalls intern und extern) sowie das Sichern der Unternehmensressourcen.[3]

Die COSO-Modelle gehen dabei von einem Governance-System aus, bei dem das Risikomanagementsystem eine Komponente, ein Subsystem ist. Das interne Kontrollsystem ist in den COSO-Modellen wiederum ein untergeordnetes Teil- bzw. Subsystem des Risikomanagementsystems[4] (siehe Abb. 6.1).

Das interne Kontrollsystem selbst besteht aus den fünf Komponenten Kontrollumfeld, Risikobeurteilung, Kontrollaktivitäten, Information und Kommunikation sowie Überwachung. Seit Veröffentlichung des ersten COSO-Modells für interne Kontrolle[5] wurden die Komponenten mehrfach[6] konzeptionell detailliert, ergänzt und aktualisiert.

Wie haben sich die Komponenten der ersten betriebswirtschaftlichen Risikomanagement- und Kontrollmodelle zwischenzeitlich weiterentwickelt? Die Komponente Kontrollumfeld wird heute genereller sowie analog zu vielen anderen Rahmenmodellen aus der Betriebswirtschaftslehre und der Normung als interner und externer Kontext betrachtet, sowie teils auch so bezeichnet. Die Risikobeurteilung berücksichtigt den Umgang mit sowohl dem negativen und als auch den positiven Ereigniswirkungen. Die Kontrollaktivitäten zielen stärker auf die Bedeutung und den Einsatz der allgegenwärtigen IT ab, und sie berücksichtigen mehr als vorher die zunehmende operative Vernetzung mit Dritten. Die Komponente Information und Kommunikation berücksichtigt weiterentwickelte Metho-

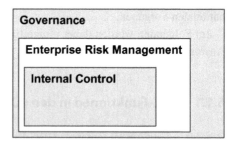

Abb. 6.1 Das COSO Governance-, Risikomanagement- und Kontrollsystem (Nach COSO (2013), S. 181)

---

[2] IIA (2015).
[3] Vgl. ECIIA (2012), S. 4 f.
[4] Vgl. COSO (2013), S. 181.
[5] Vgl. COSO (1992).
[6] Ohne an dieser Stelle tiefer gehen zu wollen, sind hier das erste Risikomanagement-Modell (COSO (2004a)), das erste Modell zur internen Kontrolle über die Finanzberichterstattung ICoFR (COSO (2006)), zur Überwachung (COSO (2009)), die Aktualisierung des Internen Kontroll-Modells (COSO (2013)) und die strategiebezogene Erweiterung des Risikomanagement-Modells (COSO (2017b)) zu nennen.

den aus der Governance-Organisation und der Informationsverarbeitung, zum Beispiel dedizierte Whistleblowing-Strukturen und Big Data-Analysen. Die Entwicklung der Überwachungskomponente reflektiert die Erfahrungen aus den mehr als 40 Jahren der Tätigkeit des COSO-Arbeitskreises, die Methoden und Instrumente werden konkreter und so strukturiert, dass sie wirklich generell verständlich und einsetzbar sind.

6.1.2 GRC-Prüfstandards der Abschlussprüfung

Den aktuellen Stand der Modellierung des Governance-Systems in der Logik der externen, bzw. genauer der Abschlussprüfung, kann man am IDW PS 261:2016[7] sowie an den zu den Komponenten des Governance-Systems veröffentlichten weiteren IDW PS 980 ff. ablesen: Dort werden Compliance-Management (IDW PS 980), Risikomanagement (IDW PS 981), Internes Kontrollsystem (IDW PS 982) und Internes Revisionssystem (IDW PS 983) differenziert und unter Berücksichtigung generischer, allgemein anwendbarer Ansätze wie der COSO-Modelle betrachtet.

Der IDW PS 261:2012 definiert das interne Kontrollsystem als „die vom Management eingeführten Grundsätze, Verfahren und Maßnahmen (Regelungen) …, die … auf die organisatorische Umsetzung der Entscheidungen des Managements …"[8] gerichtet sind. Bei den internen Kontrollen handelt es sich analog zu den COSO-Modellen um bewusste betriebliche Entscheidungen des Managements mit Blick auf Betrieb (operations), Vermögensschutz (safeguarding of assets), Berichterstattung (reporting) und – durch den Fokus des IDW PS stark rechtlich ausgerichtet – Regeleinhaltung (compliance). Die in den COSO ERM-Kontrollzielen vorgesehene, über das COSO-Kontrollmodell hinausgehende Strategiekomponente wird im Modell von COSO bevorzugt mit dem Risikomanagement in Verbindung gebracht.

Das Modell des IDW unterscheidet zwischen Regelungen zur Steuerung der Unternehmensaktivitäten (Steuerungssystem) und Regelungen zur Überwachung der Einhaltung der Steuerungsregelungen (Überwachungssystem), siehe Abb. 6.2. Die Interne Revision ist dabei prozessunabhängige Komponente des Überwachungssystems,[9] auf das Risikofrüherkennungssystem wird pauschal verwiesen (IDW PS 340:2000), ein Compliance-System ist nicht noch einmal explizit erwähnt.

6.1.3 Beurteilungskriterien für Compliance-Managementsysteme

Im IDW PS 980 werden dann die Kriterien für die Prüfung der Beschreibung, der Angemessenheit und der Funktionsfähigkeit eines Compliance-Managementsystems (CMS)

---

[7] Vgl. IDW 2011, IDW 2017a1, IDW 2017b2, IDW 2017c1.
[8] IDW PS 261:2012, Rn. 19.
[9] Vgl. IDW PS 261:201, Rn. 20.

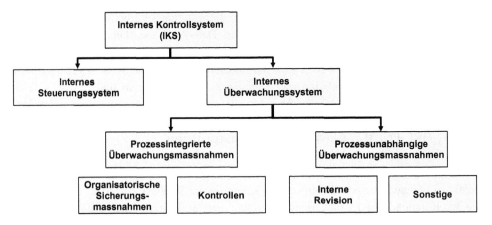

Abb. 6.2 Regelungsbereiche des internen Kontrollsystems (Nach IDW PS 261:2012, S. 8)

beschrieben. Das CMS-Modell des IDW besteht aus sieben in Wechselwirkung stehenden Grundelementen:[10]

1. Compliance-Kultur
2. Compliance-Ziele
3. Compliance-Risiken
4. Compliance-Programm
5. Compliance-Organisation
6. Compliance-Kommunikation
7. Compliance-Überwachung und Verbesserung

Die den IDW PS mit zu Grunde liegende ISA 610 (Rev. 2013) ordnet das Thema Compliance in Bezug auf die Interne Revision als eine Komponente des internen Kontrollsystems ein, das hinsichtlich der Einhaltung externer und interner Regeln von der Internen Revision geprüft werden kann.[11]

Folgt man der Zuordnung der ISA 610 (Rev. 2013) zum Internal Control Framework,[12] dann werden die Compliance-Ziele (2.) mit den COSO-Zielkategorien integriert, die Compliance-Kultur (1.) und -Organisation (5.) mit der COSO- Komponente „Kontext/Umfeld" sowie die Compliance-Risiken (3.) mit der COSO-Komponente „Risikobeurteilung". Das Compliance-Programm (4.) lässt sich mit der COSO-Komponente „Kontrollaktivitäten" integrieren, die Compliance-Kommunikation (6.) mit der COSO Komponente „Information und Kommunikation" sowie die Compliance-Überwachung und -Verbesserung (7.) mit der COSO-Komponente „Überwachung".

---

[10] Vgl. IDW PS 980, Rn. 23 und Rn. A14–A20 sowie zu Details auch die DIN ISO 19600:2014.
[11] Vgl. ISA 610 (Rev 2013), Rn. A1.
[12] Anders als Bungartz, der das CMS mit dem ERM verknüpft; siehe dazu Bungartz, O. (2020), S. 587.

Weiter finden sich in der internationalen Norm ISO 19600[13] Empfehlungen für Aufbau, Entwicklung, Umsetzung, Bewertung, Aufrechterhaltung und Verbesserung eines wirksamen Compliance-Managementsystems in der Organisation. Die Leitlinien dieser ISO-Norm zum Compliance-Managementsystem können auf alle Organisationen angewendet werden. Ihre Umsetzung variiert aber in Abhängigkeit von Art, Struktur, Größe und Komplexität einer Organisation, wobei Verhältnismäßigkeit, Transparenz und Nachhaltigkeit zu berücksichtigen sind. Ergänzend enthält die ISO-Norm 37001[14] umfassende Hilfestellungen zur Implementierung und Beurteilung von Korruptionsbekämpfungs-Systemen.

6.2 Die COSO-Leitfäden

6.2.1 Übersicht und Hintergründe

In den 80er-Jahren kam es zu einer Reihe von Unternehmenszusammenbrüchen, die das Vertrauen in die prüfenden Berufe, insbesondere in die Abschlussprüfer, stark beeinträchtigten. Schillernde Figuren wie z. B. Bernie Cornfeld (IOS) und Stanley Goldblum (Equity Funding) hatten, unter Ausnutzung nachhaltiger Folgen der Nachkriegskonjunktur, die wachsenden Möglichkeiten grenzüberschreitender Transaktionen für sich entdeckt. Schlussendlich gelang es ihnen, auch Nutzung der neuen Möglichkeiten der aufkommenden maschinellen Datenverarbeitung, immer größere Geschäfte zu machen. Es wurde absehbar, dass das schwindende Vertrauen der Anleger die Entwicklung der Finanzmärkte zum Stillstand bringen würde. Eine Kommission, die „National Commission on Fraudulent Financial Reporting" (NCFFR, Treadway Commission) , wurde berufen. Sie sollte die Ursachen der Zusammenbrüche untersuchen und Abhilfemaßnahmen vorschlagen.

Im Jahr 1985 schlossen sich die fünf Berufsverbände IIA, AICPA, AAA, IMA und FEI zusammen, um die Arbeit der Treadway Kommission zu unterstützen: Das Committee of Sponsoring Organizations of the Treadway Commission (COSO) wurde ins Leben gerufen. Tab. 6.1 zeigt die Trägerorganisationen des Committee of Sponsoring Organizations (COSO).

Tab. 6.1 COSO-Trägerorganisationen[a]

IIA	The Institute of Internal Auditors	Interne Revision
AICPA	American Institute of Certified Public Accountants	Abschlussprüfung
IMA	Institute of Management Accountants	Controlling
FEI	Financial Executives Institute	Finanzleitung
AAA	American Accounting Association	Rechnungslegung

[a]Eigene Zusammenstellung

---

[13] Deutsch als DIN ISO 19600:2016 Compliance Management-Systeme – Leitlinien.
[14] Deutsch als DIN ISO 37001:2018 Managementsysteme zur Korruptionsbekämpfung – Anforderungen mit Leitlinien zur Anwendung.

Für seine Veröffentlichungen bestellt COSO ein Projektteam und bestellt Autoren bzw. ein Autorenteam. Häufig werden die Entwicklungsvorhaben von einer Prüfungs- oder Beratungsgesellschaft gesponsert. Die Entwürfe der COSO-Veröffentlichungen werden öffentlich zur Kommentierung bekannt gegeben, und wichtige Stakeholder (transnationale und nationale Verbände, Regelsetzungsinstanzen, Interessenvertreter) werden gezielt um ihre Stellungnahmen gebeten. Oft viele hundert Stellungnahmen werden von den Veröffentlichungsprojekten in die Entwürfe eingearbeitet und danach mit Hinweisen darauf, wie mit den Stellungnahmen umgegangen wurde, auf der COSO-Website veröffentlicht. Das endgültige Dokument wird entweder auf der COSO-Website veröffentlicht oder – wie die umfassenderen Kontroll- und Risikomanagementmodelle – über den Publikationszweig des US-amerikanischen Wirtschaftsprüferverbandes AICPA und die anderen COSO-Mitglieder vertrieben.

6.2.2 Die ersten COSO-Modelle

Im Jahr 1987 wurde der erste Bericht[15] des späteren COSO-Komitees veröffentlicht, der „Report of the National Commission on Fraudulent Financial Reporting". Dabei handelt es sich um eine umfassende, empirische Untersuchung von Vorfällen und Praktiken bei börsennotierten Gesellschaften („public companies"), eine Expertenbefragung sowie einen Empfehlungskatalog, insbesondere für Unternehmen, Prüfer, Aufsicht und Ausbildung. Die Grundkonzepte des Empfehlungskatalogs sind auch heute noch in den aktuellen Governance- und Assurance-Systemen wahrnehmbar.

Zwei Modelle, eines für die Finanzberichterstattung und eines für die Führungsorganisation, wurden im Bericht der US National Commission on Fraudulent Financial Reporting (NCFFR) skizziert.[16] Die Finanzberichterstattung eines Unternehmens soll durch einen unabhängigen Prüfer bestätigt werden, dessen Tätigkeit durch die Aufsicht von Börse, Berufsstand und Gerichten überwacht wird. Die Unternehmensleitung soll aus operativen (CEO) und überwachenden (hier: Audit Committee) Funktionen bestehen, mit der Internen Revision als einem Instrument der Unternehmensleitung und dem Kontrollumfeld bzw. der Unternehmenskultur. Hier waren die Grundzüge des Three Line of Defense-Modells bereits erkennbar und beschrieben.

1992 wurde das erste Rahmenmodell für die interne Kontrolle[17] veröffentlicht, noch mit dem Fokus auf Finanzberichterstattung. Es fasste den damaligen Kenntnisstand[18] zu-

---

[15] NCFFR (1987).

[16] Vgl. die Übersichten bei NCFFR (1987), S. 18 f.

[17] COSO (1992). Im selben Jahr erschien in UK der erste Bericht der Cadbury-Kommission zur Corporate Governance, genauer zur zuverlässigen Finanzberichterstattung; vgl. Commission on the Financial Aspects of Corporate Governance (1992).

[18] Vgl. dazu Bungartz, O. (2015), S. 76.

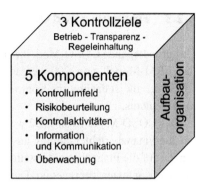

Abb. 6.3 Kernelemente und Komponenten der COSO-Kontrollmodelle (Eigene Darstellung nach COSO (1992), S. 19)

sammen und bildet noch heute die Grundlage für die ergänzenden und modernisierten COSO-Modelle und für viele weitere Konzepte für die Organisation, Führung und Steuerung einer Vielzahl unterschiedlichster Organisationen.

Das erste COSO-Kontrollmodell (Abb. 6.3) arbeitet mit drei Dimensionen: drei Kategorien an Kontrollzielen, fünf IKS-Komponenten sowie – im Modell weiter kaum berücksichtigt – vier Ebenen der Aufbauorganisation. Die Elemente dieser mehrdimensionalen Struktur müssen zusammenwirken, damit das interne Kontrollsystem funktionsfähig sein kann.

Im Jahr 1994 wurde eine leicht ergänzte Version des ersten COSO-Berichtes veröffentlicht. Der US-amerikanische Rechnungshof (Government Accountability Office, GAO) hatte sich beklagt, dass die Vermögenssicherung nicht wie im öffentlichen Bereich ansonsten üblich, explizit als Kontrollziel benannt war. Durch eine Ergänzung im Anhang wurde die Bedeutung der Vermögenssicherung noch einmal extra hervorgehoben und darauf hingewiesen, dass die Vermögenssicherung im Rahmen der anderen Kontrollziele sichergestellt werde. Diese Formulierung findet sich auch in den neueren COSO-Rahmenmodellen von 2013 (Internal Control – Integrated Framework) und 2017 (Enterprise Risk Management).

Nach weiteren Unternehmenskrisen – ursächlich sind hier z. B. der Zusammenbruch von Enron und WorldCom, bei denen die internen und externen Kontrollsysteme gründlich versagten – wurden damals bereits in der Diskussion befindliche Regelungen zügig konkretisiert und umgesetzt. In den USA waren das der an anderer Stelle in diesem Buch betrachtete Sarbanes Oxley Act von 2002 und in Europa im Jahr 2003 der Plan der EU-Kommission zur Modernisierung des Gesellschaftsrechts,[19] der eine bis dahin hinausgezögerte Verschärfung vieler nationaler Regelungen auslöste. COSO legte im Jahr 2004 mit dem Enterprise Risk Management – Integrated Framework[20] eine umfassende Blaupause für unternehmensweite Risikomanagementsysteme vor.

---

[19] COM (2003) 284 endg. vom 21.5.2003.
[20] COSO (2004a).

6.2.3 Ergänzung und Überarbeitung der COSO-Modelle

Das grundlegende COSO-Modell zur internen Kontrolle von 1992 war nicht vollständig – das ERM-Modell von 2004 ergänzte und detaillierte das Risikomanagement. In der COSO-Logik ist das interne Kontrollsystem nur ein Teil des unternehmensweiten Risikomanagements.[21]

Das COSO-Modell von 1992 war zumindest durch seinen Titel und seine Präsentation auf die Finanzberichterstattung ausgerichtet, obwohl es durch Vernachlässigen der Referenzen auf die Finanzberichterstattung sehr gut für Kontrollsysteme in anderen, z. B. operativen, Kontexten geeignet ist. Dies war einer der großen Kritikpunkte, obwohl sich das Modell durch seine prinzipielle Auslegung auch für die operativen und dispositiven Teile von Organisation aller Art gut eignet(e). Das Modell ist weiter durch seine hauptsächlich textliche Darstellung sowie das fehlende detaillierte Inhaltsverzeichnis für viele Nutzer nur schwer zugänglich – es erfordert viel Arbeit, damit die wesentlichen Strukturen selbst erschlossen, nachdokumentiert und sodann die inhaltlichen Kriterien herausgefiltert werden können. Die zeitlich nach dem COSO ERM 2004 veröffentlichten Rahmenmodelle nutzen daher neben den teils sehr dichten textlichen Erläuterungen der älteren Rahmenmodelle in der Regel auch Tabellen, um Themenblöcke und Kriterien gut nachvollziehbar sowie für die Anwendung handlich darzustellen.

Ergänzend, und weil im Zusammenhang mit der nun häufig erforderlichen Bestätigung der Funktionsfähigkeit des IKS durch Abschlussprüfer nachgefragt, wurden im Jahr 2006 ein konkreteres Modell zur internen Kontrolle über die Finanzberichterstattung (ICoFR)[22] und dann im Jahr 2009 ein weiteres Modell zur IKS-/ERM-Komponente Überwachung[23] veröffentlicht. Diese beiden grundlegenden Dokumente sind von COSO davor und danach um eine Vielzahl von Papieren zur Detaillierung oder zu Spezialthemen ergänzt worden.

Bei dem in 2013 veröffentlichten COSO Internal Control – Integrated Framework-Modell[24] (COSO ICIF 2013) handelt es sich dann tatsächlich um eine Modernisierung und Generalisierung des ursprünglichen Modells von 1992. Seitdem enthält das Modell Kriterientabellen, eine stärkere Integration bzw. Vereinheitlichung in Bezug auf neuere COSO-Modelle. Ferner wartet es mit einem Extraband auf, der speziell auf die Finanzberichterstattung angepasste Kriterien enthält. Das COSO-Kontrollmodell von 2013 ersetzt damit die erste Version des COSO-Kontrollmodells von 1992 durch modernisierte und besser zugängliche Konzepte.

Im Jahr nach der Herausgabe des modernisierten Kontrollmodells wurde die Überarbeitung des Enterprise Risk Management-Modells auf die COSO-Agenda gesetzt. Das Ergebnis, COSO Enterprise Risk Management – Integrating with Strategy and Perfor-

---

[21] Vgl. COSO (2013), S. 181.
[22] COSO (2006).
[23] COSO (2009).
[24] COSO (2013).

mance[25] wurde 2017 veröffentlicht. Dabei handelt es sich primär um eine Erweiterung des ursprünglichen COSO ERM aus dem Jahr 2004, um die Integration des Risikomanagements in die strategische Planung und Steuerung zu stärken. Durch die starke Ausrichtung auf die strategische Organisation und im Gegensatz zum COSO ICIF 2013 fehlend im COSO ERM 2017 detaillierte Umsetzungskonzepte. Deswegen bleibt das ursprüngliche COSO ERM-Modell aus dem Jahr 2004 weiterhin eine wichtige Grundlage für die Gestaltung operativer Teile von Risikomanagementsystemen.

6.2.4 COSO für Prüfung und Nachweis

Die COSO-Modelle dienen – oft unbewusst – weit verbreitet als Grundlage für die Modellierung von Organisationen. Ihre Grundstrukturen, z. B. die Komponenten oder die Kontrollziele, werden in der Internen Revision und auch in anderen Bereichen gerne zur Kategorisierung und als Priorisierungskriterien genutzt. Die Prinzipien der Modelle mit den dazugehörigen Attributen und Praktiken können gut zur Kriterienbildung herangezogen werden. Die Methoden, insbesondere die Kriterientabellen, können im Rahmen der Auftragsdurchführung der Internen Revision adaptiert, ergänzt und zur Dokumentation sowie Beurteilung verwendet werden. Die COSO-Komponenten, Prinzipien und Instrumente eignen sich weiter zur Berichterstattung über Prüfungen, Governance-, Risikomanagement- und interne Kontrollsysteme in allgemein anerkannter, verständlicher Terminologie.

6.2.5 COSO für die Organisationsentwicklung

Über Prüfung hinaus können die COSO-Strukturen und Instrumente auch als Ausgangspunkt für den Aufbau oder die Weiterentwicklung von Organisationen jeder Art dienen. Die Modelle bieten eine Fülle an wichtigen Einsichten aus dem betrieblichen Alltag, die in die Komponenten, die Prinzipien und die dazugehörigen Kriterien eingearbeitet sind. Dabei ist wichtig, dass COSO allgemein gültige Erkenntnisse zusammengetragen hat – dies ermöglicht eine breite Anwendung in allen Branchen und bei Organisationen jeder Größe, im konkreten Einzelfall erfordert die Implementierung, Überarbeitung oder Beurteilung einer Organisation aber auch die situationsspezifische Auswahl und Detaillierung der Modellvorschläge. In der Praxis wird ein Interner Revisor bei der Untersuchung von Störungen feststellen, dass wesentliche Schwachstellen in der Organisation oder im Handeln bei einem Abgleich mit dem entsprechenden COSO-Teil in den meisten Fällen schon im Vorfeld deutlich erkennbar gewesen wären.

---

[25] COSO (2017b).

6.3 COSO Internal Control – Integrated Framework

Die COSO-Kontrollmodelle bestehen zum einen aus Definitionen, die der Internen Revision als gemeinsame Terminologie mit dem Betrieb und anderen Assurance-Funktionen dienen können, und zum anderen aus Organisationskonzepten, die in den Kontrollkomponenten und heute auch in den Prinzipien des Kontrollmodells abgebildet sind.

In der Unternehmenspraxis wird man sich für den Aufbau und die Beurteilung interner Kontrollen am COSO Internal Control Framework 2013 orientieren. In noch nicht oder nur teilweise aktualisierten Prüfstandards wird man auch noch viele Referenzen auf die Vorgängerversion COSO 1992/1994 finden. Die Aktualität einer abgeleiteten Veröffentlichung (z. B. eines IDW PS, einer ISO-Norm oder eines Fachtexts) lässt sich z. B. anhand der Darstellung des Kontrollumfelds feststellen: COSO 1992/1994 benennt sieben Elemente des Kontrollumfelds, COSO 2013 dagegen arbeitet mit fünf Prinzipien für das Kontrollumfeld. Genauer untersucht, sind die inhaltlichen Unterschiede an dieser Stelle trotzdem relativ gering.

6.3.1 Aufbau

Die Veröffentlichung des COSO-Kontrollmodells 2013 (COSO ICIF 2013) besteht aus einer Zusammenfassung und einer umfassenden Beschreibung der fünf (5) Kontrollkomponenten, 17 Prinzipien und 87 Attribute (Kriterien) mit Glossar, Rollenmodell sowie Erläuterungen hinsichtlich der Anwendung in kleineren Organisationen und der Integration in das COSO ERM. Ein weiterer Teil (der dritte) des COSO ICIF 2013 beschreibt eine Beurteilungsmethodik für das interne Kontrollsystem. Der vierte Teil enthält die auf dem Kontrollmodell aufbauenden Kriterien und Beispiele für die Beurteilung des Kontrollsystems für die externe Finanzberichterstattung.

Grundlegende Definitionen
Das IIA definiert „interne Kontrolle" im Glossar zu den Berufsgrundlagen als „jede Maßnahme der Geschäftsleitung, des Überwachungsorgans oder anderer Stellen, die dazu dient, Risiken zu steuern und die Wahrscheinlichkeit zu erhöhen, dass gesetzte Ziele erreicht werden. Das Management plant, organisiert und steuert die Durchführung ausreichender Maßnahmen, durch die die Zielerreichung soweit wie möglich gewährleistet wird."[26] Das als Reaktion auf das erste COSO-Kontrollmodell von 1992 hin veröffentlichte kanadische CoCo-Modell möchte über interne Kontrolle als ein auf das Sicherstellen der zuverlässigen Finanzberichterstattung beschränktes Methodenset hinausgehen. CoCo bezeichnet interne Kontrollen daher allgemeiner als „... sämtliche Ressourcen, Systeme, Prozesse, Kulturen und Aufgaben ... zum Erreichen von Zielen der Organisation."[27]

---

[26] DIIR (2019a), S. 62.
[27] CICA (1995), S. 4.

Abb. 6.4 Grundelemente des aktualisierten COSO-Kontrollmodells (Eigene Darstellung)

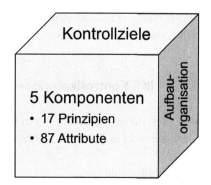

Das COSO-Kontrollmodell beschreibt interne Kontrolle wie folgt: „Interne Kontrolle ist ein von Leitung, Führungskräften und Mitarbeitern ausgeführter Prozess, der angemessene Sicherheit gibt, dass Ziele bezüglich des Betrieb, der Berichterstattung und der Regeleinhaltung erreicht werden."[28]

Die Grundelemente des Modells sind anhand einer dreidimensionalen Würfeldarstellung (Abb. 6.4) in Beziehung gebracht. Die Würfeldarstellung soll ausdrücken, dass die drei Dimensionen Kontrollziele, Kontrollkomponenten und Unternehmensebenen vielfältige Schnittstellen haben und nur in ihrer Verbindung funktionsfähig sind.[29]

6.3.2 Kontrollziele im COSO-IKS

Die COSO-Kontrollziele gliedern sich in die drei Kategorien des COSO IKS,[30] zuzüglich einer Kategorie „Strategie" im COSO ERM und dem in den Grafiken in der Regel nicht dargestellten, im Text ergänzten,[31] Ziel Vermögenssicherung:

- Strategie (strategic, nur ERM)
- Zielerreichung und Wirtschaftlichkeit (operations)
- Interne und externe Transparenz (reporting)
- Einhalten externer und interner Vorgaben (compliance)
- Vermögenssicherung (safeguarding of assets, Textergänzung)

Mit diesen Kategorien lassen sich die Ziele der Organisation, Bedrohungen und Maßnahmen gliedern. Die Kontrollziel-Logik findet daher häufig bei der Perioden- und Auf-

---

[28] Vgl. COSO (2013), S. 3: „Internal control is a process, effected by an entity's board of directors, management, and other personnel, designed to provide reasonable assurance regarding the achievement of objectives relating to operations, reporting, and compliance."
[29] Vgl. dazu COSO (2013), S. 5 f.
[30] Vgl. COSO (2013), S. 7–12.
[31] Siehe z. B. COSO (2013), S. 7.

tragsplanung, der Gruppierung und Beurteilung von Prüfungshandlungen sowie der Berichterstattung und dem Follow-up Anwendung.

6.3.3 IKS-Kontrollkomponenten

Wie auch der erste COSO-Kontrollwürfel wird das interne Kontrollsystem anhand der fünf sogenannten (Kontroll-) Komponenten dargestellt:

- Kontrollumfeld
- Risikobeurteilung
- Kontrollaktivitäten
- Information und Kommunikation
- Überwachungsaktivitäten

Die fünf IKS-Komponenten können verwendet werden, um Untersuchungsfelder zu bestimmen oder um Ergebnisse zusammenzufassen. Prüfungsfeststellungen können den Kontrollkomponenten zugeordnet werden. Sodann kann die Kontrollgüte der jeweiligen Komponenten auf einer Skala von z. B. ungenügend bis ausreichend oder auch vorbildlich beurteilt werden. Dies kann auf der operativen Prozessebene, höheren (Abteilungs-/Funktions- und Unternehmensebene) oder aggregiert geschehen.

Das Kontrollumfeld beschreibt interne und externe Faktoren. Intern sind dies z. B. die Unternehmenskultur, Stärken und Schwächen, Infrastruktur, Erfahrung, und Führungsstil. Externe Faktoren können z. B. Märkte, Gesetze, Regulierungen oder Verpflichtungen sein.

Die Komponente Risikobeurteilung beschäftigt sich im COSO Kontrollmodell mit Zielen und Risiken. Diese Bereiche werden in den ERM-Modellen von COSO detaillierter untersucht und beschrieben.

Kontrollaktivitäten umfassen die Festlegung und der Betrieb der Kontrollen, insbesondere der operativen Kontrollen. Kontrollen finden sich prinzipiell aber in allen Komponenten des Kontrollmodells.

Information und Kommunikation befasst sich mit dem für die Steuerung der Organisation erforderlichen internen und externen Informationen und mit dem Austausch der Informationen zwischen den Organisationseinheiten, den Hierarchieebenen sowie internen und externen Informationsquellen und Nutzern.

Überwachungsaktivitäten gliedern sich in laufende und gesonderte, in eigene und unabhängige Beurteilungen. So ist z. B. die Interne Revision ein Instrument der prozessunabhängigen, internen Überwachung.

6.3.4 IKS-Prinzipien und -Attribute

Abb. 6.5 zeigt die fünf Kontrollkomponenten mit den ihnen zugeordneten 17 Kontrollprinzipien. Den Prinzipien sind Kontrollattribute, die „Points of Focus", zugeordnet.

6.3 COSO Internal Control – Integrated Framework

Kontroll-Komponenten	Kontroll-Prinzipien	
Kontrollumfeld	1. Bekenntnis zu Integrität und ethischen Werten 2. Ausüben der Aufsichtspflicht 3. Festlegen von Strukturen, Befugnissen und Verantwortlichkeiten 4. Bekenntnis zu Sachkunde 5. Durchsetzen von Rechenschaftspflichten	**Kontroll-Attribute**
Risikobeurteilung	6. Festlegen sachgerechter Ziele 7. Identifikation und Analyse von Risiken 8. Beurteilen des Risikos doloser Handlungen 9. Identifikation und Analyse wesentlicher Veränderungen	
Kontrollaktivitäten	10. Auswahl und Entwicklung von Kontrollaktivitäten 11. Auswahl und Entwicklung allgemeiner IT-Kontrollen 12. Umsetzung durch Vorschriften und Verfahren	
Information & Kommunikation	13. Nutzung relevanter Informationen 14. Interne Kommunikation 15. Externe Kommunikation	
Überwachungsaktivitäten	16. Durchführen laufender und/oder gesonderter Beurteilungen 17. Beurteilen und Kommunizieren von Kontrollschwächen	

Abb. 6.5 COSO Kontrollmodell: Komponenten und Prinzipien (Eigene Darstellung nach COSO (2013), S. 12 ff.)

Die Funktionsweise des IKS-Modells wir nachfolgend an einem Beispiel erläutert: Prinzip 1[32] lautet z. B. „Bekenntnis zu Integrität und ethischen Werten". Die vier Fokuspunkte für das Prinzip 1 sind dann:

- Fokuspunkt (1) die Führungskultur vorleben,
- Fokuspunkt (2) Geschäftspraktiken festlegen,
- Fokuspunkt (3) das Einhalten der Geschäftspraktiken überwachen sowie
- Fokuspunkt (4) Abweichungen zeitnah nachgehen.

Zu Fokuspunkt (1), Führungskultur vorleben, führt COSO dann weiter über zwei Seiten hinweg aus, was von der Unternehmensleitung üblicherweise erwartet wird (u. a. „lead by example"), welche Instrumente es gibt („mission and value statements," …, „directives, guidelines" etc.) und welche Mechanismen hierbei zu beachten sind.

6.3.5 Umsetzungshilfen und Anwendung

Die fünf Komponenten und 17 Prinzipien des COSO Internal Control Frameworks können z. B. zur Umsetzung des Modells der drei Verteidigungslinien genutzt werden.[33] Die im Drei Verteidigungslinien-Modell vorgesehenen Funktionen für Risikoverantwortung (Risk Ownership und Management), Risikoüberwachung und für die unabhängige Bestätigung

---

[32] Vgl. zu dieser Ausführung COSO (2013), S. 33 ff.
[33] Vgl. dazu IIA (2015).

der Wirksamkeit von Risikomanagement und interner Kontrolle werden durch Anwendung der COSO-Prinzipien zugeordnet. Von den im Modell der drei (Verantwortlichkeits-) Linien benannten Akteuren (Geschäftsleitung, Überwachungsorgan, Funktionen der ersten bis dritten Linie, Externe) werden die Aufgaben durch Vorgaben, Verfahren und Verantwortlichkeiten zugeordnet.

Kontrollziele
Mit den Kontrollzielen lassen sich die Ziele einer Organisationseinheit, eines Unternehmens oder Bedrohungen hinterfragen. Die Kontrollziel-Logik findet in der Internen Revision daher häufig bei der Planung, bei der Festlegung von Prüfungshandlungen sowie bei der Berichterstattung Anwendung. Außerhalb der Internen Revision eignen sich die Kontrollziele für Selbstbeurteilungen, Workshops oder das Risikoreporting.

Kontrollprinzipien und Fokuspunkte
Die die Kontrollprinzipien detaillierenden Points of Focus des aktualisierten COSO IKS-Modells sind im Textteil des Modells weiter ausgeführt und einzeln in der Tabelle[34] des Beurteilungsbändchens – laut Erläuterung dort nicht präskriptiv und beschränkend, sondern primär zur Orientierung – aufgeführt. Die Fokuspunkte (Attribute) bieten so einen guten Ausgangspunkt zum Erstellen eigener Beurteilungsschemata. Sie können auch für Selbstbeurteilungsinstrumente und als Blaupause für interne Kontrollen oder ganze Kontrollsysteme verwendet werden.

Kontrollen
Je nach Modell werden Kontrollen verschieden kategorisiert. Am häufigsten findet sich die Unterscheidung nach vorbeugenden (preventive), aufdeckenden (detective) und korrigierenden (corrective) Kontrollen; ein Modell der US-amerikanischen IT-Sicherheitsbehörde NIST ergänzt hierzu noch abschreckende (deterrent) und kompensierende (compensating) Kontrollen. Eine andere Kategorisierung lehnt sich an die Regelungstechnik an: Proaktiv steuernd (feed forward, proactive, steering, preliminary), gleichzeitig (concurrent, steering) und nachlaufend (feedback, reactive).

Im IT-Bereich wird auch häufig zwischen Input-, Verarbeitungs- und Outputkontrollen unterschieden; diese Kategorisierung lässt sich auch für operative oder administrative Prozesse verwenden. Die Kategorisierung in allgemeine IT-Kontrollen (general controls) und Anwendungskontrollen (application controls) versucht, die primär von den IT-Funktionen verantworteten Kontrollen der IT-Infrastruktur von den primär von der Fachseite verantworteten Geschäftsprozesskontrollen zu unterscheiden.

Die Wirksamkeit von Kontrollen wird durch Ressourcenknappheit, Entscheidungsspielräume, Systemveränderungen im Zeitablauf, Versagen, sowie manipulative Eingriffe beschränkt.

---

[34] Eine informelle Übersetzung findet sich bei Bungartz, O. (2020), S. 89–97.

6.3 COSO Internal Control – Integrated Framework

Prozess	Ziele	Risiken	Häufig-keit	Aus-wirkung	Brutto-risiko	Kontrollen	Prüfungs-handlungen	Netto-risiko
Entwicklung								
Produktion								
Planung	Auslastung	...	2	4	8	stark	...	4
Beschaffung	Kosten	...	4	3	12	mittel	...	8
Lagerlogistik	Lieferfähigkeit	...	1	2	2	stark	...	1
Vertrieb								
Verkauf								
Auslieferung								
Kundendienst								
Administration								
...								

Abb. 6.6 Risiko- und Kontrollmatrix (Eigene Darstellung; für weitere Erläuterungen siehe Kap. 4)

Für die Prüfung des Kontrollsystems kann zuerst das Vorhandensein einer ausreichenden (Referenz-) Dokumentation geprüft werden. Ist diese vorhanden, kann die zumindest theoretische Angemessenheit des Kontrollsystems bzw. der Kontrollen beurteilt werden. Im dritten, letzten Schritt wird die Wirksamkeit durch Analysen und Tests überprüft und bestätigt.[35]

Weitere Instrumente, wie z. B. die in Kap. 5 dieses Buches erläuterte, in der Internen Revision häufig verwendete Risiko- und Kontrollmatrix (Abb. 6.6), sind detaillierter in den COSO Risikomanagement-Modellen dargestellt.

Information und Kommunikation
Für die Steuerung der Organisation ist der Zugriff auf externe und interne Informationen erforderlich. Die Organisation benötigt Daten und Informationen, und Kommunikationswege, die das Management zeitnah mit Entscheidungsgrundlagen für sachgerechte Maßnahmen versorgen. Information und Kommunikation sind Grundlage der anderen IKS-Komponenten. Interne Informationsflüsse sind vertikal (abwärts sowohl als auch aufwärts), horizontal und auch lateral in die Organisation erforderlich. Um Störungen rechtzeitig erkennen zu können, müssen die Kommunikationskanäle nach oben auch neben den formell vorgesehenen Wegen offen sein und die Unternehmensleitung muss ihre Aufnahmebereitschaft sichtbar machen. Externe Kommunikationswege versorgen Stakeholder mit Unternehmensinformationen sowie liefern der Organisation z. B. Kontextinformationen über Märkte und rechtliche Vorgaben, um zwei Beispiele zu nennen.

---

[35] Dies ist eine typische Vorgehensweise der Abschlussprüfung; so dargestellt z. B. im IDW PS 261:2016.

Überwachung

Die Überwachungskomponente steuert das Kontrollsystem. Laufende und gesonderte Beurteilungen oder eine Kombination aus beiden werden genutzt, um zu gewährleisten, dass jede der fünf Kontrollkomponenten sowie die Kontrollen zum Sicherstellen der Prinzipien vorhanden und funktionsfähig sind.

Laufende Beurteilungen sind in den Geschäftsprozesse auf allen Ebenen implementiert. Sie stellen dem Management zeitnah entscheidungsrelevante Informationen bereit. Gesonderte Beurteilungen sind periodisch oder anlassbezogen. Ihr Umfang und ihre Häufigkeit sind abhängig von den vorhandenen Risiken, der Kontrollgüte und den verantwortlichen Führungskräften. Die Erkenntnisse der gesonderten Beurteilungen werden gegen externe oder interne Kriterien gemessen, und erkannte Schwachstellen werden an die verantwortlichen Führungskräfte und, wenn wesentlich, auch die Unternehmensleitung sowie das Überwachungsorgan berichtet.

6.4 COSO Enterprise Risk Management Framework

Der COSO-Logik (siehe Abb. 6.1) zu Folge ist das unternehmensweite Risikomanagement ERM ein Teil (-System) der Corporate Governance und nimmt sich – dann als Subsystem – das interne Kontrollsystem zu Hilfe.

6.4.1 COSO ERM 2004 – Bauplan für unternehmensweites Risikomanagement

Im Zusammenhang mit den Unternehmenskrisen (Enron, WorldCom etc.) Anfang der 1980er-Jahre wurden die Unternehmensleitungen gezwungen, formalisierte und alle Facetten der Organisation berücksichtigende, unternehmensübergreifende Risikomanagementsysteme aufzubauen. Die ursprünglichen IKS-Modelle reichten dafür nicht aus, da sie ihren Schwerpunkt auf die operativ-praktische Ebene der Unternehmensorganisation legten. Das Bindeglied zwischen Governance und interner Kontrolle, die Risikomanagementfunktion, war oft nur punktuell und lückenhaft ausgeprägt.

Das von COSO im Jahr 2004 vorgelegte Modell für unternehmensweites Risikomanagement[36] gibt Unternehmensleitungen ein Instrumentarium für den Aufbau und den Betrieb eines alle Unternehmensaktivitäten umfassenden, integrierten Risikomanagements an die Hand (Abb. 6.7).

Gegenüber dem zehn Jahre älteren, ersten COSO IKS-Modell wurde im COSO ERM 2004 das Verfolgen der Unternehmensstrategie in die Kontrollziele aufgenommen, das Setzen von Zielen als separate Komponente (= Tätigkeitsfeld) hinzugefügt und die

---

[36] COSO (2004a).

6.4 COSO Enterprise Risk Management Framework

Abb. 6.7 Grundelemente des ersten COSO Enterprise Risk Management-Modells (Nach COSO (2004a), S. 23. Die ERM-Komponente „Kontext" wurde gegenüber der Originalgragik (COSO (2004a), S. 7) analog zu aktuellen Modellen und Normen (z. B. DIN ISO) textlich auf den tatsächlichen Inhalt der ersten COSO ERM-Komponente – sowohl interner als auch externer Kontext – hin angepasst)

IKS-Komponente Risikobeurteilung analog zu anderen Modellen in die ERM-Komponenten Ereignisidentifikation, Risikobeurteilung und Risikosteuerung aufgegliedert.

Das COSO ERM-Modell aus dem Jahr 2004 geht auf die Komponenten Kontext bis Risikosteuerung detailliert ein, die Komponenten Kontrollaktivitäten bis Überwachung sind, da ähnlich bereits im COSO IKS-Modell enthalten, eher knapp ausgeführt. Das COSO ERM 2004 besteht im Wesentlichen aus dem textlichen Band 1, der die einzelnen Komponenten (Tätigkeitsfelder) und Kernaufgaben in diesen Tätigkeitsfeldern beschreibt, und einem Band 2, der nützlich ist, weil er eine Vielzahl einfach gehaltener, in der Praxis häufig zu beobachtender Umsetzungshilfen enthält.

Mit dem Gesamtwerk, ergänzt und detailliert mit branchen- oder unternehmensspezifischen Instrumenten, lässt sich ein unternehmensweites Risikomanagement gut aufbauen.

6.4.2 Grundbausteine des unternehmensweiten Risikomanagementsystems

Die acht Komponenten des COSO ERM 2004 beschreiben die Grundbausteine eines unternehmensweiten Risikomanagementsystems.

Kontext und Zielfestlegung
Die Untersuchung des internen und externen Kontexts nutzt das Instrumentarium der strategischen Planung. Einfach gesagt werden nach Untersuchung von internen und externen Kontextfaktoren die strategische Richtung und davon ausgehend regelmäßig konkretere Ziele festgelegt. Instrumente sind z. B. eine Analyse der Stärken und Schwächen sowie der Chancen und Bedrohungen, also die klassische SWOT-Analyse. Zum externen Kontext

gehören z. B. Regulierung und Märkte, zum internen Kontext die Kultur, Infrastruktur, Mittel und das Personal der Organisation. Das überarbeitete COSO ERM 2017 widmet sich diesem Bereich des Risikomanagementsystems besonders gründlich, um den Nutzen der Risikomanagementaktivitäten für die Organisation zu erhöhen.

Ereignisidentifikation
Im Rahmen des Tätigkeitsblocks Ereignisidentifikation wird hinterfragt, welche Ereignisse eintreten können, welche Abhängigkeiten es gibt, und welche Risiken und Chancen. Instrumente für die Ereignisidentifikation[37] sind zum Beispiel

- Externe Ereignisinventare
- Listen typischer möglicher Ereignisse, z. B. für Branchen, Aktivitäten
- Interne Analyse
- Regelmäßige Planungsaktivitäten, z. B. Mitarbeiterbesprechungen
- Warn- oder Eskalationsschwellen
- Interne oder externe Schwellwerte lösen Beobachtung/Reaktion aus
- Moderierte Workshops und Interviews
- Nutzen von vorhandenen Erfahrungen und Wissen
- Ablaufanalysen
- Beobachtung/Analyse der durchgeführten Aufgabe
- Frühwarnsysteme
- Beobachtung sich verändernder interner/externer Parameter
- Schadensdatenbanken
- Analyse von Ursachen und Zusammenhängen

Bei der Zusammenstellung möglicher Risikoereignisse geht man häufig von den gefährdeten Werten (assets) und Bedrohungen (threats) aus. Ereigniskategorien verbessern die Übersichtlichkeit und erlauben es, Gegenmaßnahmen zu bündeln. In späteren Schritten werden Schwachstellen identifiziert, Risiken erkannt und die Wirkungen von Kontrollen betrachtet.

Szenarien machen Zusammenhänge und Störungsverläufe sichtbar. Bei den Szenarien kann man zwischen Top Down-Betrachtungen, z. B. ausgehend von einem Standort, oder Bottom up-Betrachtungen, z. B. ausgehend von einem operativen oder administrativen Prozess, unterscheiden. Abb. 6.8 zeigt eine Möglichkeit, Risiken durch die Analyse von Prozessschritten zu erkennen und zu dokumentieren.

Viele Modelle empfehlen, Risiken in einem Risikoregister zu dokumentieren. Dort können neben einer Tabelle (Datenbank) der Einzelrisiken mit Bewertung und Historie viele weitere Informationen gesammelt werden: Risikoszenarien, Analysen, Maßnahmenpläne, Störfälle und Störfallreaktionen, Risikofaktoren und ggf. auch Ergebnisse von

---

[37] Die Norm ISO/IEC 31010:2009 beschreibt eine Vielzahl von Methoden strukturiert und den Phasen des Risikomanagementprozesses zugeordnet.

6.4 COSO Enterprise Risk Management Framework

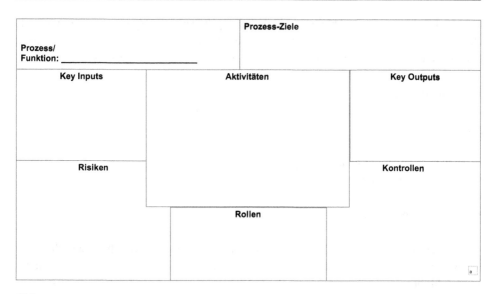

Abb. 6.8 Prozessanalyse-Vorlage zur Risikoidentifikation (Eigene Darstellung)

Prüfungen. Detaillierte Einzelrisikoprofile können Bedrohungen, Schwachstellen, betroffene Werte, die Gefährdung, die bedrohten Werte (Assets) und die Risikoverantwortlichen (Risk Owner) sowie andere Betroffene oder Beteiligte enthalten.

Risikobeurteilung

Inhärente und Restrisiken. Andere Modelle sprechen von Brutto- und Nettorisiken, und teils zusätzlich noch vom tatsächlichen Risiko unter Berücksichtigung der bestehenden Maßnahmen (Ist-Kontrollen); das Netto-Risiko würde bei dieser Betrachtungsweise die Wirksamkeit der angestrebten Soll-Kontrollen voraussetzen.

Im Rahmen der Risikobeurteilung werden auch Eintrittswahrscheinlichkeit (bzw. Häufigkeit) und Auswirkungen des Risikoereignisses bewertet. Dabei werden quantitative, qualitative und gemischte Verfahren verwendet. Quantifizierungen sind zwar erstrebenswert, sie liefern aber aufgrund vieler Unschärfen (Modellierung, Datenqualität, Bewertungen) oft nur eine Scheingenauigkeit. Mathematische Modelle findet man dort wo sie wie z. B. im Finanzbereich erforderlich sind, oder wo sie durch Methoden, Daten und Ressourcen wirtschaftlich und hinreichend zuverlässig nutzbar sind. In vielen Fällen werden einfache Methoden genutzt, die mit kardinalen Skalen (z. B. gering – mittel – hoch) arbeiten und durch – teils gewichtete – Faktorbildungen Priorisierungen ermöglichen.

Wenn die Einzelrisiken erkannt und bewertet sind, können die Wechselwirkungen von Risiken untersucht werden. Risiken können indifferent (2 + 2 = 4), eskalierend (2 + 2 = 10) oder kompensierend (2 + 2 = 1) sein, oder sie können unabhängig (A oder B oder C) oder abhängig (wenn A und B, dann C) sein.

Die bewerteten Risiken werden tabellarisch und/oder in einem grafischen Risikoportfolio (siehe Kap. 4) dargestellt. Für die Risikoverantwortlichen, operative sowie/als auch überwachende, ist für die Ableitung von Handlungsbedarf wichtig zu erkennen, wie sich Risiken entwickeln. Deswegen werden in die Risikoberichterstattung bzw. auch die eben genannten Listen- und Portfoliodarstellungen Trendindikatoren aufgenommen.

Risikosteuerung
Mögliche Risikomaßnahmen (Kontrollen) werden in vier grundlegende Gruppen gegliedert:

- Risikovermeidung (avoid)
- Risikosteuerung (manage, mitigate)
- Risikotransfer (transfer, share)
- Risikoakzeptanz (accept)

Die Bewertung und Auswahl von Risikomaßnahmen legt die Bedeutung des adressierten Risikos, Kosten-/Nutzenrelationen und die Machbarkeit der Maßnahmen zugrunde. Eine Portfoliobetrachtung ermöglicht, Risiko- oder Assetgruppen gebündelt zu adressieren.

Kontrollaktivitäten
Ein zuverlässiges Risikomanagement erfordert die Integration des Risikomanagementsystems mit den die Risiken steuernden Kontrollaktivitäten aller Ebenen und Gliederungen der Organisation. Typische Kontrollen des Risikomanagements sind

- Überwachung durch leitende Führungskräfte (Top Level-Review)
- Abgleich von Plänen und Ist-Werten, Überwachung von Projekten etc.
- Steuerung durch operative und funktionale Führungskräfte
- Berichte, Kennzahlen, Einhalten von Vorschriften und Verfahren
- Informationsverarbeitung
- Eingabe- und Verarbeitungskontrollen, Plausibilisierungen, Vollständigkeit, Kontrolldaten, Änderungskontrollen
- Physische Kontrollen
- Anlagen, Vorräte, Finanzvermögen zählen bzw. mit Rechnungswesen abstimmen
- Leistungsindikatoren
- Operative und Finanzkennzahlen
- Funktionstrennung
- Verringerung des Risikos von Fehlern, Irrtümern und dolosen Handlungen

In der Praxis finden sich häufig Kombination mehrerer Kontrollen. Die Vielfalt der möglichen Kontrollen beschreiben die COSO-Modelle zum internen Kontrollsystem,[38]

---

[38] Die Kontrollaktivitäten sind daher in den COSO ERM-Modellen nur knapp skizziert, vgl. COSO (2017c), S. 5.

sowie die spezifischen Handreichungen für Finanzberichterstattung und Überwachung. Kontrollen und Risikomanagementsystem sind organisationsadäquat einzurichten – Umfang und Aufwand hängen z. B. von Risikolagen, Kontext (Regulierung), Führungskultur, Stakeholdern und weiteren Einflussfaktoren ab.

Information und Kommunikation

Die grundsätzlichen Methoden der ERM-Komponente Information und Kommunikation sind bereits im Rahmen der COSO-Beschreibungen des internen Kontrollsystems[39] und des Überwachungssystems[40] ausführlicher adressiert.

Ergänzend zu den Informationsflüssen in eine Organisation hinein und innerhalb einer Organisation gibt es auch Informationsflüsse innerhalb der einzelnen Elemente des Enterprise Risk Management. Abb. 6.9 zeigt die wesentlichen Informationsströme zwischen den Komponenten eines Risikomanagementsystems.

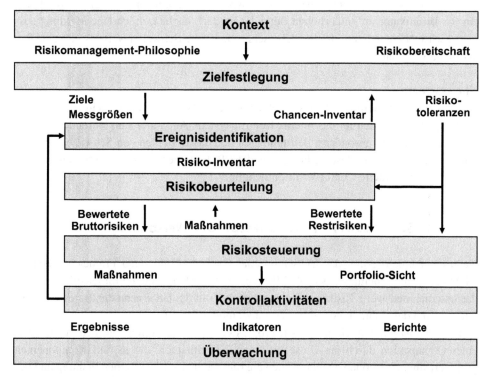

Abb. 6.9 Informationsflüsse im Risikomanagementsystem (Nach IIRÖ (2009), S. 69, siehe auch COSO (2004b), S. 69)

---

[39] COSO (2004a) sowie COSO (2013).
[40] COSO (2009).

Ein Instrument des Frühwarnsystems für das Management von Risiken sind Risikoindikatoren. Anhand geeigneter Indikatoren sollen das Ausmaß und die Wahrscheinlichkeit des Eintritts einzelner Risikofaktoren möglichst regelmäßig und verzögerungsfrei sichtbar gemacht werden. Das Überschreiten kritischer Grenzen soll erkennbar sein und an die richtigen Adressaten kommuniziert werden, so dass Maßnahmen eingeleitet werden können. Häufig kommen dabei Ampelsysteme (rot – gelb – grün bzw. red – amber – green) zum Einsatz.

Anforderungen an Risikoindikatoren sind:

- Messbarkeit
- Vergleichbarkeit
- Implementiertes Vorgabeziel
- Wiedergabe einer Ursache-Wirkungskette
- Darstellung der Unternehmenssituation über einen Zeitablauf

Beim Aufbau eines Frühwarnsystems mit Risikoindikatoren ist zu beachten, wie lange ein Risikoindikator im gefährlichen Bereich sein darf, bis tatsächlich eine Meldung ausgelöst wird. Nicht jede kurzfristige Überschreitung eines Schwellenwertes sollte eine Reaktion hervorrufen.

Überwachung

Die Überwachungstätigkeiten des Risikomanagementsystems unterscheiden sich nicht grundlegend von denen für das interne Kontrollsystem. Auch hier sind laufende Überwachungsmaßnahmen, gesonderte Beurteilungen und das Berichten von Schwachstellen erforderlich. Detaillierte Beschreibungen und Hilfestellungen zum Überwachungssystem enthält eine gesonderte COSO-Veröffentlichung.[41]

6.4.3 COSO ERM 2017 – Fokus Strategie und Wertbeitrag

Nach der Aktualisierung des COSO Internal Control – Integrated Framework begann COSO eine Überarbeitung des COSO Enterprise Risk Management Framework. Ziel war, das unternehmensweite Risikomanagement stärker mit der Unternehmensstrategie zu verknüpfen und das Rahmenmodell insgesamt zu modernisieren.

Ergebnis ist ein Modell, das einen Prozess darstellt, der helfen soll, den Wertbeitrag einer Organisation durch die Umsetzung von 20 Prinzipien, die in fünf Komponenten gruppiert sind, zu erhöhen. Dabei werden die Methoden der strategischen Planung und des ursprünglichen COSO Risikomanagement-Modells genutzt. Besonderes Augenmerk wird auf die Bestimmung der Ziele und des festgestellten Risikoappetits gelegt. Darüber und über die eingängigere Darstellung einiger Grundinstrumente hinaus bietet das Modell wenig Neues und insbesondere keine hinreichend konkret verknüpften Organisationsmuster.

---

[41] COSO (2009).

6.4 COSO Enterprise Risk Management Framework

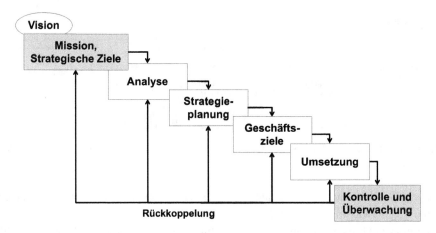

Abb. 6.10 Strategiezyklus (Eigene Darstellung)

Für den praktischen Aufbau eines Risikomanagementsystems ist das Ursprungsmodell weiterhin erforderlich.

Strategiebildung als Ausgangspunkt in den COSO ERM-Modellen

Ein allgemeiner Strategiezyklus (siehe Abb. 6.10), der die im COSO ERM enthaltenen Elemente berücksichtigt und der in der Internen Revision als Analysestruktur genutzt werden kann, besteht aus Zielsetzung, Umsetzung, Überprüfung und Anpassung. Diese zyklische Vorgehensweise ist im Plan-Do-Check-Act- (PDCA-) Modell abgebildet.

Bei der Strategieentwicklung analysiert das Risikomanagement[42] externe Faktoren und Ereignisse unter Anwendung des PESTLE-Konzepts:

- P olitical – Politik (z. B. Gesetze, Regulierung, Vorschriften)
- E conomic – Wirtschaftssystem (gesamtwirtschaftlicher Rahmen, z. B. Kaufkraft, Konjunkturentwicklung)
- S ocietal – Gesellschaft (gesellschaftliche Trends, z. B. Alterung, Neigung zu Bio-Produkten)
- T echnological – Technologien (technische Entwicklungen, z. B. Digitalisierung)
- L egal – Rechtssystem (Durchsetzbarkeit von Ansprüchen – Institutionen und Verfahren)
- E nvironmental – Umwelt (Naturressourcen und Umweltfaktoren)

Für die interne Analyse können z. B. Infrastruktur, Personal, Prozesse und Technologien beurteilt werden.

Im COSO ERM 2017 werden in einem fünfstufigen Prozess zuerst Mission, Vision und zentrale Werte der Organisation festgelegt. Ergebnis der folgenden Schritte Strategieent-

---

[42] Vgl. zum hier dargestellten Basisinstrumentarium COSO (2017b), S. 46 f.

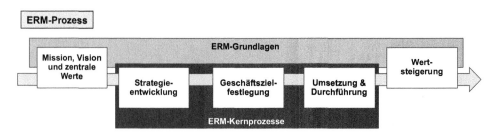

Abb. 6.11 ERM-Prozessblöcke im COSO ERM 2017 (Eigene Darstellung, nach COSO (2017b), S. 21)

wicklung, Geschäftszielfestlegung und Implementierung/Durchführung soll ein gesteigerter Wertbeitrag der Organisation sein (Abb. 6.11).

Die in zwei Gruppen zusammengefassten fünf Tätigkeitsfelder des COSO ERM 2017 sind lose den fünf Komponenten im COSO ERM 2017 zugeordnet.

6.4.4 Risikomanagement-Komponenten des COSO ERM 2017

Das COSO ERM-Modell 2017 verwendet zur Darstellung des strategiebasierten, unternehmensweiten Risikomanagementsystems fünf Komponenten:

- Führung und Kultur
- Strategie und Zielfestlegung
- Durchführung
- Überprüfung und Anpassung
- Information, Kommunikation und Berichterstattung[43]

Die drei Komponenten Strategie und Zielfestlegung, Durchführung, sowie Überprüfung und Anpassung fassen die Risikomanagementprozesse der Organisation zusammen. Die zwei Komponenten Führung und Kultur sowie Information, Kommunikation und Berichterstattung sind übergeordnete, unterstützende Elemente.[44]

6.4.5 Risikomanagement-Prinzipien des COSO ERM 2017

Die fünf Komponenten des COSO ERM 2017 sollen durch 20 Prinzipien (siehe Abb. 6.12) umgesetzt werden, die sich funktional in weiten Teilen mit den Abläufen und Strukturen im ursprünglichen COSO ERM 2004[45] decken.

---

[43] Vgl. COSO (2017b), S. 21 f.
[44] Vgl. COSO (2017b), S. 11.
[45] COSO (2004a).

6.5 Informationstechnologie und -systeme

ERM-Komponenten und ERM-Prinzipien				
Führung & Kultur	Strategie & Zielfestlegung	Durchführung	Überprüfung & Anpassung	Information, Kommunikation & Berichterstattung
1 Ausüben der Überwachungsverantwortung 2 Organisation des Betriebs 3 Definition der Zielkultur 4 Bekenntnis zu Werten 5 Einstellen, Entwickeln und Halten geeigneter Mitarbeiter	6 Analyse des Kontexts 7 Festlegen der Risikoneigung 8 Beurteilen von Strategie-Alternativem 9 Festlegen der Geschäftsziele	10 Risikoidentifikation 11 Auswirkungen der Risiken beurteilen 12 Priorisieren der Risiken 13 Umsetzen von Risikomaßnahmen 14 Entwickeln einer Portfoliosicht	15 Beurteilen wesentlicher Veränderungen 16 Überprüfen von Risiken und Leistung 17 Weiterentwicklung des Risikomanagements	18 Nutzung von Informationen und Technologie 19 Kommunikation von Risikoinformationen 20 Berichterstattung über Risiko, Kultur und Durchführung

Abb. 6.12 ERM-Komponenten und Prinzipien im COSO ERM-Modell 2017 (Eigene Darstellung, nach COSO (2017b), S. 22)

Die 20 Prinzipien des COSO ERM 2017, [46] den entsprechenden ERM-Komponenten jeweils zugeordnet, sind im Folgenden in Tab. 6.2 dargestellt.

Weitere Instrumente und Methoden

Das COSO ERM 2017 beschreibt die erforderlichen Instrumente und Detailkonzepte, die z. B. dem Methodenset der strategischen Planung entnommen sind, teilweise konkreter, ausführlicher oder aktueller als das COSO ERM 2004. Das Basisinstrumentarium ist allerdings keineswegs neu; viele der Methoden und Konzepte (PESTLE, SWOT, BSC, SMART, …) waren bereits vor der Veröffentlichung des ersten COSO ERM Allgemeingut im betriebswirtschaftlichen Werkzeugkoffer.

Eine über die im COSO ERM-Text verteilten Instrumente und exemplarischen Ausführungen hinausgehende, strukturiert-tabellarische Aufarbeitung wie im COSO IKS-Modell von 2013 fehlt, so dass die Komponenten und Prinzipien des COSO ERM 2017 vom Anwender vor der Umsetzung aufzubereiten sind. Ein separat vertriebener Beispielband soll dabei Hilfestellung leisten.

6.5 Informationstechnologie und -systeme

Informationen sind das Lebenselixier vieler Organisationen. Ohne zuverlässige, zugängliche und abgesicherte Informationen sind heutige Betriebe und Behörden nicht oder nur schlecht lebensfähig. Informationsverarbeitung und Informationstechnologie werden dadurch zu wichtigen singulären oder integrierten Prüffeldern.

---

[46] Nach COSO (2017a), S. 10.

Tab. 6.2 COSO ERM 2017 – Prinzipien (Eigene Darstellung nach COSO (2017a), S. 10)

Komponente Führung & Kultur	

1. Ausüben der Überwachungsverantwortung. Aufsichtsorgane überwachen die Strategie und nehmen ihre Verantwortung für gute Unternehmensführung wahr. Sie unterstützen damit die Führungskräfte beim Erreichen der Strategie und der Geschäftsziele.
2. Organisation des Betriebs. Die Organisation richtet Strukturen zur Umsetzung von Strategie und Geschäftszielen ein.
3. Definition der Zielkultur. Die Organisation definiert gewünschtes Verhalten, durch das die angestrebte Unternehmenskultur bestimmt wird.
4. Bekenntnis zu Werten. Die Organisation zeigt nachweislich ihr Bekenntnis zu ihren Grundwerten.
5. Einstellen, Entwickeln und Halten geeigneter Mitarbeiter. Die Organisation strebt danach, ihr Humankapital in Übereinstimmung mit der Strategie und den Geschäftszielen zu entwickeln.

Komponente Strategie und Zielfestlegung

6. Analyse des Kontexts. Die Organisation berücksichtigt die möglichen Auswirkungen ihrer Geschäftstätigkeit auf das Risikoprofil.
7. Festlegen der Risikoneigung. Die Organisation bestimmt ihre Risikoneigung im Zusammenhang mit dem Schaffen, Sichern und Realisieren des Wertbeitrags.
8. Beurteilen von Strategiealternativen. Die Organisation prüft alternative Strategien und deren Auswirkungen auf das Risikoprofil.
9. Festlegen der Geschäftsziele. Die Organisation berücksichtigt bei der Festlegung der Geschäftsziele Risiken auf allen Ebenen. Die Geschäftsziele sind an der Strategie ausgerichtet und unterstützen diese.

Komponente Durchführung

10. Risikoidentifikation. Die Organisation identifiziert Risiken, die das Umsetzen der Strategie und das Erreichen der Geschäftsziele beeinflussen.
11. Auswirkungen der Risiken beurteilen. Die Organisation bewertet die möglichen Auswirkungen von Risiken.
12. Priorisieren der Risiken. Die Organisation priorisiert Risiken als Grundlage für die Auswahl von Gegenmaßnahmen.
13. Umsetzen von Risikomaßnahmen. Die Organisation identifiziert und bestimmt Reaktionen auf die erkannten Risiken.
14. Entwickeln einer Portfoliosicht. Die Organisation entwickelt und untersucht eine Portfolio-Sicht auf die Risiken.

Komponente Überprüfung und Anpassung

15. Beurteilen wesentlicher Veränderungen. Die Organisation identifiziert und beurteilt Veränderungen, die wesentliche Auswirkungen auf Strategie und Geschäftsziele haben können.
16. Überprüfen von Risiken und Leistung. Die Organisation überwacht ihre Leistung und berücksichtigt dabei Risiken.
17. Weiterentwicklung des Risikomanagements. Die Organisation strebt nach fortlaufender Verbesserung ihres Risikomanagementsystems.

Komponente Information, Kommunikation und Berichterstattung

18. Nutzung von Informationen und Technologie. Die Organisation setzt vorhandene Informationen und Technologien wirksam zur Unterstützung des Risikomanagementsystems ein.
19. Kommunikation von Risikoinformationen. Die Organisation verfügt über Kommunikationswege zur Unterstützung des Risikomanagementsystems.
20. Berichterstattung über Risiko, Kultur und Durchführung. Die Organisation berichtet über Risiken, Kultur und Durchführung auf den Ebenen und in den Gliederungen der Organisation.

6.5.1 IT-Prüfung: Ziele, Möglichkeiten, Rahmen

Die Internationalen Grundlagen für die berufliche Praxis der Internen Revision[47] (IPPF, im Folgenden auch als „Berufsgrundlagen" bezeichnet) fordern daher mit IIAS 1210.A3, dass Interne Revisoren ein grundlegendes Verständnis für IS-/IT-Risiken haben und dazu in der Lage sind, in Zweifelsfällen sachkundige Experten beizuziehen.

IIAS 1210.A3 – Verständnis für IT-Risiken
Interne Revisoren müssen Kenntnisse der grundlegenden Risiken und Kontrollen von Informationstechnologien (IT) sowie der verfügbaren technologiegestützten Prüfungstechniken besitzen, um ihre Aufgaben erfüllen zu können. Allerdings wird nicht von allen Internen Revisoren erwartet, dass sie dieselben Kenntnisse besitzen wie spezialisierte IT-Revisoren.

Die gezielte Prüfung der Informationstechnologie (IT) oder der Systeme zur Informationsverarbeitung (IS)[48] – IT- oder IS-Revision – unterscheidet sich nicht grundsätzlich von anderen Prüfungen. Die weiter fortschreitende Digitalisierung der Organisationen führt darüber hinaus zu mehr Prüfungen, bei denen sich betriebliche und IS-Belange vermischen; man spricht dann von integrierten Prüfungen (integrated audits).

Die zunehmende Verfügbarkeit und Zugänglichkeit von betrieblichen und ergänzenden Daten führt dazu, dass Datenanalysen in größerem Umfang möglich und – um den Erwartungen an die Tätigkeit der Internen Revision gerecht zu werden – erforderlich werden. Die Berufsgrundlagen weisen im IIAS 1220.A2 explizit darauf hin, dass IT-gestützte (Daten-) Analysen,[49] wann immer sinnvoll, auch durchzuführen sind.

IIAS 1220.A2 – Datenanalyse
Im Rahmen ihrer beruflichen Sorgfaltspflicht müssen Interne Revisoren den Einsatz technologiegestützter und anderer Datenanalysemethoden berücksichtigen.

Von Internen Revisoren wird erwartet, dass sie die wesentlichen Risikofelder erkennen, untersuchen und beurteilen, sowie auf erkannte Schwachstellen hinweisen. Um ihre Unabhängigkeit und Objektivität zu wahren, dürfen sie allerdings nicht die Risiken des Betriebs und der Geschäftsleitung verantworten. IIAS 1220.A3 weist daher darauf hin, dass

---

[47] DIIR (2019a). Abdruck der Auszüge hier und vollständig im Anhang mit freundlicher Genehmigung des DIIR e.V.

[48] Die Begriffe werden häufig und sogar in Basismodellen wie COBIT undifferenziert verwendet, wenn nicht explizit zwischen Technologie bzw. Technik oder Systemen, etwa dem Software-Teil von Anwendungen, unterschieden werden soll.

[49] Eine sehr übersichtliche, zwar ältere, aber aufgrund der mathematisch-betrieblich dauerhaften Grundlogiken der Datenanalyse noch immer hilfreiche Methoden-Zusammenstellung bietet Klindtworth, H. (2006).

die Risikoverantwortlichen (Risk Owner) die Geschäftsleitung, das Aufsichtsorgan, die Führungskräfte und die Mitarbeiter der Organisation sind.

IIAS 1220.A3 – Risikoorientierung
Interne Revisoren müssen sich der wesentlichen Risiken bewusst sein, die Auswirkungen auf Geschäftsziele, Geschäftsprozesse oder Ressourcen haben können. Jedoch können die Prüfverfahren der Internen Revision allein, auch wenn sie mit der erforderlichen beruflichen Sorgfalt durchgeführt werden, nicht sicherstellen, dass alle wesentlichen Risiken erkannt werden.

Die risikoorientierte Steuerung und Planung der IT-Revision erfordert das Bestimmen von Prüfungsgegenständen – in ihrer Gesamtheit als Prüflandkarte (Audit Universe) bezeichnet – und Risiken.

6.5.2 Berufsständische Grundlagen für IT-Prüfer

Zentrale berufsständische Arbeitsgrundlage für IT-Revisoren ist ISACAs Professional Practices Framework for IS Audit/Assurance[50] (ITAF). Ziele, Elemente und Methoden der IT-Revision beschreibt ISACA in seinem von COBIT 5 abgeleiteten Rahmenmodell für IT-Prüfung, COBIT 5 for Assurance.[51] Ziele der IT-Prüfung[52] sind demnach in erster Linie

- Interessierten Parteien fundierte, zielbezogene Aussagen über Leitung und Führung der organisationseigenen IT machen.
- Von den Organisationszielen abgeleitete Prüfziele bestimmen, um den Nutzen der Prüfungen zu optimieren.
- Rechtliche oder vertragliche Anforderungen hinsichtlich der IT zu gewährleisten.[53]

Das Ergebnis der IT-Prüfung schriftliche Beurteilungen eines Prüfungsgegenstandes, die Nutzern – den geprüften Verantwortlichen und Anderen – zur Verfügung gestellt werden.[54]

ISACA zufolge lassen sich Prüfungsauftrag und -ablauf mit fünf Aspekten beschreiben: Dreiecksbeziehung (Prüfer, Geprüfter, Berichtsempfänger), Prüfungsgegenstand, Beurteilungskriterien, Prüfungsdurchführung und Berichterstattung.[55]

---

[50] ISACA (2014), zu Struktur und Hintergrund siehe Auf der Heyde, D./Hahn, U. (2014).
[51] COBIT 5 for Assurance, ISACA (2013).
[52] In der angelsächsischen Literatur, so auch in den IT-Prüfkonzepten von ISACA, wird – unerheblich für diesen Beitrag – an einigen Stellen zwischen „Audit" (Prüfung) und „Assurance" (Bestätigungshandlung) differenziert.
[53] Vgl. ISACA (2013), S. 11 f.
[54] Vgl. ISACA (2013), S. 15.
[55] Vgl. ISACA (2013), S. 15 ff.

Das ISACA IT-Audit and Assurance Framework (ITAF)

Das ISACA IT-Audit and Assurance Framework (ITAF) umfasst vier Komponenten:

- ISACA-Ethikkodex
- Standards
- Richtlinien (Guidelines)
- Instrumente und Methoden (Tools and Techniques)

Die Struktur der ISACA ITAF-Standards zeigt Abb. 6.13. Ähnlich wie das IIA IPPF gibt es einen Block allgemeiner Standards (10nn) und einen Block von Standards, die den Auftragsablauf abbilden (12nn, 14nn).

Da ein erheblicher Teil der IT-Prüfer nicht im Unternehmen selbst beschäftigt ist, sondern extern z. B. bei Prüfungsdienstleistern, geht das ISACA ITAF stärker als das IIA IPPF von eigenständigen (Prüfungs-) Aufträgen aus. Diese basieren – manchmal vor dem Hintergrund einer Rahmenvereinbarung – auf einem gezielten Auftrag (Engagement Letter) und erfordern oft eine umfangreichere Berichterstattung, erlauben aber auch mehr Offenheit für andere Aufgaben der Prüfer.

Umsetzung des ISACA ITAF in COBIT for Assurance

ISACA beschreibt in COBIT for Assurance[56] den Aufbau einer IT-Assurance-Funktion (assurance function perspective) und den Ablauf eines Assurance-Auftrags (assessment perspective).

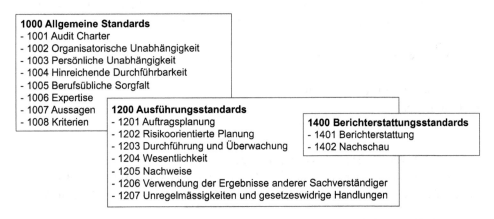

Abb. 6.13 Komponenten des ISACA IT Audit & Assurance Frameworks (ITAF) (Eigene Darstellung; vgl. ISACA (2014))

---

[56] ISACA (2013).

Die Assurance-Funktion selbst wird dabei mit den sieben Komponenten des COBIT-Modells beschrieben:[57]

- Prinzipien, Richtlinien und Rahmenwerke
- Organisationsstrukturen
- Prozesse
- Kultur, Ethik und Verhalten
- Informationen
- Services, Infrastruktur und Anwendungen
- Mitarbeiter, Fähigkeiten und Kompetenzen

Für jede der sieben Komponenten sind Organisationshilfen und Beurteilungskriterien dargestellt. Der Auftragsablauf einer IT-Prüfung ist in COBIT for Assurance als Drei-Phasen-Modell dargestellt:[58]

- Scoping (Stakeholder, Prüfungsziele und Prüfungsumfang bestimmen)
- Kriterien bestimmen und relevante Komponenten prüfen
- Berichterstattung

Dabei werden in der ersten Phase (Scoping) die relevanten Komponenten ausgewählt und in der zweiten Phase (Prüfung) die ausgewählten Komponenten nach einem generischen Schema, das als Arbeitsprogramm-Vorlage[59] und mit beispielhaften Prüfprogrammen vorliegt, geprüft.

ISACA hat weitere Ablaufvarianten[60] veröffentlicht. Eines der Modelle zur risikoorientierten Prüfung bildet z. B. stärker die in der Abschlussprüfung anzutreffende Logik ab:[61]

- Kontext verstehen und planen
- Das interne Kontrollsystem verstehen
- Compliance-Tests durchführen
- Transaktionstests
- Berichterstattung über die Prüfung

Der Logik von COBIT for Assurance folgend, hat ISACA Prüfleitfäden für die Prozesse der vier Management-Domänen in COBIT 5, Planen (APO), Aufbauen (BAI), Ausführen (DSS) sowie Überwachen (MEA) veröffentlicht. Darüber hinaus stellt ISACA wei-

---

[57] ISACA (2013), S. 25–52.
[58] ISACA (2013), S. 55 f.
[59] ISACA (2013), S. 67–79.
[60] Vgl. als Auswahl aus der Vielzahl der veröffentlichten Varianten z. B. ISACA (2015), S. 47 und S. 48 sowie ISACA (2019), Abb. 1.9 und 1.10.
[61] ISACA (2015), S. 48.

tere als Beurteilungsgrundlage geeignete Methodensets und Prüfprogramm-Versionen[62] zur Verfügung, auf die hier zum einen auf Grund ihrer Fülle und zum anderen, weil für einen erfahrenen Anwender nahezu selbsterklärend sind, nicht weiter eingegangen werden kann.

Weitere berufsständische Kriterien
Weitere, kontext- oder themenspezifische Vorgaben ergeben sich auch aus den Fachstandards der Wirtschaftsprüfung, z. B. der International Standards on Auditing (ISA) des International Auditing and Assurance Standards Boards (IAASB) oder der Prüfungsstandards (PS) des Instituts der Wirtschaftsprüfer (IDW).

6.5.3 IT-Prüflandkarte

Für die Strukturierung und Analyse des Prüffeldes IT bieten sich mehrere Ansatzpunkte:

- Historisches Prüfthemenmodell
- Schichten- bzw. Ebenenmodelle
- IT-Prozesse und -Praktiken
- Meta-Modelle

Ein frühes, „historisches" Modell, das sich im Zuge der Verbreitung der maschinellen Datenverarbeitung in den 80er-Jahren des vergangenen Jahrhunderts entwickelt hat, sammelt die wichtigsten Prüfthemen in Clustern, die grundsätzlich in eher technische und eher betriebliche Aspekte unterschieden sind.

Historisches (IT-) Strukturmodell
Am „historischen" Strukturmodell (Abb. 6.14) lassen sich neben Basis-Prüffeldern auch Kontrollkategorien und das IT-Kontrollumfeld darstellen.

Übergreifende Kontrollen (pervasive controls) sind eher strategischer Art, also die IT-Strategie, grundlegende Architekturen und High Level-Policies. Allgemeine Kontrollen (general controls) betreffen im Wesentlichen die IT-Organisation, die IT-Infrastruktur und den IT-Betrieb. Weitere in der Literatur genannte Kategorien sind Detailkontrollen (detailed controls), technische Kontrollen (technical controls) sowie Management-Kontrollen (management controls), die im Wesentlichen eine Teilmenge der allgemeinen IT-Kontrollen sind. Die Anwendungskontrollen (application controls) dienen der Abbildung der Geschäftsprozesse in den Systemen.

---

[62] ISACA über ihre Website eine umfassende Sammlung von Praktiken, Metriken, Reifegrad- und Befähigungsmodell, Beurteilungs-Checklisten zur Verfügung.

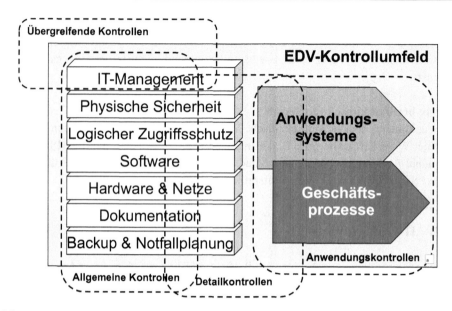

Abb. 6.14 Historisches Strukturierungsmodell der IT-Prüflandkarte (Eigene Darstellung)

IT-Ebenenmodelle

Mit der Verbreitung von COBIT und vor dem Hintergrund der steigenden Komplexität bzw. Verknüpfung der zu betrachtenden Systeme kam die themenbezogene Betrachtung oft an Grenzen – die Themen wären für mehrere (viele) Systeme differenziert zu betrachten gewesen, was sowohl für Prüfer als auch die Verantwortlichen oft nicht mehr umsetzbar war. So gewann eine bei COBIT 3 skizzierte Schichten- bzw. Ebenenbetrachtung Bedeutung für die IT-Prüfansätze. Es wurde eine deutlichere Trennung zwischen IT-Infrastruktur, IT-Prozessen und IT-Services sowie Anwendungs- und betrieblichen Prozessen vorgenommen. Auch das ITIL-Modell zur Organisation des IT Service-Managements stammt aus dieser Zeit.

Prozessmodelle und Praktiken

Mit der Entwicklung des IT-Managements kristallisierten sich typische IT-Prozesse heraus, aus denen dann zusammenhängende Prozesslandschaften konzipiert wurden. Neben diesen prozessbasierten Modellen gibt es Methodencluster, die aufgabenspezifische Praktiken zusammenstellen. Die Grenze zwischen den Prozessmodellen (z. B. COBIT 5 und ITIL 2013) und den aufgabenbezogen zusammengestellten Praktiken (z. B. Projektmanagement, Agile etc.) ist unscharf. Prozessmodelle versuchen eine Integration der Abläufe, und zwar in der Regel durch eine vollständige Integration der Input-/Output-Beziehungen im Modell. Die aufgabenbezogenen Praktiken lockern oder lösen diese Beziehungen auf, weil sie in der Praxis oft als störend empfunden werden. ITIL v4 (2019) ist ein Beispiel für die bewusste Auflösung einer als zu eng empfundenen, recht strikten

Prozessbindung der Vorgängerversion zu Gunsten weniger verbindlicher Schnittstellen zwischen lose verknüpften Praktiken.

Meta-Modelle

Das mit COBIT 5 eingeführte Komponenten-Modell ist ein Meta-Modell zur Beschreibung von Organisationen. Organisationen können damit durch sieben Komponenten beschrieben werden:[63]

- Prinzipien, Richtlinien und Rahmenwerke
- Organisationsstrukturen
- Prozesse
- Kultur, Ethik und Verhalten
- Informationen
- Services, Infrastruktur und Anwendungen
- Mitarbeiter, Fähigkeiten und Kompetenzen

Von den sieben Meta-Komponenten deutet einzig die Komponente „Informationen" und vielleicht auch noch die etwas IT-lastige Ausrichtung der Komponente „Infrastruktur" auf den Modellursprung im IT-Management bzw. der IT-Governance hin. Mit den Komponenten des Meta-Modells können Organisationen oder ihre Teile zur Analyse, als Organisationsblaupause oder zum Zweck der Prüfung in immer kleinere Elemente zergliedert werden.

Für die Beurteilung von Risiken kann z. B. das in den COBIT-Modellen skizzierte, das im IT-Bereich übliche CIA[64]-Modell mit Aspekten der COSO-Modelle ergänzende Kriterienset[65] angewendet werden:

- Qualitätsziele (quality)
  - Funktionsfähigkeit
  - Wirtschaftlichkeit
- Sicherheit (security)
  - Vertraulichkeit (c – confidentiality)
  - Integrität (i – integrity)
  - Verfügbarkeit (a – availability)
- Zuverlässigkeit (fiduciary)
  - Verlässlichkeit
  - Ordnungsmäßigkeit

---

[63] ISACA (2013), S. 25–52.
[64] CIA: Confidentiality (Vertraulichkeit), Integrity (Integrität), Availability (Verfügbarkeit); weite Verbreitung hat das Konzept u. a. durch die Publikationen der US-amerikanischen IT-Sicherheitsbehörde NIST gefunden.
[65] Siehe dazu z. B. ITGI (2000), S. 13 f.

Bei der Erstellung des Audit Universe, der Risikobeurteilung und auch bei der Auswahl der Prüfungshandlungen hat der Interne oder IT-Revisor meist zwei Möglichkeiten: Systeme und Organisation entweder aus der Hubschrauberperspektive von oben/außen oder aber aus der Froschperspektive von innen/unten zu betrachten.

Für beide Perspektiven hat sich in den letzten 50 Jahren eine Fülle von Modellen entwickelt, manche als flexibel anpassbare gemeinte Vorschläge, manche als präskriptive Vorgaben.

6.5.4 Beurteilungs- und Organisationsmodelle

Neben Gesetzen, Verordnungen, Verträgen, externen Vereinbarungen sowie internen Regelungen und Methoden gibt es im Bereich der Informationstechnologie eine Vielzahl von Modellen, die helfen sollen, die Komplexität der Systeme oder ihre Nutzung handhabbarer zu machen.[66] Abb. 6.15 zeigt Beispiele für prüfungsrelevante Modelle und Vorgaben.

Das Spektrum der externen Modelle in Abb. 6.15 geht von der internationalen Norm ISO 38500 als sehr allgemein gehaltener Stellungnahme zu grundlegenden Governance-Mechanismen in einer IT-Organisation bis hin zu sehr konkreten Zertifizierungsstandards wie dem PCI-DSS-Vorgabenset, das für die Marktfähigkeit bestimmter IT-Services in der

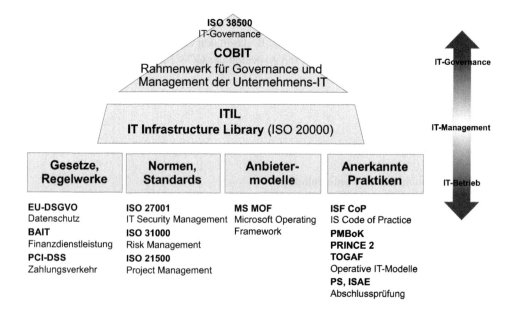

Abb. 6.15 Wichtige IT-Rahmenmodelle und Prüfgrundlagen (Eigene Darstellung)

---

[66]Vgl. hierzu ausführlicher Hahn, U. (2015), S. 164–168.

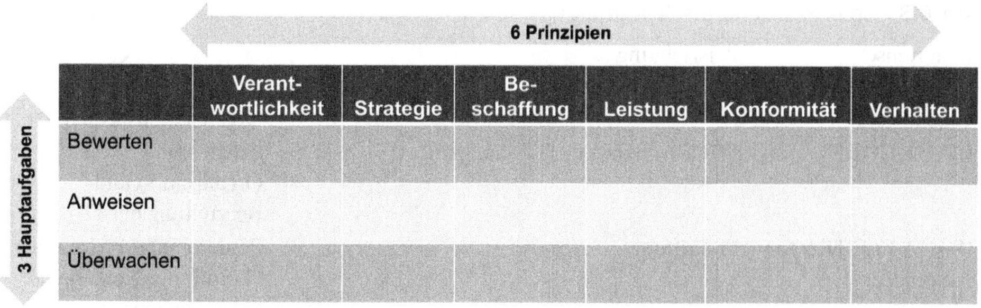

6.5 Informationstechnologie und -systeme

	Verant-wortlichkeit	Strategie	Be-schaffung	Leistung	Konformität	Verhalten
Bewerten						
Anweisen						
Überwachen						

(3 Hauptaufgaben / 6 Prinzipien)

Abb. 6.16 IT-Governance – Aufgabenfelder und Grundprinzipien (Eigene Darstellung, vgl. ISO/IEC 38500:2015, Governance of IT for the Organization)

Finanzdienstleistungsbranche unverzichtbar sind. Der Übersicht können als weitere Dimension interne Kriteriensets hinzugefügt werden, also z. B. Verfahren oder Vorgaben.

Die Spitze der Regel- und Konzeptpyramide bildet die internationale Norm ISO/IEC 38500,[67] welche die Aufgaben im Zusammenhang mit IT-Governance sehr allgemein skizziert (siehe Abb. 6.16).

IT-Governance-Funktionen haben demzufolge drei Hauptaufgaben, nämlich die Ist-Situation zu bewerten, entsprechende Anweisungen zu erteilen und die weitere Entwicklung zu überwachen. Die Grundprinzipien, durch die die Funktion des IT-Governance-Systems sichergestellt wird, sind das Zuweisen von Verantwortlichkeit, das Entwickeln und Kommunizieren einer Strategie, die dazu passende Beschaffung von Ressourcen, das Erbringen von Leistungen, die Konformität mit Vorgaben und Erwartungen sowie angemessene Verhaltensweisen.

Beurteilungsgrundlagen

Praxiserfahrungen zeigen, dass es essenziell für den Erfolg einer Prüfung mit IT-Bezug ist, die zugrunde liegenden Modelle vorab – im Rahmen der Prüfungsvorbereitung – mit den Fachverantwortlichen und anderen Stakeholdern abzuklären.

Aufgrund der Vielzahl der Modelle kommt es häufig vor, Prüfkriterien übersehen werden. Einzelne Befragte der Fachseite haben oft aktuelle Entwicklungen noch nicht verarbeitet, oder mit den zu untersuchenden Funktionen noch nicht vertraute Prüfer kennen wesentliche Prüfkriterien nicht. So kann es passieren, dass erst bei der Besprechung der Prüfungsergebnisse weitere, teils essenzielle Kriteriensets erkannt werden.

In der Tab. 6.3 ist eine Auswahl wesentlicher und beispielhafter Regelungen und Modelle zusammengestellt. Diese sind bei IT-Prüfungen entweder zu berücksichtigen oder aber zumindest als Quelle für Prüfkriterien nützlich.

Zum Verständnis der beim Erbringen von IT-Services erforderlichen Regelungen kann ein (IT-) Compliance-Portfolio aufgebaut werden. Dies ist eine Matrix aus einzuhaltenden Vorgaben auf der einen Achse und Systemen, Assurance-Quellen, Verantwortlichen,

---
[67] Vgl. dazu weiter Klotz, M. (2016).

Tab. 6.3 Kriteriensets für die IT-Prüfung[a]

Kriterienset	Ausrichtung	
ISO/IEC 38500	IT-Governance	Allgemeine Organisationsprinzipien
ISACA COBIT	IT-Governance & IT-Management	Ausrichtung, Organisation und Beurteilung der IT
ISACA COBIT 5 for Assurance	IT-Prüfung	Funktion und Prozess der IT-Prüfung, Nutzung der COBIT-Materialien
ISACA IS Audit/ Assurance Framework	Regeln für IT-Prüfer	Auftrag, Sorgfalt und Sachkunde, Durchführung, Bericht und Nachschau
ISO/IEC 20000 IT Service Management (ITIL)	IT Service Management	Beschreibt generische IT-Funktionen und -Prozesse
ISO/IEC 27000	Informationssicherheitsmanagementsysteme	Managementmodell, Kriterien, Zertifizierungsstandard
NIST SP	Betreiber und Nutzer von IT-Systemen	Implementierungs- und Beurteilungshilfen für sichere IT-Systeme
IAASB ISAE 3402	Berichterstattung über die Kontrollen bei IT-Dienstleistern	Prüfkonzept für allgemeine Kontrollen bei IT-Dienstleistern
EU-DSGVO	Rechtliche Regelung des Datenschutzes	Vom Prüfer fallweise zu konkretisierende Prinzipien
BSI IT-Grundschutzkataloge	Grundschutzmodell für IT-Systeme	Vorgehensweise und umfassende Kriteriensammlung
BMF GoBD	Grundsätze ordnungsmäßiger elektronischer Rechnungslegung	Kriterien für IT-gestützte Rechnungslegung
IDW RS FAIT	Grundsätze ordnungsmäßiger Buchführung bei Einsatz von Informationstechnologie	Kriterien für IT-gestützte Rechnungslegung
IDW PS 980	IT-Prüfung außerhalb der Abschlussprüfung	Rahmenmodell für IT-Prüfungen
BaFin BAIT	Aufsichtsrechtliche IT-Anforderungen	Sicherheit der IT-Systeme von Banken
IIA Global Technology Audit Guides	Systeme, Risiken, Prüfansätze	Verständnis- und Prüfhilfen des IIA
DIIR e.V. Revisionsstandard	Prüfleitfaden für die Interne Revision	Z. B. (IT-)Projektmanagement

[a] Eigene Zusammenstellung

IT-Services oder Ähnlichem auf weiteren Achsen. Das Compliance-Portfolio macht so z. B. sichtbar, welche Regelungen bei welchen IT-Services zu berücksichtigen sind, und wer für deren Umsetzung verantwortlich ist.

Eine IT-Prüflandkarte kann z. B. auf Basis eines Inventar erstellt werden, dass Infrastruktur, IT-Prozesse, IT-Services sowie wichtige Systeme bzw. Systemkategorien und Funktionen berücksichtigt. Darauf aufbauend können Mengengerüste und Risikoeinschätzungen erhoben, konsolidiert und gepflegt werden.

Blaupausen für die IT-Organisation – COBIT und ITIL
COBIT und ITIL sind heute die zwei wichtigsten Grundlagenmodelle für die Organisation von IT-Management und IT-Governance. ITIL entstand als zentral erarbeitete Handreichung für die IT in britischen Behörden. COBIT und seine Vorläufer, eine 1991 veröffentlichte Materialsammlung des IIA (SAC, System Auditability and Control), waren letztendlich das Ergebnis zunehmend wahrnehmbaren Kontrollverlusts im Zuge der Automatisierung der Datenverarbeitung und der damit einhergehenden Missbräuche und Ausfälle.

Die Führung der US-amerikanischen Versicherungsgesellschaft Equity Funding nahm sich bereits in der Mitte der 60er-Jahre einen IBM-Mainframe, manipulierte Software sowie ausgewählte Mitarbeiter zu Hilfe, um in großem Umfang nicht vorhandene Versicherungspolicen buchen zu können. Dem Abschlussprüfer fiel dies nicht auf; erst im Jahr 1973 informierte ein Whistleblower die Versicherungsaufsicht. Zwei Drittel der in der Bilanz ausgewiesenen Versicherungspolicen im Wert von bereits damals 3 Mrd. USD erwiesen sich im Zuge der darauffolgenden Untersuchung als nicht existent; die Schilderung des Falls hat auch heute noch Lehrbuchcharakter.

In den späten 60er-Jahren bildeten sich Arbeitskreise von alarmierten EDV-Anwendern, Datenverarbeitungsmaschinenherstellern und -betreibern sowie Prüfern. Sie versuchten, die aufkommenden Probleme zu verstehen und durch organisatorische und technische Maßnahmen in den Griff zu bekommen.[68] So entstanden die ersten, noch unverbindlichen Kontroll- und Prüfleitfäden.

Waren die Modelle anfangs noch sehr technisch geprägt, nahm in den 90er-Jahren die Nutzerperspektive mehr Raum ein. IT-Kontrollen und Kontrollpraktiken, mit denen Prozessziele erreicht werden sollten, standen im Vordergrund. In den ersten Jahren des neuen Jahrtausends – dies war die Zeit der Veröffentlichung des ersten COSO ERM – verschob sich der Fokus stärker auf das Umsetzen von Zielen. Neben den betrieblichen Zielen sollten nun auch breiter betrachtete Stakeholder-Interessen berücksichtigt werden.

Die nach dem Jahr 2015 veröffentlichten Modelle (u. a. COSO ERM 2017,[69] ITIL v4, COBIT 2019) stellen Strategie der Organisation und deren Umsetzung in den Vordergrund des Organisationshandelns. Davon werden Organisationsstruktur und -handeln abgeleitet. Die im Betrieb oft schwer vermittelbare Komplexität umfassender Prozessmodelle wird

---

[68] Vgl. Singleton, T./Flesher D.L. (2003), S. 52.
[69] COSO (2017b), Axelos (2020) sowie ISACA (2018).

aufgegeben und z. B. durch allgemein umschriebene Prinzipien (COSO ERM 2017), Praktiken (ITIL v4) oder Governance- und Managementziele (COBIT 2019) ersetzt. Die aktuell veröffentlichten Modelle bleiben dadurch in weiten Teilen auf der dispositiven und überwachenden Ebene; für konkrete, operative Hilfestellungen bzw. als Prüfungsgrundlage verwertbare Blaupausen sind die Vorgängermodelle zu bemühen.

6.5.5 IT-Organisation

Die Organisationslehre beschreibt Organisationen – neben den weiteren z. B. im siebenteiligen Komponentenmodell von ISACA abgebildeten Teilen – Organisationen durch ihre Aufbaustruktur, ihre Abläufe und ihre Kultur. Im Folgenden soll kurz auf Organisationsstruktur und einige wesentliche Abläufe eingegangen werden, um Ansatzpunkte für die Interne Revision anreißen zu können.

Organisationsstruktur

Ein Ansatzpunkt für IT-Prüfungen bietet die Organisationsstruktur. Abb. 6.17 zeigt schematisch, wie eine IT-Aufbaustruktur aussehen könnte. Auf Ebene der IT-Leitung findet man häufig Lenkungsausschüsse, die Entwicklungsrichtung und Ressourcenverteilung koordinieren. In diesen Lenkungsausschüssen sind wichtige Stakeholder (z. B. Fach- und Servicekunden-Vertreter), Steuerungsfunktionen (z. B. CISO, Datenschutzbeauftragter etc.) sowie IT-Verantwortliche vertreten. Stabstellen können z. B. die IT-Sicherheit und andere Funktionen der 2. Kontrolllinie in der IT – Qualitätsmanagement, IT-Controlling, ggf. Helpdesk – sein.

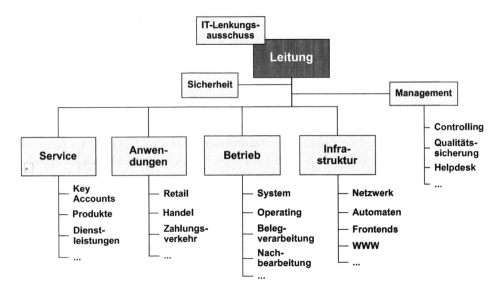

Abb. 6.17 IT-Organisation (Eigene Darstellung)

Operative Bereiche könnten z. B. ein Bereich (hier: Service) sein, der an der Schnittstelle zu den IT-Kunden Services unterstützt und (weiter-) entwickelt. Die systemtechnische Umsetzung findet dann fachlich gegliedert im Bereich Anwendung (-sentwicklung) statt. Komplexe IT-Systemlandschaften müssen wie eine Fabrik regelrecht „gefahren" werden; das bewerkstelligt der Bereich Betrieb. Bei größeren IT-Installationen wird man Aufbau, Pflege und ggf. sogar Betrieb der Infrastruktur (z. B. des Datennetzes, des Rechnerpools) separat organisieren, evtl. ganz oder teilweise ausgelagert.

Bei modernen IT-Landschaften stellt insbesondere die Einbindung vieler Partner und Dienstleister vor immer neue Herausforderungen. Vereinbarungen müssen getroffen und überwacht werden, technische und administrative Schnittstellen definiert und betrieben werden. Störungen oder Anpassungsbedarfe sind organisationsübergreifend zu erkennen und zu behandeln. Vielschichtige, globale Kooperationsmodelle müssen gelebt und abgesichert werden. Dazu sind in vielen Fällen komplexe Lieferanten- und Partnermanagementstrukturen entstanden, die für viele IT-Organisationen lebenswichtig, aber oft schwierig zu steuern und daher durch Prüfungen auf kritische Schwachstellen hin zu untersuchen sind.

6.5.6 IT-Prozesse und IT-Services

Gebräuchliche umfassende Prozessmodelle für die Organisation und die Prüfung der IT sind COBIT und ITIL. Die in Abständen von etwa zwei bis zehn Jahren veröffentlichten kleineren und größeren Überarbeitungen der Modelle stellen Anwender und Prüfer gleichermaßen vor Herausforderungen. Auf den Rahmenmodelle beruhende Organisationsmodelle und Prüfungsprogramme müssten mit viel Aufwand an die neuen Termini und Strukturen angepasst werden. Operativ sind die Unterschiede nur dort wahrnehmbar, wo alte Konzepte durch mittlerweile in der Praxis entstandene Weiterentwicklungen ersetzt sind.

Viele IT-Prozesse und Handlungslogiken sind grundsätzlich schon länger bekannt und in gut organisierten IT-Funktionen auch etabliert. Als Beispiel dafür seien das Change Management oder das Identity and Access Management (im ITIL v4 Teil des Informationssicherheits-Managements) genannt. Keines dieser Themen und der damit einhergehenden Grundkonzepte ist neu, lediglich der Betrieb und die zur Verfügung stehende Infrastruktur werden weiterhin komplexer, aber auch deutlich leistungsfähiger. Dies ermöglicht auch modernere, umfassendere und funktional stark erweiterte Umsetzungen der IT-Managementpraktiken.

6.5.7 Ansatzpunkte für die Prüfung der IT

Eine Zusammenstellung der für Prüfungsansätze in Frage kommenden IT-Prozessfelder bietet z. B. das ITIL v4-Modell (siehe Abb. 6.18), dort spricht man von Praktiken. Die Be-

Allgemeine Management-Praktiken	Servicemanagement-Praktiken	Technische Managementpraktiken
Architektur-Management	Verfügbarkeits-Management	Deployment (Einsatz-) Management
Kontinuierliche Verbesserung	Geschäftsanalyse	Infrastruktur- und Plattformmanagement
Informationssicherheits-Management	Kapazitäts- und Leistungssteuerung	Softwareentwicklung und -management
Wissensmanagement	Änderungsvorbereitung	
Controlling (Messung und Berichterstattung)	Störungsmanagement	
Organisationsentwicklung	IT Asset-Management	
Portfoliomanagement	Betriebs- und Ereignisüberwachung	
Projektmanagement	Problem-Management	
Beziehungsmanagement	Release-Management	
Risikomanagement	Servicekatalog-Management	
Finanzmanagement	Service-Konfigurationsmanagement	
Strategisches Management	Service-Notfallmanagement	
Lieferantenmanagement	Service Design	
Personalmanagement und -entwicklung	Service Desk	
	Servicelevel-Management	
	Anfragemanagement	
a	Servicevalidierung und -test	

Abb. 6.18 ITIL v4: IT-Management-Praktiken (Vgl. Axelos (2019), S. 76)

trachtung von Praktiken, die allein stehen können und dadurch mehr Flexibilität als eng verknüpfte Prozesse gewährleisten sollen, soll den Praxiseinsatz der Modelle erleichtern.

Für die Interne Revision einschlägige, da von ihr noch prozessbasiert, mit gutem IT-Grundverständnis oder mit begleitender Unterstützung bearbeitbare Prüffelder[70] sind z. B.:

- IT-Projektmanagement
- Systementwicklung und Change Management
- Berechtigungssysteme und -management (Identity and Access Management)
- Endanwendersysteme (Schatten-IT)
- Service Level-Management
- Steuerung von Lieferanten und Dienstleistern (Supplier-Management)
- IT-Kosten, IT-Controlling und Abrechnung
- Anforderungsbearbeitung (Request Fulfilment)
- Störungsbehandlung (Event and Incident Management)
- Informationssicherheitsmanagement
- Notfallplanung/Business Continuity Management

Für die einzelnen Prüffelder steht eine Vielzahl von Prüfleitfäden zur Verfügung. Erste Anlaufstellen sind Prüferverbände wie ISACA oder – aufgrund der Größe produktiver –

---

[70] Vgl. die detaillierte Übersicht von grundlegenden Prüffeldern und Prüfansätzen bei Hahn, U. (2015), S. 167–176.

das DIIR, oder die operativ einschlägigen Verbände der jeweiligen Branchen. Dabei ist es wichtig, zu verstehen, dass viele technische Standards international vereinbart werden – nationale Regelungen sind häufig nur eine Konkretisierung von Teilen der Rahmenmodelle.

Auch Behörden (BSI, NIST, ENISA, weitere nationale oder themenspezifische Träger), spielen eine bedeutende Rolle. Ihre Vorgaben können für Branchen oder Organisationstypen (z. B. kritische Infrastrukturen, Finanzdienstleister) verbindlichen Charakter haben, und im Regelfall sind sie zumindest breit anerkannte Maßstäbe.

Darüber hinaus gibt es Arbeitskreise wie z. B. das Information Security Forum (ISF), oder Anwendergruppen, die – oft auch global – operativ und damit für die Prüfung relevant Modelle sowie Kriteriensets entwickeln.

Schließlich darf nicht vergessen werden, dass Systemhersteller in vielen Fällen detaillierte Betriebs-, Sicherheits- und Prüfleitfäden entwickelt haben, die – in der jeweils aktuellen und auf die untersuchten Systemversionen abgestimmten Version – berücksichtigt werden müssen.

6.6 Weitere Prüffelder

Methodisch abgrenzbare Prüffelder sind zum Beispiel die Finanzberichterstattung, insbesondere die Unterstützung des Abschlussprüfers, die Prüfung von Projekten sowie Sonderprüfungen, die häufig mit Störungen oder materiellen Veränderungen in den Organisationen zusammenhängen.

6.6.1 Sonderprüfungen

Das IIA nennt in seinen Schriften und den Themenkatalogen für die IIA-Zertifizierungen als Sonderprüfungen

- Ermittlungen im Zusammenhang mit dolosen Handlungen
- Management Audits
- Due Diligence-Prüfungen.[71]

Ermittlungen im Zusammenhang mit dolosen Handlungen werden von der Internen Revision dort regelmäßig durchgeführt, wo Motivation und Möglichkeit hierfür als hoch einzuschätzen sind. Also zum Beispiel im Handels- und Logistikbereich, dort, wo mit leicht verwertbaren Gütern (Geld) hantiert wird, wo Geschäfte wenig transparent sind, oder wo Erfolgsdruck herrscht. In anderen Organisationen treten dolose Handlungen weniger häufig auf, so dass es sich dann tatsächlich um einen Sonderfall handelt, falls nicht gar von vornherein externe Fachleute für die Ermittlungen zu Hilfe genommen werden.

---

[71] Vgl. weiter zu Aufträgen mit Beratungsfokus Anderson, U.L. et al. (2017), S. 15–10.

Ein Beispiel für typische Sonderprüfungen im Zusammenhang mit dolosen Handlungen sind Einkaufsprüfungen, bei denen Unregelmäßigkeiten im Ausgabeverhalten aufgedeckt werden sollen.

Management Audits sollen das Führungsverhalten überprüfen. Zum einen kann es sich dabei um normale operative Prüfungen der Steuerung einer Einheit, des laufenden Betriebs oder der Steuerung von Projekten handeln. Darüber hinaus kann allerdings auch die Beurteilung der Führungskompetenz und des Führungsverhaltens von Führungskräften im Raum stehen. Die Beurteilung des individuellen Führungsinstrumentariums ist häufig eine Aufgabe für Experten aus dem Personalbereich oder aus der Psychologie. Die Interne Revision kann hier zum Beispiel die Angemessenheit von Geschäftspraktiken und das Einhalten firmeninterner oder allgemein vorgegebener Verhaltensweisen – z. B. zur Vermeidung von Bestechung, Geldwäsche, dem Unterlaufen von Sozialstandards – prüfen und zu Risiken, Verantwortlichkeiten und erforderlichen Maßnahmen berichten.

Due Diligence meint die sorgfältige Zusammenstellung von Informationen bzw. das Überprüfen der sorgfältigen Zusammenstellung von Informationen. Häufig wird eine Due Diligence-Prüfung im Zusammenhang mit dem Zukauf oder dem Verkauf von Unternehmensteilen durchgeführt, manchmal aber auch, um interne Informationen, z. B. für die Berichterstattung über Projektkosten oder Einsparungserfolge zu validieren. Die Interne Revision ist dann ein objektiver und sachkundiger Prüfer oder Berichterstatter, der das Vertrauen in vorliegende Informationen stützen und auf Unsicherheiten hinweisen soll.

6.6.2 Projekte

Projekte sind immer wieder Gegenstand von Prüfungen oder Beratungsaktivitäten er Internen Revision. Sie geraten entweder in das Betrachtungsfeld, den Prüfungsumfang (scope) eines Prüfungsauftrags oder sie sind explizit Gegenstand eines Prüfungsauftrages oder sie werden von der Internen Revision beratend begleitet.

Viele Prüflandkarten enthalten deswegen spezifische, kritische Projekte und die Zusammenstellung (Liste) der in der Organisation überwachten wesentlichen Projekte als mögliche, hinsichtlich ihres Risikos zu beurteilende Prüfobjekte.[72]

Prüffelder im Projektkontext
Häufige Prüffelder im Rahmen des Managements und der Durchführung von Projekten sind Zielklärung, Genehmigung, Ressourcenausstattung, Planung, Ausführung, Überwachung (Projektcontrolling), Abschluss und Ergebnisse.

Für die Untersuchung und Beurteilung von Projekten stehen viele Modelle zur Verfügung, z. B. die DIN ISO 21500:2016 „Leitlinie Projektmanagement", die einen Rahmen um die detaillierteren Methodensets von PMI (PMBOK), OGC (Prince 2) und IPMA bil-

---

[72] Siehe dazu DIIR (2019b), S. 26.

6.6 Weitere Prüffelder

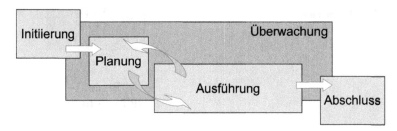

Abb. 6.19 Projektmanagement-Phasen (Eigene Darstellung)

det. Weiter gibt es eine Vielzahl spezifischer Modelle, die bei Prüfungen zugrunde gelegt werden können, sowie praxisnahe Leitfäden[73] der Prüferverbände.

Die DIN ISO 21500:2016 (Leitlinien Projektmanagement) gliedert Projekte nach PMBOK[74] in fünf Tätigkeitsfelder (siehe Abb. 6.19).

Im Rahmen der Initiierung werden Projektziele definiert, Ressourcen festgelegt und das Projekt genehmigt. Planung und Ausführung laufen häufig zyklisch ab – man beginnt mit einem Rahmenplan und ersten Teilprojekten; weitere Teilprojekte werden erst im Projektablauf geplant. Die Projektplanungsansätze arbeiten mit unterschiedlichen Detaillierungsgraden; agile Konzepte[75] z. B. verzichten auf detaillierte Planungsvorgaben.

Zum Abschluss eines Projekts erfolgen Arbeiten wie z. B. Übergaben, die Abrechnung, Dokumentation und Archivierung sowie eine Nachschau („Post Mortem"), bei der Erfahrungen aus dem Projekt verwertbar gemacht werden sollen. Üblich sind auch die Überprüfung des Projektergebnisses durch Post Implementation Reviews oder durch die Zertifizierung von z. B. Softwareprodukten. Die Projektüberwachung ist ein übergreifender Tätigkeitsblock, der sich vom Beginn des Projektes bis zum Ende erstreckt. Wichtige Instrumente der Projektüberwachung sind zum Beispiel Projektcontrolling und Projektreporting sowie die Tätigkeit der Lenkungsausschüsse.

Bei der Beurteilung von Projektplanung und Projektergebnissen trifft der Prüfer häufig auf ein Spannungsfeld, das Projektmanagement-Experten mit dem Projektdreieck (Abb. 6.20) beschreiben.

Mit zu wenig Ressourcen ist das Projektziel nicht zu erreichen. Zu viele Ressourcen stören den Projektablauf ebenfalls: Ein typisches Beispiel ist das Hinzufügen von Personal im Projektablauf, was zu empfindlichen Störungen, Verzögerungen und ggf. dem endgültigen Stillstand des Projektes durch Onboarding-Aktivitäten, erhöhten Kommunikationsaufwand und entstehende Abgrenzungskonflikte führen kann.

Zu wenig Zeit bedeutet, dass die Projektziele nicht oder nur teilweise erreicht werden können. Zu viel Zeit führt häufig dazu, dass die Projektziele zugunsten anderer Ziele oder drängenderer Aufgaben aus dem Auge verloren werden. Hektischer Aktivismus vor dem

---

[73] Z. B. der DIIR Revisionsstandard Nr. 4 zur Prüfung von Projekten, DIIR (2019b).
[74] Vgl. PMI (2017).
[75] Vgl. dazu z. B. PMI (2018).

Abb. 6.20 Projektmanagement-Dreieck (Eigene Darstellung)

zuletzt doch noch wahrgenommenen Fertigstellungstermin ist in dieser Konstellation die Regel. Die Organisationslehre hat daher das Konzept des Time Boxing entdeckt – das Zuteilen überschaubarer Aufgaben in einem überschaubaren und konkreten Zeitrahmen.

Zu wenig Ergebnis, bzw. zu wenig fordernde Ziele, erfordert nicht unbedingt ein Projekt. Eine Projektorganisation wäre dann unwirtschaftlich. Zu wenig fordernde Ziele motivieren oft nicht ausreichend, so dass Ziel bzw. Aufgabe vernachlässigt werden und schließlich nichts oder zu wenig erreicht wird. Zu fordernde Ziele sind ebenfalls demotivierend, oder schlicht und ergreifend nicht erreichbar. Deswegen werden komplexe, neuartige Projektaufgaben in Teilvorhaben gegliedert, und weiter noch – z. B. in Projektmanagementmethoden wie SCRUM – in handliche Pakete geschnürt, die sich in überschaubarem Rahmen bearbeiten lassen und die im Falle eines Misserfolgs auch einmal als Experiment und Lernprozess betrachtet werden können.

Projektbegleitung

Projektbegleitung durch die Interne Revision kann sowohl einen prüfenden als auch einen beratenden Charakter haben. Häufig begleitet die Interne Revision Projekte prüfend, um z. B. die Projektberichterstattung, Fortschrittsmeldungen oder Entscheidungen zu validieren. Sie kann bei Projektentscheidungen hinsichtlich interner Kontrollen kritisch hinterfragen, oder an entscheidenden Punkten im Projektablauf, z. B. im Zusammenhang mit Tests und Freigaben, Validierungen vornehmen. Alternativ kann die Interne Revision beratend oder beobachtend an Projekten teilnehmen, z. B. als Lenkungsausschussmitglied, oder als kritischer Sparringpartner für Projektverantwortliche.[76]

Wenn projektbegleitende Prüfung oder Beratung durchgeführt wird, darf die Interne Revision selbst keine Projektentscheidungen treffen, damit sie ihre Unabhängigkeit und Objektivität bei der späteren Beurteilung der Projektergebnisse und -folgen nicht gefährdet.

---

[76] Zur Projektbegleitung durch die Interne Revision vgl. DIIR (2019b), S. 22 ff.

6.6.3 Betriebliche Kernprozesse – Zyklenmodell

Das in der Internen Revision teils für die Gliederung des Audit Universe, für die Planung sowie die Kategorisierung von Prüfungshandlungen genutzte Zyklenmodell soll wesentliche Wertströme im Unternehmen prüferisch abdecken. Im Zyklenmodell, so wie es sich in vielen Prüfstandards findet, werden in erster Linie fünf bzw. sechs große Wertflüsse untersucht:

- Beschaffung
- Absatz
- Leistungserstellung
- Finanzierung
- Personal
- Finanzberichterstattung

Die Finanzberichterstattung ist in den neueren, PCAOB-geprägten Regelungen als sechster Zyklus ergänzt, sie repräsentiert eher Informationsströme.

Diese sog. Zyklen bieten eine Vielfalt nützlicher prüferischer Ansatzpunkte. Das Zyklenkonzept entstammt der Abschlussprüfung. Dort ging es lange Zeit primär darum, Vermögensgegenstände und Verbindlichkeiten sowie den ausgewiesenen Ertrag halbwegs zuverlässig zu validieren und dann zu bestätigen. Den stärksten Wertezufluss findet man – hoffentlich und soweit es sich nicht gerade um eine Bank handelt – auf der Absatzseite, ergänzt durch Finanzierungsaktivitäten. Den stärksten Mittelabfluss wird der Prüfer in Produktion und Dienstleistung auf der Beschaffungsseite, beim Personal und ggf. auch wieder im Prüffeld Finanzierung feststellen. Dazu kommt noch die eigentliche Leistungserstellung – die Leistungserstellung ist je nach Branche und Unternehmensstruktur (Produktion, Handel, (Finanz-) Dienstleistung sehr unterschiedlich organisiert, ebenso wie dann auch die Prüfansätze unterschiedliche Schwerpunkte setzen müssen. Dem Zyklenmodell wurde für die Prüfung des Kontrollsystems über die Finanzberichterstattung im Zuge der Umsetzung von SOX der Finanzberichterstattungszyklus hinzugefügt. Dieser sollte grundsätzlich in weiten Teilen bereits durch die Prüfungshandlungen in den anderen Zyklen abgedeckt sein, aber soll nun wohl noch deutlicher im Fokus stehen.

Literatur

Anderson, U.L. et al. (2017): Internal Auditing: Assurance & Advisory Services, 4th Edition, Lake Mary, FL (Internal Audit Foundation) 2017.
Auf der Heyde, D./Hahn, U. (2014): Das überarbeitete ISACA IT Audit & Assurance Framework, in: IT-Governance 19 (2014), S. 4–8.
Axelos (Hrsg.) (2019): ITIL Foundation, ITIL 4 Edition, deutsche Ausgabe, London (TSO) 2019.
Axelos (Hrsg.) (2020): ITIL 4: Drive Stakeholder Value, London (TSO) 2020.

Bungartz, O. (2015): Interne Revision und das interne Kontrollsystem (IKS). Von der „internen Kontrolle" zum „Internal Control", in: ZIR Sonderheft 1/2015, S. 73–84.

Bungartz, O. (2020): Handbuch Interne Kontrollsysteme (IKS). Steuerung und Überwachung von Unternehmen, 6. Aufl., Berlin (ESV) 2020.

Commission on the Financial Aspects of Corporate Governance (Hrsg.) (1992): Report of the Commission on the Financial Aspects of Corporate Governance, London (Gee) 1992.

CICA (Hrsg.) (1995): Guidance on Control, Toronto (CICA) 1995.

COSO (Hrsg.) (1992): Internal Control – Integrated Framework, Jersey City NJ (AICPA) 1992.

COSO (Hrsg.) (2004a): Enterprise Risk Management – Integrated Framework, Jersey City NJ (AICPA) 2004.

COSO (Hrsg.) (2004b): Enterprise Risk Management – Integrated Framework. Application Techniques, Jersey City NJ (AICPA) 2004.

COSO (Hrsg.) (2006): Internal Control over Financial Reporting – Guidance for Smaller Public Companies, Jersey City NJ (AICPA) 2006.

COSO (Hrsg.) (2009): Guidance on Monitoring Internal Control Systems, Durham NC (AICPA) 2009.

COSO (Hrsg.) (2013): Internal Control – Integrated Framework. Framework and Appendices, Durham NC (AICPA) 2013.

COSO (Hrsg.) (2017a): Enterprise Risk Management. Integrating Strategy with Performance. Executive Summary, Durham NC (AICPA) 2017.

COSO (Hrsg.) (2017b): Enterprise Risk Management. Integrating Strategy with Performance. Volume I, Durham NC (AICPA) 2017.

COSO (Hrsg.) (2017c): Enterprise Risk Management. Integrating Strategy with Performance. Volume II. Appendices, Durham NC (AICPA) 2017.

DIIR (Hrsg.) (2019a): Internationale Grundlagen für die berufliche Praxis der Internen Revision 2017. Version v7 vom 11. März 2019, Frankfurt am Main (DIIR) 2019.

DIIR (Hrsg.) (2019b): DIIR Revisionsstandard Nr. 4. Prüfung von Projekten durch die Interne Revision, Frankfurt am Main (DIIR) 2019.

ECIIA (Hrsg.) (2012): Making the Most of the Internal Audit Function: Recommendations for Directors and Board Committees, Brüssel (ECIIA) 2012.

Hahn, U. (2015): Prüfung der Informationstechnologie, in: Tanski, J. (Hrsg.) (2015): Interne Revision im Krankenhaus. Ziele – Prüffelder – Revisionstechniken, 2. Aufl., Berlin (ESV) 2015, S. 163–177.

IIA (Hrsg.) (2015): Leveraging COSO Across the Three Lines of Defense, Durham NC (COSO/AICPA) 2015.

IIRÖ (Hrsg.) (2009): Enterprise Risk Management – Integrated Framework. Anwendungsleitfaden, Übersetzung des Anwendungsleitfadens, Wien (IIRÖ) 2009.

ISACA (Hrsg.) (2013): COBIT 5 for Assurance, Rolling Meadows IL (ISACA), 2013.

ISACA (Hrsg.) (2014): IS Audit & Assurance Framework (ITAF) 3rd Edition, Rolling Meadows IL (ISACA), 2014.

ISACA (Hrsg.) (2018): COBIT 2019 Framework. Governance and Management Objectives, Schaumburg IL (ISACA) 2018.

ISACA (Hrsg.) (2015): CISA Review Manual, 26. Aufl., Rolling Meadows IL (ISACA) 2015.

ISACA (Hrsg.) (2019): CISA Review Manual, 27. Aufl., Schaumburg IL (ISACA) 2019.

ITGI (Hrsg.) (2000): COBIT 3rd Edition Audit Guidelines, Rolling Meadows IL (ITGI) 2000.

Klindtworth, H. (2006): Handbuch der Datenprüfung. Methoden und Verfahren der Datenanalyse und ihre Anwendungen, Hamburg (Schreiber) 2005.

Klotz, M. (2016): ISO/IEC 3850x – Die Normenreihe zur IT-Governance, SIMAT Arbeitspapier 08-16-030, Stralsund (SIMAT), 2016.

Kregel, J. (2015): Operational Auditing. Revision von IT, Marketing, Produktion und Einkauf, Berlin (ESV) 2015.

NCFFR (Hrsg.) (1987): Report of the National Commission on Fraudulent Financial Reporting, Washington DC (NCFFR) 1987.

PMI (Hrsg.) (2017): A Guide to the Project Management Body of Knowledge (PMBOK Guide), 6. Aufl., Newton Square PA (PMI) 2017.

PMI (Hrsg.) (2018): Agile Praxis – ein Leitfaden. Deutsche Ausgabe des Agile Practice Guide, Newton Square PA (PMI) 2018.

Singleton, T./Flesher, D.L. (2003): A 25-year retrospective on the IIA's SAC projects, in: Managerial Auditing Journal 1/2003, S. 39–53.

Tanski, J. (Hrsg.) (2015): Interne Revision im Krankenhaus. Ziele – Prüffelder – Revisionstechniken, 2. Aufl., Berlin (ESV) 2015.

Fachwissen/Glossar 7

Fachbegriffe in alphabetischer Reihenfolge

Abschlussprüfung Durch die Aktiennovelle von 1931 eingeführte Pflichtprüfung des Jahresabschlusses und des Konzernabschlusses durch bestimmte Wirtschaftsgesellschaften. Gleichzeitig wurde der Berufsstand der Wirtschaftsprüfer eingeführt. Die Prüfungen der Jahresabschlüsse und der Konzernabschlüsse haben sich darauf zu erstrecken, ob die gesetzlichen Vorschriften und die Bestimmungen des Gesellschaftsvertrags beachtet worden sind.

Administrativer Follow-up Teil der > Maßnahmenverfolgung, mit der die Leitung der Internen Revision gesichert erhebt und kommuniziert, ob berichtete Schwachstellen angemessen und zeitgerecht behoben oder ob die Risiken von den Verantwortlichen bewusst in Kauf genommen wurden.

Aktionsplan Siehe > Maßnahmenplan

Allgemeine Prüfsoftware Softwarepakete, die speziell für die Unterstützung der Prüfungstätigkeit konzipiert sind. Sie fallen in die größere Kategorie > Prüfsoftware (englisch CAAT). Aufgaben sind Datenzugriff, Datenaufbereitung, schnelles Analysieren und Verarbeiten großer Datenmengen, Bereitstellung zuverlässiger Funktionen – z. B. zertifizierte Statistik-Module - sowie beweissichere Durchführung und > Dokumentation der > Prüfungshandlungen.

Anti-Fraud-Management-System Teil des Überwachungs- und Kontrollsystems, das Wahrscheinlichkeit und Auswirkungen doloser Handlungen auf ein kontextadäquates Maß beschränken soll.

Arbeitspapiere Schriftliche Aufzeichnungen und sonstige Materialsammlungen, zunehmend auch elektronischer Art, die der Revisor während einer Revisionsprüfung anfertigt. Ihnen kommt eine wichtige Dokumentationsfunktion zur Unterstützung der Revisionsergebnisse und Schlussfolgerungen zu.

Arbeitsprogramm Das Arbeitsprogramm stellt den zuerst vorgesehenen Ablauf einer Prüfung für Zwecke der Planung und zur Qualitätssicherung, samt Freigabe durch die Leitung der Internen Revision dar. Im Verlauf der Prüfung kann es angepasst werden, größere Anpassungen muss die Leitung der Internen Revision genehmigen. Das Arbeitsprogramm kann zur Dokumentation, zur Sammlung von Beurteilungen sowie zur Referenzierung von Detaildokumenten und Feststellungen verwendet werden. Für häufige oder durch Dienstleister durchgeführte Prüfungen findet sich das Arbeitsprogramm auch in Form einer > Checkliste.

Assurance Map Übersicht über die Themenfelder, für die eine Unternehmung Überprüfungs-, Absicherungs-, bzw. Bestätigungsbedarf hat, sowie für deren Abdeckung durch die Assurance-Geber wie z. B. Interne Revision, Risikomanagement, Qualitätsmanagement, Abschlussprüfer, Regulatoren, technische Prüfer und Zertifizierungen. Ziel ist, die Angemessenheit der Abdeckung zu festzustellen und Lücken sowie Doppelarbeiten zu begegnen.

Attribut-Stichprobe Stichproben, bei denen Attribute untersucht werden, zum Beispiel > Kontrollstichproben. Attribute sind diskret (z. B. Genehmigung erteilt: ja/nein), deswegen gilt hier eine andere Mathematik als bei kontinuierlichen > Variablenstichproben. Typische Verfahren sind Stop-und-Go-Stichproben sowie Entdeckungsstichproben.

Audit Charter Englische Bezeichnung für die Geschäftsordnung der Internen Revision, siehe > Revisionsgeschäftsordnung.

7 Fachwissen/Glossar

Audit Committee — Englische Bezeichnung für Prüfungsausschuss. Besonderer Ausschuss des Aufsichtsrats, der sich mit Fragen u. a. zur Rechnungslegung, Erteilung des Prüfungsauftrags an Abschlussprüfer, Wirkungsgrad der Internen Revision und dem Risikomanagement befasst. Für Aktiengesellschaften war nach deutschem Recht in § 107 Abs. 3 AktG zunächst nur allgemein geregelt, dass der Aufsichtsrat Ausschüsse bilden kann. Über das >BilMoG erfolgte mit § 107 Abs. 3 Satz 2 AktG die Einführung einer eigenständigen Regelung. Prüfungsausschüsse sind auch im > DCGK, > SOX und von der 8. EU-Richtlinie vorgesehen.

Audit Trail — Englische Bezeichnung für den Prüfpfad; das sind (Protokoll-) Informationen, aus denen sich die Abwicklung eines Geschäftsvorfalles nachvollziehen lässt.

Audit Universe — Siehe > Revisionslandkarte

Aufdeckende Kontrolle — Kontrollmaßnahme, die aufgetretene Fehler oder Störungen sichtbar macht.

Auftrag — Legt > Auftragsziele und Auftragsumfang fest. Siehe > Prüfungsauftrag.

Auftragsziele — Für einen Prüfungsauftrag sollen die > Prüfungsziele vor Beginn bestimmt und von der > Revisionsleitung genehmigt sein. Auch für Beratungsaufträge sollen Ziele und Ergebnisse vereinbart werden.

Auswirkungen — Bewertete Wirkungen eines Risikoereignisses.

BaFin — Bundesanstalt für Finanzdienstleistungsaufsicht, Sitz in Berlin. Die BaFin wurde am 01.05.2002 durch die Zusammenfassung der Bundesaufsichtsämter für das Kreditwesen, für das Versicherungsgewerbe und für den Wertpapierhandel geschaffen. Aufgabe nach dem KWG: Aufsichtsinstitution über die Wirtschaftsunternehmen in den betroffenen Branchen. Wichtige Verlautbarungen erfolgen über sog. Rundschreiben. Für die Interne Revision bei Finanzdienstleistern sind solche Verlautbarungen wichtig, da sie Vorgaben für die Ausgestaltung der Internen Revision und der Compliance-Organisation enthalten.

Basel II — Die Gesamtheit der Eigenkapitalvorschriften, die vom Baseler Ausschuss für Bankenaufsicht – ursprünglich mit BIS BCBS 107 – in den letzten Jahren vorgeschlagen wurden, wird unter dem Stichwort Basel II zusammengefasst. Kreditinstitute wie Finanzdienstleister müssen die Regeln gemäß EU-Richtlinien seit dem 1. Januar 2007 in den Mitgliedstaaten der Europäischen Union anwenden. Mit dem Kreditwesengesetz, den „Mindestanforderungen an das Risikomanagement" (MaRisk), sowie mit der Solvabilitätsordnung (SolvV) erfolgte die Umsetzung in deutsches Recht. Ziel von Basel II ist die Sicherung einer angemessenen Eigenkapitalausstattung von Banken und Finanzinstituten sowie die Etablierung einheitlicher Wettbewerbsbedingungen für die Kreditvergabe und den Kredithandel. Basel II beruht auf drei sich gegenseitig ergänzenden Säulen (BIS BCBS 107): 1.) Mindestkapitalanforderungen, 2.) (bank-) aufsichtliches Überprüfungsverfahren und 3.) Marktdisziplin (erweiterte Offenlegung).

Basel III Basel II ergänzende Empfehlungen des Basler Ausschusses für Bankenaufsicht. Der Beschluss zu Basel III datiert auf den 12.09.2010. Die Empfehlungen von Basel III – ursprünglich BIS BCBS 189 – sollten ursprünglich spätestens bis zum Jahr 2012 in europäische Richtlinien umgesetzt werden und das Vorgehen der Bundesregierung auf nationaler Ebene flankieren. Mit der EU-Eigenkapitalrichtlinie zum 1. Januar 2014 wurde es dann umgesetzt. Basel III betrifft insbesondere die geforderte, weitergehende Anhebung von Eigenkapitalquoten von Banken, damit diese in Krisensituationen weniger anfällig sind.

Befähigungs- und Reifegradmodell Siehe > Reifegradmodell

Benchmarking „Spiegelnder" Vergleich von Kennzahlen, Strukturen oder Abläufen untereinander (intern), mit dem Markt (extern), mit Vorgabe- und Einheitswerten (Kennzahlen) oder z. B. mit Good Practices (generisches Benchmarking).

Beratung Bei der Beratung der Internen Revision bestimmt der Beratene – i. d. R. eine Fachabteilung oder ein Projekt – die Ziele der Revisionsarbeit. Die Leitung der Internen Revision soll vor Aufnahme von Beratungstätigkeiten beurteilen, ob Ziele und Umfang der Beratung mit dem Auftrag (Charter) und den Prioritäten (Planung) der Internen Revision übereinstimmen.

Dem gegenüber steht der > Prüfungsauftrag, bei dem die Ziele und Umfang unabhängig und risikoorientiert durch die verantwortlichen Prüfer bestimmt werden.

Beratungsauftrag Auftrag, bei dem die > Beratung von Kunden der Internen Revision im Vordergrund steht. Um Interessenkonflikte zu vermeiden und die Unabhängigkeit der Internen Revision zu gewährleisten, ist Beratung nur bei klarer Abgrenzung zu den Prüfungspflichten der Internen Revision durchzuführen.

Berufsübliche Sorgfalt Siehe > Sorgfaltspflicht

Betrugsdreieck Siehe > Fraud Triangle

BilMoG BilMoG Abkürzung für „Bilanzrechtsmodernisierungsgesetz", das am 29.05.2009 als Artikelgesetz in Kraft getreten ist. Das BilMoG hatte eine weitgehende Änderung der deutschen Bilanzierungsregelungen zum Ziel, womit Deregulierung und Kostensenkung erreicht werden sollten. Angestrebt ist eine Annäherung des deutschen Rechts an internationale Rechnungslegungsregeln (IFRS). Im Bereich Corporate Governance wurde im AktG u. a. die Möglichkeit der Einrichtung eines Prüfungsausschusses im Aufsichtsrat ausdrücklich eingeführt.

Blended Audit Englische Bezeichnung für „vermischte Prüfung"; das IIA bezeichnet damit eine Prüfung, bei der die anfänglich vorgesehene Prüfung auf Grund offen gelegter betrieblicher Mängel zur Beratung mutiert. Die Berufsgrundlagen sehen zur Vermeidung von Ziel- und Interessenkonflikten, insbesondere zur Sicherstellung von Unabhängigkeit und Objektivität der Prüfer und der Prüfungsfunktion, eine strikte Trennung zwischen prüferischen und beratenden Tätigkeiten vor.

Board Im Unitary Board System das höchste Gremium des Unternehmens, das sich aus den Executive und Non-Executive Members zusammensetzt.

Zwei Ebenen lassen sich durch die Unterteilung in Executive bzw. Management Board (> Geschäftsleitung) und Supervisory Board (> Überwachungsorgan) darstellen. In den G20/OECD Corporate Governance

Principles wird von Board (Überwachungsorgan in beiden Modellen) und von > Senior Management (oberste Geschäftsleitungsebene) gesprochen. Das aktuelle (2019) IPPF setzt die OECD-Struktur damit bezüglich der Abgrenzung der 2. Leitungsebene nicht immer konsistent um.

Bruttorisiko Siehe > innewohnendes Risiko

CAAT Abkürzung für Computer Assisted Audit Techniques (CAAT). CAAT ist ein Oberbegriff, den man findet in vielen Varianten finden kann: Als > Allgemeine Prüfsoftware (ACL, IDEA), spezielle Prüfmodule, Anwendungsfunktionen (z. B. Berichte und Abfragen), Bürosoftware (u. a. Tabellenkalkulationssoftware) sowie als > Revisionsmanagement-System.

Certified Internal Auditor (CIA) Diese, von den im globalen > Institute of Internal Auditors (IIA) organisierten nationalen Verbänden für die Interne Revision zur Verfügung gestellte Fachqualifikation weist für das Berufsbild des Revisors wesentliche grundlegende Kompetenzen sowie eine Selbstverpflichtung zu berufsethischen Mindeststandards nach. Um die Bezeichnung Certified Internal Auditor erwerben zu können, muss der Bewerber zunächst vorgegebene Ausbildungs- und Erfahrungsvoraussetzungen erfüllen. Darüber hinaus müssen positive Referenzen bezüglich der persönlichen Zuverlässigkeit vorliegen. Mit dem Bestehen eines weltweit angebotenen Fachexamens wird der Titel verliehen. Danach ist der CIA verpflichtet, den berufsständischen Ethikkodex einzuhalten sowie regelmäßig an Fortbildungsmaßnahmen teilzunehmen. Die CIA-Qualifikation ist ein wichtiges Auswahlkriterium für die Besetzung qualifizierter Stellen in der Internen Revision. Berufseinsteigern werden nationale (Interner Revisor DIIR), Diplomierter Interner Revisor (IIA Austria) und globale (CIAP, Certified Internal Audit Practitioner) Zertifizierungen angeboten.

CAE Abkürzung für Chief Audit Executive, siehe > Revisionsleitung

CFE Certified Fraud Examiner (CFE) ist eine Zusatzqualifikation, die durch die Association of Certified Fraud Examiners (ACFE) koordiniert wird.

Die ACFE hat weltweit über 60.000 Mitglieder und verfolgt das Ziel, global Ausbildungs- und Trainingsmöglichkeiten für die Bekämpfung von > Fraud bereitzustellen. Um ein CFE zu werden, muss neben einer Mitgliedschaft in der ACFE und dem Vorliegen der Ausbildungsvoraussetzungen insbesondere gewährleistet sein, dass der Kandidat von hoher moralischer Integrität ist („Be of high moral character").

Checkliste Auch als Prüfungsfragebogen bezeichnet, dient sie bei Routine- und Standardprüfungen der Rationalisierung des Prüfungsablaufs. Checklisten sollten praktische Hilfestellung leisten und konkrete Prüfungsanweisungen geben. Die Abarbeitung von Checklisten dokumentiert die ordnungsgemäße Durchführung der Prüfung, kann allerdings zum Übergehen von Abweichungen führen. Daher ersparen es Checklisten Prüfern und verantwortlicher Prüfungsleitung nicht, sich hinreichend intensiv mit dem Prüfungsobjekt auseinanderzusetzen.

Chief Audit Executive (CAE) Siehe > Revisionsleitung

Chief Compliance Officer (CCO) Person zur leitenden Ausfüllung der anfallenden Aufgaben der in einem Unternehmen geschaffenen hauptamtlichen Compliance-Funktion.

CISA Abkürzung für Certified Information Systems Auditor (CISA). Seit 1978 angebotenes Berufsexamen der > ISACA für > IT-Revisoren und IT-Sicherheitsexperten; weltweit führender Standard zum Nachweis der Qualifikation als IT-Prüfer.

Co-Sourcing Im Gegensatz zum > Outsourcing die nur teilweise Verlagerung von (Revisions-) Tätigkeiten auf externe Prüfungsdienstleister, Fachexperten und ggf. auch interne (z. B. Fachabteilungen) Dritte bzw. Einbindung derer Ressourcen.

COBIT Ehemals Abkürzung für Control Objectives for Information and related Technology. Im Zuge der breiteren Ausrichtung von COBIT 5 nur noch das umfassende COBIT-Rahmenwerk bezeichnende Akronym. COBIT ist das international anerkannte Rahmenwerk für IT-Governance und wird regelmäßig aktualisiert und erweitert. COBIT lehnte sich ursprünglich stark an das erste > COSO-Modell an, um die Integration der IT-Governance in die Gesamtheit der Corporate Governance zu gewährleisten. Aktuelle Versionen von COBIT berücksichtigen alle wesentlichen, einschlägigen Rahmenmodelle für Governance und Management von Informationssystemen; dazu gehört auch das managementorientierte, stark prozessuale ITIL-Modell. Für die IT-Revision hat COBIT aufgrund der weiten Verbreitung und seiner Eignung für den Aufbau von Prüfprogrammen große Bedeutung.

Code of Conduct Englischer Begriff für > Verhaltenskodex.

Compliance Compliance bezeichnet das Einhalten aller bindenden Verpflichtungen.

Die Gesamtheit sämtlicher Maßnahmen, die zur Einhaltung von Gesetzen und Richtlinien, aber auch freiwilliger unternehmensinterner Verhaltenskodizes durch ein Unternehmen und seine Organisationsmitglieder führt, wird unter dem Begriff Compliance-Managementsystem (CMS) zusammengefasst. Die Sicherstellung der Compliance wird im Regelfall durch entsprechende organisatorische Maßnahmen unterstützt. Dazu zählen insbesondere die Einrichtung einer Compliance-Funktion und die Etablierung eines > (Chief) Compliance Officers. Eine funktionierende Compliance-Organisation ist als ein bedeutendes Element der Corporate Governance anzusehen.

Comply or Explain Englische Formulierung für den Grundsatz „einhalten oder erklären" – Abweichungen von (Governance-) Verpflichtungen sollen von den Verantwortlichen benannt und begründet werden.

Continuous Auditing Fortlaufende Prüfung, zumeist unter Zuhilfenahme von > CAAT. Methode, die es primär Abschlussprüfern erleichtern soll, ein Prüfungsurteil über einen längeren Zeitraum oder stichtagsbezogen durch kontinuierliche, vorgelagerte Prüfungstätigkeit am Ende des Beurteilungszeitraums schnell und mit möglichst wenig Aufwand herbeizuführen. Ausgeführt von Prüfern, teils mit Unterstützung operativer Einheiten.

Continuous Monitoring Fortlaufende Überwachung zur Beurteilung eines (Teil-) Kontrollsystems und zur zeitnahen Aufde-

7 Fachwissen/Glossar

Control (and Risk) Self-Assessment (CRSA oder CSA)

ckung von Soll-Abweichungen. Ausgeführt von operativen Einheiten.

Selbstbeurteilung von prozess-, funktions- oder themenbezogenen Zielen, Risiken und Kontrollen durch einen oder mehrere Teile einer Organisation. C(R)SA wird teils unterstützt und/oder genutzt durch die Interne Revision sowie andere Governance-Funktionen, wie zum Beispiel das Risikomanagement. Typischerweise werden Ziele, Sachstand und Maßnahmen durch Erhebungen und/oder in Workshops erarbeitet. Erhebungen – fragebogen- oder interviewbasiert – und Workshops können den Einheiten helfen, sich ihrer Position, Stärken oder Risiken bewusst zu werden. Im Kontext der Internen Revision dient das CRSA insbesondere der Analyse, Bewertung und Verbesserung des > Internen Kontrollsystems, moderiert durch die Interne Revision und mit aktiver Beteiligung der operativen Funktionen des Unternehmens. Durch die Übertragung von revisionsspezifischen Methoden und Know-how auf die Fachbereiche werden die Effizienz und die Wirksamkeit des Überwachungssystems gestärkt. Ein C(R)SA ermöglicht es, die Revisionsarbeit effizienter zu gestalten, kann sie aber in keinem Fall ersetzen.

Controlling

Unternehmensfunktion, die die Unternehmensführung und die operativ Verantwortlichen systematisch mit den erforderlichen Instrumenten und Informationen zur Planung, Überwachung und Steuerung des laufenden Geschäfts – auch mit Blick auf längerfristige und grundlegende Entscheidungen (strategisches Controlling) – versorgen soll. Das Controlling ist, im Gegensatz zur Internen Revision, in die laufenden Geschäftsprozesse eingebunden.

Corporate Governance

Gegenstand der Governance das Beziehungssystem zwischen internen und externen Stakeholdern, Überwachungsorgan, Leitung, Führungskräften und Mitarbeitern einer Organisation, mit welchem

Ziele der Organisation festgelegt, kommuniziert, umgesetzt und überwacht werden.

Der Begriff umfasst damit auch die Führungsgrundsätze und die Art und Weise, wie diese ihren konkreten rechtlichen und faktischen Niederschlag bei Leitung und Überwachung eines Unternehmens gefunden haben. Der erst einmal neutral zu verstehende Begriff wird oft in dem Sinne einer „guten" Corporate Governance gebraucht und verstanden. Durch international und national anerkannte Standards soll eine hinreichend gute und verantwortungsvolle Unternehmensführung durch die Unternehmensleitungen und deren Überwachungsorgane erreicht werden.

Die G20/OECD-Principles of Corporate Governance stellen Ziele und ein Rahmenmodell der Corporate Governance dar; sie bilden die Grundlage des national zu transformierenden EU-Rechts. In Deutschland umgesetzt werden sollen die Grundsätze durch den > Deutschen Corporate Governance Kodex (DCGK), einem von einer Expertenkommission im Auftrag der Bundesregierung erstellten Regelwerk, mit dem die Unternehmen zur Selbstverpflichtung angehalten werden sollen. Für den öffentlichen Bereich gibt es ähnliche Leitlinien.

COSO Abkürzung für Committee of Sponsoring Organizations of the Treadway Commission. Ein US-amerikanischer Arbeitskreis aus mit Rechnungslegung beschäftigten Standesorganisationen. COSO hat sich ursprünglich zum Ziel gesetzt, die Qualität der Finanzberichterstattung u. a. durch zuverlässige interne Kontrollen, Qualifikation und ethisches Handeln der Verantwortlichen – Unternehmensleitung, Regelsetzer und Prüfer – zu verbessern. Wegweisend war die Veröffentlichung eines Berichts der COSO aus 1992, dem COSO Internal Control – Integrated Framework (COSO ICIF). Dessen Ziel war es, einen Rahmen für ein zuverlässiges > Internes Kontrollsystem (IKS) für die Rechnungslegung bereitzustellen. In Fortentwicklung dessen wurde das COSO Enterprise Risk Management

	Framework (COSO ERM) geschaffen, das ein Grundkonzept für ein abteilungsübergreifendes, unternehmensweit integriertes Risikomanagementsystem liefert. COSO hat eine Vielzahl weiterer Modelle und Arbeitsdokumente sowie modernisierte (ICIF 2013) und ergänzende (ERM 2017) Rahmenwerke veröffentlicht.
CPE	Abkürzung für Continuing Professional Education (CPE), berufsständisch verbindliche, kontinuierliche fachliche Weiterbildung.
CRSA	Siehe > Control (Risk) Self Assessment
DCGK	Siehe > Corporate Governance
Deutscher Corporate Governance Kodex	Siehe > Corporate Governance
DIIR	Abkürzung für das Deutsche Institut für Interne Revision e. V. (www.diir.de). Es ist der deutsche Berufsverband für die Interne Revision und wurde im Jahr 1958 mit Sitz in Frankfurt a. M. gegründet. Organisiert als gemeinnütziger Verein widmet es sich der wissenschaftlichen und praktischen Förderung der Internen Revision.
DIIR Revisionsstandard	Arbeitshilfen für die Interne Revision, die das > DIIR ergänzend zu den > Revisionsstandards des IIA für häufig vorkommende Situationen – Prüfungen von dolosen Handlungen, Projekten, Risikomanagement, Qualitätsmanagement der IR – erarbeitet hat.
Directors and Officers (D&O)	Organe eines Unternehmens (Vorstände, Aufsichtsräte) und andere herausgehobene Funktionen, die auf Grund ihrer Verantwortung für das Unternehmen besonderen Haftungsverpflichtungen unterliegen. Insoweit gibt es spezielle Versicherungen, „D&O-Versicherungen", die in der Unternehmenswirklichkeit eine große praktische Bedeutung haben.
Drei Verteidigungslinien-Modell	Abgeleitet aus dem englischen Three Lines of Defence-Model. Modell zur Darstellung der Verantwortlichkeiten und Schnittstellen zwischen Betrieb (1. Linie), Stabsfunktionen (2. Linie, z. B. Risikomanagement und Compliance) und Interne Revision (3. Linie). COSO bezeichnet diese – passender – als Verantwortlichkeits-Linien.

Dolose Handlung

In der Fachsprache von Wirtschaftsprüfung und Interner Revision umfasst der Begriff Bilanzmanipulationen, Untreue, Unterschlagung, Diebstahl, Betrug und ähnliche Tatbestände, die zum Schaden des Unternehmens oder Dritter absichtlich durchgeführt werden. Es handelt sich dabei um Straftaten.

Unternehmensleitung und Abschlussprüfer werden durch neue oder durch erweiterte Gesetze und Richtlinien zunehmend aufgefordert, verstärkt Maßnahmen zur Prävention und Aufdeckung doloser Handlungen vorzunehmen. Zu diesen Gesetzen und Regelungen zählen etwa das > KonTraG, das TransPuG, der > DCGK, > der Sarbanes-Oxley-Act sowie die Richtlinienwerke wie SAS 99 „Consideration of Fraud in a Financial Statement Audit" vom Oktober 2002, IDW PS 210 „Zur Aufdeckung von Unregelmäßigkeiten im Rahmen der Abschlussprüfung" vom Dezember 2012 und ISA 240 „The Auditor's Responsibility Relating to Fraud in an Audit of Financial Statements" vom Februar 2004.

Ziel sämtlicher Maßnahmen ist es, das Vorkommen doloser Handlungen zu verringern, indem Wahrscheinlichkeit und Auswirkung möglicher doloser Handlungen verringert und das Entdeckungsrisiko für Täter erhöht wird, zum Beispiel durch eine IKS-Komponente > „Anti-Fraud-Management-System".

DSGVO

Abkürzung für Datenschutzgrundverordnung. Die DSGVO ist eine Verordnung der Europäischen Union, mit der die Regeln zur Verarbeitung personenbezogener Daten durch private Unternehmen und öffentliche Stellen EU-weit vereinheitlicht werden sollen. Diese Verordnung ist seit dem 25.05.2018 gültig. Die DSGVO ersetzt die aus dem Jahre 1995 stammende Richtlinie 95/46/EG zum Schutz natürlicher Personen bei der Verarbeitung personenbezogener Daten und zum freien Datenverkehr. Als EU-Verordnung gilt sie unmittelbar in den Mitgliedstaaten, ohne Notwendigkeit eines nationalen Umsetzungsaktes. Verschiedene Öffnungsklauseln in der DSGVO ermöglichen die gesonderte Regelung nationaler Eigenheiten durch Schaffung nationalen Rechts. Durch eine Neufassung des Bundesdatenschutzgesetzes (BDSG) hat auch der deutsche Gesetzgeber davon Gebrauch gemacht und daneben eine Bereinigung des bis dato in Deutschland bestehenden Datenschutzrechts vorgenommen (neues BDSG v. 30.06.2017, in Kraft getreten am 25.05.2018). Der Datenschutz gehört zu einem üblichen, nicht außer Acht zu lassenden Betätigungs- bzw. Beobachtungsfeld der Internen Revision und der Compliance.

ECIIA Abkürzung für European Confederation of Institutes of Internal Auditing. Die ECIIA ist ein Zusammenschluss nationaler Revisionsinstitute, die in den Ländern des Großraums Europa beheimatet sind. Der europäische Berufsverband der Internen Revision wurde 1982 gegründet und hat seinen Sitz in Brüssel (www.eciia.org).

Engagement Letter Englisch für > Prüfungsauftrag, genauer Prüfungsvereinbarung. Mit dem Begriff ist üblicherweise die Beauftragung eines Prüfungsdienstleisters gemeint; sie umfasst Prüfungsziele, Prüfungsumfang sowie Rahmenbedingungen wie Zeiten, Kriterien, Budgets und zugrunde liegende Berufsgrundlagen.

Entdeckungsrisiko Risiko, dass ein Prüfer einen Fehler im Rahmen seiner Prüfungshandlungen nicht entdeckt. Das Entdeckungsrisiko wird von Art und Umfang der Prüfungshandlungen sowie von der Sachkunde des Prüfers beeinflusst.

ERP-System Abkürzung für Enterprise Resource Planning. ERP-Systeme sollen möglichst viele Geschäftsprozesse im Unternehmen abbilden. Dabei wird auf eine integrative Steuerung und Überwachung aller Ressourcen gezielt.

Ethikkodex Siehe > Verhaltenskodex

Externe Beurteilung Beurteilung der Revisionsfunktion durch einen unabhängigen Dritten, zum Beispiel Abschlussprüfer, Regulierungsbehörden oder sachkundige Gutachter im Rahmen des > Qualitätsmanagement-Systems der Internen Revision.

Externe Revision	Bei der externen Revision handelt es sich um ein vom Vorstand oder vom Aufsichtsrat bestelltes externes, unabhängiges Prüfungsorgan (Wirtschaftsprüfer, Steuer- oder Unternehmensberater, auch Rechtsanwalt), das insbesondere in gesetzlich vorgeschriebenen Fällen (z. B. Jahresabschluss) mit dem Ziel prüft, Aktionärs- und/oder Gläubigerinteressen zu schützen, siehe auch > Abschlussprüfung.
Externer Dienstleister	Unternehmen, das außerhalb der Organisation und damit oft auch außerhalb des internen Kontrollsystems Teile des Geschäfts abwickelt.
Fehlerrisiko	Risiko, dass ein Fehler im Geschäftsablauf oder in der Rechnungslegung trotz funktionierender interner Kontrollen (> Kontrollrisiko) auftritt.
Feststellung	Siehe > Prüfungsfeststellung
Financial Audit	Der klassischen Unterteilung der > Revisionstypen folgend sind Financial Audits primär Prüfungen im Rechnungswesen. Die Untersuchung des Rechnungswesens erfolgt insbesondere hinsichtlich der ordnungsgemäßen Anwendung von Rechnungslegungsgrundsätzen, z. B. nach dem Handelsgesetzbuch, nach steuerrechtlichen oder teils auch internen Vorgaben. Dementsprechend versteht man unter Financial Audits meist eher vergangenheitsorientierte Prüfungen, die die Aussagefähigkeit, Verlässlichkeit und Ordnungsmäßigkeit der Aufzeichnungen und Vorgänge des Finanz- und Rechnungswesens beurteilen und bewerten sollen. Dies umfasst auch die qualifizierte Beurteilung der Funktionsfähigkeit des > Internen Kontrollsystems über die Rechnungslegung.
Follow-up-Prüfung	Ist ein Instrument der > Maßnahmenüberwachung im Rahmen des Revisionsprozesses. Entscheidend für die Durchführung von gesonderten Follow-up-Prüfungen (i. d. R. als Follow-up vor Ort) sind die Bedeutung der Revisionsergebnisse sowie die Risiken nicht behobener, fortdauernder Schwachstellen. Aufwand und Nutzen von Follow-up-Prüfungen sollen dabei in einem angemessenen Verhältnis stehen.
Fraud Action	Siehe > Dolose Handlung

Fraud Triangle	Modell, mit dem Risiken für schädigende Verhaltensweisen (> dolose Handlungen) mit den drei Dimensionen Möglichkeit, Motivation und Rechtfertigung untersucht und dargestellt werden können.
Fraudulent Financial Reporting	Betrügerische Finanzberichterstattung, siehe > dolose Handlung.
Frühwarnsystem	Dient sowohl der operativen als auch der strategischen Risikoerkennung. Die Frühaufklärungsansätze werden wie folgt typologisiert: Die operative Frühwarnung basiert auf Kennzahlen, die betriebswirtschaftliche Sachverhalte aufzeigen und Gegenstand der Bilanzanalyse sind (z. B. dem Du-Pont-System, das, ausgehend vom Return on Investment, eine systematische Analyse der Haupteinflussfaktoren des Unternehmensergebnisses erlaubt). Der Frühwarnung schließt sich die zweite Phase – die Früherkennung – an. Der ifo-Konjunkturtest stellt ein Beispiel für die indikatororientierte Früherkennung dar. Die erfolgspotenzialorientierte Frühaufklärung dient dem Krisenmanagement. Mit einem „strategischen Radar" sollen Informationen, die sich in Form schwacher Signale ankündigen (z. B. Medien, Rechtsprechung), aufgenommen werden. Solche Informationen dienen der Szenario-Analyse und der Ermittlung von Störgrößen im Rahmen von Szenario-Analysen, Simulationen, Stresstests, Sensitivitätsanalysen u. ä. Prinzipiell sollten im Unternehmen alle drei Ebenen der Frühaufklärungsansätze genutzt werden. Die Effizienz von Frühwarnsystemen hängt von der Filterung frühwarnrelevanter Informationen und deren Weiterleitung innerhalb der Unternehmenshierarchie ab.
Funktionstrennung	Eine angemessene, wirtschaftlich zumutbare Funktionstrennung (separation/segregation of duties) dient als aufdeckende und/oder korrigierende Kontrolle den Unternehmensinteressen. Ziel ist es, die Anhäufung von Kompetenzen zu vermeiden, welche das Kontrollsystem schwächen und zusammen eine Gefährdung des jeweils untersuchten Prüfungsgegenstandes bedeuten (können). In der Funktions-

trennung kommt der Grundsatz der unvereinbaren Funktionen und Aufgaben bzw. der Grundsatz der Unterteilung der Arbeitsabläufe zum Ausdruck. Ein und dieselbe Person oder Stellengruppe sollte grundsätzlich nie alle Phasen eines Geschäftsvorfalls allein durchführen und kontrollieren können, ohne dass eine andere Person in den Geschäftsvorfall eingebunden ist. Der Grundsatz der Funktionstrennung ist die wichtigste Voraussetzung für die Wirksamkeit der organisatorischen Sicherungsmaßnahmen. Wird die Funktionstrennung nicht realisiert, muss eine kompensierende Kontrolle an ihre Stelle treten, z. B. eine zuverlässige Dokumentation und stichprobenweise nachgelagerte, aufdeckende Kontrolle.

GAS — Englisch für Generalized Audit Software, > Prüfsoftware der ersten Generation zur Datenextraktion und Datenanalyse.

Gesamturteil — Gesamthaftes Urteil über ein (Risikomanagement-, Compliance Management-) System, das sich auf eine spezifische Prüfung oder die kombinierten Ergebnisse mehrerer Prüfungen stützen kann.

Geschäftsleitung — Siehe > Board

Geschäftsordnung — Siehe > Revisionsgeschäftsordnung

Geschäftsprozess — Durch Inputs, Tätigkeiten und Outputs darstellbarer Ablauf zur Verarbeitung von Geschäftsvorfällen.

Governance — Siehe > Corporate Governance

IAS — Siehe > IFRS

IDW — Abkürzung für Institut der Wirtschaftsprüfer in Deutschland e. V. Das IDW vereint die Wirtschaftsprüfer und Wirtschaftsprüfungsgesellschaften Deutschlands auf freiwilliger Basis. Das IDW ist ein eingetragener Verein, dessen Zweck gemäß Satzung nicht auf einen wirtschaftlichen Geschäftsbetrieb gerichtet ist. Der Sitz des IDW ist in Düsseldorf. Aufgaben des IDW sind u. a. die Interessenvertretung für den Wirtschaftsprüferberuf auf nationaler und internationaler Ebene, Facharbeit zur Förderung der Tätigkeitsbereiche des Wirtschaftsprüfers und die Ausbildung des beruflichen Nachwuchses und Fortbildung der Wirtschaftsprüfer.

IFRS	Abkürzung für International Financial Reporting Standard(s). Die IFRS sind internationale Rechnungslegungsvorschriften. Sie umfassen die Standards des International Accounting Standards Board (IASB), die International Accounting Standards (IAS) des International Accounting Standards Committee sowie die Interpretationen des International Financial Reporting Interpretations Committee (IFRIC) bzw. des ehemaligen Standing Interpretations Committee (SIC). Abschlüsse nach IFRS dienen primär der Information über die Vermögens-, Finanz- und Ertragslage des Unternehmens. Nach deutschem Recht dient der klassische HGB-Abschluss vorrangig dem Gläubigerschutz. Die IFRS sollen vor allem die Vergleichbarkeit der Abschlüsse kapitalmarktorientierter Unternehmen weltweit erleichtern und den Schutz der Anleger verbessern.
IIA	Abkürzung für das globale Institute of Internal Auditors. Das IIA Inc. (www.theiia.org) stellt die größte organisierte Vereinigung des Berufsstands der Internen Revision dar. Es wurde 1941 gegründet und hat seinen Sitz in Lake Mary (Florida). Das Institut dient weltweit als Forum zur Vorgabe von berufsständischen Grundsätzen und Qualifikationsnachweisen sowie zur Klärung wichtiger Fragen des Berufsstandes der Internen Revision.
IIA Austria	Das Institut für Interne Revision Österreich – IIA Austria (www.internerevision.at) ist die Interessensvertretung des Berufsstandes der Internen Revisoren in Österreich. Ziel des Verbandes ist die Förderung und Entwicklung der Internen Revision in Österreich durch Aus- und Weiterbildung, Wissenstransfer und Arbeitskreise. Sitz des Instituts ist Wien.
IIA Implementation Guide (IIA IG)	Internen Revisoren zur Anwendung empfohlene Implementierungshilfen (Implementierungsleitlinien) zu den verbindlichen > IIA-Standards.
IIA-Standard (IIAS)	Siehe > Revisionsstandards

IIA Switzerland	Institute of Internal Auditing Switzerland (ehemals > SVIR), eidgenössischer Berufsverband der Internen Revision. Er hat seinen Sitz in Zürich (www.iias.ch). Im IIA Switzerland sind die internen Revisionsabteilungen der bedeutendsten privaten, gemischtwirtschaftlichen und öffentlichen Unternehmungen sowie Verwaltungen mit Sitz in der Schweiz und im Fürstentum Liechtenstein zusammengeschlossen. Der 1980 gegründete Verband steht auch natürlichen Personen offen, die mit Aufgaben der Internen Revision befasst sind.
IKS	Siehe > Internes Kontrollsystem
Internationale Grundlagen für die berufliche Praxis der Internen Revision (IPPF)	Siehe > Revisionsstandards
Inhärentes Risiko	Siehe > innewohnendes Risiko
Innewohnendes Risiko	(Brutto-) Risiko, das ohne weitere Kontrollmaßnahmen mit einer Sache, einer Situation, einer Tätigkeit o. ä. verbunden ist.
Interne Beurteilung	Kontinuierliche oder zeitpunktbezogene, oft periodische Beurteilung der Ausführung der Revisionstätigkeiten und der Revisionsfunktion durch die Interne Revision selbst (QM-Eigenprüfung); erfolgt im Rahmen der Leitung und Führung von Funktion und Arbeiten als Instrument des > Qualitätsmanagement-Systems der Internen Revision.
Interne Revision	Gemäß der Definition des Berufsstandes erbringt eine Interne Revision unabhängige und objektive Prüfungs- und Beratungsdienstleistungen, welche darauf ausgerichtet sind, Mehrwerte zu schaffen und die Geschäftsprozesse zu verbessern. Sie unterstützt die Organisation bei der Erreichung ihrer Ziele, indem sie mit einem systematischen und zielgerichteten Ansatz die Effektivität des Risikomanagements, der Kontrollen und der Führungs- und Überwachungsprozesse bewertet und diese zu verbessern hilft.
Interessenkonflikt	Konflikt, der durch unterschiedliche Interessen (ähnlich: Ziele im Zielkonflikt) entstehen kann. Ein Interessenkonflikt kann aus einem > Rollenkonflikt entstehen.
Interne Revisionsfunktion	In einer Organisation für Gestaltung, Implementierung und Betrieb der Internen Revision verantwortliche Einheit oder Person.

Internes Kontrollsystem (IKS)	Das interne Kontrollsystem (IKS) wird vom > IDW definiert als „Gesamtheit der von der Unternehmensleitung im Unternehmen eingeführten Grundsätze, Verfahren und Maßnahmen (…), die auf die organisatorische Umsetzung der Entscheidungen der Unternehmensleitung" gerichtet ist. Die Aufgaben des internen Kontrollsystems umfassen die Sicherung der Wirksamkeit und Wirtschaftlichkeit der Geschäftstätigkeit, die Ordnungsmäßigkeit und Verlässlichkeit der internen und externen Rechnungslegung sowie die Einhaltung der für das Unternehmen maßgeblichen rechtlichen Vorschriften.
Internes Revisionssystem (IRS)	Das Interne Revisionssystem (IRS) ist die Gesamtheit aller betrieblichen Regelungen zur Einrichtung einer Internen Revision und zur Gewährleistung unabhängiger und objektiver Prüfungs- und Beratungsleistungen in Übereinstimmung mit den Berufsgrundlagen.
Internes Überwachungssystem (IÜS)	Das interne Überwachungssystem (IÜS) ist wesentlicher Bestandteil des > internen Kontrollsystems und beinhaltet prozessintegrierte (organisatorische Sicherungsmaßnahmen, Kontrollen) und prozessunabhängige Überwachungsmaßnahmen, die vor allem von der Internen Revision durchgeführt werden. Abhängig vom Governance-Modell wird das IÜS als Teil des IKS (IDW) oder, vice versa, das IKS als Teil des IÜS (COSO) gesehen.
IPPF	Abkürzung für Internal Professional Practices Framework, deutsch > Internationale Grundlagen für die berufliche Praxis der Internen Revision.
IRS	Abkürzung für > Internes Revisionssystem (IRS), beschrieben im Revisionsstandard 3:2017 des DIIR bzw. im IDW PS 983:2017.
IRS-Beschreibung	Die Darstellung und Zusammenstellung der Regelungen zur Implementierung eines Internen Revisionssystems (IRS) mit Verweis auf allgemein zugängliche Elemente wie z. B. das > IPPF. In der Regel sind dies > Geschäftsordnung, > Revisionshandbuch sowie ergänzende Regelungen der Revision (z. B. Vorlagen, Handbuch des Revisionsmanagementsystems) und des Unternehmens (z. B. Stellenbeschreibungen).

IRS-Grundsätze	Verbindliche Elemente der Berufsgrundlagen sowie weitere, in der Organisation verpflichtend zu befolgende Regeln (u. a. Gesetze).
IRS-Prüfung	Siehe > Quality Assessment
ISACA	Abkürzung für Information Systems Audit and Control Association. ISACA ist ein weltweiter, nicht kommerzieller Berufsverband mit mehr als 65.000 praxisorientierten Fachleuten für Informationssysteme, Informationstechnologie und Informationssicherheit aus mehr als 140 Ländern, deren berufliches Anliegen die Prüfung, die Überwachung und die Sicherheit von Informationssystemen ist. Dies wird durch das Ablegen eines Berufsexamens (> CISA, CISM, CRISC, CGEIT) sowie die Vorgabe fachlicher und persönlicher Mindestanforderungen (Professional Practices Framework for IS Audit/Assurance (ITAF)) und kontinuierlicher Weiterbildung erreicht.
IT-Revision	Die Revision der Informationstechnologie (IT) und Informationssysteme (IS) ist gekennzeichnet durch eine zunehmende Regulierung, organisatorischen Wandel und einen engen Markt für IT-Fachkräfte. Die IT-Revision bezieht sich bei ihren Prüfungen u. a. auf die Grundsätze zur ordnungsmäßigen Führung und Aufbewahrung von Büchern, Aufzeichnungen und Unterlagen in elektronischer Form sowie zum Datenzugriff (GoBD), die Stellungnahme des Fachausschuss für Informationstechnologie (FAIT) sowie auf weitere Prüfungsstandards des Instituts für Wirtschaftsprüfer (IDW). Daneben sind weitere (branchen-) rechtliche (KRITIS, MA-IT) und technische (z. B. ISO 27001) Vorgaben sowie Good Practice-Modelle (COBIT, ITIL u. a.) zu nennen.
IT-Governance	IT-Governance soll sicherstellen, dass Stakeholder-Bedürfnisse erkannt und diese durch das Vorhalten und Betreiben angemessener Informationssysteme erfüllt werden.
IT-Kontrollen	Kontrollen, die die IT-Infrastruktur und die Informationssysteme des Unternehmens betreffen. Allge-

	meine IT-Kontrollen (IT General Controls) sichern die Infrastruktur ab; IT-Anwendungskontrollen sichern die mit den Anwendungen implementierten Geschäftsprozesse ab. Eine andere Kategorisierung unterscheidet zwischen Governance-, Management- und technischen IT-Kontrollen.
ITIL	IT Infrastructure Library. Prozessorientiertes Good Practice-Modell für IT-Management, das eine Grundlage für die Prüfung wesentlicher IT-Prozesse bietet.
IÜS	Siehe > Internes Überwachungssystem
Kennzahlen	Siehe > Revisionskennzahlen
Kodex	Siehe > Verhaltenskodex
Kompensierende Kontrolle	Kontrollmaßnahme, die Fehler oder Störungen ganz oder teilweise ausgleicht.
KonTraG	Abkürzung für das Gesetz zur Kontrolle und Transparenz im Unternehmensbereich, einem sog. Artikelgesetz (vom 27. April 1998). Es erbrachte wesentliche Änderungen, u. a. für das AktG und das HGB, insbesondere führte es zu einer Neuschaffung des § 91 Abs. 2 AktG, der große Auswirkungen für die Interne Revision und das unternehmensweite Risikomanagement mit sich brachte.
Kontext	Externes und internes Umfeld einer Organisation bzw. derer Teile.
Kontrollrisiko	Risiko, dass eine bestehende Kontrolle versagt.
Kontrollstichprobe	Siehe > Attribut-Stichprobe. Zur Bestimmung des angemessenen Stichprobenumfangs im Rahmen von IKS-Bestätigungen gibt es Handreichungen bzw. Vorgaben der Prüferverbände und Aufsichtsbehörden.
Kontrollumfeld	Interner und externer Kontext, in dem das Kontrollsystem einer Organisation operiert. Das Kontrollumfeld umfasst externe Faktoren wie Märkte, Branchen, Technologien, Gesetze und Regulierungen, und interne Faktoren, wie z. B. die Unternehmenskultur, den „Tone from the Top", strategische und operative Ziele, Struktur und Prozesse, Finanz- und Personalressourcen, Kenntnisse und Fähigkeiten.
Korruption	Der Begriff wird abgeleitet aus dem lateinischen corrumpere, was „verleiten, bestechen, verderben,

vernichten" bedeutet. Sozialwissenschaftlich geht es um Missbrauch von geliehener Macht zu privatem Nutzen. In der Ökonomie wird Korruption als Tausch zwischen dem Vorteilsgeber und dem Vorteilsnehmer unter Verletzung von Gesetzen und Verhaltensregeln verstanden. Rechtlichen Niederschlag findet die Korruption in den §§ 331 ff. StGB (Vorteilsannahme, Bestechung etc. im öffentlichen Bereich) und in den §§ 299 ff. StGB (Bestechung etc. im geschäftlichen Verkehr). Der Transparenz und Bekämpfung von Korruptionsrisiken widmet sich die Initiative Transparency International (TI).

Kriterien Die Berufsgrundlagen erwarten, dass ein Prüfer bei der Beurteilung von Sachverhalten angemessene Kriterien festlegt und anwendet. Dies können Gesetze, Verordnungen, Usancen (Handelsbräuche), Good Practice-Modelle oder Benchmarks, technische und organisatorische Vorgaben, Managementziele und im Zweifel auch eigene Festlegungen der Internen Revision sein.

Konformität Grundsätzliche, situativ angemessene Übereinstimmung mit den Grundgedanken einer Regelung. Im Gegensatz dazu erwartet > Compliance die Einhaltung der Regeln.

Kontrollrisiko Risiko, dass interne Kontrollen versagen.

Konzept Siehe > Prüfkonzept und > Arbeitsprogramm

Kunde Die > Nutzer der Prüfungsergebnisse werden in der Literatur teilweise als Kunden bezeichnet.

Leitbild Abstrakte Beschreibung einer erstrebenswerten Zielsituation, die der Ausrichtung des Handelns der Unternehmung und der Kommunikation der Ausrichtung an Dritte dient.

Management Audit Bezeichnet im Personalmanagement ein in der Regel von Unternehmensexternen durchgeführtes Verfahren zur Evaluation von Managern und Führungskräften. Wird teilweise als vierte Revisionsleistung neben Financial, Compliance und Operational Audit genannt.

Managerial Audit Beschreibt einen prüferischen Querschnittsansatz aus den Prüffeldern Betrieb, Berichterstattung und Regeleinhaltung, der die Fragestellung nach der

MaRisk

Maßnahmenplan

Maßnahmenüberwachung (-monitoring)

Mehrwert schaffen

Muss

Nettorisiko
Nutzer

Umsetzung betrieblicher Ziele durch die verantwortlichen Führungskräfte zum Inhalt hat.
Abkürzung für „Mindestanforderungen an das Risikomanagement" der Kreditinstitute und Finanzdienstleistungsinstitute. Dieses regelmäßig aktualisierte Regelwerk des > BaFin statuiert Standards und Anforderungen für die Aufbau- und Ablauforganisation und für die Prüfung des Risikomanagementsystems in der Finanzdienstleistungsbranche.
Anhang zum > Revisionsbericht, in dem Feststellungen, Prioritäten, Maßnahmen, Verantwortliche und Fälligkeitstermine dokumentiert sind.

Von der Revisionsleitung einzurichtendes und zu pflegendes Verfahren, das das Beheben der berichteten Schwachstellen oder die bewusste Übernahme der betreffenden Risiken sicherstellen soll. Man unterscheidet Statusverfolgung (> administrativer Follow-up), gezielte Nachschauprüfungen (> Follow-up-Prüfung vor Ort) und Nachschau im Rahmen einer Folgeprüfung.
Mit den Berufsgrundlagen verpflichtet sich die Interne Revision dazu, bei ihrer Arbeit einen Nutzen für die Organisation zu schaffen. Dies bedeutet einen risikoorientierten Einsatz knapper Ressourcen auf Seiten der Internen Revision und der Geprüften sowie ein besonderes Augenmerk auf Verbesserungsnotwendigkeiten und -möglichkeiten.
Die Berufsgrundlagen sehen die verbindliche – prinzipienkonforme – Anwendung der IIA-Standards und des IIA-Ethikkodexes vor. Die Standards selbst sehen eine situationsadäquate Organisation – große oder kleine Organisationen, regulierte oder nicht regulierte Bereiche, kritische oder unkritische Geschäfte – der Funktion der Internen Revision vor.
Siehe > Restrisiko
Interne Nutzer der Prüfungsergebnisse sind Geschäftsleitung, Überwachungsorgan, die oberen Führungsebenen und 2. Verteidigungslinie des Unternehmens > Drei Verteidigungslinien-Modell, sowie die Führungskräfte in den geprüften Berei-

chen. Externe Nutzer können Abschlussprüfer, Regulatoren, Kunden und andere potenziell vom Unternehmenshandeln Betroffene sein.

Objektivität Objektivität ist ein tatsächlich oder dem Anschein nach vorliegender Zustand von Unparteilichkeit. Objektivität ist erforderlich, damit die Nutzer den von der Internen Revison gelieferten Ergebnissen in den Berichten und Beurteilungen vertrauen können.

Operational Audit Operational Audits – betriebswirtschaftliche Prüfungen – hinterfragen Zielerreichung und Wirtschaftlichkeit. Häufig sind prozessorientierte Prüfungen von Kernprozessen wie Einkauf, Vertrieb, Personal. Ziel ist u. a. die Verbesserung der Prozesse durch Verringerung von Kosten oder der Verminderung von Risiken durch > dolose Handlungen. Operational Audits sind im Gegensatz zu > Financial Audits stärker gegenwarts- und zukunftsorientiert.

Outsourcing Outsourcing der Internen Revision, also die Übernahme, Ausübung bzw. Durchführung der Revisionstätigkeit durch Dritte (z. B. (Wirtschafts-) Prüfungsdienstleister), ist ein immer wieder diskutiertes Thema. Rechtlich ist ein solcher Schritt grundsätzlich möglich. Über die betriebswirtschaftliche Sinnhaftigkeit und das Für und Wider können sowohl Befürworter als auch Gegner mit guten Argumenten aufwarten. Pauschale Aussagen, die alle Unternehmen über einen Leisten schlagen, lassen sich nicht treffen. Differenzierte, einzelfallbezogene Lösungen sind angebracht. Je nach Struktur und Ressourcen eines Unternehmens kann es sinnvoll sein, eine eigene Interne Revision für Kernaufgaben einzusetzen, aber für arbeitsaufwändige oder spezifische Problemstellungen Know-how von außen einzukaufen.

PCAOB Akronym für Public Company Accounting Oversight Board. Es handelt sich um ein Aufsichtsorgan zur Kontrolle der Wirtschaftsprüfungsgesellschaften in den USA, das im Rahmen der Umsetzung des > Sarbanes-Oxley-Acts neu geschaffen wurde. Das PCAOB ist ein fünfköpfiges, privatrechtlich organisiertes Organ, welches selbst durch die staatliche US-Wertpapieraufsicht „Securities and Exchange Commission" > (SEC) überwacht wird. Das Aufgabenspektrum des PCAOB erstreckt sich auf investigative und disziplinarische Befugnisse. Seine Tätigkeiten umfassen den Bereich des „Standard Setting" (Verabschieden von Ethik-, Unabhängigkeits- und Prüfungsstandards sowie von Qualitätskontrollstandards). Weiterhin ist dem PCAOB das Recht auf Durchführung von Qualitätskontrollen innerhalb der dort registrierten Prüfungsgesellschaften eingeräumt. Nach einer Registrierung beim PCAOB unterliegen auch betroffene deutsche Wirtschaftsprüfungsgesellschaften der direkten Aufsicht des Gremiums und somit sämtlichen Bestimmungen des > SOA.

PDCA Plan-Do-Check-Act. Deutsch: Planen-Ausführen-Messen-Anpassen. Grundlegendes Steuerungskonzept für Organisationen, das in vielen Überwachungs- und Managementmodellen, Qualitätsstandards und Normen angewendet wird.

Peer Review Peer Review (Deutsch: Begutachtung durch Gleichgestellte) ist ein Verfahren zur Beurteilung durch sachkundige, mehr oder weniger Unabhängige mit dem Ziel der Qualitätssicherung. Mit dem englischen Begriff Peer wird eine Person auf Augenhöhe bezeichnet; dies können sowohl unabhängige Experten, Kollegen, oder auch sachkundige Interne sein. Für die Interne Revision werden dies zumeist interne andere Teilbereiche der Internen Revision sein, oder externe andere Revisionsfunktionen oder Revisionsexperten. Die gemäß > IPPF verbindliche Beurteilung des >IRS durch unabhängige, sachkundige Externe (> Quality Assessment) kann als Peer Review durchgeführt werden.

Programm Ein gemeinsam gesteuertes oder überwachtes Bündel mehrerer Vorhaben oder Projekte. Häufig verwendeter Begriff im öffentlichen Sektor oder in der IT; auch für ein Bündel von Projekten im Betrieb und in der Unternehmensentwicklung.

Prüfkonzept	Anderer Begriff für > Arbeitsprogramm, Planungskonzept für die Durchführung eines > Prüfungsauftrags.
Prüflandkarte	Siehe > Revisionslandkarte
Prüfung	Überwachungsvorgang eines Systems, gesteuert von außen; der Begriff ist charakteristischerweise auf die Tätigkeit der Internen Revision bezogen und kennzeichnet – unter Hinzunahme des Beratungselements – das Betätigungsfeld der Internen Revision nach modernem Verständnis. Durch den prozessunabhängigen Blickwinkel der Internen Revision unterscheidet sich diese Tätigkeit insoweit von der Aktivität des Controllings, das prozessabhängig überwacht.
	Hinsichtlich der Methodik der im Einzelfall durchzuführenden Prüfung ergibt sich eine Vielzahl von Kategorisierungen, wie etwa formelle/materielle Prüfung, progressive/retrograde Prüfung oder lückenlose/stichprobenweise Prüfung.
Prüfungsauftrag	Formelle Beauftragung zur Durchführung einer Prüfung durch Unternehmensleitung, Revisionsleitung oder Kunden eines Prüfungsdienstleisters (dann als > Engagement Letter). Der Prüfungsauftrag legitimiert den Prüfer, nach eigenem Ermessen und unter Berücksichtigung des Kontexts auf die zur Durchführung des Prüfungsauftrags erforderlichen Ressourcen (Informationen, Personal, Zeit, ggf. auch Sachkosten) zuzugreifen.
	Dem gegenüber steht der > Beratungsauftrag, bei dem die Ziele durch einen (Beratungs-) Kunden bestimmt werden.
Prüfungsausschuss	Siehe > Audit Committee
Prüfungsbericht	Siehe > Revisionsbericht
Prüfungsergebnis	Ergebnis der Prüfungshandlungen der Internen Revision. Nach einer Prüfung veröffentlicht die Interne Revision einen > Revisionsbericht. Daneben werden schon während und nach der Prüfung Ergebnisse und offene Punkte kommuniziert und hinterfragt, wodurch sekundäre Ergebnisse – Informationsgewinn und Veränderungsimpulse – entstehen.
Prüfungsfeststellung	Prüfungsfeststellungen resultieren aus einer im Rahmen der > Prüfungshandlungen beobachteten

	Abweichung von (Soll-) > Kriterien und Ist-Zustand.
Prüfungshandlungen	Zum Erreichen des > Prüfungsziels ausgeführte Tätigkeiten des Prüfers zur Datenerhebung, Analyse, Beurteilung und Dokumentation.
Prüfungsleistungen	Bei Prüfungsleistungen der Internen Revision entscheidet der verantwortliche Prüfer – im Gegensatz zu > Beratungsleistungen – unabhängig und im Rahmen seiner Sorgfaltspflicht über die erforderlichen Prüfungshandlungen und die Beurteilung der Ergebnisse. Die Ergebnisse von Prüfungen werden an die Besteller der Prüfungsleistung und im Falle kritischer > Feststellungen („Findings") auch an ggf. weitere verantwortliche Stellen berichtet.
Prüfungsobjekt	Prüfbare Einheit (Organisationseinheit, Funktion, ggf. auch Thema) in einer Organisation. Die Gesamtheit der Prüfungsobjekte ergibt die > Revisionslandkarte.
Prüfungsplanung, risikoorientierte	Die Leitung der Internen Revision soll in ihrer Planung die Prioritäten der Revisionsfunktion nach Risikokriterien und entsprechend der Organisationsziele festlegen (IIAS 2010). Dabei entsteht der Prüfungsplan. Grundlagen sind i. d. R. gesetzliche Anforderungen, systematische Analysen aller Geschäftsprozesse unter besonderer Berücksichtigung von Risiken und Chancen, besondere Anforderungen der Geschäftsleitung sowie Vorschläge von innerhalb und außerhalb der Internen Revision (DIIR-RS 3:2017).
	Mit der Prüfungsplanung wird generell das Ziel verfolgt, ausgehend von den zu identifizierenden Prüfungsobjekten (der > Risikolandkarte) unter Berücksichtigung der personellen, zeitlichen und sachlichen Ressourcen, ein realisierbares Revisionsprogramm (d. h., ein „Programm" aus Prüfungs- und Beratungsprojekten) zu entwickeln.
Prüfungsrisiko	Das Prüfungsrisikomodell beschreibt, wie groß das Risiko einer Falschaussage des Prüfers ist. Das Prüfungsrisiko bestimmt sich aus Fehlerrisiko und > Entdeckungsrisiko. Das > Fehlerrisiko wiederum bestimmt sich aus innewohnendem (> inhärenten) Risiko und dem > Kontrollrisiko. Teils wird zu-

sätzlich ein Prüferrisiko differenziert, d. h., das Risiko einer Fehlentscheidung des Prüfers auf Basis korrekter Datenlage, beides Komponenten der Entdeckungsrisikos.

Prüfungsteam Team aus Prüfern und Teamleitung, das einen Prüfungsauftrag bearbeitet. Zusammen müssen die Mitglieder des Prüfungsteams die Sachkunde zur Durchführung des Prüfungsauftrags haben.

Prüfungsumfang Festlegung des Prüfungsstoffes hinsichtlich Organisationseinheit, Zeitraum, Prüfkriterien Geschäftsvorfällen etc.

Prüfungsziele Festlegung der grundlegenden Prüfungsfrage(n) des Prüfungsauftrags.

Prüfnachweis Direkte oder indirekte Beweise für Bewertungen und Urteile des Prüfers.

Q-SAT Auf den > IIA-Standards basierendes, für > interne Beurteilungen vorgesehenes Quality Self Assessment Tool (Q-SAT) des > IIA Switzerland.

QAIP Abkürzung der englischen Bezeichnung Quality Assurance and Improvement Program (QAIP) für den deutschen Begriff des Qualitätssicherungs- und Verbesserungsprogramms (QSVP) der Internen Revision. Siehe > Qualitätsmanagement-System

Qualitätsmanagement-System (QMS)

Das Qualitätsmanagement (QM) soll hinreichendes Vertrauen in die Qualität erzeugter Produkte und Leistungen, aber auch in die Funktionsfähigkeit einer Organisation sicherstellen. Das bedeutet, Impulse aus dem internen und externen Kontext aufzunehmen und immer wieder sowohl in Strategie und Betrieb als auch in der Aufbau- und Ablauforganisation zu berücksichtigen. Die Identität einer Organisation ist zu bestimmen und zu pflegen und die Organisation ist zu führen. Prozesse und Ressourcen sind zu messen, zu steuern und anzupassen.

Das Qualitätsmanagement der Internen Revision wird durch die Berufsgrundlagen vorgezeichnet; die IIAS 10nn und IIAS 21nn beschäftigen sich mit der Identität der Revisionsfunktion, die IIAS 20nn mit operativen Aspekten des Qualitätsmanagements (> Revisionshandbuch, Ressourcenzuordnung), die IIAS 13nnn mit dem Metaaspekten des Qualitätsmanagementsystems der Revisionsfunktion und die weiteren Standards mit Qualitätsgrundlagen (z. B. Objektivität, Sorgfalt, Sachkunde) sowie Prozess- und Steuerungsstrukturen (Auftragsabwicklung, Ergebnisverwertung).

Quality Assessment (QA) Das Quality Assessment der Internen Revision stellt die in erster Linie die > Konformität einer Revisionsfunktion mit den > Internationalen Grundlagen für die berufliche Praxis der Internen Revision (IPPF) sowie anderen einschlägigen Anforderungen fest. Die Beurteilungsvarianten betrachten die Dokumentation des > IRS, seine Angemessenheit, die Funktionsfähigkeit, die Umsetzung von Anforderungen der Branchenregulierung sowie auch Zielerreichung und Wirtschaftlichkeit, Verbesserungspotenziale und implementierte Good Practices.

QSVP Abkürzung für das in den Berufsgrundlagen für die Interne Revision vorgesehene Qualitätssicherungs- und Verbesserungsprogramm (QSVP). Siehe auch > Qualitätsmanagement-System

Red Flag Englische Bezeichnung für Warnzeichen, Indikator. Das gleichzeitige Auftreten mehrerer Red Flags, z. B. für > dolose Handlungen, erfordert besondere Aufmerksamkeit.

Referenzierung Setzen von Verweisen in den > Arbeitspapieren der Internen Revision. Regelfall sind hierarchische, baumförmige Top-down-Verweise, ausgehend von den Prüffeldern im > Arbeitsprogramm. Selten ist die aufwändigere, durch > Revisionsmanagementsysteme teils unterstützte und bei > Abschlussprüfern übliche Überkreuz-Referenzierung (Top-down und Bottom-up, cross referencing) zu finden.

Regeleinhaltung > Compliance. Einhalten von Richtlinien, Planungen, Verfahrensanweisungen, Gesetzen, Verordnungen, Verträgen und anderen Vorgaben (IPPF-Glossar). Eines der Kontrollziele im > COSO-Modell. Siehe auch > Konformität (conformance).

Reifegradmodell	Genau genommen handelt es sich bei den veröffentlichten Reifegradmodellen meist um Befähigungs- und Reifegradmodelle, dieser Begriff wird allerdings selten verwendet. Reifegrademodelle nutzen Kriterien (Attribute) als Modell zur Klassifizierung mehrerer Entwicklungsstufen einer Organisation von „desorganisiert, Ziele nicht erfüllend" bis hin zu „innovationsfähig selbststeuernd". Das Grundkonzept beruht auf dem Modell des CMMI Instituts und der auf den Ursprungsmodellen der Vorgängerinstitution CMU SEI aufbauenden ISO 33001:2015 (ehemals ISO 15504). Für das > Qualitätsmanagement der Internen Revision hat das IIA mehrere, in Taxonomie und Methodik abweichende Befähigungs- und Reifegradansätze entwickelt.
Restrisiko	Nach Berücksichtigung von Kontrollmaßnahmen verbleibendes Risiko. Einige Modelle – z. B. dort, wo es um (IT-) Sicherheit geht – machen, weil für den Modellzweck erforderlich, einen Unterschied zwischen tatsächlichem Restrisiko (actual risk) und angestrebtem Restrisiko (in beiden Fällen: residual risk).
Revisionsbericht	Dient insbesondere der schriftlichen Darstellung der Prüfungsergebnisse und ist damit die „Visitenkarte" der Revision. Empfänger des Revisions- oder auch Prüfungsberichtes ist immer die Unternehmensleitung, die möglichst zeitnah, kurz und sachlich informiert werden sollte. Bestandteile eines Prüfungsberichtes sollten neben einer zusammenfassenden Darstellung immer der Prüfungsauftrag (Prüfungsziele und -umfang), die bewerteten Prüfungsergebnisse im Einzelnen und ein Aktionsplan sein.
Revisionsgeschäftsordnung	Den Berufsgrundlagen zufolge verbindliche, von Geschäftsleitung und Überwachungsorgan zu genehmigende Regelung zur Festlegung von Aufgaben, Rechten und Verantwortung der Internen Revisionsfunktion, um den Inhalt der Arbeit der Internen Revision im Unternehmen und ggf. auch externen Stakeholdern gegenüber zu kommunizieren. Die Stellung der Internen Revision im Unter-

nehmen wird durch die Geschäftsordnung – engl. Audit Charter – definiert. Die Geschäftsordnung richtet sich primär an die Mitarbeiter der Internen Revision, an die Geschäftsleitung, an die Mitarbeiter und an das Management zu prüfender Einheiten sowie etwa an die Wirtschaftsprüfer.

Revisionshandbuch (RHB) Im Revisionshandbuch werden Aufbau- und Ablauforganisation der Internen Revision detailliert beschrieben. Die Festlegungen sind für alle Mitarbeiter der Internen Revision verbindlich. Das Revisionshandbuch ist die Voraussetzung für ein einheitliches, standardisiertes Revisionsverständnis. Der Leiter der Internen Revision ist verantwortlich für die Inhalte des Revisionshandbuchs, für dessen Akzeptanz bei den Mitarbeitern und für die Einhaltung der dokumentierten Standards.

Revisionskennzahlen Die sachgerechte Steuerung einer Internen Revision erfordert das Setzen, Messen und Überwachen von (Qualitäts-) Zielen. Mit zunehmender Größe einer Abteilung der Internen Revision wird die Frage nach den Steuerungsmechanismen zur optimalen Gestaltung der Revisionsdienstleistungen drängender. Ein funktionsfähiges (Revisions-) Managementsystem erfordert Kennzahlen, die operative und strategische Informationen liefern und zum Beispiel in einer Balanced Scorecard (BSC) zusammengefasst werden können. Mit der Einführung von Revisionskennzahlen wird das Ziel verfolgt, sich regelmäßig wiederholende Prozesse und Struktur einer Beurteilung zugänglich zu machen und eine effiziente Steuerung und Qualitätssicherung durch das > Qualitätsmanagement-System zu ermöglichen. Die Definition von über Grundlagen hinausgehenden, geeigneten Kennzahlen erweist sich für die Interne Revision als schwierig, da quantitative Erfolge oft qualitative Kompromisse verursachen. Beispiele sind: Berichte je Prüfer, Dauer oder Arbeitstage je Bericht, oder auch Ergebnisse von Kundenbefragungen. Bei Wertungen muss stets berücksichtigt werden, dass Kennzahlen durch die Bedingungen der jeweiligen Prüfungen

	beeinflusst werden, die untereinander oft nicht vergleichbar sind.
Revisionslandkarte	Darstellung der prüfbaren Objekte (> Prüfungsobjekte) einer Internen Revision. Teils umfasst der Begriff auch die Bewertung der mit den Prüfungsobjekten verbunden Risiken; häufiger spricht man in diesem Fall dann von der > Risikolandkarte.
Revisionsleitung	Für die Leitung der Internen Revisionsfunktion verantwortliche Person. Auch CAE (Chief Audit Executive).
Revisionsrichtlinie	Siehe > Revisionsgeschäftsordnung
Revisionsmanagement-System	Revisionsabteilungen setzen vor dem Hintergrund steigender Anforderungen an die Qualität der Revisionsarbeit, komplexer werdenden Abläufen und durch Berufsstandards geforderte Qualitätsprüfungen zunehmend Revisionssoftware ein. Damit wird das Ziel verfolgt, die Prozesse innerhalb der Internen Revision zu standardisieren. Auf der Basis einer Abbildung der unternehmerischen Prozess- und Organisationsstruktur können die > risikoorientierte Prüfungsplanung, die Auftragsplanung bzw. Arbeitsprogrammerstellung, die Revisionsberichterstattung und die > Maßnahmenüberwachung durchgeführt werden. Zu allen Prüfungen werden wesentliche Informationen hinterlegt und/oder bereitgestellt. Die Prüfungsdurchführung kann durch frei definierbare oder standardisierte Fragenkataloge sowie durch das Erstellen und Ablegen der > Arbeitspapiere unterstützt werden. Z. T. bieten die Softwareprodukte die Möglichkeit einer automatisierten Ergebnisdarstellung, oder die Option des Aufbaus von Wissensdatenbanken. Revisionsmanagementsysteme werden gemeinhin den > CAAT zugeordnet.
Revisionsrichtlinie	Siehe > Revisionsgeschäftsordnung
Revisionsstandards	Die > IIA-Standards, die 1978 erstmals veröffentlicht wurden, bilden das Herzstück des Regelwerks für die berufliche Praxis der Internen Revision. Das International Professional Practices Framework (IPPF) besteht, darüber hinausgehend aus der Definition, dem Mission Statement, den Prinzipien, dem Ethikkodex sowie den Implementie-

rungsleitlinien (Implementation Guides, IIA IG), sowie weiteren Praxisleitfäden (Practice Guides). Die Elemente des IPPF werden in den global besetzten Komitees des IIA erarbeitet und durch die Vertretung der Mitgliedsverbände, dem IIA-Board of Directors genehmigt. Die letzte Aktualisierung der verbindlichen IPPF-Komponenten wurde zum Januar 2017 wirksam.

Verbindlich sind die Standards für alle Mitglieder nationaler Revisionsverbände, die im > IIA Mitglied sind. Das heißt, die Standards werden durch die Mitgliedschaft im Deutschen Institut für Interne Revision, welches Mitglied ist im IIA, zur verbindlichen Arbeitsgrundlage. Des Weiteren sind die Standards für alle Zertifikatsträger der angeschlossenen nationalen Verbände, z. B. > Certified Internal Auditors (CIA), maßgeblich. Neben den internationalen Revisionsstandards hat das Deutsche Institut für Interne Revision (DIIR) eigene Revisionsstandards – Hilfestellungen für fachliche Themen, wie z. B. die Prüfung des Risikomanagements oder die Beurteilung des QSVP der Internen Revision – vorgelegt.

Revisionstypen/Revisionsfelder Umfragen zur Entwicklung der Internen Revision zeigen, dass sich die Tätigkeitsfelder der Internen Revision immer weiter auf zukunftsorientierte Prüfung und Beratung verlagern. Die Standards for the Professional Practice of Internal Auditing legen den Arbeitsumfang im Performance Standard 2100 Nature of Work fest. Dort heisst es: „The internal audit activity must evaluate and contribute to the improvement of governance, risk management, and control processes using a systematic and disciplined approach." Die Interne Revision führt als Servicefunktion des Managements zur Unternehmensüberwachung in allen Feldern und Funktionen eines Unternehmens Prüfungen auf Ordnungsmäßigkeit, Zweckmäßigkeit, Wirtschaftlichkeit durch.

Klassischerweise unterteilt man die Tätigkeiten der Internen Revision in der betrieblichen Praxis in die Bereiche > Financial Audit, > Operational Audit und > Compliance Audit. Einzeln wird noch das

Management Audit als Prüffeld erwähnt, was sich in weiten Teilen unter Operational Audit – Organisation und Führung des Betriebs – subsumieren lässt.

Risiko Obwohl ein in Theorie und Praxis oftmals gebrauchter Begriff - Risiko wird in den gebräuchlichen Rahmenmodellen noch uneinheitlich definiert: Üblicherweise ist Risiko als das Ergebnis eines Risikoereignisses mit Eintrittswahrscheinlichkeit und Auswirkungen definiert, wobei der Schwerpunkt in den meisten Rahmenmodellen auf der Behandlung negativer Ereigniserwartungen liegt.

Teils ist von einem spekulativen Risiko die Rede, das sich dann sowohl auf die Verlustgefahr als auch auf die Erwartung von Chancen beziehen kann – Investoren und Versicherer „gehen ins Risiko". Im COSO ERM-Modell werden die positiven Ereigniserwartungen in die Planungskomponente („Zielfestlegung") zurückgespiegelt, während die negativen Ereigniserwartungen im Risikomanagement-Prozess weiter behandelt werden.

Nach einer IIA-Definition handelt es sich bei Risiko um „die Ungewissheit, dass ein Ereignis eintritt, das sich auf die Zielerreichung auswirken könnte." Es „wird im Hinblick auf seine Auswirkungen und seine Eintrittswahrscheinlichkeit gemessen."

Bei der Bewertung von Risiken unterscheidet man grundsätzlich > innewohnendes (Brutto-) Risiko und tatsächliches (actual) oder angestrebtes (Netto-) > Restrisiko.

Risikoappetit Siehe > Risikoneigung

Risikolandkarte Generell eine Darstellung der Risikoobjekte und zumeist auch der Beurteilung der Risikoobjekte einer Organisation. In der Internen Revision wird damit meist die Darstellung der > Prüfungsobjekte (> Revisionslandkarte) und den damit einhergehenden Risiken bezeichnet.

Risikomanagementsystem (RMS) Ein Risikomanagementsystem definiert organisatorische, finanzielle, methodische und technische Aspekte für ein wirksames und wirtschaftliches

Risikomanagement im Unternehmen. Seit Inkrafttreten des > KonTraG gilt das Vorhalten eines Risikomanagementsystems als obligatorisch, zumal der Begriff selbst auch im Gesetzestext auftaucht (vgl. z. B. § 107 Abs. 3 S. 2 AktG) – wenn auch nicht in der maßgebenden Norm des § 91 Abs. 2 AktG. Das Risikomanagement umfasst die Festlegung der Risikostrategie, die Identifikation der Risiken, die Bewertung und Messung von Risiken, die Festlegung von Bewältigungsmaßnahmen, die Steuerung und das Überwachen von Risiken und des Risikomanagement-Systems.

Vorteile eines funktionierenden Risikomanagements sind neben einer besseren Fundierung von unternehmerischen Entscheidungen vor allem eine langfristig stabile Balance zwischen Chancen und Risiken. Im praktischen, betrieblichen Risikomanagement ist eines der Hauptprobleme die realistische Bewertung von Risiken, die fast immer auf subjektiven Annahmen und unwägbaren Außeneinflüssen beruht, aber auch die Festlegung von sinnvollen Frühwarnindikatoren zur Überwachung von identifizierten Risikopotenzialen.

Risikomaßnahme Maßnahmen, die nach Feststellung eines Risikos getroffen werden (können). Man unterscheidet zwischen Vermeiden, Verringern (der Auswirkungen oder der Häufigkeit bzw. Wahrscheinlichkeit), Teilen (Versichern oder auf Dritte verlagern) sowie Akzeptieren (bewusstes in Kauf nehmen). Bestandsgefährdende Risiken sind zu vermeiden oder durch Vermindern bzw. Teilen in einen akzeptablen, nicht mehr bestandsgefährdenden Bereich zu bringen.

Risikoneigung Tendenz einer Organisation oder eines Individuums, im Fremdvergleich eher höhere oder eher geringere Risiken in Kauf zu nehmen.

Risikoorientierte Planung Siehe > Prüfungsplanung
Risikoreaktion Siehe > Risikomaßnahme
Risikotoleranz Akzeptable Abweichung von Zielvorgaben (COSO).
Risikotragfähigkeit Maximales Risiko, das ein Unternehmen tragen kann, bevor Bestandsgefährdung eintritt.

Rollenkonflikt	Konflikt, der aus verschiedenen Rollen einer Funktion oder eines Individuums resultiert. Rollenkonflikte können in > Interessenkonflikte münden und z. B. durch > Funktionstrennung vermieden werden.
Sarbanes-Oxley-Act	US-amerikanisches Gesetz vom Juli 2002, das die Stärkung der Corporate Governance-Systeme in Unternehmen und erhöhtes Vertrauen der Kapitalmärkte in Unternehmen und ihre Wirtschaftsprüfer bewirken soll.
SEC	Abkürzung für Securities and Exchange Commission. Es handelt sich um die Bundesaufsicht im zweistufigen System der Börsen- und Wertpapieraufsicht in den USA. Die Behörde spielt insbesondere bei der Anwendung des Sarbanes-Oxley-Acts eine wichtige Rolle.
Senior Management	Unter Senior Management wird in der Praxis zumeist die 2. Führungsebene (operative Bereichsleitung, funktionale Leitungen, wichtige Stabsleitungen) verstanden, d. h., die Ebene unterhalb der eigentlichen > Geschäftsleitung (z. B. Vorstand). Im Gegensatz dazu definiert das Governance-Modell der OECD das Senior Management als (1.) operative Leitungsebene unter dem Überwachungsorgan. Mit > Board bezeichnet die OECD ausschließlich das > Überwachungsorgan. Ähnlich, aber hinsichtlich der 2. Leitungsebene inkonsistent bezeichnend, geht das IIA in den Berufsgrundlagen vor.
SMART	Akronym für Specific, Measurable, Attainable, Relevant, Time-bound. Deutsch: Spezifisch, messbar, erreichbar, zutreffend und terminiert. Meta-Kriterien für das Festlegen von Zielen, zugeschrieben *P. Drucker* im Zusammenhang mit dem Management-by-Objectives (MbO).
SOA	Siehe > Sarbanes Oxley-Act
Soll	In den Berufsgrundlagen ein Zustand, der – im Gegensatz zum prinzipiell erwarteten „Muss" der Standards –, wenn immer möglich, erreicht werden soll.
Sorgfaltspflicht	Berufsübliche Sorgfalt verlangt vom Prüfer, dass er situationsspezifisch den typischen Erwartungen

	der > Nutzer und anderer > Stakeholder an einen kundigen und sorgfältigen Prüfer gerecht wird.
SOX	Siehe > Sarbanes-Oxley-Act
Stakeholder	Englische Bezeichnung für Interessengruppen. Dies sind die > Nutzer der Prüfungsergebnisse und andere, dem Prüfer bekannte oder nicht bekannte indirekte Nutznießer der Revisionsfunktion.
Stichprobe	Eine qualifizierte Auswahlmethode zur Selektion der Elemente (n) aus der Gesamtheit aller Elemente (N) ergibt n als Stichprobe. Die Stichprobe n wird dann beschrieben, untersucht und gegen Kriterien überprüft; aus dem Ergebnis können Aussagen mit Bezug auf die Situation der Gesamtheit getroffen werden. Beispiel: Aus den Buchungsvorgängen eines Jahres wählt die Interne Revision eine Reihe von Vorgängen n heraus, die auf ihre Ordnungsmäßigkeit hin überprüft werden. Eine zur Hochrechnung verwertbare Stichprobe liegt nur dann vor, wenn n unter Einhaltung der statistischen Verfahren gefunden wird. Andernfalls, und wie in der Internen Revision in den meisten Fällen, kann nicht von einer statistischen Stichprobe gesprochen werden, sondern von einer – meist heuristischen – Auswahl.
Stichprobenrisiko	Risiko, dass die gezogene Stichprobe nicht hinreichend repräsentativ für die Grundgesamtheit ist.
SVIR	Bis Mitte 2020 geführte Abkürzung für den Schweizerischen Verband für Interne Revision, heute Institute of Internal Auditing Switzerland (> IIA Switzerland).
Symptom	Siehe > Ursache
System	Eine Struktur aus Elementen, Beziehungen und Schnittstellen. Systeme haben Subsysteme und Grenzen. Die Systembetrachtung hilft bei der Strukturierung von > Prüfungsobjekten und > Arbeitsprogramm.
Tätigkeitsbericht	Bericht der Leitung der Internen Revision hinsichtlich des Fortschreitens des (Perioden-) Prüfungsplans, bedeutender Erkenntnisse aus den durchgeführten Prüfungen sowie anderer relevanter Sachverhalte, u. a. Veränderungen im externen (Gesetze, Märkte, …) oder internen (Revisionsor-

	ganisation) Kontext. Formelle Tätigkeitsberichterstattung findet zumeist jährlich und quartalsweise statt. Informelle, regelmäßige Abstimmungen finden im Regelfall in einem kürzeren Turnus statt.
Template	Musterdokument, Musterablauf, Musterstruktur; Vorlagen oder Standards, mit denen die Interne Revision häufig arbeitet. Häufig im > Revisionshandbuch oder im > Revisionsmanagement-System abgelegt.
Tone at the Top	Von Überwachungsorgan und Geschäftsleitung vorgelebte Führungskultur, manchmal auch „Tone from the Top" bezeichnet.
Überwachung	Maßnahmen zur laufenden, anlassbezogenen und periodischen Überprüfung der Tätigkeit untergeordneter Ebenen.
Überwachungsorgan	Oberste Instanz, die die Geschäftsleitung überwacht (z. B. Aufsichtsrat, Beirat, Kontrollausschuss, …).
Unabhängigkeit	Tatsächliche oder wahrgenommene Freiheit von Organisation (z. B. Revisionsfunktion) oder Individuum (z. B. Prüfer) von Außeneinflüssen, insbesondere bewusste oder unbewusste Einflussnahme durch Geprüfte und andere > Stakeholder. Mit Bezug auf die Revisionsorganisation unterscheidet man eine disziplinarische (fachliche) und eine administrative Berichtslinie; diese Trennung soll die Unabhängigkeit der Internen Revision stärken.
Unternehmensstrafrecht	Siehe > Verbandssanktionenrecht
Ursache	Die Berufsgrundlagen legen dem Prüfer nahe, es nicht auf der Darstellung von Symptomen beruhen zu lassen, sondern – wo möglich – die Ursachen für Schwachstellen und Störungen zu bestimmen.
US-GAAP	Abkürzung für U.S. Generally Accepted Accounting Principles. Es handelt sich um Rechnungslegungsgrundsätze in den USA, die im Wesentlichen durch die > SEC und das > Financial Accounting Standards Board (PCAOB) erlassen werden und verbindlichen Charakter haben.
Value-for-Money-Audit	Prüfungskonzept im öffentlichen Sektor, bei dem es darum geht, welcher Nutzen durch den Einsatz öffentlicher Mittel erzielt wurde.

Variablen-Stichprobe Variablenstichproben beziehen sich auf skalierbare, meist kontinuierliche (Zahlen-) Wertbereiche. Sie dienen der Hochrechnung von Werten einer Grundgesamtheit, Abweichungen (Differenz- oder Verhältnisstichproben) und Schwankungsbreiten. Für Sonderfälle gebräuchliche Verfahren sind Schichtung (Stratification) sowie die größenabhängige Stichprobenauswahl (auch PPS - Probability-proportional-to-Size oder MUS - Monetary Unit Sampling).

Verbandssanktionenrecht In Deutschland seit den 1950er-Jahren immer wieder diskutierte Überlegung, unmittelbar den Rechtsträger selbst, bei in Form von juristischen Personen agierenden Unternehmen, zu sanktionieren. Auch die in 2020 amtierende Bundesregierung Merkel (CDU, CSU, SPD) wollte das, wie im gemeinsamen Koalitionsvertrag vom 12. März 2018 vereinbart, umsetzen. Am 21. April 2020 wurde ein Referentenentwurf des „VerSanG" veröffentlicht. Zum Stand des Redaktionsschlusses dieses Buches war das Gesetz noch nicht verabschiedet. Anhand der Regelung im Entwurf soll das neue Gesetz zwei Jahre nach Verkündung in Kraft treten. Unternehmen soll so die Gelegenheit zur Umstellung gegeben werden. Die bis dato schon gegebene Möglichkeit, den Rechtsträger von Unternehmen mit einer Geldbuße wegen Ordnungswidrigkeit zu belegen (§ 30 OWiG), wurde von der Politik vor dem Hintergrund immer wieder zu Tage tretender Firmenskandale als ungenügend angesehen. Die vorgesehene Neukonzeption des VerSanG soll bei der Bußgeldgrenze, auch in Abhängigkeit von Umsatzgrößen, ansetzen. Bei konzernangehörigen Unternehmen mit mehr als 100 Mio. € Umsatz soll die Höchstgrenze bei fünf bzw. zehn Prozent des durchschnittlichen jährlichen Gruppenumsatzes liegen. Compliancebemühungen von Unternehmen sollen honoriert werden. Ein weiterer Sachpunkt für das neue Verbandssanktionenrecht ist die geplante Abkehr vom Opportunitätsprinzip bei Unternehmensordnungswidrigkeiten. Die Einführung von Kriminalstrafen gegen Unternehmen ist vom VerSanG nicht vorgesehen.

Verhaltenskodex	Auch > Code of Conduct, ist eine Sammlung von gewünschten Verhaltensweisen, die in unterschiedlichsten Umgebungen und Zusammenhängen situativ von Individuen angewandt werden sollen. Ein Verhaltenskodex ist eine Erwartung oder ein Versprechen, bestimmten Verhaltensmustern zu folgen oder diese zu unterlassen und dafür Sorge zu tragen, dass sich niemand durch Umgehen der verkündeten Verhaltenserwartungen einen Vorteil verschafft. In Unternehmen wird die Einhaltung eines Verhaltenskodex als verbindlich angesehen und Verstöße werden entsprechend sanktioniert. Verhaltenskodizes verfolgen regelmäßig das Ziel, Fehlverhalten wie etwa Bestechung vorzubeugen, oder ethisch bzw. kulturell gewünschtes Verhalten zu regeln. Für den Berufsstand der Internen Revision existiert ein beim > IIA verabschiedeter Code of Ethics, der für Zertifikatsträger und Mitglieder der angeschlossenen nationalen Verbände verbindlich ist. Er regelt das Verhalten der Internen Revisoren.
Vision	Siehe > Leitbild
Vorbeugende Kontrolle	Kontrollmaßnahme, die Fehler und Störungen vermeiden soll.
Walkthrough	Prüfungshandlung: Prozessdurchlauf zur Dokumentation und/oder Überprüfung eines Ablaufs.
Wesentlichkeit	In der Abschlussprüfung ein Konzept zur Bestimmung von Wertgrenzen, die noch als Abweichung zugelassen werden. Die Interne Revision beurteilt in den meisten Fällen eher bzw. auch anhand qualitativer Kriterien, so dass sich die Wesentlichkeit von Abweichungen vom Soll (Feststellungen) nur noch schwer quantifizieren bzw. fest bestimmen lässt. Sie muss dann im Zweifel mit den Verantwortlichen und Betroffenen ausgehandelt werden.
Whistle-blowing	Kommunizieren unangemessener Zustände oder Verhaltensweisen durch Hinweisgeber an übergeordnete oder unabhängige Funktionen, um Abhilfe zu schaffen.
Wirtschaftsprüfer	Siehe > Abschlussprüfung
Zielkonflikt	Siehe > Interessenkonflikt
Zusammenfassendes Gesamturteil	Siehe > Gesamturteil

Zusammenfassung mit Thesen und Resümee 8

Ein Resümee in Form einer wertenden Zusammenfassung über ein operatives Buch wie dieses muss sich ein wenig rechtfertigen. Man kann schon grundlegend die Frage stellen, ob das methodisch bei einem zum großen Teil auf Deskription angelegten Werk überhaupt angebracht ist.

Dennoch: Es gehen die Inhalte des Buches, neben bloßen Zustands- und Tätigkeitsbeschreibungen zu Interner Revision und Compliance, teilweise darüber hinaus. Denn – textlich entsprechend markiert – es erlauben sich die Autoren singulär zu Themen auch subjektive (Be-) Wertungen und Meinungsäußerungen. Das lässt ein Resümee, nach der Klammer gezogen, zu. Zudem können so Wahrnehmungs- und Erkenntnisgewinnvorteile der Retrospektive nutzbar gemacht werden. Schließlich: Die Verlautbarung subjektiver Präferenzen der Autoren, die zu der einen oder anderen Wertungsfrage Stellung beziehen, kann und soll für die geschätzten Leserinnen und Leser eine Anregung bieten, sich zu dem jeweiligen Thema eigene Meinungen bilden und Haltungen aneignen zu können.

Völlig außer Frage steht, dass die Autoren jedem Leser/jeder Leserin das Recht auf eine eigene, natürlich auch abweichende Position zu allen Themen zubilligen. Die Attitüde der Bevormundung bedeutet im und für den Auftritt von Interner Revision und Compliance innerhalb des Unternehmens eine der zu unterlassenden Todsünden. U. a. genau das will das hier vorliegende Buch vermitteln. Daher bedeutet das Postulat „keine Bevormundung!" natürlich auch ein *never ever* für die beiden Autoren selbst.

Globalisierung: Sie ist schon seit etlichen Jahren ein wesentlicher Treiber für die Geschicke von deutschen Wirtschaftsunternehmen, aber auch für die Gesellschaft insgesamt, die ein größeres Spektrum kulturell bedingter Verhaltensweisen bewältigen muss. Trotz Corona wird sich an der weiteren Vernetzung und Vermischung der Wirtschafts- und Gesellschaftssysteme auch zukünftig nichts ändern. Die Corporate Governance wird davon auch weiter maßgeblich mitbestimmt werden. Dadurch werden die Tätigkeitsfelder von Interner Revision und Compliance beeinflusst.

Globalisierung ist daher in diesem Werk zurecht der Aufhänger. Viele Regeln und Gesetze im Bereich der Wirtschaft haben durch die Globalisierung ihren nationalen Radius und dessen schützende Einhegung und relative Klarheit längst verloren. Nationalstaaten, ihre Parlamente und Regierungen, müssen ihre Steuerungsinstrumente umstellen und sie müssen „supranational" (EU) bzw. in ganz großem Rahmen international (OECD, BIZ) denken und handeln. Unternehmen als Rechtssubjekte müssen diese Wendungen ein gutes Stück weit mitvollziehen, selbst wenn sie nicht international tätig sind. Erst recht gilt dies, wenn deutsche Unternehmen, die im Ausland wirtschaften, nach den dortigen (Rechts-) Regeln agieren. Im staatlichen Sektor ist eine Vielzahl von Geschäften mit Bezug zu fremden Rechts- und Wirtschaftssystemen zu überwachen und es sind ausländische Geschäftsleute, Touristen und Bürger durch die Systeme des Gemeinwesens zu schleusen.

Bei allen Zusammenhängen gilt: „Change ist Trumpf!" Für eine Corporate Governance, ein Sammelbegriff für die Führung von Unternehmen, bedeutet dies nichts weniger als die Erledigung von Herkulesaufgaben. Trotz mancher Idee wurde nämlich der Stein des Weisen für die proklamierte „gute" Unternehmensführung weder hier noch auswärts (noch) nicht gefunden. Vermutlich gibt es ihn auch nicht.

Unternehmen und öffentliche Institutionen bieten nach innen wie nach außen oft keine überzeugende Performance. Ursachen hierfür sind nicht nur mangelnde Talente und sonstiges Unvermögen. Mitunter steht dahinter sogar ein ausgesprochen negativer Habitus bis hin zu einem kriminellen Vorsatz. Große und kleine Skandale beschädigen den Ruf der Wirtschaft und des öffentlichen Sektors insgesamt, und immer wieder – und das schon seit Jahren, um nicht zu sagen seit Jahrzehnten. Beim Dieselskandal, der zum Stand des Redaktionsschlusses dieses Buches noch immer nicht komplett abgearbeitet ist, geht der Vorwurf gar so weit, dass mit deutscher Ingenieurskunst der besonderen Art die ganze Welt hereingelegt und hinter die Fichte geführt wurde. Man fragt sich, wie das in Zukunft noch übertroffen werden wird. Im negativen Sinn, versteht sich. Der Fall Wirecard bietet das Potenzial dazu.

Wirtschaftsunternehmen stehen nachhaltig in der öffentlichen Kritik und unter Beobachtung des Staates. Die Beobachtung gilt ohne jeden Abstrich und auch mit Bezug auf den repressiven Bereich, zumal zum Redaktionsschluss das schon seit einiger Zeit von der amtierenden Bundesregierung geplante „Verbandssanktionengesetz" offenbar unmittelbar bevorsteht. Ob das Verbandssanktionengesetz allerdings wirklich der große „Knaller" werden wird, bleibt abzuwarten. Zumindest einmal kommt es wohl nun, aber erst mit zwei Jahren Verzögerung.

Ob Unternehmen wollen oder nicht, sie sehen sich gezwungen, ihre internen Kontrollsysteme auszubauen, um Haftungsrisiken zu minimieren. Interne Revision und Compliance-Managementsysteme (CMS) als institutionalisierte Unternehmensteile sind wichtige Bestandteile der Corporate Governance. Das galt für die Interne Revision immer schon, mittlerweile trifft das zunehmend auch für ein CMS zu. Das vorgesehene Verbandssanktionengesetz empfiehlt nachdrücklich das Auflegen eines CMS. Das gilt insbesondere für größere Unternehmen. Compliance-Managementsysteme haben sich hier, aus den genannten Gründen zumindest zum Teil gut nachvollziehbar, ausgebreitet. Und auch wenn im Einzelfall aufgrund der Reize eines überaus geschickten Marketings manch unnötige Einführung eines CMS stattgefunden haben mag (schon der Begriff allein kann bei manchem Management Pawlow'sche Reflexe auslösen), CMS sind jedenfalls breit etabliert. Dieses Aufkommen der formalisierten Compliance-Funktionen stellte zumindest in der Übergangs- und Einführungsphase die Revisionsrolle teilweise in Frage. Doch auch die Interne Revision hat nach wie vor ihre spezifische Rolle im Unternehmen behalten und der Berufsstand ist aufgrund des Aufkommens der Compliance mitnichten obsolet geworden. Beide Funktionen leben eine konstruktive Koexistenz.

Aber: Alles, eine wirksam eingerichtete Interne Revision und ein funktionsfähiges CMS gleichermaßen, gerät weitgehend zum nutzlosen Mummenschanz, wenn die Werte einer Unternehmensführung nur zum Schein vorgezeigt werden. So etwa, wenn auch diese internen Kontrollsysteme nur aus Placebo-Gründen geschaffen werden (*Compliance 1.0*). Interne Revision und CMS können dann einpacken und ihre Berufsträger andernorts ihr Glück suchen.

Eine thesenartige Bestandsaufnahme, mit abschließendem Resümee, speziell für die Interne Revision:

1. Die Überwachungs- und Kontrollstrukturen im Organisationsalltag haben in den vergangenen 20 Jahren eine deutliche Weiterentwicklung, aber auch eine deutliche Formalisierung erfahren.
2. Die Interne Revision ist für ein breites Spektrum an Unternehmen und Organisationen zum unverzichtbaren Führungsinstrument geworden. Trotzdem besteht, abgesehen von Sonderfällen, für Unternehmen und Organisationen keine rechtliche Verpflichtung zur Einrichtung einer Internen Revision. Das gilt so auch das für das Einrichten eines CMS.
3. Wenn die Funktionen Interne Revision und Compliance-Management einen positiven Nutzenbeitrag leisten sollen, müssen sie von der Unternehmensleitung dazu befähigt und genutzt werden. Ihre Rollen müssen dann über die eines betrieblichen Feigenblatts hinausgehen. Das Modell *Compliance 1.0* dominiert allerdings die Unternehmenswirklichkeit noch allzu stark – und viel zu oft.
4. Wie auch die Berufung von *Chief Compliance Officers* bewirkt eine Interne Revision nichts, wenn Aufrichtigkeit und ethisch sauberes Verhalten nicht ein echter Teil der Unternehmenskultur sind. Und die wird vor allem von der Führung vorgelebt.
5. Der Nutzen, der Beitrag zum Erfolg der Organisation und die Anerkennung einer Internen Revision und ihrer Mitarbeiter hängt von der wahrgenommenen Qualität der Arbeitsergebnisse der Internen Revision ab. Die Qualität bestimmt sich aus dem Nutzen für die Stakeholder der Internen Revision, aus der Effizienz der Revisionsarbeit und aus der Erwartungstreue hinsichtlich der Arbeitsergebnisse. Der Nutzen kann erst dann zuverlässig entstehen, wenn die Interne Revision von der Unternehmensleitung gefordert und gefördert wird, und wenn die Interne Revision die dann in sie gesetzten Erwartungen weitestgehend erfüllt.

6. Einen zuverlässigen, adaptiven Rahmen für die Ausrichtung und die Steuerung der inhaltlichen Revisionsarbeit bieten die Internationalen Berufsgrundlagen.
7. Eine Revisionsfunktion kann sich durch interne und externe Beurteilungen gegen anerkannte Standards messen. Durch den Nachweis grundsätzlich konformer, situations- und adressatengerechter Ausgestaltung von Revisionsorganisation und Revisionsarbeit können eigene Verbesserungspotenziale erkannt und Vertrauen in die Institution Interne Revision gefördert werden.

Was hat die Interne Revision erreicht?

Die Notwendigkeit eines gelegentlichen oder anlassbezogenen kritisch-objektiven Besuchs prozessunabhängiger Experten/Prüfer/Leitungsvertreter hatten schon die alten Römer erkannt. Die Revisorenrolle ist also alles andere als neu. Recherchiert man die Entstehung der heutigen Revisorenverbände in den Jahrzehnten nach dem 2. Weltkrieg, sind die alten und die neuen, auch die heutigen Muster nahezu unverändert. Das Streben nach Nutzenbeitrag, angemessener Positionierung und geeigneten Methoden steht im Vordergrund. Die Details der Revisionsarbeit haben sich, abgesehen von technisch und organisatorisch bedingten Weiterentwicklungen, kaum verändert.

Betrachtet man die jüngere Entwicklungsgeschichte, wird sichtbar, dass auch die Interne Revision Moden unterliegt. Die Kreativität liegt, wie in der Bekleidungsbranche, mehr in der kreativen, immer wieder neuartigen Kombination der hergebrachten Schnitte und Stoffe, als dass wirkliche Neuerungen eintreten.

Strategiefokus, Beratung statt Prüfung, Computerisierung, Digitalisierung, Durchdringung, Komplexitätssteigerung, „VUCA", ubiquitäre Compliance und Haftung bis zum letzten Knopf, bestandsgefährdende Risiken und Fraud krimineller Banden: Wohin das Revisorenauge blickt – integrierte, global, regional oder lokal, unternehmensweite Steuerungs-, Führungs- und Überwachungsmodelle sowie die vollumfassende Analyse maschinell verarbeiteter Daten sind in aller Munde. Im Prinzip genauso, wie dies bereits in der Revisionsliteratur der 1960er-Jahre skizziert worden ist – auch wenn seinerzeit die VUCA-Messlatte subjektiv noch nicht so hoch gelegen haben mag.

Wo sind der Internen Revision Grenzen gesetzt?

Komplexe, umfassende und laufende Datenanalyse, die Messung des Ablaufs und der laufenden Parameter von Geschäftsprozessen sowie die für viele Anwender eher frustrierend zäh fortschreitende Automatisierung von Routinetätigkeiten werden in periodischen Abständen mit Buzz Words angereichert, um Systemanbietern und Beratern ein Auskommen zu ermöglichen.

Gut gemeinte Benchmarks werden missbraucht, wenn Vertreter des Berufsstands laufend neue Konformitätsrekorde und darüber hinaus gehende Spitzenleistungen als „Best in Class" melden. Auch wenn sie dabei vielleicht sogar zu tieferen Einsichten („Insights") gelangen und zur grauen Eminenz, dem „Trusted Advisor", werden. Im Ansatz geht dies in die richtige Richtung, im Extrem allerdings entstehen Widersprüche zur Rolle sowohl einer (selbst-) kritischen als auch einer (zurückhaltend) begleitenden Funktion der dritten Verantwortlichkeitslinie.

Was ist wirklich wichtig für die Interne Revision heute und in naher Zukunft?
Die Positionierung der Leitung der Internen Revision nahe an der operativen Leitung und eine vertrauensvolle Beziehung zum Überwachungsorgan sind wichtige Faktoren für einen hohen Nutzenbeitrag. Akzeptanz erhält die Interne Revision erst dann, wenn sie auf Augenhöhe liefern und kommunizieren kann.

Wichtigste Ressource einer Internen Revision ist ein qualifiziertes und motiviertes Team. Dies muss in der Lage sein, schnell die wesentlichen Informationen zusammenzutragen, zu analysieren und mit den Verantwortlichen, in der Regel kooperativ, Schwachpunkte und Maßnahmen abzustimmen, ohne sich in Details zu verlieren und ohne den Fachverantwortlichen das Heft aus der Hand nehmen zu wollen.

Klar und zeitnah kommunizierte, mit den Verantwortlichen abgestimmte Ergebnisse, zusammen mit einer wirksamen und fairen Nachschau stellen relevante und nutzbringende Impulse durch die Arbeit der Internen Revision sicher.

Basis für eine qualifizierte und effiziente Revisionsarbeit sind sinnvolle Strukturen, Prozesse und Methoden. Diese Arbeitsmodelle sind bewährt und flexibel in den Berufsgrundlagen der Internen Revision, aber auch den Arbeitsgrundlagen anderer Berufe grundsätzlich hinterlegt. Regelmäßiges Messen gegen interne und externe Vorgaben sowie die Good Practices des Berufsstands sind für eine ambitionierte Interne Revision unerlässlich.

Durch die aktive Beteiligung am Austausch innerhalb des Berufsstands, an dessen Vertretung und Weiterentwicklung, können Mindeststandards sichergestellt, zukünftige Anforderungen erkannt und das Vertrauen in den Berufsstand und seine Vertreterinnen und Vertreter gestärkt werden.

Nutzen und Anerkennung der Internen Revisoren hängen schlussendlich im Wesentlichen davon ab, ob Organisationskontext und Tone at the Top die Funktion einer relativ unabhängigen, kritisch-konstruktiven Kontrollfunktion fördern und fordern, und davon, ob die Revisorenrollen proaktiv und engagiert ausgefüllt werden.

Gesamtanhang zum Buch 9

9.1 Mission, Grundprinzipien und Definition der Internen Revision

Mission der Internen Revision
Den Wert einer Organisation durch risikoorientierte und objektive Prüfung, Beratung und Einblicke zu erhöhen und zu schützen.

Grundprinzipien für die berufliche Praxis der Internen Revision
- Zeigt Integrität.
- Zeigt Sachkunde und berufsübliche Sorgfalt.
- Ist objektiv und frei von ungebührlichem Einfluss (unabhängig).
- Richtet sich an Strategien, Zielen und Risiken der Organisation aus.
- Ist geeignet positioniert und mit angemessenen Mitteln ausgestattet.
- Zeigt Qualität und kontinuierliche Verbesserung.
- Kommuniziert wirksam.
- Erbringt risikoorientierte Prüfungsleistungen.
- Ist aufschlussreich, proaktiv und zukunftsorientiert.
- Fördert organisatorische Verbesserungen.

Definition der Internen Revision
Die Interne Revision erbringt unabhängige und objektive Prüfungs- und Beratungsdienstleistungen, welche darauf ausgerichtet sind, Mehrwerte zu schaffen und die Geschäftsprozesse zu verbessern. Sie unterstützt die Organisation bei der Erreichung ihrer Ziele, indem sie mit einem systematischen und zielgerichteten Ansatz die Effektivität des Risikomanagements, der Kontrollen und der Führungs- und Überwachungsprozesse bewertet und diese verbessern hilft.

9.2 Ethikkodex der Internen Revision

Einleitung

Zweck dieses Ethikkodex ist die Förderung einer von ethischen Grundsätzen geprägten Kultur im Berufsstand der Internen Revision.

Die Interne Revision erbringt unabhängige und objektive Prüfung – und Beratungsdienstleistungen, welche darauf ausgerichtet sind, Mehrwerte zu schaffen und die Geschäftsprozesse zu verbessern. Sie unterstützt die Organisation bei der Erreichung ihrer Ziele, indem sie mit einem systematischen und zielgerichteten Ansatz die Effektivität des Risikomanagements, der Kontrollen und der Führungs- und Überwachungsprozesse bewertet und diese verbessern hilft.

Ein Ethikkodex ist notwendig und zweckmäßig für den Berufsstand der Internen Revision, damit das Vertrauen in seine objektive Prüfung des Risikomanagements, der Kontrollen sowie der Unternehmensführung und -überwachung begründet werden kann.

Der Ethikkodex geht mit zwei wesentlichen Bestandteilen über die Definition der Internen Revision hinaus:

1. Grundsätze, die den Berufsstand und die Prüfungspraxis der Internen Revision betreffen.
2. Regeln, die beschreiben, wie sich Interne Revisoren verhalten sollen. Diese Regeln sollen helfen, die Grundsätze in die Praxis umzusetzen und sind dazu bestimmt, für die Internen Revisoren ein Wegweiser für ethisches Verhalten zu sein.

Als „Interne Revisoren" gelten die Mitglieder des Instituts, Inhaber von oder Kandidaten für Zertifizierungen des IIA und Andere, die Dienstleistungen entsprechend der Definition der Internen Revision erbringen.

Anwendung und Durchsetzung des Ethikkodex

Dieser Ethikkodex gilt sowohl für Einzelpersonen als auch für Organisationen, die Dienstleistungen im Bereich Interne Revision erbringen.

Bei Mitgliedern des Instituts und Inhabern von oder Kandidaten für Zertifizierungen des IIA werden Verstöße gegen den Ethikkodex entsprechend der Satzung und den Anweisungen des Instituts beurteilt und behandelt. Die Tatsache, dass ein spezielles Verhalten in den Verhaltensregeln nicht erwähnt wird, ist kein Hinderungsgrund, dieses trotzdem als nicht akzeptabel oder als standeswidrig zu betrachten. Gegen den genannten Personenkreis kann deshalb dennoch ein Disziplinarverfahren eingeleitet werden.

Grundsätze

Von Internen Revisoren wird erwartet, dass sie folgende Grundsätze anwenden und aufrecht erhalten:

1. Integrität
   Die Integrität von Internen Revisoren begründet Vertrauen und schafft damit die Grundlage für die Zuverlässigkeit ihres Urteils.

9.2 Ethikkodex der Internen Revision

2. Objektivität

   Interne Revisoren zeigen ein Höchstmaß an sachverständiger Objektivität beim Zusammenführen, Bewerten und Weitergeben von Informationen über geprüfte Aktivitäten oder Geschäftsprozesse. Interne Revisoren beurteilen alle relevanten Umstände mit Ausgewogenheit und lassen sich in ihrem Urteil nicht durch eigene Interessen oder durch Andere beeinflussen.

3. Vertraulichkeit

   Interne Revisoren beachten den Wert und das Eigentum der erhaltenen Informationen und legen diese ohne entsprechende Befugnis nicht offen, es sei denn, es bestehen dazu rechtliche oder berufliche Verpflichtungen.

4. Fachkompetenz

   Interne Revisoren setzen das für die Durchführung ihrer Arbeit erforderliche Wissen und Können sowie entsprechende Erfahrung ein

Verhaltensregeln

1. Integrität

   Interne Revisoren:
   - 1.1 Müssen ihre Aufgabe korrekt, sorgfältig und verantwortungsbewusst wahrnehmen.
   - 1.2 Müssen die Gesetze beachten und rechtliche sowie berufliche Offenlegungspflichten erfüllen.
   - 1.3 Dürfen nicht wesentlich in illegale Aktivitäten involviert sein oder bei Handlungen mitwirken, die den Berufsstand der Internen Revision oder ihre Organisation in Misskredit bringen.
   - 1.4 Müssen die legitimen und ethischen Ziele ihrer Organisation beachten und fördern.

2. Objektivität

   Interne Revisoren:
   - 2.1 Dürfen nicht an Aktivitäten beteiligt sein oder Beziehungen unterhalten, die ihr unparteiisches Urteil beeinträchtigen könnten, wobei selbst der Anschein zu vermeiden ist. Dies schließt auch Aktivitäten oder Beziehungen ein, die im Widerspruch zu den Interessen der Organisation stehen könnten.
   - 2.2 Dürfen nichts annehmen, was ihr fachliches Urteil beeinträchtigen könnte, wobei selbst der Anschein zu vermeiden ist.
   - 2.3 Müssen alle ihnen bekannten wesentlichen Fakten offenlegen, die – falls nicht mitgeteilt – die Berichterstattung über die geprüften Aktivitäten verfälschen könnten.

3. Vertraulichkeit

   Interne Revisoren:
   - 3.1 Müssen umsichtig und interessewahrend mit den im Verlauf ihrer Tätigkeit erhaltenen Informationen umgehen.
   - 3.2 Dürfen Informationen nicht zu ihrem persönlichen Vorteil oder in einer Weise verwenden, die ungesetzlich ist bzw. den legitimen und ethischen Zielen der Organisation schadet.

4. Fachkompetenz

   Interne Revisoren:
   - 4.1 Dürfen nur solche Aufgaben übernehmen, für die sie das erforderliche Wissen, Können und die entsprechende Erfahrung haben.

4.2 Müssen die Revisionsarbeit in Übereinstimmung mit den Internationalen Standards für die berufliche Praxis der Internen Revision durchführen.

4.3 Müssen ständig ihre Fachkenntnisse sowie die Effektivität und Qualität ihrer Arbeit verbessern.

9.3 Verbindliche Berufsstandards der Internen Revision mit Erläuterungen

9.3.1 Attributstandards

1000 Aufgabenstellung, Befugnisse und Verantwortung
Aufgabenstellung, Befugnisse und Verantwortung der Internen Revision müssen formell in einer Geschäftsordnung der Internen Revision bestimmt sein, der die Mission der Internen Revision und die verbindlichen Elemente der Internationalen Grundlagen für die berufliche Praxis der Internen Revision (die Grundprinzipien für die berufliche Praxis der Internen Revision, der Ethikkodex, die Standards und die Definition der Internen Revision) zugrunde liegen. Der Leiter der Internen Revision muss die Geschäftsordnung regelmäßig überprüfen und den leitenden Führungskräften und der Geschäftsleitung bzw. dem Überwachungsorgan zur Genehmigung vorlegen.

Erläuterung
Die Geschäftsordnung der Internen Revision ist ein förmliches Dokument, das die Aufgabenstellung, die Befugnisse und die Verantwortung der Internen Revision beschreibt. Die Geschäftsordnung der Internen Revision bestimmt die Stellung der Internen Revision in der Organisation einschließlich der Art der funktionalen Berichtslinie des Leiters der Internen Revision an Geschäftsleitung bzw. Überwachungsorgan, gestattet den Zugriff auf Aufzeichnungen, Personal und Vermögensgegenstände soweit dies zur Auftragsdurchführung erforderlich ist, und bestimmt den Umfang der Aktivitäten der Internen Revision. Die finale Genehmigung der Geschäftsordnung der Internen Revision erfolgt durch Geschäftsleitung bzw. Überwachungsorgan.

1000.A1 – Die Art der zu erbringenden Prüfungsleistungen muss in der Geschäftsordnung der Internen Revision festgelegt werden. Wenn Prüfungsleistungen für Dritte erbracht werden, müssen diese ebenfalls in der Geschäftsordnung der Internen Revision definiert werden.

1000.C1 – Die Art der zu erbringenden Beratungsleistungen muss in der Geschäftsordnung der Internen Revision festgelegt werden.

1010 Berücksichtigung verbindlicher Leitlinien in der Geschäftsordnung der Internen Revision
Der verbindliche Charakter der Grundprinzipien für die berufliche Praxis der Internen Revision, des Ethikkodex, der Standards und der Definition der Internen Revision muss in

der Geschäftsordnung der Internen Revision berücksichtigt sein. Der Leiter der Internen Revision soll die Mission der Internen Revision und die verbindlichen Elemente der Internationalen Grundlagen für die berufliche Praxis der Internen Revision mit leitenden Führungskräften und Geschäftsleitung bzw. Überwachungsorgan besprechen.

1100 Unabhängigkeit und Objektivität
Die Interne Revision muss unabhängig sein, und die Internen Revisoren müssen bei der Durchführung ihrer Aufgaben objektiv vorgehen.

Erläuterung
Unabhängigkeit bedeutet, dass keine Umstände vorliegen, die die Fähigkeit der Internen Revision beeinträchtigen, ihre Aufgaben für die Interne Revision unbeeinflusst wahrzunehmen. Um einen für die wirksame Ausführung der Revisionsaufgaben hinreichenden Grad der Unabhängigkeit zu erzielen, hat der Leiter der Internen Revision direkten und unbeschränkten Zugang zu leitenden Führungskräften und Geschäftsleitung bzw. Überwachungsorgan. Dies kann durch parallele Berichtswege erreicht werden. Bedrohungen der Unabhängigkeit sind auf Prüfer-, Prüfungs-, Funktions- und Organisationsebene zu steuern.

Objektivität bezeichnet eine unbeeinflusste Geisteshaltung, die es Internen Revisoren erlaubt, ihre Aufgaben dergestalt auszuführen, dass sie ihre Arbeitsergebnisse und deren Qualität vorbehaltlos vertreten können. Objektivität erfordert, dass Interne Revisoren ihre Beurteilung prüferischer Sachverhalte nicht anderen Einflüssen unterordnen. Bedrohungen der Objektivität sind auf Prüfer-, Prüfungs-, Funktions- und Organisationsebene zu steuern.

1110 Organisatorische Unabhängigkeit
Der Leiter der Internen Revision muss der Ebene innerhalb der Organisation unterstehen, die sicherstellen kann, dass die Interne Revision ihre Aufgaben sachgerecht erfüllen kann. Der Leiter der Internen Revision muss Geschäftsleitung bzw. Überwachungsorgan mindestens jährlich die organisatorische Unabhängigkeit bestätigen.

Erläuterung
Organisatorische Unabhängigkeit ist sichergestellt, wenn der Leiter der Internen Revision funktional an Geschäftsleitung bzw. Überwachungsorgan berichtet. Beispiele für funktionale Unterstellung sind folgende Aktivitäten von Geschäftsleitung bzw. Überwachungsorgan:

- Genehmigung der Geschäftsordnung der Internen Revision;
- Genehmigung des risikoorientierten Revisionsplans;
- Genehmigung des Budgets und Ressourcenplanes für die Interne Revision;
- Annahme von Berichten des Leiters der Internen Revision über die Aufgabenerfüllung der Internen Revision in Bezug auf ihren Plan und andere Aspekte.
- Genehmigen von Entscheidungen bezüglich der Bestellung oder Entlassung des Leiters der Internen Revision;

- Genehmigung der Vergütung des Leiters der Internen Revision; sowie
- Sachgerechte Abklärungen bei Management und dem Leiter der Internen Revision, dass keine unverhältnismäßigen Einschränkungen von Prüfungsumfang oder Mittelausstattung vorliegen.

1110.A1 – Die Interne Revision darf bei der Festlegung des Umfangs der internen Prüfungen, bei der Auftragsdurchführung und bei der Berichterstattung der Ergebnisse nicht behindert werden. Der Leiter der Internen Revision muss der Geschäftsleitung bzw. dem Überwachungsorgan solche Beeinflussungen offenlegen und die Auswirkungen besprechen.

1111 Direkte Zusammenarbeit mit Geschäftsleitung bzw. Überwachungsorgan
Der Leiter der Internen Revision muss direkt mit Geschäftsleitung bzw. Überwachungsorgan kommunizieren und zusammenarbeiten

1112 Rollen des Leiters der Internen Revision über die Interne Revision hinaus
Wenn der Leiter der Internen Revision Rollen und/oder Verantwortlichkeiten außerhalb der Internen Revision wahrnimmt oder dieses von ihm erwartet wird, müssen Vorkehrungen zur Begrenzung von Beeinträchtigungen der Unabhängigkeit und der Objektivität getroffen werden.

Erläuterung
Der Leiter der Internen Revision kann gefragt werden, zusätzliche Rollen und Verantwortlichkeiten außerhalb der Internen Revision zu übernehmen, wie etwa die Verantwortung für Compliance- oder Risikomanagementaktivitäten. Diese Rollen und Verantwortlichkeiten können die organisatorische Unabhängigkeit der Internen Revision oder die persönliche Objektivität des Internen Revisors beeinträchtigen oder den Anschein der Beeinträchtigung erwecken. Vorkehrungen sind solche, oftmals durch Geschäftsleitung bzw. Überwachungsorgan unternommene Überwachungsmaßnahmen, die sich gegen die potenziellen Beeinträchtigungen richten. Sie können Aktivitäten wie die regelmäßige Bewertung von Berichtslinien und Verantwortlichkeiten und das Entwickeln alternativer Prozesse umfassen, um Sicherheit bezüglich der Bereiche zusätzlicher Verantwortlichkeiten zu erlangen.

1120 Persönliche Objektivität
Interne Revisoren müssen unparteiisch und unvoreingenommen sein und jeden Interessenkonflikt vermeiden.

Erläuterung
Interessenkonflikte sind Situationen, in denen ein Interner Revisor in einer Vertrauensstellung ein konkurrierendes berufliches oder privates Interesse hat. Solche konkurrierenden Interessen können es schwierig machen, Verpflichtungen uneingeschränkt nachzukommen. Ein Interessenkonflikt besteht bereits, ohne dass tatsächlich unethische oder nicht

sachgerechte Aktivitäten erfolgen. Ein Interessenkonflikt kann das Vertrauen in den Internen Revisor, die Interne Revision und den Berufsstand schädigen. Ein Interessenkonflikt kann die Fähigkeit eines Prüfers einschränken, seinen Verpflichtungen unvoreingenommen nachzukommen.

1130 Beeinträchtigung von Unabhängigkeit oder Objektivität
Ist die Unabhängigkeit oder Objektivität tatsächlich oder dem Anschein nach beeinträchtigt, so müssen den zuständigen Stellen die entsprechenden Einzelheiten offengelegt werden. Die Art der Offenlegung hängt von der jeweiligen Beeinträchtigung ab.

Erläuterung
Beeinträchtigung der organisatorischen Unabhängigkeit und der individuellen Objektivität kann unter anderem persönliche Interessenkonflikte, Beschränkungen des Prüfungsumfangs, eingeschränkten Zugang zu Informationen, Personal und Vermögensgegenständen sowie Ressourcenbeschränkungen wie etwa beschränkte Finanzmittel umfassen.

Die richtigen Adressaten, denen Details bezüglich einer Einschränkung von Unabhängigkeit und Objektivität kommuniziert werden müssen, hängen von den in der Geschäftsordnung der Internen Revision niedergelegten Erwartungen der leitenden Führungskräfte und der Geschäftsleitung bzw. des Überwachungsorgans an die Interne Revision, den Verantwortlichkeiten des Leiters der Internen Revision sowie von der Art der Beeinträchtigung ab.

1130.A1 – Interne Revisoren müssen von der Beurteilung von Geschäftsprozessen absehen, für die sie zuvor verantwortlich waren. Die Objektivität kann als beeinträchtigt angenommen werden, wenn ein Interner Revisor eine Aktivität prüft, für die er im Verlauf des vorangegangenen Jahres verantwortlich war.

1130.A2 – Prüfungen von Organisationseinheiten, für die der Leiter der Internen Revision die Verantwortung trägt, müssen von einer Stelle außerhalb der Internen Revision überwacht werden.

1130.A3 – Die Interne Revision kann Prüfungsdienstleistungen in Bereichen anbieten, in denen sie vorher Beratungsdienstleistungen erbracht hat, vorausgesetzt, dass die Art der Beratung die Objektivität nicht beeinträchtigt hat und dass die individuelle Objektivität beachtet wird, wenn Ressourcen dem Auftrag zugeordnet werden.

1130.C1 – Interne Revisoren können Beratungsleistungen für Geschäftsprozesse erbringen, für die sie früher Verantwortung getragen haben.

1130.C2 – Wenn Interne Revisoren in Verbindung mit einer Beratungsleistung eine mögliche Beeinträchtigung der Unabhängigkeit oder Objektivität sehen, muss dies dem Kunden vor der Annahme des Auftrags offengelegt werden.

1200 Fachkompetenz und berufliche Sorgfaltspflicht
Aufträge müssen mit Fachkompetenz und der erforderlichen beruflichen Sorgfalt durchgeführt werden.

1210 Fachkompetenz
Interne Revisoren müssen über das Wissen, die Fähigkeiten und sonstige Qualifikationen verfügen, die erforderlich sind, um ihre persönlichen Verantwortlichkeiten zu erfüllen. Die Interne Revision muss insgesamt das Wissen, die Fähigkeiten und sonstige Qualifikationen besitzen oder sich beschaffen, die erforderlich sind, um ihre Verantwortlichkeiten zu erfüllen.

Erläuterung
Fachkompetenz ist ein zusammenfassender Begriff, der sich auf Wissen, Fähigkeiten und sonstige Qualifikationen bezieht, die Interne Revisoren benötigen, um ihre beruflichen Verantwortlichkeiten wirksam zu erfüllen. Fachkompetenz umfasst die Berücksichtigung von aktuellen Aktivitäten, Trends und neuen Themen, um relevante Ratschläge und Empfehlungen zu ermöglichen. Internen Revisoren wird empfohlen, ihre Fachkompetenz durch Erlangen von sachgerechten beruflichen Kenntnis- und Befähigungsnachweisen zu belegen, wie beispielsweise durch das Certified Internal Auditor-Examen und weitere vom The Institute of Internal Auditors oder anderen einschlägigen Fachverbänden angebotene Zertifizierungen.

1210.A1 – Der Leiter der Internen Revision muss kompetenten Rat und Unterstützung einholen, falls es Internen Revisoren an Wissen, Fähigkeiten oder sonstigen Qualifikationen mangelt, die zur teilweisen oder vollständigen Erfüllung des Auftrags erforderlich sind.

1210.A2 – Interne Revisoren müssen über ausreichendes Wissen verfügen, um Risiken für dolose Handlungen und die Art, wie diese Risiken in der Organisation gehandhabt werden, zu beurteilen. Es werden jedoch nicht in gleichem Umfang Sachkenntnis und Erfahrung erwartet wie bei Experten für die Aufdeckung und Untersuchung doloser Handlungen.

1210.A3 – Interne Revisoren müssen Kenntnisse der grundlegenden Risiken und Kontrollen von Informationstechnologien (IT) sowie der verfügbaren technologiegestützten Prüfungstechniken besitzen, um ihre Aufgaben erfüllen zu können. Allerdings wird nicht von allen Internen Revisoren erwartet, dass sie dieselben Kenntnisse besitzen wie spezialisierte IT-Revisoren.

1210.C1 – Der Leiter der Internen Revision muss einen Beratungsauftrag ablehnen oder kompetenten Rat und Unterstützung einholen, wenn Interne Revisoren nicht über das Wissen, die Fähigkeiten oder sonstige Qualifikationen verfügen, die zur teilweisen oder vollständigen Erfüllung des Auftrags erforderlich sind.

1220 Berufliche Sorgfaltspflicht
Interne Revisoren müssen jenes Maß an Sorgfalt und Sachkunde anwenden, das üblicherweise von einem sorgfältigen und sachkundigen Internen Revisor erwartet werden kann. Berufliche Sorgfaltspflicht ist nicht gleichbedeutend mit Unfehlbarkeit.

1220.A1 – Interne Revisoren müssen ihre berufliche Sorgfaltspflicht ausüben, indem sie folgende Punkte beachten:
- Den zum Erreichen der Prüfungsziele erforderlichen Arbeitsumfang,
- die relative Komplexität, Wesentlichkeit oder Bedeutung der Sachverhalte, die Gegenstand von Prüfungshandlungen sind,
- die Angemessenheit und Effektivität von Führungs- und Überwachungs-, Risikomanagement- und Kontrollprozessen,
- die Wahrscheinlichkeit des Vorliegens bedeutender Fehler, doloser Handlungen oder der Nichteinhaltung von Vorschriften und
- die Kosten der Prüfungstätigkeit im Verhältnis zum möglichen Nutzen.

1220.A2 – Im Rahmen ihrer beruflichen Sorgfaltspflicht müssen Interne Revisoren den Einsatz technologiegestützter und anderer Datenanalysemethoden berücksichtigen.

1220.A3 – Interne Revisoren müssen sich der wesentlichen Risiken bewusst sein, die Auswirkungen auf Geschäftsziele, Geschäftsprozesse oder Ressourcen haben können. Jedoch können die Prüfverfahren der Internen Revision allein, auch wenn sie mit der erforderlichen beruflichen Sorgfalt durchgeführt werden, nicht sicherstellen, dass alle wesentlichen Risiken erkannt werden.

1220.C1 – Interne Revisoren müssen ihre berufliche Sorgfaltspflicht wahrnehmen, indem sie bei einem Beratungsauftrag folgende Aspekte beachten:
- Die Bedürfnisse und Erwartungen der Kunden einschließlich der Art der Beratung, die Zeitvorgaben und die Berichterstattung über die Ergebnisse,
- die relative Komplexität und den Umfang der Tätigkeiten zum erreichen der Ziele des Beratungsauftrages und
- die Kosten des Beratungsauftrages im Verhältnis zum erwarteten Nutzen.

1230 Regelmäßige fachliche Weiterbildung
Interne Revisoren müssen ihr Wissen, ihre Fähigkeiten und ihre sonstigen Qualifikationen durch regelmäßige fachliche Weiterbildung erweitern.

1300 Programm zur Qualitätssicherung und -verbesserung
Der Leiter der Internen Revision muss ein Programm zur Qualitätssicherung und -verbesserung, das alle Aufgabengebiete der Internen Revision umfasst, entwickeln und pflegen.

Erläuterung
Ein Programm zur Qualitätssicherung und -verbesserung ist so gestaltet, dass es die Beurteilung der Internen Revision in Bezug auf ihre Übereinstimmung mit den Standards sowie eine Beurteilung, ob Interne Revisoren den Ethikkodex einhalten, ermöglicht. Das Programm beurteilt weiter die Wirtschaftlichkeit und Wirksamkeit der Internen Revision und identifiziert Verbesserungsmöglichkeiten. Der Leiter der Internen Revision soll die Aufsicht von Geschäftsleitung bzw. Überwachungsorgan über das Programm zur Qualitätssicherung und -verbesserung fördern.

1310 Anforderungen an das Qualitätssicherungs- und -verbesserungsprogramm
Das Programm zur Qualitätssicherung und -verbesserung muss sowohl interne als auch externe Beurteilungen umfassen.

1311 Interne Beurteilungen
Interne Beurteilungen müssen umfassen:

- Laufende Überwachung der Aufgabenerfüllung der Internen Revision.
- Regelmäßige Selbstbeurteilungen oder Beurteilungen von Personen innerhalb der Organisation, die über ausreichende Kenntnisse der Arbeitsmethoden der Internen Revision verfügen.

Erläuterung
Laufende Überwachung ist ein integraler Bestandteil der täglichen Beaufsichtigung, Bewertung und Messung der Internen Revision. Laufende Überwachung ist in Routineverfahren und -vorgehensweisen berücksichtigt, die zur Führung der Internen Revision angewandt werden, und nutzt Abläufe, Instrumente und Informationen, die für die Beurteilung der Übereinstimmung mit dem Ethikkodex und den Standards erforderlich sind.

Regelmäßige Beurteilungen werden durchgeführt, um die Übereinstimmung mit dem Ethikkodex und den Standards zu bestimmen.

Ausreichende Kenntnis der Arbeitsmethoden der Internen Revision erfordert zumindest das Verständnis aller Elemente der Internationalen Grundlagen für die berufliche Praxis der Internen Revision.

1312 Externe Beurteilungen
Externe Beurteilungen müssen mindestens alle fünf Jahre von einem qualifizierten, unabhängigen Beurteiler oder einem Team von Beurteilern durchgeführt werden, der bzw. das nicht der Organisation angehört. Der Leiter der Internen Revision muss folgende Aspekte mit der Geschäftsleitung bzw. dem Überwachungsorgan besprechen:

- Die Form und Häufigkeit externer Beurteilungen.
- Die Fachkenntnis und Unabhängigkeit des externen Beurteilers oder Beurteilungsteams einschließlich möglicher Interessenkonflikte.

Erläuterung
Externe Beurteilungen können in Form einer vollständigen externen Beurteilung oder in Form einer Selbstbeurteilung mit einer unabhängigen Bestätigung durchgeführt werden. Der externe Beurteiler muss ein Urteil bezüglich der Übereinstimmung mit dem Ethikkodex und den Standards abgeben. Die externe Beurteilung kann auch operationale oder strategische Aspekte beinhalten.

Qualifizierte Beurteiler oder Beurteilungsteams verfügen über Sachkunde in Bezug auf die berufliche Praxis der Internen Revision und das Verfahren der externen Beurteilung. Sachkunde kann durch eine Mischung von Erfahrung und theoretischen Kenntnissen nachgewiesen werden. Erfahrung, die in Organisationen vergleichbarer Größe, Komplexität und Branche sowie hinsichtlich relevanter technischer Aspekte gesammelt wurde, ist wertvoller als Erfahrung aus anderen Bereichen. Im Fall eines Beurteilungsteams müssen nicht alle Teammitglieder über Sachkunde in sämtlichen Bereichen verfügen, sondern das Team als Ganzes muss hinreichend qualifiziert sein. Bei der Bewertung, ob ein Beurteiler bzw. Beurteilungsteam über ausreichend Sachkunde verfügt, wendet der Leiter der Internen Revision die berufsübliche Sorgfalt an.

Unabhängiger Beurteiler oder Beurteilungsteam bedeutet, dass kein tatsächlicher oder wahrgenommener Interessenkonflikt vorliegt, sowie dass Beurteiler oder Beurteilungsteam nicht Teil oder unter Kontrolle der Organisation sind, zu der die Interne Revision gehört. Der Leiter der Internen Revision soll die Aufsicht von Geschäftsleitung bzw. Überwachungsorgan über die externe Beurteilung fördern, um wahrgenommene oder potenzielle Interessenkonflikte zu reduzieren.

1320 Berichterstattung zum Qualitätssicherungs- und -verbesserungsprogramm
Der Leiter der Internen Revision muss die Ergebnisse des Qualitätssicherungs- und -verbesserungsprogramms an die leitenden Führungskräfte und die Geschäftsleitung bzw. das Überwachungsorgan berichten. Die Offenlegung soll enthalten:

- Umfang und Häufigkeit der internen und externen Beurteilungen.
- Qualifikationen und Unabhängigkeit des/der Beurteiler(s) oder des Beurteilungsteams, einschließlich potenzieller Interessenkonflikte.
- Schlussfolgerungen der Beurteiler.
- Korrigierende Maßnahmenpläne.

Erläuterung
Form, Inhalt und Häufigkeit der Berichterstattung über die Ergebnisse des Qualitätssicherungs- und -verbesserungsprogramms werden in Gesprächen mit leitenden Führungskräften und Geschäftsleitung bzw. Überwachungsorgan festgelegt; dabei werden die in der Geschäftsordnung der Internen Revision bestimmten Verantwortlichkeiten der Internen Revision und des Leiters der Internen Revision berücksichtigt. Um die Übereinstimmung mit dem Ethikkodex und den Standards nachzuweisen, werden die Ergebnisse externer und regelmäßiger interner Beurteilungen nach deren Abschluss berichtet; die Ergebnisse der laufenden Überwachung werden mindestens einmal jährlich berichtet. Die Ergebnisse umfassen die Beurteilung hinsichtlich des Übereinstimmungsgrades mit den Vorgaben durch den Beurteiler oder das Beurteilungsteam.

1321 Gebrauch der Formulierung „Übereinstimmend mit den Internationalen Standards für die berufliche Praxis der Internen Revision"
Die Angabe, dass die Interne Revision die Internationalen Standards für die berufliche Praxis der Internen Revision einhält, ist nur sachgerecht, wenn dies durch die Ergebnisse des Programms zur Qualitätssicherung und -verbesserung gestützt wird.

Erläuterung
Die Interne Revision ist in Übereinstimmung mit dem Ethikkodex und den Standards, wenn die darin beschriebenen Ergebnisse erzielt werden. Die Ergebnisse des Qualitätssicherungs- und Verbesserungsprogramms umfassen die Ergebnisse sowohl interner als auch externer Beurteilungen. Alle Internen Revisionen verfügen über Ergebnisse interner Beurteilungen. Länger als fünf Jahre bestehende Interne Revisionen verfügen zusätzlich über Ergebnisse externer Beurteilungen.

1322 Offenlegen von Abweichungen
Wenn sich Abweichungen von dem Ethikkodex oder den Standards auf den Tätigkeitsbereich oder die Durchführung der Internen Revision auswirken, muss der Leiter der Internen Revision Abweichung und Auswirkungen an die leitenden Führungskräfte und die Geschäftsleitung bzw. das Überwachungsorgan berichten.

9.3.2 Ausführungsstandards

2000 Leitung der Internen Revision
Der Leiter der Internen Revision muss die Interne Revision wirksam führen, um ihren Wertbeitrag für die Organisation sicherzustellen.

Erläuterung
Die Interne Revision ist wirksam geführt, wenn:

- sie die in der Geschäftsordnung der Internen Revision festgelegte Aufgabestellung und Verantwortung erreicht.
- sie mit den Standards übereinstimmt.
- ihre einzelnen Mitarbeiter den Ethikkodex und die Standards einhalten.
- sie Trends und neue Themen berücksichtig, die die Organisation beeinflussen könnten.

Die Interne Revision erbringt einen Wertbeitrag für die Organisation und ihre Interessengruppen, wenn sie Strategien, Ziele und Risiken berücksichtigt, danach strebt, Wege zur Verbesserung der Führungs- und Überwachungs-, Risikomanagement und Kontrollprozesse aufzuzeigen und objektiv relevante Prüfungsleistungen erbringt.

2010 Planung
Der Leiter der Internen Revision muss einen risikoorientierten Prüfungsplan erstellen, um die Prioritäten der Internen Revision im Einklang mit den Organisationszielen festzulegen.

Erläuterung
Zur Entwicklung des risikoorientierten Prüfungsplans berät sich der Leiter der Internen Revision mit leitenden Führungskräften und Geschäftsleitung bzw. Überwachungsorgan

und gewinnt ein Verständnis von den Strategien der Organisation, bedeutenden Geschäftszielen, damit verbundenen Risiken und den Risikomanagementprozessen. Der Leiter der Internen Revision muss den Plan regelmäßig überprüfen und erforderlichenfalls anpassen, wenn sich Änderungen des Geschäftes, der Risiken, der Abläufe, Programme, Systeme oder Kontrollen der Organisation ergeben.

2010.A1 – Die Prüfungsplanung der Internen Revision muss auf Basis einer dokumentierten Risikobeurteilung erfolgen, die mindestens einmal pro Jahr durchzuführen ist. Der Input der leitenden Führungskräfte und der Geschäftsleitung bzw. des Überwachungsorgans müssen dabei berücksichtigt werden.

2010.A2 – Der Leiter der Internen Revision muss feststellen und berücksichtigen, welche Erwartungen bezüglich der Beurteilungen und Schlussfolgerungen der Internen Revision bei leitenden Führungskräften, der Geschäftsleitung bzw. dem Überwachungsorgan und anderen Interessengruppen bestehen.

2010.C1 – Der Leiter der Internen Revision beurteilt bei der Annahme eines vorgeschlagenen Beratungsauftrags dessen Chance, zur Verbesserung des Risikomanagements, zur Wertschöpfung und zur Verbesserung der Geschäftsprozesse beizutragen. Die angenommenen Aufträge müssen in die Planung einbezogen werden.

2020 Berichterstattung und Genehmigung
Der Leiter der Internen Revision muss den leitenden Führungskräften und der Geschäftsleitung bzw. dem Überwachungsorgan die Planung der Internen Revision, den Bedarf an Personal und Sachmitteln sowie zwischenzeitliche wesentliche Änderungen zur Kenntnisnahme und Genehmigung berichten. Außerdem muss der Leiter der Internen Revision die Folgen etwaiger Ressourcenbeschränkungen erläutern.

2030 Ressourcen-Management
Der Leiter der Internen Revision muss sicherstellen, dass die Ressourcen der Internen Revision angemessen und ausreichend sind und wirksam eingesetzt werden, um die genehmigte Planung erfüllen zu können.

Erläuterung
Angemessen bezieht sich auf die Gesamtheit von Wissen, Fähigkeiten und sonstigen Qualifikationen, die zur Erfüllung des Plans erforderlich sind. Ausreichend bezieht sich auf den Umfang der Ressourcen, die zur Erfüllung des Plans erforderlich sind. Ressourcen sind wirksam zugeordnet, wenn sie so verwendet werden, dass der genehmigte Plan bestmöglich umgesetzt wird.

2040 Richtlinien und Verfahren
Der Leiter der Internen Revision muss Richtlinien und Verfahren für die Führung der Internen Revision festlegen.

Erläuterung
Form und Inhalt von Richtlinien und Verfahren sind von der Größe und Struktur einer Internen Revision sowie von der Komplexität ihrer Aufgaben abhängig.

2050 Koordination und Vertrauen
Der Leiter der Internen Revision soll Informationen austauschen, Aktivitäten koordinieren und das Vertrauen auf die Arbeiten anderer interner und externer Prüfungs- und Beratungsdienstleister berücksichtigen, damit eine angemessene Abdeckung erzielt und Doppelarbeiten vermieden werden.

Erläuterung
Bei der Koordinierung der Aktivitäten kann der Leiter der Internen Revision auf die Tätigkeit anderer Prüfungs- und Beratungsdienstleiter vertrauen. Grundlage dieses Vertrauens sollte ein etablierter, konsistenter Prozess sein. Der Leiter der Internen Revision soll die Kompetenz, Objektivität und berufsübliche Sorgfalt der Prüfungs- und Beratungsdienstleister berücksichtigen. Der Leiter der Internen Revision soll außerdem ein klares Verständnis von Umfang, Zielen und Ergebnissen der Tätigkeiten von anderen Prüfungs- und Beratungsdienstleistern haben. Auch wenn er auf die Arbeit anderer vertraut, ist der Leiter der Internen Revision trotzdem noch verantwortlich dafür sicherzustellen, dass Schlussfolgerungen und Beurteilungen der Internen Revision angemessen belegt werden.

2060 Berichterstattung an leitende Führungskräfte und Geschäftsleitung bzw. Überwachungsorgan
Der Leiter der Internen Revision muss regelmäßig an die leitenden Führungskräfte und die Geschäftsleitung bzw. das Überwachungsorgan über Aufgabenstellung, Befugnisse und Verantwortung der Internen Revision und über die Aufgabenerfüllung im Vergleich zur Planung sowie über die Einhaltung des Ethikkodex und der Standards berichten. Die Berichterstattung muss auch wesentliche Risiko- und Kontrollthemen einschließlich des Risikos doloser Handlungen, der Führung und Überwachung sowie andere Themen berücksichtigen, die die Aufmerksamkeit der leitenden Führungskräfte und/oder der Geschäftsleitung bzw. des Überwachungsorgans erfordern.

Erläuterung
Häufigkeit und Inhalt der Berichterstattung werden gemeinschaftlich von Leiter der Internen Revision, leitenden Führungskräften und Geschäftsleitung bzw. Überwachungsorgan festgelegt. Häufigkeit und Inhalt der Berichterstattung hängen von der Bedeutung der zu berichtenden Sachverhalte sowie von der Dringlichkeit der erforderlichen Maßnahmen, die von leitenden Führungskräften und/oder Geschäftsleitung bzw. Überwachungsorgan zu ergreifen sind, ab.

Die Berichterstattung und Kommunikation des Leiters der Internen Revision an leitende Führungskräfte und Geschäftsleitung bzw. Überwachungsorgan müssen Informationen beinhalten über:

- die Geschäftsordnung der Internen Revision;
- die Unabhängigkeit der Internen Revision;
- den Prüfungsplan und den Fortschritt bei dessen Abarbeitung;
- Ressourcenanforderungen;
- Ergebnisse der Revisionstätigkeit;
- die Einhaltung des Ethikkodex und der Standards und Aktionspläne, die etwaige wesentliche Konformitätssachverhalte adressieren;
- die Reaktion des Managements auf ein Risiko, das nach Beurteilung des Leiters der Internen Revision für die Organisation inakzeptabel ist.

Auf diese und andere Kommunikationsanforderungen des Leiters der Internen Revision wird in den Standards durchgehend verwiesen.

2070 Dienstleister und Verantwortung für die ausgelagerte Interne Revision
Sofern ein externer Dienstleister die Aufgaben der Internen Revision übernommen hat, muss dieser die Organisation auf ihre Verantwortung zum Aufrechterhalten einer funktionsfähigen Internen Revision hinweisen.

Erläuterung
Diese Verantwortung wird durch das Programm zur Qualitätssicherung und -verbesserung nachgewiesen, dass die Übereinstimmung mit dem Ethikkodex und den Standards beurteilt.

2100 Art der Arbeiten
Die Interne Revision muss durch die Anwendung eines systematischen, zielgerichteten und risikoorientierten Vorgehens Führungs-, Überwachungs-, Risikomanagement- und Kontrollprozesse der Organisation bewerten und zu deren Verbesserung beitragen. Glaubwürdigkeit und Wert der Internen Revision werden verbessert, wenn Revisoren proaktiv sind und ihre Bewertungen neue Einblicke ermöglichen und zukünftige Auswirkungen berücksichtigen.

2110 Führung und Überwachung
Die Interne Revision muss zur Verbesserung der Führungs- und Überwachungsprozesse der Organisation Folgendes beurteilen und dafür angemessene Empfehlungen geben:

- Treffen strategischer und operativer Entscheidungen;
- Überwachung von Risikomanagement und -steuerung;
- Fördern ethisch angemessener Normen und Werte in der Organisation;
- Sicherstellen einer wirksamen Leistungssteuerung und -messung sowie klarer Verantwortlichkeiten in der Organisation;
- Kommunikation von Risiko- und Kontrollinformationen an die in der Organisation zuständigen Funktionen;

- Koordination der Aktivitäten von und Kommunikation zwischen Geschäftsleitung bzw. Überwachungsorgan, externen und internen Prüfern, anderen Prüfungsdienstleistern sowie operativem Management.

2110.A1 – Die Interne Revision muss Gestaltung, Umsetzung und Wirksamkeit der ethikbezogenen Ziele, Programme und Aktivitäten der Organisation beurteilen.

2110.A2 – Die Interne Revision muss beurteilen, ob die IT-Führung und -Überwachung der Organisation die Strategien und Ziele der Organisation fördert.

2120 Risikomanagement
Die Interne Revision muss die Funktionsfähigkeit der Risikomanagementprozesse beurteilen und zu deren Verbesserung beitragen.

Erläuterung
Die Feststellung, ob Risikomanagementprozesse funktionsfähig sind, wird anhand der Beurteilung des Internen Revisors getroffen, dass:

- die Ziele der Organisation mit deren Mission im Einklang stehen und diese unterstützen,
- wesentliche Risiken erkannt und bewertet sind,
- angemessene Risikomaßnahmen ergriffen worden sind, die mit der Risikoakzeptanz der Organisation im Einklang stehen und
- wesentliche risikobezogene Informationen erfasst und rechtzeitig in der Organisation kommuniziert werden, sodass es Mitarbeitern, Führungskräften, und Geschäftsleitung bzw. Überwachungsorgan möglich ist, ihren Verantwortlichkeiten gerecht zu werden.

Die Interne Revision kann die Informationen zur Begründung dieser Beurteilung im Rahmen mehrerer Aufträge erlangen. Die gesamthaft betrachteten Ergebnisse dieser Aufträge begründen das Verständnis der Risikomanagementprozesse der Organisation sowie von deren Funktionsfähigkeit.

Risikomanagementprozesse werden durch laufende Aktivitäten von Führungskräften, durch gezielte Beurteilungen oder durch beides überwacht.

2120.A1 – Die Interne Revision muss die Risikopotenziale in Führung und Überwachung, in Geschäftsprozessen und in den Informationssystemen der Organisation bewerten in Bezug auf:
- Erreichung der strategischen Ziele der Organisation,
- Zuverlässigkeit und Integrität von Daten des Rechnungswesens und von operativen Informationen,
- Effektivität und Effizient von Geschäftsprozessen und Programmen,
- Sicherung des Betriebsvermögens und
- Einhaltung von Gesetzen, Verordnungen, Richtlinien, Verfahren und Verträgen.

2120.A2 – Die Interne Revision muss die Möglichkeit des Auftretens doloser Handlungen und die Vorgehensweise der Organisation bei der Steuerung des Risikos doloser Handlungen beurteilen.

2120.C1 – Im Verlauf von Beratungsaufträgen müssen Interne Revisoren Risiken vor dem Hintergrund der Ziele des Beratungsauftrags berücksichtigen und aufmerksam bezüglich anderer wesentlicher Risiken sein.

2120.C2 – Interne Revisoren müssen Erkenntnisse über im Rahmen von Beratungsaufträgen entdeckte Risiken in ihre Beurteilung der Risikomanagementprozesse der Organisation einfließen lassen.

2120.C3 – Im Rahmen der Unterstützung des Managements beim Aufbau oder der Verbesserung von Risikomanagementprozessen müssen Interne Revisoren von der Übernahme jeglicher Führungsverantwortung durch operative Risikomanagementaktivitäten Abstand nehmen.

2130 Kontrollen
Die Interne Revision muss die Organisation bei der Aufrechterhaltung wirksamer Kontrollen unterstützen, indem sie deren Effektivität und Effizienz bewertet sowie kontinuierliche Verbesserungen fördert.

2130.A1 – Die Interne Revision muss die Angemessenheit und Wirksamkeit der Kontrollen, die Risiken von Führung und Überwachung, der Geschäftsprozesse und Informationssysteme der Organisation beurteilen in Bezug auf:
- Erreichung der strategischen Ziele der Organisation,
- Zuverlässigkeit und Integrität von Daten des Rechnungswesens und von operativen Informationen,
- Effektivität und Effizienz von Geschäftsprozessen und Programmen,
- Sicherung des Betriebsvermögens und
- Einhaltung von Gesetzen, Verordnungen, Richtlinien, Verfahren und Verträgen.

2130.C1 – Interne Revisoren müssen die im Rahmen von Beratungsaufträgen erlangten Kenntnisse über Kontrollen in die Beurteilung der Kontrollprozesse der Organisation einfließen lassen.

2200 Planung einzelner Aufträge
Interne Revisoren müssen für jeden Auftrag eine Planung entwickeln und dokumentieren, die Ziele, Umfang, Zeitplan und zugeordnete Ressourcen umfasst. Der Plan muss die Strategien, Ziele und Risiken der Organisation berücksichtigen, die für den Auftrag relevant sind.

2201 Planungsüberlegungen
Bei der Planung eines Auftrags müssen Interne Revisoren folgende Faktoren berücksichtigen:

- Die Strategien und Ziele des zu prüfenden Tätigkeitsbereichs sowie die Mittel, mit denen dieser seine Leistung überprüft.

- Wesentliche Risiken für die Ziele, Ressourcen und Geschäftsprozesse des Tätigkeitsbereichs und die Mittel, mit denen mögliche Folgen der Risiken in einem vertretbaren Rahmen gehalten werden.
- Die Angemessenheit und Wirksamkeit der Steuerung des betreffenden Tätigkeitsbereiches, des Risikomanagements und der Kontrollprozesse des betreffenden Tätigkeitsbereichs im Verhältnis zu einem relevanten Rahmenwerk oder Modell.
- Die Möglichkeiten, wesentliche Verbesserungen an der Steuerung, dem Risikomanagement und den Kontrollprozessen des betreffenden Tätigkeitsbereichs vorzunehmen.

2201.A1 – Wenn Interne Revisoren einen Auftrag für organisationsexterne Dritte planen, muss mit dem Dritten eine schriftliche Vereinbarung betreffs Ziel, Umfang, der Verantwortlichkeiten sowie anderer Erwartungen einschließlich Beschränkung der Ergebnisverbreitung und Zugang zu den Auftragsakten getroffen werden.

2201.C1 – Interne Revisoren müssen mit den Kunden, die Beratungsaufträge erteilen, Ziele, Umfang, jeweilige Verantwortung und andere Erwartungen vereinbaren. Bei größeren Aufträgen muss diese Vereinbarung schriftlich festgehalten werden.

2210 Auftragsziele
Für jeden Auftrag müssen Ziele festgelegt werden.

2210.A1 – Vor der Auftragsdurchführung müssen Interne Revisoren eine Einschätzung der Risiken des zu prüfenden Tätigkeitsbereiches vornehmen. Die Auftragsziele müssen diese Einschätzung widerspiegeln.

2210.A2 – Interne Revisoren müssen bei der Festlegung der Prüfungsziele die Wahrscheinlichkeit, dass wesentliche Fehler, dolose Handlungen, Regelverstöße sowie sonstige Risikopotenziale vorliegen und Vorschriften nicht eingehalten werden, berücksichtigen.

2210.A3 – Zur Bewertung von Steuerung, Risikomanagement und Kontrollen sind angemessene Kriterien erforderlich. Interne Revisoren müssen ermitteln, inwieweit das Management und/oder Geschäftsleitung bzw. Überwachungsorgan angemessene Kriterien zur Beurteilung der Zielerreichung festgelegt hat. Soweit die Kriterien angemessen sind, müssen sie von Internen Revisoren bei der Beurteilung verwendet werden. Soweit die Kriterien nicht angemessen sind, müssen Interne Revisoren durch Diskussion mit Management und/oder Geschäftsleitung bzw. Überwachungsorgan angemessene Beurteilungskriterien identifizieren.

Erläuterung
Arten von Kriterien können umfassen:

- Interne (z. B. Richtlinien und Verfahren der Organisation).
- Externe (z. B. Gesetze und Vorschriften von verfassungsgemäßen Organen).
- Praxiserprobte Kriterien (z. B. Branchen- oder Berufsstandards).

2210.C1 – Die Ziele eines Beratungsauftrags müssen die Führungs- und Überwachungs-, Risikomanagement- sowie Kontrollprozesse, in dem Ausmaß ansprechen, wie sie mit dem Kunden vereinbart wurden.

2210.C2 – Die Ziele eines Beratungsauftrags müssen mit den Werten, Strategien und Zielen der Organisation übereinstimmen.

2220 Umfang des Auftrags
Der festgelegte Umfang muss ausreichend sein, um das Erreichen der Auftragsziele zu ermöglichen.

2220.A1 – Bei der Festlegung des Prüfungsumfangs müssen relevante Systeme, Aufzeichnungen, Personalausstattung und Vermögensgegenstände einbezogen werden, einschließlich jener, die sich in der Kontrolle Dritter befinden.

2220.A2 – Sollte im Verlauf eines Prüfungsauftrags ein wesentlicher Beratungsbedarf auftreten, sollte eine gezielte schriftliche Vereinbarung getroffen werden, die Ziele, Umfang, Verantwortlichkeiten und weitere Erwartungen umfasst; die daraus resultierenden Ergebnisse werden unter Zugrundelegung der Beratungsstandards kommuniziert.

2220.C1 – Bei der Durchführung von Beratungsaufträgen müssen Interne Revisoren sicherstellen, dass der Umfang des Beratungsauftrags ausreicht, um die vereinbarten Ziele zu erreichen. Wenn bei Internen Revisoren im Verlauf der Arbeiten Zweifel an der Angemessenheit des Umfangs auftreten, müssen diese mit dem Kunden besprochen werden, um über die Fortführung des Beratungsauftrags zu entscheiden.

2220.C2 – Im Verlauf von Beratungsaufträgen müssen Interne Revisoren Kontrollen im Einklang mit den Zielen des Beratungsauftrags berücksichtigen und auf das Vorhandensein anderer wesentlicher Kontrollschwächen achten.

2230 Ressourcenzuteilung für den Auftrag
Interne Revisoren müssen eine angemessene und zum Erreichen der Auftragsziele ausreichende Ressourcenausstattung festlegen. Dabei sind Art und Komplexität des Auftrags, Zeitvorgaben und die zur Verfügung stehenden Ressourcen zu berücksichtigen.

Erläuterung
Angemessen bezieht sich auf den Mix aus Wissen, Fähigkeiten und sonstigen Qualifikationen, der zur Durchführung des Auftrags benötigt wird. Ausreichend bezieht sich auf die Anzahl an Ressourcen, die benötigt wird, um den Auftrag mit berufsüblicher Sorgfalt auszuführen.

2240 Arbeitsprogramm
Interne Revisoren müssen Arbeitsprogramme entwickeln und dokumentieren, die dem Erreichen der Auftragsziele dienen.

2240.A1 – Die Arbeitsprogramme müssen die Verfahrensschritte zur Identifikation, Analyse, Bewertung und Aufzeichnung von Informationen während der Prüfung enthalten. Das Arbeitsprogramm muss vor Beginn seiner Umsetzung genehmigt werden; alle späteren Anpassungen sind umgehend zur Genehmigung vorzulegen.

2240.C1 – Form und Inhalt der Arbeitsprogramme für Beratungsaufträge können in Abhängigkeit von der Art des Auftrags variieren.

2300 Durchführung des Auftrags

Interne Revisoren müssen Informationen identifizieren, analysieren, bewerten und dokumentieren, die ausreichend zum Erreichen der Auftragsziele sind.

2310 Identifikation von Informationen

Interne Revisoren müssen zum Erreichen der Auftragsziele ausreichende, zuverlässige, relevante und konstruktive Informationen identifizieren.

Erläuterung

Ausreichende Informationen sind sachlich, angemessen und überzeugend, sodass eine umsichtige und sachverständige Person die gleichen Schlussfolgerungen wie der Prüfer ziehen würde. Zuverlässige Information ist die bestmögliche Information, die sich mit geeigneten Prüfungstechniken erlangen lässt. Relevante Informationen stützen Prüfungsfeststellungen und -empfehlungen und sind mit den Prüfungszielen konsistent. Konstruktive Informationen helfen der Organisation bei der Realisierung ihrer Ziele.

2320 Analyse und Bewertung

Interne Revisoren müssen ihre Schlussfolgerungen und Revisionsergebnisse auf geeignete Analysen und Bewertungen stützen.

2330 Aufzeichnung von Informationen

Interne Revisoren müssen ausreichende, zuverlässige, relevante und zweckdienliche Informationen aufzeichnen, um die Revisionsergebnisse und Schlussfolgerungen zu begründen.

2330.A1 – Der Leiter der Internen Revision muss den Zugang zu den Prüfungsunterlagen regeln. Vor der Freigabe dieser Unterlagen an externe Stellen muss der Leiter der Internen Revision die Genehmigung der leitenden Führungskräfte, ggf. auch die Stellungnahme eines Rechtsberaters, einholen.

2330.A2 – Der Leiter der Internen Revision muss für die Prüfungsunterlagen, ungeachtet des verwendeten Mediums, Aufbewahrungsfristen festlegen. Diese Aufbewahrungsfristen müssen den Richtlinien der Organisation und allen einschlägigen behördlichen oder sonstigen Anforderungen genügen.

2330.C1 – Der Leiter der Internen Revision muss Richtlinien für die Aufbewahrung und Aufbewahrungsfristen der Unterlagen von Beratungsaufträgen festlegen, wie auch für die Offenlegung dieser Unterlagen an interne und externe Stellen. Diese Vorgaben müssen den Richtlinien der Organisation und allen einschlägigen behördlichen oder sonstigen Anforderungen genügen.

2340 Beaufsichtigung der Auftragsdurchführung
Die Durchführung der Aufträge ist in geeigneter Weise zu überwachen, um sicherzustellen, dass die Auftrags- und Qualitätsziele erreicht werden sowie die Weiterentwicklung des Personals gefördert wird.

Erläuterung
Das Maß der erforderlichen Überwachung hängt von der Fachkompetenz und Erfahrung der Internen Revisoren sowie der Komplexität des Auftrags ab. Der Leiter der Internen Revision hat, egal ob durch oder für die Interne Revision durchgeführt, die Gesamtverantwortung für die Überwachung eines Auftrags. Er kann aber hinreichend erfahrene Revisionsmitarbeiter mit der Überwachung beauftragen. Angemessene Nachweise der Überwachung sind zu dokumentieren und aufzubewahren.

2400 Berichterstattung
Interne Revisoren müssen über die Ergebnisse von Prüfungs- bzw. Beratungsaufträgen berichten.

2410 Berichterstattungskriterien
Die Berichterstattung muss Ziele, Umfang und Ergebnisse des Auftrags enthalten.

2410.A1 – Der Schlussbericht eines Auftrages muss geeignete Schlussfolgerungen enthalten. Er muss außerdem geeigneten Empfehlungen und/oder Aktionspläne beinhalten. Soweit angebracht sollte die Beurteilung des Internen Revisors enthalten sein. Eine Beurteilung muss Erwartungen der leitenden Führungskräfte, der Geschäftsleitung bzw. des Überwachungsorgans sowie von anderen Interessengruppen berücksichtigen und durch ausreichende, zuverlässige, relevante und zweckdienliche Informationen belegt sein.

Erläuterung
Auftragsbezogene Beurteilungen können Einstufungen, Schlussfolgerungen oder andere Beschreibungen der Ergebnisse sein. Ein Auftrag kann sich auf Kontrollen eines spezifischen Geschäftsprozesses, ein Risiko oder eine Organisationseinheit beziehen. Das Abfassen solcher Beurteilungen erfordert die Berücksichtigung der Auftragsergebnisse und ihrer Bedeutung.

2410.A2 – Internen Revisoren wird empfohlen, zufriedenstellende Leistungen im Rahmen der Berichterstattung anzuerkennen.

2410.A3 – Beim Offenlegen von Auftragsergebnissen an organisationsexterne Stellen muss auf Verbreitungs- und Nutzungsbeschränkungen hingewiesen werden.

2410.C1 – Form und Inhalt der Berichterstattung über den Fortschritt und die Ergebnisse von Beratungsaufträgen können, abhängig von der Art des Auftrags und den Bedürfnissen des Kunden, variieren.

2420 Qualität der Berichterstattung
Revisionsberichte müssen richtig, objektiv, klar, prägnant, konstruktiv und vollständig sein und zeitnah erstellt werden.

Erläuterung
Richtige Berichte sind frei von Fehlern und Verzerrungen und entsprechen den zugrunde liegenden Tatsachen. Objektive Berichte sind sachlich, unparteiisch, unvoreingenommen und das Ergebnis einer sachlichen und ausgewogenen Beurteilung aller relevanten Tatsachen und Umstände. Klare Berichte sind leicht verständlich und logisch; sie vermeiden unnötige Fachausdrücke und legen alle wesentlichen und relevanten Informationen dar. Prägnante Berichte kommen direkt zur Sache und vermeiden unnötige Ausführungen, überflüssige Einzelheiten, Doppelaussagen und Langatmigkeit. Konstruktive Berichte unterstützen den Auftraggeber sowie die Organisation und führen zu den erforderlichen Verbesserungen. Vollständige Berichte lassen keinerlei für die Berichtsempfänger wichtige Informationen aus und enthalten alle wesentlichen und relevanten Informationen und Feststellungen zur Erläuterung der Empfehlungen und Schlussfolgerungen. Zeitnahe Berichte sind abhängig von der Problemstellung zweckdienlich und rechtzeitig, sodass das Management angemessene Maßnahmen ergreifen kann.

2421 Fehler und Auslassungen
Enthält ein Schlussbericht wesentliche Fehler oder Auslassungen, muss der Leiter der Internen Revision allen Parteien, die den ursprünglichen Bericht erhalten haben, die berichtigten Informationen übermitteln.

2430 Gebrauch der Formulierung „In Übereinstimmung mit den Internationalen Standards für die berufliche Praxis der Internen Revision durchgeführt"
Die Angabe, dass Aufträge „in Übereinstimmung mit den Internationalen Standards für die berufliche Praxis der Internen Revision durchgeführt" wurden, ist nur sachgerecht, wenn die Beurteilung des Programms zur Qualitätssicherung und -verbesserung diese Aussage zulässt.

2431 Offenlegung der Nichteinhaltung der Standards im Rahmen des Auftrags
Falls sich ein Abweichen von dem Ethikkodex oder von den Standards auf einen bestimmten Auftrag auswirkt, muss bei der Berichterstattung der Ergebnisse Folgendes offengelegt werden:

- Prinzip(ein) und Regelung(en) des Ethikkodex oder Standard(s), das bzw. die nicht vollständig eingehalten wurde(n).

- Grund bzw. Gründe für das Abweichen.
- Auswirkung des Abweichens auf den Auftrag und die berichteten Auftragsergebnisse.

2440 Verbreitung der Ergebnisse
Der Leiter der Internen Revision muss alle zweckmäßigen Parteien über die Ergebnisse informieren.

Erläuterung
Der Leiter der Internen Revision ist verantwortlich für die Durchsicht und Genehmigung des Schlussberichts sowie die Festlegung des Verteilers. Falls der Leiter der Internen Revision diese Aufgaben delegiert, verbleibt die Gesamtverantwortung bei ihm.

2440.A1 – Der Leiter der Internen Revision ist dafür verantwortlich, dass die Endergebnisse an diejenigen Beteiligten kommuniziert werden, die sicherstellen können, dass die Ergebnisse angemessene Beachtung finden.

2440.A2 – Soweit durch rechtliche, gesetzliche oder behördliche Regelungen nicht anders vorgesehen, muss der Leiter der Internen Revision vor Weitergabe von Ergebnissen an organisationsexterne Stellen:
- das Risiko für die Organisation bewerten,
- sich mit den leitenden Führungskräften und/oder wenn erforderlich mit einem Rechtsbeistand abstimmen und
- die Verbreitung durch Nutzungsbeschränkungen einschränken.

2440.C1 – Der Leiter der Internen Revision ist verantwortlich für die Berichterstattung über Beratungsergebnisse an die Kunden.

2440.C2 – Im Verlauf eines Beratungsauftrags können Schwachstellen im Bereich Führung und Überwachung, Risikomanagement und Kontrolle festgestellt werden. Falls diese für die Organisation von Bedeutung sind, müssen sie den leitenden Führungskräften und der Geschäftsleitung bzw. dem Überwachungsorgan berichtet werden.

2450 Zusammenfassende Beurteilungen
Wenn eine zusammenfassende Beurteilung abgegeben wird, muss diese die Strategien, Risiken und Ziele der Organisation sowie die Erwartungen der leitenden Führungskräfte, der Geschäftsleitung bzw. des Überwachungsorgans sowie von anderen Interessengruppen berücksichtigen. Die zusammenfassende Beurteilung muss durch ausreichende, zuverlässige, relevante und zweckdienliche Informationen belegt sein.

Erläuterung
Die Berichterstattung wird enthalten:

- Den Umfang und Zeitraum auf den sich die Beurteilung bezieht.
- Beschränkung des Projektumfangs.

- Berücksichtigung aller relevanten Projekte einschließlich des Vertrauens auf andere Bestätigungs- und Prüffunktionen.
- Eine Zusammenfassung der Informationen, die die Beurteilung belegen.
- Das Risiko- oder Kontrollmodell oder andere Kriterien, die für die zusammenfassende Beurteilung zugrunde gelegt wurden.
- Die zusammenfassende Beurteilung, Bewertung und Schlussfolgerung.

Negative Gesamtbeurteilungen müssen begründet werden.

2500 Überwachung des weiteren Vorgehens
Der Leiter der Internen Revision muss zur Überwachung der Erledigung der Feststellungen in den dem Management übergebenen Revisionsberichten ein entsprechendes System entwickeln und pflegen.

2500.A1 – Der Leiter der Internen Revision muss ein Follow-up-Verfahren einrichten, mit dem überwacht und sichergestellt wird, dass vereinbarte Maßnahmen wirksam umgesetzt werden oder die leitenden Führungskräfte das Risiko auf sich genommen haben, keine Maßnahmen durchzuführen.

2500.C1 – Die Interne Revision muss die Umsetzung der Beratungsergebnisse in dem mit dem Kunden vereinbarten Umfang überwachen.

2600 Kommunikation der Risikoakzeptanz
Kommt der Leiter der Internen Revision zu dem Schluss, dass das Management ein für die Organisation nicht tragbares Risiko akzeptiert, so muss der Leiter der Internen Revision diese Sachlage mit den leitenden Führungskräften besprechen. Falls der Leiter der Internen Revision der Auffassung ist, dass die Angelegenheit nicht zufriedenstellend gelöst wurde, muss er die Angelegenheit der Geschäftsleitung bzw. dem Überwachungsorgan vortragen.

Erläuterung
Die Identifizierung des vom Management akzeptierten Risikos kann über einen Prüfungs- oder Beratungsauftrag, die Verfolgung der durch das Management veranlassten Maßnahmen oder Ähnliches erfolgen. Es ist nicht die Verantwortung des Leiters der Internen Revision, das Risiko zu beseitigen.

9.4 IIA Switzerland Quality Self Assessment Tool (Q-SAT)

In der folgenden Tabelle sind die im Jahr 2017 veröffentlichten, 208 Kriterien des Quality Self Assessment Tools (Q-SAT) des Schweizerischen Verbandes für Interne Revision (IIA Switzerland), abgedruckt. Wir bedanken uns beim SVIR für die freundliche Abdruckgenehmigung.

9.4 IIA Switzerland Quality Self Assessment Tool (Q-SAT)

Nr.	IIA-Standard 2017	Statement
HStd		**1000 – Aufgabenstellung, Befugnisse und Verantwortung des Internal Audit müssen formell in einem Audit Charter bestimmt sein, dem die Mission des Internal Audit und die verbindlichen Elemente des International Professional Practices Framework des Internal Audit (die Core Principles für die berufliche Praxis des Internal Audit, der Code of Ethics, die IIA Standards und die Definition des Internal Audit) zu Grunde liegen. Der Chief Audit Executive muss den Audit Charter regelmässig überprüfen und der Geschäftsleitung und dem Verwaltungsrat/Audit Committee zur Genehmigung vorlegen.**
Q.1000.1	1000	Aufgabenstellung, Befugnisse und Verantwortung des Internal Audit sind formell in einem Audit Charter definiert.
Q.1000.2	1000	Dem Audit Charter liegen die Mission des Internal Audit und die verbindlichen Elemente des International Professional Practices Framework des Internal Audit (die Core Principles für die berufliche Praxis des Internal Audit, der Code of Ethics, die IIA Standards und die Definition des Internal Audit) zugrunde.
Q.1000.3	1000	Der Audit Charter wird vom Chief Audit Executive regelmässig auf Aktualität und Angemessenheit überprüft.
Q.1000.4	1000	Der Audit Charter ist vom Verwaltungsrat/Audit Committee genehmigt.
Q.1000.5	1000	Der Audit Charter wird von der Geschäftsleitung zur Kenntnis genommen.
Q.1000.6	1000 Erläuterung	Der Audit Charter bestimmt die Stellung des Internal Audit innerhalb der Organisation.
Q.1000.7	1000 Erläuterung	Der Audit Charter bestimmt die funktionale Berichtslinie des Chief Audit Executive an den Verwaltungsrat/Audit Committee.
Q.1000.8	1000 Erläuterung	Der Audit Charter autorisiert den Zugang zu Unterlagen, Mitarbeitenden und Vermögensgegenständen, soweit dies zur Auftragsdurchführung erforderlich ist.
Q.1000.9	1000 Erläuterung	Der Audit Charter bestimmt den Umfang der Tätigkeiten des Internal Audit.
Std		1010 – Der verbindliche Charakter der Core Principles des International Professional Practices Framework des Internal Audit, des Code of Ethics, der IIA Standards und der Definition des Internal Audit muss im Audit Charter berücksichtigt sein. Der Chief Audit Executive soll die Mission des Internal Audit und die verbindlichen Elemente des International Professional Practices Framework des Internal Audit mit Geschäftsleitung bzw. Verwaltungsrat/Audit Committee besprechen.
Q.1000.10	1010	Im Audit Charter wird die Verbindlichkeit der Core Principles, des Code of Ethics, der IIA Standards und der Definition anerkannt.
Q.1000.11	1010	Der Chief Audit Executive hat die Mission sowie die verbindlichen Elemente des International Professional Practices Framework mit dem Verwaltungsrat/Audit Committee bzw. der Geschäftsleitung besprochen.
HStd		**1100 – Das Internal Audit muss unabhängig sein, und die Internal Auditors müssen bei der Durchführung ihrer Aufgaben objektiv vorgehen.**
Std		1110 - Der Chief Audit Executive muss der Ebene innerhalb der Organisation unterstehen, die sicherstellen kann, dass das Internal

		Audit seine Aufgaben sachgerecht erfüllen kann. Der Chief Audit Executive muss dem Verwaltungsrat/Audit Committee mindestens jährlich die organisatorische Unabhängigkeit bestätigen.
Q.1100.1	1110 Erläuterung	Das Internal Audit untersteht funktional dem Verwaltungsrat/Audit Committee.
Q.1100.2	1110 Erläuterung	Das Internal Audit untersteht administrativ dem Verwaltungsrat/Audit Committee oder, sofern sinnvoll, einem Geschäftsleitungsmitglied.
Q.1100.3	1110	Der Chief Audit Executive bestätigt dem Verwaltungsrat/Audit Committee mindestens jährlich die organisatorische Unabhängigkeit.
Q.1100.4	1110 Erläuterung	Der Verwaltungsrat/Audit Co mmittee genehmigt den Audit Charter.
Q.1100.5	1110 Erläuterung	Der Verwalttungsrat/Audit Committee genehmigt die risikoorientierte Prüfungsplanung.
Q.1100.6	1110 Erläuterung	Der Verwalttungsrat/Audit Committee genehmigt das Budget und die Ressourcenplanung des Internal Audit.
Q.1100.7	1110 Erläuterung	Der Chief Audit Executive berichtet dem Verwaltungsrat/Audit Committee über die Aufgabenerfüllung des Internal Audit in Bezug auf den Auditplan und andere Aspekte.
Q.1100.8	1110 Erläuterung	Der Verwaltungsrat/Audit Committee genehmigt Entscheide die Ernennung oder Entlassung des Chief Audit Executive bezüglich.
Q.1100.9	1110 Erläuterung	Der Verwaltungsrat/Audit Committee genehmigt die Vergütung des Chief Audit Executive.
Q.1100.10	1110 Erläuterung	Der Verwaltungsrat/Audit Committee macht sachgerechte Abklärungen bei Führungskräften und dem Chief Audit Executive, dass keine unverhältnismässigen Einschränkungen von Prüfungsumfang oder Mittelausstattung vorliegen.
Q.1100.11	1110.A1	Das Internal Audit kann stets unbehindert den Prüfungsumfang festlegen.
Q.1100.12	1110.A1	Das Internal Audit kann stets unbehindert seine Arbeit durchführen.
Q.1100.13	1110.A1	Das Internal Audit kann stets unbehindert Bericht erstatten.
Q.1100.14	1110.A1	Der Chief Audit Executive hat allfällige Beinflussungen dem Verwaltungsrat/Audit Committee offengelegt und die Auswirkungen besprochen.
Std		1111 – Der Chief Audit Executive muss direkt mit dem Verwaltungsrat/Audit Committee kommunizieren und zusammenarbeiten.
Q.1100.15	1111	Der Chief Audit Executive kommuniziert direkt mit dem Verwaltungsrat/Audit Committee.
Q.1100.16	1111	Der Chief Audit Executive arbeitet mit dem Verwaltungsrat/Audit Committee zusammen.
Std		1112 – Wenn der Chief Audit Executive Rollen und/oder Verantwortlichkeiten ausserhalb des Internal Audit wahrnimmt oder dieses von ihm erwartet wird, müssen Vorkehrungen zur Begrenzung von Beeinträchtigungen der Unabhängigkeit und der Objektivität getroffen werden.
Q.1100.17	1112	Vorkehrungen wurden getroffen um Beeinträchtigungen der Unabhängigkeit und Objektivität bei allfälligen Rollen und/oder Verantwortlichkeiten ausserhalb des Internal Audit zu vermeiden.
Q.1100.18	1112 Erläuterung	Der Verwaltunsrat/Audit Committee überprüft in periodischen Abständen potentielle Beeinträchtigungen der Unabhängikeit und Objektivität. Diese können eine Beurteilung der Reporting Lines und Verantwortlichkeiten sowie von alternativen Prozessen umfassen.
Std		1120 – Internal Auditors müssen unparteiisch und unvoreingenommen sein und Interessenkonflikte vermeiden.

9.4 IIA Switzerland Quality Self Assessment Tool (Q-SAT)

Q.1100.19	1120	Die Internal Auditors sind stets unparteiisch und unvoreingenommen und vermeiden Interessenkonflikte.
Q.1100.20	1120 Erläuterung	Es liegen keine Umstände vor, die die Fähigkeit des Internal Audit seine Aufgaben unbeeinflusst wahrzunehmen, beeinträchtigen.
Q.1100.21		Die Internal Auditors nehmen keine Verantwortungen im operativen Betrieb wahr.
Std		1130 – Ist die Unabhängigkeit oder Objektivität tatsächlich oder dem Anschein nach beeinträchtigt, so müssen den zuständigen Stellen die entsprechenden Einzelheiten offen gelegt werden. Die Art der Offenlegung hängt von der jeweiligen Beeinträchtigung ab.
Q.1100.22	1130	Ist die Unabhängigkeit/ Objektivität tatsächlich oder dem Anschein nach beeinträchtigt, so werden den zuständigen Stellen die entsprechenden Einzelheiten offengelegt.
Q.1100.23	1130	Die Art der Offenlegung einer Beeinträchtigung der Unabhängigkeit/ Objektivität wird in Abhängigkeit der jeweiligen Beeinträchtigung bestimmt.
Q.1100.24	1130.A1	Die Internal Auditors beurteilen ausschliesslich Geschäftsprozesse, für die sie mindestens ein Jahr lang nicht verantwortlich waren.
Q.1100.25	1130.A2	Prüfungen von Organisationseinheiten, für die der Chief Audit Executive die Verantwortung trägt, müssen von einer Stelle ausserhalb des Internal Audit überwacht werden.
Q.1100.26	1130.A3	Bei Prüfungsdienstleistungen in Bereichen, in denen das Internal Audit vorher Beratungsdienstleistungen erbracht hat, muss sichergestellt sein, dass die Art der Beratung die Objektivität nicht beeinträchtigt hat und dass die individuelle Objektivität beachtet wird, wenn Ressourcen dem Auftrag zugeordnet werden.
HStd		**1200 – Die Aufträge sind mit Fachkompetenz und erforderlicher beruflicher Sorgfalt durchzuführen.**
Std		1210 – Internal Auditors müssen über das Wissen, die Fähigkeiten und sonstige Qualifikationen verfügen, die erforderlich sind, um ihrer individuellen Verantwortung gerecht zu werden. Das Internal Audit muss insgesamt das Wissen, die Fähigkeiten und sonstige Qualifikationen besitzen oder sich beschaffen, die erforderlich sind, um ihre Aufgaben wahrzunehmen.
Q.1200.1	1210	Die Internal Auditors verfügen über das Wissen, die Fähigkeiten und sonstige Qualifikationen, die erforderlich sind, um ihrer individuellen Verantwortung gerecht zu werden.
Q.1200.2	1210 1210.A1	Das Internal Audit besitzt als Abteilung das notwendige Fachwissen, die Fähigkeiten und sonstige Qualifikationen oder beschafft es sich, um der Verantwortung der Abteilung gerecht zu werden.
Q.1200.3	1210	Der Chief Audit Executive stellt stets sicher, dass die für eine wirksame Durchführung der Prüfungen notwendigen Kompetenzen vorhanden sind.
Q.1200.4	1210.A2	Die Internal Auditors verfügen über ausreichendes Wissen, um Risiken für dolose Handlungen und die Art, wie diese Risiken in der Organisation gehandhabt werden, zu beurteilen.
Q.1200.5	1210.A3	Die Internal Auditors haben angemessene Kenntnis der IT-bezogenen Risiken und Kontrollen sowie der technologiegestützten Prüfungstechniken.
Std		1220 – Internal Auditors müssen jenes Mass an Sorgfalt und Sachkunde anwenden, das üblicherweise von einem umsichtigen und kompetenten Internal Auditor erwartet werden kann. Berufliche Sorgfaltspflicht ist nicht gleichbedeutend mit Unfehlbarkeit.
Q.1200.6	1220	Die Internal Auditors wenden in ihrer Arbeit stets die notwendige berufliche Sorgfalt an, um ein einwandfreies Audit gewährleisten zu können.

Q.1200.7	1220.A1	Um die Prüfungsziele zu erreichen, berücksichtigen die Internal Auditors den erforderlichen Arbeitsumfang.
Q.1200.8	1220.A1	Die entsprechende Komplexität, Wesentlichkeit oder Signifikanz der Sachverhalte, die Gegenstand von Prüfungshandlungen sind, wird berücksichtigt.
Q.1200.9	1220.A1	Die Angemessenheit und Effektivität von Governance, Risk Management und Kontrollprozessen wird berücksichtigt.
Q.1200.10	1220.A1	Die Wahrscheinlichkeit des Vorliegens bedeutender Fehler, doloser Handlungen oder der Nichteinhaltung von Vorschriften wird berücksichtigt.
Q.1200.11	1220.A1	Die Kosten der Prüfungstätigkeit im Verhältnis zum möglichen Nutzen werden berücksichtigt.
Q.1200.12	1220.A2	Internal Auditors berücksichtigen den Einsatz technologieunterstützter und anderer Datenanalysemethoden.
Q.1200.13	1220.A3	Die Internal Auditors sind sich der wesentlichen Risiken bewusst, die sich auf geschäftliche Ziele, Geschäftsprozesse oder Ressourcen auswirken können, und behalten die Umstände und Aktivitäten, die besonders anfällig für Unregelmässigkeiten sind, im Auge.
Std		1230 – Internal Auditors müssen ihr Wissen, ihre Fähigkeiten und ihre sonstigen Qualifikationen durch regelmässige Weiterbildung erweitern.
Q.1200.14	1230	Eine systematische Ausbildung der Internal Auditors ist sichergestellt.
Q.1200.15	1230	Die kontinuierliche Weiterbildung aller Internal Auditors ist sichergestellt. (IG 1230 empfiehlt mindestens 40 Stunden pro Jahr).
Q.1200.16		Mit jedem Internal Auditor werden jährliche Beurteilungs- und Zielvereinbarungsgespräche durchgeführt, in welchen Einflussfaktoren wie z. B. Prüfungsaufgabe, Stärken -Schwächen- Analysen, Potenzialeinschätzungen, Entwicklungszielsetzungen und Fortbildungsmassnahmen einfliessen. (vgl. IG 1230)
HStd		**1300 – Der Chief Audit Executive muss ein Quality Assurance und Improvement Programm, das alle Aufgabengebiete des Internal Audit umfasst, entwickeln und pflegen.**
Q.1300.1	1300	Der Chief Audit Executive entwickelt und pflegt ein Quality Assurance und Improvement Programm.
Q.1300.2	1300	Das Quality Assurance und Improvement Programm umfasst alle Aufgabengebiete des Internal Audit.
Q.1300.3	1300 Erläuterung	Das Quality Assurance und Improvement Programm ermöglicht eine Beurteilung der Übereinstimmung mit dem Code of Ethics und den IIA Standards.
Q.1300.4	1300 Erläuterung	Das Quality Assurance und Improvement Programm beurteilt die Effizienz und Effektivität des Internal Audit.
Q.1300.5	1300 Erläuterung	Das Quality Assurance und Improvement Programm identifiziert Vorschläge zur Verbesserung der Effizienz und Effektivität des Internal Audit.
Q.1300.6	1300 Erläuterung	Der Chief Audit Executive fördert die Aufsicht vom Verwaltungsrat/ Audit Committee über das Quality Assurance und Improvement Programm.
Std		1310 – Das Quality Assurance und Improvement Programm muss sowohl interne als auch externe Assessments umfassen.
Q.1300.7	1310	Das Quality Assurance und Improvement Programm umfasst sowohl interne als auch externe Assessments.
Std		1311 – Interne Assessments müssen umfassen: - Laufendes Monitoring der Aufgabenerfüllung des Internal Audit. - Periodische Self-Assessments oder Assessments durch Personen innerhalb der Organisation, die über ausreichende Kenntnisse der Arbeitsmethoden des Internal Audit verfügen.

9.4 IIA Switzerland Quality Self Assessment Tool (Q-SAT)

Q.1300.8	1311	Interne Assessments beinhalten laufendes Monitoring der Aufgabenerfüllung des Internal Audit.
Q.1300.9	1311	Interne Assessments beinhalten periodische Self-Assessments oder Assessments durch Personen in der Organisation, die über ausreichende Kenntnisse der Arbeitsmethoden des Internal Audit und des International Professional Practices Framework verfügen.
Q.1300.10	1311 Erläuterung	Die Assessment Kriterien werden vom Code of Ethics, der Definition des Internal Audit, den IIA Standards und dem Audit Charter abgeleitet.
Std		1312 – Externe Assessments müssen mindestens alle fünf Jahre von einem qualifizierten, unabhängigen Assessor oder Assessor Team durchgeführt werden, der bzw. das nicht der Organisation angehört. Der Chief Audit Executive muss folgende Aspekte mit dem Verwaltungsrat/Audit Committee besprechen: - die Form und die Häufigkeit der externen Assessments; - die Fachkenntnis und die Unabhängigkeit des externen Assessor oder Assessor Team einschliesslich möglicher Interessenkonflikte.
Q.1300.11	1312	Innerhalb der letzten 5 Jahre wurde ein Quality Assessment des Internal Audit durch einen von der Organisation unabhängigen Assessor oder Assessor Team durchgeführt.
Q.1300.12	1312	Der Chief Audit Executive hat die Form und die Häufigkeit externer Assessments mit dem Verwaltungsrat/Audit Committee besprochen.
Q.1300.13	1312	Der Chief Audit Executive hat die Fachkenntnis und die Unabhängigkeit des externen Assessor oder Assessor Team einschliesslich möglicher Interessenkonflikte mit dem Verwaltungsrat/Audit Committee besprochen.
Q.1300.14	1312 Erläuterung	Der externe Assessor muss ein Urteil bezüglich der Übereinstimmung mit dem Code of Ethics und den IIA Standards abgeben.
Q.1300.15	1312 Erläuterung	Der Chief Audit Executive muss sicherstellen, dass der Assessor oder Assessor Team als Ganzes über Sachkunde in Bezug auf Erfahrung und theoretische Kenntnisse, wie auch Erfahrungen in Organisationen vergleichbarer Grösse, Komplexität und Branche in der das Unternehmen tätig ist, verfügt.
Q.1300.16	1312 Erläuterung	Der Chief Audit Executive fördert die Aufsicht von Geschäftsleitung bzw. Verwaltungsrat/Audit Committee über das externe Assessment.
Std		1320 – Der Chief Audit Executive muss die Ergebnisse des Quality Assurance und Improvement Programms der Geschäftsleitung und dem Verwaltungsrat/Audit Committee mitteilen. Die Offenlegung soll enthalten: - Umfang und Häufigkeit von internen und externen Beurteilungen. - Qualifikationen und Unabhängigkeit des/der Beurteiler(s) oder des Beurteilungsteams, einschliesslich potenzieller Interessenkonflikte. - Schlussfolgerungen der Beurteiler. - Korrigierende Massnahmenpläne.
Q.1300.17	1320	Die Ergebnisse des Quality Assurance und Improvement Programms werden dem Verwaltungsrat/Audit Committee, der Geschäftsleitung und der externen Revisionsstelle vom Chief Audit Executive berichtet.
Q.1300.18	1320	Der Bericht enthält Umfang und Häufigkeit von internen und externen Assessments.
Q.1300.19	1320	Der Bericht enthält Qualifikationen und Unabhängigkeit des Assessor oder des Assessor Team, einschliesslich potenzieller Interessenkonflikte.
Q.1300.20	1320	Der Bericht enthält Schlussfolgerungen des Assessor oder Assessor Team.

Q.1300.21	1320	Der Bericht enthält korrigierende Massnahmenpläne.
Q.1300.22	1320 Erläuterung	Form, Inhalt und Häufigkeit der Berichterstattung über die Ergebnisse des Quality Assurance und Improvement Programms werden in Gesprächen mit der Geschäftsleitung und dem Verwaltungsrat/Audit Committee festgelegt.
Q.1300.23	1320 Erläuterung	Die Ergebnisse von periodischen internen und externen Assessments werden nach deren Abschluss berichtet und die des laufenden Monitoring mindestens einmal jährlich.
Std		1321 – Die Angabe, dass das Internal Audit die International Standards für die berufliche Praxis des Internal Audit einhält, ist nur sachgerecht, wenn dies durch die Ergebnisse des Quality Assurance und Improvement Programms gestützt wird.
Q.1300.24	1321	Die Formulierung „übereinstimmend mit den International Standards für die berufliche Praxis des Internal Audit" wird nur verwendet, wenn das Quality Assurance und Improvement Programm dies unterstützt.
Q.1300.25	1321 Erläuterung	Die Ergebnisse des Quality Assurance und Improvement Programms umfassen die Resultate sowohl interner als auch externer Assessments.
Q.1300.26	1321 Erläuterung	Alle Aktivitäten des Internal Audit verfügen über Resultate interner Assessments.
Q.1300.27	1321 Erläuterung	Länger als fünf Jahre bestehende Internal Audits verfügen zusätzlich über Ergebnisse externer Assessments.
Std		1322 – Wenn sich Abweichungen vom Code of Ethics oder den IIA Standards auf den Tätigkeitsbereich oder die Durchführung des Internal Audit auswirken, muss der Chief Audit Executive Abweichung und Auswirkungen an die Geschäftsleitung und den Verwaltungsrat/Audit Committee berichten.
Q.1300.28	1322	Eine Abweichung vom Code of Ethics oder den IIA Standards wird der Geschäftsleitung und dem Verwaltungsrat/Audit Committee stets offengelegt.
HStd		**2000 – Der Chief Audit Executive muss das Internal Audit wirksam führen, um seinen Wertbeitrag für die Organisation sicherzustellen.**
Q.2000.1	2000 Erläuterung	Das Internal Audit erreicht die im Audit Charter festgelegte Aufgabenstellung und Verantwortung.
Q.2000.2	2000 Erläuterung	Die Tätigkeit des Internal Audit stimmt mit der Definition des Internal Audit und mit den IIA Standards überein.
Q.2000.3	2000 Erläuterung	Die am Internal Audit beteiligten Personen handeln im Einklang mit dem Code of Ethics und den IIA Standards.
Q.2000.4	2000 Erläuterung	Das Internal Audit berücksichtigt Trends und neue Themen, die die Organisation beeinflussten könnten.
Q.2000.5	2000 Erläuterung	Das Internal Audit erbringt einen Wertbeitrag für die Organisation und ihre Stakeholder, indem sie Strategien, Ziele und Risiken berücksichtigt, danach strebt, Wege zur Verbesserung der Governance, des Risk Management und der Kontrollprozesse aufzuzeigen und objektiv relevante Assurancedienstleistungen erbringt.
Std		2010 – Der Chief Audit Executive legt in der Planung die Prioritäten nach Risikokriterien und im Einklang mit den Organisationszielen fest.
Q.2000.6	2010	Der Chief Audit Executive legt einen mit den Organisationszielen in Einklang stehenden Prioritäten risikoorientierten Prüfungsplan fest.
Q.2000.7	2010 Erläuterung	Bei der Erstellung des risikoorientierten Prüfungsplans berät sich der Chief Audit Executive mit der Geschäftsleitung bzw. dem Verwaltungsrat/Audit Committee.

9.4　IIA Switzerland Quality Self Assessment Tool (Q-SAT)

Q.2000.8	2010 Erläuterung	Der Chief Audit Executive überprüft regelmässig den Prüfungsplan und passt diesen gegebenenfalls an, um Änderungen in der Geschäftstätigkeit, den Geschäftsprozessen und -systemen sowie der Risiken und der Kontrollen des Unternehmens Rechnung zu tragen.
Q.2000.9	2010.A1	Zur Festlegung der Prüfungsprioritäten wird mindestens einmal pro Jahr ein Risk Assessment durchgeführt.
Q.2000.10	2010.A1	Bei der Festlegung der Prüfungsprioritäten werden Anregungen und Hinweise vom Verwaltungsrat/Audit Committee und von der Geschäftsleitung berücksichtigt.
Q.2000.11	2010.A2	Der Chief Audit Executive stellt fest und berücksichtigt die Erwartungen des Verwaltungsrats/Audit Committee, der Geschäftsleitung sowie anderer Stakeholder bezüglich Beurteilungen und Schlussfolgerungen des Internal Audit.
Std		2020 – Der Chief Audit Executive muss der Geschäftsleitung und dem Verwaltungsrat/Audit Committee die Planung des Internal Audit, den Bedarf an Personal und Sachmitteln sowie zwischenzeitliche wesentliche Änderungen zur Kenntnisnahme und Genehmigung berichten. Ausserdem muss der Chief Audit Executive die Folgen etwaiger Ressourcenbeschränkungen erläutern.
Q.2000.12	2020	Der Chief Audit Executive berichtet der Geschäftsleitung und dem Verwaltungsrat/Audit Committee über die Planung des Internal Audit und holt die erforderliche Genehmigung ein.
Q.2000.13	2020	Der Chief Audit Executive berichtet der Geschäftsleitung und dem Verwaltungsrat/Audit Committee über den Bedarf an Personal und an Sachmitteln und holt die erforderliche Genehmigung ein.
Q.2000.14	2020	Der Chief Audit Executive berichtet der Geschäftsleitung und dem Verwaltungsrat/Audit Committee über zwischenzeitliche wesentliche Änderungen der Jahresplanung sowie des Bedarfs an Personal und Sachmitteln und holt die erforderliche Genehmigung ein.
Q.2000.15	2020	Der Chief Audit Executive berichtet der Geschäftsleitung und dem Verwaltungsrat/Audit Committee über die Folgen möglicher Ressourcenbeschränkungen.
Std		2030 – Der Chief Audit Executive muss sicherstellen, dass die Ressourcen des Internal Audit angemessen und ausreichend sind und wirksam eingesetzt werden, um die genehmigte Planung erfüllen zu können.
Q.2000.16	2030	Der Chief Audit Executive stellt sicher, dass die Ressourcen des Internal Audit angemessen und ausreichend sind und wirksam eingesetzt werden, um die genehmigte Planung erfüllen zu können.
Q.2000.17	2030 Erläuterung	Wissen, Fähigkeiten und sonstigen Qualifikationen des Internal Audit sind angemessen und stellen die Erfüllung der Jahresplanung sicher.
Q.2000.18	2030 Erläuterung	Der Umfang der Ressourcen reicht aus, um die Jahresplanung zu erfüllen.
Q.2000.19	2030 Erläuterung	Die Ressourcen sind so zugeordnet, dass die genehmigte Jahresplanung bestmöglich umgesetzt werden kann.
Std		2040 – Der Chief Audit Executive muss Richtlinien und Verfahren für die Führung des Internal Audit festlegen.
Q.2000.20	2040 Erläuterung	Der Chief Audit Executive legt Richtlinien und Verfahren für die Führung der Audit Abteilung fest, wobei deren Ausgestaltung im Einklang mit der Grösse und Struktur der Audit Abteilung steht.
Std		2050 – Der Chief Audit Executive soll Informationen austauschen, Aktivitäten koordinieren und das Abstützen auf die Arbeiten anderer interner und externer Assurance- und Beratungsdienstleister erwägen, damit eine angemessene Abdeckung erzielt und Doppelarbeiten vermieden werden.

Q.2000.21	2050	Der Chief Audit Executive tauscht Informationen mit anderen internen und externen Assurance- und Beratungsdienstleistern aus.
Q.2000.22	2050	Der Chief Audit Executive koordiniert Aktivitäten mit anderen internen und externen Assurance- und Beratungsdienstleistern.
Q.2000.23	2050	Der Chief Audit Executive erwägt das Abstützen auf die Arbeiten anderer interner und externer Assurance- und Beratungsdienstleister.
Q.2000.24	2050 Erläuterung	Vertraut der Chief Audit Executive auf die Tätigkeit anderer Assurance- und Beratungsdienstleister, ist ein konsistenter Prozess etabliert.
Q.2000.25	2050 Erläuterung	Vertraut der Chief Audit Executive auf die Tätigkeit anderer Assurance- und Beratungsdienstleister, berücksichtigt er deren Kompetenz, Objektivität und Sorgfalt.
Q.2000.26	2050 Erläuterung	Vertraut der Chief Audit Executive auf die Tätigkeit anderer Assurance- und Beratungsdienstleister, hat er ein klares Verständnis von Umfang, Zielen und Ergebnissen derer Tätigkeiten.
Q.2000.27	2050 Erläuterung	Vertraut der Chief Audit Executive auf die Tätigkeit anderer Assurance- und Beratungsdienstleister, ist er trotzdem noch verantwortlich dafür und stellt sicher, dass Schlussfolgerungen und Beurteilungen des Internal Audit angemessen belegt werden.
Std		2060 – Der Chief Audit Executive muss regelmässig an die Geschäftsleitung bzw. Verwaltungsrat/Audit Committee über Aufgabenstellung, Befugnisse und Verantwortlichkeiten des Internal Audit sowie über die Aufgabenerfüllung im Vergleich zur Planung sowie über die Einhaltung des Code of Ethics und der IIA Standards berichten. Die Berichterstattung muss auch wesentliche Risiko und Kontroll Themen einschliesslich des Risikos doloser Handlungen, der Governance sowie andere Themen berücksichtigen, die die Aufmerksamkeit der Geschäftsleitung bzw.Verwaltungsrat/Audit Committee erfordern.
Q.2000.28	2060	Der Chief Audit Executive berichtet der Geschäftsleitung und dem Verwaltungsrat/Audit Committee über Aufgabenstellung, Befugnisse und Verantwortlichkeiten des Internal Audit.
Q.2000.29	2060	Der Chief Audit Executive berichtet der Geschäftsleitung bzw. dem Verwaltungsrat/Audit Committee über die Aufgabenerfüllung im Vergleich zur Jahresplanung.
Q.2000.30	2060	Der Chief Audit Executive berichtet der Geschäftsleitung bzw. dem Verwaltungsrat/Audit Committee über die Einhaltung des Code of Ethics und der IIA Standards.
Q.2000.31	2060	Die Berichterstattung enthält eine allgemeine Beurteilung der Governance, des Risk Management und der Kontrolle sowie andere für die Geschäftsleitung bzw. Verwaltungsrat/Audit Committee relevante Sachverhalte.
Q.2000.32	2060 Erläuterung	Die Häufigkeit und der Inhalt der Berichterstattung werden gemeinschaftlich vom Chief Audit Executive sowie von der Geschäftsleitung bzw. dem Verwaltungsrat/Audit Committee festgelegt.
Q.2000.33	2060 Erläuterung	Die Häufigkeit und der Inhalt der Berichterstattung werden in Abhängigkeit von der Bedeutung der zu berichtenden Sachverhalte sowie von der Dringlichkeit der erforderlichen Massnahmen, die von der Geschäftsleitung bzw. Verwaltungsrat/Audit Committee zu ergreifen sind, festgelegt.
HStd	HStd	**2100 – Das Internal Audit muss durch die Anwendung eines systematischen, zielgerichteten und risikoorientierten Vorgehens Governance, Risk Management sowie Kontrollprozesse der Organisation bewerten und zu deren Verbesserung beitragen. Glaubwürdigkeit und Wert des Internal Audit werden verbessert, wenn Internal Auditors proaktiv sind und ihre Bewertungen neue Einblicke ermöglichen und zukünftige Auswirkungen berücksichtigen.**

Std	Std	2110 – Das Internal Audit muss zur Verbesserung der Governance Prozesse der Organisation Folgendes beurteilen und dafür angemessene Empfehlungen geben: - Treffen strategischer und operativer Entscheidungen. - Überwachung von Risk Management und Kontrolle. - Förderung ethisch angemessener Normen und Werte in der Organisation. - Sicherstellung eines wirksamen Performance Management sowie klarer Verantwortlichkeiten in der Organisation. - Kommunikation von risiko- sowie kontrollbezogenen Informationen an die in der Organisation zuständigen Stellen. - Koordination der Aktivitäten von, und Kommunikation zwischen dem Verwaltungsrat/Audit Committee, den Wirtschaftsprüfern, den Internal Auditors, anderen Assurancedienstleistern sowie der Geschäftsleitung.
Q.2100.1	2110	Das Internal Audit beurteilt, ob die Governance Prozesse der Organisation wirksam ist und gibt angemessene Empfehlungen ab.
Q.2100.2	2110	Das Internal Audit beurteilt das Treffen strategischer sowie operativer Entscheidungen und gibt dafür angemessene Empfehlungen ab.
Q.2100.3	2110	Das Internal Audit beurteilt die Überwachung von Risk Management und Kontrolle und gibt dafür angemessene Empfehlungen ab.
Q.2100.4	2110	Das Internal Audit beurteilt die Förderung ethisch angemessener Normen und Werte in der Organisation und gibt dafür angemessene Empfehlungen ab.
Q.2100.5	2110	Das Internal Audit beurteilt die Sicherstellung eines wirksamen Performance-Managements sowie klarer Verantwortlichkeiten in der Organisation und gibt dafür angemessene Empfehlungen ab.
Q.2100.6	2110	Das Internal Audit beurteilt die Kommunikation von risiko- sowie kontrollbezogenen Informationen an die in der Organisation zuständigen Stellen und gibt dafür angemessene Empfehlungen ab.
Q.2100.7	2110	Das Internal Audit beurteilt die Koordination der Aktivitäten von, und Kommunikation zwischen dem Verwaltungsrat/Audit Committee, den Wirtschaftsprüfern, den Internal Auditors, anderen Assurancedienstleistern sowie der Geschäftsleitung und gibt dafür angemessene Empfehlungen ab.
Q.2100.8	2110.A1	Das Internal Audit beurteilt die Gestaltung, Umsetzung und Wirksamkeit der ethikbezogenen Ziele, Programme und Aktivitäten der Organisation.
Q.2100.9	2110.A2	Das Internal Audit beurteilt, ob die IT-Governance der Organisation die Strategien und Ziele der Organisation unterstützt und fördert.
Std		2120 – Das Internal Audit muss die Funktionsfähigkeit der Risk Management Prozesse beurteilen und zu deren Verbesserung beitragen.
Q.2100.10	2120 Erläuterung	Das Internal Audit beurteilt, ob die Ziele der Organisation mit deren Mission im Einklang stehen und diese unterstützen.
Q.2100.11	2120 Erläuterung	Das Internal Audit beurteilt, ob die wesentlichen Risiken erkannt und bewertet sind.
Q.2100.12	2120 Erläuterung	Das Internal Audit beurteilt, ob angemessene Risikomassnahmen ergriffen wurden, die mit der Risikoneigung der Organisation im Einklang stehen.
Q.2100.13	2120 Erläuterung	Das Internal Audit beurteilt, ob wesentliche risikobezogene Informationen erfasst und rechtzeitig kommuniziert werden.
Q.2100.14	2120 Erläuterung	Das Internal Audit erlangt die Informationen und Begründungen für eine Gesamtbeurteilung der Funktionsfähigkeit des Risk Management – sofern notwendig – im Rahmen von mehreren Aufträgen.

Q.2100.15	2120.A1	Das Internal Audit beurteilt die Risikopotenziale in Bezug auf die Erreichung der strategischen Ziele der Organisation
Q.2100.16	2120.A1	Das Internal Audit beurteilt die Risikopotenziale in Bezug auf die Zuverlässigkeit und Integrität von Daten des Rechnungswesens und von anderen operativen Informationen.
Q.2100.17	2120.A1	Das Internal Audit beurteilt die Risikopotenziale in Bezug auf die Effektivität und Effizienz von Geschäftsprozessen und Programmen.
Q.2100.18	2120.A1	Das Internal Audit beurteilt die Risikopotenziale in Bezug auf die Sicherung des materiellen und immateriellen Betriebsvermögens.
Q.2100.19	2120.A1	Das Internal Audit beurteilt die Risikopotenziale in Bezug auf die Einhaltung von Gesetzen, Verordnungen, Richtlinien, Verfahren und Verträgen.
Q.2100.20	2120.A2	Das Internal Audit beurteilt die Möglichkeit des Auftretens doloser Handlungen.
Q.2100.21	2120.A2	Das Internal Audit beurteilt die Vorgehensweise der Organisation bei der Steuerung des Risikos doloser Handlungen.
Std		2130 – Das Internal Audit muss die Organisation bei der Aufrechterhaltung einer wirksamen Kontrolle unterstützen, indem es deren Effektivität und Effizienz beurteilt sowie kontinuierliche Verbesserungen fördert.
Q.2100.22	2130.A1	Das Internal Audit beurteilt die Angemessenheit und Wirksamkeit der Kontrolle in Bezug auf die Erreichung der strategischen Ziele der Organisation.
Q.2100.23	2130.A1	Das Internal Audit beurteilt die Angemessenheit und Wirksamkeit der Kontrolle in Bezug auf die Zuverlässigkeit und Integrität von Daten des Rechnungswesens und von anderen operativen Informationen.
Q.2100.24	2130.A1	Das Internal Audit beurteilt die Angemessenheit und Wirksamkeit der Kontrolle in Bezug auf die Effektivität und Effizienz von Geschäftsprozessen und Programmen.
Q.2100.25	2130.A1	Das Internal Audit beurteilt die Angemessenheit und Wirksamkeit der Kontrolle in Bezug auf die Sicherung des materiellen und immateriellen Betriebsvermögens.
Q.2100.26	2130.A1	Das Internal Audit beurteilt die Angemessenheit und Wirksamkeit der Kontrolle in Bezug auf die Einhaltung von Gesetzen, Verordnungen, Richtlinien, Verfahren und Verträgen.
HStd		**2200 – Internal Auditors müssen für jeden Auftrag eine Planung entwickeln und dokumentieren, die Ziele, Umfang, Zeitplan und zugeordnete Ressourcen umfasst. Der Plan muss die Strategien, Ziele und Risiken der Organisation berücksichtigen, die für den Auftrag relevant sind.**
Q.2200.1	2200	Internal Auditors entwickeln für jeden Auftrag eine schriftliche Planung.
Q.2200.2	2200	Die schriftliche Planung gibt Auskunft über Ziele, Umfang, Zeitplan und Ressourcenzuteilung.
Q.2200.3	2200	Der Plan enthält die Strategien, Ziele und Risiken der Organisation, die für den Auftrag relevant sind.
Std		2201 – Bei der Planung eines Auftrags müssen Internal Auditors folgende Faktoren berücksichtigen: - Die Strategien und Ziele der zu auditierenden Einheit sowie die Mittel, mit denen diese ihre Leistung überprüft. - Wesentlichen Risiken für die Ziele, Ressourcen und Geschäftsprozesse der Einheit und die Mittel, mit denen mögliche Folgen der Risiken in einem vertretbaren Rahmen gehalten werden. - Die Angemessenheit und Wirksamkeit der Governance, des Risk Management sowie der Kontrollprozesse der zu auditierenden Einheit im Verhältnis zu einem relevanten Framework oder Modell - Die Möglichkeit, wesentliche Verbesserungen an der Governance, dem Risk Management sowie den Kontrollprozessen der Einheit vorzunehmen.

9.4 IIA Switzerland Quality Self Assessment Tool (Q-SAT)

Q.2200.4	2201	Internal Auditors berücksichtigen bei der Detailplanung die Strategie und Ziele des zu prüfenden Tätigkeitsbereichs sowie die Mittel, mit denen dieser seine Leistung überprüft.
Q.2200.5	2201	Internal Auditors berücksichtigen bei der Detailplanung die wesentlichen Risiken für den Tätigkeitsbereich, dessen Ziele, Ressourcen, Geschäftsprozesse und die Mittel, mit denen mögliche Folgen der Risiken in einem vertretbaren Rahmen gehalten werden.
Q.2200.6	2201	Internal Auditors berücksichtigen bei der Detailplanung die Angemessenheit und Wirksamkeit der Governance, des Risk Management sowie der Kontrollprozesse des betreffenden Tätigkeitsbereichs im Verhältnis zu einem relevanten Framework oder Modell.
Q.2200.7	2201	Internal Auditors berücksichtigen bei der Detailplanung die Möglichkeiten, wesentliche Verbesserungen an der Governance, dem Risk Management sowie an den Kontrollprozessen des betreffenden Tätigkeitsbereichs vorzunehmen.
Q.2200.8	2201.A1	Wenn das Internal Audit einen Auftrag für unternehmensexterne Dritte plant, muss mit dem Dritten eine schriftliche Vereinbarung bezüglich der Ziele, des Umfangs, der Verantwortlichkeiten und des Zugangs zu den Auftragsakten sowie anderer Erwartungen getroffen werden.
Std		2210 – Für jeden Auftrag müssen Ziele definiert werden.
Q.2200.9	2210	Für jeden Auftrag werden Ziele festgelegt.
Q.2200.10	2210.A1	Zur Planung der einzelnen Aufträge schätzen Internal Auditors die Risiken der zu prüfenden Einheit ein.
Q.2200.11	2210.A1	Die Auftragsziele spiegeln diese Risikoeinschätzung wider.
Q.2200.12	2210.A2	Internal Auditors berücksichtigen bei der Festlegung der Auftragsziele die Wahrscheinlichkeit wesentlicher Fehler, doloser Handlungen, Regelverstösse und sonstige Risikopotenziale.
Q.2200.13	2210.A3	Sofern das Linienmanagement und/oder der Verwaltungsrat/Audit Committee angemessene Kriterien für Governance, Risk Management und Kontrolle festgelegt hat, verwenden Internal Auditors diese Kriterien zur Beurteilung der Zielerreichung für die eigene Bewertung.
Std		2220 – Der festgelegte Umfang muss ausreichend sein, um das Erreichen der Auftragsziele zu ermöglichen.
Q.2200.14	2220	Der festgelegte Umfang reicht aus, das Erreichen der Auftragsziele zu ermöglichen.
Q.2200.15	2220.A1	Bei der Festlegung des Prüfungsumfangs werden alle relevanten Systeme, Aufzeichnungen, Mitarbeitenden und Vermögensgegenstände, einschliesslich jener, die sich in der Kontrolle Dritter befinden, berücksichtigt.
Q.2200.16	2220.A2	Sollte im Verlauf eines Prüfungsauftrages ein wesentlicher Beratungsbedarf auftreten, sollte eine gezielte schriftliche Vereinbarung getroffen werden, die Ziele, Umfang, Verantwortlichkeiten und weitere Erwartungen umfasst.
Std		2230 – Internal Auditors müssen eine angemessene und zum Erreichen der Auftragsziele ausreichende Ressourcenausstattung festlegen. Dabei sind Art und Komplexität des Auftrags, Zeitvorgaben und die zur Verfügung stehenden Ressourcen zu berücksichtigen.
Q.2200.17	2230	Die Ressourcen werden so festgelegt, dass sie zum Erreichen der Auftragsziele ausreichen.
Q.2200.18	2230	Die Ressourcen werden entsprechend den Zielen, dem Umfang und der Komplexität des Auftrags zugeteilt.
Std		2240 – Internal Auditors müssen Arbeitsprogramme entwickeln und dokumentieren, die dem Erreichen der Auftragsziele dienen.
Q.2200.19	2240	Internal Auditors entwickeln und dokumentieren Arbeitsprogramme.
Q.2200.20	2240.A1	Das Arbeitsprogramm enthält die Verfahrensschritte zur Identifikation, Analyse, Bewertung und Aufzeichnung von Informationen während des Auftrags.

Q.2200.21	2240.A1	Das Arbeitsprogramm wird vor Beginn der Arbeiten genehmigt.
Q.2200.22	2240.A1	Alle späteren Anpassungen werden umgehend zur Genehmigung vorgelegt.
HStd		**2300 – Internal Auditors müssen Informationen identifizieren, analysieren, bewerten und dokumentieren, die ausreichend zum Erreichen der Auftragsziele sind.**
Q.2300.1	2300	Internal Auditors identifizieren, analysieren, bewerten und dokumentieren Informationen, die ausreichend zum Erreichen der Auftragsziele sind.
Std		2310 – Internal Auditors müssen zum Erreichen der Auftragsziele ausreichende, zuverlässige, relevante und nützliche Informationen identifizieren.
Q.2300.2	2310	Die gesammelten Informationen sind stets ausreichend, zuverlässig, relevant und nützlich, um die Auftragsziele zu erreichen.
Std		2320 – Internal Auditors müssen ihre Schlussfolgerungen und Audit-Ergebnisse auf geeignete Analysen und Beurteilungen stützen.
Q.2300.3	2320	Die Schlussfolgerungen und Audit-Ergebnisse der Internal Auditors stützen sich stets auf geeignete Analysen und Beurteilungen.
Std		2330 – Internal Auditors müssen ausreichende, zuverlässige, relevante und zweckdienliche Informationen aufzeichnen, um die Audit-Ergebnisse und Schlussfolgerungen zu begründen.
Q.2300.4	2330	Internal Auditors zeichnen ausreichende, zuverlässige, relevante und zweckdienliche Informationen auf, um die Audit Ergebnisse und Schlussfolgerungen zu begründen.
Q.2300.5	2330.A1	Der Chief Audit Executive regelt den Zugriff auf die Auftragsunterlagen.
Q.2300.6	2330.A1	Der Chief Audit Executive holt vor der Freigabe der Auftragsunterlagen an externe Stellen die Genehmigung der Geschäftsleitung, ggfs. auch die Stellungnahme eines Rechtsberaters, ein.
Q.2300.7	2330.A2	Der Chief Audit Executive legt – unabhängig vom verwendeten Medium – Aufbewahrungsfristen für die Auftragsunterlagen fest.
Std		2340 – Die Durchführung der Aufträge ist in geeigneter Weise zu beaufsichtigen, um sicherzustellen, dass die Ziele erreicht werden, die Qualität gesichert ist und die Weiterentwicklung des Personals gefördert wird.
Q.2300.8	2340 Erläuterung	Der Chief Audit Executive gewährleistet eine angemessene Beaufsichtigung der Auftragsdurchführung.
Q.2300.9	2340 Erläuterung	Angemessene Nachweise der Beaufsichtigung werden dokumentiert und aufbewahrt.
HStd		**2400 – Internal Auditors müssen über die Ergebnisse der jeweiligen Prüfungs- bzw. Beratungsaufträge berichten.**
Q.2400.1	2400	Internal Auditors erstatten über die Ergebnisse von Prüfungs- bzw. Beratungsaufträgen Bericht.
Std		2410 – Die Berichterstattung muss Ziele, Umfang und Ergebnisse des Auftrags enthalten.
Q.2400.2	2410	Jeder Schlussbericht enthält die Ziele, Umfang und Ergebnisse des Audit.
Q.2400.3	2410.A1	Jeder Schlussbericht enthält geeignete Schlussfolgerungen, Empfehlungen und/oder Aktionspläne des Internal Auditor.
Q.2400.4	2410.A1	Jeder Schlussbericht enthält – soweit angebracht – die Beurteilung des Internal Auditor.
Q.2400.5	2410.A1	Eine Beurteilung muss Erwartungen des Verwaltungsrats/Audit Committee, der Geschäftsleitung und anderer Stakeholder berücksichtigen und durch ausreichende, zuverlässige, relevante und nützlichen Informationen belegt sein.
Q.2400.6	2410.A1 Erläuterung	Auftragsbezogene Beurteilungen – in Bezug auf Kontrollen eines spezifischen Geschäftsprozesses, eines Risikos oder einer Organisationseinheit – sind entweder Einstufungen, Schlussfolgerungen oder andere Beschreibungen der Ergebnisse.

9.4 IIA Switzerland Quality Self Assessment Tool (Q-SAT)

Q.2400.7	2410.A1 Erläuterung	Das Abfassen solcher Beurteilungen erfordert Berücksichtigung der Auftragsergebnisse und ihrer Bedeutung.
Q.2400.8	2410.A2	Internal Auditors berichten auch zufriedenstellende Leistungen der Einheit.
Q.2400.9	2410.A3	Bei der Offenlegung der Audit-Ergebnisse an externe Stellen werden diese auf Verbreitungs- und Nutzungsbeschränkungen hingewiesen.
Std		2420 – Audit-Berichte müssen richtig, objektiv, klar, prägnant, konstruktiv und vollständig sein und zeitnah erstellt werden.
Q.2400.10	2420	Jeder Audit-Bericht ist richtig, objektiv, klar, prägnant, konstruktiv und vollständig und wird zeitnah erstellt.
Std		2421 – Enthält ein Schlussbericht wesentliche Fehler oder Auslassungen, muss der Chief Audit Executive allen Personen, die den ursprünglichen Bericht erhalten haben, die berichtigten Informationen übermitteln.
Q.2400.11	2421	Enthält der endgültige Audit-Bericht wesentliche Fehler oder Auslassungen, so übermittelt der Chief Audit Executive jeweils allen Personen, die den ursprünglichen Bericht erhalten haben, die berichtigten Informationen.
Std		2430 – Die Angabe, dass Aufträge „in Übereinstimmung mit den International Standards für die berufliche Praxis des Internal Audit durchgeführt" wurden, ist nur sachgerecht, wenn die Beurteilung des Quality Assurance und Improvement Programms diese Aussage zulässt.
Std		2431 – Falls sich ein Abweichen vom Code of Ethics oder von den IIA Standards auf einen bestimmten Auftrag auswirkt, muss bei der Berichterstattung der Ergebnisse Folgendes offen gelegt werden: - Prinzip(ien) oder Regelung(en) des Code of Ethics oder des/der IIA Standard(s) die nicht vollständig eingehalten wurde(n) - Grund bzw. Gründe für das Abweichen. - Auswirkung des Abweichens auf den Auftrag.
Q.2400.12	2431	Abweichungen vom Code of Ethics oder Nichteinhaltungen der IIA Standards werden im Audit-Bericht aufgeführt, sofern sie sich auf den Auftrag auswirken.
Std		2440 – Der Chief Audit Executive muss alle zweckmässigen Parteien über die Ergebnisse informieren.
Q.2400.13	2440 Erläuterung	Der Chief Audit Executive ist verantwortlich für die Durchsicht und Genehmigung des Schlussberichts sowie die Festlegung des Verteilers. Der Chief Audit Executive behält diese Verantwortung auch dann, wenn er diese Aufgaben delegiert.
Q.2400.14	2440.A1	Der Chief Audit Executive leitet die Auftragsergebnisse an die zuständigen Personen und Parteien weiter.
Q.2400.15	2440.A2	Vor der Weitergabe an externe Stellen bewertet der Chief Audit Executive das Risiko für die Organisation, stimmt sich mit der Geschäftsleitung und ggfs. mit einem Rechtsberater ab und legt Nutzungsbeschränkungen fest.
Std		2450 – Wenn eine zusammenfassende Beurteilung abgegeben wird, muss diese die Strategien, Risiken und Ziele der Organisation sowie die Erwartungen des Verwaltungsrats/Audit Committee, der Geschäftsleitung und anderer Stakeholder berücksichtigen. Die zusammenfassende Beurteilung muss durch ausreichende, zuverlässige, relevante und nützliche Informationen belegt sein.
Q.2400.16	2450 Erläuterung	Die Berichterstattung beinhaltet den Umfang und Zeitraum auf den sich die Beurteilung bezieht.
Q.2400.17	2450 Erläuterung	Die Berichterstattung beinhaltet Beschränkungen des Prüfungsumfangs.
Q.2400.18	2450 Erläuterung	Die Berichterstattung beinhaltet alle relevanten Projekte einschliesslich des Vertrauens auf andere Bestätigungs-und Prüffunktionen.

Q.2400.19	2450 Erläuterung	Die Berichterstattung beinhaltet eine Zusammenfassung der Informationen, die die Beurteilung belegen.
Q.2400.20	2450 Erläuterung	Die Berichterstattung beinhaltet das Risiko- und Kontroll Modell oder andere Kriterien, die für die zusammenfassende Beurteilung zugrunde gelegt wurden.
Q.2400.21	2450 Erläuterung	Die Berichterstattung beinhaltet die zusammenfassende Beurteilung, Bewertung oder Schlussfolgerung.
Q.2400.22	2450 Erläuterung	Negative Gesamtbeurteilungen sind begründet.
HStd		**2500 – Der Chief Audit Executive muss zur Überwachung der Erledigung der Feststellungen in den dem Management übergebenen Audit Berichten ein entsprechendes System entwickeln und pflegen.**
Q.2500.1	2500 2500.A1	Der Chief Audit Executive richtet ein Follow-up Verfahren ein, mit dem überwacht und sichergestellt wird, dass vereinbarte Massnahmen wirksam umgesetzt werden oder die Geschäftsleitung das Risiko auf sich genommen hat, keine Massnahmen durchzuführen.
Q.2500.2		Es erfolgt eine Information an die Geschäftsleitung und ggfs. an Verwaltungsrat/Audit Committee über Massnahmen, die ohne anerkannte Begründung nicht durchgeführt wurden.
HStd		**2600 – Kommt der Chief Audit Executive zum Schluss, dass das Linienmanagement ein Risiko in einer Grössenordnung auf sich genommen hat, das für die Organisation nicht tragbar sein könnte, so muss er diese Sachlage mit der Geschäftsleitung besprechen. Falls der Chief Audit Executive der Auffassung ist, dass keine Einigung gefunden werden konnte, muss er die Angelegenheit dem Verwaltungsrat/Audit Committee kommunizieren.**
Q.2600.1	2600	Falls es vorkommt, dass – nach Auffassung des Chief Audit Executive – das Linienmanagement ein Restrisiko in einer Grössenordnung auf sich genommen hat, die für die Organisation untragbar ist oder sein könnte, so bespricht der Chief Audit Executive diese Sachlage mit der Geschäftsleitung.
Q.2600.2	2600	Kann bezüglich des Restrisikos keine gemeinsame Entscheidung getroffen werden, so legt der Chief Audit Executive die Angelegenheit dem Verwaltungsrat/Audit Committee vor.
Q.2600.3	2600 Erläuterung	Die Identifizierung des vom Management akzeptierten Risikos kann durch Assurance- oder Beratungsaufträge, oder durch das Monitoring von Massnahmen, die das Management im Anschluss an frühere Audit Aufträge eingeleitet hat, erfolgen. Es liegt aber nicht in der Verantwortung des Chief Audit Executive, das Risiko zu beseitigen.
Quality Assessment im Fall von Beratungsdienstleistungen		
B.1	1000.C1	Werden Beratungsleistungen erbracht, so ist deren Art im Audit Charter festgelegt.
B.2		Werden Beratungsleistungen erbracht, so sind die Verhaltensregeln im Audit Charter festgelegt.
B.3	1130.C2	Internal Auditors, die Beratungsleistungen mit möglichen Beeinträchtigungen der Unabhängigkeit oder Objektivität erbringen, legen diesen Sachverhalt dem Kunden vor der Annahme des Auftrags offen.
B.4	1210.C1	Der Chief Audit Executive lehnt einen Beratungsauftrag ab oder holt kompetenten Rat und Unterstützung ein, wenn seine Mitarbeitenden nicht über das Wissen, die Fähigkeiten oder sonstige Qualifikationen verfügen, die zur teilweisen oder vollständigen Erfüllung des Auftrags erforderlich sind.

9.4 IIA Switzerland Quality Self Assessment Tool (Q-SAT)

Qualitätsbeurteilung im Fall von Co-Sourcing		
C.1	1210	Weisen die Internal Auditors das notwendige Fachwissen, die Fähigkeiten oder sonstige Qualifikationen, die zur teilweisen oder vollständigen Erfüllung des Prüfungsauftrags notwendig sind, nicht auf, zieht der Leiter Abteilungs- oder organisationsexterne Fachpersonen bei, um das Audit Team zu ergänzen und zu unterstützen.
C.2		Falls Dritte zur Durchführung von Audit Aktivitäten beigezogen werden, prüft der Chief Audit Executive deren Kompetenz und Zuverlässigkeit sowie die Unabhängigkeit und Objektivität.
C.3		Werden Audit Aktivitäten Dritten übertragen, richten diese sich ebenfalls nach den IIA Standards.
C.4	2070	Der externe Internal Audit Service Provider (resp. die Providers) hat (haben) die Organisation darauf hingewiesen, dass die Organisation die Verantwortung zum Aufrechterhalten eines funktionsfähigen Internal Audit trägt.
C.5	2070	Die Verantwortung wird wahrgenommen, indem das Quality Assurance und Improvement Programm implementiert ist, das die Einhaltung der verpflichtenden Teile des International Professional Practices Framework beurteilt.
		Total: 208 Statements

Stichwortverzeichnis

A
Abmahnung 144
Abschlussprüfung 28, 41, 42, 76, 92, 93, 143, 232
Absprachen bei Ausschreibungen, wettbewerbsbeschränkende 108
Abstimmung
    Laufende Abstimmung 253
    Selektive Abstimmung 253
adequate procedures 93
Agile Auditing 222, 338
Aktenplan 244, 245
    Prüfungsauftrag 247
Aktienbank 97
Aktiengesellschaft 72, 84
    konzernverbundene 83
Aktionsplan 19, 20, 255–259, 264
    Elemente 265
Akzeptanz 253
Allgemeine Prüfsoftware (GAS) 176
America First 6
Ampelsystem 316
Amtsdelikt 115
Analogiebildung 86
Anknüpfungs- oder Bezugstat 136
Anknüpfungstat 137
Anordnung, behördliche 64
Anstiftung 130
Arbeitgeber 108, 122
Arbeit, gefahrgeneigte 144
Arbeitnehmer 122, 143
Arbeitnehmerschutzrecht 122

Arbeitspapier 242, 249
    Ablagestruktur 238, 244
    Archivierung 272
    Aufbewahrungsfrist 239, 272
    Beratung 289
    Elektronisch 249
    elektronische Arbeitspapiere 223
    Grundregeln 244
    Mindestinhalt 244
    Muster 244
    Referenzierung 223, 248
    überflüssige Inhalte 232
    Vertraulichkeit 238, 271
    Zweck 243
Arbeitspapiere 208, 213, 223
Arbeitsprogramm 221, 223
    Beratung 288
    Follow-up-Prüfung 278
    Genehmigung 223, 226
Arbeitsvertrag 132
Artikelgesetz 76
associated person 94
Assurance Map
    Beratung 285
Audi 118
Audit
    Charter 66
    Committee 71, 76, 92
    Universe 170, 178
Aufbau- und Ablauforganisation 82
Aufbewahrungsfrist 239
Auffangtatbestand 135

Aufklären, Abstellen, Ahnden 120
Aufsicht, gehörige 86
Aufsichtsrat 24, 65, 68, 76, 84, 109, 120, 131, 137, 143
Auftrag 2, 55, 138, 156, 166, 170, 174, 198, 211, 214, 229, 261–263, 281, 283, 285, 286, 323
Auftragsablauf 58
Auftragsdurchführung
    Ablaufcheckliste 250, 272
    Good Practices 210
    Überwachung 201, 229
    Verfahrensvarianten 210
Auftragsziel 214
Auskunftsanspruch im Arbeitsverhältnis 122
Auskunftsperson, geborene 123
Auslagerungsgrad 171
Auslegungsart, juristische 80
Ausschuss 84
Außenrecht 64
Außenwirtschaftsstrafrecht 128
Ausspähung von Daten 122
Auswirkungen 215, 216, 313

B
BaFin 80
BaFin-Rundschreiben 97
Balanced Scorecard 194, 195
Bank 68
Banken- und Wertpapiergeschäft 82
Bankrott 131
Bankrotthandlung 128
Basel
    II 70
    III 70
BDSG 122
Bedrohung 312
Befehlskette von oben nach unten 130
Beherrschungsvertrag 64
Beihilfe 130
Beihilfestraftäter 132
Benchmark 197, 237
Benchmarking 213
Beratung 338
    Auftrag 286, 287
    Blended Audit 291
    Ergebnisse 290
    Kundenverhältnis 280
    Überwachung 281
    Umfang 288
    Unabhängigkeit und Objektivität 283
Beratungsauftrag 284, 285, 287, 288, 290
    Abgrenzung Prüfung 54
Beratungsleistung
    Projekte 338
Berichterstattung
    Ebenen 202
    Qualitätskriterien 260
    Zyklen 202
Berichtskritik 266
Berufsgrundlagen
    Offenlegung Abweichungen 262
Berufsstrafrecht 108
Berufsverband Compliance Manager 47
Beschützergarant 129
Bestechlichkeit 115, 128, 132
Bestechung 115
Bestechungsgeld 143
Betriebsklima 15
Betriebsleitereigenschaft 138
Betriebsrat 64
Betriebsvereinbarung 122, 132
Betrug 108, 115
Betrugsdreieck 110
Beurteilung
    regelmäßige 191
    zusammenfassende 262
        Konsolidierung Teilprüfungen 263
Beurteilung, externe 192
    Abschlussprüfer 192
    Regulierungsbehörden 192
    Vorgehensmodell 193
Beurteilung, interne
    laufende Überwachung 191
    regelmäßige 192
Beurteilungskriterien 218
    IT 328
Beurteilungsverfahren 194
    Balanced Scorecard 195
    Benchmark 197
    Kennzahlensystem 195
    Messziele 190
Big Data 231, 297
Bilanzrechtsmodernisierungsgesetz (BilMoG) 76
Bilanzstrafrecht 114
Bildung schwarzer Kassen 129

BilMoG 76, 124
Blankettnorm 114
Blended Audit 219, 291
Board 37
boardroom revolution 25
Bosch 102
Bottum-up Kontrollvakuum 121
branded house 105
Buchführung, unordentliche 129
Bürge 126
Bürosoftware
    Arbeitspapiere 224
Bundeslagebild des BKA 106
Business Judgement Rule 79, 141, 142
Bußgeldtatbestand 113
Bußgeldverantwortung des Unternehmens 137

C
CAAT
    Prüfsoftware, allgemeine (GAS) 176
    Revisionsmanagementsystem 175
    Systeme, betriebliche 177
CAE (Chief Audit Executive) 161
Certified Information Systems Auditor
    (CISA) 170
Certified Internal Auditor (CIA) 43, 170
Change 7
Change Management (IT) 334
Checkliste 223, 251, 270, 273
Chief Compliance Officer 83, 133, 138, 145
Churning 129
CISA (Certified Information Systems Auditor)
    46, 167, 170
COBIT 242
    2019 331
    Entstehung 331
Code, binärer 9
Code of Conduct 96
Compliance 3
    1.0 104
    2.0 104
    Management System (CMS) 3
    Officer 105
        als Spaß- und Wachstumsbremse 105
    Organisation 4
Compliance-Beauftragter 82
Compliance-Management
    Beurteilungskriterien 297

ISA 610 298
ISO 19600 299
Compliance-Organisation 138
Compliance-Portfolio 329
Compliancerichtlinie 95, 121
Compliance-Risiken 40
Complianceschulung 105, 121
Compliance-Unregelmäßigkeit 139
Comply or explain 19
Comply or explain-Mechanismus 22
Continuous Monitoring 176
Continuing Professional Education (CPE) 170
Continuous Auditing 176
Controlling 67, 120
Control Self Assessment (CSA) 232
Core Business 137
Coronavirus 7
Corporate
    crime 113
    Fraud 99
    Governance 1, 7, 18, 24, 82
        gute 16
    Governance-Kodex 10
    Governance-System 89
COSO 28, 80, 295
    Governance-System 296
    IKS-Würfel 305
    Information und Kommunikation 306, 315
    Kontrollaktivitäten 306
    Kontrollattribute 306
    Kontrollkomponenten 306
    Kontrollmodell 305
    Kontrollumfeld 306
    Kontrollziele 240, 242, 305
    Risikobeurteilung 306
    Scoring 242
    Überwachungsaktivitäten 306
COSO ERM 331
    Komponenten 320
    Prozess 317
    Tätigkeitsfelder 318
COSO-Kontrollziele 154
COSO-Modelle
    Kontrollziele 53
Co-Sourcing 220
    Extern 172
    Intern 172
CPE 43
Criminal Compliance 3

CSR 10
Culpa in Contrahendo 88
Culture of Compliance 104
Cum-Ex 16

D
Darwinismus 30
Data Mining 231
Datenanalyse 231, 237, 321
    Prüfungsvorbereitung 235
Datensammlung 231
Datenschutzrecht 122
Dauerakte 232
DCGK 70, 71, 114, 124
Definition der Internen Revision 49
Delikt, altruistisch motiviertes 112
Delisting 92
DEMI-Chart 162
Deutsche Bank 92
Deutscher Corporate Governance Kodex
    (DCGK) 2, 20, 88
Deutsches Institut für Interne Revision 41
Deutsche Telekom 92
Dienstanweisung 71
Dienst- und Arbeitsvertrag 65
Dienstweg, kurzer 99
Dieselskandal 10, 13, 15, 18, 27, 102, 118
DIIR 3
Direktzugriffsmöglichkeit des Aufsichtsrat 123
Dokumentation 223
    Strukturmuster 244
    Überwachung 243
Dolose Handlung 284, 335
    Fraud Triangle 217
    Indikatoren 217, 284
    Sorgfaltspflicht 217
Drei Verteidigungslinien-Modell 307
DSGVO 122
Due Diligence 336

E
ECIIA 28
Eigentumsgrundrecht 78
Einkauf 67
Einkaufsprüfung 336
Einkaufsrichtlinie 65
Einzelanalogie 88

Einzelfallprüfung 231
E-Mail-Account 121
E-Mail-System 120
Engagement Letter 323
Enron 91
Entdeckungsrisiko 119
Entsprechenserklärung 90
Ereignisidentifikation 312
Ereigniskategorie 312
Erfüllungsgehilfenhaftung 144
Ergebnisbeurteilung
    Skalierung 242
Erlaubnisirrtum 111
Erlaubnistatbestandsirrtum 111
Ermahnung 144
Ermessen, pflichtgemäßes 136
Ermessensfreiheit 85
Ermessensspielraum 78
Ermessensvorschrift 85
Ermittlung 335
Eskalation
    Beratung 285
    Risikoübernahme 278
Ethikkodex 49
    der Internen Revision 49
Ethikrichtlinie 65
Ethik- und Verhaltenskodex 120
8. EU-Richtlinie 5
European Confederation of Institutes of
    Internal Auditing 46
Eventualvorsatzes 111
Ex ante-Prüfung 230
Exkulpationsmöglichkeit 141
Ex post-Prüfung 230

F
Fachliche Weiterbildung (CPE) 43, 170
Fachzertifikat 170
Fairness 11
Fair Value-Ansatz 24
Falschbilanzierung 108
Falschpark 100
Feststellung
    Beurteilung 264
    Datenbank 265
Finanzberichterstattung 28
Finanzkrise, globale 4
Finanzstrafrecht 114

Finding in einem Revisionsbericht 145
Firmenskandale 102
Flurfunk 121
Follow-up 210
    administrativ 276
    Beratung 290
    Datenbank 278
    dedizierte Prüfung 278
    Eskalation 278
    Folgeprüfung 278
    Methoden 276
    Prozess 276
    Reporting 279
    Risikoübernahme 278
    Varianten 275
    Verfahren 274
Follow-up, administrativer 275, 276
Foreign Private Issuers 92
Fraud 99, 101
    Audit 335
    Triangle 110, 217
Fraud-Risiken 217
Fraud-Risikobeurteilung 120
Fraudulent Financial Reporting 300
Fremdsprache 84
Fresenius 92
Friedman, Milton 11
Früherkennung 81
Früherkennungssystem 74, 77
Frühwarnsystem 316
Führungsebene, zweite 138
Führungsgrundsatz 2
Führungs- und Überwachungsprozess 2
Funktionendiagramm 162
Funktionstrennung 120, 314

G
G 20-Gipfel 6
G20/OECD 18
Garantenpflicht
    strafrechtliche 64
    strafrechtliche des Compliance Officers 135
Garantenstellung 129, 134
Garantiehaftung des Schuldners 126
GAS (Allgemeine Prüfsoftware) 176
Gebühr, betrügerich überhöhte 134
Gefährdungshaftung,
    verschuldensunabhängige 140

Gelbwesten 6
Geldwäsche 108
Geldwäschegesetz 98
Generalprävention 119
Gerichtsvollzieher 126
Gerücht 121
Gesamtanalogie 87
Geschäftsführer 109
Geschäftsführung 73
Geschäftsgeheimnisgesetz (GeschGehG) 114, 121
Geschäftsherrenhaftung 129
Geschäftsleiter, ordentlicher und gewissenhafter 82
Geschäftsleitung 154, 158, 159, 163
Geschäftsordnung 57, 65, 66, 159
    Beratung 283
    Berufsgrundlagen 159
Geschäftsprozess 169
Geschenkerichtlinie 65, 120
Gesellschaft, börsennotierte 88
Gesellschaftsvertrag 65
Gesetzesauslegung 87
Gewinnmaximierung 12
Gewohnheitsrecht 87
Globalisierung 4
GmbH-Geschäftsführer 128
Governance-Ethik 11
Governance-System 329
GRC
    Fokus der Revisionstätigkeit 153
GRC-Rahmen 28
GRC-System
    Abschlussprüfung 297
    Prozesse 53
    Rollen 37, 39

H
Haftung 125
Haftungsausdehnung 136
Haftungskette 127
Haftungsrecht 125
Handelsbuch 114
Handelsverflechtung, internationale 4
Handlungsanweisung 65
Handlung, unerlaubte 139
Hangtäter 101
Hedge-Fonds 112

Heimatministerium 6
Herrschaft des Rechts 7, 9
hidden
    action 24, 27
    information 24, 27
Hypothese 26

I

ICoFR 302, 304
IDW 28
IDW PS 340 75
IFAC 295
IFRS 5
IIA
    Austria 43
IIASB 295
IIA Switzerland 43
IKS 71, 80
Illegalität, brauchbare 99
Implementierungsstandards
    Beratung 281
Incident Management (IT) 334
Industriespionage 108
Informationsmonopol des Vorstands 123
Informationsvorsprung 24
Informationsweitergabemonopol 125
Information Systems Control and Audit
    Association 46
Information und Kommunikation 315
    Informationsflüsse 315
Ingerenz 129
Inhärente Risiko (RI) 181. *Siehe auch* Risiko,
    innewohnendes
Innenrecht 65, 71, 94
Insiderhandel 114, 128
Insolvenzantragspflicht 109
Insolvenzverschleppungsstraftat 128
Institut der Wirtschaftsprüfer
    Deutschlands 46
Institute of Internal Auditors 45
    IIA Global 45
Institut für Interne Revision Österreich 43
Interessenkonflikt 24
Interessenpoolung 24
Interessen- und Wertejurisprudenz 84
International Standards on Auditing (ISA) 93
Internes Kontrollsystem (IKS) 67
Intrinsik 26

Investment Banking 109
Investmentgesellschaft 70
IPPF
    Anhörungsverfahren 48
    Attributstandards 56, 152
    Ausführungsstandards 57, 152
    Definition 49
    ergänzende Leitlinien 52
    Erläuterungen 51, 56
    Ethikkodex 49
    Grundprinzipien 49
    Implementierungsleitlinien 52
    Mission 48
    Performance-Standards 57
    Standards 51, 56, 208
IPPF-Komponenten
    empfohlene 52
    verbindliche 47
IRS 199
    Beschreibung 198, 199
    Grundsätze 199
ISA 28
ISACA 295, 322
IT Audit and Assurance Framework
    (ITAF) 46, 322
IT-Finanzmanagement 334
IT Fraud 331
IT-Governance 328, 329
ITIL
    Entstehung 326, 331
    ITIL v4 331
    Praktiken 334
IT-Kontrollen
    Kategorien 325
    Komplexität 333
    Kontrollziele 327
IT-Prüfung
    Kriteriensets 328, 329, 332, 335
    Prüflandkarte 331, 332, 334
    Prüfleitfäden 334
    Prüfungsvorbereitung 329
IT-Revision 322
IT-Risiken 321
IT-Strukturmodell 325
    Ebenenmodell 326
    Historisches Modell 325
    Komponentenmodell 327
    Prozessmodell 326
    Prüflandkarte 325

J
Job-Rotation 120
Jour Fixe 185

K
Kann-Anregung 89
Kapitalanlagebetrug 128
Kapitalanlagegesellschaft 98
Kapitalmarktstrafrecht 114
Kardinalskala 242
Kartellrecht 100
Kartellverstoß 141
Kaufmann 108
Keine Strafe ohne Schuld 118
Kennzahl 196
Kernkompetenz 174
Kick-off 226
Kodexkommission 89
Kommunikation 234
Kommunikationsweg, gebotene 99
Komplexität 82
Konformität 190, 192
    Berufsgrundlagen 192
Kontext 311, 312
KonTraG 69, 74
Kontrollaktivität 120
Kontrolle
    aufdeckende 308
    Beschränkung 308
    interne 308
    IT-Kontrolle 308
    Kategorien 308
    kompensierende 308
    korrigierende 308
    vorbeugende 27
Kontrollkomponente
    Anwendung 306
Kontrollsystem 74
    Beurteilung 302–304, 309
    Dokumentation 309
    Funktionsfähigkeit 309
    Gestaltung 304
    internes 28, 85, 120
    prozessabhängiges 79
    Überwachung 302, 310
Kontrollumfeld 120
Kontrollziel 305
    Anwendung 305, 308

COSO 296
    Vermögenssicherung 301
Konzept 186, 338
Konzernrechnungswesen 67
Konzernrichtlinie 64
Korruption 108, 128
Korruptionsanwalt, externer 120
Korruptionsbekämpfung 299
Korruptionsindikator 120
Korruptionsprävention 120
Korruptionsvorsatz 111
Korruptionswahrnehmungsindex 106
Kreditinstitut 70
    des Wertpapierhandels, für
        Investmentgesellschaften und für
        Versicherungen 97
Kreditoren- und Debitorenbuchhaltung 67
Kriminalität 98
Kriminologie 29, 98
Kriterien 303, 304, 310, 325
Kündigung 144
Künstliche Intelligenz (KI) 118
Kultur 3
Kunden 260, 261, 268

L
Lebensstil, aufwändiger 111
Legaldefinition 85
Legalitätskontrollpflicht 73, 110, 127, 141
Legalitätspflicht 73, 110, 141
Leistungsmessung 196
Leistungs- und die Treuepflicht 143
Leitbild 15
Leitung 73
Leitungsermessen 78
Leitungsfunktion 139
Leitungsorgan 72, 124, 131, 132
Leitungspflicht 82
Liberalisierung der Kapitalmärkte 2
Lieferantenauswahl 120
Loyalität 11

M
MaComp 86
MaComp-Rundschreiben 80
Management 111
    Audit 336

Managementfolklore 11
Management, strategisches
    Kontextanalyse 317
    Planung 317, 319
    Strategiezyklus 317
Managerverhalten, abweichendes 117
Mandatsobergrenze 19
MaRisk 86, 98
Marketing 67
Maßnahmenplan 258
Maßnahmenüberwachung 290
Maßnahmenverfolgung
    Statusbericht 266
    Überprüfung 275
Matrixstruktur 95
Mehrwert schaffen 2
Meilenstein
    Berichtsfreigabe 267
    Schlussbesprechung 253
Metamodelle 149
Mexiko 6
Ming-Vase 126
Mission der Internen Revision 48
Mitarbeitersensibilisierung 120
Mittäterschaft 132
Mittelausstattung 170
Mitverschulden 145
Monitoringkosten 24
Moral 8, 63
motivated blindness 104
Muss-Vorschrift 89
Musterfeststellungsklage 16
Musterstruktur
    Arbeitsprogramm 223

N
Nachvollziehbarkeit 238
Nanosekunden-Kultur 7
Nebenpflichtverletzung 122
Nebenstrafrecht 114
Need-to-know-Prinzip 120
Neue Institutionenökonomik 23
Nutzenprinzip, ökonomisch-rationales 10
Nutzer 54, 163

O
Objektivität 54
occupational crime 113
OECD 4
Öffentliches Recht/Privatrecht 88
Ökonomie, konstitutionelle politische 9
Offenlegung
    Abweichung von Berufsgrundlagen 262
    Revisionsinformationen 239
Ombudsmann 120
One-Tier-Modell 21
Opportunitätsprinzip 136
Ordinalskala 242
Ordnungsrahmen 2
Ordnungswidrigkeit 99
Organisationsentwicklung 327
    COSO 303
Organisationsherrschaft 129
Organisationskultur 25
Organisationsmangel 140
Organisationssoziologie 14
Organisationsvorschrift 84
Organizational Behavior 22
Organpflicht 74
Organtheorie 139
Organuntreue 128
Outsourcing 172

P
PDCA-Zyklus 317
Peer Review 250
peer-to-peer-pressure 15
Periodenplanung
    Beratung 285
    Puffer 291
    Sourcing 220
Personalabteilung 67
Personal der IR 173
    Personalaufwand 175
    Personalplanung 171
    Qualifikationsmodell 174
    Rotation 172
Person, juristische 63, 117
PESTLE 317
Pflichtenstatus eines Compliance Officers 135
Pflichtverletzung 126
Ping-Pong-Effekt 126
Planfortschritt 185, 202
Planung, agile 183
Planungsverfahren 182
Pluralismusgefährdung 7
Pönale 9

Post Implementation Review 337
Post Mortem 337
Prävention 120
Preisstrafrecht 114
Principal-Agent 13
Principal-Agent-Theorie
 (Agenturtheorie) 23
Prinzip der Funktionstrennung 120
Privatrecht 126
Process Mining 231
Produktpiraterie 108
Profitstreben 12
Programm 261
Projektbegleitung 338
Projektdreieck 337
Projektmanagement 336
Projektphase 337
Projektprüfung 336
Projektüberwachung 337
Property-Rights-Theorie 23
Prozesstransparenz 120
Prüfansätze, allgemeine 229
Prüfarbeit der Internen Revision 67
Prüfcheckliste 222
Prüfer, externer 29
Prüfkonzept 330
Prüflandkarte 178
    IT 321, 328, 331
    Projekte 336
    Zyklenmodell 339
Prüfmethode
    Kategorisierung 229
Prüfnachweis 236
    Analyse 240
    Auswahlkriterien 233
    Auswahlprozess 232
    Datensammlung 231
    Dokumentation 238
    Sammlung 234
    Zuverlässigkeit 233
Prüfung
    direkte 231
    formelle 231
    indirekte 231
    integrierte 321
    materielle 231
    progressive 230
    retrograde 230
    unangekündigte 221

Prüfungsankündigung 212, 221
    unangekündigte Prüfung 221
Prüfungsanlass 230
Prüfungsauftrag 212
    Abgrenzung Beratung 54
    Disposition 210
Prüfungsausschuss 37, 110, 120, 123
Prüfungsdurchführung
    Abstimmung 213
    Arbeitsprogramm 221
    Aufwand 225
    Disposition 213
    Laufende Überwachung 201
    Planungsphase 212
    Prüfungsankündigung 212
    Prüfungsauftrag 212
Prüfungsergebnis
    Abstimmung 229, 253
    Beurteilung 239, 241
    Externe Verbreitung 260
    Genauigkeit 225
    Kategorisierung 239
Prüfungshandlung
    Analytische
        Verfahren 237
    Aufwand 225
    Auswahlkriterien 224, 231
    Genauigkeit 225
    Konflikte 225
    Manuelle Verfahren 237
    Nebenwirkungen 225
    Vollständigkeit 225
    Wirtschaftlichkeit 225
Prüfungsleistung
    Projekte 338
Prüfungsobjekt 179
Prüfungsplanung
    agile Planung 183
    Ebenen 177
    Planungsverfahren 182
Prüfungsprozess 208
    Kontrollpunkte 208
    Outputs 208
Prüfungsrichtung 230
Prüfungsstandard IDW 70
Prüfungsteam 172, 201
Prüfungsumfang 219
Prüfungs- und Beratungsdienstleistung 2
Prüfungsurteil 236

Prüfungsvorbereitung
  Abstimmung 226
  Analyseumfang 235
  Aufgaben 214
  Aufwandsplanung 222
  Datensammlung 235
  Good Practices 227
  Planperiode 210
  Planung 212
  Risikobeurteilung 222
  Tools 213
Prüfungszeitpunkt 230
Prüfungsziel 214
Public Company Accounting Oversight Board (PCAOB) 91
public oversight 93

Q
Q-SAT 192
QSVP
  Ablaufcheckliste 250
Qualifikationsmodell 174
Qualifikationsnachweis 170
Qualitätsmanagement 187
  ISO 9000 187
  Konformitätsaussage 189
  Prinzipien 187
  Systembeschreibung 188
Qualitätsmanagement-System (QMS) 192
Quality
  Assessment 192
QualityGate 191

R
RACI-Chart 162
  Interne Revision 162
Rationalismus, kritischer 26
Rationalität der Organisation, interne 14
Reaktion 120
Recht 8
  öffentliches 67, 126
  operatives 66
Rechtsabteilung 67
Rechtsfortbildung 87
Rechtsfrieden 119
Rechtsgemeinschaft 87
Rechtsquellenlehre 86
Rechtsverstoß 89

Red Flags 121
Referenzierung 248, 249
  elektronisch 249
Regel 63
Regeleinhaltung 29, 53
Regeltreue 73
Regress, zivilrechtlicher 119
Remote Audit 235
Reporting
  Revisionsfunktion 191
Repräsentantenhaftung 140
Residualkosten 24
Ressource 152
  Finanzmittel 170
Ressourcenausstattung 184
  Personal 173
Ressourcenplanung 184
Ressourcenzuordnung 220
Restrisiko 181
Revision
  prozessunabhängige
    interne 79
Revision, interne
  Abgrenzung 37, 39, 56
  Definition 52
  Zusammenarbeit 40
Revisionsbericht
  Abstimmung 253, 263
  Aktionsplan 264
  Anforderungen 255
  Berichtsformat 256
  Deckblatt 258
  ergänzende Informationen 259
  externe Offenlegung 268
  Formate 256
  Good Practices 259
  Inhalte 254
  Lesbarkeitsindex 266
  Maßnahmen 264
  Positivmeldung 259
  Qualitätssicherung 266
  Umfang 256, 258, 259
  verbindliche Inhalte 255
  Verteiler 267
  Vertraulichkeit 260, 272
  vier Verständlichmacher 266
  Zusammenfassung 258
Revisions- bzw. Compliancerichtlinie 145
Revisionshandbuch 66, 145, 198

Aktenplan 244
Aktualisierung 199
Archivierungsregeln 272
Inhalt 198
Vertraulichkeit 271
Revisionskennzahl
   Balanced Scorecard 195
Revisionsleiter 123
Revisionsleitung 123
Revisionsmanagementsystem 174, 175
Revisionsorganisation
   Metamodell 149
   4-stufiges Managementmodell 150, 197
   7-teiliges Komponentenmodell 151
Revisionsprozess
   externe Prüfung 232
   Follow-up 276
   Grundlagen 207
   Prüfnachweise verarbeiten 232
   Prüfungsprozess 207
Revisionsrichtlinie 66, 71
Revisionsstandard 330
Revisionssystem
   internes 85
Revolution, industrielle 4
Ricardo, David 5
Risiko 26
   bestandsgefährdend 216
   Eintrittswahrscheinlichkeit 216
   Faktoren 215
   Häufigkeit 216
Risikoanalyse 120
Risikoappetit 316
Risiko-Auswirkung
   Annualized Loss Expectancy 215
   Bestandsgefährung 216
   Single Loss Expectancy 215
Risikodatenbank 273
Risikofaktor 179
Risikofrüherkennung 75
Risikogesellschaft 109
Risikoindikator 316
   Anforderungen 316
Risiko, innewohnendes 181
Risikokategorie 180
Risikolandkarte 215
Risikomanagement 2, 68, 74, 120
   Aufbau 310

Frühwarnsystem 316
Strategiefokus 303, 316
Überwachung 316
Risikomanagementsystem 75, 78
   Gestaltung 303
   Komponenten 311, 318
   Prinzipien 318
Risikomaßnahme 314
Risikomatrix 215
Risikoneigung 320
Risikoorientierung 322
Risikoportfolio 215
Risikoscore 181
Risikotragfähigkeit 154
Risikoübernahme 278
Risiko- und Kontrollmatrix 181
Risk
   Management Association 47
   Owner 169, 322
   Seeker 112

S

Sachkunde
   Beratung 284
SAC - Systems Auditability and Control 331
Sanktionsanspruch, staatlicher 119
SAP 92
Sarbanes-Oxley Act 36
Sarbanes-Oxley-Act 71, 91
Schlussbesprechung 253
Schlussfolgerung 239
Schmalenbach-Gesellschaft 46
Schulden 125
Schuld, persönliche 118
Schuldprinzip, personales 118
Schuldrechtsreform von 2002 88
Schuldverhältnis 125
Schutzgesetz 140, 142
Schwere der Schuld 118
Scoring
   COSO 242
   Ergebnisbeurteilung 242
Scoringverfahren 180, 182
SEC 91
Securities and Exchange Commission (SEC) 91
Securities Exchange Act 91
Selbstorganisationsrecht des Aufsichtsrats 85

Senior Management 37
Sentencing Guidelines 103
Serien- oder Fortsetzungsstrafstäter 101
Service Level Management 334
Siebenteiliges Komponenten-Modell 149
Siemens-Neubürger 141
SMART 319
SOA 71
soft law 90
Soft Skills 169
Soll 90
Soll-Empfehlung 89, 90
Soll/Ist-Abgleich 67
Sollte-Empfehlung 89
Soll-Vorgabe 67
Sonderdelikt 108, 128, 131, 132, 137
Sonderprüfung 335
Sorgfalt, berufsübliche 49, 159
Sorgfaltspflicht 78
　　eines ordentlichen und gewissenhaften
　　　　Geschäftsleiters 78
Sourcing 220
　　der IR 171
SOX 5, 71, 91
Soziologie 22
Spitzenmanager 112
Stakeholder 12
Stakeholderforum 12
Stakeholdertheorie 12
Standard 51, 56
Statusrecht 66
Stellvertreter, gewillkürter 138
Steuerhinterziehung 108
Stewardships 12
Stewardship-Theorie 23, 25, 112
Stichprobe 231
Stolper-Samuelson-Theorem 5
Straftäter 98
Straftat
　　nützliche 112, 113
Strafverfolgung, staatliche 64
Strategie der IR 157
Submissionsbetrug 108
Subsystem 8
Subventionsbetrug 108
System 7
Systemprüfung 231

Systemtheorie 14
　　soziologische 7, 8, 63
Szenariotechnik 312

T

Täter 126
　　mittelbarer 130
Täterschaft
　　mittelbare 130, 132
Tätigkeitsbereich 212
Talkshows 109
Tantiemenkürzung 144
Tarifpartner 64
Tarifvertrag 132
Taylorismus 65
Teamgeist 11
Telefonhotline 120
Theorie 26
　　des „effizienten
　　　　Vertragsbruchs" 9
Three Lines Model 37, 38, 296
　　Three Lines of Defence 37
Three Lines of Defence-Modell (3LoD-
　　Model) 29
Time Boxing 338
Tone
　　at the Top 112
　　from the Top 107, 112
TOP Management 18, 111
　　Fraud 124
Transaktionskostentheorie 23
Transaktionsprüfung 231
Transparency International 103, 106, 123
TransPuG 70
Treadway Commission 299
Trennungsgrundsatz, juristischer 117
Trennungsprinzip 124
Treubruchtatbestand 128, 133
TTIP 6
Tugend 8, 11, 15
Two-Tier-Modell 21

U

Überflutung aller Rechtssubjekte 88
Überwachergarantenstellung 130

Überwachung 81, 310
  Auftragsdurchführung 250, 252
  Beratung 285
  Instrumente 201
  laufende 191, 201
Überwachungsgarant 129
Überwachungsorgan 218
Überwachungspflicht 86
Überwachungssystem 74, 75
Übung, dauerhafte tatsächliche 87
UK Bribery Act 93
Unabhängigkeit 54
Unrechtsvereinbarung 109
Unterlassen von Aufsichtsmaßnahmen 137
Unterlassungsdelikt 137
  unechtes 134
Unternehmen, risikoträchtiges 77
Unternehmenskontrolle, effiziente 83
Unternehmenskriminalität 99
Unternehmensrichtlinie 121
Unternehmenssanktionsrecht 16
Unternehmensstrafrecht 116
Unternehmensvorstand 75
Unternehmenswert 102
Unternehmer 65
Unterschlagung 108
Untreue 115, 128, 144
Urkundenfälschung 108
Ursache 263, 299
US-GAAP 5

V
Validierbarkeit, empirische 26
Verbandsgeldbuße 141
Verbandssanktionengesetz (VerSanG) 116
Verbandsstrafrecht 116
Verbotsirrtum 111
Verbraucherschutzstrafrecht 114
Verbrechen 98
Verdichtungstheorie 86
Verfahren, analytisches 237
Vergleichsangebot 121
Vergütungsfestsetzung, unangemessener 143
Verhalten
  abweichendes 98
  deviantes 98

Verhaltenskodex 3, 18
Verhaltensweise, sozialschädliche 119
Verletzung
  der Buchführungspflicht 86, 114
  des
    Geschäftsgeheimnisses 108
  des Dienstgeheimnisses 108
  des Post- und Fernmeldegeheimnisses 122
Verletzungsrisiko 82
Verprobung 237
Verrichtungsgehilfe 139, 144
Verschuldenshaftung 139
Versicherung 70
Vertragstreue 11
Vertrauensbruch 109
Vertraulichkeit
  Regelung 271
Vertrieb 67
Veruntreuung 108
Vieraugenprinzip 120, 121
Vierstufige Management-Pyramide 149
Viktimisierungsangst 109
Vision 317
Visionsgeraune, ubiquitäres 15
Volkswagen 27, 95, 102
Vollprüfung 225, 231
Vollständigkeit
  Prüfung 230
Vollstreckungsmaßnahme 140
Vorbereitungscheckliste 227
Vorschrift 118
Vorstand 72, 79, 82, 85, 108, 112
Vorstandshandeln,
    pflichtbewusstes 73
Vorteilsgeber 109
Vorteilsnahme 115
Vorteilsnehmer 109
VW 118

W
Werkzeug 130
Wertbeitrag 55
  Einflussfaktoren 56
Wertedilemma 14
Wertediskussionen in Unternehmen 15
Wertesystem 14

Wertpapierhandel 70, 98
Wesentlichkeit 169, 215, 238
Whistleblowerschutz 121
Whistleblowersystem 120, 121
Whistleblowing 40, 297, 331
Whistle-Blowing 95
Window dressing 103
Wirtschaft 7
Wirtschaftsethik 11
Wirtschaftskriminalität 18, 99, 108, 128
Wirtschaftsprüfer 42, 279, 325
Wirtschaftspsychologie 336
Wirtschaftsrecht, privates 66

Wirtschaftsskandale 299, 301, 331
Wirtschaftsstrafgesetz
    1949 116
    1954 86
Wirtschaftsstraftat 111
WorldCom 91
Wucherstrafrecht 114

Z

Zertifizierungsprogramm 43
Zielkonflikt 9, 237
Zielvereinbarung 24
Zyklenmodell 339

Printed by Books on Demand, Germany